Tous les enfants qui naissent sur la terre tombent de la lune, et ils voient le jour dès qu'ils ont passé par le sein de leur mère. Dans la lune que nous appelons notre grand'mère, il y a des enfants qui ne font que commencer ; d'autres sont plus avancés ; d'autres sont complètements finis. A ce moment-là, ils tombent de la lune sur la terre, et ils sont des hommes.

Meltelilnalé, grand maître du Maki à Vao

© 2025 Jean-Marie SCHIO
Édition : BoD · Books on Demand,
31 avenue Saint-Rémy, 57600 Forbach, bod@bod.fr
Impression : Libri Plureos GmbH,
Friedensallee 273, 22763 Hamburg (Allemagne)
ISBN : 978-2-3225-5084-5
Dépôt légal : Mars 2025

Jean-Marie Schio

GRAND'MÈRE LA LUNE

Jean Godefroy missionnaire
aux Nouvellles-Hébrides

Du même auteur

Dans la collection,
Essai sur le patrimoine de Beaufort et la Vallée :
L'église Notre-Dame, janvier 2015, BoD Éditions
Un des plus beaux comtés du royaume, décembre 2015, BoD Éditions
Une manufacture royale de toiles à voiles, décembre 2016, BoD Éditions
Histoire de la Vallée entre Loire et Authion, décembre 2017, BoD Éditions
Château et fortifications, mai 2019, BoD Éditions
Mémoires, mars 2021, BoD Éditions

Hors collection,

*Guerre 14-18 Bataille de Norroy
Le témoignage d'un poilu,* janvier 2019, BoD Éditions
De la Vallée de Beaufort à Haïti, février 2024, BoD Éditions

PRÉFACE

Des lettres d'un missionnaire, échangées en famille, un livre roman biographique, un recueil de notes à usage de prix scolaire, un manuscrit pour la grammaire d'une langue vernaculaire lointaine, quelques photos ; il fallait bien, un jour, réunir tout cela pour construire et conserver la mémoire de la vie hors du commun, d'un ancêtre né dans un bourg rural de l'Anjou vendéen, il y a près de cent cinquante ans.

C'était à la fin d'un siècle où la France avait conforté un empire colonial, dans tous les continents, en particulier en Océanie, terres lointaines dispersées dans le vaste océan pacifique, on ne voyait pas bien où, si ce n'est qu'on nous disait que cela était sous nos pieds.

Mais, qu'allaient donc faire, aussi loin dans des endroits pas toujours hospitaliers, des religieux, au tempérament quand même un peu particulier ? Ils allaient évangéliser des populations païennes, certes, mais celles-ci avaient des modes et règles de vie, que les Européens ont appelé « coutumes », très éloignés de nos standards.

Chez les catholiques, l'entreprise missionnaire est organisée par le Pape, via son administration vaticane. Le ministère com-

GRAND'MÈRE LA LUNE

pétent, à l'époque, est la Sacrée Congrégation de la Propagation de la Foi. La région à évangéliser est appelée « Mission ».

En 1842, le Conseil de la dite congrégation a rédigé une circulaire à diffuser aux missionnaires afin de leur demander de s'investir dans la recherche des coutumes, des mœurs des peuples qu'ils évangélisent. Un modèle de questionnaire ethnographique, retrouvé dans les archives romaines des Pères maristes, a sans doute servi de document de travail, pour les missionnaires chargés de retourner leurs « lettres ethnographiques »[1].

La congrégation des Maristes, en la personne du Père Colin Supérieur des Pères maristes à Lyon, a reçu cette circulaire. Elle s'adresse à chaque missionnaire, dans les termes suivants :

> Il lui suffira d'interroger ses souvenirs, de recueillir les observations qui l'ont frappé dans ses voyages, de résumer ses conversations avec ses néophytes […] Il peut […] nous communiquer le résultat de ses études sur les usages auxquels il est obligé de se conformer, sur une langue qu'il s'est rendue familière, sur le pays qu'il habite, sur le gouvernement dont il suit les lois, sur les divinités dont il renverse les autels […] Vous pouvez étudier jusque dans leurs détails les plus intimes, leurs mœurs, leurs caractères, leurs monuments religieux ou profanes, leurs traditions populaires, leurs chants nationaux...

Les suites données à cette circulaire sont diverses. En Nouvelle-Calédonie, à côté des rapports où l'on estime que les canaques sont « arriérés et dans l'enfance » et où l'on s'indigne de la situation des femmes « qui rampent aux pieds des hommes », d'autres attestent que « Ces hommes sont parfaite-

PRÉFACE

ment semblables à nous, à quelques différences près, non essentielles. Ils vivent en société ».

Il n'y a pas, à cette date, d'indications concernant précisément l'archipel voisin des Nouvelles-Hébrides, considéré comme une dépendance de la Nouvelle-Calédonie devenue colonie française en 1853. Les premiers missionnaires maristes arrivent sur l'île d'Anatom en 1848. Ils repartent rapidement et, ce n'est qu'en 1886 que le ministère des Colonies demande à Mgr Hilarion Fraysse, vicaire apostolique de Nouvelle-Calédonie, d'envoyer des missionnaires aux Nouvelles-Hébrides. Les premières installations ont lieu le 18 janvier 1887 à Mélé, île Vaté, puis à Mallicolo et Santo, dans un archipel où Français et Anglais signent, le 26 janvier 1888, une convention créant une Commission navale mixte pour la protection de leurs ressortissants respectifs et de leurs biens.

C'est dans ce contexte que trois prêtres angevins, missionnaires maristes, vont débarquer à Port-Vila, sur l'île Vaté, le 17 novembre 1909 : Joseph André, originaire de Marcé ; Auguste Boisdron, originaire de Torfou et Jean Godefroy, originaire de Melay.

Jean Godefroy est le plus âgé. De solide constitution, il a un fort tempérament. Il a choisi pour sa mission les conditions de séjour les plus difficiles. Vite attrapé par la maladie, il aura de fréquentes périodes de repos forcé qu'il occupera à la réflexion et à l'écriture. Il enverra de nombreuses lettres à sa famille, à ses amis laissés en Anjou. Nous avons pu en retrouver certaines. Elles ont servi de corpus de départ pour la rédaction de notre livre.

Nous avons choisi d'en utiliser le contenu, pour les témoi-

GRAND'MÈRE LA LUNE

gnages de terrain qu'il comporte, sans déformations, sans concessions, sans s'astreindre à tirer des jugements. La forme choisie est plutôt thématique, sans respecter obligatoirement la chronologie. Celle-ci se retrouve déjà dans une biographie romancée publiée, en 1938, par Claude Renaudy, sous le titre de « Seul chez les Canaques – Jean Godefroy apôtre des Cannibales ».

Jean Godefroy est aussi l'auteur d'un manuscrit pour un essai de grammaire de la langue d'Olal, celle des habitants de sa première mission en brousse. Nous avons reproduit le texte de ce document, retrouvé à la National Library of Australia à Sidney. Il est inséré dans une deuxième partie de ce livre, à disposition éventuelle de quelque curieux de langue vernaculaire mélanésienne.

[1] Voir « Missionnaires maristes et anthropologie au XIXe siècle, aux sources de l'ethnologie et des collections océaniennes ? » Yannick ESSERTEL.

LIVRE I

MISSIONNAIRE AUX NOUVELLES-HÉBRIDES

Figure 1: Jean Godefroy (1878-1933)

I – DE L'ANJOU AUX NOUVELLES-HÉBRIDES

Première éducation au cœur de l'Anjou catholique

Jean Louis Marie Godefroy est né à Melay, en Maine-et-Loire, le 18 novembre 1878, dans une petite maison face au cimetière. Il est le fils aîné de Jean Victor Godefroy, 30 ans, maçon, et de Marie Louise Leroy, 26 ans. Le foyer s'agrandira ensuite avec ses frères Henri, Louis et Arsène et sa sœur Marie-Rose.

Melay est un petit village situé au cœur des Mauges à environ 25 km de Cholet, au sud de la Loire. C'est l'ancienne Vendée angevine. Au XIXe siècle, la population de cette région de bocage vit principalement de l'élevage ; toutes les cultures sont subordonnées à l'engraissement du bétail. Une petite industrie de tissages de draps, torchons et mouchoirs fait encore vivre les bourgs, sur des métiers manuels installés dans les entre-sols des petites habitations couvertes de tuiles rouges.

GRAND' MÈRE LA LUNE

La grande majorité de la population rurale est religieuse et fortement pratiquante au catholicisme. Au début du siècle, la déclaration de la Constitution civile du Clergé de 1790 déclencha un véritable schisme, par ses applications, en particulier par la vente « à vil prix » des biens des paroisses et par l'obligation pour les prêtres de jurer obéissance à la Nation. [voir annexe 3]. Dans les Mauges, la très grande majorité des prêtres refusèrent obstinément ce serment et les fidèles leur restèrent très attachés même lorsqu'ils se sont retrouvés regroupés et gardés au chef lieu du département. Les prêtres dits « constitutionnels » qui se présentèrent pour les remplacer furent souvent très mal accueillis. La mère du nouveau fonctionnaire curé de Melay raconte :

> Représentez-vous le jeune missionnaire entouré d'une population qui le frappe, le turlupine, le poursuit à coups de mottes de terre, le chasse à coups de pied et le veut prendre aux cheveux. Figurez-vous des femmes en furie lâchant contre ce jeune prêtre les plus infâmes propos, le traitant de voleur, d'intrus, de fripon, d'enragé, et lui promettant, s'il revenait, de le jeter dans les douves de sa cure.

A la mort du Roi, l'insurrection éclata à Saint-Florent-le-Vieil et se propagea rapidement sur les deux rives de la Loire. C'est ce que l'on a appelé la guerre de Vendée qui conduisit, sous « la Terreur » à des épisodes de répression sanglante.

Rose, née en 1820 à Melay, est la grand-mère paternelle de Jean Godefroy. Cette sainte femme s'occupe de la formation religieuse de Jean. Elle lui raconte l'histoire des martyrs de

DE L'ANJOU AUX NOUVELLES-HÉBRIDES

Melay. C'était il y a cent ans, pendant la Révolution. Les ancêtres se sont révoltés pour défendre leur culte religieux et leurs prêtres traditionnels. Les hommes ont quitté leur maison pour aller s'opposer à l'armée de la République. En 1794, les « colonnes infernales » n'ont pas épargné le modeste village de Melay, où il ne restait que des femmes et des enfants. Le vingt cinq janvier, les soldats ont abattu à coups de fusils, de crosse, de sabre, les habitants trouvés dans les maisons et emmenés dans un grand fossé près du cimetière.

La grand-mère Godefroy raconta : « quand les hommes revinrent au village, ils creusèrent en pleurant une grande fosse pour y enterrer leurs femmes mortes martyres de la foi chrétienne ... ».

Et de citer, Perrine Besson qui était la sœur de Marie Besson, la grand-mère de la grand-mère de Jean Godefroy. Elle fut massacrée avec ses quatre enfants, alors qu'elle attendait un bébé. Même sort pour Jeanne Turlais, belle-sœur de Marie Besson et, aussi, Marie Secher, cousine de cette dernière, avec ses deux enfants [voir en annexe 4, ce qu'en a écrit le curé sur le registre de la paroisse, quelques mois plus tard].

Ces événements, la révélation de tous ces ancêtres martyrs pour leur foi, ont sans aucun doute influencé l'engagement religieux de Jean Godefroy, comme ce fut le cas, auparavant, pour son oncle Louis, curé de Bouillé-Ménard.

Depuis, la population a décidé de construire une chapelle pour servir de sépulture aux cinquante deux martyrs. Les corps des victimes ont été exhumés puis déposés dans des tombeaux préparés dans la chapelle édifiée dans le cimetière. La chapelle a été bénite le 16 novembre 1874, par l'abbé Bellefontaine et l'aumônier des Gardes.

GRAND' MÈRE LA LUNE

Figure 2: MELAY – L'église, le cimetière, au fond la chapelle des Martyrs

Du collège de Combrée à la paroisse du Longeron

Jean Godefroy, entouré dans sa famille de religieux et religieuses, a su très tôt qu'il voulait devenir prêtre. A l'école communale, puis à la nouvelle école libre fondée par les Frères de Saint-Gabriel, il travaille bien. Il a l'esprit curieux et la soif de savoir. Mais aîné de la fratrie, il doit aider aux ressources de la famille et à l'âge de onze ans son père maçon le prend comme

DE L'ANJOU AUX NOUVELLES-HÉBRIDES

aide sur les chantiers. Cela durera une année, à l'issue de laquelle ses parents acceptent de l'envoyer chez son oncle Louis, prêtre à Bouillé-Ménard, pour apprendre la grammaire latine.

En octobre 1891, il entre comme boursier au collège de Combrée, dans le Haut-Anjou.

Ce collège a été créé en 1810 par le curé François Drouet. Il est devenu établissement général d'éducation en 1849, par décision du comte Alfred de Falloux, alors ministre de l'Instruction Publique et des Cultes. Le collège dispense un enseignement secondaire complet. Il est autorisé à présenter ses élèves à l'examen du baccalauréat es-lettres. A partir de ce moment là, le nom d'institution libre lui est officiellement attribué.

Le collège, petit séminaire depuis 1823, sera considéré comme le fer de lance de l'enseignement catholique et bénéficiera du soutien de Monseigneur Dupanloup qui l'appelait « le Palais de l'Éducation ».

Jean Godefroy fut, les premières années de sa scolarité, un élève exemplaire « toujours sage, pieux, aimable avec ses camarades et ses maîtres, ayant toujours l'air gai et le sourire aux lèvres... »

Son application ne dura pourtant point et ses supérieurs déploraient son bavardage, son indiscipline et son habitude à se moquer des gens, sans vergogne. Avec diplomatie, il a été écrit dans son dossier : « Il avait déjà l'esprit éveillé, fin, riche, un brin fantaisiste. »

Sa vocation n'en est point diminuée et il entre au grand séminaire d'Angers en octobre 1898.

Il est ordonné prêtre le 19 décembre 1903, dans la cathédrale d'Angers.

D'abord vicaire à Saint-Lambert des Levées, près de Sau-

GRAND' MÈRE LA LUNE

mur, il revient dans les Mauges, au Longeron. Attiré depuis son passage au séminaire par les missions lointaines dans les îles, il demande à s'engager auprès des pères maristes qui portent la foi catholique, en suivant les traces de Marie, dans le monde entier. Après son premier noviciat d'une année, en 1908, au séminaire de Santa-Fède, près de Turin, il choisit de partir aux Nouvelles-Hébrides, en Océanie, là où la lutte sera plus dure qu'ailleurs, où les missionnaires ne rencontrent que des obstacles.

Le départ pour les Nouvelles-Hébrides

Après avoir prononcé ses vœux perpétuels le 22 août 1909, Jean Godefroy passe la fin de l'été à Melay, au milieu de sa famille : sa mère, sa sœur Marie-Rose, ses frères Louis et Arsène, son frère Henri et sa belle-sœur. Le dimanche 19 septembre, à la messe en l'église du village, il monte en chaire pour annoncer son départ : « D'une voix claire, il chante plutôt qu'il ne dit son bonheur de partir à la conquête des âmes ».

Le 22 septembre, il quitte la France à Marseille, au bord du *Ville de la Ciotat*, du service de la Compagnie des Messageries Maritimes, qui a des rotations presque mensuelles, à partir de Marseille, vers Sydney, par Suez. Plus tard, la même compagnie exploitera des services réguliers tous les deux mois entre Marseille, Port-Vila et Nouméa, via Panama (durée du voyage : 65 jours environ). C'est ce trajet que Jean Godefroy a réalisé lors de son retour en France, au printemps 1932.

Jean Godefroy voyage en compagnie de douze pères maristes. Le bateau passe le canal de Suez, entre en mer Rouge et

DE L'ANJOU AUX NOUVELLES-HÉBRIDES

arrive à Aden au Yemen, le 1er octobre. Il continue vers Bombay en Inde, où le bateau stationne quelques jours, le temps pour les passagers de visiter la ville. Le voyage reprend le 9 octobre, jusqu'à Colombo, sur l'île de Ceylan [aujourd'hui Sri-Lanka]. Les maristes sont accueillis par des missionnaires catholiques locaux. Jean Godefroy visite la ville en pousse-pousse. Le voyage reprend dans l'océan Pacifique et ses tempêtes. Après une courte escale à Melbourne, en Australie, le bateau reprend la mer pour Sydney. Là, passagers et bagages sont transbordés sur un petit paquebot, le « *Lapérouse* », un annexe des Messageries Maritimes qui fait le service de Nouméa et des Nouvelles-Hébrides. Après une pause de quelques jours à Nouméa où les treize maristes vont prendre des destinations différentes, c'est l'embarquement pour l'île Vaté et le mouillage, vingt-cinq à trente plus tard, dans la rade de Port-Vila, où il n'y a encore dit-on « ni port, ni ville ». C'est ainsi que, le 17 novembre 1909, Les Pères Boidron, André, et Godefroy font connaissance de la chaude humidité du climat néo-hébridais et du Père Procureur de la mission mariste, venu les accueillir et récupérer les colis et lettres expédiés de France.

GRAND' MÈRE LA LUNE

Figure 3: Photo de famille Godefroy avant le départ de Jean pour les Nouvelles-Hébrides

II – MARISTE AUX NOUVELLES-HÉBRIDES

L'archipel au début du XXᵉ siècle

Les informations suivantes sont, pour le principal, tirées de l'édition de 1931 de l'encyclopédie pratique illustrée des colonies françaises dite « Quillet ».

Une quarantaine d'îles habitées s'égrènent dans l'océan pacifique au nord-est de l'Australie, dans un groupement qui a pris le nom de Mélanésie [les îles noires], entre la Polynésie, à l'est, et la Micronésie, au nord-ouest. Nous sommes à 400 km environ de la Nouvelle Calédonie.

La superficie totale de l'archipel est de 14 000 km².

Les îles principales sont : Espiritu-Santo, Aoba, Pentecôte, Mallicolo, Epi, Ambrym, Vaté ou Sandwich, Tanna, Erromango.

GRAND'MÈRE LA LUNE

Le relief de ces îles est assez élevé et surtout volcanique. Des cratères sont en éruption permanente à Ambrym, Lopévi et Tanna. Une végétation forestière luxuriante recouvre les pentes. Le climat est chaud et humide, mais tempéré par l'influence océanique. La température n'est jamais excessive et ne descend pas au-dessous de 12°. L'Européen ne saurait toutefois résider à demeure dans les îles. Il a à redouter l'anémie et le paludisme.

Des cyclones tropicaux très violents reviennent chaque année, entre les mois de novembre et d'avril.

Un 25 février à Port-Vila, quartier général sur l'île Sandwich, c'est l'été. Jean Godefroy écrit :

> Nous nous attendons à un cyclone. Nous coulons nos jours confiants en la divine Providence. Il pleut et il fait chaud, d'où une humidité et une fertilité dont vous vous ne ferez jamais une idée juste. Si on coupe une bouillerée d'herbe et qu'on la retourne sur place, elle reprend racine par l'autre bout deux ou trois jours après. Quand on ébranche le manioc et qu'on jette les branches en tas, les branches restent vertes des mois entiers. Les pluies sont annoncées, la veille, par une avalanche de punaises. Pendant qu'on mange, elles tombent dans nos verres, dans nos assiettes. Il y a des moustiques aussi […]. La bestiole la plus répandue est la fourmi. On est tenté de croire qu'elles sortent de terre, des meubles, des étoffes, tant il y en a. Dans le jardin ou dans la brousse, asseyez-vous cinq minutes et vous constatez aussitôt que vos souliers sont changés en fourmilières.

Les ressources sont exclusivement agricoles. La fertilité du sol, le climat chaud et humide permettent toutes les cultures

MARISTE AUX NOUVELLES-HÉBRIDES

tropicales, notamment celles du coton, cocotier, café, cacao, vanille, tabac, maïs. Les ressources de la pêche, abondante sur les côtes, s'ajoutent à celles de l'agriculture.

Les forêts fournissent des bois d'ébénisterie précieux, comme le palissandre, l'ébène et le bois de rose. L'écoulement des produits peut se faire, soit en vendant sur place au commerce local, soit en expédiant la marchandise à des courtiers sur des ports français.

La Compagnie française immobilière des Nouvelles-Hébrides gère, depuis Paris, le domaine de la Société française des Nouvelles-Hébrides. Elle forme des sociétés d'entreprise pour la mise en valeur des terrains cédés. Elle peut vendre de gré à gré des terrains aux personnes intéressées par une implantation aux Nouvelles-Hébrides. Les colons installés dans l'archipel possèdent des exploitations en pleine production.

En 1928, le commerce extérieur des Nouvelles-Hébrides est partagé à peu près également entre importations et exportations. Les quatre cinquièmes des opérations se font avec la France par Port-Vila.

La population est cosmopolite.
Le 1er janvier 1929, il y avait aux Nouvelles-Hébrides :
– 797 Français, dont 33 religieux ;
– 5 974 ressortissants et sujets français, dont 5 774 Tonkinois ;
– 211 Anglais, dont 57 pasteurs anglicans et leurs familles ;
– 39 ressortissants et sujets britanniques ;
– environ 40 000 habitants indigènes.

GRAND'MÈRE LA LUNE

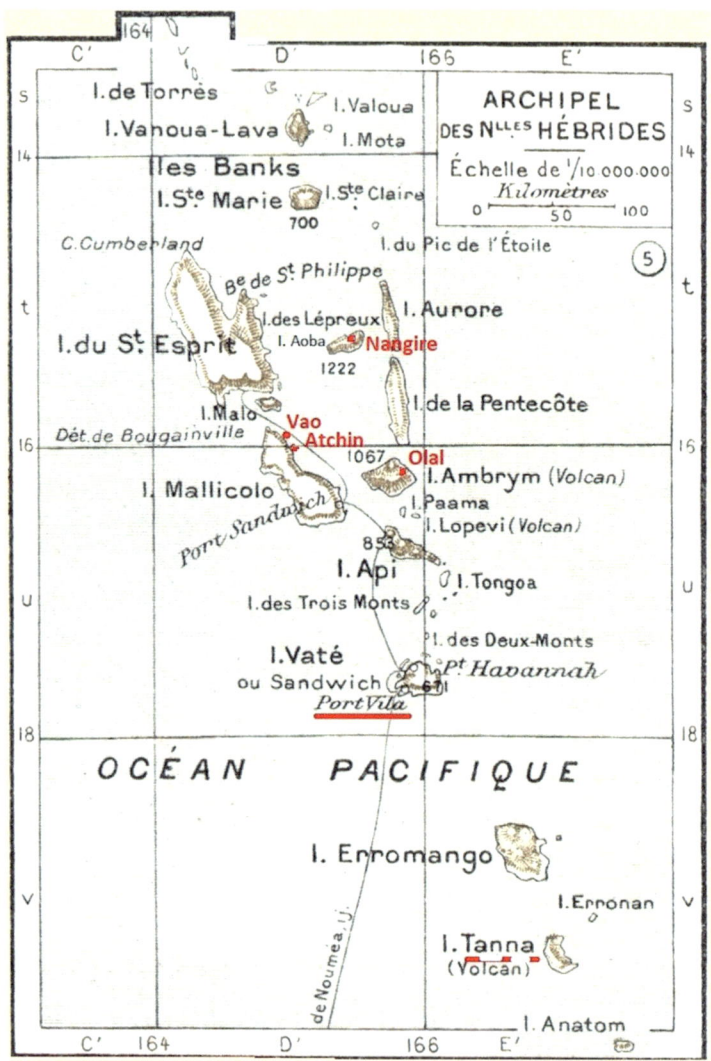

Figure 4: Carte de l'archipel des Nouvelles-Hébrides

MARISTE AUX NOUVELLES-HÉBRIDES

La population indigène s'est effondrée en un peu plus d'un siècle. On l'estimait à environ un million en 1800. Les raisons : d'une part des épidémies et d'autre part, jusqu'en 1903, un commerce massif de main-d'œuvre qui porta le nom de blackbirding.

Du côté des établissements de santé, un seul hôpital français existe à Port-Vila. Il compte deux médecins des troupes coloniales et quatre infirmières européennes. Un médecin de la colonisation réside à Santo, au nord de l'archipel. Il est assisté d'une infirmière indigène. Des postes médicaux sont installés à Mallicolo et à Epi.

Selon Mgr Douceré, vicaire apostolique, les indigènes des Hébrides sont religieux. Les grandes vérités religieuses sont conservées. L'âme survit après la mort et des esprits qui ne sont pas des âmes d'hommes morts existent. La plupart de ces esprits sont mauvais, mais il y en a un qui domine et qui est sage et bon.

Quelques traits d'histoire de l'archipel

Voici un résumé de ce qui a été écrit à ce sujet, en 1934, par Mgr Victor Douceré dans « La Mission Catholique aux Nouvelles-Hébrides ».

À la fin d'avril 1606, le portugais Quiras, commissionné par le roi d'Espagne, après avoir traversé tout le Pacifique, débarque sur le rivage de la grande île, Espiritu Santo. Il prend possession au nom du roi d'Espagne. L'équipage se mutine et Quiras reprend la route de l'Amérique.

En 1768, un siècle et demi plus tard, Bougainville traverse

l'archipel et donne un nom à cinq des îles. Il débarque sur l'île d'Aoba et prend possession au nom du roi de France. L'acte en est gravé sur un madrier de chêne, enterré avec une bouteille scellée, portant le nom des deux navires : La Boudeuse et L'Étoile, et les noms des officiers.

Cook arrive six ans après et prend à son tour possession au nom du roi d'Angleterre. C'est lui qui donne le nom Nouvelles-Hébrides, à l'occasion d'un deuxième voyage.

Figure 5: Débarquement à Tanna 1778

Après les baleiniers, à la poursuite des cachalots, ce sont des santaliers qui viennent dans les îles pour exploiter le bois du santal odoriférant très recherché par les Chinois. Puis arrivent les négriers, recruteurs de main-d'œuvre, aux méthodes immorales. Le ressentiment du « canaque » pour le blanc date de l'apparition de ces flottes, armées pour la plupart par de véritables pirates.

Le commerce avec les indigènes commença par des « co-

MARISTE AUX NOUVELLES-HÉBRIDES

prah-maker », pour des noix de coco desséchées, les cocotiers étant naturellement abondants aux Nouvelles-Hébrides.

L'échange se fait avec du tabac, accompagné de boisson hilarante : « le cahier de chanson ». Les coprah-maker n'avaient pas vocation à se fixer, mais certains ont commencé à acquérir des terrains et planter des cocotiers. Ce fut le commencement de la colonisation, pour les Français, surtout, avec leur vocation d'agriculteurs.

Le commerce se développe alors principalement par la Nouvelle-Calédonie. C'est John Higgincon, un brasseur d'affaires d'origine irlandaise, défendant la cause française, qui monta la première affaire coloniale hébridaise, sous le nom de Compagnie calédonienne des Nouvelles-Hébrides, transformée en Société Française des Nouvelles Hébrides en avril 1894, en accord avec le gouvernement français.

Les colons ont besoin d'un minimum d'organisation, en particulier pour faire établir des actes d'état-civil. Ils en arrivent à créer une sorte d'état indépendant, sous forme de municipalité à Franceville (devenu Port-Vila), sur l'île Vaté. Ce qui réveilla les sphères gouvernementales des deux puissances rivales.

En 1878, un premier arrangement est conclu. Le principe de l'indépendance des Nouvelles-Hébrides est reconnu, tout en accordant des droits égaux sur l'archipel aux deux puissances. Une nouvelle convention du 16 novembre 1887 organise une police intermittente par l'établissement de la « commission navale mixte ». Deux navires de guerre, un français et un anglais, surveillaient les îles et leurs commandants respectifs présidaient des sessions pouvant décider de mesures répressives à exercer.

GRAND'MÈRE LA LUNE

La société de Marie et les pères maristes

Au début du XIXᵉ siècle, la fondation des missions catholiques d'évangélisation en Océanie est impulsée par deux marins catholiques, familiers du Pacifique : Jean-Baptiste Rives et Pierre Dillon. A la suite de contacts pris avec des organismes missionnaires, des candidatures se présentent dès 1827. La Société de Marie fut parmi les premières. Congrégation religieuse de droit pontifical fondée par Jean-Claude Colin en 1822, elle fut approuvée par le pape Grégoire XVI le 29 avril 1836.

Sa mission est plus particulièrement orientée vers l'éducation de la foi et la multiplication des communautés chrétiennes. Les maristes sont très engagés dans l'enseignement catholique mais pas de façon exclusive, ils sont aussi ouverts à tout type d'œuvre qui leur permet d'œuvrer à l'enseignement de la foi. La congrégation des pères maristes est une des cinq branches de la Société de Marie. Les pères maristes sont religieux et prêtres.

Le pape, préoccupé d'évangélisation catholique, alors que les missionnaires protestants sont déjà sur le terrain, divise l'Océanie en deux parties : orientale et occidentale, se réservant la possibilité de rediviser ensuite selon les besoins.

Le 13 mai 1836, la mission d'évangélisation en Océanie occidentale, devant intervenir sur un territoire gigantesque allant de la Nouvelle-Zélande au sud, aux Mariannes vers le Nord, des îles Samoa à l'Est jusqu'à la Nouvelle-Guinée inclusivement à l'ouest, est confiée à la Société de Marie.

La société naissante, qui ne comprend alors que vingt membres, envoie ses premiers missionnaires, parmi lesquels

MARISTE AUX NOUVELLES-HÉBRIDES

Pierre-Louis-Marie Chanel, le martyr de Futuna. Le 24 décembre 1836, embarqués au Havre sur *La Delphine*, ils quittèrent la France pour s'installer finalement à Wallis et Futuna, dans le vicariat apostolique de l'Océanie centrale. Après quelques ajustements, la partie de l'Océanie laissée aux soins apostoliques de la Société de Marie est successivement divisée en sept juridictions distinctes : Océanie centrale ; Les Navigateurs ; Nouvelle-Calédonie ; Fidji ; Nouvelles-Hébrides ; Salomon méridionales et Salomon septentrionales.

Le vicariat apostolique de Nouvelle-Calédonie et sa région

Après l'échec des tentatives d'installation, à Anatom en 1848 et Tikopia en 1851, l'évangélisation de l'archipel des Nouvelles-Hébrides est rattachée tacitement au vicariat de Nouméa. Le vicaire apostolique est un évêque qui, sur place, est le représentant direct du pape, via l'administration romaine.

Il faut attendre l'élection de Mgr Hilarion Fraysse le 23 février 1880 pour que le projet d'évangélisation se relance dans l'archipel, avec l'intervention favorable de John Higginson qui intrigue auprès du gouvernement français, pour faciliter une opération où certains travaillent pour que l'archipel devienne français à part entière.

Après quelques années de dures négociations, il est décidé fin 1886, de détacher aux Nouvelles-Hébrides, quatre missionnaires expérimentés : les Pères Charles Le Forestier, Xavier Chaboissier, François Gautret et François-Xavier Gaudet. Il reste à faire des reconnaissances de terrain.

Il faut un supérieur spécial aux Nouvelles-Hébrides. C'est le

GRAND'MÈRE LA LUNE

père Victor Douceré, arrivé à Nouméa le 3 janvier 1887, qui est choisi le 17 septembre 1889 par Mgr Fraisse. Pourtant ce dernier avait écrit : « je me déciderais bien à envoyer le père Douceré, mais au premier accès de fièvre il serait annihilé, c'est l'avis du médecin. Et puis, il est plus breton et original qu'on ne le pensait ».

Il faut maintenant choisir un centre d'implantation pour la mission. Plusieurs sites ont été testés. C'est Port-Sandwich, sur l'île Mallicolo, au centre de l'archipel, qui est choisi.

Quatre ans plus tard, le père Douceré est rappelé à Nouméa, auprès de son évêque. Il est ainsi mis en repos et en réserve, en attendant une fonction plus importante. C'est ainsi qu'il revient à la mission de l'archipel en 1899, pour être nommé préfet apostolique le 9 février 1901 et finalement vicaire apostolique des Nouvelles-Hébrides, le 22 mars 1904.

La mission prend donc son indépendance ecclésiastique, tout en gardant ses liens avec la société religieuse des Maristes qui continue à lui fournir son personnel et de fait aussi et en partie ses ressources. Les missionnaires néo-hébridais pourront continuer de bénéficier de l'accueil au repos dans les établissements de Nouvelle-Calédonie.

La mission des Nouvelles-Hébrides compte alors quatorze stations : Port-Vila ; Mélé ; Monmartre sur Vaté ; Lamap sur Mallicolo ; Sésivi ; Craig-Cove et Olal sur Ambrym ; Wanour et Melsis sur Pentecôte ; Nangire sur Aoba ; Tolomaco sur Santo ; Vao, Atchin et Wala sur les ilôts.

Depuis quelques années, l'île de Vaté a pris une importance économique prépondérante, au sud de l'archipel. Les cent quarante trois colons français recensés exportent coprah, maïs et

MARISTE AUX NOUVELLES-HÉBRIDES

café. Ils imposent leur influence sur la population. Administrativement, un officier d'état-civil a été mis en place en 1901 et une organisation locale émerge avec l'élection de onze conseillers municipaux.

La baie de Port-Vila devient un lieu de transit commercial maritime.

C'est en conséquence que Mgr Douceré décide d'installer le siège du vicariat à Port-Vila, au milieu d'une population indigène depuis longtemps convertie au protestantisme. Le ministère catholique s'y adressera principalement aux colons. Sous le patronage de Saint-Victor, une école destinée aux enfants des colons s'ouvre à Port-Vila, le 1er mai 1905. Elle est tenue par des Frères maristes.

Le 2 décembre 1907, sous le fracas de vingt et un coup de canons, le condominium franco-anglais est solennellement proclamé et entre aussitôt en vigueur.

Selon la convention du 20 octobre 1906, chacune des deux puissances entretient à Port-Vila, chef-lieu administratif, un commissaire résident chargé de l'administration de ses nationaux suivant les lois et usages de la métropole. Un tribunal mixte règle les divers litiges civils et statue sur les infractions à la Convention du condominium et aux règlements communs.

C'est dans ce contexte que, le 17 novembre 1909, les pères Godefroy, Boisdron et André, tous trois angevins, débarquent à Port-Vila. Le lendemain, ils visitent l'école de Montmartre, au milieu des enfants en grande joie. Cette école a été créée en 1902, d'abord à la mission de Mélé près de Port-Vila à Vaté, par Victor Douceré, préfet apostolique. La direction en a été confiée au Père Vazeille, débarqué dans l'île en novembre 1901.

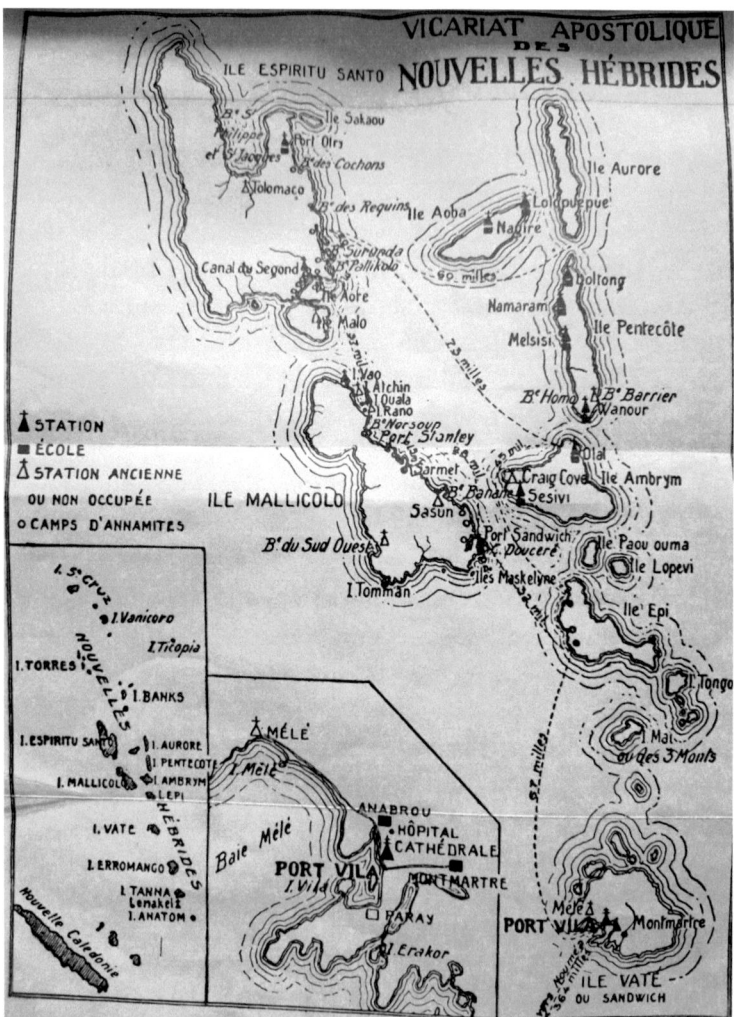

Figure 6: Carte des missions du vicariat

MARISTE AUX NOUVELLES-HÉBRIDES

Pour résoudre le problème des langues, tous s'initient au français. Pour la subsistance, ils doivent la tirer du jardin, du poulailler ou encore de la plantation de maïs, où ils travaillent de leurs bras. Il y a une trentaine d'élèves en 1902.

Après un litige de propriété avec la Société Française des Nouvelles-Hébrides, l'école est transférée en décembre 1902, sur un immense terrain acheté à la dite société, à six kilomètres à l'est de Port-Vila. Douceré baptise l'endroit « Montmartre » en l'honneur du Sacré-Coeur à qui il a déjà dédié la Préfecture.

Le Père Edouard Loubière, premier responsable, arrive le 22 janvier 1903. Lui succéderont :
– le Père Jean-Baptiste Suas en 1905 ;
– P. Françis Rougé, en 1908 :
– P. Pierre Salomon, en 1909 ;
– **P. Casimir Gonnet, en 1910.**

GRAND'MÈRE LA LUNE

III – VIE QUOTIDIENNE À L'EUROPÉENNE DANS L'ARCHIPEL

Travailler et investir aux Hébrides en 1920

A la sortie de la grande guerre, les nouvelles qui arrivent de France, par la famille de Jean Godefroy, font état d'un grand pessimisme en matière de conditions de la vie. Dans le marasme économique de cette décennie, on regrette le temps d'avant-guerre. Les caractères aigris rendent difficiles les relations d'autrefois.

Jean Godefroy rapporte qu'aux Hébrides les colons font fortune. Dans une économie essentiellement agricole, le coprah qui se vendait 425 fr la tonne, se vend aujourd'hui 2 000 fr. Le coton à 480 fr, est maintenant vendu à 1350 fr. Le cacao à 1 500 fr est passé à 5 500 fr.

Une propriété plantée de 700 hectares se vend 200 000 fr. Mais le change a augmenté de manière effrayante : il est aujourd'hui à 160 pour cent.

GRAND'MÈRE LA LUNE

Dans ce contexte, Jean Godefroy évoque les conditions quotidiennes de travail, en particulier pour ce qui le concerne, dans la construction des bâtiments des missions.

Le 30 avril 1920, depuis l'école Saint-Joseph pour enfants d'Européens, à Port-Vila, où Jean Godefroy a été affecté en mars 1917

A Vila, la journée d'un homme libre (opposé à celles des forçats) est de 20 à 25 fr et comporte 8 heures de travail. C'est le prix des maçons, cimentiers, charpentiers, etc. Ici c'est l'employeur qui fournit la main d'œuvre. L'ouvrier demande à venir seulement avec ses outils, il n'a pas même à s'occuper des échafaudages ni du matériel en quoi que ce soit comme chaux, ciment, pierres, briques. Tout cela, c'est l'employeur, le propriétaire, qui s'en occupe. L'ouvrier ne s'occupe que du travail lui-même et de ses quelques outils. Exemple : en ce moment nous agrandissons l'église et un travail de soutènement s'impose. Il s'agit d'un mur de soutènement considérable. Eh bien, la mission se charge d'amener tous les matériaux à pied d'œuvre et fournit à l'ouvrier toute la main d'œuvre nécessaire pour monter les pierres, brasser le mortier, l'amener dans les boites, etc. etc.

L'ouvrier, M. Licht, arrivera lundi prochain avec ses marteaux, fils à plomb, équerre, son mètre, ses cordeaux et un point c'est tout. Puis il disposera ses pierres, en forme de mur et voilà. C'est donc son travail comme habilité plutôt que musculaire qui est payé. Aucun tracas. Il n'a pas de sous-ordres. Le matin il travaille de 7 à 11 heures et le soir de 1 à 5 heures. Et il touche de 20 à 25 fr selon la convention. Les côtés pénibles du métier, c'est la chaleur de 10 h à 11 h et de 1 h à 3 h, et la fièvre, mais une fois acclimaté on n'y pense

VIE QUOTIDIENNE DANS L'ARCHIPEL

plus. La chaleur tropicale se fait sentir du 1er novembre au 1er mai.

La femme de son côté gagne pas mal d'argent, soit en confectionnant des habits pour homme, femmes, enfants et pour les indigènes ou en tenant un petit magasin. Une modiste y ferait fortune.

Le prochain bateau demain nous apportera 6 émigrants : charpentier, colon, gérant, etc. et aussi un médecin (major de l'armée coloniale). Il est bien temps ! Il y a un an passé que notre hôpital est sans médecin !! C'est le docteur de l'hôpital anglais qui assurait le service. Mais c'était mal commode ; il ne sait pas le français, il est surtout chirurgien et ne connaît pas la pharmacie française.

Jean Godefroy poursuit le 12 octobre 1920

Je te parlais des ouvriers dans ma lettre et je te disais quelles facilités ils avaient de gagner de l'argent à pleines mains. Eh bien, c'est toujours pareil, nos ouvriers n'ont pas su profiter de ses circonstances : jamais ils ne finissent un chantier, ils ne veulent pas prendre au contrat, mais à la journée. Alors ils travaillent 6 heures et abandonnent le chantier commencé, pour aller ailleurs.

Alors les ouvriers japonais sont arrivés et ils ont supplanté nos ouvriers européens. Nous agrandissons notre église de Vila : deux ouvriers blancs nous ont lâché coup sur coup, force a été de prendre des Japonais, cela pour la maçonnerie. Le charpentier, un français, a taillé la charpente et maintenant, il ne veut pas la monter. Il faudra encore prendre des Japonais. Si tu savais : quels travailleurs ! Ils ne chôment jamais. Vifs, agiles, l'ouvrage leur fond entre les mains et ils prennent au contrat signé. Ils calculent très bien et au jour fixé, l'ouvrage est terminé et on paie et on déchire le papier.

GRAND'MÈRE LA LUNE

Les 20 Japonais qui sont ici sont de Tokio, leurs pères sont des entrepreneurs qui ont été enseignés par des ingénieurs français et anglais. Quand ils enduisent, j'ai reconnu le coup de poignet de papa, quand il lançait une truellée de mortier contre le mur à crépir.

Le 27 décembre 1923, Jean Godefroy propose à son cousin Pierre, qui se plaint de rhumatismes de venir travailler aux Hébrides où le climat lui serait plus favorable, car la chaleur n'y manque jamais. Et puis surtout, comme il est cordonnier, il raccommoderait les souliers.

Nous n'avons pas de cordonniers aux Hébrides. Quand un soulier est un peu détérioré, on le jette à la mer. C'est malheureux : un cordonnier à Vila ferait fortune en 10 ans, surtout s'il faisait venir son cuir de France ce qui est facile par les grands courriers. Il y en a en Australie mais il coûte cher. Un jeune homme de 30 ans viendrait maintenant, il ne suffirait pas à l'ouvrage. Nous sommes dans un pays riche et jeune.

Jean Godefroy est affecté à la mission de Vao le 28 mai 1925. La mission de Vao a été créée par le Père André Vidil, mort en 1898 d'un empoisonnement alimentaire après huit ans de présence. Le P. Vidil découragé par le peu d'intérêt que les indigènes lui réservaient avait écrit : « Mes Vao ne rêvent que de porc et sont constamment à courir pour s'en procurer ». Le P. Antoine Tayac lui succéda sans plus de succès, puis le P. Jamond. Le Père Godefroy arrive à cette mission après plusieurs années d'abandon.

Souffrant en permanence de ses jambes, Jean Godefroy se rend à l'hôpital de Port-Vila courant 1928, sur les instances de

VIE QUOTIDIENNE DANS L'ARCHIPEL

son docteur, pour se faire soigner. Depuis quelques temps, il se sent plus infirme que jamais. Ses plaies ont fait de la gangrène. Il s'est cru perdu et a « réglé ses affaires personnelles ». Il s'en est miraculeusement rétabli. Cette fois, il doit se faire soigner pour une dysenterie. On va lui faire un traitement énergique en hôpital.

Retrouvant ainsi Port-Vila, il s'extasie devant les transformations de la ville et analyse le développement économique.

Lettre du 1er octobre 1928, de Port-Vila

> Mon vieux Vila a bien changé depuis deux ans. C'est plein d'automobiles, les particuliers et les maisons de commerce en ont en quantité. On se fait servir à domicile. Ce sont de grosses machines, à moteur Reynault de 20 chevaux au moins, parce que la ville est située à flan de colline : ou bien ça monte toujours, toujours ; ou ça descend toujours. Sur le bord de mer, on peut faire une trentaine de kilomètres à aller et autant pour le retour. Dans l'intérieur de l'île, on peut aller jusqu'à 15 kilomètres. Vous voyez nos routes sont limitées. C'est qu'on n'est pas aux Hébrides pour se promener, mais pour travailler et faire fortune, le plus vite possible, à cause des fièvres. Un jeune homme avait gagné une jolie auto Peugeot à Nouméa, dans une loterie : il l'a échangée contre une petite « chenille » et l'a amenée à Vila pour faire des charrois. C'est sa jeune femme qui n'est pas contente ! Mais lui gagne aujourd'hui 20 francs par charrois et fait souvent 10 à 12 charrois par jour, pour les constructions navales.
>
> Vila s'agrandit tout doucement, en vertu de l'accroissement des maisons de commerce. Plus les employés augmentent, plus il faut construire de maisons. De même pour les fonctionnaires du gouvernement.

GRAND'MÈRE LA LUNE

Figure 7: Rade de Port-Vila

Élever, cultiver et chasser pour se nourrir dans l'archipel

A son frère Henri et sa femme Marie, qui en France pendant la grande guerre, se désolent de difficultés pour nourrir la famille, il donne des conseils pratiques, en expliquant comment on fait aux Hébrides.

Lettre du 21 octobre 1916 depuis Olal

Henri, avez-vous une basse-cour ? Ici en colonie on fait pondre les poules en leur donnant du maïs le soir et en France

VIE QUOTIDIENNE DANS L'ARCHIPEL

ça coûte moins cher que le blé ; essayez et vous verrez le résultat.

Si la viande devient chère, élevez des lapins et des chats. A Nouméa on mange du chat comme du lapin, même chez Monseigneur. Je vous recommande aussi, comme bon marché, les queues de vache et de bœuf. Arrangées en ratu [sauce indonésienne] c'est excellent. Il y a une foule de mets que le bien être a fait exclure de vos cuisines. C'est du préjugé, de la pure convention. Ici on arrange les rats et les longs serpents (gros comme le bras et longs de 2 mètres). Ce sont des animaux à chair blanche et légère.

Et les épis de maïs mangés en petits pois ? Pour cela, il faut les cueillir un peu avant qu'ils soient mûrs, quand les grains sont encore très tendres et qu'ils n'ont pas atteint toute leur grosseur. Quand l'épi est venu à point, mais avant qu'il n'ait commencé à durcir, on l'accommode d'une autre façon : on enlève les plus grosses enveloppes, on ne laisse que les deux plus tendres et on met l'épi à rôtir sur la braise, pendant quelques instants. Quand les grains sont ainsi cuits rôtis, alors on enlève ce qui reste d'enveloppes et de fibres, on le saisit par les 2 bouts, les 2 coudes sur la table et on le porte à la bouche et on grignote. C'est tout simplement exquis. De plus c'est légèrement laxatif. Quand mon maïs est prêt, il me faut 2 épis par repas du soir.

Semez du maïs, par rangées à 1,20 m de distance, 3 grains par 3 grains. Quand il sera poussé, ne laissez qu'une tige ou deux par pied [...].

Pour le serpent, faites le mariner pour vous y habituer ; le rat veut un peu de vinaigre ; il faut des pommes de terre avec la queues de vache ; le chat se prépare en civet ou en ragoût.

On mange aussi des vampires. C'est affaire de goût.

GRAND'MÈRE LA LUNE

Lettre du 24 juillet 1927 à l'oncle Pierre Leroy et sa femme Jeanne, d'Angers

Je deviens canaque de plus en plus, je mange comme eux, je couche comme eux, je parle comme eux. Leur philosophie n'est pas mauvaise : jamais ils ne se demandent aujourd'hui ce qu'ils feront demain, et ils ont raison, car souvent le lendemain, ils ne font rien du tout. En voilà des gens heureux ! Après tout c'est comme dans la prière du Notre Père que le bon Dieu a faite lui-même : Donnez-nous aujourd'hui notre pain quotidien ! On n'en demande pas pour demain, mais pour aujourd'hui seulement. Voyez-vous, vous autres vous êtes trop civilisés, et c'est votre civilisation qui vous tue en ce qu'elle a de trop. Venez donc à Vao. Vous connaîtrez la vie heureuse, dépourvue de tous soucis, de tous tracas. Et le plus fort c'est qu'à ce compte là, ils sont tous rentiers puisque le bon Dieu leur donne toute la nourriture dont ils ont besoin.

Il y a deux ans que je n'ai pas mangé une feuille de salade ! Moi qui aime tant la salade ! Tout de même, je me suis mis à faire un jardin, et j'ai fait un semis de chicorée, deux semis de laitue, un semis de tomates et planté 50 pieds de haricots en grains, puis tout autour, j'ai planté 12 pieds de chou canaque, qui se mangent en épinards. – puis un semis de choux Bruxelles – Dans quelques jours je ferai un semi d'aubergines.

Malheureusement, ces graines ne valent rien. Aussi je vous demanderais, vous qui êtes à Angers, de me faire une petite caisse de graines : salade, carottes, choux, tomates, navets, pois, haricots verts (qui se mangent en gousse), en écrivant le nom des graines sur chaque petit paquet (vous ferez recommander la petite caisse) ou en boite de fer blanc soudée. Et vous adresserez cela au : R. P. Régis 13 rue de l'Annonciade Lyon Rhône. Mais sous le papier, vous écrirez sur la caisse : pour le R. P. Godefroy à Vao Nouvelles-

VIE QUOTIDIENNE DANS L'ARCHIPEL

Hébrides Océanie. Et il se chargera de me la faire parvenir. Quel service vous me rendriez !

Pierre et Jeanne ont invité Jean Godefroy à venir en France goûter les fruits de leur jardin et de leurs treilles. Le Père répond :

Lettre du 1er octobre 1928 depuis Port-Vila

J'irai bien un jour, mais quand ? Je ne le sais pas encore. Je ne suis pas mon maître.
Par ici aussi nous avons d'assez bons fruits, comme les ananas, par exemple. Un ananas au citron ou au vin, qu'y a-t-il de meilleur. Et les avocats qu'on appelle ici le beurre végétal, au goût de noisette ; et les mangues si juteuses ; et les pommes cannelles si parfumées ; et les jam-roses, qu'on croirait manger des roses et les litchis et les goyaves et les corossols et les pommes de Cythère et les pommes canaques si roses, si fraîches et les oranges qui mûrissent deux fois par an et tant d'autres que j'oublie, comme les énormes pastèques. Vous voyez nous avons de quoi vous tenir tête.

Un peu plus tard, Pierre, épicier à Angers, se plaint de la vie chère, parce que le beurre est hors de prix. Aussitôt, Jean Godefroy lui crie :

Lettre du 10 juin 1929 depuis Vao

Pourquoi donc manger du beurre ? Faites comme moi ! Je le vois, moi aussi le beurre, en de belles boites colorées, sur les bateaux ; mais, comme le prix me brûle les doigts, je ne le prends pas. Ici, aux Hébrides, le beurre est à 23 francs la livre

GRAND'MÈRE LA LUNE

anglaise (450 grammes) ; les pommes de terre se vendent 5 francs le kilo ; la boite de lait concentré de 400 grammes est à 6 fr. 50, une bouteille de vin rouge de 80 centilitres, à 6 fr. 25, une bouteille d'huile d'arachides ou de graines de coton, qui n'a aucune saveur, à 16 francs. Et ainsi du reste. Çà, c'est vraiment la vie chère ! Heureux pays d'Anjou, où l'on se croit obligé de faire la cuisine au beurre parce que c'est l'habitude ! Alors que dans le reste de la terre habitée on fait la cuisine à la graisse, à l'huile, à la margarine, au lait de coco ! Oui, heureux pays d'Anjou !…

Des bateaux pour se déplacer

Entre Sydney et les Nouvelles-Hébrides, il y a deux services de steamer (bateau à vapeur), le service français et le service anglais, tous les deux à peu près mensuels. Le bateau français passe par Nouméa, à l'aller et au retour.

Entre les îles de l'archipel, les communications se font par :

1° – Un service régulier, par deux grands steamers de Port-Vila à Port-Sandwich (Mallicolo) et au canal du Second (Santo) et retour à Vila ;

2° – Des bateaux français de commerce qui parcourent continuellement les îles, mais dont le service et très irrégulier et réglé uniquement par le cargo à prendre ;

3° – De petites embarcations à pétrole, à voiles , à rames, à l'usage des colons et des missionnaire, pour de petits parcours.

A partir de 1927, les Maristes peuvent utiliser le « *Saint-Joseph* », un petit bateau appartenant au vicariat et décrit ainsi par Mgr Doucéré : « c'est un cotre tenant un peu du ketch, vu qu'il a tout à fait à l'arrière une petite voile. Le tonnage brut est de 25,65 t. Outre la voilure, il est actionné par un moteur à huile lourde, du genre Diesel, de construction française. Aux portemanteaux sont suspendus deux petites baleinières, embarcations de service et, au besoin, de sauvetage. Elles ont été payées par des catholiques américains. Dans les conditions ordinaires, la vitesse est de 5 nœuds, ou 5 milles marins à l'heure ».

Figure 8: Le Saint-Joseph pour les déplacements

Ce bateau présente, pour les missionnaires, l'avantage de posséder une malle-chapelle permettant la célébration de la messe, plutôt à terre, car la stabilité même au mouillage n'est pas suffisante pour s'y risquer à bord.

Le « *Saint-Joseph* », construit grâce à l'aide de bienfaiteurs, resta en service jusqu'en 1959.

Au début de novembre 1927, le Père Godefroy reçoit enfin sa pétrolette, un petit canot motorisé au pétrole qui lui avait été promis depuis quelque temps. Il l'a baptisée « St-Pierre-Claver », du nom d'un apôtre des noirs devenu patron d'un apôtre d'Atchin. Cela lui permettra de naviguer plus rapidement entre les îlots. Jusque là, il utilisait une petite pirogue à balancier, équipée au mieux d'une voile triangulaire constituée de nattes tressées. Les indigènes, le plus souvent, se contentent pour la voile de simples feuilles de cocotiers, nouées au centre. Entre Vao et Atchin, déplacement qu'il pratique souvent à partir de 1927, le P. Godefroy a une heure de traversée par temps calme.

La surveillance militaire dans le condominium : un dispositif franco-anglais

En juin 1929, un navire de guerre français, *Cassiopée*, est arrivé au large de l'îlot de Vao. C'est un patrouilleurs armé, construit en Angleterre en 1915. Il est armé de six canons et de tubes lance-torpilles. L'effectif est d'une compagnie d'infanterie d'autrefois, soit 120 hommes.

Ce navire intervient dans le dispositif de surveillance militaire mis en place dans le cadre d'une « Convention navale mixte » entre la France et l'Angleterre, pour parer à toute éventualité de conflit et former, au besoin, un tribunal apte à décider d'une action répressive à exercer.

Jean Godefroy raconte :

Lettre du 10 juin 1929 depuis Vao

> Il est arrivé lundi soir, vers quatre heures. Aussitôt aperçu, les Vao de s'enfuir vers le centre de l'île, preuve qu'ils n'ont pas la conscience bien en paix. Vers neuf heures du soir, de grandes et vives lumières sillonnèrent le ciel : c'était le

VIE QUOTIDIENNE DANS L'ARCHIPEL

commandant qui faisait fonctionner son projecteur. Alors, je descendis au rivage avec les gamins et quelques-uns seulement osèrent me suivre. Les cris des gosses sur le rivage attirèrent l'attention du commandant, qui braqua l'objectif sur la plage.

Suivaient les enfants qui couraient de toutes leurs forces pour échapper. Puis, je fus pris à mon tour dans le faisceau éblouissant et, le commandant m'ayant reconnu me salua de trois grands coups de sirène prolongés. J'agitai mon mouchoir et il recommença à me saluer en faisant miauler sa sirène. Mes gens, ils étaient cinq, n'étaient pas fiers.

Comme il faisait beau, bien qu'il n'y eût pas de lune, l'idée me vint d'aller à bord rendre la politesse au navire de guerre. Nous prîmes une grande pirogue et nous nous dirigeâmes vers le « Man of war », comme on dit aux Hébrides. Aussitôt le projecteur nous saisit et éclaira notre route jusqu'à lui. Arrivés à l'échelle, je grimpai là-haut et me trouvai en plein état-major. J'étais nu-pieds et nu-tête. Les officiers me reçurent cordialement et me présentèrent le commandant. Celui-ci, petit, nerveux, grisonnant, s'en prit tout de suite à mes Vao et s'écria : « commandants d'armes, comptez-moi ces gaillards là immédiatement et faites en sorte qu'ils en redescendent avec le Père autant qu'il en est monté. Surveillez-les et qu'ils ne prennent ni armes ni cartouches aux matelots ! » Et à moi : « car, mon père, vos chrétiens sont des sauvages comme les autres ! »

Cette entrée en matière m'avait complètement refroidi et j'étais sur le point de reprendre l'échelle, lorsque je me souvins que j'avais besoin du docteur de bord et que les commandants des navires sont souvent de fameux originaux. Et c'était le cas : je ne fus pas longtemps avant de m'apercevoir que le mien avait réellement peur d'être assailli par les sauvages de Vao. Nous descendîmes au carré, où il m'invita de souper avec lui et deux délégués du ministère des

GRAND'MÈRE LA LUNE

Colonies en inspection en Océanie. En soupant, le commandant me demanda : « A quelle heure est votre messe, demain ? J'irai et je communierai ». Il aime beaucoup les Missions ; sur ce sujet, il est vraiment intéressant. Après souper, nous prîmes du tilleul, chose dont j'avais perdu le souvenir. Je rentrai à la Mission sous les feux du projecteur ; mes Vao rentraient sans fusils ni cartouches , mais les bras plein de pains et de biscuits que les marins leur avaient donnés.

Le lendemain matin, le commandant vint à terre et assista à ma messe : ce qui édifia beaucoup mes chrétiens. Alors les païens, apprenant toutes ces choses, descendirent de leurs retraites, non pas pour se promener au rivage, mais bien à la mission, se mettant ainsi sous ma protection. Je les vois se cachant derrière les troncs de cocotiers et n'ayant pas assez d'yeux pour voir comment est fait un commandant de « Man of war ». Après la messe, le commandant prit le café avec moi, sous ma véranda. Puis nous visitâmes le village chrétien. Il était ravi. Il retourna à son bord en m'invitant à dîner pour midi. Alors tout l'état-major et l'équipage descendirent à terre et vinrent me voir. Quelle bonne matinée je passai avec toute cette jeunesse ! Quelques enseignes de vaisseau et aspirants s'en retournèrent avec quelques phrases de Vao qu'ils répétaient à tue-tête de peur de les oublier. Ils essayèrent d'aller photographier quelques sauvages des villages païens ; mais peine perdue : tous se sauvaient et ils ne purent prendre que les sillons interfessiers de mes indigènes.

Vers onze heures et demi, le commandant, de son bord, m'envoya un billet pour me dire que son mouillage était mauvais, que le vent soufflait, que son ancre chassait et qu'il s'excusait de manquer de parole, qu'il partait. Il partit en effet, vers midi et demi, en emportant mon dîner. Il reviendra dans un an.

VIE QUOTIDIENNE DANS L'ARCHIPEL

Après le départ, tous les Vao redescendirent au village ; ils respiraient à pleine poitrine !

Les colons et l'emploi : appel à l'immigration

Après une chute de population indigène très importante aux Nouvelles-Hébrides, pendant le XIXe siècle, la main-d'œuvre locale disponible en 1900 est insuffisante pour garantir l'économie des plantations. Les colons font appel, en masse, à une immigration venant des colonies indochinoises [voir annexe 8]. Jean Godefroy donne son avis.

Lettre du 1er octobre 1928, depuis Port-Vila

Il y a maintenant 5 000 tonkinois aux Hébrides qui travaillent sur les plantations et dans les magasins, les docks. On va en importer jusqu'à 15 000 ou même 20 000. Après on donnera des terrains à planter à ceux qui auront rengagé trois fois. Le gouvernement veut qu'ils fassent souche, afin de rendre le pays français. Nos pauvres canaques n'ont plus assez de vie pour faire une belle colonie et pas assez intelligents pour comprendre ce que c'est de devenir français.

Les tonkinois sont très bien payés. En venant, ils signent pour cinq ans et touchent une prime de 1 800 francs et sont payés à la journée, une piastre par jour. C'est à dire 12 francs suivant le cours du change, et cela défrayé de tout. Ils sont nourris, logés et touchent deux habits de travail par an. Les ménages ont beaucoup d'enfants. Ils sont très prolifiques ; ce n'est pas comme en France où les femmes n'ont plus d'enfants.

Comme vous le voyez, c'est un curieux pays. Des sauvages partout, mais partout aussi des colons, des planteurs qui

GRAND'MÈRE LA LUNE

triment dur pendant sept ou huit ans et qui finissent par s'enrichir et en attendant mènent la vie large. Mais il n'y a pas la cinq centième partie du sol de planté. C'est un pays d'avenir.

Figure 9: Manutention du Coprah

Mais les rapports entre les communautés sont quelquefois dramatiques :

Lettre du 31 janvier 1928, depuis Vao

A Vila, il y a quinze jours, un jeune employé d'une maison de commerce tua un annamite (coolie). Les camarades de cet annamite, exacerbés par les mauvais traitements dont toute leur race est l'objet aux Hébrides (ils sont 2 500 environ) jurèrent de se venger d'une façon exemplaire. Dans un

VIE QUOTIDIENNE DANS L'ARCHIPEL

immense dock qui avait coûté un million à construire, étaient amassées toutes les matières inflammables et explosives : dynamite, cartouches à balles et à plomb, etc., le tout du poids d'une tonne – puis des milliers de caisses de benzine, térébenthine, pétrole, huiles de toutes sortes, etc.

Ils y ont mis le feu, une simple allumette. L'effet fut épouvantable : le choc produit déclencha l'éclatement de tous les autres dépôts de dynamite et cartouches des autres maisons de commerce et docks et riches magasins furent la proie des flammes : 125 personnes furent atteintes dont 25 sont mortes sur le coup. Les cent autres sont couchées à l'hôpital avec des blessures atroces : cuisses brisées, bras arrachés, etc. La maison Ballande avait trois directeurs : le 1er fut brûlé vif, volatilisé ; le 2ème est fou et le 3ème est blessé et à l'hôpital.

Vila est dans la consternation. Les trois directeurs étaient mes amis depuis longtemps, de charmants garçons, pères de famille. Le 1er, M. Deligny était ici à Vao il y a deux mois. Il m'avait demandé des objets canaques pour amuser les enfants ; c'était un bon et fervent chrétien ; il voulut pénétrer dans les bureaux pour sauver la … mais les flammes le happèrent et le réduisirent en cendres. C'est à peine si on a pu retrouver deux ou trois ossements. Il était de mon âge, à peine. Il laisse plusieurs enfants en bas âge. Et parmi les autres morts, neuf jeunes gens de 25 ans qui venaient de se marier.

Les annamites se sont vengés, du moins on le présume. Il est malheureusement vrai que les colons traitent ces pauvres gens qui sont venus pour travailler, comme des brutes ; ils les estropient, les tuent, obligeant au travail forcé des jeunes accouchées de huit jours. C'est effrayant, beaucoup d'entre eux se suicident de terreur. S'il y a eu vengeance, elle a peut-être été méritée, seulement ce sont des innocents qui ont payé pour des coupables.

GRAND'MÈRE LA LUNE

Vivre avec les tornades et les éruptions volcaniques

Les cyclones sont fréquents dans le Pacifique. Les vents soufflent à des vitesses dépassant quelques fois les 250 km/h. Alors, les toitures sont emportées d'un seul bloc sur les églises, presbytères, écoles et ateliers des missions. Il faut réparer, voire reconstruire entièrement. Olal, sur l'île d'Ambrym, a été dévasté plusieurs fois, en particulier en avril 1932, puis avril 1933.

L'île d'Embrym est par ailleurs sous la menace permanente d'une éruption du volcan Marum.

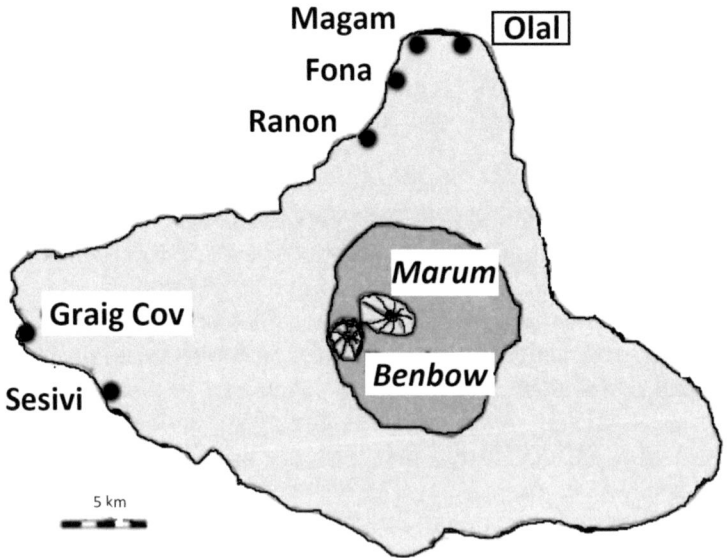

Figure 10: Carte de l'île Ambrym et ses volcans

VIE QUOTIDIENNE DANS L'ARCHIPEL

Brutalement, le 6 décembre 1913, à midi, une terrible éruption du volcan Marum a ravagé l'île. Voici de longues années que le Marum n'effrayait plus personne et l'on ne s'attendait pas à cette éruption aussi violente que celle de la montagne Pelée. A Ambrym, il y a eut une panique générale : les Presbytériens de Dip-Point, les Pères Maristes de Craig Cove et Sevisi, les Canaques par centaines ont pris le fuite. Quand Mgr Douceré et le Résident français arrivèrent devant l'île, avec un petit vapeur, ils ont été obligés de repartir au large, car des pierres tombaient jusque sur le pont du bateau.

Le P. Godefroy écrit à son ancienne paroisse du Longeron, le 14 décembre

> Comme vous le voyez, bien qu'habitant tout près du volcan en éruption, je ne suis pas encore mort, ça viendra peut-être. Les journaux ont dû vous annoncer la terrible éruption de notre Marum. Ce qu'il en a craché et ce qu'il en crache encore ! Les indigènes parlent autrement, ils disent qu'il fait c. c. [caca] ! Et comme il était constipé depuis seize ans c'est épouvantable ce qu'il a craché.
> Nous étions allé le voir en juillet dernier, nous lui avions tâté le pouls, pris sa température et regardé dans la bouche, rien ne présageait une telle colique, nous en étions revenu en plaisantant. Si au lieu d'avoir été le voir en juillet, nous étions allés le 6 décembre dernier, vous parlez d'une carte de visite qu'il nous aurait envoyée. Donc voici les faits, du moins ce que je connais.
> C'est le samedi 6 décembre, pendant que nous faisions notre jubilé, que l'explosion a commencé, à midi exactement. Depuis quinze jours, il faisait une chaleur atroce et ce jour là

GRAND'MÈRE LA LUNE

en particulier nous tombions de langueur. Je faisais la sieste quand je suis réveillé par un bruit sourd semblable à celui que produit un coup frappé sur une tôle.
Je sortis pour chercher l'enfant qui frappait ainsi. Ils me dirent, c'est le Marum qui gronde. Je rentrai. Mais le bruit grandissant […] je sortis de nouveau. Je trouvai tout le monde réuni sur la place et me montrant un gros nuage noir venant du Marum. Le bruit de l'éruption grandissait toujours et devenait semblable à celui de milliers de locomotives haletant sou pression dans une gare ; c'était assourdissant, affolant ! Le soir, vers huit heures, la cendre commença à tomber en gros flocons noirs et collants comme de la suie. L'odeur était suffocante. Le lendemain matin dimanche, tout le pays était noir : les arbres, les maisons, la terre, l'herbe. Tout était recouvert d'une couche de plusieurs centimètres de cendre. Un peu plus loin, dans la brousse, il y avait 50 centimètres. Et toujours ce bruit d'enfer dans les oreilles. Enfin la cendre cessa de tomber vers huit heures du matin.
A midi, nouvelle éruption, le nuage s'étendit sur tout le ciel et il fit si noir qu'il fallu allumer la lampe ; les poules allèrent se coucher au poulailler, les vaches sautaient les barrières. Cette obscurité dura deux heures ; et toujours un bruit à rendre fou … Le lundi la cendre recommença à tomber ; mais c'était une cendre fine et rouge. Alors les nouvelles des différentes parties de l'île commencèrent à arriver, on apprit qu'il s'était ouvert de nouveaux cratères.

Jean Godefroy avait noté dans son carnet, à la date du 8 décembre : « La cendre vole de tous côtés, pénètre partout, l'aspect du pays est sinistre. Le village de Mélvar s'embarque pour Wanour ». Et le 9 décembre : « le volcan gronde toujours, de gros nuages rouges jettent l'effroi parmi la population. La nuit, les Mélbülbül, les Nêha, les Bogor viennent coucher à Naza-

VIE QUOTIDIENNE DANS L'ARCHIPEL

reth et sous les manguiers. Puis le 10 décembre : « tous les villages de la côte déguerpissent et vont à Pentecôte. Le volcan gronde sans cesse et les gros nuages de cendre continuent à effrayer les indigènes. Démoralisation générale. Les Bétléem sont partis cette nuit. Le canal est sillonné de baleinières... »

Le 21 décembre, il écrit pour la paroisse du Longeron

Je suis allé mercredi dernier visiter les lieux désolés par le Marum. C'est épouvantable. Tout le pays est perdu, toute l'île est inhabitable, excepté une étroite bande de terre entre Rannon et Faliber. Une série de cratères fumants se sont ouverts sur le rivage et dans l'intérieur de l'île. L'établissement de la mission protestante de Deep-Pointe est actuellement un cratère. Il n'y est plus question ni de maisons, ni d'arbres, ni de gens, ni de bêtes, c'est partout un paysage de désolation. La mer qui avoisine les cratères est bouillante, ça fume jusque dans l'eau qui avoisine les bouches de feu. J'ai compté trois groupes de fumerolles (fumées blanches). Dans l'intérieur des terres une série de cratères va de Deep-Point à Sesivi. Tout le pays est noir d'une obscurité d'enfer, on ne voit pas le soleil ; c'est comme un cauchemar. Nos visages au retour portaient l'empreinte de la frayeur, les deux religieuses s'en sont aperçu tout de suite.

Puis le 28 décembre

L'éruption a cessé pour le moment. La mission de Craing-Cove est perdue, un des cratères se trouve à une demi-heure de marche de cette mission ; le Père et ses gens sont partis à Port-Sandwich, dans l'île de Mallicolo. Le volcan du milieu crache toujours. Au moment de la première éruption il y eut panique

GRAND'MÈRE LA LUNE

générale. Tout le monde d'Olal et des alentours passa la mer et passa dans l'île Pentecôte. Je suis resté ici seulement avec les deux sœurs et quinze jeunes gens. Maintenant tout est rentré dans le calme, mais où s'ouvrira le prochain cratère !!! ça saute comme du champagne. Mais quel bouchon !!!

Ce n'est que le 22 février 1914 que l'effervescence des cratères a commencé à se calmer. Quand Jean Godefroy va visiter la région la plus éprouvée, quelques familles sont étendues là, sur le sol brûlant, en compagnie de leurs cochons. Ces malheureux s'étaient d'abord réfugiés dans l'île de Mallicolo. Puis, ils sont revenus mourir près des ruines de leur village : « Là-bas, ce n'était pas notre pays. Nous ne comprenions pas leur langue, nous voulions mourir chez nous ».

IV – MISSIONNAIRE ENSEIGNANT ET ENTREPRENEUR

Un préalable : apprendre les dialectes indigènes

Pour les Maristes, il y a une règle à l'arrivée dans une mission : il faut d'abord apprendre la langue parlée par les habitants. Aux Nouvelles-Hébrides, on parle cent-vingt dialectes différents. Les habitants, entre eux, parlent souvent le bichlamar ou bislama, sorte de créole anglais-français, très imagé : voici un exemple pittoresque, rapporté par la journaliste Titaÿana, pour le mot « violon » :
En Bichlamar – *Smolsister blanbig fallabookis blanwetman space scrachbele icry*
En français – Petite sœur de la grande boite appartenant à l'homme blanc, supposez que vous lui grattiez le ventre, elle pleure.

GRAND'MÈRE LA LUNE

Il va de soi que ce mot ne devait pas être d'usage courant. Il y a plus simple :
En Bichlamar *man oui oui* se traduit par « un Français » et *one gnam* se traduit par « une année », en fait une récolte d'ignames, le légume du pays.
Le français et l'anglais sont des langues officielles. Pour l'enseignement du français, une école laïque fonctionne à Port-Vila.

Les indigènes parlent peu le Bichlamar. Leurs dialectes ont tous un fond commun dans une grammaire identique. L'origine de cette langue serait classée en « océano » dans le vaste maloye-polynésien couvrant de l'Indonésie à la Polynésie. Cette langue s'est transmise historiquement sans aucune écriture. Le travail des linguistes consiste alors à recueillir des sons, affecter à chacun différents sens que l'on représentera graphiquement par une lettre ou une combinaison de lettres, incluant voyelles et consonnes de la langue de traduction.. Le vocabulaire est riche de plus de 60 000 mots. Chaque île a les siens. Voici quatre exemples de traduction différente, mentionnés dans « Seul chez les canaques » [voir bibliographie] :

Français : les gamins sont assis là-bas
Olal : *terere em bangboug ba yi*
Aoba : *sanguaiski nom toka ingoho*
Vao : *na sorrik mom at etalak*
Atchin : *tibus ar lek iliak*

Les nombres sont restreints : un singulier, un pluriel, un duel et un petit pluriel qui sert à préciser le « nous » français, sui-

MISSIONNAIRE ENSEIGNANT et ENTREPRENEUR

vant que l'on exclue ou non la personne à qui l'on parle
Dès le début de sa présence aux Nouvelles-Hébrides, la mission catholique s'est convaincue que son premier devoir était de pouvoir communiquer avec les indigènes, et d'abord en parlant leur langage. Les missionnaires se sont lancés activement dans l'apprentissage, sur place, de chacun des dialectes. Ils établissaient une grammaire et traduisaient des fragments de bible pour composer des catéchismes et des livres de prières.

A Vao, Jean Godefroy y occupe ses moments de solitude :

> Grâce à cet immense silence qui m'entoure, j'ai pu, cette année 1926, et malgré quatre mois de maladie, revoir cinq fois la traduction du catéchisme, traduire tous les évangiles des dimanches et fêtes, composer un dictionnaire de 4 000 mots.

En la matière, la tâche des missionnaires était rendue difficile par les incessants changements d'affectation rendus nécessaires par l'inadaptation, l'extrême fatigue, la maladie...

Jean Godefroy a laissé comme cela des manuscrits, en particulier :

– Un petit dictionnaire de la langue Olal, Français-Olal. Il est suivi de conjugaisons et de quelques remarques sur le temps présent, le temps passé, le futur, le conditionnel, l'optatif, le passif. On y analyse les pronoms. Le cahier correspondant a été rédigé vers 1915. Nous l'avons retrouvé, déposé en 1959 à la Librairie Nationale d'Australie, sous le titre « Essai de grammaire de la langue d'Olal ». Il est repris, dans son intégralité dans le livre II de cet ouvrage.

– Un cahier d'usages indigènes : expressions et explications (Nord-Ambrym)

– Un cahier du vocabulaire Français-Vao. C'est un diction-

naire d'un nombre suffisant de mots pour parler correctement. Il est suivi de mots groupés d'après le sens et de quelques règles de grammaire.
– Un cahier de sermons en langue de Nangire.

Enseignant à l'école des missions de Montmartre

Dès son arrivée à Port Vila, le Père Godefroy est nommé à l'école de Montmartre. Le Père Salomon en est le directeur depuis peu. Jean Godefroy devient son adjoint. Il conserve ce poste en septembre 1910, quand le Père Salomon décédé brutalement est remplacé par le Père Gonnet.

Montmartre est une école de formation et d'éducation pour les enfants catéchumènes ou chrétiens qui viennent des missions situées dans les différentes îles. Les Pères missionnaires y envoient les enfants qui en font la demande ou qu'ils réussissent à convaincre. Tous les enfants, garçons et filles sont donc volontaires. Les filles sont confiées à des religieuses missionnaires également installées à Montmartre. En 1911, il y a 56 garçons et 25 filles en classe. Le personnel enseignant est constitué de deux Pères, deux religieuses et sept tertiaires [du Tiers-Ordre] de la société de Marie.

Les enfants apprennent à lire et à écrire ; les classes se font en français à cause de la diversité des langues ; on parle quinze langues à l'école ! Lors de travaux manuels, les enfants apprennent à faire des plantations régulières : ils sèment du maïs, du coton, du riz ; ils plantent le manioc, le café, etc. Ils font connaissance des légumes européens, et ils raffolent des haricots en gousses ou en grains. Ils apprennent aussi la manière de

MISSIONNAIRE ENSEIGNANT et ENTREPRENEUR

construire solidement et confortablement en bois de brousse, ou en maçonnerie. Ils voient comment on soigne le bétail, on dresse les bœufs et les chevaux.
Certains sont formés à des métiers spéciaux : maçons, charpentiers, menuisiers, peintres, bourreliers, etc.

Jean Godefroy analyse son propre rôle :

> Montmartre est à six kilomètres de Vila. J'y suis instituteur, vicaire, maçon, charpentier, et surtout missionnaire. C'est une œuvre de première importance. Il s'agit de former des jeunes gens d'élite qui, rendus à leur pays, seront les auxiliaires des missionnaires. Les enfants – tant garçons que filles – nous sont envoyés par les missionnaires de toutes les îles.

Après quelques temps, il poursuit :

> Je crois que ça va marcher, du moment que je suis avec des enfants, c'est tout dire. Pourtant, les premiers jours, ça tire un peu dur. Cela fait toujours impression de vivre au milieu des noirs. Leur couleur sombre, leur physionomie qui paraît, dès l'abord, impassible, leur forte odeur qui se dégage de leur corps, tout cela a, pour un nouveau venu, quelque chose de désagréable.

A un autre moment, il écrit :

> Mais, hélas ! tous ces jeunes gens s'en vont catéchistes, ou rentrent dans leur village, au moment ou ils nous rendraient les plus grands services, et il faut sans cesse recommencer les apprentissages, sans espoir de garder jamais auprès de soi un bon ouvrier. C'est pénible !

GRAND'MÈRE LA LUNE

Figure 11: Une école au pied d'un banian

A son arrivée, Jean Godefroy s'était installé, dans une école construite en planche et couverte d'un toit de chaume. L'école s'avérant trop petite, le Père s'était mis aussitôt à construire un dortoir pour les garçons.

Avec quel plaisir j'ai repris le marteau, le niveau, le cordeau et la truelle. Je me reportais vingt ans en arrière et je me voyais avec papa […]. En travaillant, je pensais à mes frères et je me disais : Maintenant, ils ne pourront plus me reprocher mes mains blanches.

MISSIONNAIRE ENSEIGNANT et ENTREPRENEUR

Directeur à l'école pour les garçons européens à Port-Vila

Courant de l'année 1916, Jean Godefroy, revenu à Olal après un séjour à Port-Vila, apprend que Mgr Douceré songe à recréer une école pour les enfants européens, à Vila, l'école créée en 1905 ayant été abandonnée par les frères maristes en 1912. Il serait choisi pour être l'instituteur, son état de santé ne lui permettant pas de rester à la mission d'Olal. L'ouverture de la classe est prévue pour le 1er mars 2017.

Jean Godefroy se retrouve donc à la tête de vingt-trois élèves métis et créoles, durs à diriger.

> Personne, ni laïc, ni Père, ne voudrait, aux Hébrides, remplir le poste que j'occupe, tellement ces gamins, métis et créoles, sont difficiles à tenir.

Le 1er janvier 1918

> Ma classe est en vacances pour 2 mois et demi. J'aurai 35 élèves à la rentrée, et quels vifs argents ! Mais ma prestance – 1,12 m de tour ! – et mes poings leur en imposent. Pour me reposer je vais me construire un hangar, mais sans murs.

Et le 25 juillet 1918

> Je continue de faire la classe à 34 élèves, âgés de 5 à 15 ans et demi, dont 7 en langue anglaise. Quelle engeance !! Ils sont de toutes les nationalités. Ce sont des sangs-mêlés ! Quelques uns cependant sont de purs créoles.

En janvier 1919, Jean Godefroy a obtenu l'autorisation d'al-

GRAND'MÈRE LA LUNE

ler une quinzaine de jours en vacances à la mission de Port-Sandwich. C'est à 75 milles [25 lieues] de Vila. Le bateau met 12 heures pour faire le trajet.

La mission est agréablement située face à Ambrym, au grand volcan que l'on voit « fumer sa pipe ». Revenu à son école de Vila, il se vante, en octobre 1920, d'avoir fini par vider l'école communale de Vila. Il enseigne à tous les garçons ; ils sont 52. Au début de 1921, il échange son poste contre celui de la mission de Nangire, sur l'île Aoba, l'île des lépreux. Le jeune missionnaire qui y était n'a pas supporté la solitude et il a fermé la mission.

Le 9 juillet 1921, Jean Godefroy écrit de Nangire.

> Je suis bien un vrai solitaire dans ma nouvelle mission. Il y a une trentaine de chrétiens que j'aperçois juste le matin et le soir : huit garçons et trois filles à qui je fais la classe jusqu'à 8 h et demi. Puis c'est le grand silence de la solitude, jusqu'au soir vers 5 heures. Cela me convient tout à fait. Cela cadre bien avec le genre de vie spirituelle que me fait suivre Ste Thérèse de l'enfant Jésus. Je suis comme qui dirait un Carme en mission.

La construction des églises et des chapelles des missions

Jean Godefroy est un missionnaire bâtisseur. Sa formation initiale de maçon, avec son père à Melay, est une invite à intervenir pour construire ou restaurer des bâtiments sur ses lieux d'affectation. En premier lieu, il s'attaque à l'élévation des églises où il est à la fois le maître d'ouvrage, l'architecte, l'entrepreneur.

MISSIONNAIRE ENSEIGNANT et ENTREPRENEUR

Il attaque la construction de sa première église à Olal, en 1912. Il a esquissé les plans et commandé le matériel. C'est le Frère Timothée qui sera à l'œuvre, pendant que Jean Godefroy parcourt la brousse, de village en village où il propose de construire des cases-chapelles. Il reçoit un bon accueil et commence par la chapelle de Neha. Il faut « couper des fourches de bois dur pour les poteaux, de longues racines de banian pour le faîtage et les sablières, des bambous pour les murs, des feuillages pour le toit ». Il attaque celle de Melbülbül qui sera couverte de tôles galvanisées ; puis celles de Fanlas, Willit, Melwe, Lonre et Tonbang. Pour les villages de Fonteingro, Harrimal et Hahomlam, on pense à un regroupement sur une seule chapelle.

Pour l'office du dimanche, les habitants arrivent à Olal, de plus en plus nombreux des différents villages. Il y en a plus de vingt. A la grande surprise du Père Godefroy, pour la nuit de Noël, ils sont plus de cinq cents à se présenter. L'ancienne église ne peut les accueillir. Ils seront abrités dans la nouvelle qui a déjà reçu sa couverture. On a déjà fait le plein.

Les travaux continuent. Le frère Timothé a terminé le chœur en février et réussit un noble emmarchement devant l'entrée principal. Des païens ont aidé. Les gens d'Olal sont encouragés à la vue de leur chef-d'œuvre.

L'église d'Olal est bénite le 7 mai 1913 par le Père Nicolas, un missionnaire de Fidji devenu Provincial des Maristes.

Le jour de la Pentecôte, le Père Godefroy fait un beau sermon : « Mes frères, comme autrefois le vent de la Pentecôte a poussé les apôtres sur les routes du monde, c'est vous aujourd'hui que l'Esprit-Saint va pousser sur les routes d'Ambrym.

GRAND'MÈRE LA LUNE

Sortez de vos maisons ! Réveillez-vous ! N'ayez pas peur ! Allez deux par deux porter à vos frères qui sont encore dans la nuit les paroles de lumière. »
Le père Paul Monnier, biographe des Maristes raconte la suite.

> Les paroissiens de Nazareth éberlués le regardent avec des yeux ronds... Sitôt après la messe, pour battre le fer pendant qu'il est chaud, il fait la liste des volontaires et il en trouve dix qui acceptent d'aller s'établir au milieu des païens... Tout heureux de sa victoire, il envoie sa liste à Monseigneur...
> Mais lorsque le soir venu, on commente autour des cases l'événement du matin, on commence à réaliser ce qu'on a décidé et cela fait un beau tapage... Ce sont les femmes qui sont furieuses ! Si les hommes veulent remonter dans la brousse, qu'ils partent sans elles ! ! Et voilà qu'elles parlent de s'engager sur le premier bateau ; certaines se sauvent à Ranon !.. Il fallait temporiser...
> Seuls quatre volontaires vont tenir le coup. Mais une autre idée a germé : les paroissiens de Nazareth vont construire chez eux un grand « nagamal » pour recevoir les chrétiens de la brousse qui viennent le dimanche. Ce n'est pas tout, ils envoient trois jeunes à Montmartre pour devenir de vrais catéchistes : Hyacinthe, François et Antoine... L'esprit de Pentecôte avait bien soufflé quand même...

Après deux ans de travail intensif à Olal, Jean Godefroy pense avoir droit à un congé à Port-Vila. Il s'adresse à son évêque : « Je suis soûl de tous ces travaux, j'ai la nausée rien que d'apercevoir truelles, scies et marteaux, et tous les travaux de réparation qui restent à faire ! »

MISSIONNAIRE ENSEIGNANT et ENTREPRENEUR

Il ne reçoit qu'un refus. Monseigneur s'étonne qu'un missionnaire zélé puisse ne penser qu'à la « balade ».

En 1923, Jean Godefroy, après un retour à Port-Vila, à l'école Saint-Joseph, participe à la reconstruction de l'église [la cathédrale] qui a brûlé juste à côté de l'école, en novembre de l'année précédente. Cette église avait été construite en bois en 1902. Elle venait juste d'être agrandie de deux travées. Mgr Douceré décida de la reconstruire en béton armé, tout à côté, en voyant encore plus grand – 27 m de long –. Une ossature métallique fut rapatriée de Nouméa, pour constituer les armatures.

Pendant les travaux, les offices religieux seront tenus dans l'école de Jean Godefroy.

Figure 12: La première église de Port-Vila avant incendie

GRAND'MÈRE LA LUNE

Mais il fallait commencer par recueillir des fonds. Par lettres circulaires adressées aux bienfaiteurs d'Europe et d'Amérique, Mgr Douceré mobilisa beaucoup de monde, en particulier en France. Les dames d'œuvres dans les stands des kermesses s'affairaient à récolter des fonds. Jean Godefroy raconte.

Lettre du 27 décembre 1923 depuis Port-Vila

> Dimanche dernier, nous avons fait une kermesse pour la reconstruction de notre église qui a brûlé. La fête a duré quatre heures de temps et bien nous avons ramassé 7 000 fr, et bénéfice net : 6 000 fr. Or à Vila, la population est de 300 habitants. Ils sont très généreux, comme vous voyez. A cette fête, les jeunes gens, tous anciens poilus et mariés ont joué une jolie pièce militaire et chanté de belles chansons jamais entendues : « le Pinard » et « l'ami Bidasse ».

Les travaux débutés le 8 août 1923, s'achevèrent en octobre 1924. L'église, consacrée au Sacré-Coeur de Jésus, remplie de religieux et de fidèles, a été bénite le 26 suivant.

Sur l'art de la maçonnerie, en juin 1926, Jean Godefroy échange, depuis Vao, avec son frère Henri, qui a repris l'entreprise familiale de maçonnerie, à Melay. En France, cela a bien dû changer un peu. Les matériaux ne sont peut-être plus les mêmes ?

> Ici, aux Hébrides, on ne travaille qu'au ciment ou à la chaux hydraulique, sous forme de béton armé. On gâche ensemble : sable, chaux, ciment, gravier, eau. Pour les murs, les marches d'escalier, on fait des gabarits mobiles en planches épaisses (les plateaux), on déverse le composé ci-dessus dans le gabarit et on pile doucement.

MISSIONNAIRE ENSEIGNANT et ENTREPRENEUR

On arme avec des fils de fer rouillés ; puis on crépit à la chaux hydraulique. C'est très solide.

Au début de l'année 1929, Jean Godefroy se sent mieux. Depuis trois ans et demi, son état était la maladie, et toujours gravement. Maintenant, il souffle un peu et reprend la truelle pour commencer son église de Vao. Il voudrait la terminer pour Noël prochain. C'est un rectangle de quinze mètres sur dix. Elle pourra contenir 230 personnes.

Malheureusement, les crises d'éléphantiasis le reprennent en fin du mois de mai.

Lettre du 10 juin 1929 de Vao

Mes crises d'éléphantiasis ne m'empêchent pas de travailler à mon église. Je me suis traîné sur le derrière pour mettre les piquets d'équerre. Mes chrétiens, malgré leur nombre restreint, me donnent 9 000 francs pour acheter les tôles ondulées de la toiture ; les hommes mariés donnent 500 francs ; les femmes, 250 ; les jeunes gens, 250 chacun, tout cela, bien entendu. C'est vraiment beau. Mais il me faut en plus 5 000 francs pour acheter les bois de charpente, portes et fenêtres ; plus, 2 000 francs pour la nourriture – du riz – des ouvriers. Et je n'ai pas un sou. Bien mieux, j'ai 3 000 francs de dettes sur les bateaux. Oh ! Pour sûr, ce n'est pas le moment de manger du beurre avec des pommes de terre !

Et le 8 septembre 1929

Je suis revenu avec ma commande de bois, de tôles, de ciment, pointes, boulons, etc. pour mon église. J'en ai pour

GRAND'MÈRE LA LUNE

14 130 francs. Pour payer cela, j'ai 8 000 francs de dettes. Monseigneur m'a prêté 4 000. Mes chrétiens ont versé 5 000 francs et m'en promettent autant. Pour le reste, je me serrerai la ceinture en me mettant à la cuisine indigène.

Puis le 29 mars 1931

Je termine tranquillement mon église : en ce moment, je fais les portes en menuiserie. Au cours de cette construction, j'ai fait tous les métiers du bâtiment : maçon cimentier, charpentier, équarrisseur, menuisier, vitrier, peintre. Heureusement qu'il n'y a rien à souder, car la soudure c'est la seule chose que je n'aie pu apprendre. Et pourtant que de métiers j'ai fais ! Mécanicien avec mon moteur marin, boulanger, cuisinier et tout prochainement je vais faire des séances de projections. Je me hâte de vous dire que tous ces métiers, y compris celui d'instituteur, je les ai fait, mais aujourd'hui je ne suis capable d'aucun. Mon éléphantiasis m'a complètement raidi, gonflé, boursouflé, coincé. Heureusement, depuis six mois, j'ai un aide qui me supplée dans toutes mes occupations : un jeune homme métis français âgé de 22 ans et que j'ai connu tout enfant à Nangire. Grâce à lui je peux tenir à Vao ; sans lui j'aurais dû demander ma retraite depuis six mois. Il se nomme Chanel.

Finalement l'église de Vao, terminée, est bénite le 28 septembre 1931. Les travaux ont été beaucoup plus longs que ce qu'avait espéré Jean Godefroy. Il a rencontré tant de difficultés.

Peu après, à l'occasion d'une lettre à un Supérieur de France, brossant le portrait d'un candidat à la Mission des Nouvelles-Hébrides, il écrivait, découragé des missions :

MISSIONNAIRE ENSEIGNANT et ENTREPRENEUR

Si vous pouviez trouver un ou deux Pères qui soient instituteurs, maîtres de chant, musiciens, maître des novices, agriculteurs, caféistes distingués, copramakers, cacaotistes et cotoniéristes très éminents, dompteurs de chevaux, dresseurs de bœufs, éleveurs de porcs, connaisseurs en poules, dindons et canards, fromagers et beurriers, charrons, charpentiers, maréchaux-ferrants, bourreliers, zingueur ... voilà qui ferait notre affaire.

Figure 13: Église de Vao

GRAND'MÈRE LA LUNE

V – SOCIÉTÉ, MŒURS, RITES ET RELIGION INDIGÈNES

Dans la préface du livre de Jean Godefroy « Une tribu de la lune », le R. P. Landès de la Société de Marie a tenu à préciser, parlant du missionnaire :

> A cette époque, il se publie tant de sottises sur les indigènes néo-hébridais ! N'en veut-on faire des dégénérés d'une race autochtone, des intermédiaires entre l'homme et le singe, des anthropoïdes, des mangeurs d'hommes, que sais-je ? Il y a de quoi indigner une âme d'apôtre ; mais en outre, de quoi tromper bien des gens assez peu avertis et pour qui trop souvent les théories les moins vraies, du moment qu'elles se couvrent du vernis trompeur d'une apparence de science hardie, sont des théories quasi-indiscutables. Lui il aura vu, il aura entendu ; il aura cherché, il se sera défendu de son mieux contre l'impression ou le parti pris : il pourra par conséquent exposer des faits réels, des faits certains et des faits nombreux. […] Esprit curieux autant qu'actif, le missionnaire tout en restant missionnaire, s'est fait un peu ethnologue.

GRAND'MÈRE LA LUNE

L'anthropologue anglais John Layard fit un séjour à Malécula et les îlots Vao et Atchin de 1914 à 1915. Il publia en 1946 « Stone Men of Malekula », dont le premier tome était consacré à Vao. Les travaux du père Godefroy, publiés en 1936, ont permis à l'auteur qui les cite abondamment de noter les variations survenues au cours des dernières années. Quand Jean Godefroy disait que les Vaos passent leur temps à consacrer, Layard ajoutait « et leurs propres personnes sont ce qu'ils consacrent de plus important. »

Layard rendait hommage au missionnaire en ces termes : « Le seul homme blanc ayant acquis une exacte notion des rituels de ces populations mégalithiques et ayant reconnu leur profondeur mystique ». Quelle reconnaissance !

Quelle origine pour la population indigène ?

On ne sait rien de l'origine des indigènes des Nouvelles-Hébrides, ces populations n'ayant ni écriture, ni traditions s'y rapportant. Le plus probable est qu'ils sont venus des côtes de l'Asie. En atteste, leurs langues, comme nous l'avons vu ci-dessus. Nulle part, aux Hébrides, les indigènes n'ont conservé de traditions sur leur pays d'origine.

Jean Godefroy a tenté de faire travailler la mémoire des vieux des villages de Vao pour explorer la généalogie, remonter les générations et voir s'il était possible de découvrir, en quelque sorte, leur « Adam et Ève ». Son catéchiste Henri, envoyé au village de Tokwanu, revint avec son oncle Valvalé qui, bien que n'étant encore pas très âgé, prétendit être le seul à savoir ces choses.

SOCIÉTÉ, MŒURS, RITES ET RELIGION

Le récit de Valvalé commença ainsi :

Il y a bien longtemps de cela, il ne vivait pas un homme à Vao. Au milieu de l'endroit où est maintenant la place de Bétéhul, s'élevait un grand matabol. Tu sais que ses racines, au nombre de quatre ou cinq, surgissent très haut au dessus de terre et forment une série de cloisonnements qui servent à bien des usages. Des hautes branches du matabol pendait une grande liane, et de la liane un magnifique « noe moel » [fruit superbe rouge de forme ovale]. Il arriva que ce fruit, parvenu à maturité, tomba sur l'arête de l'une des deux cloisons formées par les racines : le fruit se fendit ; une moitié tomba à droite de la cloison, et l'autre à gauche. Or il advint ceci : une moitié fut un homme et l'autre une femme. Tous les deux s'endormirent d'un profond sommeil. Le sommeil dura longtemps, peut-être très longtemps, mais les dormeurs réveillés s'étonnèrent de se découvrir ainsi. Constatant leur faim, ils cherchèrent des fruits, puis construisirent une case pour s'abriter de l'humidité et des ardeurs du midi et finalement décidèrent de s'épouser. Ils engendrèrent deux fils qui se disputèrent, et de génération en génération, de fils en fils dont Valvélé connaît les noms, arrive son propre fils, Mellewersal.

Jean Godefroy n'a pas manqué de trouver dans ce récit une ressemblance avec le début de la Genèse : un bel arbre, un fruit savoureux partagé entre un homme et une femme, puis la naissance de deux garçons qui s'opposèrent. A priori, les Vaos, ainsi que les indigènes d'autres îlots, connaissaient cette légende avant l'arrivée des premiers missionnaires chrétiens dans l'archipel. Cette légende aurait-elle accompagné le grand voyage ? Toutefois, dans les autres grandes îles de l'archipel, il n'y a pas de pendant de ce récit. Alors, invention de Valvalé ?

GRAND'MÈRE LA LUNE

L'organisation sociale en villages.

Voici un résumé du modèle d'organisation sociale rapporté par Jean Godefroy, s'appuyant sur l'exemple de Vao [Voir « *Une tribu tombée de la lune* » en bibliographie].
Chaque îlot de l'archipel forme une tribu compacte, bien groupée, ne parlant qu'une seule langue. La tribu est divisée en un certain nombre de clans. Vao en compte six : Bétéhul, Tokwanu, Bétérihi, Wen, Sigon, Norohuré. Ils se positionnent dans cet ordre le long du chemin qui suit la crête de l'île, en la divisant en deux versants. Le chemin s'élargit en six endroits, pour former six grandes places sacrées. Chacune de ces places est le lieu d'origine d'un clan, la source de la « citoyenneté » de ses sujets, le livre de l'état-civil de ses guerriers, car seul, l'élément mâle possède un état-civil, les femmes sont censées ne pas compter.

Ce long sentier commence à la place ouest, traverse toute l'île et débouche à la pointe Est. C'est vraiment la voie sacrée des Vaos, et jamais pied de femme n'a foulé la terre des grandes places, ni à l'entrée, ni à la sortie. De chaque place, un sentier rejoint la mer, à l'approche de la mer, il est« tabou », interdit aux femmes qui devront prendre une bifurcation. Sur le rivage sont rangées les pirogues du clan qui servent chaque jour à aller au jardin sur la grande terre Mallicolo. Chaque clan, groupant des familles apparentées, possède son autonomie propre : il a sa place sacrée, son « gamal », son territoire bien groupé sur la grande terre. Il a ses fêtes à lui, pour célébrer ses fastes ou honorer ses morts. Chaque famille entoure sa case d'une haute palissade, laissant des passages, le tout formant un semblant de rue et de quartier.

SOCIÉTÉ, MŒURS, RITES ET RELIGION

Figure 14: Une case d'indigènes

Le « gamal » est une grande case, réservée aux hommes seuls et leurs garçons. C'est le dortoir habituel ou chaque guerrier à une place personnelle, pour son couchage végétal, son fusil, son tabac, son couteau, etc. A proximité du gamal, le « tombu » accueille les tombes sacrées des hommes qui ont acquis les plus hauts grades socio-religieux.

Tout proche du gamal, s'étend le « lesar », la place des ancêtres, la place des sacrifices. Les places sacrées à Vao mesurent une dizaine de mètres de large et jusqu'à soixante-dix mètres de long. A l'entrée, un immense banian ombrage une partie du lieu. A droite et à gauche se trouvent des pierres debout plantées à dessein : à gauche, ce sont les hommes et à droite, ce sont les femmes. Les premières sont beaucoup plus hautes et les abords mieux entretenus que les secondes. Du côté des hommes, six petites pierres disposées sur deux rangs parallèles supportent une large pierre plate : on dirait un dolmen en miniature. C'est là que l'on hisse le porc que l'on immole le jour de certains sacrifices solennels, pour l'obtention de grades élevés. Pour des grades inférieurs, on attache le porc à une simple pierre debout.

Si places et sentiers sacrés son strictement interdits aux femmes, celles-ci ont à l'inverse l'usage exclusif de certaines constructions. Cinq ou six cases, bien entretenues regroupées dans un enclos, leur sont réservées, dans le clan de leur naissance. Des matrones, aidées de quelques parentes, les reçoivent ici lorsqu'elles se préparent à enfanter. Elles peuvent rester là pendant trois semaines. Les lieux sont « tabous » pour les hommes.

A côté du banian et le long du chemin, sont plantés sur une seule ligne, dans le sol, une dizaine de statues, au visage curieusement sculpté. Toutes portent une longue fente verticale. Ce sont les « tam-tam » ou cloches de bois, comme les appellent les Européens. Leur taille est variable. Les plus gros frappent davantage la vue. Ils sont taillés et creusés dans le plein tronc d'essences de bois au grain très dur, le tamanou et le faux teck. L'arbre, repéré à l'avance sur la grande terre, est acheté un bon prix, longuement débattu. Son abattage, élagage, écorçage, acheminement, transport en mer attaché à deux grandes pirogues, sa mise en séchage au village est accompagné de festivité pour tout le clan. Après sculpture par des techniciens, la cloche est consacrée : maints porcs sont sacrifiés et mangés en son honneur. Les danses dureront un mois. Les indigènes font chanter ces cloches en frappant les bords de la fente, avec des bâtons ou des pierres. Ils peuvent ainsi imiter à la perfection le bruit et le mouvement rythmé de la machine à vapeur dans les flancs du paquebot, le galop du cheval, la course à cloche-pied, etc.

Figure 15: Les tam-tam au fond de la grande place sacrée

Pour terminer cette description, dans le sol au pied du banian, des traces d'un grand trou rebouché rappellent qu'ici existait anciennement le four où l'on cuisait les membres dépecés des ennemis du clan, tués à la guerre, mais aussi, des porcs et de jeunes têtes de bétail. En 1929, on assurait que depuis

GRAND'MÈRE LA LUNE

près d'un demi-siècle, aucun mortel parmi les humains, n'avait été sa victime.

La place sacrée sert aussi : à l'initiation guerrière du nouveau-né ; à la tenue des palabres ; aux fêtes publiques, danses ; ainsi qu'au culte.

Un mot sur les palabres. Quand le mauvais temps sévit, on se rend dans le gamal. Autrement, on se réunit sur la place sacrée. Les grandes palabres, qui ne s'occupent que de choses graves, sont annoncées à grandes batteries de tam-tam. A l'arrivée sur place, chaque membre du clan se rend à l'endroit que lui assigne son grade. Les plus anciens vont sur le côté haut, tout près des tam-tam. Vers le milieu de la place, se tiennent les hommes de rang inférieur, puis le groupe des jeunes gens, enfin les grands garçons. Les parlottes se font à mi-voix. Au bout d'une demi-heure, un ancien se lève et crie bien fort la conclusion de la délibération. Les jeunes n'ont pas été autorisés à prendre la parole.

Sur la grande place, se déroulent les fêtes solennelles des prises de grade. Ces fêtes ont pris le nom de « maki », du nom des sculptures taillées dans les racines du matabol, représentant les ailes déployées de grands oiseaux. Ces sculptures ont été placées au-dessus de petits temples, en l'honneur des ancêtres. Au jour de la clôture de ces fêtes, où les hommes ont dansé, les bras levés, en simulant le vol des rapaces, on procède aux grands sacrifices de quatre cents porcs, dont on garde et expose les dents retournées, en longues rangées sur des bambous. Cette collection de dents, rappelant le nombre de porcs immolés constituent des souvenirs très chers aux superstitieux Canaques.

SOCIÉTÉ, MŒURS, RITES ET RELIGION

Figure 16: La danse un jour de fête

Il faut maintenant en dire plus sur le culte des porcs aux Nouvelles-Hébrides. Les anciens des tribus ne reconnaissent que le porc comme animal vraiment indigène. Tous les porcs mâles sont voués dès leur naissance à avoir les deux canines de la mâchoire supérieure arrachées. C'est la première initiation de l'animal. Cet usage est fort ancien, mais l'origine n'est pas connue. L'arrachage des dents adultes occupe une journée à deux hommes. Au bout d'un an, quand les dents de la mâchoire inférieure sortent de la gueule de l'animal, en passant par l'espace laissé libre par l'opération précédente, ce dernier est conduit, en laisse, un jour de fête, sur la place sacrée. Cest une première consécration, par la simple assistance à certains sacrifices. Il est alors déclaré « Nimal ». Il est, dès lors, élevé à la dignité ... d'homme, avec un commencement d'âme de chef.

GRAND'MÈRE LA LUNE

Son propriétaire a pour lui un respect quasi religieux ; il le soigne au moins comme son égal, mais il le garde attaché nuit et jour, car la bête consacrée n'a plus le droit de courir.

Trois ans après, quand les dents ont fait un tour complet, il est « Meltek ». Au deuxième tour, il est « Na humbé », puis peu après « Na humbé sé ». Il a atteint l'apogée des honneurs, en attendant le jour du sacrifice.

Ce sacrifice peut intervenir, en divers circonstances :

1° – Quand une personne vient d'expirer, ses proches immolent en hâte le cochon « de la mort » qui a été élevé et gardé pour servir d'offrande religieuse, autorisant l'accès à l'au-delà. D'autres sacrifices interviendront, en commémoration, pendant dix ans ;

2° – Pour payer une amende aux ancêtres, après avoir dérogé gravement à un usage important, ou pour avoir mangé au feu des Blancs, par exemple après un temps d'engagement chez un Européen ;

3° – Pour marquer la conclusion de la paix entre deux tribus ennemies ou encore, dans les cas de meurtre involontaire ;

4° – Pour obtenir des âmes des ancêtres des faveurs tangibles ou les remercier, en diverses occasions.

La place des sacrifices (extrait du journal de Pierre Benoit)

C'est au centre de l'île, la place dite « des Sacrifices ». Une place sans maisons, bien entendu.

Cette place n'est qu'une clairière. Et encore ce terme convient-il mal. Il évoque une idée de lumière, et le lieu où nous nous trouvons est aussi obscur que ceux que nous venons de parcourir. Seulement, les arbres moins serrés, ont laissé vide une sorte de vaste circonférence, au milieu de laquelle se dresse un gigantesque banian. Au-dessus de nos têtes, très haut, pareilles à des arceaux gothiques, les branches se rejoignent, forment la toiture de cette cathédrale sylvestre.

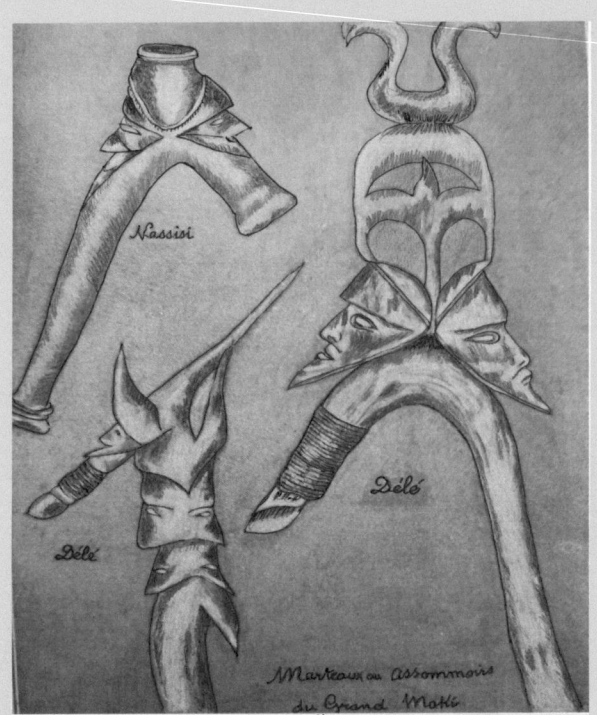

Figure 17: Les assommoirs pour les sacrifices des porcs

Autour du banian, dans un blême demi-jour de crypte, s'alignent les fétiches, issus de la monstrueuse imagination indigène. Hideux bonshommes, hauts de vingt pieds bariolés de sinistres couleurs plates, ils ressemblent à une procession du

GRAND'MÈRE LA LUNE

Ku-Klux-Kan, à des suppôts de l'Inquisition, forgés dans la cervelle de M. Homais [personnage de fiction créé par Gustave Flaubert dans Madame Bovary]. Ils alternent avec les « cloches de bois » ou tambours de guerre, énormes troncs d'arbres fendus longitudinalement et fichés droits dans le sol. Dans les branches du banian central, à cinq ou six mètres, hissée jusque là au moyen de Dieu sait quelle diabolique gymnastique, se trouve une pesante table de pierre, la table des sacrifices. C'était là que la victime humaine était étendue, égorgée, dépecée. C'était de là que l'officiant faisait pleuvoir sur la foule hurlante des fidèles les lambeaux sanguinolents de cette affreuse hostie.

Les femmes et le mariage

Traditionnellement, dans les tribus, les femmes se mariaient très jeunes, « dès que la pointe du sein tombait », c'est-à-dire au moment de la puberté. Certaines ne sont pas encore pubères quand elles rejoignent la maison de leur époux. Elles attendent ainsi, chez lui, la venue de leurs premières menstruations. Le mariage est totalement décidé par les familles des deux jeunes gens. Ni l'un ni l'autre ne choisissent leur partenaire. Le mariage instaure des liens entre les villages en se faisant dans un réseau d'alliance assez compliqué, fixé par la coutume. Pour s'en donner une idée, le lecteur pourra consulter une étude réalisée par Annie Walter [voir bibliographie] sur la population de l'île de Pentecôte, au sein du groupe linguistique Apma.

Le mariage peut être polygame. Quand un homme, principalement s'il est haut gradé, épouse une femme, il a un droit d'épousailles sur toutes les jeunes sœurs de cette femme. Un

SOCIÉTÉ, MŒURS, RITES ET RELIGION

chef autorise souvent un jeune homme de son groupe à entretenir certaines relations privées avec l'une ou l'autre de ses femmes. Tout enfant né de cette union appartient au mari officiel de la femme. Ainsi, même si le mariage de certains hommes est tardif, leur vie reproductive est sauvegardée.

Jean Godefroy explique ce qu'il constate à Olal.

> Pas mal d'ennuis, de tracas, m'arrivent de tous côtés. Je pensais me reposer en lisant votre courrier : Cela fait une pénitence de plus. Je suis toujours dans les histoires de femmes [...]. Ici, les femmes et les filles ne comptent pas. C'est un bétail qui rapporte au propriétaire : il livre sa fille au plus offrant, que ce dernier soit jeune ou vieux, qu'il ait une femme ou plusieurs.

Comme il y a peu de filles, elles sont vendues très cher. Leurs prétendants ne peuvent donc les épouser que lorsqu'ils sont capables de donner au beau-père un troupeau de cochons.

Des fillettes viennent parfois se réfugier à la mission d'Olal. Jean Godefroy les défend comme il peut. Pour les soustraire au marché, il doit les payer au moins 300 francs. Il les trouve plus intelligentes, plus fines que les garçons. Elles sont très coquettes et portent des colliers de perle qui vaudraient, en France, de petites fortunes.

Le Père cite l'exemple d'une nouvelle venue à la mission, Mansium. Elle fuit pour la quatrième fois un fiancé, Dokly, qui aurait pu être son grand-père et la battait. Ce dernier essaye de l'enlever de la mission mais, le Père intervient. Le fiancé en demande 700 francs. Le Père apprend que le véritable fiancé de

GRAND'MÈRE LA LUNE

Mansium est un ancien élève de Montmartre. Il s'appelle Benoît et se trouve justement à la mission. Le Père congédie Dokly, l'ignoble loustic, sans donner suite à sa requête.

Malheureusement, deux mois plus tard, Dokly parvient à enlever Mansium et l'emmener dans la brousse. Mansum ne réapparaîtra plus. Le Père n'a pu la sauver.

Il sait que souvent, lorsqu'un mari ou un fiancé reprend une fugitive, il l'attache au poteau de sa case et la roue de coups, prenant néanmoins garde de ne pas la tuer, car les femmes sont une marchandise rare. Si tout de même, il se décide à la supprimer, il l'assomme, car c'est un moyen qui ne coûte rien.

Un vieux Canaque est plus précis, sur ce qu'il fait quand sa femme se sauve et qu'il la rattrape :

« Je l'attache par un pied à un piquet devant ma porte, puis je prends une petite liane de rotin. Je fais coucher ma femme sur le ventre par terre et je frotte ; je frotte le pliant du genou avec la liane. Les épines, qui ne lâchent jamais, lui enlèvent la peau. Elle reste ainsi jusqu'à ce que les plaies soient cicatrisées ».

La situation des femmes mariées s'apparenterait donc à un véritable calvaire. Selon la biographe de Jean Godefroy [voir « Seul chez les canaques »], en présence de leur mari, les femmes ne pourraient marcher qu'à genoux ! A tel point que cette habitude leur donne une démarche ressemblant à celle du canard, si bien que les Hébridais appellent les canards « poules qui marchent comme les femmes ».

Heureusement, à la mission, la liberté règne pour le choix des époux. Ce sont souvent les filles qui demandent les garçons.

SOCIÉTÉ, MŒURS, RITES ET RELIGION

Jean Godefroy écrit en fin d'année 1928

Mon catéchiste Henri a essayé de convoler en troisième noce. Une jeune fille nommée Levani (l'étrangère, parce qu'elle est née dans les montagnes en face de l'îlot), avait été vendue en mariage, il y a un an, à un jeune païen. Mais comme elle n'en voulait pas, elle fit si bien qu'on fut obligé de la rendre à sa famille avec toute la paye. Elle voulait Henri et se faire chrétienne. Sous les menaces du mari refusé, Henri dut attendre un an. Pendant ce temps, il travailla à bord des bateaux pour gagner de quoi payer sa fidèle Levani. Rentré à Vao, le 10 septembre, Henri se mit en devoir de ramasser assez de cochons à dents pour payer sa femme. Il y parvint, non sans peine, et je dus y mettre 5 anglassis de ma poche (600 fr.). En tout sa fiancée lui revint à 8 000 fr. C'est bien payé. Il y a beaucoup de blanches qui ne sont pas estimées à ce prix ! Le paiement ou mariage indigène se fit un dimanche, mais la fiancée avait disparu. Henri avoua qu'il l'avait giflée parce qu'elle lui a soutenu qu'il n'était pas dimanche. Elle ne reparut que une semaine plus tard. Elle se rendra peut-être, mais en attendant, elle fait payer cher à Henri sa gifle impertinente : « Même chez les sauvages, il y a des femmes qui ont du cran et, partout, ce que femme veut ... ».

Grand'mère la lune

Jean Godefroy a demandé à Meltelilnalé, chef de guerre et grand maître des solennités du Maki, de lui parler des anciennes croyances sur l'îlot de Vao. Il jouit de la considération universelle des Vaos. Les vieux l'affectionnent : ils voient en lui un digne continuateur des coutumes ancestrales.

GRAND'MÈRE LA LUNE

Après un temps de surprise, Meltelilnalé accepte de répondre à quelques questions du Père.

Le Dieu des indigènes est appelé « Tagar ». Les vieux disent que Tagar c'est comme un « tamat », un esprit, un démon, un revenant. Il fait pousser les arbres ; il donne la nourriture dans les jardins et sur les arbres. Il est bon ; il ne veut jamais du mal. Ce n'est pas comme « Lehevev », le Satan des Blancs.

Tagar est là-haut. Il habite dans la lune. On peut l'y voir quand elle est toute grande. La tache noire au milieu, cela ressemble à un homme.

Meltelilnalé précise :

> C'est Tagar qui fait que la lune brille ; elle nous éclaire, la nuit pour nos fêtes, pour nous promener, chasser la roussette, pour aller à la pêche, pour voyager [...]. Elle donne la vie à tous les hommes. Tous les enfants qui naissent sur la terre tombent de la lune, et ils voient le jour dès qu'ils ont passé par le sein de leur mère. Dans la lune que nous appelons notre grand'mère, il y a des enfants qui ne font que commencer ; d'autres sont plus avancés ; d'autres sont complètement finis. A ce moment-là, ils tombent de la lune sur la terre, et ils sont des hommes.

SOCIÉTÉ, MŒURS, RITES ET RELIGION

Figure 18: Représentation imagée de Tagar à Vao

Mais les Vao sont inquiets et tristes quand la lune est noire, entre le dernier quartier et le lendemain de la nouvelle lune. Ils ont peur qu'elle ne revienne pas et qu'elle soit tombée dans l'immense abîme, derrière l'horizon. Alors, il n'y aurait plus de nouveaux Vao, pour remplacer les vieux.

GRAND'MÈRE LA LUNE

A la joie de retrouver la lune qui éclaire à nouveau, les enfants lui font signe de la main et l'appellent *lélé ! lélé !* [grand'mère].

Les Vaos croient que Tagar est le père de tous les Noirs des Hébrides et des pays d'alentours, mais en fait surtout ceux qui habitent les grandes îles aperçues : Santo, Oba, Pentecôte, Ambrym, Pama, Epi et bien entendu, Malakula [Mallicolo].

La grande île d'Oba [Aoba], située du côté du soleil levant, est appelée le pays de Tagar, car le soleil éclaire la terre comme Tagar éclaire la Lune. C'est là que vont en pèlerinage les grands jeunes gens des îlots de Vao, Atchin, Wala, Rano et Uripim. Ils y vont pour demander chacun une femme, une fille de Vao ou d'Atchin, ou de Wala. Ils embarquent sur la baleinière avec vivres et cocos frais pour boire, et cochons aussi bien sûr. Ils reviendront dans dix jours.

Malgré tous ces bienfaits apportés par Tagar, les Vaos avouent qu'ils ne font rien pour lui. Ils le connaissent bien et comme ils ne leur cause jamais de mal, ils le laissent tranquille. Il n'y a pas de culte de Tagar.

Toutes leurs pensées vont à l'autre, celui qui veut les dévorer, sitôt leur mort.

Ils l'appellent Lehevev.

La peur du feu de Lehevev

Lehevev veut dire celui qui nous tire à lui pour nous dévorer. Comme Tagar, il n'a pas de corps.

Meltelilnalé continue :

> Il est terrible. Depuis que les missionnaires sont arrivés parmi nous, nous l'appelons indifféremment Satan ou

SOCIÉTÉ, MŒURS, RITES ET RELIGION

Lehevev. Nous en avons grand peur et nous ne pensons qu'à lui ; à Tagar nous ne pensons pas beaucoup. Ils ne sont pas associés : Tagar, c'est une affaire ; Lehevev, c'en est une autre. C'est pour nous sauver de lui que nous tuons nos cochons, que nous dansons, que nous faisons toutes nos fêtes. Il y a un an de cela, quand le fils Metu est mort, les femmes lui ont mis dix shellings dans une main et dix dans l'autre, c'était pour acheter le feu de Lehevev, pour qu'il ne le dévore pas et le laisse suivre le chemin du feu. Lehevev se tient sur le sentier qui conduit au feu, il s'élance sur nous pour nous dévorer, nous manger, mais si nous lui montrons les shellings que nous tenons dans les mains, et lui présentons les porcs que nous avons fait immoler pour lui, il se jette sur eux et les dévore au lieu de nous dévorer nous. Ainsi, les Vaos préfèrent se promener dans le feu plutôt que d'être dévorés par ce Lehevev.

Les ancêtres disaient que ce feu ne brûlait pas beaucoup mais que ceux qui sont dans ce feu sont toujours en colère, et c'est pour cela qu'ils veulent toujours nous faire du mal. On les voit souvent revenir dans les villages. Ils se tiennent debout sur le sentier, comme venant à notre rencontre. Ça tourbillonne de feu : c'est tout rouge, mais ça ne dure qu'un instant. Ceux qui sont dans ce feu ne pourront pas en sortir, et être délivrés un jour.

Cette histoire est racontée depuis plus de de trois générations, c'est-à-dire avant l'arrivée des missionnaires et n'a donc pu être inspirée par le Satan des Blancs.

Lehevev ne sévit pas seul. Hambelev, son ministre, rôde toujours le long des sentiers. Il tombe sur les hommes, les fait mourir de peur avant de les emporter chez son maître qui les dévore à l'instant. C'est le plus terrible des « tamat ».

Heureusement Hambalev ne paraît pas souvent, là où les

GRAND'MÈRE LA LUNE

Pères sont présents. De fait, depuis que le Père Godefroy est à Vao, il n'a pas appris que Hambalev avait fait des victimes.

Vivre à côté des sorciers

Le sorcier du village ne semble pas tenir un grand rôle dans la société. Il en est peu question dans les écrits de Jean Godefroy. Même aux yeux des païens la magie de ce vieillard ne semble pas toujours efficace pour faire tomber la pluie. On ne manque d'ailleurs pas, dans ce cas, de solliciter le Père, qui quelquefois obtient un résultat.

> Nous souffrons dans toutes les Hébrides d'une grande sécheresse [en octobre 1931] : huit mois sans pluie, ce qui devient bien inquiétant avec ce gros soleil des tropiques et ces grandes brises qui brûlent tout à terre. Nos sorciers sont à bout de ressources pour faire la pluie, et mes gamins ne cessent pas de les cribler de plaisanteries quand ils les surprennent à fabriquer leurs sortilèges.

D'un autre côté, Jean Godefroy raconte, en décembre 1923, une histoire un peu déconcertante.

> Un brave Anglais d'une cinquantaine d'années, demeurait à l'île Espiritu Santo, au canal de Segond. Un sorcier du voisinage trouvait que la présence de ce blanc gênait ses diables et il ne pouvait faire sa magie. Un jour de vantardise, ce sorcier assura ses compatriotes que désormais il se sentait de force à ressusciter les morts frais : ils pouvaient donc faire la guerre, il ressusciterait ceux d'entre eux qui tomberaient. Ils lui dirent : essaye sur cette femme ! Il tue une femme et se met en devoir de la faire revivre. Hélas ! Peine perdue : la femme

SOCIÉTÉ, MŒURS, RITES ET RELIGION

reste morte. Alors le vieux dit : c'est l'esprit de ce Blanc qui me gêne. Il faut d'abord le tuer. Ici les jeunes gens hésitèrent : s'il ressuscite, c'est bon mais, s'il fait comme la femme alors les Anglais de Port Vila voudrons nous prendre et nous pendre. Le vieux leur jura que au cas où on les pendrait, lui se ressusciterait d'abord, puis eux ensuite. Du reste le bateau qui viendrait les prendre coulera sûrement sous l'effet de ses charmes. Là-dessus, le sorcier annonce que tous les Blancs de l'île (50 à 60) périront.

Il commence par tuer l'Anglais, Mr. Clapock, un Esnais, et lui dépèce les membres qu'ils mettent au four. Heureusement, à Vila, on est informé à temps. Vila est à 180 lieues de Santo. Les Anglais arment alors un bateau et vont prendre le sorcier et seize coupables. Ces pauvres gens croyaient tellement en leur sorcier qu'ils montèrent en riant sur le bateau, croyant le voir couler aussitôt. Ils arrivent à Vila. On les juge et on en condamne six à mort, dont le sorcier ; les autres au bagne. Ils sont montés à la potence le plus tranquillement du monde et sont tombés dans le vide espérant toujours ressusciter aussitôt.

Et oui ! Ils ressusciteront un jour, mais leur vieux sorcier n'y sera pour rien. Ce sont ces sorciers qui empêchent les sauvages de se convertir. Ils savent qu'ils perdraient toute leur influence et leur autorité s'ils laissaient la jeunesse se convertir.

Autre histoire : le 8 septembre 1929 à Vao, le grand cyclone du 8 février 1928 fit couler beaucoup de bateaux ! Comme les Vao avaient perdu une de leurs baleinières dans ce typhon, ils rouèrent de coups le sorcier et le ruinèrent.

Jean Godfroy, revenant à Vao d'une retraite de six semaines à Port-Vila, explique le 8 septembre 1929

GRAND'MÈRE LA LUNE

Mort de peur [le sorcier] et ...crevant d'orgueil d'avoir réussi un si beau coup, il était venu se réfugier à la Mission, puis était retourné au village, juste le temps d'y construire une belle maison en chaux. Je lui proposai d'aller la bénir. J'étais allé la bénir, mais je voulais surtout exorciser tout le village et tout l'îlot en récitant les fameux exorcismes de Léon XIII « contre les puissances infernales qui rôdent sur la terre ». J'y avais été de bon cœur ; j'avais lu le texte en prenant le ton de la conversation et les païens s'étaient doutés de quelque chose. Pour finir, mes jeunes gens avaient apporté de grands crucifix qu'ils clouaient sur les extérieurs et intérieurs, et des images de la Sainte Vierge et de Sainte Thérèse. Ça ressemblait bien plus à une église qu'à une maison ordinaire. Quand mon sorcier vit ça, jamais il ne put se résigner à y habiter : il s'y sentait comme repoussé au dehors. De fait, les quatre familles dont je vous ai parlé avaient leurs cases toutes proches. Elles ont profité du deuil du chef pour quitter un endroit où elles se sentaient mal à l'aise. Le chef en deuil s'appelle Sarougné et le sorcier Sumtamat (Tamat veut dire revenant, spectre). Vous pensez si mes chrétiens sont fiers de tant et de si nobles recrues. Les païens sont en débine : « Oui depuis que nos deux sorciers sont à la mission, rien ne va plus dans le temps : ça pleut de travers, le soleil luit quand il ne faut pas ; on n'a plus le vent qu'on veut quand on part en voyage, etc. ; c'est la fin du monde ». Car mes deux sorciers – l'un converti depuis deux ans passés – avaient la spécialité de faire la pluie et de tourner le vent au gré de celui qui le demandait. C'était vraiment l'âge d'or.
Voilà le peuple d'enfants sauvages au milieu duquel je vis !

SOCIÉTÉ, MŒURS, RITES ET RELIGION

Figure 19: Le sorcier gardien des dents de porcs sacrés

Le chef dont il est question était venu à la Mission, avec trois autres familles, pendant l'absence de Jean Godefroy. Le chef est un personnage des plus importants de son clan. Jean Godefroy explique :

> Jamais je n'aurais cru qu'il fut descendu à la mission. Son âge, sa situation, son sérieux, son influence, tout était pour l'empêcher de venir. Il a cinquante-cinq ans environ, est bigame et pieux païen. C'est venu par la mort de son fils aîné. Celui-ci était descendu ici depuis trois mois, mourant de la poitrine. Ç'avait été un beau jeune homme ; se sentant frappé par l'alcool, il était venu se préparer à recevoir le baptême et à

GRAND'MÈRE LA LUNE

mourir. Il est mort pendant mon absence ; mes chrétiens l'ont baptisé et l'ont nommé Francis. Le père aimait beaucoup ce fils aîné ; sa mort le rend inconsolable. Aussi, ne pouvant se résigner à se séparer de son fils, enterré à la Mission, il a quitté le village de ses ancêtres et est venu habiter près du cimetière. Il a signifié à sa parenté païenne (car une partie est déjà convertie), qu'il se ferait catholique et ne remonterait jamais pour les sacrifices aux morts. « Je n'ai qu'une parole, je ne répète jamais ce que j'ai dit : j'ai pris le pagne, je ne le quitterai plus. Avant, quand le Père me rencontrait sur le chemin, j'étais nu et je me sauvais de lui comme un cochon surpris. J'en ai grande honte. Mais maintenant c'est fini : je reste près du Père. Allez-vous en et laissez moi tranquille ! »

A son arrivée, le Père a envoyé tout le monde couper des bambous pour faire à cette famille, une barrière particulière, contiguë à celle de la Mission. Avec ses deux femmes, ce chef ne peut résider dans l'enclos même. Mais ce ne sera pas pour longtemps, il y en a une qui tousse beaucoup, elle pourrait bien finir son temps assez rapidement ! Alors, le chef pourra recevoir le baptême.

Le grand four à Vao en 1926

Le grand four de Vao existe à 500 mètres de la petite maison de Jean Godefroy.

Cuire au four s'appelle faire un lok. Pour faire un lok il faut quatre équipes. Mais dès la veille, tous ceux qui doivent être du festin, s'en vont dans les jardins arracher la quantité d'ignames jugée suffisante. Les ignames, tubercules longs de 60 cm et deux fois gros comme le bras remplacent les pommes de terre.

SOCIÉTÉ, MŒURS, RITES ET RELIGION

Donc au matin, une équipe de trois ou quatre hommes creusent le four dans la terre ; ils le creusent et l'apprêtent en forme de cuvette. Si on veut cuire un homme ou un cochon ou un bœuf on fait un trou de 1 m 50 de diamètre et de 40 centimètres de profondeur. Ensuite ils font rougir au feu une trentaine ou quarantaine de caillou de lave ou de volcan (c'est comme du fer).

Pendant ce temps l'équipe de la viande prépare celle-ci. On découpe membre par membre, puis le tronc. On va laver tout ça à la mer, ça revient très propre et salé à point. A ce moment l'équipe des feuilles est arrivée portant des fagots de feuilles immenses, longues de 2 m 50 à 3 mètres et larges de 40 centimètres. On dépose à terre sur l'herbe ces feuilles, on les dispose en forme de rosace couvrant bien le sol et dépassant un peu les unes sur les autres. On détache sur leur dos des fibres (comme sur une feuille de bette) qui serviront de liens, de ficelles pour empaqueter le fricot. Les feuilles étant bien disposées on place avec beaucoup de soins, il n'y a que les hommes qui savent faire cela, les ignames râpées qui sont devenues comme une pâte très molle (il y a deux manières d'apprêter l'igname : ou bien râpée en pâte ou bien simplement coupées en morceaux assez gros). On peut remplacer les ignames par du taro, du manioc ou des bananes. Donc sur les ignames on place les morceaux de viande, on les recouvre d'herbes odoriférantes parfumées et aussi de fougères comestibles. Oh ! Ces feuilles de fougères trempées dans le lait de coco ; si vous saviez comme c'est bon. ! Pourquoi ne serait-ce pas bon ? Sur la viande encore des ignames et encore des feuilles parfumées. Puis on fait le paquet. C'est très délicat, il ne faut pas que l'air passe. Ces feuilles sont épaisses, lisses et résistantes. Le Bon Dieu les a sûrement faites exprès. Le paquet ficelé fortement

GRAND'MÈRE LA LUNE

ressemble à une énorme bouse de vache qui serait tombée là. Les cailloux de lave sont rouges à souhait. Les hommes de l'équipe s'arment de grandes branches d'arbres fendues au bout et saisissent les pierres, les disposent au fond du trou et sur les bords. Pour diminuer l'ardeur de ces pierres de feu, on jette dessus, de ces longues feuilles que l'on retire ensuite. Alors on saisit le paquet et on le dispose sur les pierres. A partir de ce moment il faut faire vite pour ne pas perdre la chaleur des cailloux. On cale de ces pierres sur les côtés du four, puis sur le paquet. Il faut un homme expérimenté pour placer les pierres rouges. Ensuite on recouvre le tout avec la terre du trou. Quand on arrive au niveau du sol, on recouvre le tout avec de grosses feuilles humides ou avec de vieux sacs. On amasse encore de la terre, ça fait comme un monticule. C'est si bien arrangé que la terre de dessus reste toujours froide, preuve que toute la chaleur est restée dans le trou – le four. Quand tout ça est fini, il est 3 ou 4 heures de l'après-midi. Alors on fait un peu de cuisine pour diminuer la faim, mais pas pour manger son content ; il faut garder un grand vide pour le moment du festin et surtout rester léger pour la danse. Car, pendant que le lok va cuire on va danser et danser dur toute la nuit. Un autre jour je vous dirai comment ils dansent. Sachez dès maintenant qu'il n'y a que les hommes à danser. Les femmes se contentent de regarder. Voilà des danses qui, au moins, ne sont pas immorales et la nuit de Noël ou de Pâques quand mes chrétiens ont dansé toute la nuit, il n'y a aucun inconvénient à ce qu'ils s'approchent ensuite des sacrements.

Dans la matinée vers huit heures, on déterre le lok. Vous dire la chaleur que contient ce four ! C'est incroyable. On soulève

SOCIÉTÉ, MŒURS, RITES ET RELIGION

le lourd paquet et on le dépose sur l'herbe : on dénoue les ficelles, on déballe. Alors, apparaît aux yeux gros de gourmandise, le délicieux lok. Oh ! Ce parfum concentré des herbes et des feuilles de la forêt ! Oh ! Ces morceaux de porc inondés de graine brûlante : ces morceaux d'ignames détrempés de sauce ! Vraiment on ne peut demander mieux. Et dire qu'il y manque encore un condiment ; c'est le lait de coco. Pendant qu'on déterre le lok, on se met à râper l'amande de coco sec ; on fait rougir une dizaine de cailloux ronds et polis, puis on prend une calebasse de noix de coco. On met le caillou rougi dedans puis on saisit une poignée de râpure de noix on l'étreint des deux mains et le lait coule à flot et tombe sur le caillou et dans la calebasse. Il est cuit instantanément et bout tout de suite alors on déverse la calebasse sur le lok et on recommence dix fois. Le lok et devenu blanc et mousseux comme un saint-honoré. Ça c'est le fin du fin ; on ne peut pas aller plus loin dans la gourmandise. Alors on fait venir le partageur. Chacun reçoit sa part. On s'assied à l'entour et muni de l'inséparable cuiller du père Adam, on saisit les morceaux que l'on trempe dans le jus savoureux de graisse parfumée et de lait de coco et que l'on porte délicatement à l'ouverture du gouffre sans fond, que la danse de la nuit à encore creusé.

C'est le moment sacré, inutile de parler à votre monde à ce moment là, il n'y a plus d'oreilles, plus d'yeux, il n'y a plus que du ventre.

Combien de fois je me suis assis à ces festins. Je disais d'abord le *benedicite* et chacun, joyeux, se mettait au travail.

Les païens ne mangent jamais ce qui serait la première bouchée. Au lieu de la porter à la bouche, ils la jettent à quelques pas d'eux. C'est la part des morts, des esprits malfaisants. Il s'agit de les calmer et d'obtenir d'eux une bonne digestion, sous forme de quelques rots formidables. Quiconque après un bon dîner n'a pas roté est en proie à la tristesse, les diables vont le tracasser toute la journée. C'est pourquoi on rote ce qu'on peut, c'est un signe de bénédiction – mais l'honneur défend de roter par la porte de sortie !!!

Enfin quand le repas est fini, on fait les cent pas, puis la fatigue de la nuit précédente aidant, on ne tarde pas à faire les boas ; on va s'étendre n'importe où et l'on dort jusqu'à 4 heures du soir.

Heureux pays ! Heureuses mœurs !

Il faut bien parler de cannibalisme

Parti, fin mai 1911 pour l'île d'Epi, où il doit se reposer, Jean Godefroy se retrouve à la mission du canal de Segond, sur l'île de Santo. Il y apprend que des tragédies se déroulent au nord de l'île :

> La guerre continue chez nos pauvres Canaques, c'est à deux jours d'ici que cela se passe. On dit qu'ils ont tué deux ministres protestants [...]. Ils en veulent spécialement aux Anglais. Un colon a vu trois de leurs matelots tués et coupés et mangés sur place, à Mallicolo. Sur la même côte, plusieurs engagés ont passé au four le mois dernier.

Passant ensuite près de l'île de Vao, qu'il découvre alors, il en parle ensuite comme suit :

> C'est l'île la plus sauvage. Les blancs redoutent beaucoup les hommes de l'endroit. Le Père Jamond m'a fait visiter cet

SOCIÉTÉ, MŒURS, RITES ET RELIGION

îlot encore complètement païen. J'ai vu la pierre des sacrifices, l'endroit où l'on mange les ennemis tués à la guerre, le monument que ces païens ont élevé au Père Vidil empoisonné par eux. Il n'y a que douze baptisés après vingt-quatre ans d'évangélisation. Les gens sont admirablement bâtis et les plus vigoureux de l'archipel.

Jean Godefroy ne sait pas encore qu'il reviendra plus tard en mission de plusieurs années sur cette île de Vao. Le 29 juin 1926, après un séjour d'un an, il en parle plus précisément.

> Je suis sur un îlot, c'est tout petit. C'est un îlot de sable, on en fait le tour en 1 heure et le petit tour, en une demi-heure. Il s'appelle Vao. Seulement 1200 mètres nous séparent de la grande île de Mallicolo. Les gens de Vao sont mes paroissiens et aussi ceux de la grande île d'en face. Mes Vao ne sont pas intelligents : voilà ce que je leur reproche, même les petits enfants ont des têtes dures comme des cailloux. Mais ceux de la grande île, c'est le comble ; ils sont certainement les plus abrutis de la terre, et aussi les plus cannibales. Du reste ça se voit sur leur figure : ils sont rachitiques et ont une physionomie féroce, brutale. En janvier dernier, ils ont tué et mangé la tante d'un de mes écoliers : ils lui ont coupé les jambes, les bras, les joues, les lèvres et ils ont fait un fricot merveilleux. Mais six mois auparavant, quatre jours après mon arrivée, mes Vaos avaient été en zigouiller un et l'avaient aussi mis au four. Alors la balance était redevenue juste. C'est comme cela qu'ils disent quand ils se vengent.
>
> Ils font cuire le monde comme ils font cuire les bêtes : cochons, bœufs, ou volailles ; c'est toujours pareil, puisque tout cela c'est de la chair. Si c'est un homme que l'on a cuit, on donne les morceaux de choix aux chefs. Il n'y en a que deux : ce sont les mains et dans les mains c'est la paume, la

GRAND'MÈRE LA LUNE

partie charnue qui est à la base du pouce. Et on le mange comme si c'était un porc ou un bœuf … sans faire plus de cas.
Il y a quelques temps, les Canaques d'une île voisine ont mangé un Anglais. Du coup la police de Port-Vila s'est fâchée : ils sont allés prendre 17 canaques, ils en ont pendu trois, les autres sont morts de peur, les uns après les autres. Mais ils préfèrent de beaucoup la chair du nègre ; celle de l'Européen à une saveur trop salée, à ce qu'ils disent. Nous ne sommes pas appréciés.

Cinq ans plus tard, Jean Godefroy a l'occasion de préciser que les tribus qui habitent sur les hauts plateaux des montagnes qui dominent Vao se mangent entre elles. Le gouvernement ne leur dit rien de cela parce que personne ne porte plainte parmi ces tribus. Ils se sentent heureux ainsi.

Si le Père Godefroy offre tous ces détails dans les courriers à sa famille, c'est au nom du pittoresque, en conversation privée avec des proches bien ignorants de ces questions.

Auprès de visiteurs, notamment les professionnels comme les journalistes, il n'aime guère aborder ce sujet, pas plus que son évêque, qui d'ailleurs, à ce sujet, parle d'exagérations ridicules.

Mgr Douceré a, en effet, écrit dans son livre « *Nouvelle-Hébrides* » :

> Eh bien donc, venu aux Nouvelles-Hébrides dès 1889, dans un coin de Mallicolo qu'on a donné précisément comme le plus affreux repaire d'anthropophages, jamais, jamais, je n'ai eu connaissance précise d'aucun autre acte de cannibalisme que celui que je viens de raconter, lequel n'aboutit pas. Je ne prétends pas assurément que, dans ce laps de temps, quarante années, il n'y ait pas eu sur nos îles d'autres actes allant

SOCIÉTÉ, MŒURS, RITES ET RELIGION

jusqu'au four, et jusqu'à manger. Toutefois j'ajouterai encore ceci : lorsque j'ai entendu quelque récit terrifiant de ce genre, s'il m'a été possible de faire une enquête, j'ai trouvé qu'il n'y avait rien, sinon mort d'homme, ce qui malheureusement n'était pas rare.

Quand Jean Godefroy reçoit Pierre Benoit à Vao en 1928, il veut esquiver la question des cannibales et plutôt évoquer la langue de Vao, qu'il juge savante.

Pierre Benoît insiste. L'auteur de « *l'Atlantide* » et futur académicien, veut savoir si l'anthropophagie est encore pratiquée dans cette île.

Avec un coup d'œil de mépris (c'est Pierre Benoit lui-même qui l'a rapporté), le Père finit par lancer :

Si les gens de Vao sont cannibales ? Naturellement, ils le sont. Moins cependant que ceux de Mallicolo, leurs voisins d'en face. Tenez, pas plus tard que la semaine dernière, la fillette d'un de mes indigènes vient me trouver, tout en larmes : « Qu'as-tu gamine ? – Mon Père, mon Père, ils ont mangé ma tante – Mangé ta tante ? Qui cela ? – Les gens de Mallicolo – Eh ! Ma pauvre petite, qu'est-ce tu veux que j'y fasse ? Elle n'avait qu'à pas y aller, à Mallicolo, ta tante.

C'est ce que j'ai répondu, parce que mon métier, à moi, vous comprenez, est d'apaiser, d'éviter que les choses ne s'enveniment. N'empêche que les gens de Vao, maintenant, n'auront de repos que lorsqu'ils auront en représailles mangé une femme Mallicolo ? Qu'est-ce que vous voulez, les vieilles coutumes ne disparaissent pas comme cela, en quelques jours.

Lors de cette visite de l'écrivain, au moment où le groupe revient vers l'embarcadère et va rejoindre le navire *Dupleix*, le groupe des indigènes devenus moins méfiants grossissait sans cesse. Ils devenaient presque familiers. A un moment, l'écrivain se retrouva entre deux jeunes gens qui gambadaient à qui mieux mieux, clignaient de l'œil, lui tapaient sur l'épaule en éclatant de rire.

Pierre Benoit s'étonna : « qu'est-ce qu'ils disent, mon Père ? » Le Père rit, lui aussi : « ils disent, heu ! Ils disent qu'ils vous trouvent à point. Des enfants, je vous avais prévenu, des enfants ! »

Les visiteurs des missions

Le Supérieur provincial d'Océanie, appartenant à l'administration supérieure des Maristes de Sydney, réalisait des tournées d'inspection au vicariat et dans les missions, pratiquement tous les quatre ans.

Dans les rapports qui font suite, des avis sont donnés sur la situation dans chaque mission, sur le comportement et la réussite de son responsable, mais aussi, un jugement sur le vicaire apostolique. Et sur ce dernier point, on ne se fait pas beaucoup de cadeaux.

En 1919, la visite du vicariat des Nouvelles-Hébrides est faite du 30 août au 4 novembre par le Père Chevreul. Quand il passe à Vila, il visite l'école du Père Godefroy. Il note : « Le père est instituteur, et tous les jours fait avec un dévouement remarquable, l'école aux garçons, 30 environ. L'école laïque n'a qu'un nombre insignifiant d'élèves catholiques ».

Dans les remarques générales du rapport, on découvre le commentaire suivant, cette fois-ci en direction du Vicaire :

SOCIÉTÉ, MŒURS, RITES ET RELIGION

« 3° Tous les Pères (sauf le P. Suas) ont fait des plaintes concernant l'administration ecclésiastique. Sur deux points, tous sont unanimes :
A. Rareté et brièveté des visites du Vicaire apostolique ;
B. Manque de direction générale et d'organisation. Monseigneur Douceré n'aime pas s'absenter de Vila. Je doute qu'il soit missionnaire dans l'âme. Actuellement, il se fait vieux et sa santé laisse un peu à désirer. »

Mgr Douceré n'a sans doute pas apprécié. Il en parle dans un courrier au supérieur général :

> J'ose dire que notre nouveau Provincial, dans cette visite, si rapide d'ailleurs et si insuffisante comme celles de ses prédécesseurs, n'a rien appris. Il est entré avec les anciennes idées préconçues, et je ne sais pas, mais je suppose que ce sont ces données là qu'il a dû consigner dans son rapport. En fait, on est toujours convaincu que, aux Nouvelles-Hébrides, rien ne se fait et il n'y a rien à faire. De ces idées sur nos îles, j'ai trouvé dernièrement un exposé dans une publication mariste, revêtue de votre approbation, Très révérend Père...

Le vicaire épiscopal se plaindra en termes à peu près identiques, auprès de son collègue de Nouméa, du visiteur apostolique suivant, le Père Dubois.

Il continue, comme pour faire une réponse aux propos qu'il entend, un peu partout :

> Et puis ce n'est pas vrai. Pas vrai que nos indigènes sont des brutes, que leurs langues soient pauvres et sans forme. Pas vrai qu'ils ont empoisonné le Père Vidil. Pas vrai ! ... Pas vrai ! Tout cela est un tissu, je ne veux pas dire de mensonges. Je veux croire que tout de même les auteurs premiers de ces

choses-là ont une conscience. Mais… que j'aurais à dire là-dessus ! Seulement, vous le comprenez, c'est difficile à dire.

Figure 20: Mgr Douceré et ses missionnaires

Pour revenir sur Jean Godefroy, voici ce que l'on disait de lui, lors d'autres visites :
– Le Père Nicolas, en 1915, à Olal.

> Le Père Godefroy a bien perdu de sa bonne santé ; n'a rien perdu de sa gaîté et de son enthousiasme. Bon religieux, sérieux, pieux, studieux, semble avoir de l'ordre. Aimerait être entouré de jeunes. A cause du Père précédent, il y a un certain courant à remonter. Le Père va souvent dans les villages païens, est bien reçu, y couche, les réunit, leur parle et est bien reçu. Beaucoup viennent à la messe le dimanche, on peut espérer proche le temps des conversions.

SOCIÉTÉ, MŒURS, RITES ET RELIGION

– Le Père Dubois, en 1924, à Vila.

Le Père Godefroy, directeur à Port-Vila, d'une petite école de 26 garçons de 5 à 14 ans. Bon religieux, zélé, mais manquant de pondération ; santé très précaire.

Une journaliste américaine et grand reporter des années folles, Elisabeth Sauvy, alias Titaÿna, débarqua un jour de 1927, à Vao, alors qu'elle faisait un périple le long des îles des Hébrides, en bateau. Elle y rencontra le Père Godefroy, alors très malade, et le crût même atteint de la lèpre. Elle s'indigna presque de le voir rester au milieu de ces indigènes de Vao qu'elle considérait comme des « sauvages inconvertissables ». Le Père répondit : « Si je ne peux pas les convertir, je peux au moins souffrir pour eux ». Jean Godefroy gardera un bon souvenir de Titaÿa, après qu'elle eut fait paraître le récit de son voyage « Mon tour du monde » :

> Elle m'a mis en bonne posture, tandis qu'elle en a égratigné plus d'un au cours de son récit. Les colons sont jaloux de moi et m'ont dit : « Elle a un fameux béguin pour vous ».

Titaÿna, après son départ des Hébrides, rencontra à Sydney deux cinéastes qui se dirigeaient vers l'île de Mallicolo, dans le but d'y tourner un film.

Les deux cinéastes américains, André-Paul Antoine et Robert Lugeon, ont obtenu de Mgr Douceré, l'autorisation de s'installer pour quelques semaines dans le presbytère d'Atchin, où le Père Godefroy pensait réinstaller l'ancienne mission catholique, après le départ des Adventistes.

GRAND'MÈRE LA LUNE

Les cinéastes tournent le fameux film « Chez les mangeurs d'hommes », en engageant des figurants à Atchin, mais aussi à Wala, îlot voisin. Pour les scènes importantes, le plateau de tournage est déplacé sur la grande terre de Mallicolo [voir en annexe 9 la fiche technique de ce film diffusé en 1928].

Au bout de six mois, les deux cinéastes malades, fiévreux, atteints de dysenterie, sont transportés à l'hôpital de Mallicolo. Ils partent le 6 juin 1827, dégoûtés de la vie des îles. Le presbytère est alors libéré. A partir de janvier 1928, le P. Godefroy, va en visite à Atchin, tous les quinze jours. Il utilise maintenant la pétrolette qui lui est affectée et qu'il a baptisée du nom de « St Pierre Claver ». Il fait maintenant la traversée depuis Vao, en quarante minutes, alors qu'avant, avec sa pirogue creusée dans un tronc d'arbre, il lui fallait une heure, par temps calme.

Figure 21: Une pétrolette pour le missionnaire

SOCIÉTÉ, MŒURS, RITES ET RELIGION

Revenons à Titaÿna. En association avec les deux cinéastes américains, elle a repris toutes ses notes et publié en 1931 un livre au titre de « Chez les mangeurs d'hommes ». Elle y décrit, sans complaisance et sans nuances, la vie et les mœurs dans les tribus, avec des détails quelquefois difficiles à partager.

Entre février et mai 1928, Pierre Benoit séjourne en Nouvelle Calédonie, puis aux Nouvelles Hébrides et enfin, à Tahiti. Ce fut l'objet d'un livre « Océanie Française », publié cinq ans plus tard.

Comme nous l'avons vu ci-dessus, il a rendu visite au Père Godefroy, à Vao, avec le secret espoir que celui-ci lui raconte tout sur les cannibales. Jean Godefroy a coupé court sur le sujet, mais il est intéressant d'avoir quelques détails sur le déroulement de la visite. Les deux hommes, escortés par quelques canaques, cheminaient sous les inquiétants ombrages de l'île. Au départ sur la plage, les indigènes étaient dix. Ils sont maintenant cinquante. Pierre Benoit écrit :

> A chaque instant, il en surgit d'autres, sans qu'aucun bruit vienne déceler l'approche silencieuse de leurs pieds nus. Les plus habillés n'ont qu'une ceinture d'écorce. Quelques-uns de ces messieurs sont porteurs d'arc, de casse-tête, de zagaies. C'est une impression singulière de voir ces fantômes apparaître subitement, sans qu'on puisse jamais discerner le moment précis de cette apparition, ni le trou de verdure aussitôt refermé qui lui a livré passage. Mus par le même sentiment instinctif, nous nous rapprochons de notre guide.

Au centre de l'île, le groupe s'est arrêté sur la place des sacrifices, son gigantesque banian, les fétiches, les cloches de

GRAND'MÈRE LA LUNE

bois, la table des sacrifices. Parlant de banian, Jean Godefroy rappelle que c'est dans un arbre semblable que les naturels de Vanikoro ont caché, paraît-il, les papiers de La Pérouse, après le naufrage des navires de la mission. La légende court les îles. Le saura-t-on jamais ? L'arbre est sacré. On ne peut pas décider de le jeter à bas. C'est le banian qui décidera !

Mais, il est temps de rejoindre le paquebot *Dupleix*. Pierre Benoit écrit :

> Sous les palétuviers dont les racines, comme des serpents, rampent dans la mer, nous avons pris congé du religieux. Je le vois encore, demeuré seul, agitant les bras, tandis que s'éloignait notre baleinière. Il semblait dire au revoir à des amis, venus passer le dimanche chez lui , à la campagne. Il y a vingt ans qu'il vit là, dans sa triste hutte de boue, parmi ces misérables anthropoïdes ; reverra-t-il jamais le village angevin où il est né !

C'est avant d'embarquer sur un bateau qui le menait à Madagascar, quand il corrigeait les épreuves de son livre, que l'écrivain apprit de Arsène, le frère du Père Godefroy, le décès de ce dernier, le 30 mars 1933.

Pierre Benoit a aussi donné son avis sur les moyens accordés aux missionnaires français par le gouvernement.

> En face des missionnaires anglo-saxons, gavés d'or, pourvus de moyens d'action les plus formidables par leurs gouvernements et leurs confréries, de quelles ressources disposent, aux Nouvelles-Hébrides, les missionnaires français ? […]. Qu'ont-ils fait, eux les oubliés, les parias démunis de tout en face de leurs opulents adversaires, durant

SOCIÉTÉ, MŒURS, RITES ET RELIGION

ce demi-siècle ? C'est pour essayer de l'apprendre qu'un matin d'avril dernier j'ai gravi, à Port-Vila, la colline où sont installés les humbles locaux de la mission. C'est là que demeure le chef des missionnaires, Mgr Douceré, vicaire apostolique des Nouvelles Hébrides. [...] Il m'entretient de ses religieux, de ses religieuses aussi. Elles sont quatre qui donnent leurs soins à l'hôpital du canal de Second. [...] A la fin, elles s'étaient épuisées. Je risque un mot de compassion maladroite. L'évêque me reprend avec douceur : « Il ne faut pas plaindre, murmure-t-il, ceux qui ont choisi leur destinée ».

Nous l'avons vu, Mgr Douceré est resté longtemps en Océanie et en particulier aux Nouvelles- Hébrides. Originaire du département des Côtes-du-Nord (aujourd'hui Côtes-d'Armor), il est ordonné prêtre le 17 décembre 1881 et entre chez les maristes en 1886. Il débarque en janvier 1887 sur l'île de Nouvelle-Calédonie. Il est nommé vicaire apostolique des Nouvelles-Hébrides, le 26 mars 1904. Il restera à ce poste jusqu'à son décès à Port-Vila le 12 mai 1939.

Malgré une santé précaire, il n'a cessé de parcourir son diocèse, navigant d'île en île, pour vérifier et conduire l'action de ses missionnaires, avec les faibles moyens qui lui ont été consentis.

Il avait un œil particulièrement bienveillant vers la population indigène. En voici quelques traits :

> Les Mélanésiens sont intelligents et spirituels. Ils peuvent rire malicieusement d'un pauvre blanc qui se croit admiré ! C'est à tort que l'on a accusé les Mélanésiens d'être féroces. Si pour un motif décisif, ils croient devoir tuer, ils tuent, mais ils ne connaissent pas les joies sataniques de la torture. Quant

GRAND'MÈRE LA LUNE

aux festins de cannibales, il y a eu beaucoup d'exagération, dans les discours.

Ses actions de communication vers l'extérieur ont été mesurées. Dans les témoignages qui lui arrivent du terrain, des îles, il efface tout ce qui pourrait nuire à la réputation de ses chers Hébridais. Nous avons vu ci-dessus comment Jean Godefroy relate l'incendie d'un immense dock, à Port-Vila, à la mi-janvier 1928, avec l'implication des employés annamites.

Voici maintenant ce qu'a écrit, à ce sujet, Mgr Douceré :

> Dans la nuit du 17 au 18 janvier, le feu se déclara dans le grand et magnifique magasin des Comptoirs Français, qui venait à peine d'être achevé et ouvert. Plusieurs dépôts de marchandises et maisons voisines furent, comme ce magasin, la proie des flammes. Mais il n'y avait pas hélas, que des pertes matérielles. Cet incendie causa la perte de seize vies humaines. Les premières victimes furent ensevelies sous les décombres embrasés […]. Parmi les morts se trouvait le principal directeur des Comptoirs, un homme, au dire de tous, d'une valeur exceptionnelle. Avec d'autres sauveteurs, il trouva la mort dans l'exercice du devoir. C'était un chrétien complet. A la messe de Noël précédente, il avait…

Donc rien sur les circonstances, sur les annamites !

Mgr Douceré avait la lourde responsabilité de la gestion des missionnaires, de leur remplacement quand ils étaient épuisés ou malades, de l'entretien de leurs motivations, quand ils se décourageaient. Il leur rendait visite dans toute la mesure de ses possibilités, notamment quand le Vicariat a pu se doter d'un bateau. Il écrivait alors, au sujet de sa visite à Vao, en mars 1928 :

SOCIÉTÉ, MŒURS, RITES ET RELIGION

Nous trouvâmes le R. P. Godefroy sérieusement fatigué, mais notre arrivée l'a ragaillardi. *Quam bonum et quam jucundum habitare fratres in unum* – [Comme il est bon et comme il est agréable d'habiter en frères d'un seul cœur] – La possibilité de visites plus fréquentes aux confrères n'est pas un des moindres avantages résultant de la possession de notre bateau. La « mission flottante » est aussi le « trait d'union ».

Mgr Douceré appréciait le travail du Père Godefroy, « homme patient autant que zélé ». Dommage que le Vicaire n'ait jamais vraiment cru à sa maladie d'éléphantiasis. Après le décès du Père, dans une lettre destinée à son frère Arsène, il a écrit :

> Le cher Père avait une constitution trop riche ; embonpoint excessif et trop de sang. Par suite, le cœur comprimé et insuffisamment fort pour le travail à fournir était une menace perpétuelle. Le docteur nous a dit que l'enflure des jambes que l'on voyait être de l'éléphantiasis n'était peut-être pas autre chose qu'une conséquence de cet état du cœur...

Victor Douceré est-il venu à Melay ? On pourrait le croire, car il écrit dans la même lettre :

> Bien cher Monsieur l'abbé, vous excuserez la mauvaise écriture, en raison de mon âge et du peu de temps dont je dispose. J'ai cru que ces détails donneraient quelque consolation à vous, aux membres de votre famille et surtout de votre digne mère. Veuillez lui offrir mes biens respectueuses condoléances. Je garde toujours le souvenir lointain mais très vivace, de la bonne journée passée à Melay en 1911.

GRAND'MÈRE LA LUNE

Mgr Douceré est venu à Rome, cette année là, pour rendre compte au pape de l'état de son vicariat. Il est passé par la France, où il a notamment rendu visite aux familles de Jean Godefroy à Melay, puis de Auguste Boisdron, à Torfou.

Le 15 octobre, il assistait aux messes dominicales à Melay. Il parla des missions lointaines et fit la quête pour l'achat d'un petit vapeur.

VI – JEAN GODEFROY MALADE, SES DOUTES : AUTRE DÉVOTION

Les fièvres paludéennes

La fièvre régnante aux Hébrides est de nature paludéenne ; elle se manifeste d'abord par un échauffement subit du corps et de violents maux de tête ; puis le pouls s'accélère, le malaise devient général, les frissons apparaissent, puis les tremblements et les vomissements. L'accès dure de un à cinq jours. La quinine et la transpiration sont les deux grands remèdes, comme en Europe.

L'eau des rivières est particulièrement dangereuse. Le canaque hébridais ne s'y baigne jamais et même s'il doit traverser le courant, il jette préalablement un arbre au travers, pour ne pas avoir à se mouiller les jambes [D'après E. Imhaus dans « Les Nouvelles-Hébrides » 1889].

GRAND'MÈRE LA LUNE

A cette époque, on imputait le mal aux émanations d'un humus végétal, feuilles et arbres, encore en fermentation. La terre végétale est si abondante qu'à certains endroits, elle atteint 1,50 m d'épaisseur. Depuis, c'est plutôt la prolifération des moustiques porteurs de l'hématozoaire pernicieux qui est avancée pour expliquer et proposer les remèdes.

C'est donc de ces moustiques que vient tout le mal. Ils s'acharnent sur les nouveaux venus avec d'autant plus d'ardeur que leur sang est plus riche en globule rouge, et le Père Godefroy, parlant de son collègue, le Père Vincent, écrivait le 12 février 1912 :

> Il n'est pas l'ami des moustiques, c'est à qui boira le plus de son sang frais et généreux, de bien meilleure qualité que le mien déjà anémié et vicié par la fièvre. Ce dont je ne suis nullement jaloux.

Jean Godefroy, dès son arrivée aux Nouvelles-Hébrides s'était dit harcelé par la fièvre. Il en a souffert onze jours durant en novembre 1910. Dans une lassitude accrue, il s'écria : « Quand donc seront nous au ciel, à l'ombre, à chanter la bonté de Dieu et à nous reposer ! »

Ces fièvres ne le quitteront pas pendant toute sa présence dans l'archipel.

Vivre avec un éléphantiasis

C'est vers la fin novembre 1914, qu'une première douleur lancinante à la jambe droite est ressentie : sciatique ou rhumatisme articulaire ? A la fin décembre, Jean Godefroy ne peut plus s'appuyer sur sa jambe, la cheville est enflée. Il ressent

JEAN GODEFROY MALADE : AUTRE DÉVOTION

une douleur atroce dès qu'il pose le pied à terre. A Noël, il confesse dans sa chambre mais ne peut célébrer la messe. En janvier, il se croit guéri, mais le mal revient pire qu'avant. La jambe se met à enfler, devient énorme. Au fil des mois, il se traîne de plus en plus difficilement.

Le 16 mai 1916, il écrit à son évêque :

> Me voici couché sur mon lit de douleur. Il y a quinze jours que je ne me lève pas. Ma jambe est enflée comme un « zeppelin » depuis l'aine jusqu'aux doigts de pied. Il m'est impossible de rester debout un quart de minute. On m'a porté pour administrer la femme d'Alexandre…

Mgr Douceré n'est pas tendre. Pour lui, Godefroy n'est pas malade : « C'est une enflure de tout le corps qui se porte spécialement sur la jambe. Ce n'est que l'obésité et si Godefroy savait contrôler son coup de fourchette, tout irait pour le mieux ». En juillet, Jean Godefroy, va à Port-Vila, pour sa retraite annuelle. Il est tellement malade que Mgr Douceré, cette fois, lui conseille d'aller à Nouméa pour consulter le docteur Le Scone. Après un examen minutieux ce dernier lui apprend qu'il est atteint par un mal étrange, l'éléphantiasis.

Le 25 juillet 1916, il écrit à son frère Henri, depuis l'évêché de Nouméa

> Pour moi, je ne suis point à la guerre, mais je n'en vaux guère mieux. Depuis deux ans, je suis toujours arrêté, et maintenant me voici atteint de l'éléphantiasis à la jambe gauche. Les rhumatismes étaient préférables, mais il est vrai que j'ai les deux ! Je suis le premier Européen hébridais qui ait

GRAND'MÈRE LA LUNE

cette maladie. Ça ne fait pas mourir, mais quand ça envahit le scrotum, il faut une opération qui met la vie en danger. C'est très dangereux. Cela s'appelle éléphantiasis parce que les membres atteints deviennent d'une grosseur démesurée – énorme. Ignoble à voir. Adieu les courses à la montagne, à moi le repos ! C'est ce qui me chagrine le plus. Je suis venu à Nouméa pour me montrer à un médecin. Il n'y a aucune guérison à espérer. Il n'y a qu'un seul moyen de faire disparaître cela, ce serait le retour en Europe ou en Australie, Nouvelle Zélande qui sont des pays froids (au moins le sud de l'Australie). Peut-être aussi que cette maladie n'atteindra pas son maximum chez moi, cela varie avec les individus. Souvent cela prend les deux jambes et le scrotum (ensemble des organes virils), quelquefois les jambes et les bras. C'est alors que l'on a vraiment l'air d'un éléphant. C'est humiliant plus que douloureux.

[…] En Océanie, cette maladie ne se trouve qu'à Samoa et un peu aux Fidji. A Samoa, 80 pour cent de la population en est atteint. Chez les femmes, elle s'attaque aux mamelles et aussi aux organes femelles. Chez l'homme, les organes descendent jusqu'à mi-jambe : c'est affreux. Les indigènes marchent en les soutenant sur leurs bras. Les Européens se font opérer mais 30 pour cent y trouvent la mort. Il y a 13 ans le P. Oliveaux de Samoa vint se faire opérer à Nouméa, par le médecin qui me soigne : l'opération réussit ; il s'apprêtait à partir pour la France quand il mourut d'une embolie au cœur.

Cette maladie se trouve aussi en Cochinchine. Elle nous vient des lymphatiques (les indigènes) sous forme de filaires (lymphes), microbes qui adultes atteignent jusqu'à 15 centim. de long et sont fins comme un cheveu : c'est ce qu'on appelle le filaire adulte de Bankroft. Elle est communiquée aux Canaques par un moustique. Aux Hébrides, seuls les Canaques du sud de l'île Pentecôte (Wanour et Baie Barrier) en sont

JEAN GODEFROY MALADE : AUTRE DÉVOTION

atteints, mais seulement aux jambes ; elle n'atteint jamais de proportion énorme comme à Samoa. A Olal, on appelle cette affection « Lucreng ta Ra » : enflure de Pentecôte. Aux Européens elle se communique soit par les plaies, soit par l'eau infectée de moustiques. Il y a un an, je m'étais éraflé le mollet droit, au liston de ma baleinière, en embarquant. Or le liston (bordure) est constamment souillé par les indigènes. L'éraflure dégénéra en une large plaie qui dura 4 mois. Or le médecin me dit que la maladie est en incubation depuis 15 mois : c'est peut-être de cette plaie que vient mon éléphantiasis.

C'est une des innombrables maladies des pays chauds. Pour me consoler, le docteur m'a dit que comme la goutte et le catarrhe, ça pouvait mener son homme jusqu'à 80 ans. Allons, bien tant mieux !

Figure 22: Hôpital de Nouméa – Pavillon Est

GRAND'MÈRE LA LUNE

Deux jours plus tard, le docteur, constatant qu'il a été optimiste trop vite, commence une série d'injections de toxine dans la cuisse. Il garde Jean Godefroy, pendant deux mois, à Nouméa.

En octobre 1916, Jean Godefroy pense que son éléphantiasis est enrayée ; il peut marcher assez à son aise. Entre-temps, Mgr Douceré s'est rendu à l'évidence qu'il fallait remplacer le Père Godefroy à Olal. Ce qui est fait en fin d'année.

Au moment des vœux de 1918, Jean Godefroy, à qui on a confié, en mars 1917, la création de l'école Saint-Joseph à Port-Vila, déclare que sa santé est bonne. Sa grosse jambe l'a fait souffrir quinze jours, mais ça passe.

Début 1921, son état de santé s'est aggravé et le moral n'est pas bon. Il pense à un retour en France. Il aspire maintenant au recueillement et à l'atmosphère mystique des cloîtres. En mai 1921, il renonce à une occasion de voyage en France. Informé que la mission de Nangire, sur l'île d'Aoba vient d'être abandonnée par son titulaire, il se déclare volontaire pour le remplacer.

Il reste sur l'île jusqu'en février 1922, avec une jambe ouverte depuis trois semaines. Il ne peut plus marcher.

Le 7 mars 1922, depuis Port-Vila

> J'ai quitté mon île sauvage, parce que je suis convoqué à aller à Sydney, en Australie, faire mon noviciat en vue des grands vœux. Je devais y aller, il y a deux ans, mais j'avais cédé ma place à un confrère, plus fatigué que moi, et j'avais mon école à lancer. Le missionnaire qui me remplace à Nangire est parti aujourd'hui sur un petit vapeur. Il arrivera dans 15 ou 20

JEAN GODEFROY MALADE : AUTRE DÉVOTION

jours. Je lui ai appris le mécanisme de la langue indigène, il pourra se tirer d'affaire.

En octobre 1922, le Père Godefroy termine son second noviciat à Sydney – Villa Maria, Hunster Hill. Il aurait pu rester à Sydney où le Père Provincial des Maristes offre de le garder, mais Mgr Douceré le rappelle à Port-Vila. Sa connaissance de la langue d'Aoba est réclamée à l'hôpital français. Il quitte Sydney à la mi-novembre, pour un retour à Port-Vila.

Le 17 novembre 1922, de Port-Vila

Me voici rentré aux vieilles et toujours jeunes Hébrides. Mes sept mois passés à Sydney m'ont reposé. Pourtant, je ne pouvais me faire au froid humide de cette ville. Mon infirmité se développe peu à peu et devient plus gênante. Je ne sais où Monseigneur m'enverra. Je désire beaucoup retourner à la brousse.

En juin 1926, près d'un an après son affectation à la mission de Vao, dans l'île Mallicolo, Jean Godefroy annonce que sa maladie a maintenant changé de dimension.

Première lettre

Votre dernière lettre ne m'est parvenue que le 14 avril parce que de décembre à avril les bateaux ne naviguent pas aux Hébrides, crainte de cyclones. Et puis, je suis tombé malade le 19 suivant, juste le jour anniversaire de Louis. Je suis resté une demi-journée sans connaissance et dix jours sans pouvoir dire la messe. Au bout de six semaines ça commençait à aller mieux, et voilà un nouvel accès qui me fait perdre

GRAND'MÈRE LA LUNE

connaissance pendant trente six heures. Du coup, je perdis le jour de la semaine et je restai 15 jours sans dire de messe. […] Cette fois-ci ce fut de la brutalité. Le matin, je me trouve bien ; le midi ça se gâte et le soir je perds connaissance. Aussi mes pauvres jambes empirent. Le bas de l'une d'elles ressemble à une écumoire, l'autre a l'épiderme rugueux et fendillé. comme l'écorce de chêne. Aujourd'hui, ça va mieux. Ce matin j'ai dit ma troisième messe.
De médecin ? il n'y en a pas. C'est la bonne Providence qui y pourvoit et aussi ma forte constitution. Tout de même, ces deux derniers accès m'ont changé : ils m'ont fait perdre le sens du goût.

Deuxième lettre du 29 juin : Jean reprend les explications sur les effets de l'éléphantiasis et son indisponibilité pendant 20 jours, sans dire la messe et sans marcher.

Quant à mes paroissiens ça leur était bien égal, ils allaient et venaient dans ma pauvre chambre, comme si j'avais seulement fait une bonne sieste. Ils sont un peu comme les musulmans : quand on est malade, eh bien ! On est malade, et quand on meurt eh bien ! On meurt le plus tranquillement du monde, persuadé qu'en cela, on ne fait de mal à personne.

A partir de mai 1927, le Père Godefroy ajoute au service de la mission à Vao, des visites régulières dans l'îlot d'Atchin, distant de cinq milles marins, défendue par des écueils et de forts courants. Il effectue ses déplacements avec sa pirogue constituée d'un simple tronc d'arbre creusé au feu et dotée d'une voile sommaire.

Jean Godefroy ne tarde pas à avoir un nouvel accès d'éléphantiasis, alors qu'il avait dû marcher longtemps sur la rive.

JEAN GODEFROY MALADE : AUTRE DÉVOTION

Maintenant, je tire la patte en geignant tant que je veux et je ne m'en prive pas. Les plaies se rejoignent et ne forment plus qu'un marécage. Je mets dessus des compresses d'eau de mer pour empêcher de suppurer : il n'en sort que du sang.

Le 31 janvier 1928, Jean Godefroy annonce une nouvelle secousse.

Je suis en train de me relever vaille que vaille d'une nouvelle secousse d'éléphantiasis. Et pourtant depuis ma dernière de mai 1927, j'avais été bien sage. Je n'avais fait aucune marche imprudente, grâce à ma pétrolette qui marche à la perfection. Et bien ça ne fait rien. Il m'en faut deux par an, de ce que les médecins appellent des poussées d'éléphantiasis. Ces secousses se ressemblent toutes : quatre ou cinq jours sans qu'il soit possible de prendre quoi que ce soit de nourriture, pas même un biscuit, tellement le goût est dénaturé, ni thé, ni orange, que l'eau froide ou glacée, si j'avais de la glace. Cette fois c'est la jambe droite qui a reçu le paquet.

Et hier, comme je me levais, voila trois confrères qui m'arrivent sur le bateau de la mission, le *Saint-Joseph*, pour me prendre et aller visiter les big-nambas, mes paroissiens cannibales en activité qui habitent les hauteurs qui dominent Vao. La partie était belle : c'est le Père Durand qui nous payait cette belle aventure. Hélas ! Je n'ai pu que refuser, n'ayant plus de jambes à mon service, et ils sont partis sans moi, ils vont repasser demain ou après demain.

Et de nouveau le 10 juin 1929

Me voilà retombé dans mes crises d'éléphantiasis depuis vingt jours ! Je commence à aller mieux, mais j'ai une plaie profonde dans le genoux. Cette fois, c'a été terrible : mes chrétiens ont pris peur et se sont enfuis. Seul, un jeune homme a bien voulu me veiller la nuit en couchant dans ma chambre. Et j'ai laissé passer les belles fêtes que j'aime tant : la Pentecôte, la Trinité, le Saint-Sacrement. Et aucun remède ! Je vous assure que c'est dur !

Les limites des conversions catholiques

En 1913, chez les canaques d'Ambrym, Jean Godefroy passe de l'enthousiasme à la désillusion. L'été est dur, à cause de la fièvre et la pluie. Les travaux de son église à Olal n'avancent guère :

> Entre deux coups de marteau, il faut courir à la brousse, baptiser celui-ci, soigner celui-là, enterrer cet autre. Tout cela s'appelle du surmenage […]. Mes paroissiens retournent au paganisme avec beaucoup plus de facilités qu'ils ne sont venus au baptême [...]. Priez pour moi, pour que le courage ne m'abandonne pas. Les peines du cœur sont les plus sensibles et, ici, c'est tous les jours que le cœur saigne de vivre au milieu de gens qui n'en ont point [...]. Priez pour mon école, pour un rien, mes enfants sont prêts à apostasier. C'est ma souffrance de chaque jour.

L'apostasie, qui est ici le reniement volontaire et public de la foi chrétienne, est la hantise des missionnaires. C'est pourquoi, l'évêque catholique recommandait de ne procéder au baptême qu'après un temps minimum d'éducation religieuse des prétendants.

JEAN GODEFROY MALADE : AUTRE DÉVOTION

Et le 10 janvier 1919, depuis Port-Sandwich

Olal mon ancienne mission est à 45 milles d'ici (20 lieues). Si une occasion se présentait de passer la mer, j'irais volontiers revoir mes anciens paroissiens. Pourtant mon séjour y serait attristé par l'apostasie de plusieurs familles retournées au paganisme. Cela brise le cœur de revoir retournés au diable des gens qu'on a eu tant de peine à attirer à la mission, à instruire, à marier, etc. et les voir après 6 ans de vie chrétienne apostasier avec une facilité déconcertante.

Telle est la vie du missionnaire. Il croit faire quelque chose et en fin de compte le résultat est nul. Si nous mettions moins d'amour propre dans nos œuvres, le Bon Dieu les bénirait peut-être.

En 1931, il analyse les vocations avec un ami. Après la crise qu'il a traversée, suite au refus de Rome de lui permettre de quitter la mission qu'il ne comprend plus, il soutient que dans les îles, les souffrances de l'âme et du cœur sont telles qu'on en arrive à douter de sa vocation.

Deux mots te font ouvrir les yeux, crise et cafard. Eh ! Oui, mon cher, nous y passons tous. Le principal est d'en sortir vite ; tellement nous sommes déçus en arrivant dans les fabuleux pays de mission. La faute en est à la littérature épistolaire des missionnaires. On ne laisse publier que les lettres anodines genre bêlant. Est-ce un bien ? Ou un mal ? Il y a du pour et du contre. Il est bien sûr que, si les partants savaient ce qui les attend, les deux tiers hésiteraient et resteraient en France. Les confrères qui sont allés au pays m'ont dit qu'ils n'avaient pas osé dire la vérité : c'eût été tuer l'enthousiasme des jeunes. C'est vrai, mais c'est cet

GRAND'MÈRE LA LUNE

enthousiasme qui est dangereux : il ne faudrait pas envoyer des enthousiastes, mais des gens rassis, assagis par quelques années de surveillance dans les collèges, ou de ministère.

Le mal du pays, de la famille

Jean Godefroy a entretenu une correspondance suivie, particulièrement de sa part, avec les membres de sa famille. Ce sont en particulier à Melay, sa mère, son frère Henri qui a repris l'entreprise de maçonnerie familiale. Il écrit aussi à son jeune frère Arsène, aumônier au couvent des Servantes du Saint-Sacrement à Angers. A Angers, il écrit très souvent à son oncle Pierre Leroy et sa fille Agnès.

Il lui arrive de regretter de ne pas recevoir de lettres de son frère Henri ou sa femme Marie, et de ne point avoir de nouvelles de son petit neveu Jean, dont l'éducation lui est à cœur.

Jean Godefroy n'apprend la guerre en Europe que le 17 août 1914. Il reçoit l'ordre de rejoindre Nouméa par le prochain bateau ; mais il n'y a pas de bateau. Il veut revenir en France mais, isolé sur son île, il ne peut rejoindre Nouméa. En décembre, un courrier lui arrive de France. Il apprend que ses trois frères et son beau-frère ont rejoint le front. Il réagit en chrétien :

> S'ils doivent payer de leur vie et de leur mort, que leur mort soit chrétienne. Notre vraie patrie, c'est le ciel. L'important, c'est d'y arriver, peu importe par quelle porte, peu importe le numéro, dans la jeunesse ou la vieillesse, dans son lit de mort ou sur un champ de bataille. Quand aurai-je des nouvelles de vous tous ? Je pleure de détresse […] d'être

JEAN GODEFROY MALADE : AUTRE DÉVOTION

encore ici. C'est triste, c'est affreux, la guerre. Mais que c'est beau le dévouement, que c'est beau, que c'est sublime d'exposer sa vie pour le salut de ses frères ! Ici, nous vivons dans l'isolement le plus complet. Les Hébrides n'étant pas colonie, tout le monde s'en désintéresse, de sorte que les vapeurs ne viennent plus nous desservir.

Après avoir tenté des démarches auprès de son bureau de recrutement de Cholet, en février 1915, il se voit résigné à rester aux Hébrides. Il a trente six ans et trop âgé, trop malade, pour rejoindre le front.

Le 24 septembre 1917, Jean Godefroy apprend la mort de son frère Louis, tué à l'ennemi, le 19 avril 1917, à Cormicy-Sapigneul, lors d'une offensive dans la zone dite du « Chemin des Dames ». Le navire qui apportait aux Hébrides les courriers de France a été coulé. Un nouveau courrier avec la lettre de son frère Arsène lui parvient avec beaucoup de retard. Jean Godefroy souffre à pleurer de la disparition de son frère, mais aussi de la peine que cela fait à toute la famille dont il est loin.

Le 26 Septembre 1917, depuis l'école Saint-Joseph de Port-Vila

Je rage de ne pouvoir retourner en France. Les bureaucrates et plumitifs de Nouméa ont réussi à nous voter en bloc des sursis indéfinis. Une fois en février nous étions 7 missionnaires prêts à embarquer. Un sursis d'appel nous a arrêtés. C'est que à Nouméa, il y a un commandant de place qui vient du front et veut envoyer tout le monde en France ; c'est un brave, mais il y a un gouverneur qui prêtant une oreille trop complaisante aux lamentations des Niaoulis

GRAND'MÈRE LA LUNE

(créoles de Calédonie) annule et fait annuler en haut lieu tous les bons arrêts du commandant. Avec ce système, nous n'irons en France que s'il n'y reste plus un seul homme. D'un côté comme de l'autre, c'est la guigne complète.

Quand il envoie ses vœux le 1er janvier 1918

Bonne année ! Et vivement la paix ! Oh chers amis ! Qu'il m'endure d'être si loin et de n'avoir pas vu la guerre ! Mais quoi je suis trop vieux, il n'y a que les jeunes classes qui partent.

En 1921, Jean Godefroy, malade et déprimé serait prêt, sur les conseils de son entourage, à revenir se faire soigner en France ou simplement effectuer un long séjour en Nouvelle-Calédonie. Il écrit au Père Provincial de Sydney. La réponse tarde a venir. Au début du mois de mai, le Père Provincial, qui se prépare à partir pour la France, propose au Père Godefroy de prendre le même bateau, pour aller se faire soigner. Jean Godefroy s'y prépare. Il pourrait revoir sa famille qui lui manque beaucoup. Finalement, il y renonce. Une autre mission plus urgente l'attend.

Il écrit à son frère Henri, le 30 mai 1921, depuis Aoba :

Et vous que devenez-vous ? Quel silence ! Il y a 22 mois que je n'ai eu de vos nouvelles ... Plus de souhaits du 1er de l'an ; plus de souhaits de fête et la mort de ma pauvre petite filleule[1] ne vous a même pas décidé à m'écrire. [1]J'attends

---

1 – La filleule de Jean Godefroy est sa jeune sœur Marie-Rose. Elle est décédée le 10 février 1921, et son bébé de trois mois le lendemain

JEAN GODEFROY MALADE : AUTRE DÉVOTION

toujours une lettre de mon petit neveu Jean : pourquoi n'écrit-il pas ? Et Marie. Je sais que tu n'aimes pas écrire, mais enfin tu pourrais m'accuser réponse des lettres que je t'envoie. Allons au revoir, je suis pressé.

Novembre 1922, le Père Godefroy est revenu à Port-Vila où il dirige l'école Saint-Joseph. S'il ne peut revenir en France, peut-être pourrait-on venir le voir aux Hébrides ?

Un an plus tard, le 27 décembre 1923, à l'occasion d'une lettre à son oncle Pierre Leroy, d'Angers, il termine par :

> On dit qu'il y a 14 ans que je suis aux Hébrides. Il serait bien temps tout de même que vous vinssiez me voir. Vous verriez des choses toutes nouvelles et vous seriez contents de raconter cela plus tard, et puis ça vous sortirais de chez vous, vous êtes trop renfermés. Je suis sûr que tante Jeanne s'y plairait tellement qu'elle ne voudrait pas rentrer.

Il y a là certainement une pointe d'humour, car il ajoute : « On n'y mange pas que des vers blancs rôtis. On mange aussi des rats, des serpents, des vampires, etc. »

Puis, Jean Godefroy se remet à parler d'un voyage en France, le 3 juin 1924, il écrit à sa cousine Agnès d'Angers, après avoir appris le décès de son mari Pierre, en date du 10 mars 1924.

En conclusion, il annonce :
> J'ai commencé quelques démarches pour obtenir de faire un voyage en France. Si je réussis – ce qui n'est pas du tout

---

matin, des suites d'une tuberculose. Jean Godefroy l'apprendra seulement le 13 avril, en plein doute sur son avenir.

GRAND'MÈRE LA LUNE

sûr – ce ne sera pas avant le printemps de l'année prochaine. Alors, j'irai voir le fameux jardin qui sera tout en fleurs.

Le temps passe. Sa demande déposée en mai auprès de l'autorité supérieure des Maristes avait reçu un accord de principe. Transmise à Rome avec avis favorable, elle est pourtant rejetée, un an plus tard : « Que le suppliant reste dans sa sainte vocation et qu'il répande d'un cœur joyeux la lumière de l'Évangile parmi ceux qui sont assis dans les ténèbres et à l'ombre de la mort ».

Ce n'est pas encore le moment de revoir la France. Puisqu'il est considéré comme un vrai missionnaire, un vrai broussard, Jean Godefroy choisit de demander le poste le plus dur. Ce sera à Vao, un îlot près de Mallicolo, où se trouvent les canaques les plus féroces, dans la mission abandonnée depuis quatre ans et dont la réputation est sinistre. Le missionnaire qui l'a créée, le Père Vidil, y serait mort empoisonné en 1898, par un plat de crevettes.

C'est à Vao qu'il restera le plus longtemps, près de sept ans. Il y travaillera beaucoup. Il se reposera autant. Les notes qu'il aura le temps d'écrire sur sa chaise longue ont été rassemblées dans un cahier, pour ensuite, être publiées selon son souhait, dans un livre à usage de prix dans les écoles. Cette publication a été faite, en 1936, sous couverture cuir, au titre de « Une tribu tombée de la Lune – ou les indigènes de Vao chez eux ». Cette version originale est maintenant introuvable. Une version reconditionnée semble disponible.

JEAN GODEFROY MALADE : AUTRE DÉVOTION

Figure 23: Clos de la mission à Vao

Jean Godefroy, s'il rêve encore de voyage en France et de la fameuse « beurrée de beurre », il ne voit pas encore le moment où cela pourra être possible et s'explique d'ailleurs sur son devoir de rester à la mission, alors que son travail pour obtenir des conversions porte des fruits.

Lettre à son oncle Pierre d'Angers, le 24 juillet 1927, de Vao

> J'ai reçu la bonne et longue lettre de ma tante qui parait-il m'attend à tous les trains. Ah ! Si c'était vrai que je pourrais vous tomber dessus, un bon matin, que vous seriez en train de tremper votre beurrée de beurre dans le café au lait. Ah ! Avec quel plaisir je m'assoirais à votre table, pour partager un

GRAND'MÈRE LA LUNE

déjeuner angevin, chose que je ne connais plus depuis 18 ans. Mais je ne veux pas vous tromper et je vous dis tout de suite que je ne vois pas encore le moment où je m'embarquerai pour le beau pays de France.

Si mes Vao ne se convertissaient pas, certainement je les aurais planté là, comme de vieux trous de choux, des téroués de choux comme on dit à Melay. Mais maman et vous autres et des tas de Carmélites dans les couvents ont tant prié pour eux que le diable lâche prise et que les voilà qui arrivent à moi. J'ai trouvé à la mission 6 hommes et 3 femmes, quand je suis venu aujourd'hui. Ils sont 71, dont 56 baptisés et 15 qui se préparent et beaucoup de jeunes ménages qui veulent venir, mais qui ont peur, mais qui viendront si je sais patienter un peu. Pour tout dire, c'est le moment de la récolte. Mais, depuis quand donc que les maîtres paysans fichent le camp au moment où la moisson mûrit ? Et vous autres, quand le charbon et le bois se vendaient par tonnes dans les bons hivers, est-ce que vous parliez à ce moment d'aller vous promener à Paris ?

Je n'ai jamais eu l'habitude de tirer des plans pour l'avenir, parce que je crois toujours que je serai mort avant. Jamais je n'ai cru que j'avais 48 heures de vie devant moi. Et puis, pourquoi penser à tout cela ? Faisons bien ce que nous avons à faire pour le moment et puis après, si le Bon Dieu nous permet de nous réjouir, nous nous réjouirons ; s'il veut nous éprouver, supportons les épreuves : c'est la bonne philosophie, et je suis sûr que le tonton Pierre m'approuve.

Le 1er octobre 1828, alors qu'il est à Port-Vila pour se faire soigner, il confirme :

J'ai reçu et lu avec plaisir votre lettre du mois d'août dans laquelle vous m'invitez si aimablement à venir goûter les fruits

JEAN GODEFROY MALADE : AUTRE DÉVOTION

de vos jardins de vos treilles, comme dans les chansons. J'irai bien un jour, mais quand ? Je ne le sais pas encore. Je ne suis pas mon maître.

Lettre du 29 mars 1931 de Vao à son frère Henri

> Comme je vous l'écrivais en répondant à votre dernière lettre d'août, notre vicaire apostolique refuse net. Nous sommes trois qui avons demandé, il nous ferme la porte ; il est inutile d'insister auprès de lui, il est breton. Le mieux est de patienter ; à son âge (74 ans), ses infirmités lui imposent une retraite, de bon ou mauvais gré. Avec son successeur, il n'y aura aucune difficulté.
> [...] Ah ! Si je pouvais un jour aller vous voir tous, je m'amuserais beaucoup de vous entendre causer. Il y a bien des mots nouveaux que je ne comprends guère. Et à mon tour, je vous parlerai nos langues canaques.

Jean Godefroy, qui a vingt-deux ans de service, ne se révolte pas. Pourtant, les raisons invoquées par Mgr Douceré semblent particulièrement injustes, si nous nous en rapportons à ce qui a été écrit par le Père Monnier, biographe des Maristes, au sujet de l'avis de Mgr, reproduit ici :

> Le Père Godefroy n'a guère fait que papillonner pendant tout son séjour aux Hébrides [...]. Lorsqu'il était à Olal, au lieu d'aller à Graig-Cove visiter son supérieur, il préférait bien aller voir ses amis de Pentecôte. Et c'est certainement à Wanour, lieu habituel de ses balades et (où il n'avait rien à faire) qu'il a contracté la filariose dont il se plaint aujourd'hui !

GRAND'MÈRE LA LUNE

Le Père Monnier, de son côté, décrit et vante les mérites de ces réunions de familles revigorantes à Pentecôte, où on se déchargeait de ses soucis, on priait ensemble, se confessait, on se racontait des histoires. Il évoque tous les travaux matériels et culturels réalisés par Godefroy et surtout les 102 baptêmes. Sur quoi, Douceré reprend : « Et qui vous a autorisé à faire ces baptêmes ? ». Douceré avait une peur panique de voir un jour des apostats « promener leur baptême dans la brousse ».

Le rapprochement avec le Carmel de Lisieux

C'est pendant une retraite effectuée à la Mission catholique de Saint-Louis, près de Nouméa, que Jean Godefroy a commencé une grande dévotion à Thérèse de Lisieux laquelle a connu comme lui les angoisses de la maladie, avant de mourir « en odeur de sainteté », le 30 septembre 1897. Le 14 août 1921, un décret du pape a engagé la procédure de canonisation de Thérèse de Lisieux qui deviendra effective le 17 mai 1925 à Rome.

Extrait de la lettre du 9 juillet 1921, à Henri, depuis Nangire [voir en annexe 5 le texte complet]

> J'avais déjà lu deux fois la vie de Sainte Thérèse de Lisieux, dans un gros livre, avec ses poésies. […] Avant de me mettre définitivement sous sa direction, je lui avais demandé un signe. Elle me le donna le soir même. C'était à l'évêché de Nouméa, le 19 décembre dernier, dix-septième année de mon ordination sacerdotale. Depuis je ressens journellement les effets de sa céleste protection. Étant à St Louis, où il y a une grotte de Lourdes absolument semblable à la vraie – il y a eu

JEAN GODEFROY MALADE : AUTRE DÉVOTION

un vrai miracle car les béquilles sont restées accrochées aux rochers – je fis une neuvaine pour obtenir ma guérison. Je m'adressais à la Ste Vierge et aussi à Sœur Thérèse qu'elle avait guérie. Le dernier jour, la Ste Vierge par Sœur Thérèse me donna sa réponse. Je ne guérirais point mais elle me donnerait des grâces suffisantes pour supporter, en me sanctifiant, les douleurs et les inconvénients de ma maladie qui ne ferait que s'accroître.

[…] Pour entretenir ma confiance, la petite sainte cède parfois à mes caprices. Ainsi un soir que j'avais la fièvre, en me déshabillant, et en regardant mon image accrochée près de mon lit, je lui dis : « C'est égal, petite mère de mon âme, ces fameux parfums dont on parle tant, vous ne m'en avez pas encore favorisé, je serais curieux de savoir ». Une fois sur ma natte et la fièvre aidant, j'avais déjà oublié les paroles que je venais de dire et je m'endormais lourdement, quand un parfum d'une odeur si subtile, si pénétrante me fit revenir à moi-même ! Oh ! Que c'était bon, jamais je n'avais senti cela ! C'était un parfum tout en profondeur. Je ne sais pas comment dire cela. Comme il durait encore, je cherchais à l'analyser. Après quelque effort, je reconnus le parfum du lis. Dame ! Il y a 12 ans que je n'ai pas senti le lis ! Ça s'oublie. Alors soudain je m'écrie : « Mais ça y est, ce sont les parfums de Thérèse », mais oui, on dit qu'ils sont au lis, à la rose ou à la violette (pureté, charité, humilité)...

Étant à Nouméa, Jean Godefroy a écrit au Carmel de Lisieux. Mère Agnès de Jésus (Pauline Martin, la sœur de Thérèse, celle qui l'a élevée) a répondu elle-même. Elle est si contente de la lettre du Père Godefroy, qu'elle a fait inscrire son nom sur le registre des frères spirituels de leur Carmel.

GRAND'MÈRE LA LUNE

Sainte Thérèse de l'Enfant Jésus et les missionnaires
Lors de sa profession religieuse, le 8 septembre 1890, au Carmel de Lisieux, Thérèse Martin s'engage : « Je suis venue sauver les âmes et surtout afin de prier pour les prêtres ». Elle prend le nom de Sœur Thérèse de l'Enfant Jésus. Elle a dix-sept ans. Sa sœur Pauline est déjà au Carmel, sous le nom de Sœur Agnès de Jésus. Elle deviendra prieure à vie du Carmel. C'est elle qui sera à l'origine de la publication de l'« histoire d'une âme », la célèbre autobiographie de Thérèse de Lisieux. Céline, la sœur préférée de Thérèse, les rejoindra quelques années plus tard.

Les Carmélites prient et souffrent en victimes d'expiation pour sauver les âmes des pêcheurs. Ste Thérèse en ramenant l'Ordre dans la vraie pratique de la règle leur indiqua un but spécial à leurs sacrifices, les âmes des prêtres, des missionnaires et des pauvres infidèles. C'est ainsi qu'on a dit de Ste Thérèse qu'elle avait, du fond de ses monastères, sauvé plus d'âmes de païen que tous les missionnaires. Ses filles n'ont pas dégénéré de leur mère. Il faut voir Ste Thérèse de l'Enfant Jésus, dans son livre et ses lettres à Céline. C'est dire avec quel plaisir elles reçoivent des lettres des missionnaires.

C'est pourquoi il existe dans tous les Carmels un usage bien touchant : quand un missionnaire demande à une prieure des prières spéciales pour lui et sa mission, la mère prieure choisit dans son monastère une religieuse qui se dévouera entièrement et qui souvent paiera de sa vie pour ce missionnaire qu'elle n'a jamais vu et qu'elle ne verra jamais qu'au ciel ; et ce qui est très touchant, c'est que la religieuse désignée appelle ce missionnaire son frère et réciproquement.

JEAN GODEFROY MALADE : AUTRE DÉVOTION

La religieuse et son frère spirituel ont la permission d'échanger une correspondance chaque mois.

De fait, toutes les religieuses du Carmel sont les sœurs du Père Godefroy et l'appellent leur frère et, celui-ci, ne doute pas que leurs prières, avec celles de leur sainte sœur Thérèse, lui obtiennent la joie intérieure qu'il éprouve depuis six mois, alors que sa maladie s'aggrave, ce qui devrait le désespérer.

En fin d'année 1922, au moment où son médecin annonce à Jean Godefroy que son cœur cédera avant peu, alors qu'il se rend compte que ses longues années de missions sont gâchées par le manque de vie religieuse intense, qu'il aspire au recueillement et à l'atmosphère mystique des cloîtres, il se décide à faire une démarche, en ce sens, auprès du R. P. Provincial des Carmes pour la France.

Le 30 décembre, il écrit aux sœurs du Carmel de Lisieux

Rappelez-vous mon séjour à Nangire. J'y vécus en Carme le plus qu'il me fut possible, ce fut comme un noviciat. Pourtant à ce moment là, j'aurais hésité à prendre une telle décision. J'attendais de faire mon second noviciat. Visiblement la divine Providence me ramena aux Hébrides. Tant que je crus que je retournerais aux missions, mon idée était de rester aux Hébrides, dans un îlot ou une île où il m'eût été loisible de mener la vie carmélite. Il m'était dur et même impossible de renoncer de moi-même à la vie de missionnaire. Seul un acte de l'autorité religieuse pouvait faire cela et cela est fait. Monseigneur ne veut plus que je quitte Vila ni l'école Saint-Joseph, école française pour Européens […]. Ici je ne suis ni

GRAND'MÈRE LA LUNE

missionnaire, ni contemplatif, et voici que j'entreprends de choisir tout.

Jean Godefroy, qui se voyait déjà rentrer en France, en 1924, pour intégrer l'ordre de Notre-Dame du Mont-Carmel, a été comme crucifié par la décision négative de Rome, un an plus tard. Il se confie, le 17 mai 1925, à la Mère Agnès de Jésus, à Lisieux.

> La grande voix de Rome a éclaté comme un coup de tonnerre dans un ciel sans nuages [...]. Après avoir répandu devant le tabernacle tout ce que j'avais de larme, je m'en fus trouver Monseigneur. Il eut la bonté, voyant ma souffrance, de me laisser le choix d'une mission.

Le Père Godefroy ne s'était pas révolté et allait ensuite réaliser la plus importante et la plus fructueuse de ses missions.

VII – PÈRE GODEFROY : VERS LA FIN DE LA MISSION

Le retour en France

Après la bénédiction de l'église qu'il vient de reconstruire à Vao, Jean Godefroy écrit, le 10 octobre 1931 :

> Il y a aujourd'hui trente-trois ans que j'ai revêtu le saint habit clérical, ma première soutane... que c'est déjà loin tout ce bon, bon vieux temps, si bon, si doux. Il y aura quinze jours demain que Monseigneur est venu à Vao pour bénir enfin solennellement ma chapelle neuve : il y fit trente-sept confirmations, le plus fort chiffre de toutes les missions de sa tournée. Qui aurait cru cela il y a six ans... Le surlendemain, le cœur flanchait tout doucement et il a fallu se remettre à la digitaline, à la chaise longue, etc.

Les plaies se sont encore rouvertes. Il est épuisé. Il songe maintenant à prendre un congé en France. Il en fait la demande à Mgr Douceré en décembre.

GRAND'MÈRE LA LUNE

Il obtient enfin satisfaction, au début de l'année 1932, à condition qu'il passe par Lourdes, pour tenter d'obtenir une guérison. Il avoue que c'est le plus beau côté de son voyage. Il a grande confiance en Notre-Dame. Il quitte Vao le 19 mars. Cette fois, il passe par le canal de Panama et il est à Marseille le 16 juin 1932 et à Lourdes le 17 juin. Il se sent mieux après plusieurs bains et il peut marcher au lieu de se traîner. Les rhumatismes l'ont quitté. Il s'estime guéri. Le 22 juin, il arrive en gare d'Angers, où toute sa famille l'attend.

Figure 24: L'arrivée à la gare d'Angers le 22 juin 1932

Après vingt-trois ans d'absence, il a peine à reconnaître sa mère, son oncle Pierre, ses frères Henri et Arsène, sa cousine Agnès... Il fait la connaissance de ses jeunes nièces, Marie-Rose et Louise et ses nattes, et neveux Louis et Henry. Tout le

PÈRE GODEFROY : VERS LA FIN DE LA MISSION

monde se retrouve ensuite, 9 rue Cordelle, au couvent des servantes du Saint-Sacrement, où l'abbé Arsène Godefroy est aumônier et réside, comme sa mère.

Le 3 juillet, Jean Godefroy se rend à Melay, retrouver son village, sa maison, l'église paroissiale où il monte en chaire à l'office du dimanche. Il revient rue Cordelle, à Angers en fin de semaine. Il retrouve sa mère très lasse.

Jean Godefroy voit ses jambes devenir noires de gangrène. La droite est énorme et percée de onze trous noirs, dans une chair sanguinolente. Son frère Arsène qui panse les plaies l'incite à consulter un spécialiste réputé. Jean Godefroy part le 11 juillet à la clinique de La Membrolle, pas très loin d'Angers. Au bout de treize jours de soins, il se sent guéri, mais le docteur lui demande pour cela de maigrir et rester définitivement en France.

Il est tenté d'adopter cette solution, mais n'est-ce pas la facilité ? Et puis sa mère intervient : « tu ne vas tout de même pas les laisser comme cela (à Vao) sans prêtre, maintenant que tu les as converti... Je pensais que tu retournerais les rejoindre quand tu serais guéri ».

Cela conforte finalement son désir profond. Ce n'est pas pour faire le bourgeois en France que la Vierge l'a guéri ! Sa décision est prise. Rejetant les conseils affectueux de ses amis, il rétorque : « C'est le Vent qui me pousse, le Vent qui souffle depuis la Pentecôte... Quand on est pris par lui, on ne peut pas lui résister ».

En attendant, il voyage à Bellefontaine chez les Trappistes, à Lisieux, à Paris, à Versailles, au Luxembourg, puis revient à Angers chez son frère Arsène et fait de longues marches dans la campagne angevine.

Figure 25: L'ancienne chapelle de la rue Cordelle à Angers, 2024

PÈRE GODEFROY : VERS LA FIN DE LA MISSION

L'autorisation de repartir en mission

Rappelé à Rome, en octobre, pour faire constater sa guérison et demander son retour volontaire aux Hébrides, il déclare devant le supérieur des Maristes : « En conscience, je me sens très bien et je me porte très bien ». Le retour aux Hébrides est alors adopté. Il y a un départ le 30 décembre par l'*Ormonde*. Jean Godefroy écrit au Carmel :

Lettre du 19 octobre 1932 depuis Rome

> J'ai passé mon examen et j'ai la joie de vous annoncer que je suis déclaré « bon pour le service d'Océanie ». Je m'embarquerai le 30 décembre prochain, à bord de l'*Ormonde*, paquebot de l'Orient Line (anglais) à Toulon. Vous pourrez donc faire adresser la belle statue que le cher Carmel de Lisieux destine à Vao, au P. Régis 13, rue de l'Annonciade (à Lyon). […] Comment vous remercier d'avoir par vos prières obtenu ce beau résultat ! Cet examen consiste à marcher, à faire des promenades en ville, pendant trois heures chaque jour. C'est bien une solide confirmation de la guérison obtenue le 19 juin dernier à Lourdes, 4 mois aujourd'hui. […] – mon cantique vous arrivera incessamment.

Jean Godefroy est reçu par le Pape le 21 octobre et quitte Rome le 24 pour revenir en Anjou, où il va faire le tour de ses amis pour un ultime adieu, pensant bien qu'il retourne aux Hébrides pour y mourir.

Le Cantique en langue Vao composé par le P. Godefroy

PÈRE GODEFROY : VERS LA FIN DE LA MISSION

Le 17 décembre 1932, Jean Godefroy écrit au Carmel depuis Melay

> Tous mes compliments pour votre transcription du cantique en Vao ! Mais vous voulez lui faire trop d'honneur. Pourtant s'il tombait un jour sous les yeux du St Père, ma promesse aux Vao serait réalisée : celle de faire connaître leur langue au Pape [voir image].
> [...] Je suis à Melay pour y faire mes adieux. Je rentre à Angers lundi prochain et partirai pour Lyon le 27, pour Marseille le 29 et m'embarquerai le 30, s'il plaît au capitaine. Je m'attends fort à un départ retardé jusqu'au 2 janvier surtout si ce capitaine a une famille qui lui donne du bonheur.

Finalement, Jean Godefroy a quitté Marseille, le 30 décembre, à midi, sur la *Ville-d'Amiens*, en compagnie du Père Buret et de Mgr Nicolas qui se rendent aux Fidji.

Le retour à Port-Vila et le décès

Quand Jean Godefroy débarque à Port-Vila, le 7 mars 1933, il trouve tout le monde en bonne santé, notamment Mgr Douceré toujours aussi vaillant, malgré son âge, et aussi le Père Durand, son procureur. De son côté, Jean Godefroy qui a fait un passage à Lourdes pour solliciter une faveur extraordinaire de Notre-Dame de Lourdes, pour sa guérison, est confiant quant à son état de santé.

Le Père attend alors de connaître sa nouvelle destination, car il est question de fonder une nouvelle mission à Tanna, à moitié route entre Vila et la Calédonie. Les indigènes réclament un missionnaire et le gouvernement presse les Maristes d'y aller.

GRAND'MÈRE LA LUNE

Jean Godefroy annonce au Vicaire apostolique : « Monseigneur, vous ne comptiez pas sur mon retour, c'est donc comme si vous receviez un nouveau missionnaire, un missionnaire pour Tanna ».

Jean Godefroy écrit le 8 mars 1933

> A Vila, il y a un nouveau médecin, et, c'est un médecin à tension… aussi on ne compte plus les personnes qui sont au régime, notre beau temps est fini. […] Mon état de santé n'a pas varié depuis mon départ [de France] ; je me porte à merveille, grâce toujours à N-D. de Lourdes. Les gens de Vila se montrent très réjouis de ma guérison. Déjà à Nouméa et à Sydney, on m'avait fêté et même donné une grosse offrande. C'est de cette façon que j'ai terminé mon beau voyage.

Malheureusement, le Père Godefroy ne pourra pas rejoindre Tanna. Sa proposition a bien été acceptée. Il attendait le départ, robuste et marchant bon pas, mais la fièvre est revenue. Le 29 mars, il accepte de revoir le docteur. Celui-ci diagnostique un accès de paludisme qui, dit-il, ne devrait pas durer. C'était oublier l'état d'extrême faiblesse du Père. Le lendemain, avant midi, une crise cardiaque qui dura à peine une demi-heure, l'emporte, doucement, comme on s'endort. Il a à peine cinquante-cinq ans.

Le Père Durand, procureur au Vicariat, a écrit :

> Tous ceux qui ont connu le R. P. Godefroy ont su apprécier son dévouement et sa bonté. Je suis heureux de l'avoir connu et apprécié, estimé et admiré. Prêtre savant et zélé, il avait une

PÈRE GODEFROY : VERS LA FIN DE LA MISSION

parole douce et persuasive qui s'insinuait dans les cœurs. Je l'ai souvent entendu prêcher. Il savait parler au peuple chrétien et il aimait à prêcher. Et maintenant il repose en paix.

Monseigneur Douceré a rendu un pieux hommage au Père Godefroy dans une longue lettre adressée le 31 mars 1933 à son frère Arsène, lettre [voir annexe 6] qu'il termine par :

> Pour nous, en regrettant de tout cœur la disparition prématurée du R. P. Godefroy, nous admirons la Providence qui l'a ramené parmi nous, pour donner, à sa belle vie de missionnaire mariste, le cachet de l'unité, si l'on peut parler ainsi. Il s'est donné tout entier pour la conversion de notre vicariat des Nouv. -Hébrides et je suis sûr qu'il a déjà reçu sa récompense là-haut.

Le Père Godefroy est enterré à Port-Vila, dans le cimetière de l'école de Montmartre, où nous pouvons encore voir la sépulture aujourd'hui.

Figure 26: Cimetière de Montmartre La tombe Godefroy au 1er plan. Voir la plaque d'identité ci-dessous

POSTFACE

Revisitons les principaux sites où le Père Godefroy a accompli ses missions.

A Montmartre, tout d'abord, après le départ de Casimir Gonnet, nommé curé de Port-Vila en mai 1916, l'école fut dirigée par :
– P. Auguste Boisdron, originaire de Torfou
– P. Jules Barthe, en 1922 ;
– P. Joseph Bordiga, 1957 ;
– P. Robert Janique, de 1965 à 1976.

Alors que l'Indépendance se prépare, Mgr Francis Lambert, évêque diocésain nommé le 30 septembre, réorganise son équipe de direction et le Frère du Sacré-Coeur, Ernest Viens, prend la direction de l'enseignement au Vicariat.

GRAND'MÈRE LA LUNE

Camille Albert devient directeur et aumônier à Montmartre. En 1977, il y a 150 élèves catéchistes, moniteurs, religieux, séminaristes et simples chrétiens. Les Frères du Sacré-Coeur de la province canadienne de Rimouski sont arrivés en Nouvelle-Calédonie en 1954 et aux Nouvelles-Hébrides, semble-t-il, en 1967. Ils célébraient, à Montmartre en 2021, le deuxième cen-

Figure 27: Monument anniversaire à Montmartre

tenaire de la création de leur Congrégation à Lyon.

POSTFACE

A Vao, l'empoisonnement du Père Vidil, le 10 avril 1898, suite à une ingestion de crevettes apportées par des indigènes, restait un sujet de controverse. Acte criminel ou non, le Père Vidil est devenu une référence dans les missions. Toutefois Mgr Douceré a soutenu « qu'il n'était pas à propos d'entretenir une légende qui n'a pas de fondement ». Il interdisait d'ailleurs à ses missionnaires de parler de la mort du P. Vidil, même entre-eux en privé. Après le décès de Jean Godefroy, son frère Arsène[2] a commenté le propos de Mgr Douceré :

> Ce n'est pas une légende mais le récit d'un Canaque de Vao devenu chrétien par la suite et qui a affirmé avoir assisté au Conseil où les mesures pour empoisonner le Père ont été prises. Cet aveu d'un baptisé est un fondement sérieux ; mais Mgr Douceré repousse avec entêtement, dans tout ce livre [La mission catholique aux Nouvelles-Hébrides], tout ce qui pourrait nuire à la réputation de ses chers Hebridais.

Vao est également cité en 1935 au sujet d'une statue sacrée. Le 9 juin, lors du passage de l'expédition de la Korrigane, Monique de Ganay a découvert dans l'île de Malo, un tabu, une sculpture anthropomorphique en bois « immense, maigre, les bras collés au corps, le sexe représenté, peinte en bleu et noir, surmontée d'un bel oiseau peint également ».

---

2 – Arsène Godefroy a été très attentif à la mémoire de son frère missionnaire, en particulier auprès du milieu familial. Curé de Torfou en 1940, il est nommé, en 1961, aumônier des Recollets à Doué-la-Fontaine. Il se retire, en 1964, à la maison de retraite des Ardilliers à Saumur. Il y est décédé le 2 janvier 1968.

GRAND'MÈRE LA LUNE

Figure 28: Le tabu de Vao-Malo

POSTFACE

La sculpture porte les attributs d'un homme de l'île de Vao, associés aux décorations d'un homme de haut rang de l'île voisine de Malo. Dans le passé, des mouvements migratoires ont été fréquents entre les deux territoires. Rapportée à Paris, la sculpture a été inscrite à l'inventaire du musée de l'Homme du Trocadero. Elle est aujourd'hui au Louvre, dans la section des Arts Premiers.

A Tanna, le Père Godefroy n'a pu se rendre. Son souvenir y reste néanmoins attaché par une statue. Le Père Chauvel qui aurait pu le remplacer est décédé le 9 mai 1933. C'est le Père Bochu qui fut alors désigné par Mgr Douceré, le 6 novembre. Peu de temps après le Père Durand lui porta la statue de sainte Thérèse de Lisieux rapportée de France par Jean Godefroy. La statue a été installée provisoirement près d'un autel, en attendant la construction d'une vraie chapelle.

L'île de Tanna est aujourd'hui très connue, car en 1987, un couple de jeunes gens s'est suicidé alors que leur communauté leur interdisait de vivre leur amour, cette alliance étant contraire à la coutume (ou kastom en bislama). Ce geste désespéré aurait conduit à une modification de la coutume ancestrale ou au moins à une vue plus tolérante dans l'île. Un film au nom de « Tanna », tourné dans l'île, est sorti en 2015, en appuyant son scénario sur cette histoire vraie. Présenté en France en 2016, il a reçu en 2017, l'oscar du meilleur film en langue étrangère à Los Angelès.

A Port-Vila, les Maristes ont fêté en 1937 le cinquantenaire de leur présence. Une croix géante a été plantée devant l'évêché, surplombant la cathédrale, la rade et l'agglomération. Elle

GRAND'MÈRE LA LUNE

a été bénite le 17 janvier 1937. Faite de béton armé, haute de quatre mètres, elle pèse trois tonnes. Elle est posée sur un piédestal cubique et peinte en blanc pour être vue de loin. Au pied de la croix, une Piétà moulée en béton armé a été bénite le 19 septembre 1937. Une statue de Saint-Jean a été adjointe au groupe, le 6 février 1938. Une autre Piétà en terre cuite patinée, placée près de l'entrée principale de la chapelle de Montmartre, a été inaugurée le 7 mai 1938.

C'est dans ces moments que Monseigneur Douceré voit alors le terme de son vicariat arrivé. Dès 1934, malade de dysenterie et à bout de forces, il n'était déjà plus en mesure, d'assurer sa fonction. Rome lui avait d'ailleurs suggéré par lettre de démissionner. Devenu insupportable, il avait déchiré la lettre. Le 12 mai 1939, atteint de malaises intestinaux, il rendit son dernier soupir et fut enseveli au cimetière de Montmartre. Mgr Halbert le remplaça, mais malade, il démissionna le 11 mars 1953. C'est Mgr Louis Julliard, ancien collaborateur de Mgr Douceré, qui a été nommé vicaire apostolique, le premier janvier 1955. Après Vatican II, une grande réorganisation intervint en 1966, en particulier, pour remplacer les vicariats apostoliques par des diocèses. Mgr Julliard en a été le premier titulaire à Port-Vila. En 1972, quand il démissionne pour raison de santé, il y a aux Nouvelles-Hébrides, 26 pères maristes et 4 frères maristes coadjuteurs, 3 prêtres et 3 frères indigènes.

Quelques années après, le condominium de l'archipel se préparait à laisser la place à un état indépendant, ce qui advint le 30 juillet 1980, sous forme de République du Vanuatu.

ANNEXES

Annexe 1 – Repères chronologiques
Annexe 2 – Les proches de Jean Godefroy missionnaire
Annexe 3 – La Constitution Civile du clergé de 1790 et ses conséquences dans les Mauges
Annexe 4 – Les massacres du 25 janvier 1794 à Melay
Annexe 5 – Le rapprochement avec le Carmel de Lisieux
Annexe 6 – Condoléances de Mgr Douceré à l'abbé Arsène Godefroy
Annexe 7 – Nécrologie R. P. Godefroy par Marcel Chupin
Annexe 8 – La crise néo-hébridaise
Annexe 9 – Fiche technique du film documentaire « Chez les mangeurs d'hommes »

GRAND'MÈRE LA LUNE

ANNEXES

ANNEXE I

REPÈRES CHRONOLOGIQUES

Date	Événements
11 novembre 1878	Naissance de Jean Godefroy à Melay en Maine-et-Loire
Mai 1889	Jean révèle à ses parents son désir d'être prêtre
Pâques et été 1891	Jean apprend le latin chez son oncle Louis, prêtre
Octobre 1891	Intègre le collège de Combrée en Maine-et-Loire
1898	Grand séminaire à Angers
1900	Service militaire à Cholet
Octobre 1903	Surveillant institution St Julien à Angers
19 décembre 1903	Ordonné prêtre à la cathédrale d'Angers
Août 1904	Vicaire à Saint-Lambert des Levées
Mars 1906	Vicaire au Longeron
Mai 1907	Pélerinage à Lourdes
Septembre 1908	Noviciat mariste à Santa-Fède près de Turin
22 août 1909	Vœux perpétuels
22 septembre 1909	Départ pour l'Océanie
17 novembre 1909	Arrivée à Port-Vila sur l'île Vaté ; enseignant à Montmartre

GRAND'MÈRE LA LUNE

Mai 1911	Repos à l'île Santo
15 mars 1912	Installation à la mission d'Olal, île d'Ambrym
7 mai 1913	Bénédiction de l'église d'Olal
Juil.- oct 1916	Séjour à Port-Vila ; diagnostic de l'éléphantiasis à Nouméa
1er mars 1917	Ouverture de l'école Saint-Joseph à Port-Vila, pour enfants d'Européens
Février 1921	Retraite de neuf jours, aux environs de Nouméa
Mai 1921	Affectation à Nangire, île d'Aoba, chez les lépreux
Mars – oct. 1922	Second noviciat à Sydney – Villa Maria, Hunter's Hill
Novembre 1922	Retour à Port-Vila, à l'école Saint-Joseph
28 mai 1925	Arrivée, après affectation, sur l'îlot de Vao détaché de Mallicolo
Mai 1927	Ajoute des visites régulières à l'ancienne mission de l'îlot d'Atchin
Juil.– août 1929	Retraite à Port-Vila
28 septembre 1931	Bénédiction de l'église de Vao
19 mars 1932	Retour à Port-Vila
8 avril 1932	Embarquement pour un retour en Europe
17 juin 1932	Début de séjour à Lourdes
22 juin 1932	Arrivée à Angers ; séjour rue Cordelle, chez son frère Arsène
3 – 8 juillet 1932	Séjour à Melay ; retour à Angers
11 – 24 juil. 1932	Soins à la clinique de la Membrolle aux environs d'Angers

ANNEXES

Juil. – oct. 1932	Voyages en France, puis Rome, appelé par le Supérieur des Maristes
21 octobre 1932	Réception par le Pape
24 octobre 1932	Retour à Angers ; tournées d'adieu
30 octobre 1932	Embarquement à Marseille sur le « *Ville d'Amiens* »
7 mars 1933	Retour à Port-Vila, en attente d'affectation, peut-être à Tanna
30 mars 1933	Décès à Port-Vila ; inhumation au cimetière de Montmartre

GRAND'MÈRE LA LUNE

ANNEXE II

LES PROCHES DE JEAN GODEFROY MISSIONNAIRE

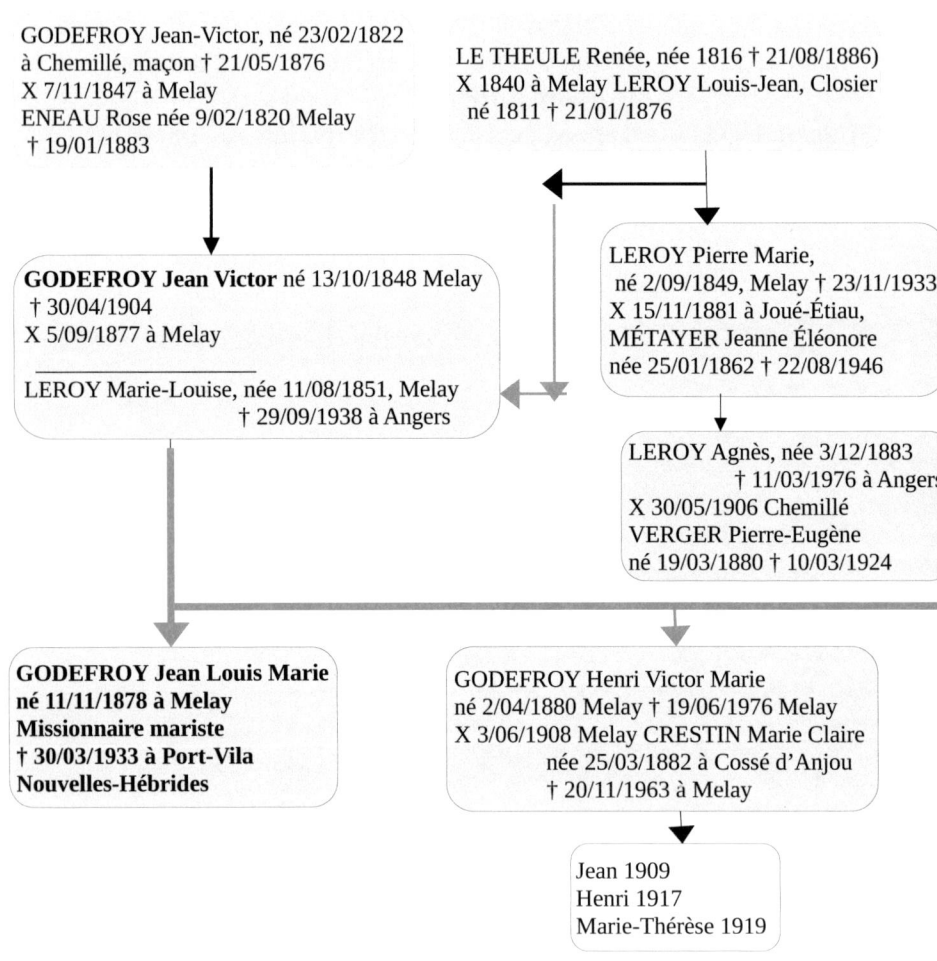

ANNEXES

Figure 29: Père Jean Godefroy et sa mère 1932

GODEFROY Louis Victor Joseph
né 15/10/1884 Melay
† 19/04/1917 tué à Sapigneul Marne
X 5/08/1913 DILÉ Marie Louise
† 1988

GODEFROY Marie Rose
née 9/08/1886 Melay
† 10/02/1921 Melay
X 5/08/1913 Melay
BOUSSION Théophile Louis
† 23/12/1945

GODEFROY
Arsène Henri Joseph
Prêtre
né 22/01/1891 Melay
† 2/01/1968 à Saumur

Marie-Louise 1914
Louis 1917

Marie-Rose 1914
Louise 1917
Jeanne 1919

GRAND'MÈRE LA LUNE

ANNEXE III

La Constitution civile du Clergé de 1790 et ses conséquences dans les Mauges
Annexe rédigée d'après les notes de Loïc Schio au sujet des guerres de Vendée.

Au début des événements, les habitants des Mauges sont quasi unanimes à vouloir des changements. Ils accueillent par conséquent très favorablement les principes fondamentaux de la révolution de 1789. Les espoirs sont grands car la situation économique est loin d'être florissante. En fait non seulement les revendications ne sont pas écoutées mais pire les abus de l'administration, de la gendarmerie et les fautes du pouvoir aggravent la situation (augmentation des impôts…). La colère gronde au sein des communes mais l'Assemblée nationale constituante fait la sourde oreille. Pire même, elle prend une suite de mesures qui va cristalliser le mécontentement. Elle s'attache surtout à diminuer l'autorité du clergé. Ainsi, le 12 juillet 1790, la Constituante vote la Constitution civile du clergé : l'État rompt le lien qui relie le pape à l'église de France. La nation désormais élira les ministres du culte ; l'assemblée départementale nommera les évêques; celle des districts nommera les curés. Les prêtres deviennent purement et simplement des fonctionnaires.

Toutefois, la question cruciale sur laquelle le clergé français va se déchirer n'est pas directement celle de la constitution civile en elle-même. Elle concerne celle du décret de l'Assemblée constituante du 27 novembre 1790 qui exige un serment

ANNEXES

d'allégeance à celle-ci pour tous les évêques, les prêtres, ainsi que les professeurs de séminaires. Le 23 janvier 1791 la municipalité de Melay reçoit l'ordre de publier les décrets exigeants le serment du curé et de ses vicaires. Le serment doit être prononcé dans les huit jours. La Constitution civile du clergé et le serment sont alors perçus comme une scandaleuse intrusion dans la solidarité de la communauté rurale menaçant celle-ci de destruction en tant que noyau cohérent et moral. Les villageois n'acceptent pas de voir remplacer leur ancien curé par un étranger, un intrus. Les divisions entre populations et curés constitutionnels, révélées par l'installation de ces derniers, vont désormais s'accentuer irrémédiablement.

Un événement va ensuite cristalliser les mécontentements et déclencher un soulèvement de ce que l'on appellera plus tard « la Vendée militaire », c'est la levée de 300 000 hommes. En effet, la mort de Louis XVI a provoqué une coalition générale. A la suite de l'Autriche et de la Prusse, Anglais, Russes, Espagnols, Hollandais battent les frontières à flots pressés. Les trois décrets des 20-24 février ordonnent la mise en réquisition de tous les célibataires de 18 à 40 ans, puis appellent sous les drapeaux 300 000 hommes. Dans le Maine-et-Loire, le soulèvement aurait commencé le 3 mars 1793 à Cholet quand les jeunes gens du canton, réunis par le district pour prendre connaissance des modalités de recrutement du contingent local pour la levée des 300 000 hommes, firent savoir qu'ils ne partiraient pas. La levée imposée par un décret du 23 février devait permettre de faire face à la baisse subite des effectifs des armées de la République due aux pertes, aux désertions, mais surtout aux retours massifs des volontaires, levés l'année précédente pour la durée d'une campagne et qui, l'ennemi ayant

GRAND'MÈRE LA LUNE

été ramené aux frontières et même au-delà, estimaient pouvoir rentrer chez eux. Le 11 et 12 mars 1793, refusant la levée d'hommes, plusieurs paroisses se soulèvent. De nombreux hommes de Melay vont ainsi aller combattre les Républicains.

Les hommes quittent leur maison, leur famille. Ils prennent les armes qu'ils ont pu trouver, pour suivre des chefs qu'ils ont choisis, sinon entraînés avec eux, pour s'opposer à l'armée de la République envoyée pour remettre de l'ordre dans la Province.

L'armée vendéenne obtient de nombreuses victoires entre mars et juin 1793. Fin juin 1793, les vendéens se sont emparés de Saumur et Angers mais échouent devant Nantes. La loi du 1er août 1793 prévoit la destruction de la Vendée et la déportation des vieillards, des femmes et des enfants.

A partir d'août 1793, arrivent en Vendée des soldats d'élite qui viennent de capituler dans la ville de Mayence. Au début de septembre, les « Mayençais » se mettent en marche chassant devant eux les populations et les armées blanches. Le principe de la destruction complète de la Vendée est décidé. Les Vendéens divisés sont incapables de résister à l'énorme pression exercée sur eux. Ils se replient au nord de Cholet où ils affrontent les troupes républicaines le 17 octobre. Battus à Cholet, 40 000 insurgés passent la Loire à Saint-Florent le vieil, les Vendéens fuyant les Républicains embarquent sur la Loire avec femmes et enfants pour s'engager dans la célèbre « Virée de Galerne ». Une longue marche d'errance des Vendéens qui les mèneront jusqu'à Granville pour revenir se faire écraser par les Républicains à Savenay en décembre 1793.

Mais le pire reste à venir, le Général Turreau propose en janvier 1794 un plan d'extermination totale de la population

ANNEXES

vendéenne, femmes et enfants compris. Ainsi, douze colonnes « les colonnes infernales » vont parcourir la « Vendée militaire » du 17 janvier au 13 mai 1794 pour massacrer sa population.

Le général Cordellier commande les $9^{\text{ème}}$ et $10^{\text{ème}}$ colonnes. Elles partent de Brissac et Turreau laisse comme consigne à Cordellier d'employer « *tous les moyens pour découvrir les rebelles ; tous seront passés au fil de la baïonnette. Les villages, métairies, bois, genêt, et généralement tout ce qui pourrait être brûlé seront livrés aux flammes* ».

GRAND'MÈRE LA LUNE

ANNEXE IV

Les massacres du 25 janvier 1794 à Melay
Extrait du registre tenu par le curé de Melay

Le vingt août mil neuf cent quatre vingt quatorze, j'ai fait l'enregistrement de ceux qui sont morts dans ma paroisse et inhumé au cimetière de ce lieu, n'ayant pu le faire plus tôt, parce que depuis la prise de Cholet un peu avant la Toussaint dernière, j'ai été le plus souvent ou caché ou fugitif et que j'avais besoin d'informations.
[...]
J'ai fait aussi l'enregistrement de ceux qui sont morts de mort violente dans cette paroisse, plus de mes paroissiens qui ont été massacrés dans les paroisses voisines. Une partie de l'armée catholique ayant passé la Loire quelques jours avant la Toussaint de l'année 1793, une grande partie du Poitou, celle de Bretagne, en deçà de la Loire, et celle de l'Anjou en deçà du Layon, ont été abandonnées à la fureur des soldats nationaux et des citoyens plus cruels que les bêtes les plus féroces, plus barbares que les nations les plus sauvages.
[...]
Joseph Cesbron tisserand âgé de quarante ans, mari de Perrine Denecheau et Louis Pineau âgé de trente cinq ans mari de Marie Lampière qui se fiaient au pardon qu'on leur avait accordé ont été pris chez eux et fusillés à Chemillé au commencement de janvier. Jean Maillet cordier veuf de Marie Cassin, âgé de quarante huit ans a été assassiné dans la maison de la métairie du petit bois giraut lors qu'il revenait de travailler

ANNEXES

pour l'armée nationale. Jacque Rochard charpentier âgé de 46 ans mari de Jeanne Cebron.

Le vingt cinq de janvier mil neuf cent quatre vingt quatorze, soixante personnes la plus part du bourg et des environs furent pris dans leur maison ou auprès et emmenés dans la cour de la cure, trois furent sauvés par des soldats, les autres cinquante sept furent massacrés à coups de fusils et crosses de fusils, de coups de baïonnettes et de sabres. Quatre personnes ont survécu au massacre. Cinquante trois sont morts et enterrés au cimetière de ce lieu, savoir :

René Martin tisserand âgé de cinquante sept ans, veuf de Marie Denechère ; Perrine Boutin âgée de vingt cinq ans, fille des défunts Jean Boutin journalier et Jeanne Chaillou ; Michelle Baranger âgée de trente quatre ans femme de René Leroux et leurs deux enfants ; Françoise Plessis âgée de trente ans, femme de Louis Crétin tisserand avec un enfant dont elle était enceinte et ses deux autres enfants ; Charlotte Gabory âgée de ... femme de Jérémie Rabby maréchal et un de leurs enfants. La femme de Gabory... sa mère et la femme de son frère, de la paroisse de St Pierre de Chemillé ;

Sophie Pineau âgée de cinquante ans femme de René Viau tisserand ; Jeanne Gaschet âgée de vingt ans, fille de Pierre Gaschet mercier et de Jeanne Denis ; Perrine Besson femme d'Etienne Gourdon cordier avec l'enfant dont elle était enceinte et quatre autres de leurs enfants ; Marguerite Hervé domestique, âgée de quarante cinq ans, originaire du May ; Marie Grégoire âgée de 34 ans, femme de Charles Hilaire tisserand et deux de leurs enfants ; Marie Pasquier âgée de cinquante ans, femme de Jean Rabby tisserand ; Perrine Bordet femme de François Louétière cordier et quatre enfants ;

GRAND'MÈRE LA LUNE

Louise Jacob âgée de quarante sept ans femme de Pierre Boulestreau tisserand et Louise Boulestreau leur fille âgée de vingt quatre ans ; Angélique Durbecé âgée de trente neuf ans femme de Louis Caillet et leurs deux filles ; Marie Gaschet âgée de vingt sept ans, veuve de Jean Viau tisserand ;

Perrine Robineau âgée de soixante ans, veuve de François Augereau cordier ; Michelle Viau âgée de soixante ans, femme de Pierre Pirion charron et deux de leurs filles ; Jeanne Turlais âgée de trente cinq ans femme de Jean Besson tisserand ; Marie Sécher âgée de quarante ans, femme de François Dutour charron et leurs deux enfants ; Perrine Vivion âgée de trente six ans, femme de Louis Foucher voiturier et trois de leurs enfants ; Perrine Cailleau domestique, âgée de vingt quatre ans, fille de Pierre Cailleau journalier et de Renée Blanvilain ; Jeanne âgée de quatre ans, fille de Mathurin Gourdon journalier et de Jeanne Blouin ; Marie Cassin âgée de trente ans femme de Jean Cailleau ; Marie Hilaire âgée de quarante ans, femme de Jean Quenion garde-chasse originaire de Rablay ; Andrée Goubaut âgée de soixante treize ans veuve de François Rabin journalier...

ANNEXES

ANNEXE V

Le rapprochement avec le Carmel de Lisieux

Lettre du 9 juillet 1921, de Jean Godefroy à Henri, depuis Nangire
J'avais déjà lu deux fois la vie de Sainte Thérèse de Lisieux, dans un gros livre, avec ses poésies. Cela ne m'avait pas fait impression. Son heure n'était pas arrivée. Elle attendit que mon infirmité me fît rentrer en moi-même et me dégoûtât tout à fait du monde et de sa vaine gloriole. Car, lorsque l'on embarque dans un port de France, pour les missions lointaines, on quitte bien sa famille tendrement aimée, mais on ne se quitte pas soi-même. Et on part avec ses défauts et on continue de vivre avec eux. A moins que sous l'empire d'un effort vigoureux de la volonté et sous l'influence de la grâce de Dieu, on ne mette résolument la main à la cognée, et la cognée aux racines. C'est le travail qu'elle voulait me faire faire et elle attendait que les progrès de ma maladie m'eussent fait rentrer en moi-même. Avant de me mettre définitivement sous sa direction, je lui avais demandé un signe. Elle me le donna le soir même. C'était à l'évêché de Nouméa, le 19 décembre dernier, dix-septième année de mon ordination sacerdotale. Depuis je ressens journellement les effets de sa céleste protection. Étant à St Louis où il y a une grotte de Lourdes absolument semblable à la vraie – il y a eu un vrai miracle car les béquilles sont restées accrochées aux rochers – je fis une neuvaine pour obtenir ma guérison. Je m'adressais à la Ste Vierge et aussi à Sœur Thérèse qu'elle avait guérie. Le dernier jour, la Ste

GRAND'MÈRE LA LUNE

Vierge par Sr Thérèse me donna sa réponse. Je ne guérirais point mais elle me donnerait des grâces suffisantes pour supporter, en me sanctifiant les douleurs et les inconvénients de ma maladie qui ne ferait que s'accroître.

Cela m'était dit si clairement dans mon cœur que rentré dans ma chambre, j'écrivis aussitôt cette réponse. Je ne me suis point trompé. Voilà six mois de cela et les progrès sont sensibles : mes jambes sont complètement engourdies ; je marche avec les jambes d'un autre – mon bras droit aussi – . Enfin, il y a juste un mois.

Ici à Nangire, j'ai fait une neuvaine à Ste Thérèse, en appliquant une de ses reliques sur la jambe, la plus malade et en faisant chaque jour un chemin de croix. La réponse fut comme à Saint-Louis. De plus, elle m'a accordé et m'obtient chaque jour la grâce d'être content avec ma vilaine maladie, de ne plus songer à quitter les Hébrides, et elle laisse entrevoir que j'irais finir ma vie apostolique dans un engourdissement des plus douloureux.

Oui, depuis que j'ai fait ces neuvaines, jamais je n'ai été intérieurement si calme, si réjoui, si content. Comme je ne puis marcher beaucoup, je supplée aux œuvres par la prière. Je suis devenu un vrai ermite. Pour entretenir ma confiance, la petite sainte cède parfois à mes caprices. Ainsi un soir que j'avais la fièvre, en me déshabillant, et en regardant mon image accrochée près de mon lit, je lui dis « C'est égal, petite mère de mon âme, ces fameux parfums dont on parle tant, vous ne m'en avez pas encore favorisé, je serais curieux de savoir. Une fois sur ma natte et la fièvre aidant, j'avais déjà oublié les paroles que je venais de dire et je m'endormais lourdement, quand un parfum d'une odeur si subtile, si pénétrante me fit revenir à moi-

ANNEXES

même ! Oh ! Que c'était bon, jamais je n'avais senti cela ! C'était un parfum tout en profondeur. Je ne sais pas comment dire cela. Comme il durait encore, je cherchais à l'analyser. Après quelque effort, je reconnus le parfum du lis. Dame ! Il y a 12 ans que je n'ai pas senti le lis ! Ça s'oublie. Alors soudain je m'écrie : mais ça y est, ce sont les parfums de Thérèse, mais oui, on dit qu'ils sont au lis, à la rose ou à la violette (pureté, charité, humilité). Voyons voir ! Je n'ai pas de savonnette dans ma chambre, ni d'odeur sur mon oreiller. Je flairai mon polochon : horreur, il puait l'odeur de la fièvre paludéenne. Oh ! Pour le coup, je ne sentais plus la fièvre. Je fis un sommeil avec les anges. Le lendemain soir, pour me prouver que je ne m'étais pas trompé, je les sentis encore, mais à peine vingt secondes. Oh ! la bonne petite sainte.

Étant à Nouméa, j'ai écrit au Carmel de Lisieux. Mère Agnès de Jésus (sa sœur Pauline, celle qui l'a élevée) m'a répondu elle-même. Elle est si contente de ma lettre qu'elle m'a fait inscrire sur le registre des frères spirituels de leur Carmel.

GRAND'MÈRE LA LUNE

ANNEXE VI

Condoléances de Mgr Douceré à l'abbé Arsène Godefroy

Bien cher Monsieur l'Abbé,
Déjà sans doute vous connaissez la pénible nouvelle. Aussitôt après le décès de l'un des nôtres, nous envoyons un télégramme et les intéressés sont avisés. J'aime à croire Que c'est vous qui avez été avisé avant votre bonne mère, que vous avez pu la préparer à recevoir la nouvelle inattendue, sans que son cœur fut brisé.
Eh ! Oui, votre frère, notre cher Père Godefroy, nous a quittés pour une vie meilleure. Alors, qu'il se croyait guéri et capable de fournir encore un long et bon travail d'apostolat. C'est ce qu'il me dit à son arrivée le 7 mars. A ce moment, nous étions de nouveau sollicités pour l'établissement d'une mission sur l'île Tanna, dans le groupe considérable de notre archipel des Nouv. Hébrides, où nous n'avons pu prendre pied jusqu'à présent, faute de missionnaires. Votre frère rapportait une belle grande statue de Sainte Thérèse de l'Enfant Jésus, don du carmel de Lisieux. Il me l'offrit pour la mission de Tanna. Puis, il s'offrit lui-même. Je le remerciai et lui permis que, si nous pouvions établir enfin cette mission, c'était lui que je choisirais. Et tout de suite, nous prîmes nos dispositions pour aboutir.
Hélas ! Moins de trois semaines après, le bon confrère sentit un peu de fatigue. C'était des fièvres – ce qui nous arrive souvent et ce qui arrive surtout aux nouveaux venus et à ceux qui revenant – après une une absence de quelque durée – sont

ANNEXES

à réacclimater. De cela, nous n'étions pas inquiets, ni lui non plus : il avait l'expérience. On prend de la quinine et c'est tout. Du reste, il n'y avait aucune indication de fièvre, spécialement grave et dangereuse.

Cependant, le 29 mars, le malade vit le docteur, celui-ci l'examina sérieusement et trouva une très forte tension artérielle. Le cher Père avait une constitution trop <u>riche</u> ; embonpoint excessif et trop de sang. Par suite, le cœur comprimé et insuffisamment fort pour le travail à fournir était une menace perpétuelle. Le docteur nous a dit que l'enflure des jambes que l'on voyait être de l'éléphantiasis n'était peut-être pas autre chose qu'une conséquence de cet état du cœur. – Le docteur avait donné quelques remèdes et surtout un régime. Du reste, il n'avait pas laissé supposer qu'il y eût danger prochain. Notre malade ne gardait pas le lit – il sortait même quelque peu de sa chambre. Le lendemain de la visite du médecin, il ne vint pas au réfectoire avec nous, il prit dans sa chambre du lait, seul aliment permis avec un peu de bouillon.

Pendant que nous étions à table, à quelques pas de notre réfectoire, il appela – simple accident, il avait vomi le lait. Mais, quelques instants après, ce fut la crise finale; sans douleur apparente, sans angoisse. Elle dura à peine une demi-heure. Je m'approchai de lui, pour lui dire quelques paroles de réconfort et de préparation, et même, je lui donnai une première absolution. Il essayait, sans efforts pénibles, de prononcer quelques paroles, mais je ne pus me rendre compte qu'il me comprenait.

Un confrère était allé chercher les saintes huiles. Avant l'extrême onction, il lui donna l'absolution, – et alors, il y eut un retour de conscience – grande grâce pour lui et grande consolation pour nous : avec le prêtre, il récita l'acte de contrition,

GRAND'MÈRE LA LUNE

d'une voix bien intelligible. Le docteur qui avait été averti vint tout de suite, mais à temps pour voir expirer notre cher malade ... sa mort du reste, fut si douce que nous ne pûmes pas nous rendre compte du moment exact où il avait rendu le dernier soupir. Il était environ midi.

Après quelques prières, on s'occupa de la toilette funèbre. Revêtu de la soutane et du surplis, un chapelet entre les doigts, avec un crucifix, il paraissait, sur son lit, dormir paisiblement. Tout de suite, par les missionnaires présents, nos sœurs et des catholiques, le cher défunt eut le secours de ferventes prières.

Dès le lendemain, ce fut la messe célébrée pour la chère âme, par chacun de nous. Plus tard, après l'avis reçu très promptement dans toutes les maisons de notre société de Marie, tous les prêtres de cette société dirent une messe pour le confrère défunt. De plus ici, aux Nouv. Hébrides, nous avons l'habitude de dire les Trente Messes du trentenaire grégorien à commencer tout de suite après la mort. Ce sera une consolation pour vous et pour les vôtres de savoir que le R. P. Jean Godefroy eut des funérailles dignes.

Le lendemain, à 8h, il y eut une Messe d'enterrement chantée dans l'église de Port-Vila avec assistance nombreuse. Les deux commissaires Résidents français et britanniques du Condominium, y assistèrent et m'envoyèrent, l'un et l'autre, leurs condoléances en termes forts. Après la Messe et l'absoute, le corps fut transporté à notre école des catéchistes "Montmartre" pour une autre absoute à la chapelle, puis inhumation dans le cimetière qui garde tant des nôtres. Nombre de personnes de Port-Vila firent le trajet de 5 à 6 kilomètres, entre-autres, notre commissaire Résident français, Gouverneur Carlotti.

ANNEXES

Bien cher Monsieur l'abbé, vous excuserez la mauvaise écriture, en raison de mon âge et du peu de temps dont je dispose. J'ai cru que ces détails donneraient quelque consolation à vous, aux membres de vôtre famille et surtout de votre digne mère. Veuillez lui offrir mes biens respectueuses condoléances. Je garde toujours le souvenir lointain mais très vivace, de la bonne journée passée à Melay en 1911. La mort de votre frère ne rompt pas les liens qui unit votre famille à notre mission, bien au contraire. Priez, pour que du Ciel, il nous aide enfin à faire cette fondation de Tanna pour laquelle il s'était offert. Et, en présentant l'hommage de mon religieux respect à la T. A. Mère des Serv. Du T. S. S.[1]*, veuillez lui transmettre la carte ci-incluse. Le Père Durand notre procureur, vous a déjà préparé l'envoi d'un souvenir qui vous sera cher. En visitant les malles du cher défunt, je trouverai encore, je le pense, quelques autres souvenirs et je vous les adresserai.*

Avec mes vives condoléances pour notre douleur commune, je vous prie de croire, cher Monsieur l'Abbé, à mes meilleurs sentiments religieux.

    Victor Marie
Évêque de Térénuthis
Vicaire apostolique des Nouvelles Hébrides.

(1) – Probablement la mère supérieure de la Congrégation des Servantes du Très Saint-Sacrement, dont Arsène Godefroy est aumônier., à Angers, rue Cordelle

GRAND'MÈRE LA LUNE

ANNEXE VII

Nécrologie du R.P. Godefroy par Marcel Chupin

Extrait d'une publication dans le bulletin de l'Association de l'amicale du collège de Combrée, année 1933.

Le P. Godefroy était né à Melay le 11 novembre 1878. Tout jeune, il aimait à servir à l'autel et se plaisait à répéter à la maison les chants liturgiques, psaumes et hymnes, qu'il avait entendus à l'église. Un de ses amusements favoris était d'essayer d'en traduire le latin. Évidemment, ses essais n'étaient pas réussites : « Post partum, Virgo Maria » avait pour signification : « Passe partout, Vierge Marie ». Mais cette curiosité linguistique, qui n'était encore qu'un jeu d'enfant, manifestait chez lui l'éveil d'une vocation sacerdotale. Il finit par entendre clairement l'appel de Dieu et il en avertit ses parents. Mais il était l'aîné et la famille était nécessiteuse : à douze ans, malgré ses plaintes, on lui mit en main une truelle et en route pour le travail où il devait aider son père maître maçon. Pendant un an, il apprit l'art de construire solide et d'aplomb.

Il évoquera plus tard avec douceur le souvenir de ses premiers essais dont il n'entrevoyait point alors l'utilité : « Avec quel plaisir, j'ai repris le marteau, le niveau, le cordeau et la truelle, écrit-il en 1909 de l'île Vaté. Je me reportais vingt ans en arrière et je me voyais avec Papa et je me souvenais aussi de certains coups de truelle qu'il me donnait sur les doigts ». La Providence l'acheminait ainsi par des voies obscures vers sa vocation.

ANNEXES

Enfin le père se laissa fléchir : après avoir étudié les rudiments du latin chez son oncle, curé de Bouillé-Ménard, le jeune Jean Godefroy entra à Combrée, en octobre 1892. Il débuta par la Sixième et y acheva ses études en 1898, par la Philosophie. Les palmarès citent assez souvent son nom pour donner à penser qu'il ne fut pas un élève paresseux : bon an, mal an, il remportait son prix et plusieurs accessits. Mais les bons tours qu'il aimait raconter de sa vie de collège laissent deviner qu'il ne donnait pas sa mesure. Sa légèreté était à l'affût de toutes les distractions et il riait « trop facilement et trop largement » pour faire ses devoirs avec l'application nécessaire.

Au sortir du collège, en 1898, il franchit sans hésitation le seuil du Grand Séminaire et ce fut pendant ses années d'études théologiques qu'il songea pour la première fois aux missions. Il voyait tel ou tel confrère partir pour le séminaire de la rue du Bac et son âme généreuse était profondément remuée par l'appel enflammé que venaient de temps en temps jeter devant les séminaristes, des Évêques missionnaires, comme Mgr Favier, Mgr Vidal qui était déjà l'évêque d'un Angevin, le père François Trillot. « Sa mère écrit-on, redoutait le passage des évêques missionnaires. Par le ton de son fils, elle devinait l'attrait grandissant et s'en effrayait ». Le jeune clerc, dans ses méditations demandait à Dieu avec loyauté de lui manifester ses desseins sur sa vie, mais la réponse ne fut pas encore assez claire et l'abbé Godefroy donna un répit de plusieurs années à sa famille, avant le suprême départ.

Ses quatre années de Séminaire achevées, il fut nommé à l'Institution Saint-Julien, au mois d'octobre 1903, avant son ordination sacerdotale, comme c'était la coutume. L'année suivante, il devint vicaire à Saint-Lambert-des-Levées. Pendant

GRAND'MÈRE LA LUNE

dix-huit mois, il y dépensa ses forces et son argent avec la plus grande prodigalité, au point que sommé par la Faculté de faire une cure à Plombières, pour réparer sa santé compromise, il ne trouva que 15 francs au fond de son gousset : il s'en alla tendre la main à Mgr Rumeau qui lui paya son voyage et son séjour. En mars 1906, il fut nommé au Longeron. Il s'y fit l'entraîneur des jeunes et fonda pour eux, un patronage et une société de gymnastique, « les Vaillants du Bocage ». L'activité qu'il était obligé de fournir n'avait pas complètement distrait sa pensée des missions. C'est alors qu'il lut la vie du vénérable P. Colin et qu'il s'enthousiasma pour la Société de Marie et ses missions d'Océanie. C'était le moment, croyait-il, de prendre une décision : il partit en pèlerin à Lourdes en 1907, supplier la Vierge d'éclairer sa route. Devant la grotte miraculeuse, ses dernières hésitations tombèrent : il sera missionnaire et missionnaire chez les Maristes.

La détermination prise resta longtemps secrète : Mgr Rumeau qui en avait seul reçu la confidence, lui avait conseillé de retarder d'un an son départ. Assurément, l'abbé Godefroy n'avait pas à épurer ses désirs généreux : depuis longtemps, il savait qu'il trouverait dans les missions une vie sacrifiée, un effort plus pénible et partant plus méritoire. Si son imagination trop vive s'était peut-être au début laissé prendre aux charmes des pays tropicaux, au plaisir curieux de vivre avec les sauvages, il y avait beau temps que cet attrait naturel était dépassé.

L'année d'épreuve achevée, il annonça en 1908 à sa famille en pleurs, mais chrétiennement résignée, sa résolution irrévocable et son prochain départ. Comme on le dissuadait d'entrer en religion, sous prétexte qu'un jour, il aurait peut-être la nos-

ANNEXES

talgie de la France et regretterait la barrière de ses vœux, il répondit simplement : « Je serai fixé et ne pourrai désormais changer ma voie ».

Mais, bien plus que de son indépendance de caractère, il avait peur de la médiocrité où il voyait tomber quelques prêtres du clergé séculier ; pour lui, l'argent était le grand obstacle au zèle et il lui plaisait de mettre entre son cœur et cet argent, maudit de Dieu, son vœu de pauvreté : « Si je me suis fait religieux, vois-tu, disait-il à un confident très intime, avant de partir pour les Nouvelles-Hébrides, c'est parce que je craignais de faire comme certains prêtres qui ne songent qu'à leur argent. Si j'étais resté vicaire, j'aurais cherché à thésauriser et ç'aurait été ma perte ».

Après un an de noviciat à Santa-Fédé, près de Turin, il demanda « une vraie mission de sauvages, dans les îles les plus dépourvues ». Il fut servi à souhait : il fut désigné pour les Nouvelles-Hébrides, archipel de grandes îles et d'îlots volcaniques, situés presque aux antipodes de la France, au milieu du Pacifique. C'est à l'automne de 1909 qu'il s'embarqua pour cette terre lointaine. Désormais, presque jour et nuit, il va tenir au courant de sa vie aventureuse, par des lettres pleines de détails précis et colorés, sa pauvre mère douloureuse à laquelle il a promis, en l'embrassant pour la dernière fois, de ne jamais laisser passer un bateau sans lui écrire.

Après quelques semaines d'initiation à l'école Saint-Louis de Nouméa, dans la Nouvelle-Calédonie, il gagna Port-Vila, capitale de l'île Vaté, dans les Nouvelles-Hébrides. Quelques jours après son arrivée, son évêque, Mgr Doucéré, le nomma, suivant l'expression même du missionnaire, vicaire, instituteur, maçon,

GRAND'MÈRE LA LUNE

charpentier, à l'école Montmartre, située à quelque 10 kilomètres de Port-Vila. Il ne cacha point la joie qu'il en éprouvait : « Je crois que je suis fait pour les enfants, écrit-il le 17 novembre 1909, dès qu'il a pris contact avec ses futurs élèves. Quels braves enfants ! Quels yeux éveillés ! Quel beau noir ! » Quelques jours après, il contait ses premières impressions : « Les premiers jours ça a tiré un peu dur. Cela fait une certaine impression de vivre au milieu des noirs. Leur couleur sombre, leur physionomie qui dès l'abord paraît impossible, la forte odeur qui se dégage de leur corps, tout cela a pour un blanc nouveau venu quelque chose de désagréable. Mais on se fait à tout et maintenant je vis au milieu d'eux comme au milieu des blancs. Un colon s'y ferait moins vite, car il s'arrête à l'extérieur. Pour nous, nous cherchons à nous mettre en contact avec les âmes ».

L'entreprise n'était point aisée, l'école se composait de soixante et un garçons, et « il y avait quatorze langues » ! On en était réduit à employer un espèce de jargon appelé « bichelamar », sorte de compromis entre l'anglais et le français, mais les négrillons eurent vite fait de comprendre que leur nouveau missionnaire était pour eux un véritable père et ils l'entourèrent de prévenances qu'il s'attarde à conter avec complaisance. Pourtant leur affection n'était guère profonde : ils l'aimaient « autant que leur ventre le leur permettait », et c'est sans doute parce que leur estomac n'était pas rempli à leur gré qu'ils abandonnaient certains jours le pauvre missionnaire sans crier gare : toute mon école de garçons, écrit-il, s'est enfuie dans la brousse : j'ai été la repêcher ! Il y avait là de quoi faire tomber ses illusions, s'il en avait encore et lui montrer qu'en apostolat, la première qualité est le désintéressement. Son ministère à

ANNEXES

l'école ne suffisait pas à occuper son activité : il se fit en même temps ingénieur, entrepreneur et maçon. Il construisit un dortoir, une sacristie, une cuisine. En gâchant le mortier et en ajustant les pierres, il songeait à Melay: « Je pensais à mes frères, écrit-il et je me disais : ils ne pourront plus me reprocher mes mains blanches. Elles se durcissaient encore à d'autres travaux : le P. Godefroy était aussi planteur et il devait stimuler de l'exemple encore plus que de la voix le courage vite épuisé de ses élèves. Le sien ne tombait que dans la maladie. A l'île Vaté, le paludisme était endémique et le missionnaire ne tarda pas à sentir les premiers frissons de la fièvre. Un jour même, il eut un accès si grave qu'il crut en mourir : « Pour moi, écrit-il, je suis remis de la fièvre, mais cette fois, sérieusement j'ai failli y laisser la peau... Le souvenir qui me reste de cet accès, c'est que ma préparation à la mort ne m'a nullement effrayé ; j'étais content de m'en aller ».

La vie relativement calme que le P. Godefroy menait à l'école Montmartre ne pouvait satisfaire les exigences de son zèle : il demanda bientôt un poste de « missionnaire missionnant ». Après quatre années de ministère dans l'île Vaté ; il fut nommé dans l'île Ambrym, à Saint-Jean-d'Olal : « Grande nouvelle ! écrit-il le 22 février 1912. Depuis six jours, je suis nommé à Olal. Je serai seul, curé » et il invite avec humour sa famille à son installation : « Nous pendrons la crémaillère, continue-t-il, et nous mangerons force « laplap » et boirons le jus de cocos à pleines coupes ». Il se mit aussitôt à l'étude de la langue dont les idiotismes étonnants, sinon répugnants, pour son goût d'Occidental, lui réservaient bien des surprises. Arrivé sur son île, il lui fallut se familiariser avec les mots et les tours d'une langue impossible : « J'ai fait beaucoup de grammaire,

GRAND'MÈRE LA LUNE

écrit-il, mais je suis effrayé. Pensez qu'il y a seize mots différents pour dire « nous » et un peu plus pour dire « notre, nos » et si on se trompe, personne n'y comprend rien. C'est si long à apprendre qu'il faut un an avant de pouvoir dire un mot à la chapelle » et il terminait sa lettre par ce vœu ardent : « Béni soit et vite venu le jour ou les vieux me diront : Maintenant tu parles comme nous. Il me faut au moins sept ou huit ans ! ». Quatre mois après son arrivée à Olal, il écrit : « Oh ! La langue quelle patience. Faut-il tout de même que nos grands-pères de la tour de Babel aient fâché grandement le bon Dieu, au jour de leur confusion ! » C'était un long travail de patience, qu'il lui faudra recommencer bien des fois : aux Nouvelles-Hébrides, les dialectes diffèrent complètement d'île à île et presque à chaque nouveau poste, le missionnaire doit se remettre à l'œuvre. Point de textes écrits, ni de dictionnaires ; c'est à chaque missionnaire d'improviser sa méthode : « Je voulais savoir le mot lourd, écrit le Père Godefroy. Je vois un enfant qui portait un sac de coprah très lourd. Alors, je demande à un autre : « Le sac, là, il est... » et je fais le geste de porter un objet lourd. Et bien ! l'enfant me donna un mot qui veut dire peser ! Il me donnait un verbe et je voulais un adjectif. Alors, je demandais la même chose à un autre qui me répondit juste. Et c'est la même chose pour tout le reste ».

Pendant qu'il se donnait ainsi à ses longues et décevantes études, il ne perdait point de vue la brousse mystérieuse qui l'attirait : il y a, écrit-il, toute la pointe sud-est qui n'a jamais été évangélisée. C'est la pure sauvagerie. J'attends avec une joie indicible le jour béni où je saurai assez de langue pour y courir. Bientôt, il n'y tint plus: il boucla son sac de voyage, prit son bâ-

ANNEXES

ton de chef et partit accompagné de deux noirs. Au premier village où ils arrivèrent, les voyageurs prirent place, comme le veut la coutume, sur le haut talus qui borde la place, en attendant qu'on vînt leur offrir l'hospitalité. L'hôte parut bientôt et quelques instants après, restauré d'une tranche grillée de « béta », l'indigeste fruit de l'arbre à pains, arrosée d'une gorgée de lait de coco, le Père commençait avec les indigènes un long palabre, par l'intermédiaire de son catéchiste plus éloquent que lui. Il se réserva de clôturer l'entretien par le chant d'un cantique de sa composition, poésie et musique, qui émerveilla les sauvages. Encouragé par ce beau début, il poursuivit sa route vers d'autres villages où il trouva le même accueil bienveillant. Tel fut son premier voyage apostolique que tant d'autres allaient suivre, pendant les cinq années qu'il passa sur cette terre d'Olal. Peu à peu, grâce à l'énergie qui lui faisait dominer ses fatigues, ses accès de fièvre et ses souffrances physiques, il augmentait son troupeau. Il lui construisit même une église, malgré la menace du Maroum, le volcan qui dominait sa station et dont les cendres pleuvaient souvent jusque « sur ses salades ».

La fréquence de ses indispositions et la violence des souffrances qu'il éprouvait l'obligèrent, en 1916, à s'arrêter dans son effort apostolique. Il vint à Nouméa consulter un médecin spécialiste : ce fut pour apprendre de sa bouche qu'il était atteint, depuis quinze mois, d'éléphantiasis. Après avoir suivi un traitement énergique et pris un peu de repos, il regagna l'île Vaté en janvier 1917 : « Les gens de Nouméa sont encore trop blancs, disait-il à ceux qui voulurent le garder, je préfère de beaucoup mes noirs ». A son retour à Port-Vila, Mgr Douceré lui demanda d'y fonder une école. Ce fut l'école Saint-Joseph où, pendant

GRAND'MÈRE LA LUNE

cinq années, il se donna tout entier aux fils des colons et aux petits négrillons de la ville.

Mais son âme généreuse était attirée vers plus de renoncements. Le P. Godefroy était de ces caractères bien trempés qui ne se donnent point à demi : en 1922, il fut nommé à Aoba, l'île des lépreux. Il leur prodigua son dévouement jusqu'à l'époque de son second noviciat qu'il fit à Sydney. Les mêmes scrupules de perfection qui lui avaient fait demander le ministère des lépreux travaillèrent à nouveau sa conscience : la règle des maristes lui semblait trop douce et il songea un instant à entrer chez les Carmes missionnaires. Mais après mûre réflexion et le conseil prudent de son directeur, il prit la décision suprême de rester fidèle à sa vocation, dans la forme première qu'il lui avait donnée : il pratiquera seulement, dans la mesure du possible, l'esprit mortifié du Carmel.

De retour à Port-Vila en 1925, il chercha le moyen de réaliser son rigoureux dessein. Son attention fut attirée par l'îlot de Vao situé en face de Mallicolo. Là vivaient quelques centaines de canaques, anthropophages sournois qui avaient assez mauvaise renommée. Depuis quatre ans, aucun missionnaire n'y résidait et les Pères se contentaient d'y accoster de temps en temps pour y visiter de très rares fidèles. Le P. Godefroy sollicita de Mgr Douceré la permission d'aller s'y établir : cette faveur lui fut accordée de grand cœur.

Ce fut le 27 mai 1925 qu'il aborda pour la première fois sur la plage de Vao : seul blanc au milieu des cannibales dont il ne comprend point encore le langage, il allait désormais vivre en ermite, dans l'esprit du Carmel. J'aime cet isolement, écrit-il, car on sent Dieu plus près de soi. Quand toutes les voix de la terre font silence, on entend mieux celle du bon Dieu. Il allait

ANNEXES

du reste savoir remplir cette solitude, de manière à n'y jamais souffrir de l'ennui. Il se mit à l'étude de la langue qui l'émerveilla par sa richesse : des synonymes nombreux entre lesquels la finesse de son esprit découvrait les différences les plus nuancées, des déclinaisons, trois nombres comme dans la divine langue de l'Hellade. Il entreprit de rédiger deux dictionnaires : Vao-Français, Français-Vao, d'écrire une grammaire. Il traduisit les évangiles du dimanche et une histoire sainte abrégée. Les coutumes des canaques intriguaient aussi son esprit curieux : peut-être allait-il trouver dans leur culte et leurs légendes, en faveur des croyances chrétiennes, un argument vivant que les apologistes pourraient opposer aux idées plus ou moins fondées de tant d'« ethnologues de cabinet ». Plus tard, quand il fut familiarisé avec leur parler et qu'il eut gagné la confiance des païens eux-mêmes, il se plaisait à les interroger. C'est ainsi qu'il put réunir les éléments de la monographie de Vao (1) dont tous les gens compétents s'accordent pour louer la valeur et l'intérêt : « Ce ont leurs propres paroles écrit le Père Godefroy, mais ces confidences ne peuvent pas être recueillies par un missionnaire à ses débuts : il faut une longue habitude de leurs mœurs, coutumes, langue, traditions et surtout avoir leur confiance ». A la vérité, c'est à Combrée que revient pour une part l'honneur d'une telle rédaction. M. le chanoine Boumier, sans cesse à l'affût d'articles intéressants pour le Bulletin des Anciens élèves, lui avait ouvert « nos cahiers verts » pour sa prose. J'ai attendu l'interview annoncé, lui écrit-il le 16 mai 1931, mais étant comme sœur Anne et ne voyant rien venir, je me suis tout de même mis au travail. J'y ai pris goût et ça commence à prendre un peu d'ampleur. C'est devenu une monographie et cela s'appellera :

GRAND'MÈRE LA LUNE

« *Une tribu tombée de la lune,*
La tribu des sauvages Vao, anciens mangeurs d'hommes ».
[Ndlr : le sous-titre a été modifié à l'édition, pour « *ou les indigènes de Vao chez eux* »]

Surtout, dès les premiers jours de son arrivée, il se donna aux âmes frustes de ses ouailles qui eurent vite pris ou repris le chemin de sa mission : la présence du missionnaire a une influence vivifiante ; ses prières et ses sacrifices fécondent une terre jusque là stérile. Le Père Godefroy s'était du reste ménagé de puissantes complicités pour le bien : à Lisieux, on priait spécialement pour ses œuvres (2) et la grâce de Dieu remuait les cœurs païens, à l'insu de tous et d'eux-mêmes. Le lendemain de son installation, il eut la douce joie, à coup sûr bien inattendue, de recevoir ses premiers enfants : Un souvenir qui m'émeut souvent ! Écrit-il, évoquant les débuts de Vao, j'étais à faire ma seconde oraison, vers neuf heures du matin, quand arrivèrent mes premiers enfants pour que je leur fasse l'école ». C'était le commencement modeste d'un apostolat qui allait devenir fécond, au-delà de toute espérance. Les curieux d'un jour devenaient bientôt des auditeurs attentifs et à la parole persuasive du missionnaire, ils répondaient par une demande sincère du baptême : « Pour moi, écrit-il, en novembre 1926, le bon Dieu semble me river à mon îlot et ne pas vouloir que j'en sorte : voilà mes noirs qui commencent à vouloir se convertir. Il y a quinze jours, j'ai reçu vingt-trois demandes de baptême pour Noël : des jeunes garçons, des filles, des papas et des mamans, quatre familles d'un coup ». A la cérémonie du baptême, l'émotion joyeuse qu'il éprouva fut la récompense de toutes ses épreuves : « Avec quel amour, écrit-il, je verse l'eau sur le front

ANNEXES

de ces enfants, à qui je fais la classe depuis un an passé. Et voici qu'arrivé à Charles ma voix a manqué : je pleurais comme un âne. Je sentais au plus profond de moi-même que j'enfantais au bon dieu, à la Sainte Église, de nouveaux enfants, qu'ils devenaient mes propres enfants, de mon cœur, de mon âme, de toute ma volonté ».

Il en repoussa l'idée avec la dernière énergie : ce n'était pas le moment, pensait-il, d'abandonner ses païens, quand la grâce commençait à remuer leur cœur : « Ayant donné ma parole à cette belle mission, écrit-il à sa mère, penses-tu que je vais mentir en faisant par derrière des démarches pour la quitter ». Bien loin de l'éloigner de ses îles, la Providence l'y attachait par de nouveaux liens. A la demande de Mgr Douceré, il accepta, en mai 1927, d'évangéliser l'îlot d'Atchin, habité par trois cents canaques et situé à deux lieues de Vao. Il n'avait point peur de l'effort et du risque ; une nouvelle langue à apprendre et des voyages périlleux à faire dans un tronc d'arbre creusé en attendant la pétrolette, qui sera le «Saint-Pierre-Claver». Monseigneur m'a promis, écrit-il, une embarcation à moteur, mais quand vous apprendrez que j'ai péri en mer, cherchez sur la carte où est le Sigon Tar, ce sera là ... La mauvaise pointe ! Il y fait une mer du diable.

Malgré ces dangers, le missionnaire se serait trouvé parfaitement heureux si sa santé avait pu suffire à la tâche. La douloureuse maladie, l'éléphantiasis, dont il était atteint depuis dix ans, ne lui laissait guère de répit. Pour moi, après un nouvel accès de lymphangite, écrit-il en juin 1927, me voilà recloué sur ma chaise longue. Je soigne mon marécage au bas de la jambe, avec de l'eau de mer, n'ayant point de remède spécial. Il revient

GRAND'MÈRE LA LUNE

sur le même sujet exactement un an après : « Je suis définitivement voué aux secousses terribles de l'éléphantiasis. Au cours de. la dernière poussée, mes plaies ont fait de la gangrène. A cet odeur abominable de chair avariée, je me sentis perdu. Je mis ordre à mes affaires temporelles et je réglai mes affaires spirituelles avec mon bon Ange, la bonne Mère, le bon Dieu ». Mais sa mort n'était pas encore pour cette fois là. Le surlendemain, continue-t-il, je trouvais mes plaies ouvertes et un sang vermeil en coulait : j'étais sauvé.

Ces infirmités du missionnaire n'arrêtaient pas la progression dans le nombre des conversions : la grâce de Dieu suppléait aux défaillances de son serviteur. Dans une lettre datée du 13 juillet 1927, le P. Godefroy établit le bilan des résultats qu'il a obtenus et il est contraint d'admettre qu'il n'est pas le seul à travailler : « Depuis mon arrivée, écrit-il, dix-neuf mois sur vingt-quatre passés à gémir, il reste onze mois d'activité physique. Or ces onze mois furent les tout premiers passés à Vao, donc passés dans une certaine incapacité apostolique. En 1925, six hommes, trois femmes et cinq petits enfants ... Aujourd'hui, il y a cinquante-six baptisés et quinze catéchumènes, vivant chrétiennement dans un îlot de cannibales […] la conversion d'une âme ne m'a jamais paru plus divine ». Le succès devait s'accentuer puisqu'en quittant Vao le 19 mars 1932, il laissait vingt-quatre familles chrétiennes, soit un peu plus de cent baptisés et une vingtaine de catéchumènes.

Avec les années, l'état lamentable de sa santé ne fit qu'empirer. Désolé d'être inférieur à sa tâche, le P. Godefroy prit la résolution d'aller demander sa guérison à Lourdes où jadis s'était décidée sa vocation. « Cousu d'infirmités », il entreprit un pèlerinage de vingt-deux mille kilomètres, avec l'agrément de ses

ANNEXES

supérieurs qui n'espéraient pas le voir toucher vivant les côtes de France. La traversée fut un long martyre. Débarqué à Marseille en juin 1932, il courut aussitôt à Lourdes. La Sainte Vierge récompensa sa confiance : le P. Godefroy se retint pour ne pas crier publiquement au miracle. Il avait laissé, disait-il, ses rhumatismes dans la piscine ! Les ulcères de ses jambes furent moins prompts à se fermer ; ils ne cicatrisèrent qu'à la suite de soins très longs. Mais pour le missionnaire qui avait jusqu'ici essayé en vain tous les remèdes, le médecin qui lui avait appliqué « son secret », n'était que l'auxiliaire de sa bonne Mère de Lourdes.

En Anjou, chacun le fêta. Il payait de sa personne partout où l'amitié l'appelait : conférences, sermons, grand'messes, rien ne semblait pouvoir le lasser. Mais il dut bientôt s'arracher à tant d'amitié, pour aller à Rome, faire la preuve de sa guérison devant ses supérieurs, afin d'obtenir d'eux la permission de regagner les Nouvelles-Hébrides : « L'examen continue, écrit-il de la Ville Éternelle, inexorable, rigide, mais ma cause est gagnée . Un jour, il eut la tentation, qu'il qualifiait de diabolique, de se rendre aux bonnes raisons de ses supérieurs qui voulaient le garder en France. Mais il se reprit rapidement : « C'eut été folie, avouait-il, de perdre dans une vie facile le mérite de mes vingt-cinq années de mission ». L'heure venue du départ, le P. Godefroy, qui avait renoué tant de liens si chers, ne les brisa pas sans déchirements : la perspective d'un second exil lui parut plus douloureuse que ne l'avait été celle du premier. Les illusions ne le portaient plus comme vingt-cinq ans auparavant et il sentait si profondément qu'il partait mourir sur la terre étrangère.

GRAND'MÈRE LA LUNE

Après une traversée de deux mois où sa bonne humeur – une bonne humeur de commande qui parfois sonnait faux – eut raison de sa tristesse et de celle de ses deux compagnons, Mgr Nicolas et le Père Buret, son compatriote, il aborda le 7 mars 1933 à Port-Vila, « guéri et bien guéri » écrivait-il. Il était même si fier de ses forces retrouvées qu'il était bouillant de zèle comme dans sa prime jeunesse. Mgr Douceré lui avait confié qu'il voulait fonder un nouveau poste dans l'île Tanna, le P. Godefroy se porta aussitôt volontaire. A cinquante ans passés, il ne reculait pas devant les soucis d'une fondation en pleine sauvagerie et surtout devant l'étude d'une langue complètement inconnue ! Son évêque accepta son offre généreuse. Le Père Godefroy allait réaliser le suprême vœu de son âme ardente : « Montrer le premier la Croix à des païens », sur une terre que jamais missionnaire n'avait touchée !

Hélas! il ne fonderait ou mieux n'aiderait à fonder cette station que du haut du ciel. La santé du Père était trop brillante pour être réelle, après les secousses terribles des années précédentes. Il était atteint dans ses organes essentiels et le mal couvait sourdement. Quelques semaines après son retour, un accès de fièvre persistante fit découvrir une très forte tension artérielle. Sans s'inquiéter plus que de raison, le Père se contente de se mettre à un régime sévère. Mais une crise foudroyante, que rien ne faisait présager, le terrassa, le 30 mars 1933. Accourus à son appel, les missionnaires le trouvèrent étendu sur sa chaise longue, les yeux chavirés, agonisant déjà ... On n'eut que le temps de lui donner l'Extrême-Onction et une absolution suprême, avant son dernier soupir : avant d'avoir achevé sa tâche, l'apôtre à l'âme ardente qui avait accompli avec tant de

ANNEXES

générosité de si bonne besogne était parti se reposer, chargé de mérites dans la demeure du Père ...

La nouvelle, arrivée sans retard en Anjou, y jeta la consternation ; nous avions vu le père si vaillant et si plein de vie et voici qu'il dormait maintenant son dernier sommeil dans le petit cimetière de Port-Vila. A Melay, un service solennel fut célébré pour le défunt. A Combrée, nous avons prié et nous prions encore pour le repos de son âme : sa silhouette massive, son visage si expressif, le son de sa voix et les cascades de son rire nous sont encore présents. Pour faire durer son souvenir parmi ses anciens camarades, les « Cahiers verts » qu'il aimait tant recevoir continueront la publication de ses savantes notes que vantait naguère encore pour leur riche documentation et leur valeur scientifique, Pierre Benoît, devenu son ami, après avoir été son hôte de quelques heures sur la terre des Vaos. Puissent-elles éveiller la curiosité des jeunes et leur faire tourner les yeux et le cœur vers ces terres lointaines où la Vérité n'a pas encore été répandue : ce serait le dernier apostolat et non pas le moins fructueux de cette vie héroïque et sacrifiée.

Marcel CHUPIN

(1) Cette monographie est en cours de publication dans les Missions catholiques sous le titre « Mœurs, coutumes et croyances des Néo-Hébridais », à partir de mars 1933.

(2) Le Père Godefroy était alors en relations suivies avec le Carmel de Lisieux où les religieuses offraient spécialement pour sa mission certaines de leurs prières et de leurs mortifications. A son retour en France, il s'empressa d'aller leur dire sa reconnaissance. C'est à cette occasion qu'il remit à la Révérende Mère Agnès de Jésus, sœur de la Sainte, un cantique de sa composition, parole et musique, en

GRAND'MÈRE LA LUNE

l'honneur de Sainte Thérèse. Par les soins de la prieure, ce cantique, calligraphié sur vélin enluminé, a été envoyé à sa Sainteté Pie XI et sera gravé en Vao dans la crypte de la nouvelle basilique.

Le 24 avril dernier, la paroisse de Melay célébrait la mémoire de l'un de ses plus glorieux enfants, le P. Jean Godefroy, que la mort était venue prendre le 30 mars 1933, à son retour en Océanie. Trois mois auparavant, on l'avait vu plein de vie, heureux d'avoir retrouvé la santé près de la grotte de Lourdes, redevenu jeune à respirer l'air de France et à contempler les calmes horizons de l'Anjou et voici qu'il reposait maintenant dans le petit cimetière de Port-Vila, à l'ombre des manguiers, bercé par le murmure éternel du Pacifique. Le souvenir qu'avait laissé le missionnaire était si vif, sa cordialité lui avait fait tant d'amis, durant les quelques mois de son séjour au pays natal, que l'appel de M. le Curé de Melay avait été largement entendu : c'est devant un auditoire nombreux de prêtres et de fidèles qu'il put, pendant la cérémonie funèbre, faire l'éloge du vaillant apôtre et esquisser à grands traits sa vie.

ANNEXES

ANNEXE VIII

LA CRISE NÉO-HÉBRIDAISE

Publication de la Société Française des Nouvelles-Hébrides
Supplément économique de l'Économiste européen, 20 février
1931

Nous avons, dans ce Supplément Colonial, exposé, voici exactement deux ans, l'effort accompli par notre pays aux Nouvelles-Hébrides. Insistant sur l'activité déployée dans le « Condominium » par un certain nombre d'entreprises françaises déjà installées en Nouvelle-Calédonie, montrant l'importance des capitaux qu'elles avaient investis dans l'archipel (dont le total approchait de 500 millions de francs), commentant, enfin, les dispositions prises par M. Guyon, notre éminent Haut-Commissaire du Pacifique, pour remédier à la pénurie de main-d'œuvre dont souffrait la région et constituer le minimum indispensable d'outillage public, nous avions formulé un pronostic optimiste sur l'avenir de l'œuvre si courageusement commencée.

Dès ce moment, cependant, nous avions observé que divers obstacles subsistaient à l'épanouissement de notre colonisation dans ces îles lointaines : nous soulignions, notamment, les inconvénients résultant de l'insuffisance des voies de communication intérieures, de la médiocrité des ports, de la rareté et du

GRAND'MÈRE LA LUNE

coût des liaisons maritimes, des sujétions, enfin, dues au régime bâtard de co-souveraineté franco-britannique maintenu contre toute logique.

Les événements survenus depuis le début de 1929 ont malheureusement apporté un démenti absolu à nos prévisions favorables, tandis que les imperfections que nous avions mentionnées se sont avérées beaucoup plus graves encore que nous ne pensions. Aujourd'hui, l'archipel subit une crise redoutable, qui menace les fondements de notre occupation : il importe de l'étudier objectivement, d'en fixer les causes, de voir quelles mesures urgentes peuvent être adoptées, et de déterminer par quels moyens il sera possible de réaliser peu à peu un redressement définitif.

Assise sur des productions exclusivement agricoles (coprah au premier chef, coton, cacao, café), l'économie néo-hébridaise, dans la partie française du Condominium, comporte principalement, à côté des grandes sociétés de plantations, des exploitations dirigées par de petits colons, propriétaires du sol. D'origine européenne, arrivés soit directement de la Métropole soit de la Nouvelle-Calédonie, ces colons, au nombre d'environ 800, se consacrent à peu près uniquement à la mise en valeur de la terre, avec le concours de travailleurs annamites amenés de l'Indochine et liés aux différentes entreprises par des contrats de longue durée extrêmement précis. Ils vendent leurs récoltes aux sociétés commerciales, qui leur fournissent les denrées et les marchandises de toute espèce nécessaires à leur subsistance, à celle de leur personnel et à l'entretien de leurs plantations et cultures, et qui assurent les transports maritimes, soit par leurs propres navires, soit par ceux des Services

ANNEXES

contractuels des Messageries Maritimes. Ces sociétés commerciales, en outre, jouent fréquemment le rôle de banquiers vis-à-vis de leurs clients, leur ouvrant des comptes-courants et leur consentant des avances à terme plus ou moins incertain.

Pendant quelques années, ce mécanisme a fonctionné dans des conditions satisfaisantes et a conduit aux résultats brillants que nous avions analysés en février 1929. Malheureusement, avec l'apparition du marasme économique mondial, la situation s'est brusquement renversée depuis dix-huit mois.

En très peu de temps, un effondrement s'est constaté sur les cours de tous les produits néo-hébridais : coprah, coton et café ont baissé « verticalement » et sans arrêt, au point que leur prix actuel représente à peine le tiers ou les deux cinquièmes de celui de juillet 1929.

Cet avilissement a eu pour conséquence immédiate de réduire dans des proportions identiques les recettes des colons. Leurs dépenses, au contraire, commandées par le coût de la main-d'œuvre, les frets, et les impôts, n'ont pas fléchi, et toutes les exploitations sont devenues largement déficitaires.

Dans l'espoir que ce malaise serait très passager, les sociétés commerciales n'ont pas hésité à continuer leurs transactions comme par le passé, laissant grossir les soldes débiteurs de leurs comptes-courants et, de la sorte, immobilisant peu à peu l'ensemble de leurs disponibilités. Avec une belle audace, plusieurs – qui, durant l'ère de prospérité, avaient établi des programmes d'extension de leur activité – ont exécuté les plans de développement comme si les circonstances ne s'étaient pas modifiées, renforçant, notamment, leur matériel naval, participant à la création d'une nouvelle ligne maritime de France à Nouméa et Port-Vila, etc. Des excès de stockage de marchandises européennes furent également commis par ces firmes. Et, fort imprudemment, quelques-unes financèrent par des crédits à court terme les opérations à rendement aléatoire qu'elles pratiquaient.

La prolongation et l'aggravation de la crise ont eu pour effet d'augmenter démesurément les engagements des colons envers les sociétés, d'en rendre le remboursement rapide rigoureusement impossible, et, par voie d'incidence, d'« accrocher » ces sociétés de telle façon qu'elles-mêmes se sont vues bientôt à bout de souffle.

La maison Barrau a résisté, parce qu'elle sut en temps utile limiter son expansion.

L'affaire Ballande, à l'inverse, se trouve extrêmement gênée et n'a évité de graves accidents que par l'obtention de longs délais de la part de ses créanciers (en particulier de la Banque de l'Indochine). Plus dangereusement orientée encore et moins solidement constituée, la maison de Béchade a été contrainte d'entrer en liquidation judiciaire.

Naturellement, ces difficultés empêchent désormais les anciens bailleurs de fonds des colons de leur consentir de nouvelles avances : et comme les pertes de leurs exploitations croissent de jour en jour, ils se voient acculés à des embarras inextricables, ne pouvant plus acheter de vivres et de matériel, hors d'état de nourrir et de payer leurs travailleurs annamites !

La cause première de cette catastrophe est la chute des prix des produits des Nouvelles-Hébrides sur les marchés extérieurs. Cependant, il convient de rechercher pour quels motifs cette chute, tout à fait générale, a eu des répercussions plus sérieuses dans l'archipel qu'ailleurs.

ANNEXES

C'est dans le coût anormalement élevé de la main-d'œuvre que réside la première circonstance aggravante qui a bouleversé nos exploitations. L'insuffisance des effectifs indigènes – d'ailleurs systématiquement dirigés par les missions presbytériennes vers les entreprises britanniques – a obligé nos compatriotes à recourir aux travailleurs annamites immigrés. L'Administration s'est attachée à seconder leurs efforts dans ce sens et, dans les dernières années, le personnel indispensable leur a été régulièrement fourni : mais les conditions de recrutement en Indochine ont été onéreuses, le prix du transport jusque dans les îles n'a pas pu être réduit à une limite raisonnable, et les modalités des contrats collectifs imposés aux employeurs ont été extrêmement lourdes ; comme, d'autre part, les denrées destinées à la nourriture des salariés doivent être importées en presque totalité, et que les frets sont chers à destination de Port-Vila, le prix de revient journalier moyen d'un ouvrier agricole annamite aux Nouvelles-Hébrides est d'environ 15 francs. C'est un tarif prohibitif aujourd'hui, et qui handicape nos planteurs intolérablement en face de concurrents payant leurs salariés de 5 à 8 francs par jour.

Nous venons de faire allusion au coût excessif des transports maritimes : il n'a pas seulement une influence sur le prix de la main-d'œuvre, mais augmente tous les frais d'exploitation de nos colons et, de plus, grève les marchandises qu'ils expédient de manière que leurs recettes nettes sont fortement amputées.

Enfin, des abus manifestes de crédit ont été commis : au lieu de provoquer un freinage aussitôt que la crise s'est dessinée, les bailleurs de fonds ont laissé les comptes débiteurs s'enfler sans mesure, et leur tolérance imprudente a permis des investissements qu'il eût été préférable d'ajourner.

À l'heure actuelle, le malaise est suraigu. Si l'on raisonnait du seul point de vue économique, on pourrait prétendre que les faits ont démontré que l'organisation réalisée aux Nouvelles-Hébrides n'est pas viable lorsque les cours des produits coloniaux se maintiennent à un niveau bas ou simplement moyen : on serait, par conséquent autorisé à conclure qu'il n'y a rien à tenter pour sauver des affaires mal conçues.

Politiquement et moralement, ce raisonnement n'est pas acceptable : le prestige de notre action colonisatrice serait dangereusement atteint si nous nous désintéressions du « Condominium », et les colons que nous avons poussés à s'y fixer ne comprendraient pas l'abandon dont ils seraient victimes de notre part.

Des solutions provisoires de salut s'imposent donc d'urgence. Elles ne sauraient consister en autre chose qu'un soutien officiel tendant : à accorder termes et délais aux exploitants pour le remboursement de leurs dettes (ce qui implique le transfert des créances à l'État ou un groupement, aidé par lui, des créanciers privés) ; à leur faire des avances pour qu'ils soient capables de vivre, de nourrir leur main-d'œuvre, et de continuer à besogner. Ces solutions sont actuellement étudiées par le Gouvernement, qui vient de faire voter par la Chambre un texte rendant possible l'attribution aux sociétés néo-hébridaises un prêt de 40 millions que consentirait le Crédit National.

Mais le sacrifice ainsi consenti serait probablement à fonds perdu, si des dispositions n'étaient pas au plus tôt arrêtées pour raffermir la situation durablement.

ANNEXES

Ces dispositions sont commandées par les causes de la crise que nous avons analysées.

Avant tout, il y a lieu, selon nous, d'arriver à une réduction très sensible du coût de la main-d'œuvre. Grâce à une action de l'Administration sur le fonctionnement du recrutement des Annamites et sur les transports de Saïgon à Port-Vila (plus largement subventionnés dorénavant), on pourrait ramener à 12 francs le prix journalier moyen du travailleur aux Nouvelles-Hébrides. Ce taux resterait encore prohibitif.

Il ne semble malheureusement pas possible de l'abaisser davantage si l'on conserve les méthodes présentement en vigueur. Aussi suggérerions-nous volontiers un système tout différent, basé sur l'installation à demeure de familles indochinoises entières. Le régime du « Condominium » s'oppose fâcheusement à ce que des concessions territoriales leur soient accordées en pleine propriété : mais on pourrait les faire bénéficier de baux emphytéotiques, complétés, pour l'exploitation, par des contrats de métayage ; par là, à condition que le Gouvernement général de l'Indochine versât aux émigrants un petit pécule leur servant de première mise, on procurerait à notre possession une population laborieuse de qualité très supérieure aux coolies actuels (généralement mal sélectionnés au départ), dont l'entretien serait moins dispendieux et le rendement meilleur.

Cette réforme fondamentale devrait être appuyée d'un large développement des cultures vivrières. Il faudrait parallèlement, rendre moins onéreux les transports maritimes.

Enfin, la distribution du crédit aurait à être assurée logiquement, par des autorités compétentes et responsables, au lieu

GRAND'MÈRE LA LUNE

d'être soumise au hasard d'opérations commerciales scabreuses.

Une partie de ce programme est déjà en voie d'exécution. À la demande des pouvoirs publics, la Société des Services contractuels des Messageries Maritimes, dont nous avons fréquemment souligné les initiatives opportunes, vient de renforcer sa ligne France-Nouvelle-Calédonie via Panama, pour suppléer à l'interruption du service que la Compagnie Navale de l'Océanie effectuait par Suez sur Nouméa ; elle assurera désormais, avec de très bons paquebots mixtes achetés à cette dernière, un départ tous les quarante-deux jours de la Métropole à destination de nos Colonies du Pacifique ; depuis juillet dernier, la même grande Compagnie exploite, avec le navire mixte Dumont-d'Urville, une ligne de Saïgon à Nouméa via Port-Vila ; dès le mois prochain, elle doublera le service d'Australie à la Nouvelle-Calédonie et aux Nouvelles-Hébrides qu'assure le Lapérouse en créant une ligne inter-insulaire et de circumnavigation à laquelle sera affecté un petit bateau spécialement adapté à ce trafic, le Bucéphale. Comme, en même temps, certains frets seront abaissés, des facilités considérables se trouveront, au point de vue de l'évacuation et de la livraison des marchandises, apportées aux Néo-Hébridais.

De son côté, la Banque de l'Indochine – qui a contribué à prévenir jusqu'ici l'écroulement total de nos affaires dans l'archipel – sera apte à pourvoir aux besoins légitimes de leur financement quand auront été appliquées les mesures sans lesquelles elles ne sauraient espérer un assainissement.

On voit ainsi que des possibilités d'amélioration de l'état de choses actuel existent : il convient de coordonner tout de suite les efforts, et d'entreprendre une action énergique et pondérée.

ANNEXES

Elle ne portera que lentement ses fruits, mais pourra conduire néanmoins au rétablissement désirable.

René Théry

GRAND'MÈRE LA LUNE

ANNEXE IX

Fiche technique du film documentaire : « Chez les Mangeurs d'hommes »

André-Paul Antoine et Robert Lugeon organisent une expédition aux Nouvelles-Hébrides sur l'île de Malekula afin de rencontrer les dernières tribus canaques anthropophages. L'équipe découvre un peuple pacifique et hospitalier dont ils vont partager le quotidien pendant six mois. Un jour, un homme d'une tribu ennemie tente de voler des femmes. Décidé à venger l'outrage, le chef du village convoque le conseil des Anciens, dans le but d'attaquer cette tribu.

Le sommaire :
"Pirogues des morts" emportant dans l'autre monde l'âme des disparus, île, archipel, établissement d'un campement, nuit tropicale, caméra des explorateurs sur trépieds, chant des pagayeurs, village ennemi, sagayes. Les explorateurs arrivent au village des indigènes. L'un d'entre eux a le visage peint en blanc en signe de deuil. Ils font un feu pour éloigner les moustiques. Les hommes de la tribu sont anthropophages par religion, rite classique. Femmes et enfants au jardin, brousse, arc, flèche tirée dans un tronc. Un des hommes souffle dans un "boubou", grand coquillage creux, pour réunir le conseil du clan composé des sénateurs les plus âgés et les plus sages. Les sacrifices humains se raréfient depuis que les blancs qui les condamnent, visitent leurs terres. La fête mystique du village approchant, une guerre est décidée contre le village ennemi

ANNEXES

afin d'offrir aux Dieux un sacrifice humain. Les tams-tams battent l'appel aux armes, mobilisation. Feuilles découpées en fonction de la signification qu'on souhaite leur donner : forme ancestrale de l'écriture. Les hommes incendient le village ennemi, emportent ce qu'ils peuvent (cochons), abattent des totems pour affaiblir la puissance magique des adversaires. La chasse à l'homme s'organise et deux hommes sont capturés. Pirogues en bois. On célèbre la fête du clan : chaque tribu exécute une danse mimant la vie de l'animal dieu qui est son totem (un homme représente un requin, les enfants, des petits poissons). Théâtre : pantomime aux acteurs masqués où les rôles des femmes sont joués par des hommes. Certains hommes ont des fusils qu'ils ont achetés à des marins de passage. Danse du sacrifice, préparatifs : les hommes couchent leur prisonnier sur une table en pierre, mais lorsqu' un des indigènes voit les explorateurs filmer, malgré leur promesse, les tams-tams se taisent, les danseurs quittent la piste, les explorateurs sont insultés et menacés, leur case est incendiée et ils doivent fuir dans la brousse, de nuit. Travelling arrière sur l'indigène dévoué qui leur fut fidèle.

GRAND'MÈRE LA LUNE

PETIT LEXIQUE de termes spécifiques

GRAND'MÈRE LA LUNE

baleinière	Embarcation à moteur dont la coupe arrière rappelle celle utilisée jadis sur les bateaux utilisés jadis pour la chasse à la baleine
banian	Arbre aux ramures immenses qui couvre de son ombre les places sacrées
big-nambas	Tribu du nord de l'île Malakula, connue pour son fort passé cannibal
bislama/ bichlama	Langue parlée par l'ensemble des habitants de l'archipel des Nouvelles-Hébrides ; arrangement de mots anglais et français dans une grammaire et phonétique propre aux Mélanésiens
blackbirding	Trafic commercial massif de main-d'œuvre vers les plantations de coton de l'Australie
cahier de chanson	Baril ou caisse de boissons destiné à « mettre le cœur à l'aise »
canaque / kanak	Population originaire de l'Asie du sud-est, un millénaire avant notre ère, et déplacée vers les archipels de Mélanésie et Polynésie
cannibales	Population qui pratique l'anthropophagie de manière habituelle
cochon de la mort	Chaque indigène possède un cochon, peu après sa naissance, destiné à être immolé et mangé au jour de la mort du propriétaire
coprah-maker	Commerçant du coprah, l'amende séchée de la noix de coco, à l'origine des colons planteurs
coutume	Ensemble des règles de vie traditionnelles propres à chaque clan
gamal	Maison commune de dortoirs réservée à l'usage des hommes

PETIT LEXIQUE

igname	Racine comestible, aliment de base des indigènes
kastom	C'est la coutume en langage bislama
kava	Boisson enivrante obtenue par décoction des racines broyées de la plante kava
lehevev	Cet esprit est celui qui tire les indigènes Vao à lui pour les dévorer sur le chemin qui conduit au feu. C'est leur Satan.
lesar	Résidence sacrée identifiant le clan
lok	Cuisson en four enterré sur pierres chaudes d'un repas festif
maki	Sculpture taillée dans les racines du matamol représentant les ailes déployées de grands oiseaux
	Grande fête solennelle de prise de grade sur la place des sacrifices
matabol	Grand arbre qui rappelle les ormes français
noe moel	Fruit rouge du matabol
palabre	Réunion du clan pour des parlottes ou discussions sur des choses graves qui nécessitent un jugement démocratique
pétrolette	Embarcation équipée d'un moteur à pétrole utilisée pour la navigation entre les îles
pirogue	Embarcation faite d'un arbre creusé au feu, équipée d'un balancier stabilisateur et éventuellement d'une voile triangulaire en lianes tressées
santal	Bois odoriférant très recherché par des Asiatiques

sicca ou sika	Feuille de palmier cycas utilisée pour envoyer des messages codés
tabu ou tabou	Ce qui est interdit par un sentiment de crainte respectueuse devant les forces spirituelles ; les lieux, animaux et objets consacrés sont tabous
tagar	L'Être bon et bienfaisant qui a tout disposé dans la nature. Cet esprit est le Dieu des indigènes Vao
tam-tam	Appelé « cloche de bois » par les Européens. Statue sculptée dans un tronc d'arbre très dur, en particulier le tamanou, comportant une longue fente verticale et reproduisant des sons à la frappe d'un bâton ou d'une pierre ; le tam-tam est consacré
tamanou	Arbre au bois très dur utilisé par les indigènes pour leurs sculptures
taro	Tubercule alimentaire
tamat	Apparition d'un revenant, d'un spectre
tombu	Cimetière des tombes sacrées des hommes qui ont acquis les plus hauts grades socio-religieux.

BIBLIOGRAPHIE

ALLAIN, Maurice, « *Encyclopédie pratique illustrée des colonies françaises Tom II* », Ed. Quillet,1931
BENOIT, Pierre, « *Océanie Française* », ed. Alpina, 1933
BOURGE, B. « *Les Nouvelles-Hébrides* », Paris, Auguste Challemel, 1906
COIFFIER, Christian et HUFFMAN, Kirk, « *Historique d'un chef-d'œuvre, ambassadeur de l'art Ni-Vanuatu en France* », Journal de la Société des Océanistes, 133 | 2011, 367-384.
DELBOS, Georges, « *L'Église catholique au Vanuatu* », CEPAC, 2001
DOUCERÉ, Victor, Mgr, «*La mission catholique aux Nouvelles-Hébrides, d'après des documents écrits et les vieux souvenirs de l'auteur* », Ed. Vitté à Lyon, 1934
DOUCERÉ, Victor, Mgr, « *Les populations indigènes des Nouvelles-Hébrides* », Ed. Émile Larose, 1922

GRAND'MÈRE LA LUNE

ESSERTEL, Yannick, « *Missionnaires maristes et anthropologie au XIXe siècle : aux sources de l'ethnologie et des collections océaniennes* », dans Histoire et missions chrétiennes 2008/4, pp. 159 à 183
GODEFROY, Jean, « *Une tribu tombée de la lune* », Emmanuel Vitté, Lyon-Paris, 1936
GUIART, Jean, « *Société, rituels et mythes du Nord Embrym (Nouvelles-Hébrides)* », Journal de la Société des Océanistes, année 1951/7/pp. 5 à 103
HUET, Jean-Christophe, « *Vanuatu* », Husson, 2009
LE CLÉZIO, J. M. G., « *Raga* », Ed. Du Seuil, 2007
IMHAUS, Édouard Nicole, « *Les Nouvelles Hébrides* », Berger-Levrault, 1890 (ebook 2016)
MONNIER, Paul, « *L'église catholique au Vanuatu* », Biographies Vol 21, sur Internet, 1992
MONNIER, Paul, « *Visiteurs* », Imprimé à la maison mariste de Port-Vila, Vanuatu, 1993
NÈGRE, A., « *Layard Jone, Stone Men of Malekula* », Journal de la Société des Océanistes, année 1946/2/pp. 251-255
O'REILLY, Patrick, « *Travaux inédits de linguistique des missionnaires maristes aux Nouvelles-Hébrides* », Journal de la Société des Océanistes, année 1951, pp. 249-253
PATON, Georges Gibson, « *Missionnaire aux Nouvelles-Hébrides* », (ebook)
POLITIS, N. « *Le condominium franco-anglais des Nouvelles-Hébrides* », Paris, A. Padoue, 1906
RAUDE, Vincent, « *L'archipel des Nouvelles-Hébrides à la recherche d'un roi* », Ed. Ex æquo, 2023
RENAUDY, Claude, « *Seul chez les canaques* », Bloud et Gay, 1938

BIBLIOGRAPHIE

TABANI, Marc Kurt « *Les pouvoirs de la coutume à Vanuatu* », Ed. L'harmattan, 2002
TITAYNA – ANTOINE, André-Paul – LUGEON, Robert, « *Chez les mangeurs d'hommes* », Ed. Duchartre, 1931
VALLY, Georges, « *Visages de la France d'Outre-Mer* », Ed. Mame, 1951
WALTER, Annie, « *L'épouser hier et aujourd'hui au Vanuatu* », Journal de la société des Océanistes, 84, 1987-1, pp. 92-98

GRAND'MÈRE LA LUNE

TABLE DES MATIÈRES
du livre I

TABLE DES MATIÈRES

TITRE page

PRÉFACE 5

LIVRE I – MISSIONNAIRE AUX NOUVELLES HÉBRIDES 9

I – DE L'ANJOU AUX NOUVELLES-HÉBRIDES 11

Première éducation au cœur de l'Anjou catholique 11
Du collège de Combrée à la paroisse du Longeron 14
Le départ pour les Nouvelles-Hébrides 16

II – MARISTE AUX NOUVELLES HÉBRIDES 19

L'archipel au début du XXe siècle 19
Quelques traits d'histoire de l'archipel 23
La société de Marie et les pères maristes 26
Le vicariat apostolique de Nouvelle-Calédonie et sa région 27

III – VIE QUOTIDIENNE À L'EUROPÉENNE DANS L'ARCHIPEL 33

Travailler et investir aux Hébrides en 1920 33
Élever, cultiver et chasser pour se nourrir dans l'archipel 38
Des bateaux pour se déplacer 42

TABLE DES MATIÈRES

TITRE	page
La surveillance militaire dans le Condominium : un dispositif franco-anglais	44
Les colons et l'emploi : appel à l'immigration	47
Vivre avec les tornades et les éruptions volcaniques	50
IV – MISSIONNAIRE ENSEIGNANT ET ENTREPRENEUR	**55**
Un préalable : apprendre les dialectes indigènes	55
Enseignant à l'école des missions à Montmartre	58
Directeur à l'école pour les garçons européens à Port-Vila	61
La construction des églises et des chapelles des missions	62
V – SOCIÉTÉ, MŒURS, RITES ET RELIGION INDIGÈNES	**71**
Quelle origine pour la population indigène ?	72
L'organisation sociale en villages	74
La place des sacrifices	80
Les femmes et le mariage	82
Grand'mère la lune	85
La peur du feu de Lehevev	88
Vivre à côté des sorciers	90
Le grand four à Vao en 1926	94
Il faut bien parler de cannibalisme	98
Les visiteurs des missions	102

TABLE DES MATIÈRES

TITRE

VI – JEAN GODEFROY MALADE, SES DOUTES : AUTRE DÉVOTION	113
Les fièvres paludéennes	113
Vivre avec un éléphantiasis	114
Les limites des conversions catholiques	122
Le mal du pays, de la famille	124
Le rapprochement avec le carmel de Lisieux	132
VII – PÈRE GODEFROY : VERS LA FIN DE LA MISSION	137
Le retour en France	137
L'autorisation de repartir en mission	141
Le retour à Port-Vila et le décès	143
POSTFACE	147
ANNEXES	153
1 – Repères chronologiques	155
2 – Les proches de Jean Godefroy missionnaire	158
3 – La Constitution civile du Clergé de 1790 et ses conséquences dans les Mauges	160
4 – Les massacres du 25 janvier 1794 à Melay	164
5 – Le rapprochement avec le Carmel de Lisieux	167
6 – Condoléances de Mgr Douceré à l'abbé Arsène Godefroy	170

TABLE DES MATIÈRES

7 – Nécrologie du R. P. Godefroy par Marcel Chupin	174
8 – La crise néo-hébridaise	191
9 – Fiche technique du film documentaire « Chez les mangeurs d'hommes »	200
PETIT LEXIQUE des termes spécifiques	203
BIBLIOGRAPHIE	207

LIVRE II

GRAMMAIRE EN LANGUE D'OLAL

Rédigée par le R.P. GODEFROY
au titre
Essai de grammaire de la langue d'Olal
daté vers 1915

manuscrit publié en 1959
National Library of Australia

https://nla.gov.au:443/tarkine/nla.obj-3185117350

GRAND'MÉRE LA LUNE

Remarques avant lecture

Ce livre reprend, au plus près possible, l'essai de Jean Godefroy, en grande partie dactylographié vers 1915, pour une grammaire de la langue pratiquée à Olal, dans l'île d'Embrym, au centre de l'archipel des Nouvelles-Hébrides, en Mélanésie. Ce livre reste un outil de travail et n'a donc pas vocation à être publié, en l'état.

Pour la reproduction du texte, nous avons conservé, autant que possible, le découpage des pages et l'organisation des paragraphes. En effet, l'index qui a été préparé par l'auteur et qui a nécessité un long travail, peut ainsi être conservé.

Le plus souvent, les mots et expressions de la langue olal, sont écrits en italiques.

Il n'a pas toujours été possible de déchiffrer certains mots écrits en langue Olal. Quand un doute a subsisté, nous avons souligné l'écriture de notre interprétation.

Quelques phrases dont le sens reste à découvrir, ont été placées sur fond grisé.

Dans les commentaires qui suivent ce livre II, le lecteur féru de linguistique trouvera des références de travaux scientifiques qui se sont intéressés aux dialectes du nord de l'île d'Embrym, notamment l'Olal.

Pour faciliter les travaux futurs utilisant le texte de cette partie du livre, un fichier en traitement de texte correspondant pourra être demandé par mail à : jean-marie.schio@wanadoo.fr.

La pagination de la partie texte du manuscrit original est rappelée en bas de page, angle droit.

GRAMMAIRE EN LANGUE D'OLAL

L'ARTICLE

L'article défini-démonstratif
Il y a dans la langue d'Olal, un véritable article indicatif démonstratif : c'est *ge*.
A première vue, cette particule paraît devoir traduire le relatif français : qui, que, chaque fois que ce relatif est employé en français.
Il n'en est rien ou pour dire juste, il ne traduit ce relatif français que quand le relatif est lui indicatif de l'objet auquel il se rapporte.
Quelques exemples feraient comprendre :
oktu manioc ge lon marmit
On ne parle ainsi que s'il y a d'autre manioc, soit aux abords de la cuisine, soit à terre, afin de faire comprendre à l'enfant que c'est seul le manioc qui est dans la marmite que l'on désigne.
Mais s'il n'y avait pas d'autre manioc, et qu'il n'y eut que celui qui est dans la marmite on dirait simplement :
oktu manioc,
Sans aucune autre indication, ce serait absolument superflu et même l'enfant vous regarderait en hésitant, prêt à demander : il y en a donc d'autre ?
forua hu ge sul me (*hu* = flèches, cartouches) veut dire apporte les trois flèches (sous-entendu : que je t'ai données ou qui sont là ou dont on a déjà parlé).
Mais *forua hu te sul me* signifie : apporte trois flèches ou va chercher trois flèches.

uanten ge li veut dire : l'homme qui est ici, mais *uanten ge ham* : l'homme qui est là-bas.
boy ge muru Bethlèem = le boy qui est à Bethléem.

Page du manuscrit 1

L'article indéfini
L'article indéfini se rend au singulier par *hu*, et au pluriel par
uorgehu, uortehu, uorhu
Exemple :
tuanten hu te me li = un homme est venu ici
te ktu muenam obati hu me = il t'a apporté une obati
On dit aussi :
uanten me mar veut dire un homme ou quelqu'un est mort
mo foane obati = il vend des nattes
terere do rieng = c'est un enfant qui pleure
Exemple de pluriel :
uenten uortehu ema lel bagi quques hommes se traduit par des hommes sont passés par là.
Pour le pluriel, on indique ordinairement le nombre du sujet. Ainsi, au lieu de traduire littéralement : des hommes sont passés par là, la langue indigène préfère indiquer le nombre de ces hommes, s'il est connu et que l'on ne tienne pas à le cacher. Si donc celui qui parle sait combien d'hommes sont passés par là, il doit dire, indiquer ce chiffre. S'il y en a trois, il dira :
mosu ue sul mosu lel bagi ou *moro eru moro lel bagi*
Si on ne sait pas le nombre exact, ou qu'on veuille le cacher, alors on dit comme ci-dessus :
uanten uortehu

GRAMMAIRE EN LANGUE D'OLAL

Le pluriel des substantifs

Dans la langue indigène, on en distingue trois : le duel, le triel, et le grand pluriel.
Le duel est d'emploi rigoureux. Le triel et le pluriel aussi pour ceux qui tiennent à la pureté de la langue. Mais il arrive souvent, surtout quand on ne veut pas parler clairement (et cela aussi arrive très souvent) que l'on emploie le triel, même en parlant de 4, 5 ou même 10 personnes, surtout quand on les oppose dans un récit à un grand nombre ; d'où l'appellation de petit pluriel par opposition au grand pluriel. Mais cet emploi est toujours fautif.
Exemple : des bateaux viennent d'arriver dans la passe
S'il y en a deux : *bôr beru muenga rom ku*
S'il y en a trois : *bôr muenga ro mku me lon helie besül nga*
S'il y en a quatre : *bôr muenga ro mku me lon helie beüir*
S'il y en a un grand nombre : *muenga ro mku lon helie leliel*
Dans le premier exemple la tournure de la phrase est plutôt défectueuse, il faut dire :
bor muenga ro mku me helie berunga

Substantifs à désinence en *tie*
Cette désinence donne au substantif un sens très général. Quand on veut spécifier, on change cette désinence en le nom de l'objet spécifié ou à spécifier.
Tous les substantifs n'ont pas cette faculté de regénéraliser et de spécifier à volonté. On trouvera plus loin une liste de ces substantifs les plus usités.
Exemple : *nonotie* signifie ombre en général
En voyant mon ombre se projeter sur un mur, je dirai *nonong* pour mon ombre
L'ombre d'une pipe se dira *nono pipe* ; l'ombre d'un chien : *nono me tangsu* et l'ombre d'un cocotier *nono liol*.
Bwelatie signifie moule, récipient en général. Si je veux spécifier, je dirai pour une calebasse de coco : *bwelaol* ; pour un réservoir d'eau

bwelane ; pour une cheminée *bwelafong* ; pour le cratère d'un volcan *buela marum*.
Asitie signifie tige mince, en général, mais *asifang* = tison, allumettes.

Remarque et règle
On emploie la seconde forme (qui spécifie) quand il faut nécessairement spécifier. Dans les autres cas le substantif garde sa désinence **tie**.
Exemple :
Il y a sur la place, deux troncs d'arbre, l'un de manguier, l'autre d'oranger. Si je commande d'apporter les deux, je dirai : *mi rüa paletie ngero bonga*.
Mais si je dis de ne m'en apporter qu'un seul et de laisser l'autre, alors je spécifierai et je dirai :
Si par exemple je demande le tronc de manguier : *mi rüa palemango me palenomül ebru*.
Les enfants décortiquent les cocos et je veux leur dire : entassez la bourre. Là il n'est pas nécessaire de spécifier, puisqu'il n'y a que de la bourre de coco, aussi je dirai :
Mosu koukru bue lânghitie les calébasses : bul latie.
André contemple l'ombre de sa pipe sur le mur. Il me dit : *olhé ! Nonotie !* Vois l'ombre (de ma pipe). Iil ne spécifie pas, car il n'y a que l'ombre de la pipe sur le mur.

L'ARTICLE PRONOM ou pronom démonstratif
Lorsque, en parlant, on désigne du geste un objet qu'on ne veut pas nommer, parce que connu, soit qu'on le voit, soit qu'on en a déjà parlé, on emploie seulement l'article démonstratif, sans le nom, et on le fait suivre de : *bar*.
Ex : *geli bur mue sakbe* > celui-ci ne vaut rien
geli bur ma rondon > celui-ci est trop petit/court
or tehu en gelè bur toto mangolu >

4

GRAMMAIRE EN LANGUE D'OLAL

> dans le pays (dont on vient de parler) il n'y a plus d'endroit habitable.
Cette particule *bur*, employée même après un substantif signifie la même chose que ci-dessus : c'est-à-dire une chose dont on a déjà parlé.
horô bur (sir) mue jam > la suée (sseul. de ce matin) est passée
On emploi parfois *sir* au lieu de *bur*.

L'ADJECTIF

L'adjectif se met toujours après le nom qu'il qualifie : *Lie helhel* > du bois dur ;
ol goro > coco sec ; *ue fang fang* > de l'eau chaude ; *agi kakre* > un petit couteau ;
ue konkon > de l'eau amère (gin)
Exception : *wural* > une bonne parole ou action, dont l'étymologie paraît bien être : *wu ral*, pour *ral wu (ral hu)*.
Maloral > parole mensongère

Adjectifs substantifs
Plusieurs adjectifs composés peuvent être employés comme substantifs, en particulier les adjectifs qui ont comme préfixes le mot *lol*, qui exprime un état d'âme, une qualité ou un défaut, tels sont : *lolkonon* > les justes ; *lolsakbe* > les méchants.

Adjectifs au comparatif
Il y a trois manières d'exprimer le comparatif :
a) la plus usitée : on exprime la qualité des 2 objets à comparer,
Ex : mon couteau est plus grand que le tien < *am ayi mo kakre, yeng muelam*
Cette maison là est plus basse que celle-ci < *im geli ba m-e konkon, geham mu ru bofan*.

5

Remarque : ordinairement on se contente d'exprimer l'adjectif qui convient à l'objet comparé, surtout quand on est en présence de deux objets.
b) on traduit par le comparatif absolu en faisant suivre l'adjectif ou le verbe de la particule *saüi (taüi)* ou *ran*.

Ex : C'est ton couteau ? Le mien est plus gros < *am ayi gele ? Yenge muelam saüi*
La natte qui est là bas est plus grande< *obati geham , mue lam ran fona !*
La baleinière de Michel va bien, mais la vôtre va plus vite < *bor ge mna Michel ma klia mkuan,*
mue nanken ge mku taüi
c) On suit la phrase française
Mon couteau est plus grand que le tien < *yeng ayi mue lam ran amge*

Trop – moins que – pas assez
1) [Trop] se traduit généralement par *ten*
Ex : Il y en a trop (de viande) < *mue lam ten*
Il y en a trop (des hommes dans l'embarcation) < *embe liel ten !*
Mere ten > c'est trop haut
2) [moins que] se traduit comme par le comparatif (voir p. n° 1) mais on renverse la phrase et on ajoute *nga* à l'adjectif d'infériorité.
Ex : mon couteau est moins grand que le tien < *am ayi muelam – yenge mo kakre nga*
3) [pas assez] se traduit par *ten* qu'l'on met après l'adjectif contraire
a) Ex. ce bois n'est pas assez long < *lie geli ma rondon ten*
b) se traduit encore par *beru nga, behu nga*
Ex. Il n'y a pas assez < *wasunan be ru nga*
Remarque : *be hu nga* désigne une quantité insignifiante, dérisoire.

GRAMMAIRE EN LANGUE D'OLAL

Adjectif au comparatif d'égalité
Le comparatif d'égalité s'exprime par l'expression *hohonga*
Ex. Ces deux hommes sont aussi grands l'un que l'autre < *ngeroge morom breren, moro hohonga*
Ils sont aussi petits l'un que l'autre < *moro rondon nga moro hohonga*
Les deux embarcations sont aussi longues l'une que l'autre < *bor ge rule ma breren, mo hohonga*
L'expression *mi yiyingaen, mi yiyinga* > c'est pareil, la même chose – cela se ressemble.

L'adjectif au superlatif
On exprime le superlatif tant pour les adjectifs que pour les verbes en les faisant suivre de formules diverses, mais chacune d'elles convient à un adjectif ou a un verbe particulier cependant, plusieurs s'appliquent de façon plus générale.
Voici ces particules :
Ten, tote, sakbe, hakbe, brabra, sene, sene nge, senegenga, nini, Kïh, getlam, lamlam, ete – mue sakbe, ete tolohu, mü hü, geruhu, kimkim, longe, ling ling, kiti (se met en préfixe), bu buten.

7

bueteye ne suivi du substantif est employé comme superlatif d'excellence.
Ex. *bueteye ne aflo geli* ! > quel excellent bateau !
Jesu, bueteye hilngingken > J- notre bien par excellence

be bsibsibariu ne ... suivi du substantif indique un étonnement en face d'une rareté.
do e bsibsibariu ne diem > ça devient un tas énorme d'ignames.
bsibsibariu ne bor ! > quel bateau !

Adjectifs
buten
mu lal toto
ma klo hakbe
mue hel ten
mo kon nini
mue ken getlam, seneguga
ma breren lingling
kili üere
moe foefoe brabra
tolo huru senengenga
buten senegenga
buten senegenga
kililol (excellent, très bon en parlant de quelqu'un)

Verbes
do mse getlam, lhe getlam
om liel hakbe
ma mku ete
do bang bang kih
mü mür mû hü : buten, sengaga
mue ba ru ete tolohu (beta)
do se buten
em mür ma breren lim lim
lon mue kiene nger tetlôu
do fâ kim kim
têto > bien faire attention, regarder
hal toto > tirer avec attention
fuer henf ou *flô hene* > bien dormir
dündün to > bien réfléchir

GRAMMAIRE EN LANGUE D'OLAL

Adjectif possessif

La possession s'exprime soit par des adjectifs possessifs, soit par des suffixes possessifs, soit par une tournure possessive.

1) Adjectifs possessifs convenant aux objets qui se rapportent à manger

yeng ol > mon coco pour manger

	yeng ol	*am ol*	*an ol*
Duel inclusif	*angrong ol*	*amro ol*	*aro ol*
exclusif	*amaro ol*		
Triel inclusif	*angsül ol*	*amsül ol*	*asül ol*
exclusif	*amasül ol*		
Pluriel inclusif	*angken ol*	*ami ol*	*ar ol*
exclusif	*ama ol*		

Quelques exceptions :
Plusieurs substantifs qui ne se rapportent pas au manger prennent cependant cet adjectif possessif.
yeng tan > ma terre ; *yeng bôr* > ma baleinière (*uanten ge an bor geli* > le propriétaire de ce bateau)
yeng ayi > mon couteau

2) Adjectifs possessifs convenant aux objets se rapportant au boire

mueng ol > mon coco pour boire

	muang ol	*muam ol*	*mwan ol*
Duel inclusif	*muangrong ol*	*muamro ol*	*muaro ol*
exclusif	*muamaro ol*		
Triel inclusif	*muangsül ol*	*muamsül ol*	*muasül ol*
exclusif	*muamasül ol*		
Pluriel inclusif	*mangken ol*	*mami ol*	*mar ol*
	mama ol		

9

GRAND'MÈRE LA LUNE

Quelques substantifs ne se rapportant pas au boire prennent cependant cet adjectif possessif :
mueng im > ma maison

3) Adjectifs se rapportant aux échanges ou indéterminés
mueneng ol > mon coco pour vendre

	muneng ol	*muenam ol*	*muenan ol*
Duel inclusif	*muenenrong ol*	*muenamro ol*	*munearo ol*
exclusif	*muenamaro ol*		
Triel inclusif	*muenangsül ol*	*muenamsül ol*	*muenasül ol*
exclusif	*muenamasül ol*		
Pluriel inclusif	*muenangken ol*	*muenami ol*	*muenar ol*
exclusif	*muenama ol*		

4) Possessifs se rapportant à l'arc – fusil
Usong – üsong tfu >mon arc

	üsong tfu	*üsom tfu*	*üson tfu*
Duel inclus.	*üsongrong*	*üsomro*	*üsoro*
exclus.	*üsomaro*		
Triel inclus.	*üsongsül*	*üsomsül*	*üsosül*
exclus.	*üsomasül*		
Pluriel inclus.	*üsongken*	*üsomi*	*üsor*
Exclus.	*üsoma*		

GRAMMAIRE EN LANGUE D'OLAL

5) Possessif se rapportant au feu, au bois de feu
bong – bong fang > mon feu
bong yem > mon bois de feu

	bong fang	*bomfang*	*bonfang*
Duel inclus.	*bongrong*	*bomro*	*boro*
exclus.	*bomaro*		
Triel inclus.	*bangsül*	*bomsül*	*bosül*
exclus.	*bomasül*		
Pluriel inclus.	*bangken*	*bomi*	*bor*
exclus.	*boma*		

6) Possessif se rapportant aux paniers
tong arbol > mon panier

	tong arbol	*tom arbol*	*ton arbol*
Duel inclus.	*tongrong*	*tomro*	*toro*
exclus.	*tomaro*		
Triel inclus.	*tongsül*	*tomsül*	*tosül*
exclus.	*tomasül*		
Pluriel inclus.	*tongken*	*tomi*	*tor*
exclus.	*toma*		

7) Possessif suffixe se rapportant à la parenté (exceptions) et aux membres du corps (exceptions) et à plusieurs autres choses.
Parmi les termes de parentés, 2 est irrégulier – père, fils.
Temang > mon père vocatif : *teta* !

	temang	*tomom*	*teman (timiam)*
Duel inclus.	*tomangrong*	*tomomro*	*temaro*
exclus.	*tomamaro*		

Triel inclus.	*tomangsül*	*tomomsül*	*temasül*
exclus.	*tomamasül*	*tomomi*	*temar*
Pluriel inclus.	*tomangken*		
exclus.	*tomoma*		

tung > mon fils

	tung	*tum*	*tin*
Duel inclus.	*tongrong*	*tumro*	*tiro*
exclus.	*tumaro*		
Triel inclus.	*tungsül*	*tumsül*	*tisül*
exclus.	*tumasül*		
Pluriel inclus.	*tungken*	*sumi*	*tir*
exclus.	*tumama*		

8) Possessif suffixe se rapportant à certains membres du corps - dont au moins un est irrégulier – le voici :
botong > ma tête

	botong	*botom*	*bueten*
Duel inclus.	*botongrong*	*botomro*	*buetero*
exclus.	*botamaro*		
Triel inclus.	*botongsül*	*botomsül*	*buetesül*
exclus.	*botamasül*		
Pluriel inclus.	*botongken*	*botomi*	*bueter*
exclus.	*botoma*		

Exemple de suffixe irrégulier : *üerang* > ma main

	üerang	*üeram*	*üeran*
Duel inclus.	*üerangrong*	*üeramro*	*üeraro*
exclus.	*üeramaro*		
Sur Triel inclus.	*üerangsül*	*üeramsül*	*üerasül*

GRAMMAIRE EN LANGUE D'OLAL

	exclus.	üeramasül		
Pluriel inclus.		üerangken	üerami	üerar
	exclus.	üerama		

Plusieurs autres substantifs ne se rapportant ni à la parenté, ni au corps, se déclinent sur
nerang et *negnong* – *om, on* > mon lit.
toeüong, om, on > ma ceinture
<u>*dean, deam, dean*</u> > sang

Parties du corps
wo hulung, um, un > chevelure
hotong, tom, bueten > tête

9) Tournure possessive

Elle s'exprime par le nom de chose suivi de la particule *ne* qui régit le pronom personnel
siü ne ni > mes reins, mon dos

	siü ne ni	*siü ne neng*	*siü nan*
Duel inclus.	*siü ne kenrong*	*siü ne gomoro*	*siü ne ngero*
exclus.	*siü ne gemaro*		
Triel inclus.	*siü ne kensül*	*siü ne gomosül*	*siü ne ngesül*
exclus.	*siü ne gemasül*		
Pluriel inclus.	*siü ne ken*	*siü ne gimi*	*siü ne nger*
exclus.	*siü ne gma*		

En plus des parties du corps ou de nom de parenté qui prennent cette tournure possessive, il y a plusieurs autres choses qui s'en servent :
mesean ne ni > ma maladie
ha ne neng ? > où as-tu mal ?

GRAND'MÈRE LA LUNE

LES PRONOMS

Pronoms possessifs
Règle générale : les pronoms possessifs se forment des adjectifs possessifs auxquels on ajoute en suffixe la particule *ge*.
Exemples :
muenenge bur > j'ai le mien (objet quelconque)
be muenangkenge - ru yirong tafau dumga > c'est à nous d'obéir toujours
tong ge > le mien (panier)
usomge > le tien (arc/fusil)
bomage > le nôtre (feu)
botong ge > la mienne (ma tête)
lierge > la leur (leurs jambes)

Pour la forme interrogative : à qui est-ce ? On prend l'adjectif possessif à la troisième personne du singulier, on supprime l'n final, puis on ajoute *si*.
muena si, gele ? > à qui, cà , (et non muenansi)
muasi ? > à <u>qui</u> ?
usosi ? > à qui cet arc ?
tosi ? > à qui ce panier ?
buetesi > à qui cette tête ?
se si, gele > de qui est ce coco ?
tisi ? > il est le fils de qui ?

Exception, on dit :
sange si ? Comment s'appelle-t-il ? (et non pas : sasi?)
sange ha ? Comment cela s'appelle ?

GRAMMAIRE EN LANGUE D'OLAL

Pronoms interrogatifs
Les particules interrogatives sont :
si ? > qui ? Se rapporte toujours à un être humain
ha ? > quoi ? Se rapporte à tous les autres objets
gebe ? > lequel (ge-be-qui où) ?
sontie gebe ? > lequel des deux (situation)
sontie ha ? > qu'est-ce que c'est ?
Exemple :
si eba me ? > qui va venir ?
si eba fli ? > qui va grimper ?
si gele ? > qui est-ce ?
si tabsau ? > qui et de quel village ?
si e gomoro ? > qui de vous deux ?
si e nger ? > qui d'entre-eux etc.
dal ha om ngaro fenga ? > quelle parole viens-tu de dire ?
be ha ? > u'est-ce ?
se se ha ? > - -
gobe ? > Lequel ? (en demandant l'endroit = qui se trouve où ?)

Pronoms personnels
Dans la langue indigène, ce qu'il y a de plus remarquable, de plus clair, de plus commode dans la conversation, c'est l'emploi de l'exclusif et de l'inclusif. C'est à la personne qui parle à employer la forme exclusive ou inclusive : d'où il s'en suit que le seul pronom personnel à la 1ère personne du pluriel est affecté de cette double forme.
La forme exclusive traduit cette pensée à la personne qui parle : nous autres (et non pas vous).
La forme inclusive traduit cette pensée : nous et vous, nous tous, vous et nous.
Cet emploi de l'inclusif et de l'exclusif est tellement rigoureux que employés à contre-temps, il rend la phrase complètement incompréhensible.
Le duel signifie toujours rigoureusement deux.   15

GRAND'MÈRE LA LUNE

Le triel signifie trois, mais aussi parfois quatre, cinq et même 10 ou 20 selon qu'on se compare à un très grand nombre.
Voici la liste des pronoms personnels employés seuls ou comme compléments.

	ni	*neng*
Duel inclus.	*kenrong*	*gomoro*
exclus.	*gemaro*	
Triel inclus.	*kensül*	*gomosül*
exclus.	*gemasül*	
Pluriel inclus.	*ken (bonga)*	*gimi (bonga)*
exclus.	*gema (bonga)*	

Pronoms verbaux
Dans la langue indigène ce n'est pas le verbe qui se conjugue, mais le pronom, d'où l'appellation de pronom verbal.
Les pronoms verbaux servent à indiquer le temps, mais chose singulièrement difficile à apprécier, quel temps faut-il employer ? Le présent français ne correspond presque jamais au présent indigène, idem *decendum* du passé et du futur et du conditionnel et de l'optatif. Essayons tout-de-même de faire quelques classification.

A - a) Le présent-présent : hie et nune, celui que les anglais traduisent assez bien par I am writing ou I am working. En Olal : *namdo thu pepa – namdo om nga*.

b) le présent qui continue :
Perdural indique une action commencée, mais non finie.
Il se traduit pour la 3ème personne du singulier par le pronom *mo*, qui suit l'euphonie *mo, ma, mue, mü, müi, mu, mi, me, mie*, et à la 3ème personne du pluriel par : *em, ema,, emu* … etc.
Il se traduit encore par *mangdu* que l'on intercale entre le pronom et le verbe : *na mangdu yen* > je mange encore.

GRAMMAIRE EN LANGUE D'OLAL

B – a) Le passé indéfini qui indique une action récente se traduit par *nam, om, mo,* et aussi *narnga, ornga.*

b) Le passé qui vient d'avoir lieu, presque le présent, se traduit par *nam ngaro, om ngaro* et le verbe est suivi de la particule *nga.*
Ex : *muengaro, murnga* > il vient de tomber à l'instant, tu ne l'as pas vu ?

c) le passé-passé qui se traduit par deux formes : la forme en <u>*ri:i*</u> *nar* et la forme en *te = nate* suivant le verbe.
Il y a des verbes qui demande la 1ère forme *nar üa* et d'autres qui veulent la seconde.
nate gro üa > j'ai poursuivi la tortue, et d'autres verbes s'accommodent des deux formes comme *nar yen* ou *nate yen.* Il est bon de cataloguer ces verbes si l'on veut parler correctement, car c'est une grosse faute de dire, par exemple, *nate üa, nate fe.*

C – a) Le futur prochain qui succède immédiatement au présent, si bien que souvent la plupart du temps il traduit le présent français. Il traduit très bien la tournure française : je vais faire ceci, je vais partir aujourd'hui. Maintenant dans la langue on dit : je ferai ceci, je partirai.
Le futur quasi présent se traduit par la forme : *ena, ofo, eb,* etc.

b) le futur éloigné se traduit par *enam nga, ofonga,* etc. Cette forme traduit le futur non prochain, que ce soit un futur très éloigné, ou même peu éloigné. Il suffit que l'action ne se fasse pas sur le champ. Je passe dans un village, on me dit où vas-tu ? (futur prochain) > *ofo a be* ?, puis on me demande tu repasseras quand ? (futur éloigné) > *ofonga mol nange* ?
Quelqu'un est malade à mourir ; On lui dit : prends le baptême avant de mourir (futur éloigné) > *bo aguo nengan tonege fonga mar.*
De ces deux futurs, c'est à propos du futur éloigné que l'on se trompe souvent. Pour éviter les fautes, il suffit de se rappeler cette

règle : si l'action doit se faire tout de suite, c'est le futur prochain, autrement, c'est le futur éloigné.

D – a) L'optatif futur
Se traduit par *nan, on, en* et *nang, one, ene*.
Allons courons après, il est bon que nous allions après, il faut courir après > *eyin üa gro*.
mine me ne la messe > il faut que vous veniez à la messe.
L'optatif futur traduit le conditionnel présent et futur.
o a lhe, en me > va voir si il vient.

b) L'optatif passé
Se traduit par *nato, oto, ebto*
Que ne l'ai-je vu ? < *nato lbe* ; si tu avais chanté, j'aurais été content < *oto se longe nar küar.*
L'optatif passé traduit le conditionnel passé.

E – L'impératif présent-présent *hic* et *nunc*
Il exprime un véritable commandement et se traduit par *o, en, yi, mi*.
Descends < *o ri* ; viens < *o me* ; partons < *yi üa* ou *sü a*
En dehors de cet impératif commandement, il faut employer soit le futur prochain, soit l'optatif futur.

GRAMMAIRE EN LANGUE D'OLAL

Mangdu
Quand on veut exprimer, à tous les temps, l'idée de continuité dans l'action, on intercale *mangdu* entre le pronom et le verbe. A la 3ème personne du singulier le pronom personnel ne s'exprime pas.
J'étais encore en train de manger quand tu es venu < *nar mangdu yen, bonege or me*
Je serai en train de pêcher quand ils partiront < *enanga mangdu fgôn, egenga lel tura*
Où est le Père ? Il est à diner < *Père mohobe ? Mangdu yen fona mosu mangsu yen bue ! Tea !*> vous êtes encore à manger ! Oui !

La Négation *tlon*
La négation est : *tlon, tolon, rlon, lon, tolo, tlo, rlo*, suivant l'euphonie, et se place toujours entre le pronom et le verbe : *na tlom* > je ne travaille pas ; *tolo me* >il n'est pas venu.

CONJUGAISON DU VERBE ÊTRE
ou se trouver : *be*

Indicatif présent				Optatif présent futur
je	*nambe*	*namdo e*	*eua üe*	*nam üe*
tu	*om be*	*omdo e*	*ofo üe*	*on üe*
il	*be*	*do e*	*e üe*	*en üe*
nous duel inclusif	*rombe*	*romdo e*	*ero üe*	*ron üe*
exclusif	*marom be*	*maromdo e*	*emoro üe*	etc.
triel inclusif	*süm be*	*sümdo e*	*esü üe*	
exclusif	*masüm be*	*masümdo e*	*emasü üe*	
plur. inclusif	*yim be*	*yimdo e*	*eyi üe*	
exclusif	*mam be*	*mamdo e*	*ema üe*	
vous	*morom be*	*moromdo e*	*emro üe*	
vous trois	*mosüm be*	*mosüm do*	*emsü üe*	
vous tous	*müm be*	*mümdo e*	*emi üe*	
eux deux	*moro e*	*mororo e*	*ebro üe*	
eux trois	*mosü e*	*mosüro e*	*ebsü üe*	
eux tous	*em be*	*emdo e*	*efe üe*	

Remarque :
La forme en *nga* se conjugue comme : *namdo e*. Ainsi on dit : *muenga e sül*
Le passé en r – demande la forme *üe*
Exemple : *te gma sieni ba, te üe sangul* > il a pris et emporté dix ignames
Exemples appropriés présent :
nam be lafu ! nam be chrétien
om do e üoinakon
ema üe policeman
en üe sûl ! > donne m'en trois
nar üe kiliblu
te üe sese hanglam

20

GRAMMAIRE EN LANGUE D'OLAL

Conjugaisons

A – a) présent-présent   **b) présent avec *mangdu***

je	*namdo lel*	*na mangdu yen*
tu	*omdo lel*	*om mangdu yen*
il	*do(ro) lel*	
nous deux inclus.	*romdo* --	*ro* -------------
nous deux exclus.	*maromdo* --	*maro* -----------
nous trois inclus.	*sümdo*	*süm*
nous tous inclus.	*yimdo*	*yim*
nous tous exclus.	*mamdo*	*ma*
vous deux	*moromdo*	*moro*
vous trois	*mosümdo*	*mosü*
vous tous	*mimdo*	*mi*
eux deux	*mororo*	*moro*
eux trois	*mosüro*	*mosü*
eux tous	*emdo*	*em*

Remarque :
Le souvenir dans la conversation, de la différence entre le duel et le triel de la 2ème et la 3ème personne :
moromdo mororo
mosümdo – mosüro
A la 3ème personne du singulier, le pronom *ne* s'exprime par
mangdu om > il travaille encore

B- a) passé indéfini (1ère forme)   **b) passé qui vient d'avoir lieu**

je	*nam fuer*	*mam ngaro me nga*
tu	*om fuer*	*om ngaro me nga*
il	*mo* -----	*mue* ---------------
nous 2 Inc.	*rom* ----	*rom* ---------------
nous 2-Exc.	*marom fuer*	*marom ngaro me nga*
nous 3 Inc.	*süm* ----	*süm* ----------------

239

GRAND'MÈRE LA LUNE

---------	Exc.	*masüm* --	*masüm* ------------
nous tous Inc.		*yim* -----	*yim* ----------------
------------Exc.		*mam* ----	*mam* ---------------
vous deux		*morom* --	*morom* ------------
vous trois		*mosüm* --	*mosüm* ------------
vous tous		*mim* -----	*mim* ---------------
eux deux		*moro* ----	*moro* --------------
eux trois		*mosü* ----	*mosü* --------------
eux tous		*em (ema)* --	*muen* --------------

a) 2ème forme
narnga sene
ornga sene
muenga
rornga
etc. voir à la page suivante. Il suffit d'ajouter *nga* à toutes les personnes du passé-passé 1ère forme.
Remarque : quand on emploie la négation, à ces temps, on sépare *nga* du pronom et on l'ajoute à la négation :
Tu n'es pas venu voir < *ar tlonga me besare gema*
Je ne l'ai pas dit < *na tlon nga fe sese gli*
Ils n'ont frappé personne < *er tlon nga uhe nanten*

B – c) Passé-passé (1ère forme)   **d) passé-passé (2ème forme)**

je	*nar üa*	*nate lbe*
tu	*or üa*	*ote lbe*
il	*tea (ou bea) üa*	*te lbe*
nous 2 Inc.	*ror* --	*rote* ---
Exc.	*maror* --	*marote* ---
nous 3 Inc.	*sür* --	*süte* ---
Exc.	*masür* --	*masüte* ---
nous tous Inc.	*yir üa*	*yite* ---

22

GRAMMAIRE EN LANGUE D'OLAL

Exc.	mar --	mate ---
vous deux	moror --	morote ---
vous trois	mosür --	mosüte
vous tous	mir --	mite ---
eux deux	tero --	tero ---
eux trois	tesü --	tesü ---
eux tous	er --	ete ---

C – a) Futur prochain   b) futur éloigné

je	ena om	enanga suto
tu	ofo om	alonga-fonga suto
il	eb om	ebnga suto
nous 2 Inc.	ero --	eronga ----
Exc.	emaro --	emaronga ----
nous 3 Inc.	esü --	esünga ----
Exc.	emasü --	emasünga ----
nous tous Inc.	eyi --	eyinga ----
Exc.	ema --	emanga ----
vous deux	emro --	emroga ----
vous trois	ebsü --	ebsünga ----
vous tous	emi --	eminga ----
eux deux	ebro --	ebronga ----
eux trois	ebsü --	ebsünga ----
eux tous	efe --	efenga, efebnga ----

D – a) optatif futur   b) optatif passé

nan (e) flo	nato mar
on (e) flo	oto mar
en (e) flo	boto (ebto) mar
ron (e) ---	roto ---
maron (e) ---	maroto ---
sün (e) ---	süto ---
masün (e) ---	masüto ---
min (e) ---	müto ---
nero (e) ---	ebroto ---
nesu (e) ---	ebsüto ---
en (e) ---	emto (ebto) ---

L'optatif futur s'emploie également par le passé, mais moins fréquent que la forme en *to*. Cela dépend de l'euphonie en *fang mo kakro nga longe tehu*.
Si on l'avait cuit modérément, il serait bon = que ne l'a-t-on cuit …

E – Impératif   F – Subjonctif

je	----------	ena rho
tu	o ri (ou to ri)	ofo rho
il	bui ((ou *ene ri*)	ene ---
nous deux inclus.	ro ri	ero ---
exclus.	maro ri	emaro ---
nous trois inclus.	sü --	esü ---
exclus.	masü --	emasü ---
nous tous inclus.	yi --	eyi ---
exclus.	ma --	ema ---

GRAMMAIRE EN LANGUE D'OLAL

vous deux	*moro* --	*emro* ---
vous trois	*mosü* --	*emsü* ---
vous tous	*mi* --	*emi* ---
eux deux	*nero* --	*nero* ---
eux trois	*nesü* --	*nesü* ---
eux tous	*ene* --	*efe, ene* ---

A la voix passive

Présent	*do*	*luo nian*	je
	mangdu	*luo nengan*	tu
	mo	*luan*	il
Passé	*muenga – nga*	*luo kenrongan*	nous 2 inc.
	muengaro – nga	*luo gemaroan*	exc.
	te	--- *kensülan*	nous 3 inc.
Futur	prochain : *eb*	--- *gemasülan*	exc.
	éloigné : *ebnga*	--- *kenan*	nous ts inc.
Optatif	futur présent : *en*	--- *gemaan*	exc.
	passé : *bota*	---*gomoroan*	vous deux
Impératif	*bo*	---*gomosülan*	vous trois
		---*gimian*	vous tous
		--- *ngeroan*	eux deux
		--- *ngesülan*	eux trois
		--- *ngeran*	eux tous

Exemple : on m'attache < *do luonian*
Je viens d'être attaché / on vient de m'attacher < *muengaro luo nian nga*

GRAND'MÈRE LA LUNE

Qu'on les attache tous les trois < *bo luo ngesül bongan (ngesülan)*
On les attachera demain < *ehnga luo ngeran fanren*
Il y a deux mois que nous sommes attachés < *mo luo kenan ol beru bur*

Quelques cas particuliers -1

je	*long*		
tu	*lom*		
il	*long*		
nous deux I.	*longrong*		
nous deux E.	*lomaro*	*do kiene*	Présent
nous trois I.	*longsül*	*mangdu kiene*	id.
nous trois E.	*lomasül*	*mue kiene*	Passé
nous tous I.	*longken*	*muenga kiene*	id.
nous tous E.	*loma*	*muenga kienenga*	id.
vous deux	*lomro*	*te kiene*	id .
vous trois	*lomsül*	*eh kiene*	Futur
vous tous	*lomi*	*ebnga kiene*	id.
eux deux	*loro*	*en kiene*	Optatif
eux trois	*losül*	*boto kiene*	id.
eux tous	*lor*		

long me kiene   *nong be tunga*
lung do moer   *nong metang mui hiri*
lung do hanga

Cette conjugaison se comprend facilement si l'on remarque que le sujet indigène ne répond pas au sujet français : je
Dans l'indigène, le sujet est un substantif à suffixe possessif déclinable.

GRAMMAIRE EN LANGUE D'OLAL

long > mon cœur, ma volonté, mon ventre
lung > ma peau, mon corps, mon être
nong , metang > mon âme, ma face, mon esprit
Exemple : *long me kiene tabaca lehu* > mon ventre, il appelle le tabac
lur do moer > leur peau se détache

Quelques cas particuliers -2

terfong, om on   *lielierang, am, an*
teterfong, om, on   *tir bubu rang, am, an*
bülfong, om, on   *surfang, am, an*
rutong, om, on
lalong, om, on

Ces verbes se conjuguent comme les autres, c'est à dire qu'ils sont affectés des mêmes pronoms verbaux que les verbes réguliers. Mais ils ont ceci de particulier qu'ils ont un suffixe déclinable comme les substantifs à suffixe possessif : *fanong - üerang*
Ce suffixe se rapporte aux compléments et non au sujet. C'est tout à fait normal, car ce suffixe n'est autre qu'une proposition déclinable : *terfong = ter fong ; rutong = ru tong ; lielierang = lielie rang.*
Des exemples feront comprendre :
O bon ange protège moi < *angelo geruhu, o me teterfong*
Marie nous garde < *Marie do terfongken*
Suivons Jesus < *yi ruton Jesu*
Celui qui vous méprise, me méprise < *ge mue lieherami, mue lielierang*
Je les ai insultés tous les deux < *nam surforo bonga*
Pourquoi vous moquez vous de nous ? < *mimdo surfama ne ha ?*
Ils les houspillèrent tous trois < *ernga tir buburasul bonga ?*
Ils passent par le milieu de la foule < *te hâber nga ba.*

27

REMARQUES SUR LES VERBES

Voix active et voix passive. Leur emploi.
On peut assurer sans crainte de se tromper, que dans la langue d'Olal, l'emploi du passif est aussi fréquent que celui de l'actif et même, dans l'usage courant, le passif revient plus souvent que l'actif.
Quand faut-il employer l'une ou l'autre de ces deux voix ? C'est assez difficile d'en formuler la règle. Il est des cas où il est clair qu'il faut l'actif, et d'autres cas où il faut le passif, cependant, souvent les indigènes semblent employer indifféremment l'une ou l'autre de ces deux voix.
1) quand on commande à un homme de faire lui-même et sur le champ telle ou telle chose, il faut l'actif. Il faut l'actif aussi, même si la 2ème condition n'est pas réalisée. Mais alors, il faut qu'il y ait lieu d'insister pour dire qui va faire l'action.
Exemple : *emi omne ha ?* > qu'est-ce que vous allez faire ?
Ema buru or : eb gur fasene or bongan ?
Dans la deuxième phrase, les deux voix sont employées.
Ema buru or > nous allons nettoyer, débrousser le champ. Faut-il tout nettoyer ?
Cet emploi du passif indique une certaine impersonnalité. Alors on dit : *eba bruan bonga ?*
2) Il semble qu'on doive employer la voix passive quand l'action est impersonnelle, générale.
Exemple : je commande aux enfants < *mia re libolüa uortehu*
Puis je me reprends : non, allez plutôt ramasser les cocos.
On peut alors dire : *ehe ! e tlon yile, eb aünsün clan bo halku nian !* > qu'on m'arrache de ce trou / arrachez moi de ce trou
bue tetenee faneren > nous irons à sa recherche demain.

GRAMMAIRE EN LANGUE D'OLAL

Les trois formes de la voix active

1 – Beaucoup de verbes sont purement ou simplement suivis de leur complément.
Exemple : *manbi uanten* > se moquer de quelqu'un
ter moni > vouloir de l'argent
uhe üanten > frapper quelqu'un, etc.
Plusieurs en *hi* : *rieng hi, uong hi, sur hi, im hi, limi hi*
2 – D'autres verbes prennent la préposition *ne* quand ils sont actifs.
Ils sont en neutre quand on les en prive.
Exemple : *do omne im* > il travaille à faire sa maison
do om > il travaille
do flangorne üanten geli > il donne des vivres à cet homme
o sene tabaka tehu > donne moi un tabac
morong tane tolong > il m'entend
tolo rongka > il est sourd / il n'entend pas
3 – D'autres verbes qui ont toujours un double complément direct et indirect, réservent la préposition pour le complément indirect.
Tels sont, en particulier, les verbes *sage* et *hu*
Exemple : *namdo sage neng ne diem gehu le* > je te fais cadeau de cet igname (je te gratifie avec cet igname)
do hu ni ne talan > il me demande des nouvelles de son frère
Cette particule *ne* s'exprime toujours, même si le complément indirect est sous-entendu.
Exemple : *na tlo u huhu Paul ne* > je ne m'en suis pas informé auprès de Paul
namdo sage neng ne > je t'en fais cadeau
Par euphonie, quelques verbes changent *ne* en *te*.

Exemple : *romte* > dérouler
klate > soulever, écarter
ramte > se correspondre
rate > deterrer en grattant
D'autres changent *ne* en *he*
rahe > frotter
fang he > brûler
tong he > punir
foi he > jaillir sur

Formes de la voix passive

1 – Les verbes qui n'ont pas de suffixe *ne* prennent la forme du passif en ajoutant simplement *an*.
Exemple : *te uhean* > on l'a frappé
do utian > on puise de l'eau
mo ne gurtla hean > de peur qu'on ne le vole
2 – Les verbes actifs qui ont le suffixe *ne*, y ajoutent an au passif.
Exemple : *mo rongtanean* > on l'a entendu
tolo innean büe > on n'a pas encore plongé pour cet objet
do welinean > on l'agace
3 – Quand la particule *ne* exprime clairement le moyen, cette préposition se met après le verbe passif.
Exemple : *okhu wâ geli, eba flonean ne* > prends cette rame, on ramera avec
4 – Quand un verbe actif avec son complément doit être rendu par la forme impersonnelle du passif, la terminaison *an* s'accole au complément direct lui-même.
Exemple : *eb torkok buetenan* > on lui coupera la tête
ee rbo bonan > il fut blessé à la cuisse
eb gurmole te huan > on en rapportera un

GRAMMAIRE EN LANGUE D'OLAL

ba kye ngeran > qu'on les appelle
Si le complément direct (substantif) est au pluriel, trial, duel on exprime le pronom pluriel, triel, duel après la forme du pluriel.
Exemple : *eb torkote buetenan nger* > qu'on leur coupe la tête
ee rbo bonan ngero bonga > il fut blessé aux deux cuisses
*te fen taru man o waran ngesül – tenga
ron ngesül bonga* > les trois navires de guerre furent coulés

PREPOSITIONS

rang, ram, ran (duel)	sur
fang, fam, fan (duel)	sous, en l'honneur de, au-delà de
en, lon	dans
pon	près de
biri, besare	près de
bilti	tout près de
bane (éloignement)	vers
mene (rapprochement)	vers
ne (au moyen de)	avec, pour, de
tebang, am, an	à cause de
rbang, am, an	même sens (euphonie)
goro, gro	contre, sus, poursuivi
metienen, tenen, tne	de, en dehors de, se sauver de, loin de, à l'abri de
krine (verbe)	avec, ensemble, accompagner
bone	durant, pendant
tone	avant, en attendant, exprès pour, dans le but de
mone	devant
fasine	non loin de, proche de,
(*entabli*)	au milieu de

31

entobole, tobole	même sens
tong, tom, ton	derrière
teleuse ne	autour de
en fa im ma	chez
yiem(mu eb, te)	comme, semblable à
kete	fermement
korotne	auprès de, avec
tere, taru	de part en part, à travers
lülüne	ne long, droit devant
barang, am, an	au dessus de
bafang, am, an	au dessous de
batong, am, an	par derrière
kine	en face de

ADVERBES

baran	au dessus
bafan	au dessous, en bas
mere	haut
bamre	en haut
behmo (conj.)	bebatie auparavant
be, e, te mo,	id
bebatie(conj.)	après, plus tard
be, e, te, batie	id
rutie	derrière
en sitie	sur le côté droit
lolitie	en dedans
lolotie	dans l'intérieur
farbotie	dessous, au pied de
teleüti, tiliuti	à l'entour

GRAMMAIRE EN LANGUE D'OLAL

en tablitie	au milieu
lon tobol	au centre
felangte (flangte)	aux alentours
nga fasi	non loin
fasi	prochainement
hatin	loin
saüi, taüi	au delà, plus loin
tam	au delà, outre
en tahitie	de l'autre côté
en tahitie ge ba yi	au delà
en tahitie ge me li	en deçà
li	ici
ham	là
roro, riri	auprès, là contre, de côté, par le côté
belbele	vite
kapri	en hâte
kehkehne	en toute hâte
bliblil	lentement, sans se presser
rongrong	doucement
lah, lahe	en cachette
tlalah	à voix basse, en sourdine, en cachette
kukur	en groupe, ensemble
titi	tranquillement
kih	bien, avec perfection, avec application
mini	très, tout à fait
kem anga, kemenga	seulement, sans motif, en vain
mto, moeto	toujours
bue (yet)	encore

GRAND'MÈRE LA LUNE

mon (more)	encore
mole	re … , de nouveau
mga	seulement, ne … que
bur, sir	maintenant, désormais
aneha ? , neha ?	pourquoi ?
teba ha ?	id
ha ?	quoi ?
mamha ?	comment ?
sese ha ?	qu'est-ce qu'il y a ?
nange ?	quand ?
bone ge be ?	quand ?
mabrane, bilinege	heureusement que
ma mgamga	(quand même) c'est facile, aisé, c'est possible
be hutie	il est bon que
te garnga	heureusement que
te garhu	tant mieux pour … c'est bon que
monenga	à l'improviste
tlon nga … bur	ne … jamais, ne … plus
hahar	à son aise, librement, sans obstacle
yibe (mu eb-te)	comment, de quelle manière
bebahonga	tout d'une traite
kru, kukur	ensemble, en même temps, en tas (se dit d'un grand nombre)
tôloû	lentement, un peu (marcher à petits pas)
tatar	plus vite, en hâte
buê	sans savoir, sans motif
tobô	pour la 1ère fois

GRAMMAIRE EN LANGUE D'OLAL

kemane	sans mélange, pur
balie	mal à propos
bebaliel	souvent
fan uobung uortehu	quelques fois, de temps en temps
buene	à son aise, avec plaisir, comme il faut
toto	avec précaution, en faisant attention, bien attentivement
*temri, tent*i	un peu
fara	clairement, explicitement

CONJONCTIONS

a	et
te	mais
nege	car
yen, (mu, eb te)	comme, de même que
bone ge	lorsque
tone ge	avant que
mo .. ne	de peur que
tehe	comme si
hege	(comme) si
momïe	à moins que ça ne soit
lôn (nasal)	alors (opposé, conséquence)
ya	ou, ou bien

ADJECTIFS OU PRONOMS INDEFINIS

Adjectifs – pronoms démonstratifs

ge	lequel que
geli	celui-ci
geham	celui-là
son-son	l'un l'autre, en parlant de deux choses
tehu, geh – son	l'un …, l'autre
sontie	l'un des deux, l'un ou l'autre
ngero bonga	tous les deux, l'un et l'autre
bonga	tous.
ngabong, m, n	Ex. *ni ngabong* : moi seul, moi tout
kemengabong	seul, sans but, sans motif
humni	autre, différent
getemni	qui est différent
baran getemni	d'une manière
mon	en plus
tehu mon	encore un
hohônga	semblable
uanten	quelqu'un
tehu	quelqu'un
etemni	autre
uanten etemni	un autre homme, quelqu'un, quelqu'autre
mweneng sontie	je veux l'autre (ou l'un des deux)
behunga	le même, la même, se conjugue seul, tout seul
ua te ru	quelques uns ; *nanten uateru* > quelques hommes
uor be hunga	quelques, très peu
uor be runga	quelques uns, un petit nombre
uorgehu, uortehu	syn.

36

GRAMMAIRE EN LANGUE D'OLAL

uomri — un peu de, petit : coprah uomri > un peu de coprah
ge son – ge son — (en partant de deux) celui-ci, celui-là
sontie ngero — l'un des deux
sontie gemaro ete — l'un de nous deux
tehu e ngesül — l'un des trois
tehu e gemasül — l'un de nous trois (exclu)

Nombres cardinaux

1	hu	16	sangül a liuse	200	ungil mamrum
2	ru	17	---------- liuru		babaru
3	sül	18	---------- liusül	300	------ mamrum
4	üir	19	---------- lafer		bebasül
5	lim	20	ungil beru	400	bebaüir
6	liuse	30	--- besul	500	bebalim
7	liuru	40	--- beüir	600	bebaliuse
8	liüsül	50	--- belim	700	bebaliuru
9	lafer	60	--- beliuse	800	bebaliusül
10	sangül	70	--- beliuru	900	bebalafer
11	sangül a hu	80	--- beliüsul	1000	bebasangul
12	---------- ru	90	--- belafer		
13	---------- sül	100	ungil besangul		
14	---------- üir		mamrum		
15	sangül a lim		bebahunga		

Il vaut mieux compter comme les indigènes :
100 hundred nan be hunga
200 hundred nan be ru
1000 tahusand nan be hunga
2000 tahusand nan beru   etc.

GRAND'MÈRE LA LUNE

Nota : La seule manière de dire 100 est *ungil besangul*. L'autre tournure est une circulation assez vague qui exprime un grand nombre indéfini.

1er tamo
2ème   runan
3ème   sülnan
4 ème   üirman
5ème   limnan   Paragraphe mal placé ici. Voir ci-après
6ème   liusenan
7ème   liurunan
8ème   liusülnan
9ème   lafernan
10 èmesangulnan
Les nombres cardinaux s'arrêtent au 10ème.

Remarque : Il y a une autre manière de compter de 11 à 19 qui est de beaucoup la plus fréquente, du moins dans les villages, la voici :

11   *ungil gehu a gahu*
12   *garu*
13   *gasül*
14   *gauïr*
15   *galim*
16   *galiuse*
17   *galiuru*
18   *galiusül*
19   *galafer*

Pour les dizaines qui suivent, on dira
21   *ungil beru a hu*
22   ru
23   sül   etc.

38

GRAMMAIRE EN LANGUE D'OLAL

Au delà de 1000, les indigènes ne comptent plus, du moins dans leur langue. Ils préfèrent de beaucoup compter en anglais, quand il leur arrive d'avoir à exprimer un nombre supérieur à 1000.
Les nombres sont toujours affectés d'un préfixe verbal, sauf le cas où l'on compte *hic* et *nune*.
Ces préfixes sont au nombre de quatre :

a) <u>*be*</u> est indicatif pour le présent ; *nmenga* indique l'idée de succession : *muenga üir* > maintenant il y en a quatre.
b) *eüe* est indicatif pour le futur
c) *teüe* est indicatif pour le passé-passé
d) *te* est indicatif pour l'impératif
Exemple : *mueneng tabaka tehu* > donne moi un tabac
yeng diem tesül mon > donne moi encore trois ignames

Nombres ordinaux.

Il suffit en principe d'ajouter *nan* à la fin d'un nombre cardinal quel qu'il soit, mais en pratique les indigènes s'expriment ainsi que pour la première dizaine, de 2 à 10, le premier faisant exception.

1er	t*amo*
2ème	*runan*
3ème	*sülnan*
4ème	*üirnan*
5ème	*limnan*
6ème	*liusenan*
7ème	*liurunan*
8ème	*liusülnan*
9ème	*lafernan*
10ème	*sangulnan*

D'après la manière de compter des indigènes, il ne peut pas y avoir de nombres ordinaux au dessus de 10 et même, le dixième est

douteux. Pour s'en convaincre, il n'est que d'aller au village et les voir compter.
Ceux d'entre eux qui connaissent la manière de compter des blancs admettent des nombres ordinaux au dessus de 10.
Remarque : *tamo* signifie aussi l'aîné et s'emploie comme en français dans un sens analogue.
Le premier des trois < *ge tamo ne ngesül*
Mon aîné < *tamo ne ni*
Lequel est le plus vieux de vous deux ? *Si egomoro be tamo ne son* ?

Quand on veut compter, en nombre cardinal, jusqu'à cinq, par exemple les cinq doigts de la main, les cinq enfants d'une famille et d'autres cas semblables, on s'exprime ainsi :

l'aîné, le premier   < *(ge) tamo (ne)*
le 2ème   < *tanga tong m n*
le 3ème   < *be tarbol -ne*
le 4ème   < *be tarbol (ne (ge üirnan*
le dernier   < *be tatie (ne*
le plus jeune   < *be ghirita (ne*
Exemple : Joseph est leur aîné < *Joseph be tamo ne nger*
André est leur second frère < *André be tangato Joseph*
Louis est mon cadet < *Louis be tangatong*
Jean est le plu jeune < *Jean be tatie (* ou *be tatie ne ngar)*
Pour désigner les doigts ou les orteils :
le pouce (le gros orteil) < *boko lam*
l'index < *boko breü*
le suivant < *boko breü tangaton*
l'annulaire
l'auriculaire < *tatie, boko kiki*

Dans la désignation de parenté, il faut toujours préciser si c'est l'aîné, le cadet, etc.
En français on se contente de dire : Pierre et André, son frère.   40

GRAMMAIRE EN LANGUE D'OLAL

En olal, *Pierre et André talan*, cela veut dire Pierre et André, son cousin.
Il faut dire *Pierre et André tangaton*, ce qui veut dire Pierre et André, son cadet.

Nombres - expressions quantitatives

Il suffit de mettre la particule *ba* devant le nombre cardinal.

Une fois	*baho*
2 fois	*baro*
3	*basül*
4	*baüir*
5	*balim*
6	*baliuse*
7	*baliuru*
8	*baliusül*
9	*balafer*
10	*basangül*

üi ? > combien ?
baüi ? > combien de fois (*bebaüi - teebaüi – eüebaüe*, etc ?)
liel > nombreux
baliel > souvent (*bebaliel, tee baliel, eüe baliel*, etc.)
barunga > quelques uns, un petit nombre
bahunga > presque rien
uor bahunga ou *uor baru* ou *ua teru* > quelques uns, plusieurs

Règles générales régissant les nombres cardinaux, ordinaux et quantitatifs :
Les nombres sont toujours précédés de particules qui les situent dans le temps : ils suivent le mouvement des conjugaisons. Ils ne s'emploient jamais seuls tels quels ; sauf les nombres cardinaux et dans le seul cas où l'on compte pour compter : 1, 2, 3, *hu, ru, sül*.

41

Exemple : (au jeux) Combien as tu de points ? < *munam beüi* ?
J'en ai cinq < *mueneng besül*
J'ai apporté 3 cuillers < *nate rüa spoon teüe sül*
Combien apporterai-je de pain ? < *en a hol bread eüe üi* ? *Eüe üir* ?
Maintenant il y a 3 cloches < *atingting muenga e sül*
Mets encore 5 cocos ! < *ol te lim mon* !
C'est 3 tabacs qu'il me faut ! < *tabakana en üe sül* !
Il en reste dix ! < *besangul mangdu bue*
Je prendrai le 3ᵉ < *ena ktu ge sülnan*
Nous l'avons chassé 5 fois < *mate gro tee bal im*
Tu crieras six fois < *ofonga yiyi ebnga üe baliuse*
Je l'ai vu 2 fois < *nam lhe bebaro*
Remarque : un se dit généralement *behunga* et une fois se dit *bebahonga*
On dit *beharo* et non *beharu*
En somme, ils sont toujours précédés du pronom verbal de la 3ème personne.

ESSAI DE SYNTAXE

1 – Le temps indigène

C'est ce qu'il y a de plus difficile dans la langue indigène. On saisit très bien leurs pensées et les manières qu'ils mettent dans l'emploi du temps. C'est même un vrai plaisir, une jouissance de les suivre en conversation.

Mais quand il s'agit, nous Européens, d'exprimer notre pensée, notre manière d'envisager les temps et de les traduire avec leurs pronoms verbaux … il faut être bien malin.

Dans l'exercice d'un thème, à tête reposée, bien assis à son bureau, on peut y arriver d'assez près, mais dans l'instant de la conversation, que de fautes l'on fait et même je suis persuadé que la plupart du temps, je dis absolument le contraire, mais là tout le contraire de ma pensée.

42

GRAMMAIRE EN LANGUE D'OLAL

Cependant il y a trois moments dans le temps dont on est absolument sûr et que l'on peut traduire sans se tromper.
1 – le présent futur *hie* et *nunc*
2 – le futur qui suit immédiatement l'action présente
3 – le passé qui est définitivement une action passée, achevée, finie, perdue, sans retour dans l'abîme du temps.
Entre les trois moments certains, l'indigène en place sept ou huit autres. Il les emploie avec une précision déconcertante. Et c'est dans l'emploi de ces temps intermédiaires que le Blanc y perd son latin et son olal. C'est décourageant et pourtant il faut y arriver.

1 – Le présent (ne pas le confondre avec le futur)
Le présent *hie* et *nunc* dont je viens de parler se traduit par :
la <u>1ère</u> conjugaison Aa.
namdo thu tolong < j'écris en ce moment-ci ma parole
Mais à part ce cas de présente actualité, le présent français doit s'exprimer par un temps intermédiaire, soit par le futur prochain. Sans quoi on est exposé à dire tout le contraire de ce que l'on veut dire.
Exemple : un chat a pris un rat et le transporte.
Devant ma fenêtre, il le pose à terre, puis se dispose à l'emporter ailleurs. Je voulais demander à Jules, où l'emporte-t-il ? Et je m'exprimai ainsi < *do rüa be* ? Et Jules de répondre : il l'a pris sous le cocotier et l'apporte là-bas !
Hélas, j'avais fait comprendre exactement le contraire de ma pensée. Il fallait dire < *e rüa be* ? C'était le futur qu'il fallait employer. C'est très logique, car au moment où je demandais : où l'emporte -t il ? En fait il ne l'emportait pas mais il l'allait l'emporter tout à l'heure.

43

Nous allions à Noea. En passant à Mebbûbûl, au home, Saksak me demande : où allez-vous ? Je répondis *masümdo üa Noea*. Saksak me corrigea aussitôt et me dit : *emsü a Noea* ? Je m'étais mal exprimé, car au moment ou je parlais, je ne marchais pas, je me disposais à marcher. Alors je repris : *emsü a Noea*.

2 – Le futur (ne pas confondre le futur prochain avec le futur éloigné)
Le futur qui suit immédiatement l'action présente, et que nous appelons futur prochain, ou futur présent, se traduit par la conjugaison C*a*.
ena thu pepa > je vais écrire
Ce futur exprime une action immédiate (ou à peu près). Pour peu qu'il se place une action intermédiaire entre le moment présent et celui dans lequel va s'accomplir une autre action, il n'y a plus lieu d'employer le futur prochain, mais bien le futur éloigné.
Exemple : je passe dans un village, me rendant à un autre. A mon retour, je dois repasser par le premier village. On me demande : où allez-vous ? Je vais à Foliboer. Et l'indigène de me redemander :
mo ! Fonga mol lon terarin ? > Tu repasseras : ce soir ?
Il n'y aurait que quelques heures à séparer l'action d'aller et celle de revenir, mais comme plusieurs actes devaient se suivre dans l'intervalle, l'indigène emploie le futur éloigné : *fonga mol nange ?*
D'une manière générale, le futur indigène rend assez bien le : je vais … français. Je vais écrire.
Mais à condition toujours qu'il s'agisse d'une action immédiate. Dans tout autre cas, il faudrait le futur éloigné.

3 – Le passé-passé
C'est le temps le plus difficile à situer dans la conjugaison indigène. La conjugaison Bc traduit un passé absolument et définitivement passé.
Mais quand est-ce que les indigènes estiment un passé de cette catégorie ? C'est ce qu'il est bien difficile d'apprécier.

GRAMMAIRE EN LANGUE D'OLAL

Ils traduisent souvent par la conjugaison B-a, à un passé indéfini que nous estimons, non tout à fait passé.
Pourtant, on peut sûrement traduire par la conjugaison B-c une action ancienne qui n'a plus aucune relation avec le temps actuel.
Racontant une pêche sur mer d'assez vieille date, les enfants me disent mate *goro üa en or geli – mate buru or geli bonege or üa Vila*.
Mais les indigènes emploient aussi cette conjugaison pour un passé assez récent, que nous autres nous traduirions par la conjugaison B-a, a. Par contre, ils traduiront par cette dernière, un passé que nous autres, nous estimons devoir être traduite par l'autre conjugaison. Ici est la difficulté.
La conjugaison B-a,a, semble traduire un passé récent, qui semble durer encore, ou du moins influer sur le présent, avoir encore des relations avec le présent.
Exemple : Où est Jules ? Mue lel > il est parti, il est en voyage.
Ici l'action est commencée mais dure encore, c'est le cas de ce passé que traduit la conjugaison B-a, a.
Mais où l'on ne comprend plus, c'est quand ils emploient ce passé pour situer une action accomplie dans le courant de la journée ou même depuis quelques jours, et qui est telle qu'elle n'a plus aucun rapport avec le présent : Pierre a battu Paul, le matin ou il y a quelques jours. On dit : *Pierre ma ube Paul, ma toû Paul*. Pourquoi ? Pourtant l'action est bien finie, terminée. Peut-être les indigènes estiment-ils que l'action dure encore, se continue dans les blessures ou la douleur ressentie et que l'action est complètement passée qu'avec la disparition complète de la douleur. C'est possible et ce serait logique.

N. P. (cf. action demandant socialement une contre partie, ouvrant une dette ou une vengeance, etc.) --

45

GRAND'MÈRE LA LUNE

Le Substantif – Le sujet

1 – Employé seul – Le substantif est employé seul dans le cas de causalité, dont il n'a pas encore été question entre les interlocuteurs.
si nge dô ghne tu ? tomo
sese ha mui liu bur ran silie ? Café
o ma ruene hal ge roüa letie
büs ma kta labe

2 – Accompagné de particules. Mais dans tout autre cas, il faut adjoindre au substantif une des particules qui font comprendre que l'on parle d'une chose déjà connue, dont il a déjà été question tout à l'heure, ou il y a peu de temps :

a) *geli, geham, ge.*
On fait suivre le substantif de l'article démonstratif quand l'objet dont on parle est situé sous les yeux ou dont on veut indiquer l'emplacement.
Exemple : o*r geli toto huru*
      lie geham me kuon nga ru
Mais si l'on parle aussitôt d'un autre objet et de même espèce ou de même genre, on n'exprime plus le substantif, et l'on emploie le pronom démonstratif : *geli bur*
Exemple : *beli bur, ma kbuel* > mais celui-ci (le bois) est tordu

b) bur, sir
Quand il a déjà été question d'un objet, d'une chose entre les interlocuteurs ou bien que cet objet vient naturellement à l'esprit, convient bien au sujet de la conversation, on fait suivre le sujet de la particule *bur* ou *sir*.
Exemple : on vient de démolir une case, ou d'abattre un gros arbre et l'on sent la brise venir à l'endroit nettoyé, on dit :
<u>lieu</u> *sir eb kor hahar nga me li* > maintenant le vent va courir ici en liberté

46

GRAMMAIRE EN LANGUE D'OLAL

horoü bur mu tam > la suée (de ce matin) est passée.
Ces deux particules rendent assez bien la phrase française :
Maintenant le vent va se faire sentir ici. Ça y est, la suée est passée.

c) *nan*
Cette particule possessive s'ajoute au substantif sujet, chaque fois qu'on vient de parler du sujet comme d'une chose spécialement comme de la personne à qui l'on parle, et sur laquelle on veut attirer l'attention de l'interlocuteur.
Exemple : Le matin j'ai dit au cuisinier de préparer une salade pour le midi. Le midi venu, je ne vois pas de salade sur la table, alors je demande : la salade *nan mo ho be* ?
Le soir j'ai dit à quelqu'un, à Joseph d'aller avertir Pierre qu'il vienne demain. Le lendemain, ne voyant pas Pierre, je demande :
Pierre nan tolonga me bue ?
Joseph comprend tout de suite pourquoi je lui parle de Pierre, mais si je disais : *Pierre talonga me bue* ! Il ne pourrait pas comprendre qu'il s'agit de la commission que je lui ai donné la veille.
Ce *nan* s'ajoute au substantif, chaque fois qu'il fait partie d'un tout, ou est, par sa nature, étroitement à un ou plusieurs autres objets.
Règle (en marge dans le texte) : quand un substantif avec *nan* est affecté de la marque du pluriel, duel, etc ou d'un adjectif démonstratif, le *nan* ne se sépare pas du substantif.
Exemple : *o lin sene marteau nan ngesûl – lie nan geli*
1 ex. - Le vapeur vient d'arriver à la passe et le subrécargue monte à la mission, on désigne ainsi cet homme : *uü, nan do me* > son blanc vient (le blanc du vapeur).
<u>*Lamisnan* do mku bane lolibibir</u>
Et on dira ainsi de toutes les personnes et de tous les objets qui sont sur le vapeur.
Capitaine nan
turi nan, sibia nan, buelfang nan
kuli nan, etc.

47

2 ex. - Le cuisinier m'apporte le café, mais il oublie la cuiller et le sucre, alors je dis :
spoon nan mo hahe ?   Oktu sugar nan me
On en dira autant de tout ce qui se rapporte au dîner.
3 ex. - On fait un pansement. Au moment de bander on cherche une bande de toile et on demande :
ul nan gebe ? Coton nan <u>ubi</u> nan, etc.
4 ex. – Pendant le travail, on s'aperçoit que le soleil est très chaud. On dira :
hiol nan mue kendu ! (le soleil du travail, son soleil)
5 ex. – La veille j'ai proposé à Louis d'aller à Noeha, le lendemain Louis vient me dire :
ero üa Noeha nan ? > nous allons à Noeha ? (de notre conversation d'hier, son Noeha).
Dans ce dernier exemple, l'emploi de *nan*, outre qu'il est de rigueur pour l'intelligibilité de la phrase, est vraiment commode et dispense de faire une phrase explicative. Par exemple, Père, tu as dis hier que nous allons à Noeha, eh bien, y allons nous ? L'emploi de *nan* dispense de cette phrase : *ero üa Noeha na ?* veut dire tout cela.
6 ex – Un enfant André demande à Ephrem : Ha , qu'est-ce qu'il y a quoi ?
Pour une raison quelconque Ephrem n'a pas répondu, puis quelques instants après Ephrem répond.
Ha nan, mam ha ? De quoi l'informais-tu tout à l'heure ? Son, qu'est-ce que c'est ?
Ces divers exemples et la pratique, ferait facilement comprendre l'emploi si fréquent de ce nom, et vraiment si commode, si clair dans sa concision. Nous le retrouverons plus loin, à l'emploi du passif impersonnel.

d) *fona, fon* - Cette particule, comme *bur, sir*, se place non seulement après le sujet, mais aussi après les verbes. Nous aurons à en reparler plus loin. C'est pourquoi il convient d'expliquer cette particule si difficile à saisir, et à bien placer dans les débuts.   48

GRAMMAIRE EN LANGUE D'OLAL

Elle se prononce de deux façons :
a) en accentuant fortement la syllabe *fon*
b) au contraire, en baissant de beaucoup le ton sur cette même syllabe, en la laissant pour ainsi dire tomber d'elle-même.
Cette expression change de sens selon l'inflexion de voix qu'on lui donne. 1 – On accentue fortement la syllabe *fon*. Cette accentuation prononcée donne à la particule *fona* le sens d'une affirmation : sûrement, pour sûr.
Par exemple, on demande : cet homme a-t-il mangé de la chair humaine ? Il répondrait : *Ehe* ! Mais celui-ci, il en a mangé ? *Geli fona gele* ! > ah oui ! Celui-là sûrement, il en a mangé.
Exemple, vous demandez : pourquoi untel n'est-il pas venu à la messe ! Ils répondent :
do mse fona > mais il est malade !
2 – On baisse le ton sur la syllabe *fona* (pour ce faire, il faut accentuer la dernière syllabe du mot qui précède *fona*). Prononcée ainsi, cette particule, prend une signification difficile à traduire en ,français. Il n'y a sûrement pas de mot correspondant. Cela signifie : comme si tu ne le savais pas ! Mais ! Tu sais bien que c'est comme ça, etc.
Exemple : Le matin de samedi (jour de congé) Ephrem dit « tantôt j'irai au village ». A midi, il part. Ses camarades lui demandent : *o fo abe* ? Efrem de répondre : b*esaü fon* ! En accentuant saü et en laissant tomber la syllabe *fon*. Ce qui veut dire : mais au village, vous le savez bien.
Du servant de réfectoire qui a oublié d'aller chercher la soupe, je l'appelle François ? Il répond : ha ? Et moi : la soupe fon ! Mais la soupe ! Comme si tu ne savais pas qu'il faut aller chercher la soupe.

e) *Tura* – a) Il est toujours dubitatif. Peut-être. Je ne sais pas < *Eba me* ? *Ekia* ! *Eba me ura* !
Geli mur butn ? *Mue sakbe tura*.

49

GRAND'MÈRE LA LUNE

Le sujet substantif

Il est tout a fait indigène de ne pas exprimer le nom sujet, car il est supposé connu de celui à qui l'on parle. De là vint que le début d'une conversation est toujours pénible, confus et souvent inintelligible pour le malheureux Européen. On est presque toujours obligé de demander : de qui parles-tu, de quoi parles-tu ?
a) supposez que vous vouliez parler de votre cochon à un indigène avec qui vous êtes en marché. Vous lui en avez touché un mot quelques temps auparavant. L'indigène vient vous voir aujourd'hui ; En français on dirait : mon cochon te plaît-il ? Tu viens le chercher ? Ce début de conversation n'est pas canaque. L'indigène comprendra qu'il s'agit d'autre affaire. On débute à peu près ainsi.
ha ge nan ge ronga fe – fonga ktu nange ? > Ce dont nous avons parlé ; eh bien tu vas l'acheter quand ? L'indigène saisira tout de suite. Il se rapportera de mémoire à votre dernier sujet de conversation. Il se mettra à parler et vous pourrez traiter toute l'affaire sans même nommer l'animal.
Il en va de même pour tout sujet de conversation.
b) si vous parlez d'un sujet de conversation dont il n'a pas été question ; ni un jour, ni l'autre, entre votre interlocuteur et vous, là encore, il ne faut pas entrer en matière brusquement.
Exemple : un homme vient vous voir, il a l'intention de vous demander des nouvelles de son fils que vous venez de voir en voyage à Vila. En français, on débuterait ainsi : « Et François, mon fils, comment va-t-il ? Un indigène y va plus doucement et dit : « *Namdo uhu fona ; namdo hu François ba Vila, be tung, bungaru* ? > Je viens aux nouvelles, aux nouvelles de François.

Le sujet au pluriel, duel
1) Noms de personnes : quand on parle de plusieurs personnes, il faut toujours nommer l'une d'elles par son nom, que l'on fait suivre des pronoms *ngero, ngesul, nger,* selon qu'il s'agit de deux ou trois, ou d'un grand nombre de personnes.

50

GRAMMAIRE EN LANGUE D'OLAL

Exemple : *Henri ngero mororo lel ba* > ils sont partis tous les deux
On peut nommer les personnes si l'on veut.
Exemple : *Pierre ngesul Alphonse à Henri tesü rho uü*
Albert nger bonga emdo ôm Lolebue
Une règle à formuler dès maintenant : le sujet, à tous les nombres et tous les temps, est toujours suivi du pronom verbal. Cela se conçoit, puisque c'est le pronom verbal qui se décline, et non le verbe.

2) Noms désignant des êtres privés de raison et des choses animées
Avec tous les substantifs désignant autre chose que des personnes raisonnables, le pronom verbal est toujours au singulier et le verbe est suivi, ou non, des pronoms duels, triels, ou pluriels suivant le cas. Cette règle rappelle celle de la grammaire grecque ------
Elle est d'un emploi rigoureux.
Exemple : En montrant du doigt des poules sauvages, on dit :
de e rubor bonga > elles sont toutes sauvages
be sese rubor > ce sont des bêtes sauvages
En voyant trois cotres se diriger vers notre passe :
do mku me bonga > ils viennent tous les trois
En parlant des poteaux de la case qui sont pourris :
mue sakb enger bonga > ils sont tous mauvais
En voyant un chien et un cochon se battre :
mo bal ! ça se bat, ils se battent
Les ignames :
eb riu nger > elles vont germer
Les cocos :
mu bulngian nger bonga > ils sont tous comptés
Les cocotiers :
buten nger > ils sont très beaux
Les chiens :
met an nger > leurs yeux

51

Les bambous :
mue rianga ba yi > il n'y en a pas par là

Pronom verbal et verbe être : *be*
Au temps présent, quand il s'agit d'êtres inanimés ou irraisonnables, le sujet pronom verbal ne s'exprime à la troisième personne que si l'attribut est autre qu'un substantif.
Exemple : *Mister getlam ne dün be üi , be sül*
Comparer avec le cas où il s'agirait de personnes.
Exemple : *em beüi ge mangdu lon ine kon ? mosü e sül nga*
Au futur et au passé, il faut exprimer le pronom verbal et le mettre au singulier
Exemple : ena hol bread eüe üi ? eüe lim
Comparer avec le cas ou il s'agirait de personnes.
Exemple : *ebsü üe üi ? efenga e sangul*

Complément du nom – substantif

1 – Possession : le complément du substantif qui en français se traduit par de et qu'on appelle le complément de possession, se rend, en Olal par l'adjectif possessif congruent au substantif.
Exemples : *im ma Pierre* > la maison de Pierre
ayi a Jule > le couteau de Jules
bôr muena Père > la baleinière du père
abbol to Maro > le panier de Maro
üso Callixte > le fusil de Calixte
bon hial > le feu du soleil
uera Jean-Joseph > la main de Jean-Joseph

2 – Destination : ce complément rendu ainsi indique une véritable possession, on rend le complément d'une autre façon quand il s'agit d'une destination, on le rend par *ne*
a) avec substantif
Exemple : *im ne bôr* > la case de la baleinière

GRAMMAIRE EN LANGUE D'OLAL

ul ne fueran > le drap de lit (pour se coucher)
im me skool > la maison de la mission
im ne le riz > le magasin au riz
sese mna bugliam > les choses appartenant en propre au démon, tandis que sese ne bugliam désigne les objets, les choses destinées au culte idolâtrique, magique, superstitieux.
b) avec verbe
Quand le complément est un verbe, on donne à ce verbe le suffixe *an*, qui en fait une sorte de substantif.
Exemple : *ayi ne oman* > un couteau pour travailler
sese ne gurkuan > outil pour arracher, tire-bouchon, tenailles
na maman > une parole pour rire
Exemple : *dal e uaran* > paroles de médisances, calomnies
dal e müran > parole de vie
Remarque : après dal et plusieurs autres mots, l'euphonie demande *e* et non *ne*

3) Matière : quand le complément indique la matière, on se contente d'accorder les deux substantifs l'un à l'autre.
Exemple : *pipe lie* > pipe en bois
im kab > maison en tôle
im üer > maison en pierre
im ul > tente, mais *im ne ul* signifierait magasin d'étoffes et *im ne kab*, magasin de tôles, etc.
Règle : d'une manière générale, le [de] se traduit par l'adjectif possessif quant il indique une possession réelle,
bon tie > l'odeur de l'eau de mer

el par : *ne* quand il s'agit seulement d'une destination, o
hal ne üe > la conduite d'eau
tabaka ne nger > le tabac (des ouvriers) d'eux
dal e lolfrifri > une parole de colère
dal e lol geruhu > une parole agréable
im ne sese mar > abri pour les bêtes

4) Verbe : quand le complément du nom est un verbe et même une proposition, on fait suivre le nom de la préposition *ne* et du verbe tel quel ou de la proposition telle quelle.
Exemple : *duan sakbe ne rôutene Barkolkol* > le péché d'abandonner Dieu (apostasie)
oman ne uvesene bôr < le métier de réparer les bateaux
On peut changer la proposition en un un substantif en ajoutant *an* au dernier mot.
duan sakbe ne roûtene Barkolkolan
oman ne uvesene boran
duan ne mün üe kontonan

5) Proposition
Quand le complément d'un nom est une proposition on fait prendre cette proposition de la proposition *ne*.
Exemple : le péché d'avoir volé trois cocos < *duan sakbe ne gurlahe ol te üe sül*
Mon péché de m'être fâché avec mon mari < *mueneng duan sakbe ne long ma frine muenengiafu.*

GRAMMAIRE EN LANGUE D'OLAL

L'adjectif

Il est assez facile de reconnaître à beaucoup de mots la qualité d'adjectif, pour plusieurs, c'est douteux. Tels sont : fuer, couché, plein-ken, être malade.
1 – employé comme qualificatif, il s'accorde directement au sustantif.
ayi sisi > un ouvre boite
sese lam > un gros poisson
bon hial > une loupe
ue konkon > l'eau de vie
bôr kakre > yole, dinghi
ayi bül > une paire de ciseaux
2 – employé comme attribut, il se confond avec les verbes, en ce sens qu'il est toujours précédé du pronom verbal qui suit le temps du verbe principal.
Exemple : *liol geli, mue lam toto* > le cocotier est trop gros
nate rüa, spoon te rüe ru > j'avais apporté deux cuillers
ena hol bread e üe üi > combien apporterai-je de pain ?
uate ghne mobu – te huten

Complément de l'adjectif

1 - Noms ou pronoms compléments – La préposition française : pour, à, de, en, etc.
qui régit le complément de l'adjectif, se rend, en olal suivant les adjectifs et suivant le sens, par *ne, bane, mene, teban,* <u>*nitienen*</u>.
Exemples :
Pour *ne* : *ul gele mo katre ne ni* > ce calicot est petit pour moi
lon mue Sakbe ne gema > il est méchant pour nous
pour *bane* et *mene* : *mue hel bane Barkolkol* > il est dévoué envers Dieu
bor geham buten bane lieng > ce bateau remonte dans le vent
pour *teban* : *do kuar teban* > il est fier   55

pour *en* : *küar en* > en être content

2 – Prépositions : quelques adjectifs sont suivis de deux compléments ayant chacun leurs prépositions convenables.
Exemple : *nar üe barbarot ne uanten teban melie* > j'ai été avare de nourriture envers quelqu'un

3 - Verbe complément
Quand le complément de l'adjectif est un verbe, il y a plusieurs manières de rendre ce complément.
1 – le plus employé est de mettre à un mode personnel le verbe complément qui dans le français est ordinairement à l'infinitif.
Exemple : *mo gon ten eyi lekli knone huan ne lon tongtong* > il est difficile de connaître le bonheur du ciel
yim do kuar teban tolon Barbalkol : ge yimdo ruton > nous sommes contents de suivre la loi de Dieu
loma mwe hahar teban muenam oman geli > nous sommes heureux de travailler avec toi
long te fri ugaru teban mweneng meseane > il m'a été très pénible d'être malade
2 – Souvent on change en substantif le verbe et même la proposition complément.
mo gon hakbe hoteran lon tongtong > c'est très difficile d'aller au ciel
ren toto ngenegre ne tontonan > ce n'est pas un temps pour planter
buten bane gli deman > c'est très bon pour arracher les ignames
3 – Quand un adjectif au superlatif a pour complément une proposition, on traduit comme en français, mais on retranche le que.
Exemple : *lieng fon mwe hal saüi bone be yir me* > le vent est plus fort que moi quand nous sommes venus
4 – Quand, dans une phrase, la seconde proposition dépend, est une conséquence, une suite de l'action, ou de l'état indiqué dans le 1er nombre, l'adjectif en olal se fait alors suivre d'une ...

56

a) préposition et tourne la proposition en un substantif, ou un substantif composé.
Exemple j'ai été malade, et je n'ai pu venir à la messe < *nate mse metienen la messe*
J'ai été souffrant, ce qui m'a fait manquer la fête < *nate mse metienen wobung kon*
b) On peut tourner par l'emploi d'une conjonction
Exemple : *nate roûe la messe, nege nate mse dokuar nege rogurku la messe tene Mgr.* > il est fier de servir la messe à Mgr.

Pronom relatif : *ge*
Le pronom relatif ne s'emploie pas aussi fréquemment que dans le français. On peut comparer l'emploi qu'on en fait en olal à celui qu'on en fait en anglais.
En olal, il n'est employé que si l'on insiste sur la désignation de telle personne ou de tel objet. Il n'est employé dans aucun autre cas. Il y aurait confusion et rendrait la phrase inintelligible (cf. supra).
Exemple : *olhe mweneng pepa ge lonle, tolo huru tura* > la lettre que je t'écris aujourd'hui n'est pas bien faite peut-être
terere ge narnga sur bane > l'enfant à qui j'ai parlé
tesu ghne beta ge ru > ils ont mangé les deux betas (les betas qui 2)
mwenam bülbül ge Edward > ton ami Edward
2 – Mais quand on parle d'une en général, il ne faut jamais traduire le [que] français
Exemple : *dal brabra ta bsau em fefe* > les mauvais discours des païens
Le relatif *ge* traduit ceux qui, celles qui. On ne dit pas *ngege*, mais simplement *ge* , à moins qu'on ne spécifie. Mais quand on parle d'une façon générale on dit : ceux qui *ge*.

Exemple : ge lor sa, fe ru > ceux qui ne veulent pas resteront
ge ema mtiene, efe done > ceux qui ne l'aiment pas s'en passeront
3 – Quand le relatif strictement déterminatif est précédé d'une préposition : dans, sur, etc. préposition qui parfois ne se trouve pas dans le français, mais réclame la langue indigène, la préposition ne précède pas le relatif mais est répété tout à la fin de la phrase, tout comme en anglais.
üu ge ote rbo bu ne > le fusil avec lequel tu as tué le cochon
tin ge melek mononk en > la --- dans laquelle il n'y a plus de lait
khi üsong ge nar glie am bu ne > prends mon fusil avec lequel j'ai payé ton cochon

Pronoms indéfinis
[on] – comme en latin, il n'y a pas de mot pour traduire littéralement on : on se sert de tournures équivalentes.
1) on tourne par le passif
Exemple : *me fean* - on dit *mwenga ro fe dalan nga bwe* > la nouvelle est toute fraîche, on ne fait que commencer à en parler.
etlon oman ran sunday > on ne travaillera pas le dimanche
2) par le pluriel
Exemple : *em fe* – on dit *em rorweline gemaro nga to besau* > on nous agace sans cesse au village

GRAMMAIRE EN LANGUE D'OLAL

3) par *uanten*
L'emploi du mot *uanten*, si fréquent, ferait croire qu'il traduit exactement le mot [on]. Il signifie d'ailleurs la même chose car, on=homo, *uanten*=homme, quelqu'un. C'est assurément l'expression la plus employée après celle du passif.
uanten toto lhe > on ne l'a pas vu
uanten toto nga me bsau > personne n'est venu au village
4) par une tournure indigène
Exemple : *duan ne ha muru ?* > qu'est-ce que l'on fait ?
aa ge nan ? > de quoi s'agit-il ?
üu ne ha ? Sur quoi tire-t-on ? *üu ne kere !* > sur une roussette

[Personne]
 Ce pronom se traduit littéralement par le mot :
1- *uanten* avec la négation *tolo*
on ne l'a dit à personne < *tolo fean bane uanten*
personne ne le prendra < *uanten e tlon e ktu*
2 – *tehu*
Exemple : *tehu egema tolo mar ; mam bungaru* > personne d'entre nous n'est mort ; nous sommes bien portants
mesean tolo tongtongüe tehu ? Personne n'est malade ?

[quelqu'un] – employés comme pronom se traduisent comme
[aucun] personne par *uanten, tehu*
employé comme suit, il se rend par *tehu* ou *gehu*
uanten hu, uanten tehu
Exemple : *gehu e gema do msemse* > l'un de nous est souffrant
na tlonga lhe tehu > je n'en ai vu aucun
uanten eba me, eb surtere üan > si quelqu'un vient, qu'on m'en avertisse

[tous]
[tout le monde] se traduit par *uanten bonga*
Exemple : *Jesu te blie uanten bonga nedean* > Jesus a racheté tous les hommes
siga rofe dal geli ? ûanten bonga > qui raconte ? tout le monde
Mais si l'on veut spécifier certains objets, certaines personnes, on se sert du relatif déterminatif *ge bonga*
Exemple : *oling sene ul ge ma hure ran silie* > ramasse en ordre les calicots qui sont sur la planche
be bonga ? ge bonga fona > tous ? mais oui tous

[Tous, tous deux] Quand on veut insister sur la généralité, sur un ensemble, on fait suivre le pronom personnel de *bonga*.
Exemple : Ils sont partis tous deux, tous trois < *moro ro liel ngaba, nger o bonga, negesül bonga*
tous sont malades < *emdo mse nger bonga*

[Moi, lui, nous, etc.]
[tout seul] – L'expression moi seul, lui tout seul, eux tous seuls
1) etc se traduit par *ngabong, ngobom, ngobon*, etc.
Quand on insiste sur l'unicité de personne ou que telle personne a fait telle action à elle seule, ou que telle chose s'est produite toute seule
Exemple : *si ma rüa barrique ne le wine ? Pierre ngengabon ? nge ngabon*
tero taku luikye, ngamboro
> Ils ont coupé le luike, à eux deux seulement
si mo ho lon im ? ni ngabong
eyi a lingio. ken ngabong ken
> faisons la barrière, rien que nous autres

GRAMMAIRE EN LANGUE D'OLAL

2) on traduit aussi la même expression par la particule *nga*, qu'on ajoute au pronom
Exemple : *mosu ro krine la messe – ngesul nga* > ils ne sont qu'eux trois, à venir à la messe.

Le verbe et le pronom verbal

Verbe complément d'un verbe
[ro]
1) Le pronom verbal *ro, do*, sert à indiquer le participe présent, quand il est complément d'un verbe. Il est d'un usage courant.
Exemple : *te rieng ro rutoro* > il les suivent (tous deux) en pleurant
te mku me ro brabra nga bane > il accoure en espérant en lui (plein d'espoir)
2) Pour rendre la préposition [à] qui relie les deux verbes
Exemple : *er ling baritie ro fe* > ils commencent à dire
er kun ro ruton > ils étaient nombreux à le suivre
te ru bsau do hu rüo > ils étaient au village à souffler le bubu
ena na bsau ro latne yeng diem > je vais au village attacher mes ignames
3) Ce [*ro*] rend aussi l'infinitif complément d'un verbe. Voici une tournure courante :
je ne l'ai pas vu rentrer chez lui < *na tlo lhe ge ro üa bsau*

Proposition complément d'un verbe
a) quand le verbe complément est relié au premier par la préposition [de], il se traduit ordinairement par le futur prochain.

61

279

Exemple : il essaie de monter < *do rwe rwe koea eba fugi*
il a peur de sauter < *ro mtiene eb ror ba*
le Père a recommandé de réparer la barrière, < *Père mue hara ken egi lingalnga ne yo*
b) mais si le 1er verbe renferme l'idée d'empêcher, de faire obstacle, on traduit [de] par de peur que <*mo … me*
Exemple : on les a détournés de suivre Dieu < *te sur lim hi ngeran mo em ne ruton Barkolkol*
Il l'empêche de prêter son bateau < *mue paltiegro mo ne rmane nenan bor*
On traduit ainsi, quand la proposition [de] est suivie d'une négation : ne ou ne pas.
Exemple : il lui conseille de ne pas s'en aller < *ro hara nge mo ne mku nga ba*
J'ai eu peur de la casser (qu'il ne casse) < *nate mtiene mo re mtom*
c) avec certains verbes, il faut user d'une tournure.
Exemple : je vous commande de partir/je veux que vous partiez < *namdo hara gomosu, emsü lel uga ba*
avertis le Père de venir, qu'il vienne < *o sur terl Père, en me*

GRAMMAIRE EN LANGUE D'OLAL

Avec certains verbes le verbe complément se change en un substantif.
Exemple : *long mue kyene üa besau* > j'ai envie d'aller au village
lon sa wilan > il ne veut pas danser
ma klia lelan > il peut marcher
ma rmane hilan ba lon im kon > il permet d'entrer à l'église
do mtiene ruan > il a peur de rester
Ces verbes sont : etc etc.
long mue kyene   *krine*
long me fe   *surgero*
long sa
klia
rmane
mtiene

Proposition complément d'un verbe
L'on fait suivre immédiatement le verbe de la proposition complément, comme dans la règle suivante.
Exemple : il ne se repentit pas d'avoir tué son frère < *lon tolo totone toû kopnu talanan*
On peut y joindre le possessif
lon tolo to tone muenan tou kopnu talan

Avec le verbe *üa, me*, le verbe complément suit immédiatement
mar ne ta wasu en orgeli > nous sommes venus couper des clairous en cet endroit

ena üa têne taba Dominico > je vais chercher Dominico
[que] quand le verbe complément est précédé de [que], ce verbe se rend par le futur simple.
a) mais, certains verbes demandent *ge* et le futur et certains verbes ne prennent pas ce *ge*.
Exemple : *tolo nyrenge ge ofo üa* > il ne faut pas que tu t'en ailles
ormane ge ema ua biri neng > permets que nous allions près de toi
long mue kyene ge ofo bling biri ni < je désire que vous couchiez chez moi
ma brane nur belbel me > heureusement que vous êtes venus vite
nate rongtane em fe efe gele terere uehen tehu > j'ai entendu qu'ils disaient qu'ils allaient acheter une petite fille
b) avec certains verbes, on tourne autrement.
Exemple : je veux que vous restiez cette nuit < *namdo hara gomosu, mosüne bling le*
avertis le Père qu'il vienne < *ofo surtere Père en me*
je vous dis qu'ils sont morts < *namdo fe nger em mar bur te hara nane ktu ul nan* > il m'a dit de prendre le calicot.

GRAMMAIRE EN LANGUE D'OLAL

Complément des verbes

1) Complément direct
a) ordinairement le complément direct suit de près le verbe, sans préposition.
Exemple : *Jesu ebnga hara üenten bonga* > Jésus jugera tous les hommes
namdo fe nang ; om bungaru ? > je parles de toi ; tu vas bien ?
o ua fue beta > va cuire les _____
namdo sage neng > je te fais un présent
b) d'autres verbes portent un suffixe, la préposition *ne* qui les rend actifs
Exemple : *muenga ro kline man im mononk* > il vient de finir sa case
te rivene sese hanglam > il a fait une vilaine chose
o fane süi ne neng > oins toi les reins
c) quelques verbes changent ne en te.
Exemple, *klate, romte, hialte,* > échanger, soulever, dérouler
 rate > gratter

2) complément indirect
Le complément indirect se rend à l'aide de plusieurs prépositions ; quelques unes sont propres à tels verbes.
Les plus employés sont :
mene > à (rapprochement)
bane > à (éloignement)
goro > pour, empêchement, obstacle

teneu > de
teban > à cause de, pour
biri > auprès de, de
besare > _ms
ne > pour avec à
Exemple : *te ktu dem tehu mene ni* > il m'a apporté une igname
muenga ro fe dalnan mene ni > il vient de me le dire
namdo fe bane gimi > je vous le dis
osene tabaka bane nger > donne leur du tabac
ena tama hu goro gema > je prierai pour vous
emdo flifligro neng > ils se cachent de toi
mo buit ne tene gemasu > il nous a refusé
te mku tene muenan iafu > il s'est échappé de chez son maître
lon ma fri rban > je vais t'en récompenser
nam rongtane biri neng > je l'ai appris de toi
na te <u>ktu</u> besare Paul > je l'ai acheté de Paul

GRAMMAIRE EN LANGUE D'OLAL

te ktu lie tehu, ro üne barbat ne > il a pris un bâton pour en frapper la truie
nar sage nger ne tabaka tehu > je les ai récompensés avec un tabac
namdo om ne em kon > nous travaillons à l'église
do mse ne ehu > il a la dysenterie

La préposition [ne]
Cette préposition joue un rôle important dans la signification des verbes. Il faut beaucoup de temps pour saisir les modifications qu'elle amène au sens du verbe.
1) De neutre, elle rend le verbe actif sans changer le sens.
Exemple : *rongta* > rend sourd *rongtane* > entendre
  konkon > mentir *konkone* > tromper
  rwe > agir *rwene* > faire
  rhe > être renversé *rhene* > renverser
  war > dire injures *warne* > injurier quelqu'un
2) Placée en suffixe, comme précédemment, elle change le sens de certains verbes.
Exemple : *ter mony* > désirer, avoir besoin d'argent
têne mony ge ma la > chercher son argent perdu
ma hure ran silie > il est sur la planche
ma hurere bueten > il lui couvre la tête
do kye Joane > il l'appelle Joane
te kyene san > il l'a nommé Jean
lon mue kyene su > il veut du sucre
mahuhu ni ne Jean – ma huhu ne ni > il m'a parlé de Jean – il s'est informé de moi

3) Signifie avec (moyen) et doit toujours s'exprimer, même quand le complément est sous-entendu, et même quand il est sous-entendu en français, ce qui arrive d'habitude.
Exemple : *marteau tehu me, ebnga tuan ne* > apporte un marteau, pour clouer (avec)
te sageon ne ha ? > que lui a-t-on donné en récompense ?
oktu arrosoir ebutan ne ? > apporte l'arrosoir, pour puiser de l'eau
4) Signifie pour – vers
Exemple : *emdo lralra ne neny* > ils espèrent en toi
namdo omne im kon > nous travaillons à l'église
longken ma mkune iafu > nous aimons le seigneur
5) Devient séparable, avec *mwenga* et les adverbes quand ils suivent immédiatement le verbe affecté du suffixe *ne*. Avec *muenga*, le *nga* se place après *ne*.
Exemple : *emdo se mwe ne nga* > ils frottent (l'allumette) pour s'amuser
te ram lolou ne nga > il répandit doucement
lon mwe kye akbe ne sese geli > il déside vivement avoir ceci
6) Disparaît comme suffixe d'un verbe qu'il accompagne d'ordinaire, f. *rwene*, quand ce verbe est suivi d'un adjectif, adverbe etc.
Exemple : *rwene pangpangan* > faire sa pénitence, payer l'amende, expier
tolo rwe fünü watie > n'avoir pas fini d'expier
rwe konon hal > faire droit le chemin
te yimyimfara muenam sumsuman > ?
om rongkta karmünga > tu as entendu de travers

GRAMMAIRE EN LANGUE D'OLAL

Tournure passive impersonnelle
Pour rendre un verbe suivi de son complément
1 – quand il faut (et seul l'usage peut l'apprendre) un verbe avec son complément, au mode impersonnel – passif
a) on emploie le pronom verbal 3ème personne du singulier au temps qui convient
b) on laisse le complément à sa place et on lui donne comme suffixe la particule *an*, que ce complément soit un nom, un adjectif, un pronom ou même un nombre cardinal.
c) quand le complément est un nom au duel, triel, pluriel on laisse la particule *an* au nom et le pronom duel ou triel suit.

Substantif complément
Exemple : *do uhe iman* > on peint la maison
eba gli bulan temri mon > creusez encore un peu le trou
te torkete aündoran > on leur a coupé le cou
mue lel ran uean > (en hiver) on marche sur l'eau
te rbo bonan ngero bonga > il fut blessé aux deux cuisses
bokorkote buetenan nger > on leur coupera la tête

Adjectif complément
Exemple : *ba mtiemtie ne duan sak bean bonga*

Adverbe complément
Exemple : *eba ruene belbele an* > qu'on fasse vite

Pronom complément
bo balku nian ! > arrachez-moi de là !
te rbo ngesu lan > ils furent tués tous trois
mon lhe kenrongan > de peur qu'on ne nous voit tous deux
ofar bayi moü tu nangan

Nombre cardinal complément
eb gurmole tehuan > on en rapportera un   69

Souvent le seul verbe indigène sert à rendre toute une proposition française au passif, on n'emploiera que le verbe.
Exemple : on fait le faîtage de la case < *do fül reü ne an*
avez-vous fait des recherches ? < *muengaro tetenean ?*
2 – il arrive souvent qu'il faille adjoindre à ces tournures passives le *nan* dont il a été déjà question. Il faut le faire sans hésiter.
Exemple : *eb di aüa an nan !* > il faut dénouer la corde (dont il a été question)
Et si le nom complément au passif est au duel, pluriel etc. il faut exprimer la marque du duel, pluriel etc ; après le nan
Exemple : *do taka lie an nan nger* > on est en train d'en couper les bois
bone te ri aüa an nan ngero > quand on dénoua les deux cordes
3 – Mais le mot complément direct est précédé d'un possessif ou suivi d'un démonstratif etc. le verbe seul prend la forme passive.
Exemple : *el ro sean bu geli* > on chantera ce cantique (et non pas *eb ro se bu gelian*)
eb tur muan bariu le ne mwenar uo ma torau > cela satisfait à leurs péchés.

Les conjonctions

1) quand, lorsque, si
1.1 – S'il s'agit d'une action passée, ces conjonctions se traduisent par *bonage* ou simplement *bone*
Il est mort quand le père Vazeille était ici < *me mar bone P. V. te ru rin*
Il fut tué pendant qu'ils faisaient la guerre < *te marboan bone er bal*

GRAMMAIRE EN LANGUE D'OLAL

Remarque : quand on se sert de *bone ge,* on prononce *bon'ge*
1.2 – Il existe une tournure essentiellement indigène qui consiste à changer le verbe en son substantif précédé de la proposition *lon*
Il fut tué quand ils faisaient la guerre < *me mar boan lon balan*
Quand il fait temps calme < *lon abor ... bulbul geli do üa ka*
Quand il fait jour < *lon renren*
Ils ont volé François pendant l'éruption < *er lahe François lon marum*
S'il s'agit d'une action future, on peut traduire aussi *bone, hege (si)*
On travaillera quand le soleil sera moins chaud < *eb oman bone hial nan eba mlumlum*
S'il vient, on avertira < *hege eba me, eb suterean*
Mais on traduit également en mettant au futur les verbes des deux membres de phrase que l'on rend par l'actif ou le passif.
Allez chercher mon cochon, si vous le voyez, tuez le < *mia tetene yeng bu (emilhe, emi rbo*
          (ebalhean, eba rboan

Tu iras à la chasse (quand la messe sera finie < *la messe eb nong fonga üa tuiam*
          (après la messe
Je t'achèterai une couverture quand il fera froid < *mala eb kier, enak tu mueneng blanket tehu biri neng*

2) avant que, après que
2.1 – Avant que, avec une nuance qui signifie pour que, afin que, se préparera, se rend littéralement par *ton ge* ou *tone*
Fais toi baptiser avant de mourir < *bo aguo nengan tone ge fonga mar*

71

GRAND'MÈRE LA LUNE

Recueillons nous avant de communier < *yi dunfelangte Jesu, tone ge egi ktu la communier*
Tu reviendras avant la classe (pour la classe) < *fonga mol tone la classe*
Il vient coucher ici pour assister à la messe < *ma me bling rin tone la messe*
Ils font leurs préparatifs < *emdo ruetone*
2.2 Se rend par *be mo, eüe mo, se üe mo, teno* ; après que se rend par *be batie, eüe batie, tee batie,* lorsqu'on veut exprimer une simple succession de faits.
Emi uil fona, te emi krine la messe eüe me > venez à la messe, vous jouerez après
moenoe geli eba bli e mo sontie eboga e batie > cette plaie se cicatrisera avant l'autre

3) afin que, pour que
3.1 Quand il s'agit de la 3ème personne on traduit ordinairement par l'optatif *ne*
Exemple : *te mku me Farabubol eue rbo uanten an* > il accourut à Farabubol pour le tuer
tesü ta nga tone Naim nesü bal > ils attendirent Naim pour se battre
eue knon one frafrane gma > il serait juste que tu nous grondasses
Avec les autres personnes, on a le choix et l'euphonie entre l'emploi de ce même optatif et celui du futur simple.
3.2 Se traduit à la 3ème personne par *be, bo* (euphonie)
mi me tata li, sitia bo ron > venez vous asseoir ici, pour que le gouvernail soit immergé
kupria ma ktu marie be üe mwenen tarir > je veux que Marie soit ma femme

GRAMMAIRE EN LANGUE D'OLAL

si ma rüa diem geli be üe mnani ? > qui a apporté des ignames pour que tu les achètes
3.3 Se rend aussi par *betenge, eüetenge*, etc.
Exemple : *yim lô, be ten ge eyi üa lon tongtong* > nous sommes baptisés pour que nous allions au ciel
3.4 Mais si la conjonction est accompagnée d'une négation on traduit par *mo ne, mon', mo enga* (3ème personne), *mo nan, mo ôm ne, mo yin*, etc.
bo kofoan, mo ne mbur > recouvre le, pour qu'il ne casse pas
oro teterfon, mon'mur > prends y garde, de peur qu'il ne tombe
na tlon huhu neng ne, mo ôm ne buit ne > je ne te l'ai pas demandé, de peur que tu me refuses
yi ruton Jesus Christ, mo yinenga sakbe en > ?
ena krine gmosu, mo mosü ne liel lol > je vais avec vous de peur que vous ne vous égariez
a) Remarque : la 3ème personne devrait se dire, au futur éloigné *mo ne nga*, mais l'usage veut qu'on dise *mo enga, moenga sakbe, moenga gro*, etc.
Au futur éloigné, on dira donc *mo na nenga, mo ôm ne nga, mo enga, moyi nenga*, etc.
b) quand au lieu du pronom verbal, on a à employer le substantif sujet, on l'intercale entre *mo* et *ne*
Exemple : *mo lon nenga fri rban* > de peur qu'il ne s'en fâche
mo kuli nen groni > de peur que le chien ne ___
c) cette tournure *mo ne, mon'* est d'un emploi extrêmement courant, et par conséquent très sujet à l'euphonie, quand on l'emploie il est prudent d'appuyer sur *mo*, mais très peu sur *ne*, lequel s'élide souvent.

Elle sert à rendre toutes les tournures françaises dont le sens est : de peur que, afin que, ne ; son emploi est de rigueur. Des exemples feront mieux saisir.

Ne vas pas te baigner, tu vas te noyer Si on traduit littéralement par *fo lon ua lolo, ofonga ron !*

L'indigène comprendra exactement le contraire ce que l'on veut lui dire.

La phrase française signifie, ne te baigne pas de peur de te noyer. Par conséquent c'est ce sens qu'il faut traduire, et dire : *fo tlon ua lolo mo ôm nenga ron.*

En voyant un enfant manipuler un œuf, on est tenté de lui dire : *eba mtom, eba mbur !* Il va se briser. Cela veut plutôt dire : qu'il se casse, casse le. Il faut alors dire : *mo ne mtom, mo ne mbur* (sous entend n'y touche pas) de peur qu'il se casse.

Autre exemple : Permets le lui, autrement il ira sur un côtre, doit se dire ainsi :

orma sene, moenga üa ran kata > de peur qu'il n'aille sur un côtre
Soutiens le ; il pourrait tomber ! < *o gurfan du, mon mur*
se traduisent par les mêmes mots, les tournures équivalentes
Si tu ne le soutiens pas, il va tomber
Soutiens le, il ne tombera pas, etc.

Si – Conditionnel

1 – Si suivi d'un verbe au temps passé, se rend par le conditionnel en *to*.

nato *lon me, longe or mar sit* > si je n'étais pas venu tu serais mort
boto ru nga fasi, longe buiri shot te ue hunga> s'il s'était trouvé auprès, les plombs n'auraient formé qu'une plaie

GRAMMAIRE EN LANGUE D'OLAL

Et aussi par la forme en *n*
en du rbol, longe te halkete ol nan nger > s'il avait été au milieu, il aurait retenu les cocos
em fe : ene knon one frone gma > ils disent qu'il serait juste que tu nous grondes
en üe sül > il en faudrait trois
Remarque : dans les premiers exemples, parce qu'il y a une seconde proposition, on fait procéder le second verbe de la particule : *longe* ou *longa*.
2 – [Si] suivi d'un verbe au présent peut se rendre par *hege, fege* (*fege* se trouve dans le dictionnaire, mais je ne l'ai jamais entendu dire par les broussards ; ils disent *hege*, avec une forte aspiration).
Exemple : *namdo hu Antoine, olo mse ? hage do mse, ofo fe me* > je te demande si Antoine est malade ; si oui dis le moi
Mais,
regarde si Mgr vient < *o üa lhe Mgr en me*
3 – au futur, on a le choix entre *hege* et le futur sans *hege*
S'il vient, nous le tuerons < *hege eba me, eba rboan !*
                               < *ebnga me, eba rboan*
S'ils dansent nous ne danserons pas < *ema tlo krine efe wil* (tournure bien indigène)

Impératif optatif

1 – L'impératif se rend soit par la conjugaison E, soit par la conjugaison D.
A la deuxième personne du singulier, quand on emploi la forme en « *to* », on supprime ordinairement *o* et *oto* devient *to*.
to me ! oto me
to bsine (oto bsine)
nato lhe ! > que j'aille voir çà !

75

2 – Quand dans le commandement ou l'action à faire, il y a une idée de futur, alors on traduit par le futur simple ou mieux le subjonctif. F. Ne couches pas ici ce soir, va-t-en ! < *ofo rlon bling le magmare, fo liel ba*

3 – Quand l'impératif optatif porte sur un nombre cardinal, cet impératif se traduit par le nombre cardinal précédé de trois.
langlang nan te hunga mon > plantons encore une rangée
to home botel sül mon > mets encore trois bouteilles dans le sac
crampons man te ru mon bue > encore quelques crampons
Cela rend l'idée d'un commandement sûr et certain. Mais si l'on hésite, s'il y a doute tant soit peu, il faut employer l'optatif en N (D).
langlang nan en üe hu mon > il faudrait une autre rangée
ge hale eue krine > il faudrait encore celui-ci

4 – Au passif impersonnel l'impératif se rend par *ba – au eba, eb_*
ba rue senean > il faut la réparer
ba kie ngeran > qu'on les appelle

Participe présent – Proposition conjonctive

La particule *ro* (*do*) sert à rendre plusieurs tournures françaises. Équivalent à un participe présent, cette particule rend très bien le latin équivalent.
Il les (2) suivait en pleurant < *te rorieng ro toro* (plorabat ambo sequens)

GRAMMAIRE EN LANGUE D'OLAL

Quand vous entendrez la cloche sonner < *bone eminga ronghne atingting ro rieng* (cum o –uieri companam sonantem)
Ils sont venus ici tout à l'heure, comme ils partaient < *emnga ro me lis ro üa bur (*hü modo venerunt abeuntes, revertentes)
Je ne l'ai pas vu partir (comme il partait, au moment où il partait) < *na tlo lhe nge ro üa bur (*non vidi abeuntem).

Cette tournure en [*ro*] est extrêmement fréquente.

Questions du temps

1 – Pour exprimer la date, l'époque, avec un nom déterminé, on se sert de [*ran*], qui du reste rend bien l'anglais [on].
enanga üa ran monday (anglais on monday) > je partirai lundi
ebnga lie ran Pâques > il se mariera à Pâques
2 – Quand ? Se traduit par *nange* ?
Exemple : *eb jelan nange ? ran uobung lim* > quand jeûnera-t-on ? Vendredi
3 – Exceptions à la 1ère règle
nance > hier ; on ne dit pas « ran nance »
buing te rugma > avant-hier
faneren > demain
bung ru > après demain
lon olson > le mois prochain
lon huo geli > cette année-ci

bogon be sül bur > il y a 2 jours (3,4,5,etc.)
bogon e üe sül, üir, etc. > dans 3,4 jours (futur)
nga lonle > aujourd'hui même
ran uobung kon > aux jours de fête
ran uobung geli > en ce jour d'aujourd'hui
lon ren ne > au temps de, à l'époque
lon ren e Pâques > au temps de Pâques
lon ren doro > au temps des réjouissances du Koran (Xmas indigène)
ran sonday son > dimanche prochain
ran sonday mononk > dimanche passé
ran sonday geli > ce dimanche ci ; cette semaine -ci
Étant aujourd'hui lundi et voulant indiquer comme date vendredi prochain, on dit :
ran uobung lim ne sonday geli ou bien *bogon e üe üir*
an uobong lim ne sonday son > vendredi de la semaine prochaine
Étant au dimanche, on dira (futur) :
faneren > lundi
bung ri > mardi
ran uobung sül > mercredi
ran uobung üir > jeudi, etc.
ran saturday > samedi
Étant au samedi on dira (passé)
nance > vendredi
buing te rugma > jeudi
bogon besül ou bien *te üe ran uobung sül* > mercredi
bogon be üir ou bien *te üe ran uobung ru* > mardi
te üe ran monday > lundi

GRAMMAIRE EN LANGUE D'OLAL

Jours de la semaine

lundi < *uobung hu* ou monday
mardi < ← -------- *ru* – tuesday
mercredi < ------- *sül*– wednesday
jeudi < ------------ *uir* – thursday
vendredi < ---------*lim* – friday
samedi < *sarcerday*
dimanche < *sanday*
Une semaine peut se traduire par *be hu nga*
Mais cela veut dire aussi : semaine avec un dimanche et un partie de l'autre semaine.
Une personne qui se confesse au bout de 15 jours ne manquera pas de dire : *mweneng sanday behunga a duor geli*
ou simplement : *mueneng dimanche behunga,* parce qu'il n'y a qu'un seul dimanche compris dans le laps de temps indiqué.
ol > mois lunaire
huo > saison, époque, le temps de
Pour demander combien d'années ? Il vaut mieux dire *: diem nan be uï ?*
On peut dire aussi : *muenan huo he üi ?*

Questions de lieu

1 – quand on exprime le nom de lieu après les verbes qui expriment mouvement ou repos, on n'emploie pas de prépositions.
Exemple : *nate ru Vila* > j'ai habité Vila
nar üa Sydney > j'ai été à Sydney
na me loltong > il vient de Loltong
ba ru bsaho > il est parti au village
ena üa ot > je vais dans l'intérieur du pays

79

2 – Mais on dit :
ena üa lon or > je vais dans ma plantation
mu ru lon im > il est chez lui
ba bur lon tong > il est dans le ciel
ma mar to wel > il est tombé dans le creek
ma mur to hal > dans le chemin
ma mur to tie > en suivant le rivage
ma mur tör (to or) > en longeant la côte
3 – mais avec d'autres verbes, on fait précéder le nom de lieu du mot *or* (pays)
na tlo lhe or Vila > je n'ai pas vu Vila
baru saü or Sesivi > il est à se promener à Sesivi
mue liel kote or besaho > il traversera le village

Expressions diverses :
ba en bueteor > par en haut (avec
ba to wel > par en bas
4 – pour exprimer un mouvement vers, en avant, en s'éloignant, on se sert d'une expression très courante *ngata* qui s'emploie comme suit.
Exemple : *te me huhu ne Père ngaba* > il est venu s'informer du père qui est parti
te kel fon ngaba > mais oui, elle a creusé (allant devant elle, droit devant elle, du mouvement des truies qu laborent avec leur groin)
mue riang nga ba Nobül > il n'y en a pas en allant du côté de Nobül
tolo fang ngaba > ce n'est pas dans cette direction, par là, plus loin
emro liel nga ba > vous marcherez droit devant vous
lha krine ngaba > avec les autres – là-bas

GRAMMAIRE EN LANGUE D'OLAL

o liel konon sir oüa > maintenant va droit devant toi
Le mouvement contraire, à venir vers ici, s'exprime par me, nga me
mue rianga ba Nobul te muelan me Megam
muelam ba Faliboer te mo Krakre ngame rin

Règles d'euphonie stricte
(pour certains verbes et substantifs)

1 – un grand nombre de mots qui commencent par *t*, suivi d'une voyelle comme *tomo, tapang,* etc. changent ce *t* et cette voyelle en *r*, chaque fois que le mot précédent finit par une voyelle.
tomo (rat) – *tobo* (frapper avec la flèche)
temane (permettre), etc.
on dit *bulü rmo* et non pas *bulü tomo* > trou de rat
orho et non pas *o toho*> tire
mi rmane et non pas *mi temane*
li rgor et non pas *li togar*
2 – les substantifs de cette sorte les plus employés sont :
tomo > rat
toeüar > vague, rouleau
tepang > mon ventre
tagor > le palmier d'ivoire
tarbieng > le corps, échine, dos (*ribieng* par euphonie)
tarbitie > le dessus (*ribitie*)
toeüo > coque marine (*bubu*)
tolon > ne pas (*rlon*)
tobol > milieu (*rbol*)
telie > hache (*dle*)

qui deviennent par euphonie
rmo = uhe rmo > assommer un rat
rüar = bubu rüar > petite vague du mascaret
ebong = ruerban > souffrir à cause de
rgor = lru rgor > tresser des togor
ribieng = fane ribieng > oindre mon dos
ribitie = uhe ribüm > enduire le mur d'une case
rüo = hu rüo > souffler du boubou
tolon = e rlon me > il n'est pas venu
3 – voici quelques uns de ces verbes :

tobo	*rbo*	> tirer de la flèche
teme	*rme*	> penser
teuene	*ruene*	> faire
temane	*rmane*	> permettre
toe üa	*rüa*	> porter
te iare	*riare*	> balayer – balai
tebore	*rbare*	> nettoyer, balayer, avec le *rbau*, côte

de feuille de cocotier
Il faut bien surveiller la conjugaison de ces verbes. On dira *rbo, rme* etc., chaque fois que le pronom verbal finira par une voyelle : *nate rbo, ma rme* et on dira *tobo, teme,* etc. chaque fois que le pronom verbal finira par une consonne.
nam tobo   om teme
Pratiquement ce dernier cas est unique. Il ne se présente que quand on a à employer le passé indéfini 1ère forme (*bo a*)
Exemple *nam tobo buehel   morom tobo*
                om tobo   mo süm tobo
                ma rbo   mim tobo
                rom tobo   moro rbo
                marom tobo   mosü rbo
                                      ema rbo

82

GRAMMAIRE EN LANGUE D'OLAL

masüm tobo
yim tobo
mam tobo

4 – Exceptions : plusieurs mots comme *tolotie, tohal, towel* ne suivent pas la règle d'euphonie, parce que *to* veut dire dans le milieu de, en, dans. Il ne fait pas partie du mot lui-même.

Formation de certains substantifs

1 – Certains substantifs se forment du verbe précédé d'un pronom verbal 3ème personne singulier, emprunté soit au temps présent soit au temps passé.
Exemple : *maliel* > enfant (*liel* > marcher, voyager – les non circoncis n'ont pas le droit de sortir de leur village (?)
marom > volcan (*rom* > éclater, détourner)
ma renren > lumière (*ren* > qui est clair, éclairé)
ma kierkier > aiguillon (*kier* > piquer)
marol > aveugle (*rol* > borgne, aveugle)
makliasese > savant (*klia* > savoir)
roe burt netne > les sots
temar > les revenants, diables (*mar* > mourir)
terere > enfant (re > couper les enveloppes de <u>matriolle</u>)
2 – on obtient une sorte de substantif composé avec certains verbes et leur complément auquel on ajoute *an*.
Exemple : *mün ue konkon – capman te surgoro mun üe konkonan* > boire de l'eau de vie
kuyo   te krine ku yoan > démolir une barrière (il était de ceux qui démolirent la barrière)
yelyel obuer – ma mtiene yelyel obueran > acheter des taros – il ne veut pas vendre ses tarots
Ces tournures se rapportent à ce qui a été des verbes compléments d'un verbe (cf. supra).

83

GRAND'MÈRE LA LUNE

Encore – *mangdu*

1 – Encore signifiant durée, comme yet, en anglais, s'exprime par *mangdu*, mais se place avant le verbe qu'il affecte et après l'adjectif sur lequel il porte.
Cette règle est rigoureuse. Le doute ne peut porter que sur certains mots. Sont-ils verbes, sont-ils adjectifs ? Il faut s'en informer.
Verbes :
mangdu mse bue ? > Est-il encore malade ?
te me riu bone or mangdu yen > il est venu ici pendant que tu étais encore à manger , en train de …
ne mar ? ehe mangdu bue, tungaru > il est mort ? Non ! Il vit encore (il est vivant)
Adjectifs :
wasu nan ma breren mangdu bue > le chevron est encore trop long
bunga mangdu > il est encore <u>bon</u>
mangdu devient souvent *mang'ho*__
bunga mang ho bue

Durée, *ru, ngaru*
1 – Le verbe *ru* > rester, employé de diverses manières sert à exprimer la durée, la prolongation de l'action.
a) souvent il se place avant le verbe, auquel il semble s'accoler.
eb roô man rin faneren > demain on travaillera ici
mirok tu yeng molo me > apportez moi toujours des poissons
te rosean nelioung bonga > on chantait toute la nuit
b) d'autre fois il se place après le verbe
do mse ru > il est toujours malade
fo teterfon ru bsau > tu garderas le village

GRAMMAIRE EN LANGUE D'OLAL

Le verbe *ru* devient la plupart du temps *ho*
eh ru, ou *eh ho*
c) l'expression *ngaru, ngaho, ngamdu, ngamdo* rendent le même sens.
mindo lah ngamdo > vous n'agissez qu'en cachette
d) une autre manière est de faire suivre le verbe de *muru, ebru, bru*
o tomkete nga bru > tiens bon ! Ne lache pas
o gurfan ghiritie buru > soutiens le bout, ne lâche pas
ma ktu la lampe muru > il garde la lampe
do surterean mu ru > l'avertissement est donné
e) souvent *ru* se met après le complément du verbe
te gumbo ayi ru > il serrait le couteau à pleine main
2 – Ces expressions rendent le gallicisme : ne faire que, il est toujours à, etc.
ueratie do mumur nga > le manche ne fait que tomber
do mku ngaro > se détache sans cesse
Alors, il est de règle de faire subir le redoublement au verbe : *mur, mku* etc.

Finir – Fini

Il y a au moins trois manières de rendre l'idée d'achèvement.
1 – *funu (fnu)* qui se met toujours en suffixe au verbe – et si le verbe a la forme active en *ne*, ce *ne* se supprime pour faire place à *funu*.
rue funu > achever (et non *ruene funu*)
sengtie funu > démolir fini (et non *sengtiene funu*)
gli funu > creuser fini
Ce *funu* indique une action commencée que l'on va continuer, et qu'on présume achever prochainement.

eyi a glifunu mangken im > allons finir notre maison
tolo glifunuan bue > elle n'est pas encore achevée
boto burfunu oran ! > que n'avez vous fini de nettoyer le camp !
mue liel funu libasil > il a fini de parcourir la brousse
Avec *funu*, on doit toujours employer le verbe qui convient à l'action.
2 – *mo nonk, eb nonk, te nonk*, que l'on place après le verbe et après le complément du verbe s'il y en a un.
Exemple : *te sur te nonk, muenga fugi ba lon tongtong* > quand il eu fini de parler, il monta au ciel
ebnga kline man im eb nonk ebnga ro lie sir > quand il aura fini sa case, alors il se mariera
mue fong mo nonk > c'est fini de cuire
3 – *bur, sir* (*bura sit*, par euphonie) que l'on met après le verbe, traduit assez bien le sens du français : maintenant, ça y est.
mue fang bur > ça y est, c'est fini, c'est cuit.

Verbes défectifs

Plusieurs verbes sont privés de la forme du présent en *do*.
lhe > voir
dün > penser
elia > savoir, pouvoir
On dit au présent : *lhe*

GRAMMAIRE EN LANGUE D'OLAL

nam lehe > je vais
om lahe
ro lhe
ma lhe
C'est une grosse faute de dire *namdo lhe* ou *namdo klia*. Ça n'existe pas.

To

a) cette particule indique « l'intérieur » et signifie une direction vers le dedans, une action, une situation à l'intérieur.
to hal > dans le sentier, au milieu du chemin
to wel > dans et au milieu du ravin
b) cette particule s'est tellement associée à deux mots, en particulier, qu'elle ne fait plus qu'un avec eux. Ce sont :
tolotie > œuf
tolong > ma parole
L'œuf, comme la parole, vient de l'intérieur.
c) cette particule s'emploie avec certains verbes qui expriment un rapport avec l'intérieur, l'âme.
rme > penser
rün > penser en
Exemple : *nate rün te neng* > je ne pensais qu'en toi
yi rün rün to Barkolkol > pensons toujours en Dieu
enanga rmerme to neng > je ne penserai qu'à toi

ooooo

GRAND'MÈRE LA LUNE

TABLE DES MATIÈRES

*Pour accéder à la table des matières du **livre I**,*
il faut se rendre à la page 211, ci-avant.

Pour le livre II
Les numéros de pages indiqués, ci-après, sont utilisés dans le manuscrit de Jean Godefroy.
Ils sont rappelés dans l'angle inférieur droit des pages du texte de ce livre II.

GRAND'MÈRE LA LUNE

L'article <u>218</u>+**1**
    L'article défini démonstratif   1
    L'article indéfini   2
    Le pluriel des substantifs   3
    Substantifs à désinence en *tie*   3

L'article pronom, ou pronom démonstratif   **4**

L'adjectif   **5**
    adjectifs substantifs   5
    adjectif au comparatif   5
    trop – moins que – pas assez   6
    adjectif au comparatif d'égalité   7
    adjectif au superlatif   7
    adjectif possessif   9
    adjectifs possessifs convenant aux objets qui
        se rapportent au manger   9
    adjectifs possessifs convenant aux objets
        se rapportant au boire   9
    se rapportant aux échanges ou indéterminés   10
    possessifs se rapportant à l'arc – fusil   10
    possessifs se rapportant au feu, au bois de feu   11
    possessifs se rapportant aux paniers   11
    possessifs suffixes se rapportant à la parenté
    et aux membres du corps et à plusieurs
    autres choses   11
    possessifs suffixes se rapportant à certains
    membres du corps dont au moins un est irrégulier   12
    tournure possessive   13

Les pronoms   14
    pronoms possessifs   14
    pronoms interrogatifs   15
    pronoms personnels   15

GRAMMAIRE EN LANGUE D'OLAL

pronoms verbeux	16
présent-présent	16
présent qui continue	16
passé indéfini	17
passé qui vient d'avoir lieu	17
passé-passé	17
futur prochain	17
futur éloigné	17
optatif futur	18
optatif passé-passé	18
impératif présent-présent	18
mangdu	19
négation	19

Conjugaison du verbe être
ou se trouver *be* — **20**
conjugaisons — **21**

présent-présent	21
présent avec *mangdu*	21
passé indéfini (1ère forme)	21
passé qui vient d'avoir lieu	21
2ème forme	22
passé-passé (1ère forme)	22
passé- passé (2ème forme)	22
futur prochain	23
futur éloigné	23
optatif futur	24
optatif passé	24
impératif	24
subjonctif	24
à la voix passive	25
quelques cas particuliers -1	26
quelques cas particuliers -2	27

Remarques sur les verbes   28
Voix active et voix passive, leur emploi   28
Les trois formes de la voix active   29
Formes de la voix passive   30
Prépositions   31

Adverbes   32

Conjonctions   33

Adjectifs ou pronoms indéfinis   36
    adjectifs et pronoms démonstratifs   36
    nombres cardinaux   37
    nombres ordinaux   39
    nombres expressions quantitatives   41
    règles générales régissant les nombres cardinaux, ordinaux et quantitatifs   41

Essai de syntaxe   42
    Le temps indigène   42
    Le présent   43
    Le futur   44
    Le passé-passé   44
    Le substantif – le sujet   46
        employé seul   46
        accompagné de particules   46
          geli, geham, ge   46
          bur, sir   46
          nan   47
          fona, fon   48
          tura   49
        le sujet substantif   50
        le sujet au pluriel, duel   50
        noms de personnes   50

noms désignant des êtres privés de raison et des choses animées	51
pronom verbal et verbe être : *be*	52
complément de nom – substantif	52
possession	52
destination	52
matière	53
verbe	54
proposition	54
L'adjectif	55
complément de l'adjectif	55
noms ou pronoms compléments	55
prépositions	56
verbe complément	56
pronom relatif *ge*	57
pronoms indéfinis	58
on	58
personne	59
quelqu'un	59
aucun	59
tous, tout le monde	60
tous, tous deux	60
moi, lui, nous, etc. tout seul	60
Le verbe et le pronom verbal	61
verbe complément d'un verbe	61
proposition complément d'un verbe	63
Complément des verbes	65
complément direct	65
complément indirect	65
la proposition *ne*	67
tournure passive impersonnelle,	69
substantif complément	69
adjectif complément	69

adverbe complément	69
pronom complément	69
nombre cardinal complément	69
Les conjonctions	70
quand, lorsque, si	70
avant que, après que	71
afin que, pour que	72
Si conditionnel	74
Impératif optatif	75
Participe présent – proposition conjonctive	76
Questions du temps	77
Jours de la semaine	79
Question de lieu	79
Expressions diverses	80
Règles d'euphonie stricte	81
Formation de certains substantifs	83
Encore *mangdu*	84
Finir – fini	85
Verbes défectifs	86
Particule *to*	87

GRAMMAIRE EN LANGUE D'OLAL

INDEX

des termes en langue d'Olal

GRAND'MÈRE LA LUNE

A
a	17,18,35,37,38,44,45, 52,60,79,86,
aa	59
abati	2
abe	49
abol	52
abor	71
aflo	8
afonga	23
afu	20
aguo	18,71
akbe	68
am	5,6,9,58
ama	9
ambo	76
ami	9
amro	9
amsül	9
an	9,28,30,31,32,51,69, 70,72
aneha	34
anga	33
ange	6
angelo	27
angken	9
angrong	9
angsül	9
ar	9,22
arbol	11
aro	9
asifang	4
asitie	4
atingting	42,77
au	76
aûa	70
aündoran	69
ayi	5,6,9,52,53,55,85

B
ba	5,8,20,27,31,33,41,50 51,52,62,63,69,76,79 80,81,86
bafang	32
bafan	32
baho	41
bal	42,51,70
balafer	41
balan	71
balie	35
baliel	41
balim	41
baliuru	41
baliuse	41,42
baliusül	41
balku	69
bamre	32
bane	31,47,55,56,57,59,61, 65,66
ban	84
bang	11
bang bang	8

314

GRAMMAIRE EN LANGUE D'OLAL

banken 11
barbat 67
barbalkol 56
barbarot 56
barkolkol 54,55,62,87
baran 32,36
barang 32
bariu 70
baro 41
baru 80
basangül 41
basi 4
basitie 4
basül 41
batie 72
batong 32
baüi 41
baüir 41
bayi 2,69
be 6,8,14,15,17,20,26,32, 34,36,37,40,43,47,49,50, 51,52,60,72,73,73,78,79
bean 69
bebahonga 34,42
bebahunga 37
bebalafer 37
bebaliel 35,41
bebalieuse 37
bebalim 37
bebaliuru 37
bebaliusül 37
bebaro 42
bebaru 37
bebasangul 37

bebasül 37
bebatie 32
bebaüi 40
bebaüir 37
begaru 42
beharo 42
behno 32
behunga 6,36,41,42,79
belafer 37
belbele 33,64,69
belieuse 37
belim 37
beliuru 37
beliusül 37
beru 3,26,37,38,41
berunga 3,6,41
besaho 80
besangul 37,42
besare 22,31,66
besau 58,63
besul 37,41
besül 78
beta 8,57,65
betenge 73
beui 42,52
beüir 37
bilinege 34
bilti 31
biri 31,64,66,71
bli 72
bliblil 33
bling 64,72,76
bo 18,25,26,28,69,71, 72,73

boan	71		botama	12
bofan	5		botomaro	12
bogon	78		botomasül	12
boko	40		botomi	12
bokorkote	69		botomro	12
boltia	4		botomsül	12
bom	11		botong	12,14
boma	11		botongrong	12
bomage	14		botongsül	12
bomaro	11		brabra	7,8,57,61
bomasül	11		brane	64
bomi	11		brebren	8
bomro	11		breren	7,8,84
bomsül	11		brerev	7
bonan	30,31,69		breü	40
bone	31,34,35,56,70,71,77,84		bru	85
bonege	19,45,70		bruan	28
bon	11,52,53,55		bsaho	79
bong	11		bsau	57,59,61,84
bonga	4,16,27,28,31,36,51,60,65,69,84		bsibsibariu	8
bongan	26,28		bsine	75
bongrong	11		bu	7,58,70,71
bor	3,6,7,8,9,11,55,62		bubu	81,82
bôr	39,52,54,55		buburasul	27
boran	54		buê	34
bow	11		büe	30
boron	72		bue	19,28,33,42,47,76,84,86
bosül	11		buehel	82
bota	25		buel	47
botel	76		buela	3
boto	74,24,26,86		buelanghitie	4
botom	12		buene	35
			bueten	12,13,67

GRAMMAIRE EN LANGUE D'OLAL

buetenan	10,31,69	bulngian	51
bueter	12	bulü	81
buetero	12	bung	77,78
buetesi	14	bunga	84
buetesül	12	bungaru	50,59,65
bueteor	80	bur	4,5,14,26,34,46,47,
bueteye	8		64,77,78,80,86
bugliam	53	bura	86
bui	24	burfunu	86
buing	77,78	buru	28,45,85
buiri	74	burt	83
buit	66,73	büs	46
bul	4	buten	7,49,51,55,56
bül	55	bwe	58
bulan	69	bwelafong	4
bulbul	71	bwelane	4
bül bül	57	bwelaol	3
bülfong	27	bwelatie	3

C
D

dal	15,53,54,57,60	dokuar	57
dalan	58	done	58
dalnan	66	doro	78
dam	66	du	74
di	70	duan	54,59,69
diem	9,29,39,61,73,79	dumga	14
dle	81	dün	52,86
dô	46	dündün	8
do	2,8,20,21,25,26,27,	dunfelangte	72
	29,30,43,47,49,51,	duor	79
	55,56,59,61,62,63,	dr	46
	67,69,70,71,75,76	dwene	68
	84,85,86		

GRAND'MÈRE LA LUNE

E

ee	30,31	el	54,70
e	15,20,28,32,37,42, 43,51,52,53,54,55, 59,72,78,82	em	8,17,21,22,52,57,58, 62,64,67,70
eb	23,25,28,30,31,34, 35,46,51,59,62,69, 70,71,76,77,84,85,86	ema	2,17,20,22,23,24,28, 58,59,64,66,75,82
		emanga	23
		emaro	23,24
eba	15,28,30,49,62,69, 71,72,74,75	emaronga	23
		emasü	20,23,24
ebalhean	71	emasünga	23
ebnga	23,25,26,42,65,68, 75,77,86	embe	6,20
		emdo	20,21,51,60,66,68,72
eboga	72	emi	20,23,25,28,71,72
ebong	82	emilhe	71
ebro	20,23	eminga	23,77
ebronga	23	emoro	20
ebroto	24	emosü	43
ebru	4,85	emnga	77
ebsir	23,52	emro	20,23,25,80
ebsünga	23	emronga	23
ebsülo	24	emsü	20,23,25,44,62
ebto	*18*,24	emsünga	23
ebutian	68	emto	24
efe	20,23,25,58,64,75	emu	17
efebuga	23	en	18,20,24,25,26,31, 32,33,42,45,55,58, 63,64,73,75,76,80
efenga	19,23,52		
egema	59		
egi	62,72	ena	17,23,24,42,44,52, 55,61,66,79,80
egomoro	40		
eh	26,28,32,48,72	enak	71
ehe	28,49,84	enakrine	73
ehu	67	enam	17
eilie	67	enanga	19,23,77,87

318

GRAMMAIRE EN LANGUE D'OLAL

ene	18,24,25,75	embe	6,20
entobole	32	emdo	20,21,51,60,66,67,75
er	22,23,61,64,70,71	emi	20,23,25,28,71,72
ero	20,23,24,48	emilhe	71
eronga	23,27	eminga	23,77
eru	2	emoro	20
esü	20,23,24	emosti	43
esünga	23	emnga	77
et	72	emro	20,23,25,80
ete	7,8,23,37	emronga	23
etemni	36	emsü	20,23,25,44,62
etlon	58	emsünga	23
eua	20,41	emto	24
eübaüe	41	emu	17
eue	72,76	en	8,20,24,25,26,31,32,
eüe	39,41,42,72		3,42,45,55,58,63,64,
eüetenge	73		73,75,76,80
eyi	20,23,24,56,60,73,86	ena	17,23,24,42,44,52,
egi	62,72		55,61,66,79,80
egomoro	40	enak	71
eh	26,28,32,48,72	enakrine	73
ehe	28,49,84	enam	17
ehu	67	enanga	19,23,77,87
eilie	67	ene	18,24,25,75
el	54,70	enga	73
em	8,17,21,22,52,57,58	entobole	32
	62,64,67,75	er	22,23,61,64,70,71
ema	2,17,20,22,23,24,28	ero	20,23,24,48
	58,59,64,66,75,82	eronga	23,27
emanga	23	eru	2
emaro	23,24	esü	20,23,24
emaronga	23	esünga	23
emasti	20,23,24	et	72
emasünga	23	ete	7,8,23,37

etemni	36	eüetenge	73
etlon	58	eyi	20,23,24,56,60,73,86
eua	20	eyia	49
eübaüe	41	eyin	18
eue	72,76	eyinga	23
eüe	39,41,42,72		

F

fa	8,32	fli	15
fam	31	flifligro	66
fane	65,82	fline	58
faneren	28,77,78,84	flô	8
fan	31,34	flo	24
fang	10,24,31,47,80,86	flonean	30
fangfang	5	fnu	85
fanghe	30	fo	1,49,74,76,84
fanong	27	foane	2
fanren	26	foefoe	8
farbotie	32	foihe	30
fara	35	fon	48,49,56,80
fasene	28	fona	6,19,48,49,50,60,72
fasi	33,74	fong	86
fasine	31	fonga	18,23,44,50,71,72
f ?	85	forua	1
fe	17,22,33,50,58,63 64,65,66,75	fue	65
		fuer	8,21
fean	58,59	fueran	53
fefe	57	fugi	62,86
fege	75	fül	70
fen	30	funu	85,86
fenga	15	fünü	68
fgön	19	funun	86
flangte	33	frafane	72
flangorne	29	fri	56,66,73

GRAMMAIRE EN LANGUE D'OLAL

frine	54		frone	75

G

ga	72		gemasül	13,16,37
gahu	38		gemasülan	25
galafer	38		geruhu	7,27,54
galiuse	38		getemni	36
galim	38		getlam	7,8,52
galiuru	38		gimi	13,16,37
galiusül	38		gimian	25
garhu	34		ghirita	40
garu	38		ghiritie	85
garül	38		ghne	55,57
gaüir	38		gli	56,69,85
ge	1,2,6,7,9,14,15,27		glie	58,60
	33,34,35,36,37,40,		glifunü	86
	42,46,50,52,56,57,		glifunuan	86
	58,59,60,61,64,67,		gma	13,20,72,75
	70,71,72,73,76		gmosu	73
gebe	48		gobe	15
geham	5,6,36,46,55		gomoro	13,15,16
gehne	46		gomoroan	25
gehu	29,36,37,38,39		gomosu	62,64
gele	8,14,15,49,55,64		gomosül	13,16
geli	4,5,6,8,9,22,29,30,		gomosülan	25
	36,45,46,47,49,55		gon	56
	56,60,68,70,71,72,		goro	5,31,45,65,66
	73,77,78,79		gro	17,18,31,42,73
gelian	70		groni	73
gema	16,22,55,59,66		gum	77 ?
gemaan	25		gumbo	85
gemaro	13,16,37,58		gur	28
gemaroan	25		gurfan	74,85
gemasu	66		gurkuan	53

gurlahe	54	gurtla	30
gurmole	30,69		

NG

nga	6,7,16,17,20,22,24, 25,27,33,34,46,52, 58,59,61,62,68,73, 74,78,79,80,85	ngengre nger	56 5,8,13,15,16,31,40,51 52,54,57,60,64,66,67 69,70,75
ngaba	60,80	ngeran	25,26,31,62,76
ngabon	60	ngero	4,13,16,31,36,37,50, 51,69,70
ngabong	36,60		
ngaho	38	ngeroan	25
ngame	81	ngeroge	7
ngamboro	60	ngesu	69
ngamdo	85	ngesül	13,16,26,31,37,40 47,50
ngamdu	85		
ngaro	15,17,22,85	ngesul	50,51,61
ngaru	84,85	ngesülan	25,26
ngata	80	ngebomn	60
nge	7,16,46,58,60,62,77	ngebon	60
ngengabo	60		

H

ha	14,15,27,28,34,46 48,49,50,59,68	hanga hanglam	26 20,65
hâbör	27	hara	62,64,65
hahar	34,46,56	hatin	33
hahe	48	he	30,79
hakbe	7,8	hean	30
hal	8,46,56,58,68,87	hege	35,71,75
hale	76	hel	8,55
halkete	75	helhel	5
halku	28	helie	3
ham	2,33	hene	8

GRAMMAIRE EN LANGUE D'OLAL

hi	29,62	hü	7,8
hial	52,55,71	hu	1,2,5,6,29,37,38,41,
hialie	65		50,59,61,66,75,76
hilan	63		77,78,79,82
hilngingken	8	huan	30,56
hiol	48	huhu	29,67,73,80
hiri	26	hulung	13
ho	47,60,84,85	humni	36
hohonga	7,36	hunga	37,74,76
hol	42,52,55	huo	77,79
home	76	hure	60,67
homo	59	hurene	67
horô	5	huru	8,46,57
horoü	47	huten	55
hoteran	56	hutie	34
hotong	13		

I

iman	69	iare	82
ine	52	im	5,10,29,32,42,52,
innean	30		53,60,63,65,58,86
iafu	54,66		

J

je	77

K

ka	71	karmunga	68
kab	53	kata	74
kakbe	56	katre	55
kakra	5,81	kauel	46
kakre	6,55	kehkehne	33
kakro	24	kel	80
kapri	33	kem	33

kemane	35	knone	56
kemenga	33	knoea	62
kemengabong	36	kofoan	73
ken	8,13,16,60,62	kon	8,52,57,58,63,67 68,78
kenan	25,26	konkon	5,55,67,83
kendu	48	konkone	67
kennong	13,16	konon	68,81
kenrongam	25,69	konkonan	83
kensül	13,16	kontonan	54
kensülan	25	kopnu	63
kere	59	kor	46
kete	32	korotne	32
khi	58	kote	32,80
kie	66,76	kru	34
kiene	8,26,27	krine	31,61,63,72,75 76,80,83
kienenga	26	kru	34
kier	71	kta	46
kierkier	83	ktu	2,42,50,59,64,66 67,72,85
kih	8,33	ku	83
kïh	7	küar	18,56
kiki	40	kuar	55,56
kili	8	kukur	33,34,76
kiliblu	20	kuli	47,73
kililiol	8	kun	61
kimkim	7,8	kuon	46
kine	32	kupria	72
kiti	7	kuyo	83
klalah	33	kye	31,67,68
klate	30,65	kyene	63,64,67
klia	6,63,83,86,87		
kline	65,86		
klo	8		
knon	72,75		

GRAMMAIRE EN LANGUE D'OLAL

L

la	18,56,58,61,67,85	lieng	55,56
lafer	37	lierge	14
lafernan	38,39	liliuti	32
lah	33,85	lilierang	27
lahe	33,46,71	lim	37,42,52,77,78,79
lalong	27	limi	29
lam	6,8,40,55	limkim	8
lamisnan	47	limnam	38,39
lamlam	7	lin	47
lan	69	ling	7,60
langlang	76	lingalnga	62
langte	33	lingio	60
latie	4	lingling	8
latne	61	liol	3,55
le	29,53,60,64,70,76	lis	77
lehe	87	lisi	4
lehu	27	lisimango	4
lekli	56	lisitie	4
lel	2,19,45,48,51,62,69	liu	46
lelan	63	liuru	37
leliel	3	liurunan	38,39
letie	46	liusenan	38,39
lha	80	liuse	37
lhe	8,18,22,23,42,59,61 69,75,77,80,86,87	liusül	37
		liusülnan	38
li	1,2,33,46,72,81	lô	73
libasil	86	lol	5,73
libul	84	lolfrifri	54
lie	5,46,53,70,77,86	lolebue	51
lieherami	27	lolibibir	47
liel	8,41,47,60,73,76,80 81,83,86	lolitie	32
		lolkonon	5
lielierang	27	lolo	74,75

GRAND'MÈRE LA LUNE

lolotie	32	longe	7,18,24,26,27,74,75
lolou	68	longken	26,68
lolsakbe	5	longrong	26
loltong	79	longsül	26
lom	26	lonle	57,78
loma	26,56	lor	26,58
lomaro	26	loro	26
lomasül	26	losül	26
lomi	26	lralra	68
lomro	26	lru	82
lomsül	26	luan	25
lon	1,3,8,19,26,31,33, 44,52,55,56,60,63 66,67,68,71,73,74 77,78,80,86	luikye	60
		luo	25,26
		luonian	25
		lülüne	32
lôn	35	lung	26,27
long	54,56,63,64	lur	27
longa	75		

M

ma	4,6,7,8,17,21,24,32, 34,45,46,52,54,60,63 64,66,67,68,70,72,73 80,82,83,84,85,87	mamha	34
		mamrum	37
		man	24,31,65,76,84,86
		manbi	29
mabrane	34	mang	84
magmare	76	mangdu	17,19,21,25,26,42,52 84
mahuhu	67		
makliasese	83	mango	4
mala	71	mangolu	4
maliel	83	mangken	9,86
maloral	5	manten	29
mam	22,48,59,83	mar	2,18,23,54,59,63,64 70,71,74,80,83,84
mambe	20,		
mamdoe	20,21,43,68	marboan	70

GRAMMAIRE EN LANGUE D'OLAL

maro	21,24,52	mi	4,7,17,18,25,72,81
marom	20,82	mia	28,71
maromdo	20,21	mie	17
maron	24,83	mim	22,82
maror	22	mimdo	21,27
marote	22	mindo	84
maroto	24	mine	18,24
marum	3,71	mini	33
masü	21,24	mir	23
masüm	22,24,83	mirok	84
masümbe	20	mite	23
masümdo	20,21,44	mito	76
masür	22	mku	6,8,47,51,61,62,66
masüte	22		68,72,85
mate	23,42,45,58	mkuan	6
mato	24	mlumlum	71
mbur	73,74	mna	6,53
me	1,2,3,4,14,15,17	mnami	73
	18,19,22,26,27,33,46	mo	2,5,6,7,8,17,21,24,25
	47,48,49,51,53,56,58		26,30,32,35,44,47,48
	59,61,62,63,64,68,70		51,55,56,60,62,66,72
	71,72,75,76,77,79,80		73,74,81,82,86
	81,82,84	mobu	55,58
megam	81	modo	77
melek	58	moe	8
melie	56	moenoe	72
mene	31,55,65,66	moenga	73,74
meenga	73	moer	26,27
mere	6,32	moeto	33
mesean	13,59	mohobe	19
met	51	mol	17,44,72
metang	26	mole	34
metienen	31,57	molo	84
mgamga	34	momüe	35

GRAND'MÈRE LA LUNE

mon	34,36,42,69,73,74,76	mre	5
mone	31	mse	8,49,57,60,67,75,84
monenga	34	msemmse	
moni	29	mtiemtie	69
mononk	58,65,78	mtiene	58,62,63,83
monk	66	mtienen	55
mony	67	mto	33
more	34	mtom	62,74
moro	2,7,20,21,22,25,60,82	mü	8,17
		mu	5,7,8,17,32,35,47,80
morom	7,22,82	muam	9
morombe	20	muama	10
moromde	20	muamaro	9
moromdo	21	muami	10
moron	24	muamsül	9
morong	29	muan	70
morote	23	muang	9
moroto	24	muangken	10
moror	23	muangsül	9
mororo	20,21,51	muar	10
mosu	2,4,19,61	muaro	9
mosü	2,20,21,22,25,52,73,82	muasi	14
		muasül	9
mosüm	22	mue	4,5,6,7,8,17,21,26,27 45,46,48,49,51,52, 55,62,63,64,67,69, 80,86
mosümbe	20		
mosümdo	20,21		
mosün	24		
mosüne	64	muelam	5,6,81
mosür		muelan	81
mosüro	20,21	muena	14,52
mosüte	23	muenam	2,10,56,68
mosüto	24	muenama	10
moü	69	muenami	10
moyi	73	muenamaro	10

GRAMMAIRE EN LANGUE D'OLAL

muenamasül	10	mün	54,83
muenan	10,63,66,79	mun	83
muenangken	10	munam	42
muenangkenge	14	mür	8
muenangrong	10	mur	49,73,74,80,85
muenangsül	10	müran	53
muenansi	14	muru	2,59,85
muenasül	10	murnga	17
mueneng	10,14,39,42,54,71, 79	müto	24
		muï	26,46
muen	22	mui	26,46
mueng	9,10	mwan	9
muenga	3,20,22,25,42,65,66 68,86	mwe	56,68
		mwenga	58,68
muengaro	17,25,26,70	mwenam	57
muenar	10	mwenar	70
mümbe		mwenen	72
mümdo		mweneng	36,56,57,79
mumur	85		

N

na	17,19,21,22,53,59 61,66,73,77,79,80	nangken	6
		nanten	22,29,72
naim	72	nance	77,78
nam	17,20,21,27,42,66 87	nar	17,18,19,22,56,58 67,79
nambe	20	nanga	17,22,57
namdo	16,20,21,29,50,62, 64,65,66,67,75,87	nate	17,22,42,55,57,62 64,79,82,87
nan	18,24,37,38,47,48 50,59,64,70,71,73 75,76,79,84	nato	18,24,74,75
		ne	8,13,14,18,27,29,30 31,32,35,39,40,52 53,54,55,56,58,59 60,62,63,65,66,67
nane	64		
nange	17,18,34,44,50,77		

ne	68,69,70,73,74,78 80,84	netne	83
nedean	60	nga	6
nege	35,57	ngamdo	85
neha	34	nyrenge	64
nen	73	ni	13,14,16,29,40,55 60,64,66,67
nenan	62	nian	25,28,59,69
neng	14,16,29,64,65,66, 68,71,73,87	nini	7
		nister	52
nenga	73,74	nomul	4
nengan	18,25,69,71	nong	26,27,29,71
nengesül	60	nono	3
nerang	13	nonong	3
nero	24,25	nonotie	3,4
nesu	24	nonk	86
nesü	25,72	nur	64

O

o	16,27,29,31,46,47,49 60,62,65,74,75,81,85		73,74,82,87
		oman	53,54,56,58,71
obati	6	ombe	20
obueran	83	omdo	20,21
ofar	69	omne	28,29,68
ofo	17,20,23,24,64,75,76	on	18,20,24,27,56,59 68
ofonga	17,42,74		
okhu	30	one	18,72,75
oktu	1,48,68	or	4,19,22,28,45,74,80 84
ol	5,9,10,26,42,54,75, 79		
		oran	86
olan	28	oro	73
olhe	4,57	orgeli	63
olson	77	orgelu	63
om	8,15,16,17,20,21,23 27,29,51,65,67,68	orno	81
		orma	74

GRAMMAIRE EN LANGUE D'OLAL

ormane	64	ote	22,58
ornga	17,22	oto	18,24,75
osene	66	oüa	81
ot	79		

P

palemango	4	paltiegro	62
palenomül	4	pepa	16,57
paletie	4	pon	31
pangpang	68		

R

rafe	60	reü	70
rane	30	rgor	81,82
ral	5	ri	18,24,25,70
ram	31,68	riang	80
ramte	30	rianga	62
ran	6,31,46,58,60,67 69,77,78	riare	82
		ribitie	81,82
rang	31	ribüm	82
rate	30,65	riblieng	82
rban	66,73	rieng	2,29,61,77
rbang	31	rin	72,81,84
rbare	82	riri	33
rbe	67	riu	51,84
rbene	67	rlon	19,76,81,82
rbo	24,30,31,51,58,69 71,72,82	rlo	19
		rmane	62,63,81,82
rboan	71,75	rme	82,87
rbol	75,81	rmerme	87
re	28,62,83	rmo	81,82
rem	6,52,73,75	ro	21,23,58,60,61,62 65,66,67,70,76,77 86,87
ren	56,78,83		
renren	71,83		

roô	84		roûe	57
roe	83		roûtene	54
rogurku	57		ru	5,6,8,14,36,37,38
rol	83			41,46,55,57,58,61
rom	21,82,83			74,76,77,78,79,80
rombe	20			84,85
romdo	21		rüa	1,4,42,43,55,60,73
romku	3			82
romte	30,65		ruan	63
ron	20,23,74		rubor	51
rondon	4,6,7		rüe	55
rondo	20		rue	76,85
rong	9,31		ruene	46,69,82
ronga	50		ruerban	82
ronghne	77		rugma	77,78
ronguneane	72		ruetane	72
rongka	29		rule	7
rongkta	68		rum	64
rongrong	33		rün	87
rongta	67		runan	38,39
rongtane	64,66,67		runga	36
rongtanean	30		rüo	60,82
ror	22,62		rüar	82
rorieng	76		rut	56
roro	33		rutie	32
rornga	22		ruton	27,61,62,73
rorneline	58		rutong	27
rosean	84		rutoro	61
rote	22		rwe	62,67,68
roto	24		rwene	67,68
roüa	46			

S

sa	58,63		sage	29,65,66,67,68

GRAMMAIRE EN LANGUE D'OLAL

sak	69	sitia	72
sakbe	4,7,49,51,54,55,93	sitie	32
san	58	siü	13
sange	14	son	37,40,78
sangul	37	son-son	36
sangulna	38,39	sontie	15,36,37,72
sangsul	52	sü	18,24
sasi	14	süi	65
sau	49,80	sül	2,11,20,37,38,41,42
saüi	6,33,56		52,54,75,76,77,79
se	8,14,18,68,70,72	sul	1
sean	14,36,70	sülnan	38,39,42
sene	7,22,29,34,47,60,74	süm	21,22,82
senean	76	sûmbe	20
senengenga	7,8	sumi	12
seneguga	8	sumsuman	68
senegonga	8	sün	24
sengtie	85	sündo	21
sengtiene	85	sünsün	28
sese	15,20,22,46,51,53,54	sür	22
	55,65,68	sur	29,57,62,86
sesivi	80	surfama	
si	14,15,40,46,59,60,73	surfang	27
sibia	47	surgoro	63,83
silie	46,60	surtere	59,64
sir	5,34,46,48,81,86	süte	22
sisi	55,67	suterean	71,86
sisiwine	67	süto	24
sit	74,86	suto	23

T

ta	57,63,72	tabsau	15
taba	64	tafau	14
tablitie	33	tafu	68

GRAND'MÈRE LA LUNE

tagor	81	tea	19,22
tahitie	33	teba	34
taka	70	teban	55,56,66
taku	60	tebang	31,35
talan	29,41,63	tebaliel	41
talanan	63	tebaüi	41
tam	33,47	tebore	82
tama	66	tehe	35
tamane	81	tehu	4,24,29,36,37,39,59, 64,66,67,68,71
tamo	38,39,40		
tan	9	tehuan	69
tane	29	teleuse	32
tanga	40	teleuti	32
tangato	40,41	telie	81
tangsu	3	teman	11
tarbieng	81	temane	82
tarbitie	81	temang	11
tarbol	40	temangken	12
tarü	31	temar	12,83
taru	32	temaro	11
tata	72	temasül	12
tatar	34	teme	82
tatarin	44	temri	35,69
tatie	39,40	ten	6,7,8,56,73
taüi	6,33	tene	57,64,66
tarir	72	têne	67
te	17,20,22,25,27,29 30,31,32,34,35,36, 39,42,54,55,56,60, 61,62,64,65,66,67, 68,69,70,72,74,75, 76,77,78,80,81,82, 83,84,85,86,87	tenen	31,66
		tenti	35
		tenga	31
		tenonk	86
		tepang	81
		ter	29,67
		terfong	27
tee	42,72	terfongken	27

GRAMMAIRE EN LANGUE D'OLAL

terl	62	tobo	81,82,83
tere	32	tobole	32,33,84
terere	2,57,64,83	toe	82
terc	23,60	toegnong	13
teru	41	toeüar	81
tesü	23,51,72	toeüi	81
tesu	57	toeüong	13
tesul	1	togar	81
tesül	39	togor	82
teta	11	tohal	83
tetene	28,71	toho	81
tetenean	70	tolo	8,19,29,30,57,59,63, 64,68,80,86
teterfon	73,84		
teterfong	27	tolon	19,56,81,82
têto	8	tolong	29,43,87
tetlônu	8	tolonga	47
teüe	39,42	tolohu	7,8
teuene	82	tôloû	34
tie	53,80	tolotie	83,87
timiam	11	tom	11,13,32
tin	12,58	toma	11
tingting	77	tomamgro	11
tir	12,17	tomamasül	12
tiro	12	tomangrong	11
tisi	14	tomi	11
tisül	12	tomkete	85
titi	33	tomo	46,81
tlo	19,29,61,75,77,80	tomom	11
tlon	19,22,28,34,59,73 74	tomoma	14
		tomomi	12
tlonge	22,59	tomomaro	11
to	8,24,52,63,74,75,76 80,87	tomomro	11
		tomomsül	12
tobô	34	tomro	11

335

tomsül	11	toto	4,8,35,46,55,56,59
ton	11,32	totone	63
tone	31,63,71,72	toü	45,63
tonege	18,35	tuian	71
tong	11,14,32,40	tum	12
tonghe	30	tumama	12
tongken	11	tumaro	12
tongrong	11,12	tumasül	12
tongsül	10	tumro	12
tongtong	56,73,80,86	tung	12,50
tongtongüe	59	tunga	26
tontonan	56	tungaru	84
tor	11	tungken	12
tôr	80	tungsül	12
torau	70	tur	70
torkok	30	tura	19,49,57
torkot	30	turi	47
torkote	69	thu	16,43,44
toro	11,76	tne	31
tosi	14	triel	16,20,21,31
tosül	11	tu	69,71,84
tote	7	tuan	68

U

u	2	uate	55
üu	58	ube	45
uü	10,17,47,51,59	üe	20,42,62,53,54,55,
üa	17,18,22,23,43,45,48		56,72,73,75,76,78,
	61,63,64,65,71,73,74		83
	75,77,79,80,82	ue	55,72,73,83
ua	36,41,64,74	uean	69
uanten	1,2,9,29,36,56,59,60	uehen	64
üanten	59,60,65	üer	53
uaran	53	uera	52

GRAMMAIRE EN LANGUE D'OLAL

uerar	13	uomri	36
üeram	12	uoinakon	20
üerama	13	uor	36,41
üeramaro	12	uorgehu	2,36
üeramasül	13	uorhu	2
uerami	13	uortehu	2,28,35,36
üeramro	12	uso	52
üeramsül	12	usom	10
üeran	12	üsoma	10
üerang	12,27	üsomaro	10
üerangken	13	usomi	10
üerangrong	12	üsomasül	10
üerangsül	12	usomge	14
ueraro	13	usomro	10
uerasül	13	üsomsül	10
ueratie	85	üson	10
üere	8	üsong	10,58
uhe	67,22,29,30,69,82	usong	10,58
uhu	50	üsongken	10
üi	41,42,55,79	usongrong	10
uil	72	üsongsül	10
üir	37,39,42,78,79	üsor	10
üirnan	38,39,40	üsoro	10
ul	48,53,55,60,64	usosi	14
ungil	37,38	üsosül	10
uo	70	utial	30
uobung	36,77,78,79	uvesene	54

V
ve 5

W
wâ	30	wanten	59
wanten	4	war	67

warne	67		wi	52
waran	31		wil	75
wasu	63,84		wilan	63
wasunan	6		wine	60
watie	68		wo	13
we	52,54		wobung	57,58
wel	80,87		wu	5
welinean	30		wural	5

Y

yelyei	83		yimyimfara	68
yen	17,1921,84		yin	24,73
yeng	5,6,9,39,61,71,84		yinenga	73
yeyel	83		yir	23,56
yi	18,24,27,33,52,72 73,87		yirong	14
			yite	23
yibe	34		yito	24
yien	32,35		yiyi	42
yile	28		yiyinga	7
yim	21,22,56,73,3		yiyingaen	7
yimbe	20		yoan	63
yimdo	20,21		yo	62

IIIIIIIIIIIIIIIII

GRAMMAIRE EN LANGUE D'OLAL

Commentaires

Pour les travaux réalisés sur langues vernaculaires mélanésiennes, en particulier celles des Nouvelles-Hébrides, il faut consulter :

– Alex François,
LACITO-CNRS Paris, Australian National University
Un linguiste en Mélanésie
« L'archipel du Vanuatu – anciennement Nouvelles-Hébrides – abrite la plus grande densité linguistique du monde, avec un total de 138 langues. »
En 2015, Alex François a co-édité un volume sur les langues du Vanuatu.

– Mike Franjieh
Auteur d'une thèse sur la langue du nord de l'île d'Ambrym.

– Raoul Zamponi
A travaillé particulièrement sur le lexique manuscrit de Jean Godefroy.
« Le Département d'Évolution Linguistique et Culturelle de l'Institut Max Planck d'Anthropologie Évolutionnaire (Leipzig, Allemagne) publiera bientôt un ensemble de 62 manuscrits compilés par des missionnaires Maristes décrivant diverses langues de Vanuatu. En ligne, il y aura des reproductions des pages des manuscrits précédées de nos préfaces (Mary Walworth, Tihomir Rangelov et moi). Parmi ces 62 manuscrits se trouve la Grammaire de la langue d'Olal de Godefroy qui contient des données intéressantes sur la langue du nord d'Ambrym » – 10 janvier 2025.

LE VOYAGE DE LA FRANCE VERS

De Marseille à Port-Vila en bateau, début XXe siècle

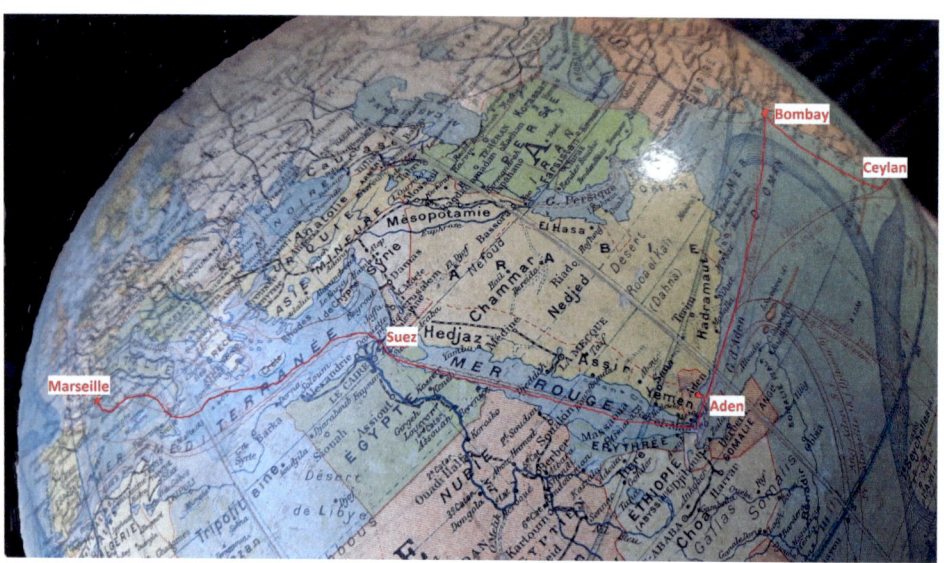

Voyage maritime entre Marseille et Bombay

LES NOUVELLES-HÉBRIDES EN 1909

De Marseille à Port-Vila en bateau, début XXᵉ siècle

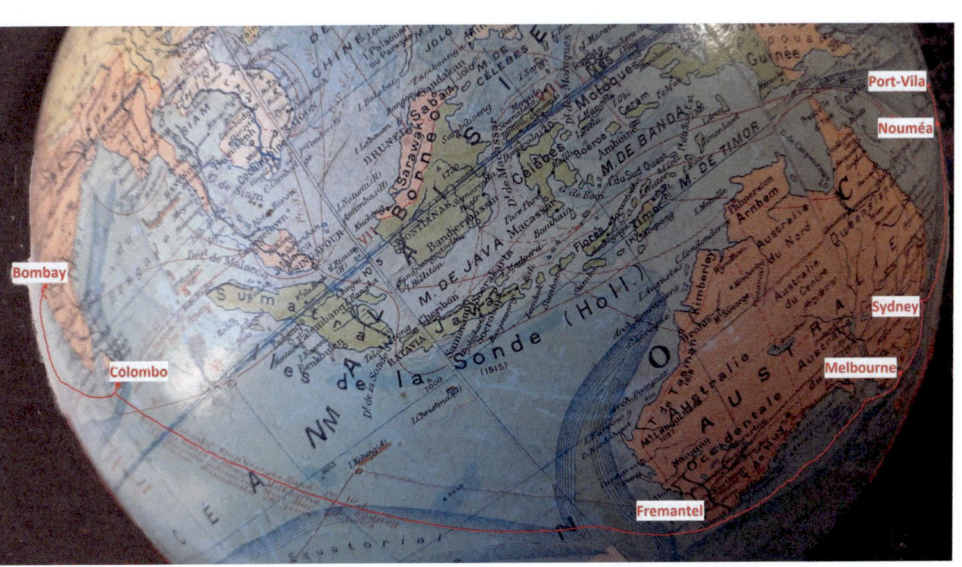

Voyage maritime entre Bombay et Port-Vila

REMERCIEMENTS

Le présent ouvrage s'appuie initialement sur un corpus constitué de lettres, documents imprimés et photos conservés aujourd'hui par des petites nièces de Jean Godefroy :
Marie-Andrée Chalopin
Roseline Schio
Odette Albert

Les premières recherches complémentaires ont été engagées par Loïc Schio ; d'une part auprès de la fondation Utlalo fondée à Port-Vila par le Pére mariste Jean Rodet, créateur d'un musée des objets coutumiers du Vanuatu ; d'autre part, auprès de la Librairie Nationale d'Australie à Sydney qui conservait des microfilms des manuscrits rédigés par des missionnaires dans leurs études sur les langues vernaculaires.

Nous avons poursuivi ce travail auprès de la Librairie Nationale d'Australie qui en la personne de Ping Yang a pu nous conduire vers une version numérisée téléchargeable d'une partie du travail de Jean Godefroy.
Geoffrey Lebel, archiviste diocésain à Angers, nous a communiqué plusieurs documents relatifs à la vie angevine de Jean Godefroy.
Philippe Schneider du groupe d'animation du musée mariste d'Océanie à la Neylière (Fance) nous a renseigné sur les collections relatives au Vanuatu.
Camille Burette, archiviste du Carmel de Lisieux, nous a remis copie d'un document réalisé conjointement par les sœurs du Carmel et Jean Godefroy.

Nous avons bénéficié des regards experts en matière de langues mélanésiennes du Français Alex François, du Britannique Mike Franjieh et de l'Italien Raoul Zamponi.
François et Céline Turpin, photographes installés récemment au Vanuatu, ont accepté un léger rôle de reporter local au pays, aujourd'hui.

GRAND MERCI À TOUS

CRÉDITS

Les illustrations de ce livre ont leur origine principale dans les objets et documents réunis par Arsène Godefroy†, le frère de Jean Godefroy† et transmis ensuite au sein de la famille.
– les portraits des pages 10, 14,18,103,138,159
– les images des pages 30,38,43,48,60,65,69,81,87,106,129
– le globe des pages 342 et 343.
S'y ajoutent :
– les images issues de la collection ancienne de Pierre Benoit† aux pages 75,77,79,93,117
– page 24, reproduction peinture de William Hodges, National maritime museum de Londres
– page 140, collection personnelle
– page 142, collection du Carmel de Lisieux
– pages 146 et 148, collection François et Céline Turpin
– page 150, exposition au musée du Louvre de Paris.

OOOOO

ICD-10

Internationale statistische Klassifikation der Krankheiten und verwandter Gesundheitsprobleme

10. Revision

herausgegeben vom
Deutschen Institut für medizinische Dokumentation
und Information, DIMDI
im Auftrage des
Bundesministeriums für Gesundheit

Band I – Systematisches Verzeichnis

Version 1.0, Stand August 1994

Band II

Springer-Verlag Berlin Heidelberg GmbH

Die Deutsche Bibliothek - CIP-Einheitsaufnahme

ICD-10 : Internationale statistische Klassifikation der Krankheiten und verwandter Gesundheitsprobleme, 10. Revision / hrsg. vom Deutschen Institut für Medizinische Dokumentation und Information, DIMDI im Auftr. des Bundesministeriums für Gesundheit. - Berlin ; Heidelberg ; New York ; London ; Paris ; Tokyo ; Hong Kong ; Barcelona ; Budapest : Springer
Einheitssacht.: International statistical classification of diseases and related health problems < dt.>
NE: Deutsches Institut für Medizinische Dokumentation und Information <Köln>; Internationale statistische Klassifikation der Krankheiten und verwandter Gesundheitsprobleme, 10. Revision; EST
Bd. 1. Systematisches Verzeichnis : Version 1.0 - Stand: August 1994. - 1994
ISBN 978-3-662-00876-8   ISBN 978-3-662-00875-1 (eBook)
DOI 10.1007/978-3-662-00875-1

 World Health Organization

Die englischsprachige Originalausgabe wurde 1992 von
der Weltgesundheitsorganisation veröffentlicht als
*International Statistical Classification of Diseases and
Related Health Problems,* Tenth Revision,
Geneva, WHO, Vol. 1, 1992.
© Weltgesundheitsorganisation 1992.

Der Generaldirektor der Weltgesundheitsorganisation
hat die Übersetzungsrechte für eine deutschsprachige Ausgabe
an das Deutsche Institut für medizinische Dokumentation und Information
vergeben, das für die Übersetzung allein verantwortlich ist.

© Springer-Verlag Berlin Heidelberg 1994
Ursprünglich erschienen bei Springer-Verlag Berlin Heidelberg New York 1994
Softcover reprint of the hardcover 1st edition 1994

Der Druck erfolgt unter Verwendung der maschinenlesbaren Fassung
des Deutschen Instituts für medizinische Dokumentation und Information (DIMDI).
Datenkonvertierung: Fa. Ernst Kieser, Neusäß

Inhalt

Vorwort	VII
Einführung	1
Danksagung	5
WHO-Kollaborationszentren für die Klassifikation von Krankheiten	7
Bericht über die Internationale Konferenz zur 10. Revision der Internationalen Klassifikation der Krankheiten	9
Dreistellige allgemeine Systematik	29

Vierstellige ausführliche Systematik		105
I	Bestimmte infektiöse und parasitäre Krankheiten	107
II	Neubildungen	181
III	Krankheiten des Blutes und der blutbildenden Organe sowie bestimmte Störungen mit Beteiligung des Immunsystems	249
IV	Endokrine, Ernährungs- und Stoffwechselkrankheiten	271
V	Psychische und Verhaltensstörungen	311
VI	Krankheiten des Nervensystems	389
VII	Krankheiten des Auges und der Augenanhangsgebilde	429
VIII	Krankheiten des Ohres und des Warzenfortsatzes	459
IX	Krankheiten des Kreislaufsystems	471
X	Krankheiten des Atmungssystems	515
XI	Krankheiten des Verdauungssystems	549
XII	Krankheiten der Haut und der Unterhaut	597
XIII	Krankheiten des Muskel-Skelett-Systems und des Bindegewebes	627
XIV	Krankheiten des Urogenitalsystems	679
XV	Schwangerschaft, Geburt und Wochenbett	721
XVI	Bestimmte Zustände, die ihren Ursprung in der Perinatalperiode haben	765
XVII	Angeborene Fehlbildungen, Deformitäten und Chromosomenanomalien	795

XVIII	Symptome und abnorme klinische und Laborbefunde, die anderenorts nicht klassifiziert sind	853
XIX	Verletzungen, Vergiftungen und bestimmte andere Folgen äußerer Ursachen	891
XX	Äußere Ursachen von Morbidität und Mortalität	1011
XXI	Faktoren, die den Gesundheitszustand beeinflussen und zur Inanspruchnahme von Einrichtungen des Gesundheitswesens führen	1125

Morphologie der Neubildungen 1177

Sonderverzeichnisse zur Tabellierung der Mortalität und Morbidität 1205

Definitionen 1233

Nomenklaturvorschriften 1239

Vorwort

Für die Erforschung der Morbidität und Mortalität sind international einheitliche Systematiken zur Erfassung und Klassifizierung von Krankheiten und Todesursachen unerläßlich. Nachdem für die Todesursachen bereits 1893 eine internationale Klassifikation entwickelt wurde, hat die Weltgesundheitsorganisation (WHO) diese Systematik bei der 6. Revision im April 1948 auf Krankheiten und Verletzungen ausgedehnt. In den etwa alle zehn Jahre erfolgenden Revisionen werden die Änderungen und Ergänzungen vorgenommen, die aufgrund des Fortschrittes in der Medizin notwendig geworden sind. Um die Bedeutung der internationalen Systematik für statistische Erhebungen und für die breitgefächerte Anwendung in der Medizin und im Gesundheitswesen zu unterstreichen, hat die Weltgesundheitsorganisation der jetzt vorliegenden *10. Revision* den Titel *Internationale statistische Klassifikation der Krankheiten und verwandter Gesundheitsprobleme* unter Beibehaltung der Abkürzung *ICD-10* gegeben.

Die Veröffentlichung der amtlichen *Internationalen statistischen Klassifikation der Krankheiten und verwandter Gesundheitsprobleme, 10. Revision (ICD-10)* erfolgt in einem dreibändigen Handbuch. *Band I*, das *Systematische Verzeichnis*, enthält u.a. die Vierstellige Ausführliche Systematik, den Morphologieschlüssel der Neubildungen sowie die Definitionen und Nomenklaturvorschriften. *Band II*, das *Regelwerk*, enthält neben den Hinweisen zur Todesursachenbescheinigung und -klassifizierung noch zusätzliche Informationen und Erläuterungen zum Band I, zur Morbiditätsverschlüsselung sowie Angaben zu weiteren Planungen für den Einsatz der ICD. Ebenso umfaßt Band II den historischen Überblick. *Band III* enthält das *Alphabetische Verzeichnis* mit zusätzlichen, im deutschen Sprachraum gebräuchlichen Krankheitsbezeichnungen sowie eine Einführung und eine erweiterte Anleitung zum Gebrauch des Registers.

Die 10. Revision der ICD ist gegenüber der 9. Revision wesentlich erweitert und präzisiert worden. Die traditionelle, rein numerische Verschlüsselung wurde durch ein alphanumerisches System ersetzt, welches Aktualisierung und Erweiterungen erlaubt, ohne daß Inkonsistenzen in der Systematik auftreten. Als Kapitel 20 und 21 wurden die früheren sogenannten Zusatzklassifikationen (E-Klassifikation = Zusatzklassifikation der äußeren Ursachen bei Verletzungen und Vergiftungen; V-Klassifikation = Zusatzklassifikation für Faktoren, die den Gesundheitszustand und die Inanspruchnahme von Gesundheitsdiensten beeinflussen) in den Band I, Vierstellige Ausführliche Systematik, integriert. Darüber hinaus sind neue Kategorien für postoperative Komplikationen und für die präzisere Verschlüsselung arzneimittelinduzierter Krankheiten enthalten.

Die vorliegende Fassung ist die amtliche deutschsprachige Ausgabe der ICD-10, Band I, Systematisches Verzeichnis, die vom Deutschen Institut für Medizinische Dokumentation und Information (DIMDI) im Auftrag des Bundesministeriums für Gesundheit herausgegeben wird. Der Zeitpunkt, von dem an sie die derzeit gesetzlich vorgeschriebene ICD-9 ersetzen soll, wird vom Bundesministerium für Gesundheit gemäß §§295 und 301 SGB V im Bundesanzeiger bekannt gegeben werden. Diese Ausgabe ist die mit den anderen deutschsprachigen Mitgliedsländern der WHO, der Schweizerischen Eidgenossenschaft und der Republik Österreich, aufgrund einer Vereinbarung vom 22. Mai 1990 abgestimmte und gemeinsam getragene vollständige Übersetzung der englischsprachigen WHO-Fassung. Die Schweiz war vertreten durch das Bundesamt für Statistik und die Vereinigung schweizerischer Krankenhäuser (VESKA). Österreich war beteiligt durch das Bundesministerium für Gesundheit, Sport und Konsumentenschutz.

Ausgehend von einer Rohübersetzung durch das Institut für medizinische Statistik und Datenverarbeitung (ISD) der ehemaligen DDR wurden die medizinischen Fachgesellschaften sowie weitere Organisationen des Gesundheitswesens an der Erstellung der deutschsprachigen ICD-10, Band I, beteiligt. Etwa 120 Institutionen wurden um ihre fachliche Stellungnahme und Kritik sowie um Anregungen für die Bearbeitung und weitere Entwicklung der ICD-10 gebeten. Die verantwortliche Bearbeitung des Kapitels V (F) der ICD-10 „Psychische und Verhaltensstörungen" lag bei Herrn Prof. Dr. Dilling, Frau Dr. Schulte-Markwort und Herrn Dr. Freyberger, Klinik für Psychiatrie der Medizinischen Universität zu Lübeck.

Allen Sachverständigen, die DIMDI mit ihrem fachkundigen Rat unterstützt haben und so am Zustandekommen dieser deutschsprachigen Fassung mitgewirkt haben, sage ich meinen herzlichen Dank.

Bonn, im Juni 1994

Gerhard Schulte
Ministerialdirektor

Bundesministerium für Gesundheit

KAPITEL XIV

Krankheiten des Urogenitalsystems (N00-N99)

Exkl.: Angeborene Fehlbildungen, Deformitäten und Chromosomenanomalien (Q00–Q99)
Bestimmte infektiöse und parasitäre Krankheiten (A00–B99)
Bestimmte Zustände, die ihren Ursprung in der Perinatalperiode haben (P00–P96)
Endokrine, Ernährungs- und Stoffwechselkrankheiten (E00–E90)
Neubildungen (C00–D48)
Schwangerschaft, Geburt und Wochenbett (O00–O99)
Symptome und abnorme klinische und Laborbefunde, die anderenorts nicht klassifiziert sind (R00–R99)
Verletzungen, Vergiftungen und bestimmte andere Folgen äußerer Ursachen (S00–T98)

Dieses Kapitel gliedert sich in folgende Gruppen:

N00–N08 Glomeruläre Krankheiten
N10–N16 Tubulointerstitielle Nierenkrankheiten
N17–N19 Niereninsuffizienz
N20–N23 Urolithiasis
N25–N29 Sonstige Krankheiten der Niere und des Ureters
N30–N39 Sonstige Krankheiten des Harnsystems
N40–N51 Krankheiten der männlichen Genitalorgane
N60–N64 Krankheiten der Mamma
N70–N77 Entzündliche Krankheiten der weiblichen Beckenorgane
N80–N98 Nichtentzündliche Krankheiten des weiblichen Genitaltraktes
N99 Sonstige Krankheiten des Urogenitalsystems

Dieses Kapitel enthält die folgenden Sternschlüsselnummern:

N08* Glomeruläre Krankheiten bei anderenorts klassifizierten Krankheiten
N16* Tubulointerstitielle Nierenkrankheiten bei anderenorts klassifizierten Krankheiten
N22* Harnstein bei anderenorts klassifizierten Krankheiten
N29* Sonstige Krankheiten der Niere und des Ureters bei anderenorts klassifizierten Krankheiten
N33* Krankheiten der Harnblase bei anderenorts klassifizierten Krankheiten
N37* Krankheiten der Harnröhre bei anderenorts klassifizierten Krankheiten
N51* Krankheiten der männlichen Genitalorgane bei anderenorts klassifizierten Krankheiten

N74* Entzündung im weiblichen Becken bei anderenorts klassifizierten Krankheiten
N77* Vulvovaginale Ulzeration und Entzündung bei anderenorts klassifizierten Krankheiten

Glomeruläre Krankheiten (N00–N08)

Soll die äußere Ursache (Kapitel XX) oder eine vorliegende Niereninsuffizienz (N17–N19) angegeben werden, ist eine zusätzliche Schlüsselnummer zu benutzen.
Exkl.: Hypertensive Nierenkrankheit (I12.–)

Die folgenden 4. Stellen dienen zur Verschlüsselung morphologischer Veränderungen und finden bei den Kategorien N00–N07 Verwendung. Die 4. Stellen .0–.8 sollten normalerweise nur dann benutzt werden, wenn die entsprechenden Veränderungen speziell nachgewiesen wurden (z.B. durch Nierenbiopsie oder Autopsie). Die dreistelligen Kategorien beziehen sich auf klinische Syndrome.

.0 **Minimale glomeruläre Läsion**
Minimal changes glomerulonephritis

.1 **Fokale und segmentale glomeruläre Läsionen**
Fokal und segmental:
- Hyalinose
- Sklerose

Fokale Glomerulonephritis

.2 **Diffuse membranöse Glomerulonephritis**

.3 **Diffuse mesangioproliferative Glomerulonephritis**

.4 **Diffuse endokapillär-proliferative Glomerulonephritis**

.5 **Diffuse mesangiokapilläre Glomerulonephritis**
Membranoproliferative Glomerulonephritis, Typ I und III, oder o.n.A.

.6 **Dense-deposit-Krankheit**
Membranoproliferative Glomerulonephritis, Typ II

.7 **Glomerulonephritis mit diffuser Halbmondbildung**
Extrakapilläre Glomerulonephritis

.8 **Sonstige**
Proliferative Glomerulonephritis o.n.A.

.9 **Nicht näher bezeichnet**

N00 Akutes nephritisches Syndrom
[4. Stellen siehe am Anfang dieser Krankheitsgruppe]
Inkl.: Akut:
- glomeruläre Krankheit
- Glomerulonephritis
- Nephritis
- Nierenkrankheit o.n.A.

Exkl.: Akute tubulointerstitielle Nephritis (N10)
Nephritisches Syndrom o.n.A. (N05.–)

N01 Rapid-progressives nephritisches Syndrom
[4. Stellen siehe am Anfang dieser Krankheitsgruppe]
Inkl.: Rapid-progressiv:
- glomeruläre Krankheit
- Glomerulonephritis
- Nephritis

Exkl.: Nephritisches Syndrom o.n.A. (N05.–)

N02 Rezidivierende und persistierende Hämaturie
[4. Stellen siehe am Anfang dieser Krankheitsgruppe]
Inkl.: Hämaturie:
- gutartig (familiär) (der Kindheit)
- mit morphologischen Veränderungen, wie unter .0–.8 am Anfang dieser Krankheitsgruppe ausgewiesen

Exkl.: Hämaturie o.n.A. (R31)

N03 Chronisches nephritisches Syndrom
[4. Stellen siehe am Anfang dieser Krankheitsgruppe]
Inkl.: Chronisch:
- glomeruläre Krankheit
- Glomerulonephritis
- Nephritis
- Nierenkrankheit o.n.A.

Exkl.: Chronische tubulointerstitielle Nephritis (N11.–)
Diffuse sklerosierende Glomerulonephritis (N18.–)
Nephritisches Syndrom o.n.A. (N05.–)

N04 Nephrotisches Syndrom
[4. Stellen siehe am Anfang dieser Krankheitsgruppe]

Inkl.: Angeborenes nephrotisches Syndrom
Lipoidnephrose

N05 Nicht näher bezeichnetes nephritisches Syndrom
[4. Stellen siehe am Anfang dieser Krankheitsgruppe]

Inkl.: Glomeruläre Krankheit ⎫
Glomerulonephritis ⎬ o.n.A.
Nephritis ⎭
Nephropathie o.n.A. und Nierenkrankheit o.n.A. mit morphologischen Veränderungen, wie unter .0–.8 am Anfang dieser Krankheitsgruppe ausgewiesen

Exkl.: Nephropathie o.n.A. und ohne Angabe der morphologischen Veränderungen (N28.9)
Nierenkrankheit o.n.A. und ohne Angabe der morphologischen Veränderungen (N28.9)
Tubulointerstitielle Nephritis o.n.A. (N12)

N06 Isolierte Proteinurie mit näher bezeichneter morphologischer Veränderung
[4. Stellen siehe am Anfang dieser Krankheitsgruppe]

Inkl.: Proteinurie (isoliert) (orthostatisch) (persistierend) mit morphologischen Veränderungen, wie unter .0–.8 am Anfang dieser Krankheitsgruppe ausgewiesen

Exkl.: Proteinurie:
- Bence-Jones- (R80)
- isoliert o.n.A. (R80)
- orthostatisch o.n.A. (N39.2)
- persistierend o.n.A. (N39.1)
- Schwangerschafts- (O12.1)
- o.n.A. (R80)

N07 Hereditäre Nephropathie, anderenorts nicht klassifiziert
[4. Stellen siehe am Anfang dieser Krankheitsgruppe]

Exkl.: Alport-Syndrom (Q87.8)
Hereditäre Amyloidnephropathie (E85.0)
Nagel-Patella-Syndrom (Q87.2)
Nichtneuropathische heredofamiliäre Amyloidose (E85.0)

N08* Glomeruläre Krankheiten bei anderenorts klassifizierten Krankheiten

Inkl.: Nephropathie bei anderenorts klassifizierten Krankheiten
Exkl.: Tubulointerstitielle Nierenkrankheiten bei anderenorts klassifizierten Krankheiten (N16.–*)

N08.0* **Glomeruläre Krankheiten bei anderenorts klassifizierten infektiösen und parasitären Krankheiten**
Glomeruläre Krankheiten bei:
- Malaria quartana (B52.0†)
- Mumps (B26.8†)
- Schistosomiasis [Bilharziose] (B65.–†)
- Sepsis (A40–A41†)
- Strongyloidiasis (B78.–†)
- Syphilis (A52.7†)

N08.1* **Glomeruläre Krankheiten bei Neubildungen**
Glomeruläre Krankheiten bei:
- Plasmozytom [Multiples Myelom] (C90.0†)
- Makroglobulinämie Waldenström (C88.0†)

N08.2* **Glomeruläre Krankheiten bei Blutkrankheiten und Störungen mit Beteiligung des Immunsystems**
Glomeruläre Krankheiten bei:
- disseminierter intravasaler Gerinnung [Defibrinationssyndrom] (D65†)
- hämolytisch-urämischem Syndrom (D59.3†)
- Kryoglobulinämie (D89.1†)
- Purpura Schoenlein-Henoch (D69.0†)
- Sichelzellenkrankheiten (D57.–†)

N08.3* **Glomeruläre Krankheiten bei Diabetes mellitus (E10–E14†, vierte Stelle .2)**

N08.4* **Glomeruläre Krankheiten bei sonstigen endokrinen, Ernährungs- und Stoffwechselkrankheiten**
Glomeruläre Krankheiten bei:
- Amyloidose (E85.–†)
- Fabry- (Anderson-) Krankheit (E75.2†)
- Lecithin-Cholesterin-Acyltransferase-Mangel (E78.6†)

N08.5* **Glomeruläre Krankheiten bei Systemkrankheiten des Bindegewebes**
Glomeruläre Krankheiten bei:
- Goodpasture-Syndrom (M31.0†)
- Panarteriitis nodosa (M30.0†)
- systemischem Lupus erythematodes (M32.1†)
- thrombotischer thrombozytopenischer Purpura (M31.1†)
- Wegener-Granulomatose (M31.3†)

N08.8* **Glomeruläre Krankheiten bei sonstigen anderenorts klassifizierten Krankheiten**
Glomeruläre Krankheiten bei subakuter bakterieller Endokarditis (I33.0†)

Tubulointerstitielle Nierenkrankheiten (N10–N16)

Inkl.: Pyelonephritis
Exkl.: Pyeloureteritis cystica (N28.8)

N10 Akute tubulointerstitielle Nephritis
Akut:
- infektiöse interstitielle Nephritis
- Pyelitis
- Pyelonephritis

Soll der Infektionserreger angegeben werden, ist eine zusätzliche Schlüsselnummer (B95–B97) zu benutzen.

N11 Chronische tubulointerstitielle Nephritis
Inkl.: Chronisch:
- infektiöse interstitielle Nephritis
- Pyelitis
- Pyelonephritis

Soll der Infektionserreger angegeben werden, ist eine zusätzliche Schlüsselnummer (B95–B97) zu benutzen.

N11.0 **Nichtobstruktive, mit Reflux verbundene chronische Pyelonephritis**
Pyelonephritis (chronisch) in Verbindung mit Reflux (vesikoureteral)
Exkl.: Vesikoureteraler Reflux o.n.A. (N13.7)

N11.1 **Chronische obstruktive Pyelonephritis**
Pyelonephritis (chronisch) in Verbindung mit:
- Abknickung ⎫ pelviureteral
- Anomalie ⎬ pyeloureteral
- Obstruktion ⎭ Ureter
- Striktur

Exkl.: Obstruktive Uropathie (N13.–)
Pyelonephritis bei Harnsteinen (N20.9)

N11.8 **Sonstige chronische tubulointerstitielle Nephritis**
Nichtobstruktive chronische Pyelonephritis o.n.A.

N11.9 **Chronische tubulointerstitielle Nephritis, nicht näher bezeichnet**
Chronisch:
- interstitielle Nephritis o.n.A.
- Pyelitis o.n.A.
- Pyelonephritis o.n.A.

N12 Tubulointerstitielle Nephritis, nicht als akut oder chronisch bezeichnet
Interstitielle Nephritis o.n.A.
Pyelitis o.n.A.
Pyelonephritis o.n.A.
Exkl.: Pyelonephritis bei Harnsteinen (N20.9)

N13 Obstruktive Uropathie und Refluxuropathie
Exkl.: Angeborene obstruktive Defekte des Nierenbeckens und des Ureters (Q62.0–Q62.3)
Nieren- und Ureterstein ohne Hydronephrose (N20.–)
Obstruktive Pyelonephritis (N11.1)

N13.0 **Hydronephrose bei ureteropelviner Obstruktion**
Exkl.: Mit Infektion (N13.6)

N13.1 **Hydronephrose bei Ureterstriktur, anderenorts nicht klassifiziert**
Exkl.: Mit Infektion (N13.6)

N13.2 **Hydronephrose bei Obstruktion durch Nieren- und Ureterstein**
Exkl.: Mit Infektion (N13.6)

N13.3 Sonstige und nicht näher bezeichnete Hydronephrose
Exkl.: Mit Infektion (N13.6)

N13.4 Hydroureter
Exkl.: Mit Infektion (N13.6)

N13.5 Abknickung und Striktur des Ureters ohne Hydronephrose
Exkl.: Mit Infektion (N13.6)

N13.6 Pyonephrose
Obstruktive Uropathie mit Infektion
Zustände unter N13.0–N13.5 mit Infektion
Soll der Infektionserreger angegeben werden, ist eine zusätzliche Schlüsselnummer (B95–B97) zu benutzen.

N13.7 Uropathie in Zusammenhang mit vesikoureteralem Reflux
Vesikoureteraler Reflux:
- bei Narbenbildung
- o.n.A.

Exkl.: Pyelonephritis in Verbindung mit Reflux (N11.0)

N13.8 Sonstige obstruktive Uropathie und Refluxuropathie

N13.9 Obstruktive Uropathie und Refluxuropathie, nicht näher bezeichnet
Obstruktion der Harnwege o.n.A.

N14 Arzneimittel- und schwermetallinduzierte tubulointerstitielle und tubuläre Krankheitszustände

Soll die toxische Substanz angegeben werden, ist eine zusätzliche Schlüsselnummer (Kapitel XX) zu benutzen.

N14.0 Analgetika-Nephropathie

N14.1 Nephropathie durch sonstige Arzneimittel, Drogen und biologisch aktive Substanzen

N14.2 Nephropathie durch nicht näher bezeichnete(s) Arzneimittel, Droge oder biologisch aktive Substanz

N14.3 Nephropathie durch Schwermetalle

N14.4 Toxische Nephropathie, anderenorts nicht klassifiziert

N15 Sonstige tubulointerstitielle Nierenkrankheiten

N15.0 Balkan-Nephropathie
Chronische endemische Nephropathie

N15.1 Nierenabszeß und perinephritischer Abszeß

N15.8 Sonstige näher bezeichnete tubulointerstitielle Nierenkrankheiten

N15.9 Tubulointerstitielle Nierenkrankheit, nicht näher bezeichnet
Niereninfektion o.n.A.
Exkl.: Harnwegsinfektion o.n.A. (N39.0)

N16* Tubulointerstitielle Nierenkrankheiten bei anderenorts klassifizierten Krankheiten

N16.0* Tubulointerstitielle Nierenkrankheiten bei anderenorts klassifizierten infektiösen und parasitären Krankheiten
Tubulointerstitielle Nierenkrankheiten (durch) (bei):
- Brucellose (A23.–†)
- Diphtherie (A36.8†)
- Salmonelleninfektion (A02.2†)
- Sepsis (A40–A41†)
- Toxoplasmose (B58.8†)

N16.1* Tubulointerstitielle Nierenkrankheiten bei Neubildungen
Tubulointerstitielle Nierenkrankheiten bei:
- Leukämie (C91–C95†)
- Lymphom (C81–C85†, C96.–†)
- Plasmozytom [Multiples Myelom] (C90.0†)

N16.2* Tubulointerstitielle Nierenkrankheiten bei Blutkrankheiten und Störungen mit Beteiligung des Immunsystems
Tubulointerstitielle Nierenkrankheiten bei:
- gemischter Kryoglobulinämie (D89.1†)
- Sarkoidose (D86.–†)

N16.3* Tubulointerstitielle Nierenkrankheiten bei Stoffwechselkrankheiten
Tubulointerstitielle Nierenkrankheiten bei:
- Glykogenspeicherkrankheit (E74.0†)
- Wilson-Krankheit (E83.0†)
- Zystinose (E72.0†)

N16.4* Tubulointerstitielle Nierenkrankheiten bei systemischen Krankheiten des Bindegewebes
Tubulointerstitielle Nierenkrankheiten bei:
- Sicca-Syndrom [Sjögren-Syndrom] (M35.0†)
- systemischem Lupus erythematodes (M32.1†)

N16.5* Tubulointerstitielle Nierenkrankheiten bei Transplantatabstoßung (T86.–†)

N16.8* Tubulointerstitielle Nierenkrankheiten bei sonstigen anderenorts klassifizierten Krankheiten

Niereninsuffizienz (N17–N19)

Soll das exogene Agens angegeben werden, ist eine zusätzliche Schlüsselnummer (Kapitel XX) zu benutzen.

Exkl.: Angeborene Niereninsuffizienz (P96.0)
Arzneimittel- und schwermetallinduzierte tubulointerstitielle und tubuläre Krankheitszustände (N14.–)
Extrarenale Urämie (R39.2)
Hämolytisch-urämisches Syndrom (D59.3)
Hepatorenales Syndrom (K76.7)
Hepatorenales Syndrom, postpartal (O90.4)
Niereninsuffizienz:
- als Komplikation bei Abort, Extrauteringravidität oder Molenschwangerschaft (O00–O07, O08.4)
- nach medizinischen Maßnahmen (N99.0)
- nach Wehen und Entbindung (O90.4)

Prärenale Urämie (R39.2)

N17 Akutes Nierenversagen

N17.0 Akutes Nierenversagen mit Tubulusnekrose
Tubulusnekrose:
- akut
- renal
- o.n.A.

N17.1 Akutes Nierenversagen mit akuter Rindennekrose
Rindennekrose:
- akut
- renal
- o.n.A.

N17.2 Akutes Nierenversagen mit Marknekrose
Papillen- [Mark-] Nekrose:
- akut
- renal
- o.n.A.

N17.8 Sonstiges akutes Nierenversagen
N17.9 Akutes Nierenversagen, nicht näher bezeichnet

N18 Chronische Niereninsuffizienz

Inkl.: Chronische Urämie
Chronisches Nierenversagen
Diffuse sklerosierende Glomerulonephritis
Exkl.: Chronische Niereninsuffizienz mit Hypertonie (I12.0)

N18.0 **Terminale Niereninsuffizienz**
N18.8 **Sonstige chronische Niereninsuffizienz**
Urämisch:
- Neuropathie† (G63.8*)
- Perikarditis† (I32.8*)

N18.9 **Chronische Niereninsuffizienz, nicht näher bezeichnet**

N19 Nicht näher bezeichnete Niereninsuffizienz
Urämie o.n.A.
Exkl.: Nierenversagen mit Hypertonie (I12.0)
Urämie beim Neugeborenen (P96.0)

Urolithiasis
(N20–N23)

N20 Nieren- und Ureterstein
Exkl.: Mit Hydronephrose (N13.2)

N20.0 **Nierenstein**
Nephrolithiasis o.n.A.
Nierenausgußstein
Nierenkonkrement oder -stein
Parenchymstein

N20.1 **Ureterstein**
Harnleiterstein

N20.2 **Nierenstein und Ureterstein gleichzeitig**

N20.9 **Harnstein, nicht näher bezeichnet**
Pyelonephritis bei Harnsteinen

N21 Stein in den unteren Harnwegen
Inkl.: Mit Zystitis und Urethritis

N21.0 **Stein in der Harnblase**
Blasenstein
Stein in Blasendivertikel
Exkl.: Nierenausgußstein (N20.0)

N21.1 **Urethrastein**

N21.8 **Stein in sonstigen unteren Harnwegen**

N21.9 **Stein in den unteren Harnwegen, nicht näher bezeichnet**

N22* Harnstein bei anderenorts klassifizierten Krankheiten

N22.0* **Harnstein bei Schistosomiasis [Bilharziose] (B65.-†)**

N22.8* **Harnstein bei sonstigen anderenorts klassifizierten Krankheiten**

N23 Nicht näher bezeichnete Nierenkolik

Sonstige Krankheiten der Niere und des Ureters (N25–N29)

Exkl.: Mit Urolithiasis (N20–N23)

N25 Krankheiten infolge Schädigung der tubulären Nierenfunktion
Exkl.: Stoffwechselstörungen, unter E70–E90 klassifizierbar

N25.0 **Renale Osteodystrophie**
Azotämische Osteodystrophie
Renale Rachitis
Renaler Minderwuchs
Tubulusschäden mit Phosphatverlust

N25.1 **Renaler Diabetes insipidus**

N25.8 **Sonstige Krankheiten infolge Schädigung der tubulären Nierenfunktion**
Azidose, renale tubuläre, Typ 1 [Lightwood-Albright-Syndrom]
Renale tubuläre Azidose o.n.A.
Sekundärer Hyperparathyreoidismus renalen Ursprungs

N25.9 **Krankheit infolge Schädigung der tubulären Nierenfunktion, nicht näher bezeichnet**

N26 Schrumpfniere, nicht näher bezeichnet
Atrophie der Niere (terminal)
Nephrosklerose o.n.A.
Exkl.: Diffuse sklerosierende Glomerulonephritis (N18.-)
Hypertensive Nephrosklerose (arteriolär) (arteriosklerotisch) (I12.-)
Kleine Niere unbekannter Ursache (N27.-)
Schrumpfniere mit Hypertonie (I12.-)

N27 Kleine Niere unbekannter Ursache

N27.0 **Kleine Niere, einseitig**

N27.1 **Kleine Niere, beidseitig**

N27.9 **Kleine Niere, nicht näher bezeichnet**

N28 Sonstige Krankheiten der Niere und des Ureters, anderenorts nicht klassifiziert
Exkl.: Abknickung und Striktur des Ureters:
• mit Hydronephrose (N13.1)
• ohne Hydronephrose (N13.5)
Hydroureter (N13.4)
Nierenkrankheit:
• akut o.n.A. (N00.9)
• chronisch o.n.A. (N03.9)

N28.0 Ischämie und Infarkt der Niere
Nierenarterie:
- Embolie
- Obstruktion
- Thrombose
- Verschluß

Niereninfarkt

Exkl.: Goldblatt-Niere (I70.1)
Nierenarterie (extrarenaler Teil):
- angeborene Stenose (Q27.1)
- Atherosklerose (I70.1)

N28.1 Zyste der Niere, erworben
Zyste der Niere (multipel) (solitär), erworben
Exkl.: Zystische Nierenkrankheit (angeboren) (Q61.–)

N28.8 Sonstige näher bezeichnete Krankheiten der Niere und des Ureters
Hypertrophie der Niere
Megaureter
Nephroptose
Pyelitis ⎫
Pyeloureteritis ⎬ cystica
Ureteritis ⎭
Ureterozele

N28.9 Krankheit der Niere und des Ureters, nicht näher bezeichnet
Nephropathie o.n.A.
Nierenkrankheit o.n.A.
Exkl.: Nephropathie o.n.A. und Nierenkrankheit o.n.A. mit morphologischen Veränderungen, wie unter .0–.8 am Anfang der Gruppe N00–N08 ausgewiesen (N05.–)

N29* Sonstige Krankheiten der Niere und des Ureters bei anderenorts klassifizierten Krankheiten

N29.0* Spätsyphilis der Niere (A52.7†)

N29.1* Sonstige Krankheiten der Niere und des Ureters bei anderenorts klassifizierten infektiösen und parasitären Krankheiten
Krankheiten der Niere und des Ureters bei:
- Schistosomiasis [Bilharziose] (B65.–†)
- Tuberkulose (A18.1†)

N29.8* Sonstige Krankheiten der Niere und des Ureters bei sonstigen anderenorts klassifizierten Krankheiten

Sonstige Krankheiten des Harnsystems (N30–N39)

Exkl.: Harnwegsinfektion (als Komplikation bei):
- Abort, Extrauteringravidität oder Molenschwangerschaft (O00–O07, O08.8)
- bei Urolithiasis (N20–N23)
- Schwangerschaft, Geburt und Wochenbett (O23.–, O75.3, O86.2)

N30 Zystitis

Soll der Infektionserreger (B95–B97) oder das verursachende exogene Agens (Kapitel XX) angegeben werden, ist ein zusätzliche Schlüsselnummer zu benutzen.

Exkl.: Prostatazystitis (N41.3)

N30.0 Akute Zystitis

Exkl.: Strahlenzystitis (N30.4)
Trigonumzystitis (N30.3)

N30.1 Interstitielle Zystitis (chronisch)

N30.2 Sonstige chronische Zystitis

N30.3 Trigonumzystitis
Urethrotrigonumzystitis

N30.4 Strahlenzystitis

N30.8 Sonstige Zystitis
Harnblasenabszeß

N30.9 Zystitis, nicht näher bezeichnet

N31 Neuromuskuläre Dysfunktion der Harnblase, anderenorts nicht klassifiziert

Exkl.: Durch Rückenmarkschädigung (G95.8)
Harninkontinenz:
- näher bezeichnet (N39.3–N39.4)
- o.n.A. (R32)

Neurogene Blasenentleerungsstörung bei Cauda- (equina-) Syndrom (G83.4)
Rückenmarkblase o.n.A. (G95.8)

N31.0 Ungehemmte neurogene Blasenentleerung, anderenorts nicht klassifiziert

N31.1 Neurogene Reflexblase, anderenorts nicht klassifiziert

N31.2 Schlaffe neurogene Harnblase, anderenorts nicht klassifiziert
Neurogene Harnblase:
- atonisch (motorisch) (sensorisch)
- autonom
- nichtreflektorisch

N31.8 Sonstige neuromuskuläre Dysfunktion der Harnblase

N31.9 Neuromuskuläre Dysfunktion der Harnblase, nicht näher bezeichnet
Neurogene Dysfunktion der Harnblase o.n.A.

N32 Sonstige Krankheiten der Harnblase

Exkl.: Blasenhernie oder -prolaps bei der Frau (N81.1)
Blasenstein (N21.0)
Zystozele (N81.1)

N32.0 Blasenhalsobstruktion
Harnblasenhalsstenose (erworben)

N32.1 Vesikointestinalfistel
Vesikorektalfistel

N32.2 Harnblasenfistel, anderenorts nicht klassifiziert
Exkl.: Fistel zwischen Harnblase und weiblichem Genitaltrakt (N82.0–N82.1)

N32.3 Harnblasendivertikel
Divertikulitis der Harnblase
Exkl.: Stein in Blasendivertikel (N21.0)

N32.4 Harnblasenruptur, nichttraumatisch

N32.8 Sonstige näher bezeichnete Krankheiten der Harnblase
Harnblase:
- kalzifiziert
- kontrahiert

N32.9 Krankheit der Harnblase, nicht näher bezeichnet

N33* Krankheiten der Harnblase bei anderenorts klassifizierten Krankheiten

N33.0* Tuberkulöse Zystitis (A18.1†)

N33.8* Krankheiten der Harnblase bei sonstigen anderenorts klassifizierten Krankheiten
Krankheit der Harnblase bei Schistosomiasis [Bilharziose] (B65.–†)

N34 Urethritis und urethrales Syndrom

Soll der Infektionserreger angegeben werden, ist eine zusätzliche Schlüsselnummer (B95–B97) zu benutzen.

Exkl.: Reiter-Krankheit (M02.3)
Urethritis bei Krankheiten, die vorwiegend durch Geschlechtsverkehr übertragen werden (A50–A64)
Urethrotrigonumzystitis (N30.3)

N34.0 Harnröhrenabszeß
Abszeß:
- Cowper-Drüse
- Littré-Drüsen
- periurethral
- urethral (Drüse)

Exkl.: Harnröhrenkarunkel (N36.2)

N34.1 Unspezifische Urethritis
Urethritis:
- nicht durch Gonokokken
- nicht venerisch

N34.2 Sonstige Urethritis
Meatitis, urethral
Ulkus der Urethra (Meatus)
Urethritis:
- postmenopausal
- o.n.A.

N34.3 Urethrales Syndrom, nicht näher bezeichnet

N35 Harnröhrenstriktur

Exkl.: Harnröhrenstriktur nach medizinischen Maßnahmen (N99.1)

N35.0 Posttraumatische Harnröhrenstriktur
Harnröhrenstriktur als Folge von:
- Geburt
- Verletzung

N35.1 Postinfektiöse Harnröhrenstriktur, anderenorts nicht klassifiziert

N35.8 Sonstige Harnröhrenstriktur

N35.9 Harnröhrenstriktur, nicht näher bezeichnet
Meatusstenose o.n.A.

N36 Sonstige Krankheiten der Harnröhre

N36.0 Harnröhrenfistel
Fistel:
- Harnwege o.n.A.
- urethroperineal
- urethrorektal

Via falsa, Harnröhre

Exkl.: Fistel:
- urethroskrotal (N50.8)
- urethrovaginal (N82.1)

N36.1 Harnröhrendivertikel

N36.2 Harnröhrenkarunkel

N36.3 Prolaps der Harnröhrenschleimhaut
Harnröhrenprolaps
Urethrozele beim Mann

Exkl.: Urethrozele bei der Frau (N81.0)

N36.8 Sonstige näher bezeichnete Krankheiten der Harnröhre

N36.9 Krankheit der Harnröhre, nicht näher bezeichnet

N37* Krankheiten der Harnröhre bei anderenorts klassifizierten Krankheiten

N37.0* Urethritis bei anderenorts klassifizierten Krankheiten
Candida-Urethritis (B37.4†)

N37.8* Sonstige Krankheiten der Harnröhre bei anderenorts klassifizierten Krankheiten

N39 Sonstige Krankheiten des Harnsystems

Exkl.: Hämaturie:
- mit näher bezeichneter morphologischer Veränderung (N02.–)
- rezidivierend und persistierend (N02.–)
- o.n.A. (R31)

Proteinurie o.n.A. (R80)

N39.0 Harnwegsinfektion, Lokalisation nicht näher bezeichnet
Soll der Infektionserreger angegeben werden, ist eine zusätzliche Schlüsselnummer (B95–B97) zu benutzen.

N39.1 Persistierende Proteinurie, nicht näher bezeichnet
> *Exkl.:* Als Komplikation bei Schwangerschaft, Geburt und Wochenbett (O11–O15)
> Mit näher bezeichneter morphologischer Veränderung (N06.–)

N39.2 Orthostatische Proteinurie, nicht näher bezeichnet
> *Exkl.:* Mit näher bezeichneter morphologischer Veränderung (N06.–)

N39.3 Streßinkontinenz

N39.4 Sonstige näher bezeichnete Harninkontinenz
Drang-, Reflex-, Überlauf- } Inkontinenz
> *Exkl.:* Enuresis o.n.A. (R32)
> Harninkontinenz:
> - nichtorganischer Ursprung (F98.0)
> - o.n.A. (R32)

N39.8 Sonstige näher bezeichnete Krankheiten des Harnsystems

N39.9 Krankheit des Harnsystems, nicht näher bezeichnet

Krankheiten der männlichen Genitalorgane (N40–N51)

N40 Prostatahyperplasie
Adenofibromatöse Prostatahypertrophie
Fibroadenom der Prostata
Fibrom der Prostata
Myom der Prostata
Prostataadenom (gutartig)
Prostatahypertrophie (gutartig)
Prostatavergrößerung (gutartig)
Querbarre am Harnblasenhals (Prostata)
Verschluß der prostatischen Harnröhre o.n.A.
> *Exkl.:* Gutartige Neubildungen der Prostata, ausgenommen Adenom, Fibrom und Myom (D29.1)

N41 Entzündliche Krankheiten der Prostata

Soll der Infektionserreger angegeben werden, ist eine zusätzliche Schlüsselnummer (B95–B97) zu benutzen.

N41.0 **Akute Prostatitis**

N41.1 **Chronische Prostatitis**

N41.2 **Prostataabszeß**

N41.3 **Prostatazystitis**
Zystitis bei Prostatavergrößerung

N41.8 **Sonstige entzündliche Krankheiten der Prostata**

N41.9 **Entzündliche Krankheit der Prostata, nicht näher bezeichnet**
Prostatitis o.n.A.

N42 Sonstige Krankheiten der Prostata

N42.0 **Prostatastein**
Prostatakonkrement

N42.1 **Kongestion und Blutung der Prostata**

N42.2 **Prostataatrophie**

N42.8 **Sonstige näher bezeichnete Krankheiten der Prostata**

N42.9 **Krankheit der Prostata, nicht näher bezeichnet**

N43 Hydrozele und Spermatozele

Inkl.: Hydrozele des Funiculus spermaticus, des Testis oder der Tunica vaginalis testis
Exkl.: Angeborene Hydrozele (P83.5)

N43.0 **Hydrocele encystica**

N43.1 **Infizierte Hydrozele**
Soll der Infektionserreger angegeben werden, ist eine zusätzliche Schlüsselnummer (B95–B97) zu benutzen.

N43.2 **Sonstige Hydrozele**

N43.3 **Hydrozele, nicht näher bezeichnet**

N43.4 **Spermatozele**

N44 Hodentorsion
Torsion:
- Epididymis
- Funiculus spermaticus
- Testis

N45 Orchitis und Epididymitis
Soll der Infektionserreger angegeben werden, ist eine zusätzliche Schlüsselnummer (B95–B97) zu benutzen.

N45.0 **Orchitis, Epididymitis und Epididymoorchitis mit Abszeß**
Abszeß der Nebenhoden oder Hoden

N45.9 **Orchitis, Epididymitis und Epididymoorchitis ohne Abszeß**
Epididymitis o.n.A.
Orchitis o.n.A.

N46 Sterilität beim Mann
Azoospermie o.n.A.
Oligozoospermie o.n.A.

N47 Vorhauthypertrophie, Phimose und Paraphimose
Präputiale Adhäsion
Vorhautverengung

N48 Sonstige Krankheiten des Penis

N48.0 **Leukoplakie des Penis**
Kraurosis des Penis
Exkl.: Carcinoma in situ des Penis (D07.4)

N48.1 **Balanoposthitis**
Balanitis
Soll der Infektionserreger angegeben werden, ist eine zusätzliche Schlüsselnummer (B95–B97) zu benutzen.

N48.2 Sonstige entzündliche Krankheiten des Penis
Abszeß
Furunkel
Karbunkel } Corpus cavernosum und Penis
Phlegmone
Kavernitis (Penis)
Soll der Infektionserreger angegeben werden, ist eine zusätzliche Schlüsselnummer (B95–B97) zu benutzen.

N48.3 Priapismus
Schmerzhafte Dauererektion

N48.4 Impotenz organischen Ursprungs
Soll die Ursache angegeben werden, ist eine zusätzliche Schlüsselnummer zu benutzen.
Exkl.: Psychogene Impotenz (F52.2)

N48.5 Ulkus des Penis

N48.6 Balanitis xerotica obliterans
Induratio penis plastica

N48.8 Sonstige näher bezeichnete Krankheiten des Penis
Atrophie
Hypertrophie } Corpus cavernosum und Penis
Thrombose

N48.9 Krankheit des Penis, nicht näher bezeichnet

N49 Entzündliche Krankheiten der männlichen Genitalorgane, anderenorts nicht klassifiziert
Soll der Infektionserreger angegeben werden, ist eine zusätzliche Schlüsselnummer (B95–B97) zu benutzen.
Exkl.: Entzündung des Penis (N48.1–N48.2)
Orchitis und Epididymitis (N45.–)

N49.0 Entzündliche Krankheiten der Vesicula seminalis
Vesiculitis o.n.A.

N49.1 Entzündliche Krankheiten des Funiculus spermaticus, der Tunica vaginalis testis und des Ductus deferens
Samenleiterentzündung

N49.2 Entzündliche Krankheiten des Skrotums

N49.8 Entzündliche Krankheiten sonstiger näher bezeichneter männlicher Genitalorgane
Entzündung der männlichen Genitalorgane an mehreren Lokalisationen

N49.9 **Entzündliche Krankheit eines nicht näher bezeichneten männlichen Genitalorgans**
Abszeß ⎫
Furunkel ⎪
Karbunkel ⎬ nicht näher bezeichnetes männliches Genitalorgan
Phlegmone ⎭

N50 Sonstige Krankheiten der männlichen Genitalorgane
Exkl.: Hodentorsion (N44)

N50.0 **Hodenatrophie**

N50.1 **Gefäßkrankheiten der männlichen Genitalorgane**
Blutung ⎫
Hämatozele o.n.A. ⎬ männliche Genitalorgane
Thrombose ⎭

N50.8 **Sonstige näher bezeichnete Krankheiten der männlichen Genitalorgane**
Atrophie ⎫
Hypertrophie ⎬ Vesicula seminalis, Funiculus spermaticus, Hoden
Ödem ⎪ [ausgenommen Atrophie], Skrotum, Tunica vaginalis
Ulkus ⎭ testis und Ductus deferens
Chylozele, Tunica vaginalis testis (nicht durch Filarien) o.n.A.
Fistel, urethroskrotal
Striktur:
- Ductus deferens
- Funiculus spermaticus
- Tunica vaginalis testis

N50.9 **Krankheit der männlichen Genitalorgane, nicht näher bezeichnet**

N51* Krankheiten der männlichen Genitalorgane bei anderenorts klassifizierten Krankheiten

N51.0* **Krankheiten der Prostata bei anderenorts klassifizierten Krankheiten**
Prostatitis:
- durch Gonokokken (A54.2†)
- durch Trichomonas (vaginalis) (A59.0†)
- tuberkulös (A18.1†)

N51.1* **Krankheiten des Hodens und des Nebenhodens bei anderenorts klassifizierten Krankheiten**
Chlamydien-:
- Epididymitis (A56.1†)
- Orchitis (A56.1†)

Gonokokken-:
- Epididymitis (A54.2†)
- Orchitis (A54.2†)

Mumps-Orchitis (B26.0†)
Tuberkulose:
- Hoden (A18.1†)
- Nebenhoden (A18.1†)

N51.2* **Balanitis bei anderenorts klassifizierten Krankheiten**
Balanitis:
- durch Amöben (A06.8†)
- durch Candida (B37.4†)

N51.8* **Sonstige Krankheiten der männlichen Genitalorgane bei anderenorts klassifizierten Krankheiten**
Chylozele durch Filarien, Tunica vaginalis testis (B74.–†)
Infektion des männlichen Genitaltraktes durch Herpesviren [Herpes simplex] (A60.0†)
Tuberkulose der Vesicula seminalis (A18.1†)

Krankheiten der Mamma (N60–N64)

Exkl.: Krankheiten der Mamma im Zusammenhang mit der Gestation (O91–O92)

N60 Gutartige Mammadysplasie
Inkl.: Fibrozystische Mastopathie

N60.0 **Solitärzyste der Mamma**
Zyste der Mamma

N60.1 **Diffuse zystische Mastopathie**
Zystenmamma
Exkl.: Mit epithelialer Proliferation (N60.3)

N60.2 **Fibroadenose der Mamma**
Exkl.: Fibroadenom der Mamma (D24)

N60.3	**Fibrosklerose der Mamma**
	Zystische Mastopathie mit epithelialer Proliferation
N60.4	**Ektasie der Ductus lactiferi**
N60.8	**Sonstige gutartige Mammadysplasien**
N60.9	**Gutartige Mammadysplasie, nicht näher bezeichnet**

N61 Entzündliche Krankheiten der Mamma

Abszeß (akut) (chronisch) (nichtpuerperal):
- Areola
- Mamma

Karbunkel der Mamma
Mastitis (akut) (subakut) (nichtpuerperal):
- infektiös
- o.n.A.

Exkl.: Infektiöse Mastitis beim Neugeborenen (P39.0)

N62 Hypertrophie der Mamma

Gynäkomastie
Hypertrophie der Mamma:
- massiv, pubertätsbedingt
- o.n.A.

N63 Nicht näher bezeichnete Verhärtung in der Mamma

Einer oder mehrere Knoten o.n.A. in der Mamma

N64 Sonstige Krankheiten der Mamma

N64.0	**Fissur und Fistel der Brustwarze**
N64.1	**Fettgewebsnekrose der Mamma**
	Fettgewebsnekrose (segmentär) der Mamma
N64.2	**Atrophie der Mamma**
N64.3	**Galaktorrhoe, nicht im Zusammenhang mit der Geburt**
N64.4	**Mastodynie**
N64.5	**Sonstige Symptome der Mamma**
	Absonderung aus der Brustwarze
	Induration der Mamma
	Retraktion der Brustwarze

N64.8 **Sonstige näher bezeichnete Krankheiten der Mamma**
Galaktozele
Mangelhafte Rückbildung der Mamma (nach Laktation)

N64.9 **Krankheit der Mamma, nicht näher bezeichnet**

Entzündliche Krankheiten der weiblichen Beckenorgane (N70–N77)

Exkl.: Als Komplikation bei:
- Abort, Extrauteringravidität oder Molenschwangerschaft (O00–O07, O08.0)
- Schwangerschaft, Geburt und Wochenbett (O23.–, O75.3, O85, O86.–)

N70 Salpingitis und Oophoritis

Inkl.: Abszeß:
- Ovar
- Tuba uterina
- tuboovarial

Pyosalpinx
Salpingo-Oophoritis
Tuboovarialentzündung

Soll der Infektionserreger angegeben werden, ist eine zusätzliche Schlüsselnummer (B95–B97) zu benutzen.

N70.0 **Akute Salpingitis und Oophoritis**

N70.1 **Chronische Salpingitis und Oophoritis**
Hydrosalpinx

N70.9 **Salpingitis und Oophoritis, nicht näher bezeichnet**

N71 Entzündliche Krankheit des Uterus, ausgenommen der Zervix

Inkl.: Endo(myo)metritis
Metritis
Myometritis
Pyometra
Uterusabszeß

Soll der Infektionserreger angegeben werden, ist eine zusätzliche Schlüsselnummer (B95–B97) zu benutzen.

N71.0 **Akute entzündliche Krankheit des Uterus**
N71.1 **Chronische entzündliche Krankheit des Uterus**
N71.9 **Entzündliche Krankheit des Uterus, nicht näher bezeichnet**

N72 Entzündliche Krankheit der Cervix uteri

Endozervizitis
Exozervizitis } mit oder ohne Erosion oder Ektropium
Zervizitis

Soll der Infektionserreger angegeben werden, ist eine zusätzliche Schlüsselnummer (B95–B97) zu benutzen.

Exkl.: Erosion und Ektropium der Cervix uteri ohne Zervizitis (N86)

N73 Sonstige entzündliche Krankheiten im weiblichen Becken

Soll der Infektionserreger angegeben werden, ist eine zusätzliche Schlüsselnummer (B95–B97) zu benutzen.

N73.0 **Akute Parametritis und Entzündung des Beckenbindegewebes**
Abszeß:
- Lig. latum uteri
- Parametrium

Bindegewebsentzündung im weiblichen Becken } als akut bezeichnet

N73.1 **Chronische Parametritis und Entzündung des Beckenbindegewebes**
Jeder Zustand unter N73.0, als chronisch bezeichnet

N73.2 **Nicht näher bezeichnete Parametritis und Entzündung des Beckenbindegewebes**
Jeder Zustand unter N73.0 ohne Angabe, ob akut oder chronisch

N73.3 **Akute Pelveoperitonitis bei der Frau**
N73.4 **Chronische Pelveoperitonitis bei der Frau**

N73.5 Pelveoperitonitis bei der Frau, nicht näher bezeichnet

N73.6 Peritoneale Adhäsionen im weiblichen Becken

Exkl.: Peritoneale Adhäsionen im Becken nach medizinischen Maßnahmen (N99.4)

N73.8 Sonstige näher bezeichnete entzündliche Krankheiten im weiblichen Becken

N73.9 Entzündliche Krankheit im weiblichen Becken, nicht näher bezeichnet

Infektion oder Entzündung im weiblichen Becken o.n.A.

N74* Entzündung im weiblichen Becken bei anderenorts klassifizierten Krankheiten

N74.0* Tuberkulöse Infektion der Cervix uteri (A18.1†)

N74.1* Tuberkulöse Entzündung im weiblichen Becken (A18.1†)
Tuberkulöse Endometritis

N74.2* Syphilitische Entzündung im weiblichen Becken (A51.4†, A52.7†)

N74.3* Entzündung im weiblichen Becken durch Gonokokken (A54.2†)

N74.4* Entzündung im weiblichen Becken durch Chlamydien (A56.1†)

N74.8* Entzündung im weiblichen Becken bei sonstigen anderenorts klassifizierten Krankheiten

N75 Krankheiten der Bartholin-Drüsen

N75.0 Bartholin-Zyste

N75.1 Bartholin-Abszeß

N75.8 Sonstige Krankheiten der Bartholin-Drüsen
Bartholinitis

N75.9 Krankheit der Bartholin-Drüsen, nicht näher bezeichnet

N76 Sonstige entzündliche Krankheit der Vagina und Vulva

Soll der Infektionserreger angegeben werden, ist eine zusätzliche Schlüsselnummer (B95–B97) zu benutzen.

Exkl.: Senile (atrophische) Kolpitis (N95.2)

N76.0 Akute Kolpitis
Kolpitis [Vaginitis] o.n.A.
Vulvovaginitis:
- akut
- o.n.A.

N76.1 Subakute und chronische Kolpitis
Vulvovaginitis:
- chronisch
- subakut

N76.2 Akute Vulvitis
Vulvitis o.n.A.

N76.3 Subakute und chronische Vulvitis

N76.4 Abszeß der Vulva
Furunkel der Vulva

N76.5 Ulzeration der Vagina

N76.6 Ulzeration der Vulva

N76.8 Sonstige näher bezeichnete entzündliche Krankheit der Vagina und Vulva

N77* Vulvovaginale Ulzeration und Entzündung bei anderenorts klassifizierten Krankheiten

N77.0* Ulzeration der Vulva bei anderenorts klassifizierten infektiösen und parasitären Krankheiten
Ulzeration der Vulva bei:
- Infektion durch Herpesviren [Herpes simplex] (A60.0†)
- Tuberkulose (A18.1†)

N77.1* Vaginitis, Vulvitis oder Vulvovaginitis bei anderenorts klassifizierten infektiösen und parasitären Krankheiten
Vaginitis, Vulvitis und Vulvovaginitis bei:
- Kandidose (B37.3†)
- Madenwurm-Infektion (B80†)
- Infektion durch Herpesviren [Herpes simplex] (A60.0†)

N77.8* Vulvovaginale Ulzeration und Entzündung bei sonstigen anderenorts klassifizierten Krankheiten
Ulzeration der Vulva bei Behçet-Krankheit (M35.2†)

Nichtentzündliche Krankheiten des weiblichen Genitaltraktes (N80–N98)

N80 Endometriose

N80.0 Endometriose des Uterus
Adenomyosis uteri

N80.1 Endometriose des Ovars

N80.2 Endometriose der Tuba uterina

N80.3 Endometriose des Beckenperitoneums

N80.4 Endometriose des Septum rectovaginale und der Vagina

N80.5 Endometriose des Darmes

N80.6 Endometriose in Hautnarbe

N80.8 Sonstige Endometriose

N80.9 Endometriose, nicht näher bezeichnet

N81 Genitalprolaps bei der Frau

Exkl.: Genitalprolaps als Komplikation bei Schwangerschaft, Wehen oder Entbindung (O34.5)
Prolaps des Scheidenstumpfes nach Hysterektomie (N99.3)
Prolaps oder Hernie des Ovars und der Tuba uterina (N83.4)

N81.0 Urethrozele bei der Frau
Exkl.: Urethrozele mit:
- Uterusprolaps (N81.2–N81.4)
- Zystozele (N81.1)

N81.1 Zystozele
Prolaps der (vorderen) Scheidenwand o.n.A.
Zystozele mit Urethrozele
Exkl.: Zystozele mit Uterusprolaps (N81.2–N81.4)

N81.2 Partialprolaps des Uterus und der Vagina
Prolaps der Cervix uteri o.n.A.
Uterusprolaps:
- 1. Grad
- 2. Grad

N81.3 Totalprolaps des Uterus und der Vagina
Procidentia uteri o.n.A.
Uterusprolaps 3. Grades

N81.4 Uterovaginalprolaps, nicht näher bezeichnet
Uterusprolaps o.n.A.

N81.5 Vaginale Enterozele
Exkl.: Enterozele mit Uterusprolaps (N81.2–N81.4)

N81.6 Rektozele
Prolaps der hinteren Scheidenwand
Exkl.: Rektozele mit Uterusprolaps (N81.2–N81.4)
Rektumprolaps (K62.3)

N81.8 Sonstiger Genitalprolaps bei der Frau
Alte Verletzung der Beckenbodenmuskulatur
Insuffizienz des Perineums

N81.9 Genitalprolaps bei der Frau, nicht näher bezeichnet

N82 Fisteln mit Beteiligung des weiblichen Genitaltraktes
Exkl.: Vesikointestinalfisteln (N32.1)

N82.0 Vesikovaginalfistel

N82.1 Sonstige Fisteln zwischen weiblichem Harn- und Genitaltrakt
Fistel:
- ureterovaginal
- urethrovaginal
- uteroureterin
- vesikouterin
- vesikozervikal

N82.2 Fistel zwischen Vagina und Dünndarm

N82.3 Fistel zwischen Vagina und Dickdarm
Rektovaginalfistel

N82.4 Sonstige Fisteln zwischen weiblichem Genital- und Darmtrakt
Intestinouterine Fistel

N82.5 Fisteln zwischen weiblichem Genitaltrakt und Haut
Fistel:
- Uterus-Bauchwand-
- vaginoperineal

N82.8 Sonstige Fisteln des weiblichen Genitaltraktes

N82.9 Fistel des weiblichen Genitaltraktes, nicht näher bezeichnet

N83 Nichtentzündliche Krankheiten des Ovars, der Tuba uterina und des Lig. latum uteri

Exkl.: Hydrosalpinx (N70.1)

N83.0 Follikelzyste des Ovars
Hämorrhagische Follikelzyste (Ovar)
Zyste des Graaf-Follikels

N83.1 Zyste des Corpus luteum
Hämorrhagische Zyste des Corpus luteum

N83.2 Sonstige und nicht näher bezeichnete Ovarialzysten
Einfache Zyste } Ovar
Retentionszyste }
Exkl.: Ovarialzyste:
- dysontogenetisch (Q50.1)
- neoplastisch (D27)
Syndrom polyzystischer Ovarien (E28.2)

N83.3 Erworbene Atrophie des Ovars und der Tuba uterina

N83.4 Prolaps oder Hernie des Ovars und der Tuba uterina

N83.5 Torsion des Ovars, des Ovarstieles und der Tuba uterina
Torsion:
- akzessorische Tube
- Morgagni-Hydatide

N83.6 Hämatosalpinx
Exkl.: Hämatosalpinx mit:
- Hämatokolpos (N89.7)
- Hämatometra (N85.7)

N83.7 Hämatom des Lig. latum uteri

N83.8 Sonstige nichtentzündliche Krankheiten des Ovars, der Tuba uterina und des Lig. latum uteri
Riß des Lig. latum uteri [Masters-Allen-Syndrom]

N83.9 Nichtentzündliche Krankheit des Ovars, der Tuba uterina und des Lig. latum uteri, nicht näher bezeichnet

N84 Polyp des weiblichen Genitaltraktes

Exkl.: Adenomatöser Polyp (D28.-)
Plazentapolyp (O90.8)

N84.0 Polyp des Corpus uteri
Polyp:
- Endometrium
- Uterus o.n.A.

Exkl.: Polypoide Hyperplasie des Endometriums (N85.0)

N84.1 Polyp der Cervix uteri
Schleimhautpolyp der Zervix

N84.2 Polyp der Vagina

N84.3 Polyp der Vulva
Polyp der Labien

N84.8 Polyp an sonstigen Teilen des weiblichen Genitaltraktes

N84.9 Polyp des weiblichen Genitaltraktes, nicht näher bezeichnet

N85 Sonstige nichtentzündliche Krankheiten des Uterus, ausgenommen der Zervix

Exkl.: Endometriose (N80.-)
Entzündliche Krankheiten des Uterus (N71.-)
Nichtentzündliche Krankheiten der Cervix uteri (N86-N88)
Polyp des Corpus uteri (N84.0)
Uterusprolaps (N81.-)

N85.0 Glanduläre Hyperplasie des Endometriums
Hyperplasie des Endometriums:
- glandulär-zystisch
- polypoid
- zystisch
- o.n.A.

N85.1 Adenomatöse Hyperplasie des Endometriums
Atypische (adenomatöse) Hyperplasie des Endometriums

N85.2 Hypertrophie des Uterus
Verdickter oder vergrößerter Uterus

Exkl.: Puerperale Hypertrophie des Uterus (O90.8)

N85.3 Subinvolution des Uterus

Exkl.: Puerperale Subinvolution des Uterus (O90.8)

N85.4 Lageanomalie des Uterus
Retroflexio uteri
Retroversio uteri
Verstärkte Anteversio uteri
Exkl.: Komplikation bei Schwangerschaft, Wehen oder Entbindung (O34.5, O65.5)

N85.5 Inversio uteri
Exkl.: Aktuelle Geburtsverletzung (O71.2)
Postpartale Inversio uteri (O71.2)

N85.6 Intrauterine Synechien

N85.7 Hämatometra
Hämatosalpinx mit Hämatometra
Exkl.: Hämatometra mit Hämatokolpos (N89.7)

N85.8 Sonstige näher bezeichnete nichtentzündliche Krankheiten des Uterus
Atrophie des Uterus, erworben
Fibrose des Uterus o.n.A.

N85.9 Nichtentzündliche Krankheit des Uterus, nicht näher bezeichnet
Krankheit des Uterus o.n.A.

N86 Erosion und Ektropium der Cervix uteri
Dekubitalgeschwür (trophisch) ⎫
Eversion ⎬ Zervix
Exkl.: Mit Zervizitis (N72)

N87 Dysplasie der Cervix uteri
Exkl.: Carcinoma in situ der Cervix uteri (D06.–)

N87.0 Niedriggradige Dysplasie der Cervix uteri
Zervikale intraepitheliale Neoplasie [CIN] I. Grades

N87.1 Mittelgradige Dysplasie der Cervix uteri
Zervikale intraepitheliale Neoplasie [CIN] II. Grades

N87.2 Hochgradige Dysplasie der Cervix uteri, anderenorts nicht klassifiziert
Hochgradige zervikale Dysplasie o.n.A.
Exkl.: Zervikale intraepitheliale Neoplasie [CIN] III. Grades, mit oder ohne Angabe einer hochgradigen Dysplasie (D06.–)

N87.9 Dysplasie der Cervix uteri, nicht näher bezeichnet

N88 Sonstige nichtentzündliche Krankheiten der Cervix uteri

Exkl.: Entzündliche Krankheit der Cervix uteri (N72)
Zervixpolyp (N84.1)

N88.0 Leukoplakie der Cervix uteri

N88.1 Alter Riß der Cervix uteri
Adhäsionen der Cervix uteri
Exkl.: Aktuelle Geburtsverletzung (O71.3)

N88.2 Striktur und Stenose der Cervix uteri
Exkl.: Als Geburtshindernis (O65.5)

N88.3 Zervixinsuffizienz
Untersuchung und Betreuung einer Nichtschwangeren bei (Verdacht auf) Zervixinsuffizienz
Exkl.: Schädigung des Feten oder Neugeborenen durch Zervixinsuffizienz (P01.0)
Zervixinsuffizienz als Schwangerschaftskomplikation (O34.3)

N88.4 Elongatio cervicis uteri, hypertrophisch

N88.8 Sonstige näher bezeichnete nichtentzündliche Krankheiten der Cervix uteri
Exkl.: Aktuelle Geburtsverletzung (O71.3)

N88.9 Nichtentzündliche Krankheit der Cervix uteri, nicht näher bezeichnet

N89 Sonstige nichtentzündliche Krankheiten der Vagina

Exkl.: Carcinoma in situ der Vagina (D07.2)
Entzündung der Vagina (N76.–)
Leukorrhoe durch Trichomonaden (A59.0)
Senile (atrophische) Kolpitis (N95.2)

N89.0 Niedriggradige Dysplasie der Vagina
Vaginale intraepitheliale Neoplasie [VAIN] I. Grades

N89.1 Mittelgradige Dysplasie der Vagina
Vaginale intraepitheliale Neoplasie [VAIN] II. Grades

N89.2 Hochgradige Dysplasie der Vagina, anderenorts nicht klassifiziert
Hochgradige Dysplasie der Vagina o.n.A.
Exkl.: Vaginale intraepitheliale Neoplasie [VAIN] III. Grades, mit oder ohne Angabe einer hochgradigen Dysplasie (D07.2)

N89.3 **Dysplasie der Vagina, nicht näher bezeichnet**

N89.4 **Leukoplakie der Vagina**

N89.5 **Striktur und Atresie der Vagina**
Adhäsionen der Vagina
Stenose der Vagina
Exkl.: Postoperative Adhäsionen der Vagina (N99.2)

N89.6 **Fester Hymenalring**
Enger Introitus vaginae
Rigider Hymen
Exkl.: Hymenalatresie (Q52.3)

N89.7 **Hämatokolpos**
Hämatokolpos mit Hämatometra oder Hämatosalpinx

N89.8 **Sonstige näher bezeichnete nichtentzündliche Krankheiten der Vagina**
Alter Scheidenriß
Leukorrhoe o.n.A.
Scheidenulkus durch Pessar
Exkl.: Aktuelle Geburtsverletzung (O70.–, O71.4, O71.7–O71.8)
Alte Verletzung der Beckenbodenmuskulatur (N81.8)

N89.9 **Nichtentzündliche Krankheit der Vagina, nicht näher bezeichnet**

N90 Sonstige nichtentzündliche Krankheiten der Vulva und des Perineums
Exkl.: Aktuelle Geburtsverletzung (O70.–, O71.7–O71.8)
Carcinoma in situ der Vulva (D07.1)
Entzündung der Vulva (N76.–)

N90.0 **Niedriggradige Dysplasie der Vulva**
Intraepitheliale Neoplasie der Vulva [VIN] I. Grades

N90.1 **Mittelgradige Dysplasie der Vulva**
Intraepitheliale Neoplasie der Vulva [VIN] II. Grades

N90.2 **Hochgradige Dysplasie der Vulva, anderenorts nicht klassifiziert**
Hochgradige Dysplasie der Vulva o.n.A.
Exkl.: Intraepitheliale Neoplasie der Vulva [VIN] III. Grades, mit oder ohne Angabe einer hochgradigen Dysplasie (D07.1)

N90.3 **Dysplasie der Vulva, nicht näher bezeichnet**

N90.4 Leukoplakie der Vulva
Craurosis vulvae
Dystrophie der Vulva

N90.5 Atrophie der Vulva
Stenose der Vulva

N90.6 Hypertrophie der Vulva
Hypertrophie der Labien

N90.7 Zyste der Vulva

N90.8 Sonstige näher bezeichnete nichtentzündliche Krankheiten der Vulva und des Perineums
Adhäsionen der Vulva
Hypertrophie der Klitoris

N90.9 Nichtentzündliche Krankheit der Vulva und des Perineums, nicht näher bezeichnet

N91 Ausgebliebene, zu schwache oder zu seltene Menstruation

Exkl.: Ovarielle Dysfunktion (E28.–)

N91.0 Primäre Amenorrhoe
Nichteintreten der Menarche im Pubertätsalter.

N91.1 Sekundäre Amenorrhoe
Ausbleiben der Menstruation nach bereits erfolgter Menarche

N91.2 Amenorrhoe, nicht näher bezeichnet
Ausbleiben der Menstruation o.n.A.

N91.3 Primäre Oligomenorrhoe
Zu schwache oder zu seltene Menstruation seit der Menarche.

N91.4 Sekundäre Oligomenorrhoe
Zu schwache oder zu seltene Menstruation nach vorangegangenen normalen Menstruationen.

N91.5 Oligomenorrhoe, nicht näher bezeichnet
Hypomenorrhoe o.n.A.

N92 Zu starke, zu häufige oder unregelmäßige Menstruation

Exkl.: Postmenopausenblutung (N95.0)

N92.0 Zu starke oder zu häufige Menstruation bei regelmäßigem Menstruationszyklus
Hypermenorrhoe o.n.A.
Menorrhagie o.n.A.
Polymenorrhoe

N92.1 Zu starke und zu häufige Menstruation bei unregelmäßigem Menstruationszyklus
Menometrorrhagie
Metrorrhagie
Unregelmäßige intermenstruelle Blutung
Unregelmäßige, verkürzte Intervalle zwischen den Menstruationsblutungen

N92.2 Zu starke Menstruation im Pubertätsalter
Pubertätsblutung
Pubertätsmenorrhagie
Zu starke Blutung bei Auftreten der Menstruationsblutungen

N92.3 Ovulationsblutung
Regelmäßige intermenstruelle Blutung

N92.4 Zu starke Blutung in der Prämenopause
Menorrhagie oder Metrorrhagie:
- klimakterisch
- menopausal
- präklimakterisch
- prämenopausal

N92.5 Sonstige näher bezeichnete unregelmäßige Menstruation

N92.6 Unregelmäßige Menstruation, nicht näher bezeichnet
Unregelmäßige:
- Blutung o.n.A.
- Menstruationszyklen o.n.A.

Exkl.: Unregelmäßige Menstruation mit:
- verkürzten Intervallen oder zu starker Blutung (N92.1)
- verlängerten Intervallen oder zu schwacher Blutung (N91.3–N91.5)

N93 Sonstige abnorme Uterus- oder Vaginalblutung
Exkl.: Blutung aus der Vagina beim Neugeborenen (P54.6)
Pseudomenstruation (P54.6)

N93.0 Postkoitale Blutung und Kontaktblutung

N93.8 Sonstige näher bezeichnete abnorme Uterus- oder Vaginalblutung
Dysfunktionelle oder funktionelle Uterus- oder Vaginalblutung o.n.A.

N93.9 Abnorme Uterus- oder Vaginalblutung, nicht näher bezeichnet

N94 Schmerz und andere Zustände im Zusammenhang mit den weiblichen Genitalorganen und dem Menstruationszyklus

N94.0 **Mittelschmerz**

N94.1 **Dyspareunie**
Exkl.: Psychogene Dyspareunie (F52.6)

N94.2 **Vaginismus**
Exkl.: Psychogener Vaginismus (F52.5)

N94.3 **Prämenstruelle Beschwerden**

N94.4 **Primäre Dysmenorrhoe**

N94.5 **Sekundäre Dysmenorrhoe**

N94.6 **Dysmenorrhoe, nicht näher bezeichnet**

N94.8 **Sonstige näher bezeichnete Zustände im Zusammenhang mit den weiblichen Genitalorganen und dem Menstruationszyklus**

N94.9 **Nicht näher bezeichneter Zustand im Zusammenhang mit den weiblichen Genitalorganen und dem Menstruationszyklus**

N95 Klimakterische Störungen

Exkl.: Postmenopausal:
- Osteoporose (M81.0)
- Osteoporose mit pathologischer Fraktur (M80.0)
- Urethritis (N34.2)

Vorzeitige Menopause o.n.A. (E28.3)
Zu starke Blutung in der Prämenopause (N92.4)

N95.0 **Postmenopausenblutung**
Exkl.: Im Zusammenhang mit artifizieller Menopause (N95.3)

N95.1 **Zustände im Zusammenhang mit der Menopause und dem Klimakterium**
Symptome, wie z.B. Hitzewallungen, Schlaflosigkeit, Kopfschmerz, Konzentrationsschwäche im Zusammenhang mit der Menopause
Exkl.: Im Zusammenhang mit artifizieller Menopause (N95.3)

N95.2 **Atrophische Kolpitis in der Postmenopause**
Senile (atrophische) Kolpitis
Exkl.: Im Zusammenhang mit artifizieller Menopause (N95.3)

N95.3 **Zustände im Zusammenhang mit artifizieller Menopause**
Postartifizielles Menopausensyndrom

N95.8 Sonstige näher bezeichnete klimakterische Störungen

N95.9 Klimakterische Störung, nicht näher bezeichnet

N96 Neigung zu habituellem Abort
Infertilität
Untersuchung oder Betreuung einer Frau mit Neigung zu habituellem Abort ohne bestehende Schwangerschaft
Exkl.: Bei ablaufendem Abort (O03–O06)
Bei gegenwärtiger Schwangerschaft (O26.2)

N97 Sterilität der Frau
Inkl.: Nichteintreten einer Schwangerschaft
Sterilität o.n.A. bei der Frau
Exkl.: Infertilität (N96)

N97.0 Sterilität der Frau in Verbindung mit fehlender Ovulation

N97.1 Sterilität tubaren Ursprungs bei der Frau
Im Zusammenhang mit angeborener Anomalie der Tuba uterina
Tubenspasmus
Tubenstenose
Tubenverschluß

N97.2 Sterilität uterinen Ursprungs bei der Frau
Im Zusammenhang mit angeborener Anomalie des Uterus
Nichtimplantation einer Eizelle

N97.3 Sterilität zervikalen Ursprungs bei der Frau

N97.4 Sterilität der Frau im Zusammenhang mit Faktoren des Partners

N97.8 Sterilität sonstigen Ursprungs bei der Frau

N97.9 Sterilität der Frau, nicht näher bezeichnet

N98 Komplikationen im Zusammenhang mit künstlicher Befruchtung

N98.0 Infektion im Zusammenhang mit artifizieller Insemination

N98.1 Hyperstimulation der Ovarien
Hyperstimulation der Ovarien:
- im Zusammenhang mit induzierter Ovulation
- o.n.A.

N98.2 Komplikationen bei versuchter Einführung eines befruchteten Eies nach In-vitro-Fertilisation

N98.3 Komplikationen bei versuchter Implantation eines Embryos bei Embryotransfer

N98.8 Sonstige Komplikationen im Zusammenhang mit künstlicher Befruchtung
Komplikationen bei artifizieller Insemination:
- Fremdsamen
- Samen des Ehemannes oder Partners

N98.9 Komplikation im Zusammenhang mit künstlicher Befruchtung, nicht näher bezeichnet

Sonstige Krankheiten des Urogenitalsystems (N99)

N99 Krankheiten des Urogenitalsystems nach medizinischen Maßnahmen, anderenorts nicht klassifiziert

Exkl.: Krankheitszustände im Zusammenhang mit artifizieller Menopause (N95.3)
Osteoporose nach Ovarektomie (M81.1)
Osteoporose nach Ovarektomie mit pathologischer Fraktur (M80.1)
Strahlenzystitis (N30.4)

N99.0 Nierenversagen nach medizinischen Maßnahmen

N99.1 Harnröhrenstriktur nach medizinischen Maßnahmen
Harnröhrenstriktur nach Katheterisierung

N99.2 Postoperative Adhäsionen der Vagina

N99.3 Prolaps des Scheidenstumpfes nach Hysterektomie

N99.4 Peritoneale Adhäsionen im Becken nach medizinischen Maßnahmen

N99.5 Funktionsstörung eines äußeren Stomas des Harntraktes

N99.8 Sonstige Krankheiten des Urogenitalsystems nach medizinischen Maßnahmen
Residual ovary syndrome

N99.9 Krankheit des Urogenitalsystems nach medizinischen Maßnahmen, nicht bezeichnet

KAPITEL XV

Schwangerschaft, Geburt und Wochenbett
(O00–O99)

Hinweis: Gestation: Oberbegriff für Schwangerschaft, Geburt und Wochenbett

Exkl.: HIV-Krankheit (B20–B24)
Osteomalazie im Wochenbett (M83.0)
Postpartale Hypophysennekrose (E23.0)
Psychische und Verhaltensstörungen im Wochenbett (F53.–)
Tetanus während der Schwangerschaft, der Geburt und des Wochenbettes (A34)
Überwachung bei:
- normaler Schwangerschaft (Z34.–)
- Risikoschwangerschaft (Z35.–)

Verletzungen, Vergiftungen und bestimmte andere Folgen äußerer Ursachen (S00–T98)

Dieses Kapitel gliedert sich in folgende Gruppen:

O00–O08 Schwangerschaft mit abortivem Ausgang
O10–O16 Ödeme, Proteinurie und Hypertonie während der Schwangerschaft, der Geburt und des Wochenbettes
O20–O29 Sonstige Krankheiten der Mutter, die vorwiegend mit der Schwangerschaft verbunden sind
O30–O48 Betreuung der Mutter im Hinblick auf den Feten und die Amnionhöhle sowie mögliche Entbindungskomplikationen
O60–O75 Komplikationen bei Wehentätigkeit und Entbindung
O80–O84 Entbindung
O85–O92 Komplikationen, die vorwiegend im Wochenbett auftreten
O95–O99 Sonstige Krankheitszustände während der Gestationsperiode, die anderenorts nicht klassifiziert sind

Schwangerschaft mit abortivem Ausgang (O00–O08)

Exkl.: Fortbestehen der Schwangerschaft bei Mehrlingsschwangerschaft nach Fehlgeburt eines oder mehrerer Feten (O31.1)

O00 Extrauteringravidität

Inkl.: Rupturierte Extrauteringravidität

Soll eine begleitende Komplikation angegeben werden, ist zusätzlich eine Schlüsselnummer aus O08.– zu benutzen.

O00.0 Abdominalgravidität

Exkl.: Betreuung der Mutter wegen eines lebensfähigen Feten bei Abdominalgravidität (O36.7)
Entbindung eines lebensfähigen Feten bei Abdominalgravidität (O83.3)

O00.1 Tubargravidität
Ruptur der Tuba (uterina) durch eine Schwangerschaft
Tubarabort
Tubenschwangerschaft

O00.2 Ovarialgravidität

O00.8 Sonstige Extrauteringravidität
Gravidität:
- im Uterushorn
- intraligamentär
- intramural
- zervikal

O00.9 Extrauteringravidität, nicht näher bezeichnet

O01 Blasenmole

Soll eine begleitende Komplikation angegeben werden, ist zusätzlich eine Schlüsselnummer aus O08.– zu benutzen.

Exkl.: Maligne Blasenmole (D39.2)

O01.0 Klassische Blasenmole
Komplette Blasenmole

O01.1 Partielle oder inkomplette Blasenmole

O01.9 Blasenmole, nicht näher bezeichnet
Traubenmole o.n.A.
Trophoblastkrankheit o.n.A.

O02 Sonstige abnorme Konzeptionsprodukte

Soll eine begleitende Komplikation angegeben werden, ist zusätzlich eine Schlüsselnummer aus O08.– zu benutzen.

Exkl.: Fetus papyraceus (O31.0)

O02.0 Abortivei und sonstige Molen
Mole:
- Blut-
- Fleisch-
- intrauterin o.n.A.
- Wind-

Pathologische Eizelle

O02.1 Missed abortion [Verhaltene Fehlgeburt]
Früher Fetaltod mit Retention des toten Feten
Exkl.: Missed abortion mit:
- Abortivei (O02.0)
- Mole:
  - Blasen- (O01.–)
  - sonstige (O02.0)

O02.8 Sonstige näher bezeichnete abnorme Konzeptionsprodukte
Exkl.: Abnorme Konzeptionsprodukte mit:
- Abortivei (O02.0)
- Mole:
  - Blasen- (O01.–)
  - sonstige (O02.0)

O02.9 Anomales Konzeptionsprodukt, nicht näher bezeichnet

Die folgenden 4. Stellen sind bei den Kategorien O03–O06 zu benutzen:

Hinweis: Inkompletter Abort schließt Retention von Konzeptionsprodukten nach Abort ein

.0 Inkomplett, kompliziert durch Infektion des Genitaltraktes und des Beckens
Mit Zuständen, die unter O08.0 aufgeführt sind

.1 Inkomplett, kompliziert durch Spätblutung oder verstärkte Blutung
Mit Zuständen, die unter O08.1 aufgeführt sind

.2 Inkomplett, kompliziert durch Embolie
Mit Zuständen, die unter O08.2 aufgeführt sind

.3 Inkomplett, mit sonstigen und nicht näher bezeichneten Komplikationen
Mit Zuständen, die unter O08.3–O08.9 aufgeführt sind

.4 Inkomplett, ohne Komplikation

.5 Komplett oder nicht näher bezeichnet, kompliziert durch Infektion des Genitaltraktes und des Beckens
Mit Zuständen, die unter O08.0 aufgeführt sind

.6 Komplett oder nicht näher bezeichnet, kompliziert durch Spätblutung oder verstärkte Blutung
Mit Zuständen, die unter O08.1 aufgeführt sind

.7 Komplett oder nicht näher bezeichnet, kompliziert durch Embolie
Mit Zuständen, die unter O08.2 aufgeführt sind

.8 Komplett oder nicht näher bezeichnet, mit sonstigen und nicht näher bezeichneten Komplikationen
Mit Zuständen, die unter O08.3–O08.9 aufgeführt sind

.9 Komplett oder nicht näher bezeichnet, ohne Komplikation

O03 Spontanabort
[4. Stellen siehe vor Kategorie O03]

Inkl.: Fehlgeburt

O04 Ärztlich eingeleiteter Abort
[4. Stellen siehe vor Kategorie O03]

Inkl.: Schwangerschaftsabbruch:
- legal
- therapeutisch

Therapeutischer Abort

O05 Sonstiger Abort
[4. Stellen siehe vor Kategorie O03]

O06 Nicht näher bezeichneter Abort
[4. Stellen siehe vor Kategorie O03]
Inkl.: Eingeleiteter Abort o.n.A.

O07 Mißlungene Aborteinleitung
Inkl.: Mißlungene Abortinduktion
Exkl.: Inkompletter Abort (O03–O06)

O07.0 **Mißlungene ärztliche Aborteinleitung, kompliziert durch Infektion des Genitaltraktes und des Beckens**
Mit Zuständen, die unter O08.0 aufgeführt sind

O07.1 **Mißlungene ärztliche Aborteinleitung, kompliziert durch Spätblutung oder verstärkte Blutung**
Mit Zuständen, die unter O08.1 aufgeführt sind

O07.2 **Mißlungene ärztliche Aborteinleitung, kompliziert durch Embolie**
Mit Zuständen, die unter O08.2 aufgeführt sind

O07.3 **Mißlungene ärztliche Aborteinleitung mit sonstigen oder nicht näher bezeichneten Komplikationen**
Mit Zuständen, die unter O08.3–O08.9 aufgeführt sind

O07.4 **Mißlungene ärztliche Aborteinleitung ohne Komplikation**
Mißlungene ärztliche Aborteinleitung o.n.A.

O07.5 **Mißlungene sonstige oder nicht näher bezeichnete Aborteinleitung, kompliziert durch Infektion des Genitaltraktes und des Beckens**
Mit Zuständen, die unter O08.0 aufgeführt sind

O07.6 **Mißlungene sonstige oder nicht näher bezeichnete Aborteinleitung, kompliziert durch Spätblutung oder verstärkte Blutung**
Mit Zuständen, die unter O08.1 aufgeführt sind

O07.7 **Mißlungene sonstige oder nicht näher bezeichnete Aborteinleitung, kompliziert durch Embolie**
Mit Zuständen, die unter O08.2 aufgeführt sind

O07.8 **Mißlungene sonstige oder nicht näher bezeichnete Aborteinleitung mit sonstigen oder nicht näher bezeichneten Komplikationen**
Mit Zuständen, die unter O08.3–O08.9 aufgeführt sind

O07.9 **Mißlungene sonstige oder nicht näher bezeichnete Aborteinleitung ohne Komplikation**
Mißlungener Abortversuch o.n.A.

O08 Komplikationen nach Abort, Extrauteringravidität und Molenschwangerschaft

Hinweis: Diese Kategorie ist in erster Linie zur Verschlüsselung der Morbidität vorgesehen. Für den Gebrauch dieser Kategorie sollten die Regeln und Richtlinien zur Verschlüsselung der Morbidität und Mortalität in Band 2 (Regelwerk) herangezogen werden.

O08.0 Infektion des Genitaltraktes und des Beckens nach Abort, Extrauteringravidität und Molenschwangerschaft

Endometritis
Oophoritis
Parametritis
Pelveoperitonitis
Salpingitis
Salpingo-Oophoritis
Sepsis
Septikämie
Septischer Schock
} nach Zuständen, die unter O00–O07 klassifizierbar sind

Exkl.: Harnwegsinfektion (O08.8)
Septische oder septikopyämische Embolie (O08.2)

O08.1 Spätblutung oder verstärkte Blutung nach Abort, Extrauteringravidität und Molenschwangerschaft

Afibrinogenämie
Defibrinierungssyndrom
Intravasale Gerinnung
} nach Zuständen, die unter O00–O07 klassifizierbar sind

O08.2 Embolie nach Abort, Extrauteringravidität und Molenschwangerschaft

Embolie:
- Fruchtwasser-
- Luft-
- Lungen-
- nach Seifenspülung
- pyämisch
- septisch oder septikopyämisch
- Thrombo-
- o.n.A.

} nach Zuständen, die unter O00–O07 klassifizierbar sind

O08.3 Schock nach Abort, Extrauteringravidität und Molenschwangerschaft

Kreislaufkollaps
Schock (postoperativ)
} nach Zuständen, die unter O00–O07 klassifizierbar sind

Exkl.: Septischer Schock (O08.0)

O08.4 Niereninsuffizienz nach Abort, Extrauteringravidität und Molenschwangerschaft

Nierenversagen (akut)
Oligurie
Renale tubuläre Nekrose
Schockniere
Urämie
} nach Zuständen, die unter O00–O07 klassifizierbar sind

O08.5 Stoffwechselstörungen nach Abort, Extrauteringravidität und Molenschwangerschaft

Störungen des Elektrolythaushaltes nach Zuständen, die unter O00–O07 klassifizierbar sind

O08.6 Verletzung von Beckenorganen und -geweben nach Abort, Extrauteringravidität und Molenschwangerschaft

Lazeration, Perforation, Riß oder chemische Verätzung:
- Cervix uteri
- Darm
- Harnblase
- Lig. latum uteri
- periurethrales Gewebe
- Uterus
} nach Zuständen, die unter O00–O07 klassifizierbar sind

O08.7 Sonstige Venenkrankheiten als Komplikation nach Abort, Extrauteringravididät und Molenschwangerschaft

O08.8 Sonstige Komplikationen nach Abort, Extrauteringravidität und Molenschwangerschaft

Harnwegsinfektion
Herzstillstand
} nach Zuständen, die unter O00–O07 klassifizierbar sind

O08.9 Komplikation nach Abort, Extrauteringravidität und Molenschwangerschaft, nicht näher bezeichnet

Nicht näher bezeichnete Komplikation nach Zuständen, die unter O00–O07 klassifizierbar sind

Ödeme, Proteinurie und Hypertonie während der Schwangerschaft, der Geburt und des Wochenbettes (O10–O16)

O10 Vorher bestehende Hypertonie, die Schwangerschaft, Geburt und Wochenbett kompliziert

Inkl.: Aufgeführte Zustände mit vorher bestehender Proteinurie

Exkl.: Aufgeführte Zustände mit verstärkter oder aufgepfropfter Proteinurie (O11)

O10.0 Vorher bestehende essentielle Hypertonie, die Schwangerschaft, Geburt und Wochenbett kompliziert
Jeder Zustand in I10 als Betreuungsgrund während der Schwangerschaft, der Geburt oder des Wochenbettes

O10.1 Vorher bestehende hypertensive Herzkrankheit, die Schwangerschaft, Geburt und Wochenbett kompliziert
Jeder Zustand in I11.– als Betreuungsgrund während der Schwangerschaft, der Geburt oder des Wochenbettes

O10.2 Vorher bestehende hypertensive Nierenkrankheit, die Schwangerschaft, Geburt und Wochenbett kompliziert
Jeder Zustand in I12.– als Betreuungsgrund während der Schwangerschaft, der Geburt oder des Wochenbettes

O10.3 Vorher bestehende hypertensive Herz- und Nierenkrankheit, die Schwangerschaft, Geburt und Wochenbett kompliziert
Jeder Zustand in I13.– als Betreuungsgrund während der Schwangerschaft, der Geburt oder des Wochenbettes

O10.4 Vorher bestehende sekundäre Hypertonie, die Schwangerschaft, Geburt und Wochenbett kompliziert
Jeder Zustand in I15.– als Betreuungsgrund während der Schwangerschaft, der Geburt oder des Wochenbettes

O10.9 Nicht näher bezeichnete, vorher bestehende Hypertonie, die Schwangerschaft, Geburt und Wochenbett kompliziert

O11 Vorher bestehende Hypertonie mit aufgepfropfter Proteinurie
Pfropf-Präeklampsie
Unter O10.– aufgeführte Zustände, kompliziert durch verstärkte Proteinurie

O12 Gestationsödeme und Gestationsproteinurie [schwangerschaftsinduziert] ohne Hypertonie

O12.0 Schwangerschaftsödeme
O12.1 Schwangerschaftsproteinurie
O12.2 Schwangerschaftsödeme mit Proteinurie

O13 Gestationshypertonie [schwangerschaftsinduziert] ohne bedeutsame Proteinurie
Leichte Präeklampsie
Schwangerschaftsbedingte Hypertonie o.n.A.

O14 Gestationshypertonie [schwangerschaftsinduziert] mit bedeutsamer Proteinurie
Exkl.: Pfropf-Präeklampsie (O11)

O14.0 Mäßige Präeklampsie
O14.1 Schwere Präeklampsie
O14.9 Präeklampsie, nicht näher bezeichnet

O15 Eklampsie
Inkl.: Eklampsie (mit schwangerschaftsinduzierter oder vorher bestehender Hypertonie)
Krämpfe, die bei den unter O10–O14 und O16 aufgeführten Zuständen auftreten

O15.0 Eklampsie während der Schwangerschaft
O15.1 Eklampsie unter der Geburt
O15.2 Eklampsie im Wochenbett
O15.9 Eklampsie, bei der der zeitliche Bezug nicht angegeben ist
Eklampsie o.n.A.

O16 Nicht näher bezeichnete Hypertonie der Mutter
Transitorische Hypertonie während der Schwangerschaft

Sonstige Krankheiten der Mutter, die vorwiegend mit der Schwangerschaft verbunden sind (O20–O29)

Hinweis: Die Schlüsselnummern O24.– und O25 gelten auch dann, wenn die aufgeführten Zustände unter der Geburt oder im Wochenbett auftreten.

Exkl.: Betreuung der Mutter im Hinblick auf den Feten und die Amnionhöhle sowie mögliche Entbindungskomplikationen (O30–O48)
Krankheiten der Mutter, die anderenorts klassifizierbar sind, die jedoch Schwangerschaft, Wehen, Entbindung und Wochenbett komplizieren (O98–O99)

O20 Blutung in der Frühschwangerschaft
Exkl.: Schwangerschaft mit abortivem Ausgang (O00–O08)

O20.0 Drohender Abort
Blutung mit der Angabe, daß sie durch drohenden Abort bedingt ist

O20.8 Sonstige Blutung in der Frühschwangerschaft

O20.9 Blutung in der Frühschwangerschaft, nicht näher bezeichnet

O21 Übermäßiges Erbrechen während der Schwangerschaft

O21.0 Leichte Hyperemesis gravidarum
Hyperemesis gravidarum, leicht oder nicht näher bezeichnet, Beginn vor Beendigung der 22. Schwangerschaftswoche

O21.1 Hyperemesis gravidarum mit Stoffwechselstörung
Hyperemesis gravidarum, Beginn vor Beendigung der 22. Schwangerschaftswoche, mit Stoffwechselstörung, wie z.B.:
- Dehydratation
- Hypoglykämie
- Störung des Elektrolythaushaltes

O21.2 **Späterbrechen während der Schwangerschaft**
Übermäßiges Erbrechen, Beginn nach 22 vollendeten Schwangerschaftswochen

O21.8 **Sonstiges Erbrechen, das die Schwangerschaft kompliziert**
Erbrechen durch anderenorts klassifizierte Krankheiten, das die Schwangerschaft kompliziert
Soll die Ursache angegeben werden, ist eine zusätzliche Schlüsselnummer zu benutzen.

O21.9 **Erbrechen während der Schwangerschaft, nicht näher bezeichnet**

O22 Venenkrankheiten als Komplikation in der Schwangerschaft

Exkl.: Aufgeführte Zustände als Komplikationen von:
- Abort, Extrauteringravidität oder Molenschwangerschaft (O00–O07, O08.7)
- Geburt und Wochenbett (O87.–)
Lungenembolie während der Gestationsperiode (O88.–)

O22.0 **Varizen der unteren Extremitäten in der Schwangerschaft**
Varizen o.n.A. in der Schwangerschaft

O22.1 **Varizen der Genitalorgane in der Schwangerschaft**
Varizen des Perineums, der Vagina und der Vulva in der Schwangerschaft

O22.2 **Oberflächliche Thrombophlebitis in der Schwangerschaft**
Thrombophlebitis der Beine in der Schwangerschaft

O22.3 **Tiefe Venenthrombose in der Schwangerschaft**
Thrombophlebitis der Beckenvenen, präpartal
Tiefe Venenthrombose, präpartal

O22.4 **Hämorrhoiden in der Schwangerschaft**

O22.5 **Hirnvenenthrombose in der Schwangerschaft**
Zerebrovenöse Sinusthrombose in der Schwangerschaft

O22.8 **Sonstige Venenkrankheiten als Komplikation in der Schwangerschaft**

O22.9 **Venenkrankheit als Komplikation in der Schwangerschaft, nicht näher bezeichnet**
Schwangerschaftsbedingt:
- Phlebitis o.n.A.
- Phlebopathie o.n.A.
- Thrombose o.n.A.

O23 Infektionen des Urogenitaltraktes in der Schwangerschaft

O23.0 Infektionen der Niere in der Schwangerschaft
O23.1 Infektionen der Harnblase in der Schwangerschaft
O23.2 Infektionen der Urethra in der Schwangerschaft
O23.3 Infektionen von sonstigen Teilen der Harnwege in der Schwangerschaft
O23.4 Nicht näher bezeichnete Infektion der Harnwege in der Schwangerschaft
O23.5 Infektionen des Genitaltraktes in der Schwangerschaft
O23.9 Sonstige und nicht näher bezeichnete Infektion des Urogenitaltraktes in der Schwangerschaft
Infektion des Urogenitaltraktes in der Schwangerschaft o.n.A.

O24 Diabetes mellitus in der Schwangerschaft
Inkl.: Bei Geburt und im Wochenbett

O24.0 Vorher bestehender Diabetes mellitus, insulinpflichtig
O24.1 Vorher bestehender Diabetes mellitus, nicht insulinpflichtig
O24.2 Vorher bestehender Diabetes mellitus durch Fehl- oder Mangelernährung
O24.3 Vorher bestehender Diabetes mellitus, nicht näher bezeichnet
O24.4 Diabetes mellitus, während der Schwangerschaft auftretend
Gestationsbedingter Diabetes mellitus o.n.A.
O24.9 Diabetes mellitus in der Schwangerschaft, nicht näher bezeichnet

O25 Fehl- und Mangelernährung in der Schwangerschaft
Fehl- und Mangelernährung bei der Geburt und im Wochenbett

O26 Betreuung der Mutter bei sonstigen Zuständen, die vorwiegend mit der Schwangerschaft verbunden sind

O26.0 Übermäßige Gewichtszunahme in der Schwangerschaft
Exkl.: Schwangerschaftsödeme (O12.0, O12.2)

O26.1	Geringe Gewichtszunahme in der Schwangerschaft
O26.2	Schwangerschaftsbetreuung bei Neigung zu habituellem Abort

        Exkl.:   Habituelle Abortneigung:
- mit ablaufendem Abort (O03–O06)
- ohne bestehende Schwangerschaft (N96)

O26.3	Schwangerschaft bei liegendem Intrauterinpessar
O26.4	Herpes gestationis
O26.5	**Hypotonie-Syndrom der Mutter** Vena-cava-Kompressionssyndrom
O26.6	Leberkrankheiten während der Schwangerschaft, der Geburt und des Wochenbettes

        Exkl.:   Hepatorenales Syndrom nach Wehen und Entbindung (O90.4)

O26.7	Subluxation der Symphysis (pubica) während der Schwangerschaft, der Geburt und des Wochenbettes

        Exkl.:   Traumatische Symphysensprengung (Symphysis pubica) unter der Geburt (O71.6)

O26.8	**Sonstige näher bezeichnete Zustände, die mit der Schwangerschaft verbunden sind** Erschöpfung und Ermüdung Nierenkrankheit ⎫ Periphere Neuritis ⎭ während der Schwangerschaft
O26.9	Mit der Schwangerschaft verbundener Zustand, nicht näher bezeichnet

O28 Abnorme Befunde bei der Screeninguntersuchung der Mutter zur pränatalen Diagnostik

        Exkl.:   Anderenorts klassifizierte diagnostische Befunde – siehe Alphabetisches Verzeichnis
Betreuung der Mutter im Hinblick auf den Feten und die Amnionhöhle sowie mögliche Entbindungskomplikationen (O30–O48)

O28.0	Abnormer hämatologischer Befund bei der pränatalen Screeninguntersuchung der Mutter
O28.1	Abnormer biochemischer Befund bei der pränatalen Screeninguntersuchung der Mutter
O28.2	Abnormer zytologischer Befund bei der pränatalen Screeninguntersuchung der Mutter

O28.3 Abnormer Ultraschallbefund bei der pränatalen Screeninguntersuchung der Mutter

O28.4 Abnormer radiologischer Befund bei der pränatalen Screeninguntersuchung der Mutter

O28.5 Abnormer Chromosomen- oder genetischer Befund bei der pränatalen Screeninguntersuchung der Mutter

O28.8 Sonstige abnorme Befunde bei der pränatalen Screeninguntersuchung der Mutter

O28.9 Anomaler Befund bei der pränatalen Screeninguntersuchung der Mutter, nicht näher bezeichnet

O29 Komplikationen bei Anästhesie in der Schwangerschaft

Inkl.: Komplikationen bei der Mutter durch Verabreichung von Allgemein- oder Lokalanästhetikum, Analgetikum oder durch sonstige Beruhigungsmaßnahme während der Schwangerschaft

Exkl.: Komplikationen bei Anästhesie während:
- Abort, Extrauteringravidität oder Molenschwangerschaft (O00–O08)
- Wehentätigkeit und Entbindung (O74.–)
- Wochenbett (O89.–)

O29.0 Pulmonale Komplikationen bei Anästhesie in der Schwangerschaft
Aspirationspneumonie
Aspiration von Mageninhalt oder -sekret o.n.A.
Mendelson-Syndrom
Pneumothorax
} durch Anästhesie in der Schwangerschaft

O29.1 Kardiale Komplikationen bei Anästhesie in der Schwangerschaft
Herz:
- Stillstand
- Versagen
} durch Anästhesie in der Schwangerschaft

O29.2 Komplikationen des Zentralnervensystems bei Anästhesie in der Schwangerschaft
Zerebrale Anoxie durch Anästhesie in der Schwangerschaft

O29.3 Toxische Reaktion auf Lokalanästhesie in der Schwangerschaft

O29.4 Kopfschmerzen nach Spinal- oder Periduralanästhesie in der Schwangerschaft

O29.5	Sonstige Komplikationen nach Spinal- oder Periduralanästhesie in der Schwangerschaft
O29.6	Mißlingen oder Schwierigkeiten bei der Intubation in der Schwangerschaft
O29.8	Sonstige Komplikationen bei Anästhesie in der Schwangerschaft
O29.9	Komplikation bei Anästhesie in der Schwangerschaft, nicht näher bezeichnet

Betreuung der Mutter im Hinblick auf den Feten und die Amnionhöhle sowie mögliche Entbindungskomplikationen (O30–O48)

O30 Mehrlingsschwangerschaft

Exkl.: Komplikationen, die für eine Mehrlingsschwangerschaft spezifisch sind (O31.–)

O30.0	Zwillingsschwangerschaft
O30.1	Drillingsschwangerschaft
O30.2	Vierlingsschwangerschaft
O30.8	Sonstige Mehrlingsschwangerschaft
O30.9	Mehrlingsschwangerschaft, nicht näher bezeichnet
	Mehrlingsschwangerschaft o.n.A.

O31 Komplikationen, die für eine Mehrlingsschwangerschaft spezifisch sind

Exkl.: Doppelfehlbildung [zusammengewachsene Zwillinge] als Ursache für ein Mißverhältnis (O33.7)
Geburtshindernis (O64–O66)
Lage- und Einstellungsanomalien eines oder mehrerer Feten (O32.5)
Protrahierte Geburt des zweiten Zwillings, Drillings usw. (O63.2)

O31.0	Fetus papyraceus
	Fetus compressus
O31.1	Fortbestehen der Schwangerschaft nach Fehlgeburt eines oder mehrerer Feten
O31.2	Fortbestehen der Schwangerschaft nach intrauterinem Absterben eines oder mehrerer Feten
O31.8	Sonstige Komplikationen, die für eine Mehrlingsschwangerschaft spezifisch sind

O32 Betreuung der Mutter bei festgestellter oder vermuteter Lage- und Einstellungsanomalie des Feten

Inkl.: Aufgeführte Zustände als Grund für Beobachtung, stationäre Behandlung oder sonstige geburtshilfliche Betreuung der Mutter oder für Schnittentbindung vor Wehenbeginn

Exkl.: Aufgeführte Zustände im Zusammenhang mit Geburtshindernis (O64.–)

O32.0 Betreuung der Mutter wegen wechselnder Kindslage

O32.1 Betreuung der Mutter wegen Beckenendlage

O32.2 Betreuung der Mutter bei Quer- und Schräglage
Querlage
Schräglage

O32.3 Betreuung der Mutter bei Gesichts-, Stirn- und Kinnlage

O32.4 Betreuung der Mutter bei Nichteintreten des Kopfes zum Termin
Fehlender Eintritt des Kopfes in den Beckeneingang

O32.5 Betreuung der Mutter bei Mehrlingsschwangerschaft mit Lage- und Einstellungsanomalie eines oder mehrerer Feten

O32.6 Betreuung der Mutter bei kombinierten Lage- und Einstellungsanomalien

O32.8 Betreuung der Mutter bei sonstigen Lage- und Einstellungsanomalien des Feten

O32.9 Betreuung der Mutter bei Lage- und Einstellungsanomalie des Feten, nicht näher bezeichnet

O33 Betreuung der Mutter bei festgestelltem oder vermutetem Mißverhältnis

Inkl.: Aufgeführte Zustände als Grund für Beobachtung, stationäre Behandlung oder sonstige geburtshilfliche Betreuung der Mutter oder für Schnittentbindung vor Wehenbeginn

Exkl.: Aufgeführte Zustände im Zusammenhang mit Geburtshindernis (O65–O66)

O33.0 Betreuung der Mutter bei Mißverhältnis durch Deformität des mütterlichen knöchernen Beckens
Beckendeformität o.n.A. als Ursache für ein Mißverhältnis

O33.1 Betreuung der Mutter bei Mißverhältnis durch allgemein verengtes Becken
Beckenverengung o.n.A. als Ursache für ein Mißverhältnis

Schwangerschaft, Geburt und Wochenbett

O33.2 Betreuung der Mutter bei Mißverhältnis durch Beckeneingangsverengung
Verengung im Beckeneingang als Ursache für ein Mißverhältnis

O33.3 Betreuung der Mutter bei Mißverhältnis durch Beckenausgangsverengung
Verengung im Beckenausgang
Verengung in Beckenmitte
} als Ursache für ein Mißverhältnis

O33.4 Betreuung der Mutter wegen Mißverhältnis bei kombinierter mütterlicher und fetaler Ursache

O33.5 Betreuung der Mutter bei Mißverhältnis durch ungewöhnlich großen Feten
Fetales Mißverhältnis o.n.A.
Mißverhältnis fetaler Ursache bei normal ausgebildetem Feten

O33.6 Betreuung der Mutter bei Mißverhältnis durch Hydrozephalus des Feten

O33.7 Betreuung der Mutter bei Mißverhältnis durch sonstige Deformitäten des Feten
Doppelfehlbildung
  [zusammengewachsene Zwillinge]
Fetal:
- Aszites
- Hydrops
- Myelomeningozele
- Steißteratom
- Tumor
} als Ursache für ein Mißverhältnis

O33.8 Betreuung der Mutter bei Mißverhältnis sonstigen Ursprungs

O33.9 Betreuung der Mutter bei Mißverhältnis, nicht näher bezeichnet
Mißverhältnis zwischen Fet und Becken o.n.A.
Mißverhältnis zwischen Kopf und Becken o.n.A.

O34 Betreuung der Mutter bei festgestellter oder vermuteter Anomalie der Beckenorgane

Inkl.: Aufgeführte Zustände als Grund für Beobachtung, stationäre Behandlung oder sonstige geburtshilfliche Betreuung der Mutter oder für Schnittentbindung vor Wehenbeginn

Exkl.: Aufgeführte Zustände im Zusammenhang mit Geburtshindernis (O65.5)

O34.0 Betreuung der Mutter bei angeborener Fehlbildung des Uterus
Betreuung der Mutter bei:
- Uterus bicornis
- Uterus duplex

O34.1 Betreuung der Mutter bei Tumor des Corpus uteri
Betreuung der Mutter bei:
- Leiomyom des Uterus
- Polyp des Corpus uteri

Exkl.: Betreuung der Mutter bei Tumor der Cervix uteri (O34.4)

O34.2 Betreuung der Mutter bei Uterusnarbe durch vorangegangenen chirurgischen Eingriff
Betreuung der Mutter bei Narbe durch vorangegangene Schnittentbindung

Exkl.: Vaginale Entbindung nach vorangegangener Schnittentbindung o.n.A. (O75.7)

O34.3 Betreuung der Mutter bei Zervixinsuffizienz
Betreuung der Mutter bei:
- Cerclage
- Shirodkar-Naht

} mit oder ohne Angabe von Zervixinsuffizienz

O34.4 Betreuung der Mutter bei sonstigen Anomalien der Cervix uteri
Betreuung der Mutter bei:
- Polyp der Cervix uteri
- Striktur oder Stenose der Cervix uteri
- Tumor der Cervix uteri
- vorangegangenem chirurgischem Eingriff an der Cervix uteri

O34.5 Betreuung der Mutter bei sonstigen Anomalien des graviden Uterus
Betreuung der Mutter bei:
- Inkarzeration
- Prolaps
- Retroversion

} des graviden Uterus

O34.6 Betreuung der Mutter bei Anomalie der Vagina
Betreuung der Mutter bei:
- Stenose der Vagina (erworben) (angeboren)
- Striktur der Vagina
- Tumor der Vagina
- Vaginalseptum
- vorangegangenem chirurgischem Eingriff an der Vagina

Exkl.: Betreuung der Mutter bei Varizen der Vagina in der Schwangerschaft (O22.1)

O34.7 Betreuung der Mutter bei Anomalie der Vulva und des Perineums
Betreuung der Mutter bei:
- Fibrose des Perineums
- Rigidität des Perineums
- Tumor der Vulva
- vorangegangenem chirurgischem Eingriff an Perineum oder Vulva

Exkl.: Betreuung der Mutter bei Varizen des Perineums und der Vulva in der Schwangerschaft (O22.1)

O34.8 Betreuung der Mutter bei sonstigen Anomalien der Beckenorgane
Betreuung der Mutter bei:
- Beckenbodenplastik (vorangegangen)
- Hängebauch
- Rektozele
- Rigidität des Beckenbodens
- Zystozele

O34.9 Betreuung der Mutter bei Anomalie der Beckenorgane, nicht näher bezeichnet

O35 Betreuung der Mutter bei festgestellter oder vermuteter Anomalie oder Schädigung des Feten

Inkl.: Aufgeführte Zustände beim Feten als Grund für Beobachtung, stationäre Behandlung oder sonstige geburtshilfliche Betreuung der Mutter oder für Schwangerschaftsabbruch

Exkl.: Betreuung der Mutter bei festgestelltem oder vermutetem Mißverhältnis (O33.–)

O35.0 Betreuung der Mutter bei (Verdacht auf) Fehlbildung des Zentralnervensystems beim Feten
Betreuung der Mutter bei (Verdacht auf):
- Anencephalus ⎫ beim Feten
- Spina bifida ⎭

Exkl.: Chromosomenanomalie beim Feten (O35.1)

O35.1 Betreuung der Mutter bei (Verdacht auf) Chromosomenanomalie beim Feten

O35.2 Betreuung der Mutter bei (Verdacht auf) hereditäre Krankheit beim Feten
Exkl.: Chromosomenanomalie beim Feten (O35.1)

O35.3 Betreuung der Mutter bei (Verdacht auf) Schädigung des Feten durch Viruskrankheit der Mutter
Betreuung der Mutter bei (Verdacht auf) Schädigung des Feten durch mütterliche:
- Röteln
- Zytomegalie

O35.4 Betreuung der Mutter bei (Verdacht auf) Schädigung des Feten durch Alkohol

O35.5 **Betreuung der Mutter bei (Verdacht auf) Schädigung des Feten durch Arzneimittel oder Drogen**
Betreuung der Mutter bei (Verdacht auf) Schädigung des Feten durch Arzneimittel- oder Drogenabhängigkeit
Exkl.: Fetaler Distreß [fetal distress] bei Wehen und Entbindung durch Verabreichung von Arzneimitteln (O68.–)

O35.6 **Betreuung der Mutter bei (Verdacht auf) Schädigung des Feten durch Strahleneinwirkung**

O35.7 **Betreuung der Mutter bei (Verdacht auf) Schädigung des Feten durch sonstige medizinische Maßnahmen**
Betreuung der Mutter bei (Verdacht auf) Schädigung des Feten durch:
- Amniozentese
- Biopsie
- hämatologische Untersuchung
- intrauterine Operation
- Intrauterinpessar

O35.8 **Betreuung der Mutter bei (Verdacht auf) sonstige Anomalie oder Schädigung des Feten**
Betreuung der Mutter bei (Verdacht auf) Schädigung des Feten durch mütterliche:
- Listeriose
- Toxoplasmose

O35.9 **Betreuung der Mutter bei (Verdacht auf) Anomalie oder Schädigung des Feten, nicht näher bezeichnet**

O36 Betreuung der Mutter wegen sonstiger festgestellter oder vermuteter Komplikationen beim Feten

Inkl.: Aufgeführte Zustände beim Feten als Grund für Beobachtung, stationäre Behandlung oder sonstige geburtshilfliche Betreuung der Mutter oder für Schwangerschaftsabbruch
Exkl.: Transplazentare Transfusionssyndrome (O43.0)
Wehen und Entbindung, kompliziert durch fetalen Distreß [fetal distress] (O68.–)

O36.0 **Betreuung der Mutter wegen Rhesus-Isoimmunisierung**
Anti-D-Antikörper [Rh-Antikörper]
Rh-Inkompatibilität (mit Hydrops fetalis)

O36.1 **Betreuung der Mutter wegen sonstiger Isoimmunisierung**
AB0–Isoimmunisierung
Isoimmunisierung o.n.A. (mit Hydrops fetalis)

O36.2 **Betreuung der Mutter wegen Hydrops fetalis**
Hydrops fetalis:
- nicht in Verbindung mit Isoimmunisierung
- o.n.A.

O36.3 **Betreuung der Mutter wegen Anzeichen für fetale Hypoxie**

O36.4 **Betreuung der Mutter wegen intrauterinen Fruchttodes**
Exkl.: Missed abortion (O02.1)

O36.5 **Betreuung der Mutter wegen fetaler Wachstumsretardierung**
Betreuung der Mutter wegen festgestellter oder vermuteter fetaler Retardierung:
- Plazentainsuffizienz
- zu klein für das Gestationsalter [small-for-dates]
- zu leicht für das Gestationsalter [light-for-dates]

O36.6 **Betreuung der Mutter wegen fetaler Hypertrophie**
Betreuung der Mutter wegen festgestellter oder vermuteter fetaler Hypertrophie [zu groß für das Gestationsalter] [large-for-dates]

O36.7 **Betreuung der Mutter wegen eines lebensfähigen Feten bei Abdominalgravidität**

O36.8 **Betreuung der Mutter wegen sonstiger näher bezeichneter Komplikationen beim Feten**

O36.9 **Betreuung der Mutter wegen Komplikation beim Feten, nicht näher bezeichnet**

O40 Polyhydramnion
Hydramnion

O41 Sonstige Veränderungen des Fruchtwassers und der Eihäute
Exkl.: Vorzeitiger Blasensprung (O42.-)

O41.0 **Oligohydramnion**
Oligohydramnion ohne Angabe von Blasensprung

O41.1 **Infektion der Fruchtblase und der Eihäute**
Amnionitis
Chorioamnionitis
Entzündung der Eihäute
Plazentitis

O41.8 **Sonstige näher bezeichnete Veränderungen des Fruchtwassers und der Eihäute**

O41.9 **Veränderung des Fruchtwassers und der Eihäute, nicht näher bezeichnet**

O42 Vorzeitiger Blasensprung

O42.0 Vorzeitiger Blasensprung, Wehenbeginn innerhalb von 24 Stunden

O42.1 Vorzeitiger Blasensprung, Wehenbeginn nach Ablauf von 24 Stunden
Exkl.: Bei Wehenhemmung durch Therapie (O42.2)

O42.2 Vorzeitiger Blasensprung, Wehenhemmung durch Therapie

O42.9 Vorzeitiger Blasensprung, nicht näher bezeichnet

O43 Pathologische Zustände der Plazenta
Exkl.: Betreuung der Mutter wegen fetaler Wachstumsretardierung infolge Plazentainsuffizienz (O36.5)
Placenta praevia (O44.–)
Vorzeitige Plazentalösung [Abruptio placentae] (O45.–)

O43.0 Transplazentare Transfusionssyndrome
Transfusion:
- fetofetal
- fetomaternal
- maternofetal

O43.1 Fehlbildung der Plazenta
Anomalie der Plazenta o.n.A.
Placenta circumvallata

O43.8 Sonstige pathologische Zustände der Plazenta
Plazentainfarkt
Plazentare Dysfunktion

O43.9 Pathologischer Zustand der Plazenta, nicht näher bezeichnet

O44 Placenta praevia

O44.0 Placenta praevia mit der Angabe: ohne Blutung
Tiefer Sitz der Plazenta mit der Angabe: ohne Blutung

O44.1 Placenta praevia mit Blutung
Placenta praevia:
- marginalis
- partialis } mit Blutung oder o.n.A.
- totalis
Tiefer Sitz der Plazenta o.n.A. oder mit Blutung
Exkl.: Wehen und Entbindung, kompliziert durch Blutung bei Vasa praevia (O69.4)

O45 Vorzeitige Plazentalösung [Abruptio placentae]

O45.0 **Vorzeitige Plazentalösung bei Gerinnungsstörung**
Abruptio [Ablatio] placentae mit (verstärkter) Blutung im Zusammenhang mit:
- Afibrinogenämie
- disseminierter intravasaler Gerinnung
- Hyperfibrinolyse
- Hypofibrinogenämie

O45.8 **Sonstige vorzeitige Plazentalösung**

O45.9 **Vorzeitige Plazentalösung, nicht näher bezeichnet**
Abruptio placentae o.n.A.

O46 Präpartale Blutung, anderenorts nicht klassifiziert

Exkl.: Blutung in der Frühschwangerschaft (O20.–)
Intrapartale Blutung, anderenorts nicht klassifiziert (O67.–)
Placenta praevia (O44.–)
Vorzeitige Plazentalösung [Abruptio placentae] (O45.–)

O46.0 **Präpartale Blutung bei Gerinnungsstörung**
Präpartale Blutung (verstärkt) im Zusammenhang mit:
- Afibrinogenämie
- disseminierter intravasaler Gerinnung
- Hyperfibrinolyse
- Hypofibrinogenämie

O46.8 **Sonstige präpartale Blutung**

O46.9 **Präpartale Blutung, nicht näher bezeichnet**

O47 Frustrane Kontraktionen [Unnütze Wehen]

O47.0 **Frustrane Kontraktionen vor der vollendeten 37. Schwangerschaftswoche**

O47.1 **Frustrane Kontraktionen ab 37 oder mehr vollendeten Schwangerschaftswochen**

O47.9 **Frustrane Kontraktionen, nicht näher bezeichnet**

O48 Übertragene Schwangerschaft
Tragzeitüberschreitung

Komplikationen bei Wehentätigkeit und Entbindung (O60-O75)

O60 Vorzeitige Entbindung
Geburtsbeginn (spontan) vor der vollendeten 37. Schwangerschaftswoche

O61 Mißlungene Geburtseinleitung

O61.0 **Mißlungene medikamentöse Geburtseinleitung**
Mißlungene Induktion (von Wehen) durch:
- Oxytozin [Ocytocin]
- Prostaglandine

O61.1 **Mißlungene instrumentelle Geburtseinleitung**
Mißlungene Geburtseinleitung:
- mechanisch
- operativ

O61.8 **Sonstige mißlungene Geburtseinleitung**

O61.9 **Mißlungene Geburtseinleitung, nicht näher bezeichnet**

O62 Abnorme Wehentätigkeit

O62.0 **Primäre Wehenschwäche**
Ausbleiben der Eröffnung der Cervix uteri
Primäre hypotone uterine Dysfunktion

O62.1 **Sekundäre Wehenschwäche**
Sekundäre hypotone uterine Dysfunktion
Unterbrochene aktive Wehenphase

O62.2 Sonstige Wehenschwäche
Geringe Kontraktionen
Hypotone uterine Dysfunktion o.n.A.
Sporadische Wehen
Unregelmäßige Wehen
Uterusatonie
Wehenschwäche o.n.A.

O62.3 Überstürzte Geburt

O62.4 Hypertone, unkoordinierte und anhaltende Uteruskontraktionen
Dyskoordinierte Wehentätigkeit
Hypertone uterine Dysfunktion
Pathologischer Retraktionsring
Sanduhrkontraktion des Uterus
Tetanus uteri
Unkoordinierte Wehentätigkeit
Uterine Dystokie o.n.A.
Exkl.: Dystokie (fetal) (mütterlich) o.n.A. (O66.9)

O62.8 Sonstige abnorme Wehentätigkeit

O62.9 Abnorme Wehentätigkeit, nicht näher bezeichnet

O63 Protrahierte Geburt
Exkl.: Protrahierte Geburt nach:
- Blasensprengung (O75.5)
- Blasensprung (O75.6)

O63.0 Protrahiert verlaufende Eröffnungsperiode (bei der Geburt)

O63.1 Protrahiert verlaufende Austreibungsperiode (bei der Geburt)

O63.2 Protrahierte Geburt des zweiten Zwillings, Drillings usw.

O63.9 Protrahierte Geburt, nicht näher bezeichnet
Protrahierte Geburt o.n.A.

O64 Geburtshindernis durch Lage-, Haltungs- und Einstellungsanomalien des Feten

O64.0 Geburtshindernis durch unvollständige Drehung des kindlichen Kopfes
Geburtshindernis durch persistierende Kindslage:
- hintere Hinterhauptslage
- okzipitoiliakal
- okzipitosakral
- okzipitotransversal
Tiefer Querstand

O64.1 Geburtshindernis durch Beckenendlage

O64.2 Geburtshindernis durch Gesichtslage
Geburtshindernis durch Kinnlage

O64.3 Geburtshindernis durch Stirnlage

O64.4 Geburtshindernis durch Querlage
Armvorfall
Exkl.: Eingekeilte Schultern (O66.0)
Schulterdystokie (O66.0)

O64.5 Geburtshindernis durch kombinierte Einstellungsanomalien

O64.8 Geburtshindernis durch sonstige Lage-, Haltungs- und Einstellungsanomalien

O64.9 Geburtshindernis durch Lage-, Haltungs- und Einstellungsanomalien, nicht näher bezeichnet

O65 Geburtshindernis durch Anomalie des mütterlichen Beckens

O65.0 Geburtshindernis durch Beckendeformität

O65.1 Geburtshindernis durch allgemein verengtes Becken

O65.2 Geburtshindernis durch Beckeneingangsverengung

O65.3 Geburtshindernis durch Beckenausgangsverengung und Verengung in Beckenmitte

O65.4 Geburtshindernis durch Mißverhältnis zwischen Fet und Becken, nicht näher bezeichnet
Exkl.: Dystokie durch Anomalie des Feten (O66.2–O66.3)

O65.5 Geburtshindernis durch Anomalie der mütterlichen Beckenorgane
Geburtshindernis durch Zustände, die unter O34.– aufgeführt sind

O65.8 Geburtshindernis durch sonstige Anomalien des mütterlichen Beckens

O65.9 Geburtshindernis durch Anomalie des mütterlichen Beckens, nicht näher bezeichnet

O66 Sonstiges Geburtshindernis

O66.0 **Geburtshindernis durch Schulterdystokie**
Eingekeilte Schultern

O66.1 **Geburtshindernis durch verhakte Zwillinge**

O66.2 **Geburtshindernis durch ungewöhnlich großen Feten**

O66.3 **Geburtshindernis durch sonstige Anomalien des Feten**
Dystokie durch:
- Doppelfehlbildung [zusammengewachsene Zwillinge]

fetal:
- Aszites
- Hydrops
- Myelomeningozele
- Steißteratom
- Tumor
- Hydrozephalus beim Feten

O66.4 **Mißlungener Versuch der Geburtsbeendigung, nicht näher bezeichnet**
Mißlungener Versuch der Geburtsbeendigung mit nachfolgender Schnittentbindung

O66.5 **Mißlungener Versuch einer Vakuum- oder Zangenextraktion, nicht näher bezeichnet**
Mißlungene Anwendung von Vakuumextraktor oder Zange mit nachfolgender Zangen- oder Schnittentbindung

O66.8 **Sonstiges näher bezeichnetes Geburtshindernis**

O66.9 **Geburtshindernis, nicht näher bezeichnet**
Dystokie:
- durch fetale Ursachen o.n.A.
- durch mütterliche Ursachen o.n.A.
- o.n.A.

O67 Komplikationen bei Wehen und Entbindung durch intrapartale Blutung, anderenorts nicht klassifiziert

Exkl.: Placenta praevia (O44.–)
Postpartale Blutung (O72.–)
Präpartale Blutung, anderenorts nicht klassifiziert (O46.–)
Vorzeitige Plazentalösung [Abruptio placentae] (O45.–)

O67.0 Intrapartale Blutung bei Gerinnungsstörung
Intrapartale Blutung (verstärkt) im Zusammenhang mit:
- Afibrinogenämie
- disseminierter intravasaler Gerinnung
- Hyperfibrinolyse
- Hypofibrinogenämie

O67.8 Sonstige intrapartale Blutung
Verstärkte intrapartale Blutung

O67.9 Intrapartale Blutung, nicht näher bezeichnet

O68 Komplikationen bei Wehen und Entbindung durch fetalen Distreß [fetal distress] [fetaler Gefahrenzustand]

Inkl.: Fetaler Distreß bei Wehen oder Entbindung durch Verabreichung von Arzneimitteln

O68.0 Komplikationen bei Wehen und Entbindung durch abnorme fetale Herzfrequenz
Fetal:
- Bradykardie
- Tachykardie
- unregelmäßige Herzfrequenz

Exkl.: Mit Mekonium im Fruchtwasser (O68.2)

O68.1 Komplikationen bei Wehen und Entbindung durch Mekonium im Fruchtwasser

Exkl.: Mit abnormer fetaler Herzfrequenz (O68.2)

O68.2 Komplikationen bei Wehen und Entbindung durch abnorme fetale Herzfrequenz mit Mekonium im Fruchtwasser

O68.3 Komplikationen bei Wehen und Entbindung durch fetalen Distreß, biochemisch nachgewiesen
Azidose
Gestörter Säure-Basen-Haushalt } beim Feten

O68.8 Komplikationen bei Wehen und Entbindung durch fetalen Distreß, mittels anderer Untersuchungsmethoden nachgewiesen
Nachweis von fetalem Distreß durch:
- Elektrokardiogramm
- Ultraschall

O68.9 Komplikation bei Wehen und Entbindung durch fetalen Distreß, nicht näher bezeichnet

O69 Komplikationen bei Wehen und Entbindung durch Nabelschnurkomplikationen

O69.0 Komplikationen bei Wehen und Entbindung durch Nabelschnurvorfall

O69.1 Komplikationen bei Wehen und Entbindung durch Nabelschnurumschlingung des Halses mit Kompression der Nabelschnur

O69.2 Komplikationen bei Wehen und Entbindung durch sonstige Nabelschnurverschlingung
Nabelschnurknoten
Nabelschnurverschlingung bei monoamniotischen Zwillingen

O69.3 Komplikationen bei Wehen und Entbindung durch zu kurze Nabelschnur

O69.4 Komplikationen bei Wehen und Entbindung durch Vasa praevia
Blutung bei Vasa praevia

O69.5 Komplikationen bei Wehen und Entbindung durch Gefäßverletzung der Nabelschnur
Nabelschnur:
- Hämatom
- Quetschung

Thrombose der Nabelschnurgefäße

O69.8 Komplikationen bei Wehen und Entbindung durch sonstige Nabelschnurkomplikationen

O69.9 Komplikation bei Wehen und Entbindung durch Nabelschnurkomplikation, nicht näher bezeichnet

O70 Dammriß unter der Geburt

Inkl.: Episiotomie mit nachfolgendem Weiterreißen
Exkl.: Hoher Scheidenriß unter der Geburt ohne Dammriß (O71.4)

O70.0 **Dammriß 1. Grades unter der Geburt**
Verletzung, Ruptur oder Riß des Perineums (mit Beteiligung von):
- Frenulum labiorum pudendi
- geringfügig
- Haut
- Labien
- Vagina
- Vulva

} unter der Geburt

O70.1 Dammriß 2. Grades unter der Geburt
Verletzung, Ruptur oder Riß des Perineums, wie unter O70.0 angegeben, außerdem mit Beteiligung von:
- Beckenboden
- Dammuskulatur
- Vaginalmuskulatur

unter der Geburt

Exkl.: Dammriß mit Beteiligung des Sphincter ani (O70.2)

O70.2 Dammriß 3. Grades unter der Geburt
Verletzung, Ruptur oder Riß des Perineums, wie unter O70.1 angegeben, außerdem mit Beteiligung von:
- Septum rectovaginale
- Sphincter ani
- Sphinkter o.n.A.

unter der Geburt

Exkl.: Dammriß mit Beteiligung der Anal- oder Rektumschleimhaut (O70.3)

O70.3 Dammriß 4. Grades unter der Geburt
Verletzung, Ruptur oder Riß des Perineums, wie unter O70.2 angegeben, außerdem mit Beteiligung von:
- Analschleimhaut
- Rektumschleimhaut

unter der Geburt

O70.9 Dammriß unter der Geburt, nicht näher bezeichnet

O71 Sonstige Verletzungen unter der Geburt

Inkl.: Schädigung durch Instrumente

O71.0 Uterusruptur vor Wehenbeginn

O71.1 Uterusruptur während der Geburt
Uterusruptur ohne Angabe, ob vor Wehenbeginn eingetreten

O71.2 Inversio uteri, postpartal

O71.3 Zervixriß unter der Geburt
Ringförmige Zervixabtrennung

O71.4 Hoher Scheidenriß unter der Geburt ohne Dammriß
Verletzung der Scheidenwand ohne Angabe einer Verletzung des Perineums
Exkl.: Mit Dammriß (O70.–)

O71.5 Sonstige Verletzung von Beckenorganen unter der Geburt
Verletzung unter der Geburt:
- Harnblase
- Urethra

O71.6	**Schädigung von Beckengelenken und -bändern unter der Geburt** Abriß des inneren Symphysenknorpels ⎫ Schädigung des Steißbeins　　　　　　⎬ unter der Geburt Traumatische Symphysensprengung　　 ⎭
O71.7	**Beckenhämatom unter der Geburt** Hämatom unter der Geburt: • Perineum • Vagina • Vulva
O71.8	**Sonstige näher bezeichnete Verletzungen unter der Geburt**
O71.9	**Verletzung unter der Geburt, nicht näher bezeichnet**

O72 Postpartale Blutung

Inkl.: Blutung nach Ausstoßung des Feten oder Geburt des Kindes

O72.0	**Blutung in der Nachgeburtsperiode** Blutung, verbunden mit Plazentaretention oder Placenta adhaerens Plazentaretention o.n.A.
O72.1	**Sonstige unmittelbar postpartal auftretende Blutung** Blutung nach Ausstoßung der Plazenta Postpartale Blutung (atonisch) o.n.A.
O72.2	**Spätblutung und späte Nachgeburtsblutung** Blutung in Verbindung mit Retention von Plazenta- oder Eihautresten Retention von Konzeptionsprodukten o.n.A., nach Entbindung
O72.3	**Postpartale Gerinnungsstörungen** Postpartal: • Afibrinogenämie • Fibrinolyse

O73 Retention der Plazenta und der Eihäute ohne Blutung

O73.0	**Retention der Plazenta ohne Blutung** Placenta adhaerens ohne Blutung
O73.1	**Retention von Plazenta- oder Eihautresten ohne Blutung** Retention von Konzeptionsprodukten nach Entbindung, ohne Blutung

O74 Komplikationen bei Anästhesie während der Wehentätigkeit und bei der Entbindung

Inkl.: Komplikationen bei der Mutter durch Verabreichung von Allgemein- oder Lokalanästhetikum, Analgetikum oder durch sonstige Beruhigungsmaßnahme während der Wehentätigkeit und bei der Entbindung

O74.0 Aspirationspneumonie durch Anästhesie während der Wehentätigkeit und bei der Entbindung
Aspiration von Mageninhalt oder -sekret o.n.A. / Mendelson-Syndrom } durch Anästhesie während der Wehentätigkeit und bei der Entbindung

O74.1 Sonstige pulmonale Komplikationen bei Anästhesie während der Wehentätigkeit und bei der Entbindung
Pneumothorax durch Anästhesie während der Wehentätigkeit und bei der Entbindung

O74.2 Kardiale Komplikationen bei Anästhesie während der Wehentätigkeit und bei der Entbindung
Herz:
- Stillstand
- Versagen
} durch Anästhesie während der Wehentätigkeit und bei der Entbindung

O74.3 Komplikationen des Zentralnervensystems bei Anästhesie während der Wehentätigkeit und bei der Entbindung
Zerebrale Anoxie durch Anästhesie während der Wehentätigkeit und bei der Entbindung

O74.4 Toxische Reaktion auf Lokalanästhesie während der Wehentätigkeit und bei der Entbindung

O74.5 Kopfschmerzen nach Spinal- oder Periduralanästhesie während der Wehentätigkeit und bei der Entbindung

O74.6 Sonstige Komplikationen bei Spinal- oder Periduralanästhesie während der Wehentätigkeit und bei der Entbindung

O74.7 Mißlingen oder Schwierigkeiten bei der Intubation während der Wehentätigkeit und bei der Entbindung

O74.8 Sonstige Komplikationen bei Anästhesie während der Wehentätigkeit und bei der Entbindung

O74.9 Komplikation bei Anästhesie während der Wehentätigkeit und bei der Entbindung, nicht näher bezeichnet

O75 Sonstige Komplikationen bei Wehentätigkeit und Entbindung, anderenorts nicht klassifiziert

Exkl.: Puerperalsepsis (O85)
Wochenbettinfektion (O86.–)

O75.0 **Mütterlicher Gefahrenzustand während der Wehentätigkeit und bei der Entbindung**
Maternaler Distreß

O75.1 **Schock während oder nach Wehentätigkeit und Entbindung**
Geburtsschock

O75.2 **Fieber unter der Geburt, anderenorts nicht klassifiziert**

O75.3 **Sonstige Infektion unter der Geburt**
Sepsis unter der Geburt

O75.4 **Sonstige Komplikationen bei geburtshilflichen Operationen und Maßnahmen**

Herz:
- Stillstand
- Versagen

Zerebrale Anoxie

nach Schnittentbindung oder anderen geburtshilflichen Operationen oder Maßnahmen, einschließlich Entbindung o.n.A.

Exkl.: Geburtshilfliche Operationswunde:
- Dehiszenz (O90.0–O90.1)
- Hämatom (O90.2)
- Infektion (O86.0)

Komplikationen bei Anästhesie während der Wehentätigkeit und bei der Entbindung (O74.–)

O75.5 **Protrahierte Geburt nach Blasensprengung**

O75.6 **Protrahierte Geburt nach spontanem oder nicht näher bezeichnetem Blasensprung**

Exkl.: Spontaner vorzeitiger Blasensprung (O42.–)

O75.7 **Vaginale Entbindung nach vorangegangener Schnittentbindung**

O75.8 **Sonstige näher bezeichnete Komplikationen bei Wehentätigkeit und Entbindung**

O75.9 **Komplikation bei Wehentätigkeit und Entbindung, nicht näher bezeichnet**

Entbindung
(O80–O84)

Hinweis: Die Kategorien O80–O84 sind zur Verschlüsselung der Morbidität vorgesehen. Die Kategorien dieser Gruppe sollten nur dann zur unikausalen Verschlüsselung der Morbidität benutzt werden, wenn kein sonstiger Zustand aus Kapitel XV beschrieben ist. Für den Gebrauch dieser Kategorie sollten die Regeln und Richtlinien zur Verschlüsselung der Morbidität und Mortalität in Band 2 (Regelwerk) herangezogen werden.

O80 Spontangeburt eines Einlings

Inkl.: Keine oder minimale geburtshilfliche Maßnahmen, mit oder ohne Episiotomie
Normale Entbindung

O80.0 Spontangeburt aus Schädellage

O80.1 Spontangeburt aus Beckenendlage

O80.8 Sonstige Spontangeburt eines Einlings

O80.9 Spontangeburt eines Einlings, nicht näher bezeichnet
Spontangeburt o.n.A.

O81 Geburt eines Einlings durch Zangen- oder Vakuumextraktion

Exkl.: Mißlungener Versuch einer Vakuum- oder Zangenextraktion (O66.5)

O81.0 Zangenentbindung aus Beckenausgang

O81.1 Zangenentbindung aus Beckenmitte

O81.2 Zangenentbindung aus Beckenmitte mit Rotation

O81.3 Sonstige und nicht näher bezeichnete Zangenentbindung

O81.4 Entbindung mittels Vakuumextraktor
Entbindung mittels Saugglocke

O81.5 Entbindung mittels Kombination von Vakuum- und Zangenextraktion
Entbindung mittels Vakuumextraktor und Zange

O82 Geburt eines Einlings durch Schnittentbindung [Sectio caesarea]

O82.0 Geburt durch elektive Schnittentbindung
Primäre Sektio
Re-Sectio caesarea o.n.A.

O82.1 Geburt durch Schnittentbindung bei Gefahrenzustand für Mutter oder Kind
Sekundäre Sektio

O82.2 Geburt durch Schnittentbindung mit Hysterektomie

O82.8 Sonstige Geburt eines Einlings durch Schnittentbindung

O82.9 Geburt durch Schnittentbindung, nicht näher bezeichnet

O83 Sonstige geburtshilfliche Maßnahmen bei Geburt eines Einlings

O83.0 Extraktion aus Beckenendlage

O83.1 Manualhilfe bei Entbindung aus Beckenendlage
Entbindung aus Beckenendlage o.n.A.

O83.2 Sonstige geburtshilfliche Handgriffe bei Entbindung
Wendung mit Extraktion

O83.3 Entbindung eines lebensfähigen Feten bei Abdominalgravidität

O83.4 Entbindung durch zerstückelnde Operation [Destruktion des Feten]
Embryotomie ⎫
Kleidotomie ⎬ zur Geburtsermöglichung
Kraniotomie ⎭

O83.8 Sonstige näher bezeichnete geburtshilfliche Maßnahmen bei Geburt eines Einlings

O83.9 Geburtshilfliche Maßnahme bei Geburt eines Einlings, nicht näher bezeichnet
Geburtshilfliche Maßnahme bei Entbindung o.n.A.

O84 Mehrlingsgeburt

Soll für den Feten oder das Kind die jeweilige Entbindungsmethode angegeben werden, ist eine zusätzliche Schlüsselnummer (O80–O83) zu benutzen.

O84.0 Mehrlingsgeburt, Spontangeburt aller Kinder

O84.1 Mehrlingsgeburt, Geburt aller Kinder durch Vakuum- oder Zangenextraktion

O84.2 Mehrlingsgeburt, Geburt aller Kinder durch Schnittentbindung

O84.8 Sonstige Mehrlingsgeburt
Mehrlingsgeburt durch kombinierte Methoden

O84.9 Mehrlingsgeburt, Art der Geburt nicht näher bezeichnet

Komplikationen, die vorwiegend im Wochenbett auftreten
(O85–O92)

Hinweis: Die Schlüsselnummern O88.–, O91.– und O92.– gelten auch dann, wenn die aufgeführten Zustände während der Schwangerschaft und bei der Entbindung auftreten.

Exkl.: Osteomalazie im Wochenbett (M83.0)
Psychische und Verhaltensstörungen im Wochenbett (F53.–)
Tetanus während der Schwangerschaft, der Geburt und des Wochenbettes (A34)

O85 Puerperalfieber
Kindbettfieber
Puerperal:
- Endometritis
- Peritonitis
- Sepsis
- Septikämie

Soll der Infektionserreger angegeben werden, ist eine zusätzliche Schlüsselnummer (B95–B97) zu benutzen.

Exkl.: Pyämische und septische Embolie während der Gestationsperiode (O88.3)
Sepsis unter der Geburt (O75.3)

O86 Sonstige Wochenbettinfektionen
Exkl.: Infektion unter der Geburt (O75.3)

O86.0 Infektion der Wunde nach operativem geburtshilflichem Eingriff
Infiziert:
- Dammnaht   } nach Entbindung
- Schnittentbindungswunde

O86.1 Sonstige Infektion des Genitaltraktes nach Entbindung
Vaginitis   } nach Entbindung
Zervizitis

O86.2 Infektion des Harntraktes nach Entbindung
Krankheitszustände unter N10–N12, N15.–, N30.–, N34.–, N39.0 nach Entbindung

O86.3 Sonstige Infektionen des Urogenitaltraktes nach Entbindung
Wochenbettinfektion des Urogenitaltraktes o.n.A.

O86.4 **Fieber unbekannten Ursprungs nach Entbindung**
Fieber o.n.A. ⎫
Infektion o.n.A. ⎬ im Wochenbett

Exkl.: Fieber unter der Geburt (O75.2)
Puerperalfieber (O85)

O86.8 **Sonstige näher bezeichnete Wochenbettinfektionen**

O87 Venenkrankheiten als Komplikation im Wochenbett

Inkl.: Während der Wehentätigkeit, der Geburt und im Wochenbett
Exkl.: Embolie während der Gestationsperiode (O88.–)
Venenkrankheiten als Komplikation in der Schwangerschaft (O22.–)

O87.0 **Oberflächliche Thrombophlebitis im Wochenbett**

O87.1 **Tiefe Venenthrombose im Wochenbett**
Thrombophlebitis der Beckenvenen, postpartal
Tiefe Venenthrombose, postpartal

O87.2 **Hämorrhoiden im Wochenbett**

O87.3 **Hirnvenenthrombose im Wochenbett**
Zerebrovenöse Sinusthrombose im Wochenbett

O87.8 **Sonstige Venenkrankheiten als Komplikation im Wochenbett**
Genitalvarizen im Wochenbett

O87.9 **Venenkrankheit als Komplikation im Wochenbett, nicht näher bezeichnet**
Puerperal:
- Phlebitis o.n.A.
- Phlebopathie o.n.A.
- Thrombose o.n.A.

O88 Embolie während der Gestationsperiode

Inkl.: Lungenembolie während der Schwangerschaft, unter der Geburt oder im Wochenbett
Exkl.: Embolie als Komplikation von Abort, Extrauteringravidität oder Molenschwangerschaft (O00–O07, O08.2)

O88.0 **Luftembolie während der Gestationsperiode**

O88.1 **Fruchtwasserembolie**

O88.2 Thromboembolie während der Gestationsperiode
Embolie (Lunge) o.n.A. im Wochenbett
Embolie (Lunge) o.n.A. während der Gestationsperiode

O88.3 Pyämische und septische Embolie während der Gestationsperiode

O88.8 Sonstige Embolie während der Gestationsperiode
Fettembolie während der Gestationsperiode

O89 Komplikationen bei Anästhesie im Wochenbett

Inkl.: Komplikationen bei der Mutter durch Verabreichung von Allgemein- oder Lokalanästhetikum, Analgetikum oder durch sonstige Beruhigungsmaßnahme während des Wochenbettes

O89.0 Pulmonale Komplikationen bei Anästhesie im Wochenbett
Aspiration von Mageninhalt oder -sekret o.n.A.
Aspirationspneumonie } durch Anästhesie im Wochenbett
Mendelson-Syndrom
Pneumothorax

O89.1 Kardiale Komplikationen bei Anästhesie im Wochenbett
Herz:
- Stillstand } durch Anästhesie im Wochenbett
- Versagen

O89.2 Komplikationen des Zentralnervensystems bei Anästhesie im Wochenbett
Zerebrale Anoxie durch Anästhesie im Wochenbett

O89.3 Toxische Reaktion auf Lokalanästhesie im Wochenbett

O89.4 Kopfschmerzen nach Spinal- oder Periduralanästhesie im Wochenbett

O89.5 Sonstige Komplikationen nach Spinal- oder Periduralanästhesie im Wochenbett

O89.6 Mißlingen oder Schwierigkeiten bei der Intubation im Wochenbett

O89.8 Sonstige Komplikationen bei Anästhesie im Wochenbett

O89.9 Komplikation bei Anästhesie im Wochenbett, nicht näher bezeichnet

O90 Wochenbettkomplikationen, anderenorts nicht klassifiziert

O90.0 **Dehiszenz einer Schnittentbindungswunde**

O90.1 **Dehiszenz einer geburtshilflichen Dammwunde**
Dehiszenz einer Wunde:
- Dammriß
- Episiotomie

Sekundärer Dammriß

O90.2 **Hämatom einer geburtshilflichen Wunde**

O90.3 **Kardiomyopathie im Wochenbett**
Krankheitszustände unter I42.-

O90.4 **Postpartales akutes Nierenversagen**
Hepatorenales Syndrom nach Wehen und Entbindung

O90.5 **Postpartale Thyreoiditis**

O90.8 **Sonstige Wochenbettkomplikationen, anderenorts nicht klassifiziert**
Plazentapolyp

O90.9 **Wochenbettkomplikation, nicht näher bezeichnet**

O91 Infektionen der Mamma im Zusammenhang mit der Gestation

Inkl.: Aufgeführte Zustände während der Schwangerschaft, im Wochenbett oder während der Laktation

O91.0 **Infektion der Brustwarze im Zusammenhang mit der Gestation**
Abszeß der Brustwarze:
- im Wochenbett
- schwangerschaftsbedingt

O91.1 **Abszeß der Mamma im Zusammenhang mit der Gestation**
Eitrige Mastitis
Mammaabszeß } schwangerschaftsbedingt oder im Wochenbett
Subareolarabszeß

O91.2 **Nichteitrige Mastitis im Zusammenhang mit der Gestation**
Lymphangitis der Mamma
Mastitis:
- interstitiell
- parenchymatös
- o.n.A.

} schwangerschaftsbedingt oder im Wochenbett

O92 Sonstige Krankheiten der Mamma im Zusammenhang mit der Gestation und Laktationsstörungen

Inkl.: Aufgeführte Zustände während der Schwangerschaft, im Wochenbett oder während der Laktation

O92.0 Hohlwarze im Zusammenhang mit der Gestation

O92.1 Rhagade der Brustwarze im Zusammenhang mit der Gestation
Fissur der Brustwarze, schwangerschaftsbedingt oder im Wochenbett

O92.2 Sonstige und nicht näher bezeichnete Krankheiten der Mamma im Zusammenhang mit der Gestation

O92.3 Agalaktie
Primäre Agalaktie

O92.4 Hypogalaktie

O92.5 Hemmung der Laktation
Agalaktie:
- elektiv
- sekundär
- therapeutisch

O92.6 Galaktorrhoe
Exkl.: Galaktorrhoe, nicht im Zusammenhang mit der Geburt (N64.3)

O92.7 Sonstige und nicht näher bezeichnete Laktationsstörungen
Puerperale Galaktozele

Sonstige Krankheitszustände während der Gestationsperiode, die anderenorts nicht klassifiziert sind (O95–O99)

Hinweis: Für den Gebrauch der Kategorien O95–O97 sollten die Regeln und Richtlinien zur Verschlüsselung der Mortalität in Band 2 (Regelwerk) herangezogen werden.

O95 Sterbefall während der Gestationsperiode nicht näher bezeichneter Ursache

Tod der Mutter infolge nicht näher bezeichneter Ursache während der Schwangerschaft, der Wehen und Geburt oder im Wochenbett

O96 Tod infolge jeder gestationsbedingten Ursache nach mehr als 42 Tagen bis unter einem Jahr nach der Entbindung

Soll die gestationsbedingte Todesursache angegeben werden, ist eine zusätzliche Schlüsselnummer zu benutzen.

O97 Tod an den Folgen direkt gestationsbedingter Ursachen

Tod infolge jeder direkt gestationsbedingten Ursache ein Jahr oder mehr nach der Entbindung

O98 Infektiöse und parasitäre Krankheiten der Mutter, die anderenorts klassifizierbar sind, die jedoch Schwangerschaft, Geburt und Wochenbett komplizieren

Inkl.: Aufgeführte Zustände, wenn sie die Schwangerschaft komplizieren, durch die Schwangerschaft verschlechtert werden oder wenn sie der Grund für eine geburtshilfliche Betreuung sind

Soll der spezifische Krankheitszustand angegeben werden, ist eine zusätzliche Schlüsselnummer (Kapitel I) zu benutzen.

Exkl.: Asymptomatische HIV-Infektion (Z21)
HIV-Krankheit (B20–B24)
Laborhinweis auf HIV (R75)
Puerperalsepsis (O85)
Tetanus während der Schwangerschaft, der Geburt und des Wochenbettes (A34)
Wenn die Betreuung der Mutter wegen einer Krankheit erfolgt, von der bekannt ist oder angenommen wird, daß sie den Feten geschädigt hat (O35–O36)
Wochenbettinfektion (O86.–)

O98.0 Tuberkulose, die Schwangerschaft, Geburt und Wochenbett kompliziert
Krankheitszustände unter A15–A19

O98.1 Syphilis, die Schwangerschaft, Geburt und Wochenbett kompliziert
Krankheitszustände unter A50–A53

O98.2 Gonorrhoe, die Schwangerschaft, Geburt und Wochenbett kompliziert
Krankheitszustände unter A54.–

O98.3 **Sonstige Infektionen, hauptsächlich durch Geschlechtsverkehr übertragen, die Schwangerschaft, Geburt und Wochenbett komplizieren**
Krankheitszustände unter A55–A64

O98.4 **Virushepatitis, die Schwangerschaft, Geburt und Wochenbett kompliziert**
Krankheitszustände unter B15–B19

O98.5 **Sonstige Viruskrankheiten, die Schwangerschaft, Geburt und Wochenbett komplizieren**
Krankheitszustände unter A80–B09, B25–B34

O98.6 **Protozoenkrankheiten, die Schwangerschaft, Geburt oder Wochenbett komplizieren**
Krankheitszustände unter B50–B64

O98.8 **Sonstige infektiöse und parasitäre Krankheiten der Mutter, die Schwangerschaft, Geburt und Wochenbett komplizieren**

O98.9 **Nicht näher bezeichnete infektiöse oder parasitäre Krankheit der Mutter, die Schwangerschaft, Geburt und Wochenbett kompliziert**

O99 Sonstige Krankheiten der Mutter, die anderenorts klassifizierbar sind, die jedoch Schwangerschaft, Geburt und Wochenbett komplizieren

Hinweis: Diese Kategorie schließt Zustände ein, die die Schwangerschaft komplizieren, durch die Schwangerschaft verschlechtert werden oder den Hauptgrund für eine geburtshilfliche Betreuung darstellen, vorausgesetzt, das Alphabetische Verzeichnis verweist nicht auf eine spezifische Schlüsselnummer aus Kapitel XV.
Soll der spezifische Krankheitszustand angegeben werden, ist eine zusätzliche Schlüsselnummer zu benutzen.

Exkl.: Infektiöse und parasitäre Krankheiten (O98.–)
Verletzungen, Vergiftungen und bestimmte andere Folgen äußerer Ursachen (S00–T98)
Wenn die Betreuung der Mutter wegen eines Zustandes erfolgt, von dem bekannt ist oder angenommen wird, daß er den Feten geschädigt hat (O35–O36)

O99.0 **Anämie, die Schwangerschaft, Geburt und Wochenbett kompliziert**
Krankheitszustände unter D50–D64

O99.1 Sonstige Krankheiten des Blutes und der blutbildenden Organe sowie bestimmte Störungen mit Beteiligung des Immunsystems, die Schwangerschaft, Geburt und Wochenbett komplizieren
Krankheitszustände unter D65–D89
Exkl.: Blutung bei Gerinnungsstörungen (O46.0, O67.0, O72.3)

O99.2 Endokrine, Ernährungs- und Stoffwechselkrankheiten, die Schwangerschaft, Geburt und Wochenbett komplizieren
Krankheitszustände unter E00–E90
Exkl.: Diabetes mellitus (O24.–)
Fehl- und Mangelernährung (O25)
Postpartale Thyreoiditis (O90.5)

O99.3 Psychische Krankheiten sowie Krankheiten des Nervensystems, die Schwangerschaft, Geburt und Wochenbett komplizieren
Krankheitszustände unter F00–F99 und G00–G99
Exkl.: Periphere Neuritis während der Schwangerschaft (O26.8)
Postpartale Depression (F53.0)
Wochenbettpsychose (F53.1)

O99.4 Krankheiten des Kreislaufsystems, die Schwangerschaft, Geburt und Wochenbett komplizieren
Krankheitszustände unter I00–I99
Exkl.: Embolie während der Gestationsperiode (O88.–)
Hypertonie (O10–O16)
Kardiomyopathie im Wochenbett (O90.3)
Venenkrankheiten und zerebrovenöse Sinusthrombose als Komplikation:
- in der Schwangerschaft (O22.–)
- während der Wehentätigkeit, der Geburt und im Wochenbett (O87.–)

O99.5 Krankheiten des Atmungssystems, die Schwangerschaft, Geburt und Wochenbett komplizieren
Krankheitszustände unter J00–J99

O99.6 Krankheiten des Verdauungssystems, die Schwangerschaft, Geburt und Wochenbett komplizieren
Krankheitszustände unter K00–K93
Exkl.: Leberkrankheiten während der Schwangerschaft, der Geburt und des Wochenbettes (O26.6)

O99.7 Krankheiten der Haut und des Unterhautgewebes, die Schwangerschaft, Geburt und Wochenbett komplizieren
Krankheitszustände unter L00–L99
Exkl.: Herpes gestationis (O26.4)

O99.8 **Sonstige näher bezeichnete Krankheiten und Zustände, die Schwangerschaft, Geburt und Wochenbett komplizieren**
Kombination von Krankheitszuständen klassifizierbar bei O99.0–O99.7
Krankheitszustände unter C00–D48, H00–H95, M00–M99 und Q00–Q99

Exkl.: Betreuung der Mutter bei vermuteter oder festgestellter Anomalie der Beckenorgane (O34.-)
Infektion des Urogenitaltraktes nach Entbindung (O86.0–O86.3)
Infektionen der Urogenitalorgane in der Schwangerschaft (O23.-)
Postpartales akutes Nierenversagen (O90.4)

KAPITEL XVI

Bestimmte Zustände, die ihren Ursprung in der Perinatalperiode haben (P00–P96)

Inkl.:   Zustände, die ihren Ursprung in der Perinatalperiode haben, auch wenn Tod oder Krankheit erst später eintreten

Exkl.:   Angeborene Fehlbildungen, Deformitäten und Chromosomenanomalien (Q00–Q99)
Endokrine, Ernährungs- und Stoffwechselkrankheiten (E00–E90)
Neubildungen (C00–D48)
Tetanus neonatorum (A33)
Verletzungen, Vergiftungen und bestimmte andere Folgen äußerer Ursachen (S00–T98)

Dieses Kapitel gliedert sich in folgende Gruppen:

P00–P04   Schädigung des Feten und Neugeborenen durch mütterliche Faktoren und durch Komplikationen bei Schwangerschaft, Wehentätigkeit und Entbindung
P05–P08   Störungen im Zusammenhang mit der Schwangerschaftsdauer und dem fetalen Wachstum
P10–P15   Geburtstrauma
P20–P29   Krankheiten des Atmungs- und Herz-Kreislaufsystems, die für die Perinatalperiode spezifisch sind
P35–P39   Infektionen, die für die Perinatalperiode spezifisch sind
P50–P61   Hämorrhagische und hämatologische Krankheiten beim Feten und Neugeborenen
P70–P74   Transitorische endokrine und Stoffwechselstörungen, die für den Feten und das Neugeborene spezifisch sind
P75–P78   Krankheiten des Verdauungssystems beim Feten und Neugeborenen
P80–P83   Krankheitszustände mit Beteiligung der Haut und der Temperaturregulation beim Feten und Neugeborenen
P90–P96   Sonstige Störungen, die ihren Ursprung in der Perinatalperiode haben

Dieses Kapitel enthält die folgende Sternschlüsselnummer:

P75*   Mekoniumileus

Schädigung des Feten und Neugeborenen durch mütterliche Faktoren und durch Komplikationen bei Schwangerschaft, Wehentätigkeit und Entbindung (P00–P04)

Inkl.: Aufgeführte Zustände der Mutter nur dann, wenn sie als Ursache von Tod oder Krankheit des Feten oder Neugeborenen angegeben sind

P00 Schädigung des Feten und Neugeborenen durch Zustände der Mutter, die zur vorliegenden Schwangerschaft keine Beziehung haben müssen

Exkl.: Schädigung des Feten und Neugeborenen durch:
- endokrine und Stoffwechselstörungen der Mutter (P70–P74)
- mütterliche Schwangerschaftskomplikationen (P01.–)
- Noxen, die transplazentar oder mit der Muttermilch übertragen werden (P04.–)

P00.0 Schädigung des Feten und Neugeborenen durch hypertensive Krankheiten der Mutter
Schädigung des Feten oder Neugeborenen durch Zustände der Mutter, die unter O10–O11 und O13–O16 klassifizierbar sind

P00.1 Schädigung des Feten und Neugeborenen durch Nieren- und Harnwegskrankheiten der Mutter
Schädigung des Feten oder Neugeborenen durch Zustände der Mutter, die unter N00–N39 klassifizierbar sind

P00.2 Schädigung des Feten und Neugeborenen durch infektiöse und parasitäre Krankheiten der Mutter
Schädigung des Feten oder Neugeborenen durch eine Infektionskrankheit der Mutter, die unter A00–B99 und J10–J11 klassifizierbar ist, aber ohne Manifestation dieser Krankheit beim Feten oder Neugeborenen

Exkl.: Infektionen des Genitaltraktes der Mutter und mütterliche Infektionen an sonstigen Lokalisationen (P00.8)
Infektionen, die für die Perinatalperiode spezifisch sind (P35–P39)

P00.3 Schädigung des Feten und Neugeborenen durch sonstige Kreislauf- und Atemwegskrankheiten der Mutter
Schädigung des Feten oder Neugeborenen durch Zustände der Mutter, die unter I00–I99, J00–J99 und Q20–Q34 klassifizierbar sind und nicht in P00.0 und P00.2 enthalten sind

P00.4 Schädigung des Feten und Neugeborenen durch Ernährungsstörung der Mutter
Fehl- und Mangelernährung der Mutter o.n.A.
Schädigung des Feten oder Neugeborenen durch Krankheiten der Mutter, die unter E40–E64 klassifizierbar sind

P00.5 Schädigung des Feten und Neugeborenen durch Verletzung der Mutter
Schädigung des Feten oder Neugeborenen durch Zustände der Mutter, die unter S00–T79 klassifizierbar sind

P00.6 Schädigung des Feten und Neugeborenen durch chirurgischen Eingriff bei der Mutter
Exkl.: Schädigung der Plazenta durch Amniozentese, Schnittentbindung oder durch operative Geburtseinleitung (P02.1)
Schwangerschaftsabbruch, Fet (P96.4)
Sectio caesarea bei der gegenwärtigen Entbindung (P03.4)
Vorangegangener chirurgischer Eingriff am Uterus oder an den Beckenorganen (P03.8)

P00.7 Schädigung des Feten und Neugeborenen durch sonstige medizinische Maßnahmen bei der Mutter, anderenorts nicht klassifiziert
Schädigung des Feten oder Neugeborenen durch radiologische Maßnahmen bei der Mutter
Exkl.: Schädigung der Plazenta durch Amniozentese, Schnittentbindung oder durch operative Geburtseinleitung (P02.1)
Schädigung des Feten oder Neugeborenen durch sonstige Komplikationen bei Wehen und Entbindung (P03.–)

P00.8 Schädigung des Feten und Neugeborenen durch sonstige Zustände der Mutter
Schädigung des Feten oder Neugeborenen durch:
- Infektionen des Genitaltraktes der Mutter und mütterliche Infektionen an sonstigen Lokalisationen
- systemischen Lupus erythematodes der Mutter
- Zustände, die unter T80–T88 klassifizierbar sind

Exkl.: Transitorische endokrine und Stoffwechselstörungen beim Neugeborenen (P70–P74)

P00.9 Schädigung des Feten und Neugeborenen durch nicht näher bezeichneten Zustand der Mutter

P01 Schädigung des Feten und Neugeborenen durch mütterliche Schwangerschaftskomplikationen

P01.0 Schädigung des Feten und Neugeborenen durch Zervixinsuffizienz

P01.1 Schädigung des Feten und Neugeborenen durch vorzeitigen Blasensprung

P01.2 Schädigung des Feten und Neugeborenen durch Oligohydramnion
Exkl.: Durch vorzeitigen Blasensprung (P01.1)

P01.3 Schädigung des Feten und Neugeborenen durch Polyhydramnion
Hydramnion

P01.4 Schädigung des Feten und Neugeborenen bei Extrauteringravidität
Abdominalgravidität

P01.5 Schädigung des Feten und Neugeborenen bei Mehrlingsschwangerschaft
Drillingsschwangerschaft
Zwillingsschwangerschaft

P01.6 Schädigung des Feten und Neugeborenen durch Tod der Mutter

P01.7 Schädigung des Feten und Neugeborenen durch Lageanomalie vor Wehenbeginn
Äußere Wendung
Beckenendlage
Gesichtslage } vor Wehenbeginn
Querlage
Wechselnde Kindslage

P01.8 Schädigung des Feten und Neugeborenen durch sonstige mütterliche Schwangerschaftskomplikationen
Spontanabort, Fet

P01.9 Schädigung des Feten und Neugeborenen durch mütterliche Schwangerschaftskomplikation, nicht näher bezeichnet

P02 Schädigung des Feten und Neugeborenen durch Komplikationen von Plazenta, Nabelschnur und Eihäuten

P02.0 Schädigung des Feten und Neugeborenen durch Placenta praevia

P02.1 Schädigung des Feten und Neugeborenen durch sonstige Formen der Plazentalösung und -blutung
Abruptio placentae
Akzidentelle Blutung
Blutverlust der Mutter
Präpartale Blutung
Schädigung der Plazenta durch Amniozentese, Schnittentbindung oder durch operative Geburtseinleitung
Vorzeitige Plazentalösung

P02.2 **Schädigung des Feten und Neugeborenen durch sonstige und nicht näher bezeichnete morphologische und funktionelle Plazentaanomalien**
Plazenta-:
- Dysfunktion
- Infarkt
- Insuffizienz

P02.3 **Schädigung des Feten und Neugeborenen durch transplazentare Transfusionssyndrome**
Fetofetale oder sonstige transplazentare Transfusion als Folge von Anomalien der Plazenta und der Nabelschnur
Soll der beim Feten oder Neugeborenen aufgetretene Zustand angegeben werden, ist eine zusätzliche Schlüsselnummer zu benutzen.

P02.4 **Schädigung des Feten und Neugeborenen durch Nabelschnurvorfall**

P02.5 **Schädigung des Feten und Neugeborenen durch sonstige Formen der Nabelschnurkompression**
Nabelschnur (straff) um den Hals
Nabelschnurknoten
Nabelschnurverschlingung

P02.6 **Schädigung des Feten und Neugeborenen durch sonstige und nicht näher bezeichnete Zustände der Nabelschnur**
Vasa praevia
Zu kurze Nabelschnur
Exkl.: Singuläre Nabelarterie (Q27.0)

P02.7 **Schädigung des Feten und Neugeborenen durch Chorioamnionitis**
Amnionitis
Entzündung der Eihäute
Plazentitis

P02.8 **Schädigung des Feten und Neugeborenen durch sonstige Anomalien der Eihäute**

P02.9 **Schädigung des Feten und Neugeborenen durch Anomalie der Eihäute, nicht näher bezeichnet**

P03 Schädigung des Feten und Neugeborenen durch sonstige Komplikationen bei Wehen und Entbindung

P03.0 **Schädigung des Feten und Neugeborenen durch Entbindung und Extraktion aus Beckenendlage**

P03.1 Schädigung des Feten und Neugeborenen durch sonstige Lage-, Haltungs- und Einstellungsanomalien sowie Mißverhältnis während Wehen und Entbindung
Beckenverengung
Persistierende hintere Hinterhauptslage
Querlage
Schädigung des Feten oder Neugeborenen durch Zustände, die unter
 O64–O66 klassifizierbar sind

P03.2 Schädigung des Feten und Neugeborenen durch Zangenentbindung

P03.3 Schädigung des Feten und Neugeborenen durch Entbindung mittels Vakuumextraktors [Saugglocke]

P03.4 Schädigung des Feten und Neugeborenen durch Schnittentbindung

P03.5 Schädigung des Feten und Neugeborenen durch überstürzte Geburt
Verkürzte Austreibungsperiode

P03.6 Schädigung des Feten und Neugeborenen durch abnorme Uteruskontraktionen
Hypertone Wehenform
Schädigung des Feten oder Neugeborenen durch Zustände, die unter
 O62.–, ausgenommen O62.3, klassifizierbar sind
Wehenschwäche

P03.8 Schädigung des Feten und Neugeborenen durch sonstige näher bezeichnete Komplikationen bei Wehen und Entbindung
Anomalie der Weichteile der Mutter
Geburtseinleitung
Schädigung des Feten oder Neugeborenen durch Zustände, die unter
 O60–O75 klassifizierbar sind, sowie durch angewandte Maßnahmen
 bei Wehen und Entbindung, die nicht in P02.– und P03.0–P03.6
 enthalten sind
Zerstückelnde Operation zur Geburtsermöglichung

P03.9 Schädigung des Feten und Neugeborenen durch Komplikation bei Wehen und Entbindung, nicht näher bezeichnet

P04 Schädigung des Feten und Neugeborenen durch Noxen, die transplazentar oder mit der Muttermilch übertragen werden

Inkl.: Nichtteratogene Wirkungen von Substanzen, die durch die Plazenta übertragen werden

Exkl.: Angeborene Fehlbildungen (Q00–Q99)
 Ikterus beim Neugeborenen durch sonstige gesteigerte
  Hämolyse durch verabreichte Arzneimittel oder Toxine,
  von der Mutter übertragen (P58.4)

P04.0 Schädigung des Feten und Neugeborenen durch Anästhesie und Analgesie bei der Mutter während Schwangerschaft, Wehen und Entbindung
Reaktionen und Intoxikationen des Feten oder Neugeborenen durch Opiate und Tranquilizer, die der Mutter während der Wehen und Entbindung verabreicht wurden

P04.1 Schädigung des Feten und Neugeborenen durch sonstige Medikation bei der Mutter
Chemotherapie bei Krebs
Zytotoxische Arzneimittel
Exkl.: Einnahme von abhängigkeitserzeugenden Arzneimitteln oder Drogen durch die Mutter (P04.4)
Embryofetales Hydantoin-Syndrom (Q86.1)
Warfarin-Embryopathie (Q86.2)

P04.2 Schädigung des Feten und Neugeborenen durch Tabakkonsum der Mutter

P04.3 Schädigung des Feten und Neugeborenen durch Alkoholkonsum der Mutter
Exkl.: Alkoholembryopathie (Q86.0)

P04.4 Schädigung des Feten und Neugeborenen durch Einnahme von abhängigkeitserzeugenden Arzneimitteln oder Drogen durch die Mutter
Exkl.: Entzugssymptome bei Einnahme von abhängigkeitserzeugenden Arzneimitteln oder Drogen durch die Mutter (P96.1)
Schädigung durch Anästhesie und Analgesie bei der Mutter (P04.0)

P04.5 Schädigung des Feten und Neugeborenen durch chemische Substanzen, die mit der Nahrung der Mutter aufgenommen wurden

P04.6 Schädigung des Feten und Neugeborenen durch Exposition der Mutter gegenüber chemischen Substanzen aus der Umwelt

P04.8 Schädigungen des Feten und Neugeborenen durch sonstige Noxen, von der Mutter übertragen

P04.9 Schädigung des Feten und Neugeborenen durch nicht näher bezeichnete Noxen, von der Mutter übertragen

Störungen im Zusammenhang mit der Schwangerschaftsdauer und dem fetalen Wachstum
(P05–P08)

P05 Intrauterine Mangelentwicklung und fetale Mangelernährung

P05.0 Für das Gestationsalter zu leichte Neugeborene
Bezugsgrößen sind das Körpergewicht unterhalb der 10. Perzentile und die Körperlänge oberhalb der 10. Perzentile.
Zu leicht für das Gestationsalter [Light-for-dates]

P05.1 Für das Gestationsalter zu kleine Neugeborene
Bezugsgrößen sind das Körpergewicht und die Körperlänge unterhalb der 10. Perzentile.
Zu klein für das Gestationsalter [Small-for-dates]
Zu klein und zu leicht für das Gestationsalter [Small-and-light-for-dates]

P05.2 Fetale Mangelernährung ohne Angabe von zu leicht oder zu klein für das Gestationsalter [light or small for gestational age]
Neugeborene, die für ihr Gestationsalter nicht zu leicht oder zu klein sind, aber Zeichen einer fetalen Mangelernährung aufweisen, wie trockene, abschilfernde Haut und reduziertes subkutanes Fettgewebe.
Exkl.: Fetale Mangelernährung mit der Angabe:
- zu leicht für das Gestationsalter (P05.0)
- zu klein für das Gestationsalter (P05.1)

P05.9 Intrauterine Mangelentwicklung, nicht näher bezeichnet
Fetale Wachstumsretardierung o.n.A.

P07 Störungen im Zusammenhang mit kurzer Schwangerschaftsdauer und niedrigem Geburtsgewicht, anderenorts nicht klassifiziert

Hinweis: Liegen Angaben zum Geburtsgewicht und zum Gestationsalter vor, sollte primär nach dem Geburtsgewicht verschlüsselt werden.

Inkl.: Aufgeführte Zustände, ohne weitere Spezifizierung, als Ursache von Tod, Krankheit oder zusätzlicher Betreuung des Neugeborenen

Exkl.: Niedriges Geburtsgewicht infolge fetaler Wachstumsretardierung und fetaler Mangelernährung (P05.–)

Bestimmte Zustände, die ihren Ursprung in der Perinatalperiode haben

P07.0 Extrem niedriges Geburtsgewicht
Geburtsgewicht von 999 Gramm oder weniger.

P07.1 Sonstiges niedriges Geburtsgewicht
Geburtsgewicht von 1000 bis 2499 Gramm.

P07.2 Extreme Unreife
Gestationsalter von weniger als 28 vollendeten Wochen (von weniger als 196 vollendeten Tagen).

P07.3 Sonstige vor dem Termin Geborene
Gestationsalter von 28 oder mehr vollendeten Wochen, jedoch weniger als 37 vollendeten Wochen (ab 196 vollendete Tage bis unter 259 vollendete Tage).
Frühgeburt o.n.A.

P08 Störungen im Zusammenhang mit langer Schwangerschaftsdauer und hohem Geburtsgewicht

Hinweis: Liegen Angaben zum Geburtsgewicht und zum Gestationsalter vor, sollte primär nach dem Geburtsgewicht verschlüsselt werden.

Inkl.: Aufgeführte Zustände, ohne weitere Spezifizierung, als Ursache von Tod, Krankheit oder zusätzlicher Betreuung des Feten oder Neugeborenen

P08.0 Übergewichtige Neugeborene
Ein Kind mit einem Geburtsgewicht von 4500 Gramm oder mehr.

Exkl.: Syndrom des Kindes einer diabetischen Mutter (P70.1)
Syndrom des Kindes einer Mutter mit gestationsbedingtem Diabetes (P70.0)

P08.1 Sonstige für das Gestationsalter zu schwere Neugeborene
Sonstige Feten oder Neugeborene, die für das Gestationsalter zu schwer oder zu groß sind, ungeachtet der Schwangerschaftsdauer.
Sonstige heavy-or-large-for-dates-Kinder

P08.2 Nach dem Termin Geborenes, nicht zu schwer für das Gestationsalter
Fet oder Neugeborenes mit einem Gestationsalter von 42 oder mehr vollendeten Wochen (294 Tage oder mehr), für sein Gestationsalter nicht zu schwer oder zu groß.
Übertragung o.n.A.

Geburtstrauma
(P10–P15)

P10 Intrakranielle Verletzung und Blutung durch Geburtsverletzung

Exkl.: Intrakranielle (nichttraumatische) Blutung beim Feten oder Neugeborenen:
- durch Anoxie oder Hypoxie (P52.–)
- o.n.A. (P52.9)

P10.0 Subdurale Blutung durch Geburtsverletzung
Subdurales Hämatom (lokalisiert) durch Geburtsverletzung
Exkl.: Subdurale Blutung bei Tentoriumriß (P10.4)

P10.1 Zerebrale Blutung durch Geburtsverletzung

P10.2 Intraventrikuläre Blutung durch Geburtsverletzung

P10.3 Subarachnoidale Blutung durch Geburtsverletzung

P10.4 Tentoriumriß durch Geburtsverletzung

P10.8 Sonstige intrakranielle Verletzungen und Blutungen durch Geburtsverletzung

P10.9 Nicht näher bezeichnete intrakranielle Verletzung und Blutung durch Geburtsverletzung

P11 Sonstige Geburtsverletzungen des Zentralnervensystems

P11.0 Hirnödem durch Geburtsverletzung

P11.1 Sonstige näher bezeichnete Hirnschädigung durch Geburtsverletzung

P11.2 Nicht näher bezeichnete Hirnschädigung durch Geburtsverletzung

P11.3 Geburtsverletzung des N. facialis
Fazialislähmung durch Geburtsverletzung

P11.4 Geburtsverletzung sonstiger Hirnnerven

P11.5 Geburtsverletzung der Wirbelsäule und des Rückenmarkes
Wirbelsäulenfraktur durch Geburtsverletzung

P11.9 Geburtsverletzung des Zentralnervensystems, nicht näher bezeichnet

P12 Geburtsverletzung der behaarten Kopfhaut

P12.0 Kephalhämatom durch Geburtsverletzung

P12.1 Geburtsgeschwulst durch Geburtsverletzung

P12.2 Epikranielle subaponeurotische Blutung durch Geburtsverletzung

P12.3 Quetschwunde der behaarten Kopfhaut durch Geburtsverletzung

P12.4 Überwachungsbedingte Verletzung der behaarten Kopfhaut beim Neugeborenen
Probeinzision
Verletzung durch Kopfschwartenklammer (Elektrode)

P12.8 Sonstige Geburtsverletzungen der behaarten Kopfhaut

P12.9 Geburtsverletzung der behaarten Kopfhaut, nicht näher bezeichnet

P13 Geburtsverletzung des Skeletts

Exkl.: Geburtsverletzung der Wirbelsäule (P11.5)

P13.0 Fraktur des Schädels durch Geburtsverletzung

P13.1 Sonstige Geburtsverletzung des Schädels
Exkl.: Kephalhämatom (P12.0)

P13.2 Geburtsverletzung des Femurs

P13.3 Geburtsverletzung sonstiger Röhrenknochen

P13.4 Klavikularfraktur durch Geburtsverletzung

P13.8 Geburtsverletzungen an sonstigen Teilen des Skeletts

P13.9 Geburtsverletzung des Skeletts, nicht näher bezeichnet

P14 Geburtsverletzung des peripheren Nervensystems

P14.0 Erb-Lähmung durch Geburtsverletzung
Obere Armplexuslähmung

P14.1 Klumpke-Lähmung durch Geburtsverletzung
Untere Armplexuslähmung

P14.2 Lähmung des N. phrenicus durch Geburtsverletzung

P14.3 Sonstige Geburtsverletzungen des Plexus brachialis

P14.8 Geburtsverletzungen sonstiger Teile des peripheren Nervensystems

P14.9 Geburtsverletzung des peripheren Nervensystems, nicht näher bezeichnet

P15 Sonstige Geburtsverletzungen

P15.0 Geburtsverletzung der Leber
Leberruptur durch Geburtsverletzung

P15.1 Geburtsverletzung der Milz
Milzruptur durch Geburtsverletzung

P15.2 Verletzung des M. sternocleidomastoideus durch Geburtsverletzung

P15.3 Geburtsverletzung des Auges
Subkonjunktivale Blutung
Traumatisches Glaukom } durch Geburtsverletzung

P15.4 Geburtsverletzung des Gesichtes
Blutstauung des Gesichtes durch Geburtsverletzung

P15.5 Geburtsverletzung der äußeren Genitalorgane

P15.6 Adiponecrosis subcutanea neonatorum durch Geburtsverletzung

P15.8 Sonstige näher bezeichnete Geburtsverletzungen

P15.9 Geburtsverletzung, nicht näher bezeichnet

Krankheiten des Atmungs- und Herz-Kreislaufsystems, die für die Perinatalperiode spezifisch sind (P20–P29)

P20 Intrauterine Hypoxie

Inkl.: Abnorme fetale Herzfrequenz
Fetal oder intrauterin:
- Anoxie
- Asphyxie
- Azidose
- Distreß
- Gefahrenzustand
- Hypoxie

Mekonium im Fruchtwasser
Mekoniumabgang

Exkl.: Intrakranielle Blutung durch Anoxie oder Hypoxie (P52.–)

P20.0 Intrauterine Hypoxie, erstmals vor Wehenbeginn festgestellt

P20.1 Intrauterine Hypoxie, erstmals während Wehen und Entbindung festgestellt

P20.9 Intrauterine Hypoxie, nicht näher bezeichnet

P21 Asphyxie unter der Geburt

Hinweis: Diese Kategorie ist nicht zu benutzen bei niedrigem Apgarwert ohne Hinweis auf Asphyxie oder sonstige Atmungsprobleme

Exkl.: Intrauterine Hypoxie oder Asphyxie (P20.–)

P21.0 Schwere Asphyxie unter der Geburt
Pulsfrequenz weniger als 100 pro Minute bei Geburt und abfallend oder gleichbleibend, Schnappatmung oder fehlende Atmung, blasse Hautfarbe, fehlender Muskeltonus.
Asphyxia pallida [Weiße Asphyxie]
Asphyxie mit Apgar-Wert 1 Minute postnatal: 0–3

P21.1 Leichte oder mäßige Asphyxie unter der Geburt
Nichteinsetzen der normalen Atmung innerhalb einer Minute, Herzfrequenz 100 oder mehr, geringer Muskeltonus, geringe Reaktion auf Reize.
Asphyxia livida [Blaue Asphyxie]
Asphyxie mit Apgar-Wert 1 Minute postnatal: 4–7

P21.9 Asphyxie unter der Geburt, nicht näher bezeichnet
Anoxie
Asphyxie } o.n.A.
Hypoxie

P22 Atemnot [Respiratory distress] beim Neugeborenen

Exkl.: Respiratorisches Versagen beim Neugeborenen (P28.5)

P22.0 Atemnotsyndrom [Respiratory distress syndrome] des Neugeborenen
Hyaline Membranenkrankheit

P22.1 Transitorische Tachypnoe beim Neugeborenen

P22.8 Sonstige Atemnot [Respiratory distress] beim Neugeborenen

P22.9 Atemnot [Respiratory distress] beim Neugeborenen, nicht näher bezeichnet

P23 Angeborene Pneumonie

Inkl.: Infektionsbedingte Pneumonie, in utero oder unter der Geburt erworben

Exkl.: Pneumonie beim Neugeborenen durch Aspiration (P24.–)

P23.0 Angeborene Pneumonie durch Viren
Exkl.: Kongenitale Röteln-Pneumonie (P35.0)

P23.1 Angeborene Pneumonie durch Chlamydien

P23.2 Angeborene Pneumonie durch Staphylokokken

P23.3 Angeborene Pneumonie durch Streptokokken, Gruppe B

P23.4 Angeborene Pneumonie durch Escherichia coli

P23.5 Angeborene Pneumonie durch Pseudomonasarten

P23.6 Angeborene Pneumonie durch sonstige Bakterien
Haemophilus influenzae
Klebsiella pneumoniae
Mykoplasma
Streptokokkus, ausgenommen Gruppe B

P23.8 Angeborene Pneumonie durch sonstige Erreger

P23.9 Angeborene Pneumonie, nicht näher bezeichnet

P24 Aspirationssyndrome beim Neugeborenen

Inkl.: Pneumonie beim Neugeborenen durch Aspiration

P24.0 Mekoniumaspiration durch das Neugeborene

P24.1 Fruchtwasser- und Schleimaspiration durch das Neugeborene
Aspiration von Liquor (amnii)

P24.2 Blutaspiration durch das Neugeborene

P24.3 Aspiration von Milch und regurgitierter Nahrung durch das Neugeborene

P24.8 Sonstige Aspirationssyndrome beim Neugeborenen

P24.9 Aspirationssyndrom beim Neugeborenen, nicht näher bezeichnet
Neonatale Aspirationspneumonie o.n.A.

P25 Interstitielles Emphysem und verwandte Zustände mit Ursprung in der Perinatalperiode

P25.0 Interstitielles Emphysem mit Ursprung in der Perinatalperiode

P25.1	Pneumothorax mit Ursprung in der Perinatalperiode
P25.2	Pneumomediastinum mit Ursprung in der Perinatalperiode
P25.3	Pneumoperikard mit Ursprung in der Perinatalperiode
P25.8	Sonstige Zustände in Verbindung mit interstitiellem Emphysem mit Ursprung in der Perinatalperiode

P26 Lungenblutung mit Ursprung in der Perinatalperiode

P26.0	Tracheobronchiale Blutung mit Ursprung in der Perinatalperiode
P26.1	Massive Lungenblutung mit Ursprung in der Perinatalperiode
P26.8	Sonstige Lungenblutung mit Ursprung in der Perinatalperiode
P26.9	Nicht näher bezeichnete Lungenblutung mit Ursprung in der Perinatalperiode

P27 Chronische Atemwegskrankheit mit Ursprung in der Perinatalperiode

P27.0	**Mikity-Wilson-Syndrom**
	Pulmonale Dysmaturität
P27.1	**Bronchopulmonale Dysplasie mit Ursprung in der Perinatalperiode**
P27.8	**Sonstige chronische Atemwegskrankheiten mit Ursprung in der Perinatalperiode**
	Angeborene Lungenfibrose
	Beatmungslunge beim Neugeborenen
P27.9	**Nicht näher bezeichnete chronische Atemwegskrankheit mit Ursprung in der Perinatalperiode**

P28 Sonstige Atemstörungen mit Ursprung in der Perinatalperiode

Exkl.: Angeborene Fehlbildungen des Atmungssystems (Q30–Q34)

P28.0 Primäre Atelektase beim Neugeborenen
Fehlende Entfaltung der terminalen Lungenabschnitte
Pulmonale Hypoplasie verbunden mit kurzer Schwangerschaftsdauer
Unreife der Lungen o.n.A.

P28.1 Sonstige und nicht näher bezeichnete Atelektase beim Neugeborenen
Atelektase:
- partiell
- sekundär
- o.n.A.

Resorptionsatelektase ohne Atemnotsyndrom

P28.2 Zyanoseanfälle beim Neugeborenen
Exkl.: Apnoe beim Neugeborenen (P28.3, P28.4)

P28.3 Primäre Schlafapnoe beim Neugeborenen
Schlafapnoe beim Neugeborenen o.n.A.

P28.4 Sonstige Apnoe beim Neugeborenen

P28.5 Respiratorisches Versagen beim Neugeborenen

P28.8 Sonstige näher bezeichnete Atemstörungen beim Neugeborenen
Chronischer Schnupfen beim Neugeborenen
Exkl.: Angeborene frühsyphilitische Rhinitis (A50.0)

P28.9 Atemstörung beim Neugeborenen, nicht näher bezeichnet

P29 Kardiovaskuläre Krankheiten mit Ursprung in der Perinatalperiode

Exkl.: Angeborene Fehlbildungen des Kreislaufsystems (Q20–Q28)

P29.0 Herzinsuffizienz beim Neugeborenen

P29.1 Herzrhythmusstörung beim Neugeborenen

P29.2 Hypertonie beim Neugeborenen

P29.3 Persistierender Fetalkreislauf
Verzögerter Verschluß des Ductus arteriosus

P29.4 Transitorische Myokardischämie beim Neugeborenen

P29.8 Sonstige kardiovaskuläre Krankheiten mit Ursprung in der Perinatalperiode

P29.9 Kardiovaskuläre Krankheit mit Ursprung in der Perinatalperiode, nicht näher bezeichnet

Infektionen, die für die Perinatalperiode spezifisch sind (P35–P39)

Inkl.: Infektionen, die in utero oder unter der Geburt erworben wurden
Exkl.: Angeboren:
- Gonokokkeninfektion (A54.-)
- Pneumonie (P23.-)
- Syphilis (A50.-)

Asymptomatische HIV-Infektion (Z21)
HIV-Krankheit (B20–B24)
Infektiöse Darmkrankheiten (A00–A09)
Infektionskrankheit der Mutter als Ursache von Tod oder Krankheit des Feten oder Neugeborenen ohne Manifestation dieser Krankheit beim Feten oder Neugeborenen (P00.2)
Laborhinweis auf HIV (R75)
Nach der Geburt erworbene Infektionskrankheiten (A00–B99, J10–J11)
Tetanus neonatorum (A33)

P35 Angeborene Viruskrankheiten

P35.0 **Rötelnembryopathie**
Kongenitale Röteln-Pneumonie

P35.1 **Angeborene Zytomegalie**

P35.2 **Angeborene Infektion durch Herpesviren [Herpes simplex]**

P35.3 **Angeborene Virushepatitis**

P35.8 **Sonstige angeborene Viruskrankheiten**
Angeborene Varizellen [Windpocken]

P35.9 **Angeborene Viruskrankheit, nicht näher bezeichnet**

P36 Bakterielle Sepsis beim Neugeborenen

Inkl.: Angeborene Sepsis

P36.0 **Sepsis beim Neugeborenen durch Streptokokken, Gruppe B**

P36.1 **Sepsis beim Neugeborenen durch sonstige und nicht näher bezeichnete Streptokokken**

P36.2 **Sepsis beim Neugeborenen durch Staphylococcus aureus**

P36.3 **Sepsis beim Neugeborenen durch sonstige und nicht näher bezeichnete Staphylokokken**

P36.4	Sepsis beim Neugeborenen durch Escherichia coli
P36.5	Sepsis beim Neugeborenen durch Anaerobier
P36.8	Sonstige bakterielle Sepsis beim Neugeborenen
P36.9	Bakterielle Sepsis beim Neugeborenen, nicht näher bezeichnet

P37 Sonstige angeborene infektiöse und parasitäre Krankheiten

Exkl.: Diarrhoe beim Neugeborenen:
- infektiös (A00–A09)
- nichtinfektiös (P78.3)
- o.n.A. (P78.3)

Enterocolitis necroticans beim Feten oder Neugeborenen (P77)
Ophthalmia neonatorum durch Gonokokken (A54.3)
Syphilis connata (A50.-)
Tetanus neonatorum (A33)

P37.0	Angeborene Tuberkulose
P37.1	Angeborene Toxoplasmose
	Hydrozephalus durch angeborene Toxoplasmose
P37.2	Neugeborenenlisteriose (disseminiert)
P37.3	Angeborene Malaria tropica
P37.4	Sonstige angeborene Malaria
P37.5	Kandidose beim Neugeborenen
P37.8	Sonstige näher bezeichnete angeborene infektiöse und parasitäre Krankheiten
P37.9	Angeborene infektiöse oder parasitäre Krankheit, nicht näher bezeichnet

P38 Omphalitis beim Neugeborenen mit oder ohne leichte Blutung

P39 Sonstige Infektionen, die für die Perinatalperiode spezifisch sind

P39.0 Infektiöse Mastitis beim Neugeborenen

Exkl.: Brustdrüsenschwellung beim Neugeborenen (P83.4)
Nichtinfektiöse Mastitis beim Neugeborenen (P83.4)

P39.1 Konjunktivitis und Dakryozystitis beim Neugeborenen
Konjunktivitis durch Chlamydien beim Neugeborenen
Ophthalmia neonatorum o.n.A.
Exkl.: Konjunktivitis durch Gonokokken (A54.3)

P39.2 Intraamniale Infektion des Feten, anderenorts nicht klassifiziert

P39.3 Harnwegsinfektion beim Neugeborenen

P39.4 Hautinfektion beim Neugeborenen
Pyodermie beim Neugeborenen
Exkl.: Staphylococcal scalded skin syndrome [SSS-Syndrom] (L00)
Pemphigus neonatorum (L00)

P39.8 Sonstige näher bezeichnete Infektionen, die für die Perinatalperiode spezifisch sind

P39.9 Infektion, die für die Perinatalperiode spezifisch ist, nicht näher bezeichnet

Hämorrhagische und hämatologische Krankheiten beim Feten und Neugeborenen (P50–P61)

Exkl.: Angeborene Stenose und Striktur der Gallengänge (Q44.3)
Crigler-Najjar-Syndrom (E80.5)
Dubin-Johnson-Syndrom (E80.6)
Gilbert-Meulengracht-Syndrom (E80.4)
Hereditäre hämolytische Anämien (D55–D58)

P50 Fetaler Blutverlust
Exkl.: Angeborene Anämie durch fetalen Blutverlust (P61.3)

P50.0 Fetaler Blutverlust bei Insertio velamentosa [Vasa praevia]

P50.1 Fetaler Blutverlust aus der rupturierten Nabelschnur

P50.2 Fetaler Blutverlust aus der Plazenta

P50.3 Blutung in den anderen Mehrling (fetofetal)

P50.4 Blutung in den Kreislauf der Mutter (fetomaternal)

P50.5 Fetaler Blutverlust aus dem durchtrennten Ende der Nabelschnur eines anderen Mehrlings

P50.8 Sonstiger fetaler Blutverlust

P50.9 Fetaler Blutverlust, nicht näher bezeichnet
Fetale Blutung o.n.A.

P51 Nabelblutung beim Neugeborenen

Exkl.: Omphalitis mit leichter Blutung (P38)

P51.0 Massive Nabelblutung beim Neugeborenen

P51.8 Sonstige Nabelblutungen beim Neugeborenen
Sichlösen einer Nabelschnurligatur o.n.A.

P51.9 Nabelblutung beim Neugeborenen, nicht näher bezeichnet

P52 Intrakranielle nichttraumatische Blutung beim Feten und Neugeborenen

Inkl.: Intrakranielle Blutung durch Anoxie oder Hypoxie
Exkl.: Intrakranielle Blutung durch:
- Geburtsverletzung (P10.-)
- sonstige Verletzung (S06.-)
- Verletzung der Mutter (P00.5)

P52.0 Intraventrikuläre (nichttraumatische) Blutung 1. Grades beim Feten und Neugeborenen
Subependymblutung (ohne intraventrikuläre Ausdehnung)

P52.1 Intraventrikuläre (nichttraumatische) Blutung 2. Grades beim Feten und Neugeborenen
Subependymblutung mit intraventrikulärer Ausdehnung

P52.2 Intraventrikuläre (nichttraumatische) Blutung 3. Grades beim Feten und Neugeborenen
Subependymblutung mit intraventrikulärer und intrazerebraler Ausdehnung gleichzeitig

P52.3 Nicht näher bezeichnete intraventrikuläre (nichttraumatische) Blutung beim Feten und Neugeborenen

P52.4 Intrazerebrale (nichttraumatische) Blutung beim Feten und Neugeborenen

P52.5 Subarachnoidalblutung (nichttraumatisch) beim Feten und Neugeborenen

P52.6 Kleinhirnblutung (nichttraumatisch) und Blutung in die Fossa cranii posterior beim Feten und Neugeborenen

P52.8 Sonstige intrakranielle (nichttraumatische) Blutungen beim Feten und Neugeborenen

P52.9 Intrakranielle (nichttraumatische) Blutung beim Feten und Neugeborenen, nicht näher bezeichnet

P53 Hämorrhagische Krankheit beim Feten und Neugeborenen
Vitamin-K-Mangel beim Neugeborenen

P54 Sonstige Blutungen beim Neugeborenen
Exkl.: Fetaler Blutverlust (P50.–)
Lungenblutung mit Ursprung in der Perinatalperiode (P26.–)

P54.0 Hämatemesis beim Neugeborenen
Exkl.: Hämatemesis durch Verschlucken mütterlichen Blutes (P78.2)

P54.1 Meläna beim Neugeborenen
Exkl.: Meläna durch Verschlucken mütterlichen Blutes (P78.2)

P54.2 Rektumblutung beim Neugeborenen

P54.3 Sonstige gastrointestinale Blutung beim Neugeborenen

P54.4 Nebennierenblutung beim Neugeborenen

P54.5 Hautblutung beim Neugeborenen
Ekchymosen
Oberflächliche Hämatome
Petechien
Quetschwunde
} beim Feten oder Neugeborenen

Exkl.: Kephalhämatom durch Geburtsverletzung (P12.0)
Quetschwunde der behaarten Kopfhaut durch Geburtsverletzung (P12.3)

P54.6 Blutung aus der Vagina beim Neugeborenen
Pseudomenstruation

P54.8 Sonstige näher bezeichnete Blutungen beim Neugeborenen

P54.9 Blutung beim Neugeborenen, nicht näher bezeichnet

P55 Hämolytische Krankheit beim Feten und Neugeborenen

P55.0 Rh-Isoimmunisierung beim Feten und Neugeborenen

P55.1 AB0–Isoimmunisierung beim Feten und Neugeborenen

P55.8 Sonstige hämolytische Krankheiten beim Feten und Neugeborenen

P55.9 Hämolytische Krankheit beim Feten und Neugeborenen, nicht näher bezeichnet

P56 Hydrops fetalis durch hämolytische Krankheit

Exkl.: Hydrops fetalis o.n.A. (P83.2)
Hydrops fetalis o.n.A. nicht durch hämolytische Krankheit (P83.2)

P56.0 Hydrops fetalis durch Isoimmunisierung

P56.9 Hydrops fetalis durch sonstige und nicht näher bezeichnete hämolytische Krankheit

P57 Kernikterus

P57.0 Kernikterus durch Isoimmunisierung

P57.8 Sonstiger näher bezeichneter Kernikterus
Exkl.: Crigler-Najjar-Syndrom (E80.5)

P57.9 Kernikterus, nicht näher bezeichnet

P58 Neugeborenenikterus durch sonstige gesteigerte Hämolyse

Exkl.: Ikterus durch Isoimmunisierung (P55–P57)

P58.0 Neugeborenenikterus durch Quetschwunde

P58.1 Neugeborenenikterus durch Blutung

P58.2 Neugeborenenikterus durch Infektion

P58.3 Neugeborenenikterus durch Polyglobulie

P58.4 Neugeborenenikterus durch Arzneimittel oder Toxine, die von der Mutter übertragen oder dem Neugeborenen verabreicht wurden

Soll bei Arzneimittelinduktion die Substanz angegeben werden, ist eine zusätzliche Schlüsselnummer (Kapitel XX) zu benutzen.

P58.5 Neugeborenenikterus durch Verschlucken mütterlichen Blutes

P58.8 Neugeborenenikterus durch sonstige näher bezeichnete gesteigerte Hämolyse

P58.9 Neugeborenenikterus durch gesteigerte Hämolyse, nicht näher bezeichnet

P59 Neugeborenenikterus durch sonstige und nicht näher bezeichnete Ursachen

Exkl.: Durch angeborene Stoffwechselstörungen (E70–E90)
Kernikterus (P57.–)

P59.0 Neugeborenenikterus in Verbindung mit vorzeitiger Geburt
Hyperbilirubinämie bei Prämaturität
Ikterus infolge verzögerter Konjugation in Verbindung mit vorzeitiger Geburt

P59.1 Gallepfropf-Syndrom

P59.2 Neugeborenenikterus durch sonstige und nicht näher bezeichnete Leberzellschädigung
Exkl.: Angeborene Virushepatitis (P35.3)

P59.3 Neugeborenenikterus durch Muttermilch-Inhibitor

P59.8 Neugeborenenikterus durch sonstige näher bezeichnete Ursachen

P59.9 Neugeborenenikterus, nicht näher bezeichnet
Physiologischer Ikterus (verstärkt) (verlängert) o.n.A.

P60 Disseminierte intravasale Gerinnung beim Feten und Neugeborenen

Defibrinationssyndrom beim Feten oder Neugeborenen

P61 Sonstige hämatologische Krankheiten in der Perinatalperiode

Exkl.: Transitorische Hypogammaglobulinämie im Kindesalter (D80.7)

P61.0 Transitorische Thrombozytopenie beim Neugeborenen
Thrombozytopenie beim Neugeborenen durch:
- Austauschtransfusion
- idiopathische Thrombozytopenie der Mutter
- Isoimmunisierung

P61.1 Polyglobulie beim Neugeborenen

P61.2 Anämie bei Prämaturität

P61.3 Angeborene Anämie durch fetalen Blutverlust

P61.4 Sonstige angeborene Anämien, anderenorts nicht klassifiziert
Angeborene Anämie o.n.A.

P61.5 Transitorische Neutropenie beim Neugeborenen

P61.6 Sonstige transitorische Gerinnungsstörungen beim Neugeborenen

P61.8 Sonstige näher bezeichnete hämatologische Krankheiten in der Perinatalperiode

P61.9 Hämatologische Krankheit in der Perinatalperiode, nicht näher bezeichnet

Transitorische endokrine und Stoffwechselstörungen, die für den Feten und das Neugeborene spezifisch sind (P70–P74)

Inkl.: Transitorische endokrine und Stoffwechselstörungen, die durch Reaktion des Kindes auf endokrine und Stoffwechselfaktoren der Mutter oder durch Anpassung an das extrauterine Leben verursacht werden

P70 Transitorische Störungen des Kohlenhydratstoffwechsels, die für den Feten und das Neugeborene spezifisch sind

P70.0 Syndrom des Kindes einer Mutter mit gestationsbedingtem Diabetes

P70.1 Syndrom des Kindes einer diabetischen Mutter
Diabetes mellitus der Mutter (vorher bestehend), der sich auf den Feten oder das Neugeborene auswirkt (mit Hypoglykämie)

P70.2 Diabetes mellitus beim Neugeborenen

P70.3 Iatrogene Hypoglykämie beim Neugeborenen

P70.4 Sonstige Hypoglykämie beim Neugeborenen
Transitorische Hypoglykämie beim Neugeborenen

P70.8 Sonstige transitorische Störungen des Kohlenhydratstoffwechsels beim Feten und Neugeborenen

P70.9 Transitorische Störung des Kohlenhydratstoffwechsels beim Feten und Neugeborenen, nicht näher bezeichnet

P71 Transitorische Störungen des Kalzium- und Magnesiumstoffwechsels beim Neugeborenen

P71.0 Kuhmilch-Hypokalzämie beim Neugeborenen

P71.1 Sonstige Hypokalzämie beim Neugeborenen
Exkl.: Hypoparathyreoidismus beim Neugeborenen (P71.4)

P71.2	Hypomagnesiämie beim Neugeborenen
P71.3	Tetanie beim Neugeborenen, ohne Kalzium- oder Magnesiummangel

Tetanie beim Neugeborenen o.n.A.

P71.4	Transitorischer Hypoparathyreoidismus beim Neugeborenen
P71.8	Sonstige transitorische Störungen des Kalzium- und Magnesiumstoffwechsels beim Neugeborenen
P71.9	Transitorische Störung des Kalzium- und Magnesiumstoffwechsels beim Neugeborenen, nicht näher bezeichnet

P72 Sonstige transitorische endokrine Krankheiten beim Neugeborenen

Exkl.: Angeborene Hypothyreose mit oder ohne Struma (E03.0–E03.1)
Dyshormogene Struma (E07.1)
Pendred-Syndrom (E07.1)

P72.0	Struma beim Neugeborenen, anderenorts nicht klassifiziert

Transitorische Struma congenita mit normaler Funktion

P72.1	Transitorische Hyperthyreose beim Neugeborenen

Thyreotoxikose beim Neugeborenen

P72.2	Sonstige transitorische Störungen der Schilddrüsenfunktion beim Neugeborenen, anderenorts nicht klassifiziert

Transitorische Hypothyreose beim Neugeborenen

P72.8	Sonstige näher bezeichnete transitorische endokrine Krankheiten beim Neugeborenen
P72.9	Transitorische endokrine Krankheit beim Neugeborenen, nicht näher bezeichnet

P74 Sonstige transitorische Störungen des Elektrolythaushaltes und des Stoffwechsels beim Neugeborenen

P74.0	Metabolische Spätazidose beim Neugeborenen
P74.1	Dehydratation beim Neugeborenen
P74.2	Störungen des Natriumgleichgewichtes beim Neugeborenen
P74.3	Störungen des Kaliumgleichgewichtes beim Neugeborenen
P74.4	Sonstige transitorische Störungen des Elektrolythaushaltes beim Neugeborenen
P74.5	Transitorische Hypertyrosinämie beim Neugeborenen
P74.8	Sonstige transitorische Stoffwechselstörungen beim Neugeborenen
P74.9	Transitorische Stoffwechselstörung beim Neugeborenen, nicht näher bezeichnet

Krankheiten des Verdauungssystems beim Feten und Neugeborenen (P75–P78)

P75* Mekoniumileus (E84.1†)

P76 Sonstiger Darmverschluß beim Neugeborenen
Exkl.: Darmverschluß, klassifizierbar unter K56.–

P76.0 Mekoniumpfropf-Syndrom
P76.1 Transitorischer Ileus beim Neugeborenen
Exkl.: Hirschsprung-Krankheit (Q43.1)
P76.2 Darmverschluß durch eingedickte Milch
P76.8 Sonstiger näher bezeichneter Darmverschluß beim Neugeborenen
P76.9 Darmverschluß beim Neugeborenen, nicht näher bezeichnet

P77 Enterocolitis necroticans beim Feten oder Neugeborenen

P78 Sonstige Krankheiten des Verdauungssystems in der Perinatalperiode
Exkl.: Gastrointestinale Blutungen beim Neugeborenen (P54.0–P54.3)

P78.0 Darmperforation in der Perinatalperiode
Mekoniumperitonitis
P78.1 Sonstige Peritonitis beim Neugeborenen
Neonatale Peritonitis o.n.A.
P78.2 Hämatemesis und Meläna beim Neugeborenen durch Verschlucken mütterlichen Blutes
P78.3 Nichtinfektiöse Diarrhoe beim Neugeborenen
Diarrhoe beim Neugeborenen o.n.A.
Exkl.: Neonatale Diarrhoe o.n.A. in Ländern, in denen diese Krankheit als infektiösen Ursprungs angesehen werden kann (A09)
P78.8 Sonstige näher bezeichnete Krankheiten des Verdauungssystems in der Perinatalperiode
Angeborene Zirrhose (der Leber)
Ulcus pepticum beim Neugeborenen
P78.9 Krankheit des Verdauungssystems in der Perinatalperiode, nicht näher bezeichnet

Krankheitszustände mit Beteiligung der Haut und der Temperaturregulation beim Feten und Neugeborenen
(P80–P83)

P80 Hypothermie beim Neugeborenen

P80.0 **Kältesyndrom**
Schwere und gewöhnlich chronische Hypothermie in Verbindung mit Rötung von Gesicht und Akren, Ödemen, neurologischen und biochemischen Auffälligkeiten.
Exkl.: Geringgradige Hypothermie beim Neugeborenen (P80.8)

P80.8 **Sonstige Hypothermie beim Neugeborenen**
Geringgradige Hypothermie beim Neugeborenen

P80.9 **Hypothermie beim Neugeborenen, nicht näher bezeichnet**

P81 Sonstige Störungen der Temperaturregulation beim Neugeborenen

P81.0 **Umweltbedingte Hyperthermie beim Neugeborenen**

P81.8 **Sonstige näher bezeichnete Störungen der Temperaturregulation beim Neugeborenen**

P81.9 **Störung der Temperaturregulation beim Neugeborenen, nicht näher bezeichnet**
Fieber beim Neugeborenen o.n.A.

P83 Sonstige Krankheitszustände mit Beteiligung der Haut, die für den Feten und das Neugeborene spezifisch sind

Exkl.: Angeborene Fehlbildungen der Haut und des Integumentes (Q80–Q84)
Hautinfektion beim Neugeborenen (P39.4)
Hydrops fetalis durch hämolytische Krankheit (P56.–)
Milchschorf, seborrhoisch (L21.0)
Staphylococcal scalded skin syndrome [SSS-Syndrom] (L00)
Windeldermatitis (L22)

P83.0 **Sclerema neonatorum**

P83.1 **Erythema toxicum neonatorum**

P83.2	**Hydrops fetalis, nicht durch hämolytische Krankheit bedingt** Hydrops fetalis o.n.A.
P83.3	**Sonstiges und nicht näher bezeichnetes Ödem, das für den Feten oder das Neugeborene spezifisch ist**
P83.4	**Brustdrüsenschwellung beim Neugeborenen** Nichtinfektiöse Mastitis beim Neugeborenen
P83.5	**Angeborene Hydrozele**
P83.6	**Umbilikaler Polyp beim Neugeborenen**
P83.8	**Sonstige näher bezeichnete Krankheitszustände der Haut, die für den Feten und das Neugeborene spezifisch sind** Bronze-Baby Sklerodermie beim Neugeborenen Urticaria neonatorum
P83.9	**Krankheitszustand der Haut, der für den Feten und das Neugeborene spezifisch ist, nicht näher bezeichnet**

Sonstige Störungen, die ihren Ursprung in der Perinatalperiode haben (P90–P96)

P90 Krämpfe beim Neugeborenen

Exkl.: Gutartige Neugeborenenkrämpfe (familiär) (G40.3)

P91 Sonstige zerebrale Störungen beim Neugeborenen

P91.0	**Zerebrale Ischämie beim Neugeborenen**
P91.1	**Erworbene periventrikuläre Zysten beim Neugeborenen**
P91.2	**Zerebrale Leukomalazie beim Neugeborenen**
P91.3	**Zerebrale Übererregbarkeit des Neugeborenen**
P91.4	**Zerebraler Depressionszustand des Neugeborenen**
P91.5	**Koma beim Neugeborenen**
P91.8	**Sonstige näher bezeichnete zerebrale Störungen beim Neugeborenen**
P91.9	**Zerebrale Störung beim Neugeborenen, nicht näher bezeichnet**

P92 Ernährungsprobleme beim Neugeborenen

P92.0 Erbrechen beim Neugeborenen
P92.1 Regurgitation und Rumination beim Neugeborenen
P92.2 Trinkunlust beim Neugeborenen
P92.3 Unterernährung beim Neugeborenen
P92.4 Überernährung beim Neugeborenen
P92.5 Schwierigkeit beim Neugeborenen bei Brusternährung
P92.8 Sonstige Ernährungsprobleme beim Neugeborenen
P92.9 Ernährungsproblem beim Neugeborenen, nicht näher bezeichnet

P93 Reaktionen und Intoxikationen durch Arzneimittel oder Drogen, die dem Feten und Neugeborenen verabreicht wurden

Grey-Syndrom beim Neugeborenen durch Chloramphenicolgabe

Exkl.: Entzugssymptome:
- bei Einnahme von abhängigkeitserzeugenden Arzneimitteln oder Drogen durch die Mutter (P96.1)
- bei therapeutischer Anwendung von Arzneimitteln beim Neugeborenen (P96.2)

Ikterus durch Arzneimittel oder Toxine, die von der Mutter übertragen oder dem Neugeborenen verabreicht wurden (P58.4)

Reaktionen und Intoxikationen durch Opiate, Tranquilizer und andere Arzneimittel, die der Mutter verabreicht oder von ihr eingenommen wurden (P04.0–P04.1, P04.4)

P94 Störungen des Muskeltonus beim Neugeborenen

P94.0 Transitorische Myasthenia gravis beim Neugeborenen
Exkl.: Myasthenia gravis (G70.0)
P94.1 Angeborene Muskelhypertonie
P94.2 Angeborene Muskelhypotonie
Unspezifisches Floppy-Infant-Syndrom
P94.8 Sonstige Störungen des Muskeltonus beim Neugeborenen
P94.9 Störung des Muskeltonus beim Neugeborenen, nicht näher bezeichnet

P95 Fetaltod, nicht näher bezeichnete Ursache
Totgeborener Fet o.n.A.
Totgeburt o.n.A.

P96 Sonstige Zustände, die ihren Ursprung in der Perinatalperiode haben

P96.0 Angeborene Niereninsuffizienz
Urämie beim Neugeborenen

P96.1 Entzugssymptome beim Neugeborenen bei Einnahme von abhängigkeitserzeugenden Arzneimitteln oder Drogen durch die Mutter
Drogenentzugssyndrom beim Kind einer abhängigen Mutter
Exkl.: Reaktionen und Intoxikationen durch Opiate und Tranquilizer, die der Mutter während der Wehen und Entbindung verabreicht wurden (P04.0)

P96.2 Entzugssymptome bei therapeutischer Anwendung von Arzneimitteln beim Neugeborenen

P96.3 Weite Schädelnähte beim Neugeborenen
Kraniotabes beim Neugeborenen

P96.4 Schwangerschaftsabbruch, Fet und Neugeborenes
Exkl.: Schwangerschaftsabbruch (Mutter) (O04.–)

P96.5 Komplikationen bei intrauterinen Eingriffen, anderenorts nicht klassifiziert

P96.8 Sonstige näher bezeichnete Zustände, die ihren Ursprung in der Perinatalperiode haben

P96.9 Zustand, der seinen Ursprung in der Perinatalperiode hat, nicht näher bezeichnet
Angeborene Schwäche o.n.A.

KAPITEL XVII

Angeborene Fehlbildungen, Deformitäten und Chromosomenanomalien (Q00–Q99)

Exkl.: Angeborene Stoffwechselkrankheiten (E70–E90)

Dieses Kapitel gliedert sich in folgende Gruppen:

Q00–Q07 Angeborene Fehlbildungen des Nervensystems
Q10–Q18 Angeborene Fehlbildungen des Auges, des Ohres, des Gesichtes und des Halses
Q20–Q28 Angeborene Fehlbildungen des Kreislaufsystems
Q30–Q34 Angeborene Fehlbildungen des Atmungssystems
Q35–Q37 Lippen-, Kiefer- und Gaumenspalte
Q38–Q45 Sonstige angeborene Fehlbildungen des Verdauungssystems
Q50–Q56 Angeborene Fehlbildungen der Genitalorgane
Q60–Q64 Angeborene Fehlbildungen des Harnsystems
Q65–Q79 Angeborene Fehlbildungen und Deformitäten des Muskel-Skelett-Systems
Q80–Q89 Sonstige angeborene Fehlbildungen
Q90–Q99 Chromosomenanomalien, anderenorts nicht klassifiziert

Angeborene Fehlbildungen des Nervensystems (Q00–Q07)

Q00 Anenzephalie und ähnliche Fehlbildungen

Q00.0 Anenzephalie
Akranie
Amyelenzephalie
Azephalie
Hemienzephalie
Hemizephalie

Q00.1 Kraniorhachischisis

Q00.2 Inienzephalie

Q01 Enzephalozele

Inkl.: Enzephalomyelozele
Hydroenzephalozele
Hydromeningozele, kranial
Meningoenzephalozele
Meningozele, zerebral
Exkl.: Meckel-Gruber-Syndrom (Q61.9)

Q01.0 Frontale Enzephalozele

Q01.1 Nasofrontale Enzephalozele

Q01.2 Okzipitale Enzephalozele

Q01.8 Enzephalozele sonstiger Lokalisationen

Q01.9 Enzephalozele, nicht näher bezeichnet

Q02 Mikrozephalie

Hydromikrozephalie
Mikrenzephalie
Exkl.: Meckel-Gruber-Syndrom (Q61.9)

Q03 Angeborener Hydrozephalus

Inkl.: Hydrozephalus beim Neugeborenen
Exkl.: Arnold-Chiari-Syndrom (Q07.0)
Hydrozephalus:
- durch angeborene Toxoplasmose (P37.1)
- erworben (G91.–)
- mit Spina bifida (Q05.0–Q05.4)

Q03.0 Fehlbildungen des Aquaeductus cerebri
Aquaeductus cerebri:
- Anomalie
- Obstruktion, angeboren
- Stenose

Q03.1 Atresie der Apertura mediana [Foramen Magendii] oder der Aperturae laterales [Foramina Luschkae] des vierten Ventrikels
Dandy-Walker-Syndrom

Q03.8 Sonstiger angeborener Hydrozephalus

Q03.9 Angeborener Hydrozephalus, nicht näher bezeichnet

Q04 Sonstige angeborene Fehlbildungen des Gehirns

Exkl.: Makrozephalie (Q75.3)
Zyklopie (Q87.0)

Q04.0 Angeborene Fehlbildungen des Corpus callosum
Agenesie des Corpus callosum

Q04.1 Arrhinenzephalie

Q04.2 Holoprosenzephalie-Syndrom

Q04.3 Sonstige Reduktionsdeformitäten des Gehirns
Agenesie ⎫
Aplasie ⎪
Fehlen ⎬ eines Gehirnteils
Hypoplasie ⎭
Agyrie
Hydranenzephalie
Lissenzephalie
Mikrogyrie
Pachygyrie

Exkl.: Angeborene Fehlbildungen des Corpus callosum (Q04.0)

Q04.4 Septooptische Dysplasie

Q04.5 Megalenzephalie

Q04.6 Angeborene Gehirnzysten
Porenzephalie
Schizenzephalie

Exkl.: Erworbene porenzephalische Zyste (G93.0)

Q04.8 Sonstige näher bezeichnete angeborene Fehlbildungen des Gehirns
Makrogyrie

Q04.9 Angeborene Fehlbildung des Gehirns, nicht näher bezeichnet
Angeboren:
- Anomalie ⎫
- Deformität ⎬ Gehirn o.n.A.
- Krankheit oder Schädigung ⎪
- multiple Anomalien ⎭

Q05 Spina bifida

Inkl.: Hydromeningozele (spinal)
Meningomyelozele
Meningozele (spinal)
Myelomeningozele
Myelozele
Rhachischisis
Spina bifida (aperta) (cystica)
Syringomyelozele

Exkl.: Arnold-Chiari-Syndrom (Q07.0)
Spina bifida occulta (Q76.0)

Q05.0 Zervikale Spina bifida mit Hydrozephalus

Q05.1 Thorakale Spina bifida mit Hydrozephalus
Spina bifida:
- dorsal
- thorakolumbal } mit Hydrozephalus

Q05.2 Lumbale Spina bifida mit Hydrozephalus
Lumbosakrale Spina bifida mit Hydrozephalus

Q05.3 Sakrale Spina bifida mit Hydrozephalus

Q05.4 Nicht näher bezeichnete Spina bifida mit Hydrozephalus

Q05.5 Zervikale Spina bifida ohne Hydrozephalus

Q05.6 Thorakale Spina bifida ohne Hydrozephalus
Spina bifida:
- dorsal o.n.A.
- thorakolumbal o.n.A.

Q05.7 Lumbale Spina bifida ohne Hydrozephalus
Lumbosakrale Spina bifida o.n.A.

Q05.8 Sakrale Spina bifida ohne Hydrozephalus

Q05.9 Spina bifida, nicht näher bezeichnet

Q06 Sonstige angeborene Fehlbildungen des Rückenmarks

Q06.0 Amyelie

Q06.1 Hypoplasie und Dysplasie des Rückenmarks
Atelomyelie
Myelatelie
Myelodysplasie des Rückenmarks

Q06.2 **Diastematomyelie**

Q06.3 **Sonstige angeborene Fehlbildungen der Cauda equina**

Q06.4 **Hydromyelie**
Hydrorrhachis

Q06.8 **Sonstige näher bezeichnete angeborene Fehlbildungen des Rückenmarks**

Q06.9 **Angeborene Fehlbildung des Rückenmarks, nicht näher bezeichnet**
Angeboren:
- Anomalie
- Deformität
- Krankheit oder Schädigung
} Rückenmark oder Rückenmarkhäute o.n.A.

Q07 Sonstige angeborene Fehlbildungen des Nervensystems

Exkl.: Familiäre Dysautonomie [Riley-Day-Syndrom] (G90.1)
Neurofibromatose (nicht bösartig) (Q85.0)

Q07.0 **Arnold-Chiari-Syndrom**

Q07.8 **Sonstige näher bezeichnete angeborene Fehlbildungen des Nervensystems**
Agenesie von Nerven
Kiefer-Lid-Syndrom
(Marcus-) Gunn-Syndrom
Verlagerung des Plexus brachialis

Q07.9 **Angeborene Fehlbildung des Nervensystems, nicht näher bezeichnet**
Angeboren:
- Anomalie
- Deformität
- Krankheit oder Schädigung
} Nervensystem o.n.A.

Angeborene Fehlbildungen des Auges, des Ohres, des Gesichtes und des Halses (Q10–Q18)

Exkl.: Angeborene Fehlbildung:
- Halswirbelsäule (Q05.0, Q05.5, Q67.5, Q76.0–Q76.4)
- Larynx (Q31.–)
- Lippe, anderenorts nicht klassifiziert (Q38.0)
- Nase (Q30.–)
- Nebenschilddrüse (Q89.2)
- Schilddrüse (Q89.2)

Lippen-, Kiefer- und Gaumenspalte (Q35–Q37)

Q10 Angeborene Fehlbildungen des Augenlides, des Tränenapparates und der Orbita
Exkl.: Kryptophthalmus o.n.A. (Q11.2)
Kryptophthalmus-Syndrom (Q87.0)

Q10.0 Angeborene Ptose

Q10.1 Angeborenes Ektropium

Q10.2 Angeborenes Entropium

Q10.3 Sonstige angeborene Fehlbildungen des Augenlides
Ablepharie
Akzessorisch:
- Augenlid
- Augenmuskel

Angeborene Fehlbildung des Augenlides o.n.A.
Blepharophimose, angeboren
Fehlen oder Agenesie:
- Augenlid
- Augenwimpern

Lidkolobom

Q10.4 Fehlen und Agenesie des Tränenapparates
Fehlen des Punctum lacrimale

Q10.5 Angeborene Stenose und Striktur des Canaliculus lacrimalis

Q10.6 Sonstige angeborene Fehlbildungen des Tränenapparates
Angeborene Fehlbildung des Tränenapparates o.n.A.

Q10.7 Angeborene Fehlbildung der Orbita

Q11 Anophthalmus, Mikrophthalmus und Makrophthalmus

Q11.0 Zystenauge [cystic eyeball]

Q11.1 Sonstiger Anophthalmus
Agenesie ⎫ Auge
Aplasie ⎭

Q11.2 Mikrophthalmus
Dysplasie des Auges
Hypoplasie des Auges
Kryptophthalmus o.n.A.
Rudimentäres Auge
Exkl.: Kryptophthalmus-Syndrom (Q87.0)

Q11.3 Makrophthalmus
Exkl.: Makrophthalmus bei angeborenem Glaukom (Q15.0)

Q12 Angeborene Fehlbildungen der Linse

Q12.0 Cataracta congenita
Q12.1 Angeborene Linsenverlagerung
Q12.2 Linsenkolobom
Q12.3 Angeborene Aphakie
Q12.4 Sphärophakie
Q12.8 Sonstige angeborene Fehlbildungen der Linse
Q12.9 Angeborene Fehlbildung der Linse, nicht näher bezeichnet

Q13 Angeborene Fehlbildungen des vorderen Augenabschnittes

Q13.0 Iriskolobom
Kolobom o.n.A.

Q13.1 Fehlen der Iris
Aniridie

Q13.2 Sonstige angeborene Fehlbildungen der Iris
Angeborene Fehlbildung der Iris o.n.A.
Anisokorie, angeboren
Atresie der Pupille
Korektopie

Q13.3 Angeborene Hornhauttrübung

Q13.4 Sonstige angeborene Fehlbildungen der Kornea
Angeborene Fehlbildung der Kornea o.n.A.
Mikrokornea
Peters-Anomalie

Q13.5 Blaue Sklera

Q13.8 Sonstige angeborene Fehlbildungen des vorderen Augenabschnittes
Rieger-Syndrom

Q13.9 Angeborene Fehlbildung des vorderen Augenabschnittes, nicht näher bezeichnet

Q14 Angeborene Fehlbildung des hinteren Augenabschnittes

Q14.0 Angeborene Fehlbildung des Glaskörpers
Angeborene Glaskörpertrübung

Q14.1 Angeborene Fehlbildung der Retina
Angeborenes Aneurysma der Retina

Q14.2 Angeborene Fehlbildung der Papille
Kolobom der Papille

Q14.3 Angeborene Fehlbildung der Chorioidea

Q14.8 Sonstige angeborene Fehlbildungen des hinteren Augenabschnittes
Kolobom des Augenhintergrundes

Q14.9 Angeborene Fehlbildung des hinteren Augenabschnittes, nicht näher bezeichnet

Q15 Sonstige angeborene Fehlbildungen des Auges

Exkl.: Angeborener Nystagmus (H55)
Okulärer Albinismus (E70.3)
Retinitis pigmentosa (H35.5)

Q15.0 Angeborenes Glaukom
Buphthalmus
Glaukom beim Neugeborenen
Hydrophthalmus
Keratoglobus, angeboren
Makrophthalmus bei angeborenem Glaukom
Megalokornea

Q15.8 Sonstige näher bezeichnete angeborene Fehlbildungen des Auges

Q15.9 Angeborene Fehlbildung des Auges, nicht näher bezeichnet
Angeboren:
- Anomalie } Auge o.n.A.
- Deformität

Q16 Angeborene Fehlbildungen des Ohres, die eine Beeinträchtigung des Hörvermögens verursachen

Exkl.: Angeborene Schwerhörigkeit oder Taubheit (H90.–)

Q16.0 Angeborenes Fehlen der Ohrmuschel

Q16.1 Angeborenes Fehlen, Atresie und Striktur des (äußeren) Gehörganges
Atresie oder Striktur des knöchernen Gehörganges

Q16.2 Fehlen der Tuba auditiva

Q16.3 Angeborene Fehlbildung der Gehörknöchelchen
Verschmelzung der Gehörknöchelchen

Q16.4 Sonstige angeborene Fehlbildungen des Mittelohres
Angeborene Fehlbildung des Mittelohres o.n.A.

Q16.5 Angeborene Fehlbildung des Innenohres
Anomalie:
- Corti-Organ
- häutiges Labyrinth

Q16.9 Angeborene Fehlbildung des Ohres als Ursache einer Beeinträchtigung des Hörvermögens, nicht näher bezeichnet
Angeborenes Fehlen eines Ohres o.n.A.

Q17 Sonstige angeborene Fehlbildungen des Ohres

Exkl.: Präaurikuläre Zyste (Q18.1)

Q17.0 Akzessorische Ohrmuschel
Akzessorischer Tragus
Aurikularanhang
Polyotie
Überzählig:
- Ohr
- Ohrläppchen

Q17.1 Makrotie

Q17.2 Mikrotie

Q17.3 Sonstiges fehlgebildetes Ohr
Spitzohr

Q17.4 Lageanomalie des Ohres
Ohrtiefstand
Exkl.: Halsanhang (Q18.2)

Q17.5 Abstehendes Ohr

Q17.8 Sonstige näher bezeichnete angeborene Fehlbildungen des Ohres
Angeborenes Fehlen des Ohrläppchens

Q17.9 Angeborene Fehlbildung des Ohres, nicht näher bezeichnet
Angeborene Anomalie des Ohres o.n.A.

Q18 Sonstige angeborene Fehlbildungen des Gesichtes und des Halses

Exkl.: Angeborene Fehlbildung der Schädel- und Gesichtsschädelknochen (Q75.-)
Dentofaziale Anomalien [einschließlich fehlerhafte Okklusion] (K07.-)
Fehlbildungssyndrome mit vorwiegender Beteiligung des Gesichtes (Q87.0)
Lippen-, Kiefer- und Gaumenspalte (Q35-Q37)
Persistenz des Ductus thyroglossus (Q89.2)
Zustände, die unter Q67.0-Q67.4 klassifiziert sind
Zyklopie (Q87.0)

Q18.0 Branchiogene(r) Sinus, Fistel und Zyste
Brachiogenes Überbleibsel

Q18.1 Präaurikuläre(r) Sinus und Zyste
Fistel:
- aurikulär, angeboren
- zervikoaurikulär

Q18.2 Sonstige branchiogene Fehlbildungen
Branchiogene Fehlbildung o.n.A.
Halsanhang
Otozephalie

Q18.3 Flügelfell des Halses
Pterygium colli

Q18.4 Makrostomie

Q18.5 Mikrostomie

Q18.6 Makrocheilie
Lippenverdickung, angeboren

Q18.7 Mikrocheilie

Q18.8 Sonstige näher bezeichnete angeborene Fehlbildungen des Gesichtes und des Halses
Medial:
- Fistel ⎫
- Sinus ⎬ an Gesicht und Hals
- Zyste ⎭

Q18.9 Angeborene Fehlbildung des Gesichtes und des Halses, nicht näher bezeichnet
Angeborene Anomalie o.n.A. an Gesicht und Hals

Angeborene Fehlbildungen des Kreislaufsystems (Q20–Q28)

Q20 Angeborene Fehlbildungen der Herzhöhlen und verbindender Strukturen
Exkl.: Dextrokardie mit Situs inversus (Q89.3)
Spiegelbildliche Anordnung der Vorhöfe mit Situs inversus (Q89.3)

Q20.0 Truncus arteriosus communis
Persistierender Truncus arteriosus

Q20.1 Rechter Doppelausstromventrikel [Double outlet right ventricle]
Taussig-Bing-Syndrom

Q20.2 Linker Doppelausstromventrikel [Double outlet left ventricle]

Q20.3 Diskordante ventrikuloarterielle Verbindung
Dextro-Transposition der Aorta
Transposition der großen Gefäße (vollständig)

Q20.4 Doppeleinstromventrikel [Double inlet ventricle]
Cor triloculare biatriatum
Gemeinsamer Ventrikel
Singulärer Ventrikel

Q20.5 Diskordante atrioventrikuläre Verbindung
Korrigierte Transposition der großen Gefäße
Lävo-Transposition
Ventrikelinversion

Q20.6 Vorhofisomerismus
Vorhofisomerismus mit Asplenie oder Polysplenie

Q20.8 Sonstige angeborene Fehlbildungen der Herzhöhlen und verbindender Strukturen

Q20.9 Angeborene Fehlbildung der Herzhöhlen und verbindender Strukturen, nicht näher bezeichnet

Q21 Angeborene Fehlbildungen der Herzsepten
Exkl.: Erworbener Herzseptumdefekt (I51.0)

Q21.0 Ventrikelseptumdefekt

Q21.1 Vorhofseptumdefekt
Offen oder persistierend:
- Foramen ovale
- Ostium secundum

Ostium-secundum-Defekt (ASD II)
Sinus-coronarius-Defekt
Sinus-venosus-Defekt

Q21.2 Defekt des Vorhof- und Kammerseptums
Canalis atrioventricularis communis
Endokardkissendefekt
Ostium-primum-Defekt (ASD I)

Q21.3 Fallot-Tetralogie
Ventrikelseptumdefekt mit Pulmonalstenose oder -atresie, Dextroposition der Aorta und Hypertrophie des rechten Ventrikels

Q21.4 Aortopulmonaler Septumdefekt
Aortopulmonales Fenster
Defekt des Septum aorticopulmonale

Q21.8 Sonstige angeborene Fehlbildungen der Herzsepten
Eisenmenger-Komplex
Fallot-Pentalogie

Q21.9 Angeborene Fehlbildung des Herzseptums, nicht näher bezeichnet
(Herz-) Septumdefekt o.n.A.

Q22 Angeborene Fehlbildungen der Pulmonal- und der Trikuspidalklappe

Q22.0 Pulmonalklappenatresie

Q22.1 Angeborene Pulmonalklappenstenose

Q22.2 Angeborene Pulmonalklappeninsuffizienz
Regurgitation bei angeborener Pulmonalklappeninsuffizienz

Q22.3 Sonstige angeborene Fehlbildungen der Pulmonalklappe
Angeborene Fehlbildung der Pulmonalklappe o.n.A.

Q22.4 Angeborene Trikuspidalklappenstenose
Trikuspidalatresie

Q22.5 Ebstein-Anomalie

Q22.6 Hypoplastisches Rechtsherzsyndrom

Q22.8 Sonstige angeborene Fehlbildungen der Trikuspidalklappe

Q22.9 Angeborene Fehlbildung der Trikuspidalklappe, nicht näher bezeichnet

Q23 Angeborene Fehlbildungen der Aorten- und der Mitralklappe

Q23.0 Angeborene Aortenklappenstenose
Angeborene Aortenatresie
Angeborene Aortenstenose
> *Exkl.:* Angeborene subvalvuläre Aortenstenose (Q24.4)
> Bei hypoplastischem Linksherzsyndrom (Q23.4)

Q23.1 Angeborene Aortenklappeninsuffizienz
Angeborene Aorteninsuffizienz
Bikuspidale Aortenklappe

Q23.2 Angeborene Mitralklappenstenose
Angeborene Mitralatresie

Q23.3 Angeborene Mitralklappeninsuffizienz

Q23.4 Hypoplastisches Linksherzsyndrom
Atresie oder deutliche Hypoplasie des Aortenostiums oder der Aortenklappe, mit Hypoplasie der Aorta ascendens und fehlerhafter Entwicklung des linken Ventrikels (mit Mitralklappenstenose oder -atresie).

Q23.8 Sonstige angeborene Fehlbildungen der Aorten- und Mitralklappe

Q23.9 Angeborene Fehlbildung der Aorten- und Mitralklappe, nicht näher bezeichnet

Q24 Sonstige angeborene Fehlbildungen des Herzens
Exkl.: Endokardfibroelastose (I42.4)

Q24.0 Dextrokardie
Exkl.: Dextrokardie mit Situs inversus (Q89.3)
Spiegelbildliche Anordnung der Vorhöfe mit Situs inversus (Q89.3)
Vorhofisomerismus (mit Asplenie oder Polysplenie) (Q20.6)

Q24.1 Lävokardie

Q24.2 Cor triatriatum

Q24.3 Infundibuläre Pulmonalstenose

Q24.4 Angeborene subvalvuläre Aortenstenose

Q24.5 Fehlbildung der Koronargefäße
Angeborenes Koronar- (Arterien-) Aneurysma

Q24.6 Angeborener Herzblock

Q24.8 Sonstige näher bezeichnete angeborene Fehlbildungen des Herzens
Angeborene Fehlbildung:
- Myokard
- Perikard

Angeborenes Divertikel des linken Ventrikels
Malposition des Herzens
Uhl-Anomalie

Q24.9 Angeborene Fehlbildung des Herzens, nicht näher bezeichnet
Angeboren:
- Anomalie ⎫ Herz o.n.A.
- Krankheit ⎭

Q25 Angeborene Fehlbildungen der großen Arterien

Q25.0 Offener Ductus arteriosus
Offener Ductus Botalli
Persistierender Ductus arteriosus

Q25.1 Koarktation der Aorta
Aortenisthmusstenose (präduktal) (postduktal)

Q25.2 Atresie der Aorta

Q25.3 Stenose der Aorta
Supravalvuläre Aortenstenose
Exkl.: Angeborene Aortenstenose (Q23.0)

Q25.4 Sonstige angeborene Fehlbildungen der Aorta
Aneurysma des Sinus Valsalvae (rupturiert)
Angeboren:
- Aneurysma
- Dilatation } Aorta
Aplasie
Fehlen
Doppelter Aortenbogen [Gefäßring der Aorta]
Hypoplasie der Aorta
Persistenz:
- Gefäßkonvolute im Bereich des Aortenbogens
- rechter Aortenbogen

Exkl.: Hypoplasie der Aorta bei hypoplastischem Linksherzsyndrom (Q23.4)

Q25.5 Atresie der A. pulmonalis

Q25.6 Stenose der A. pulmonalis

Q25.7 Sonstige angeborene Fehlbildungen der A. pulmonalis
Aberrierende A. pulmonalis
Agenesie
Aneurysma
Anomalie } A. pulmonalis, angeboren
Hypoplasie
Pulmonales arteriovenöses Aneurysma

Q25.8 Sonstige angeborene Fehlbildungen der großen Arterien

Q25.9 Angeborene Fehlbildung der großen Arterien, nicht näher bezeichnet

Q26 Angeborene Fehlbildungen der großen Venen

Q26.0 Angeborene Stenose der V. cava
Angeborene Stenose der V. cava (inferior) (superior)

Q26.1 Persistenz der linken V. cava superior

Q26.2 Totale Fehleinmündung der Lungenvenen

Q26.3 Partielle Fehleinmündung der Lungenvenen

Q26.4 Fehleinmündung der Lungenvenen, nicht näher bezeichnet

Q26.5 Fehleinmündung der Pfortader

Q26.6 Fistel zwischen V. portae und A. hepatica

Q26.8 Sonstige angeborene Fehlbildungen der großen Venen
Azygos-Kontinuation der V. cava inferior
Fehlen der V. cava (inferior) (superior)
Persistenz der linken V. cardinalis posterior
Scimitar-Anomalie

Q26.9 Angeborene Fehlbildung einer großen Vene, nicht näher bezeichnet
Anomalie der V. cava (inferior) (superior) o.n.A.

Q27 Sonstige angeborene Fehlbildungen des peripheren Gefäßsystems

Exkl.: Angeborenes Aneurysma der Retina (Q14.1)
Anomalien:
- A. pulmonalis (Q25.5–Q25.7)
- intrakranielle und extrakranielle hirnversorgende Gefäße (Q28.0–Q28.3)
- Koronargefäße (Q24.5)

Hämangiom und Lymphangiom (D18.–)

Q27.0 Angeborenes Fehlen oder Hypoplasie der A. umbilicalis
Singuläre A. umbilicalis

Q27.1 Angeborene Nierenarterienstenose

Q27.2 Sonstige angeborene Fehlbildungen der Nierenarterie
Angeborene Fehlbildung der Nierenarterie o.n.A.
Multiple Nierenarterien

Q27.3 Arteriovenöse Fehlbildung der peripheren Gefäße
Arteriovenöses Aneurysma
Exkl.: Erworbenes arteriovenöses Aneurysma (I77.0)

Q27.4 Angeborene Phlebektasie

Q27.8 Sonstige näher bezeichnete angeborene Fehlbildungen des peripheren Gefäßsystems
Aberrierende A. subclavia
Angeboren:
- Aneurysma (peripher)
- Striktur, Arterie
- Varix

Atresie
Fehlen } Arterie oder Vene, anderenorts nicht klassifiziert

Q27.9 Angeborene Fehlbildung des peripheren Gefäßsystems, nicht näher bezeichnet
Anomalie einer Arterie oder Vene o.n.A.

Q28 Sonstige angeborene Fehlbildungen des Kreislaufsystems

Exkl.: Angeborenes Aneurysma:
- koronar (Q24.5)
- peripher (Q27.8)
- pulmonal (Q25.7)
- retinal (Q14.1)
- o.n.A. (Q27.8)

Rupturiert:
- Fehlbildung extrakranieller hirnversorgender Gefäße (I72.-)
- zerebrale arteriovenöse Fehlbildung (I60.8)

Q28.0 Arteriovenöse Fehlbildung extrakranieller hirnversorgender Gefäße
Angeborenes arteriovenöses Aneurysma (nichtrupturiert) extrakranieller hirnversorgender Gefäße

Q28.1 Sonstige Fehlbildungen extrakranieller hirnversorgender Gefäße
Angeboren:
- Aneurysma (nichtrupturiert) extrakranieller hirnversorgender Gefäße
- Fehlbildung extrakranieller hirnversorgender Gefäße o.n.A.

Q28.2 Arteriovenöse Fehlbildung der Hirngefäße
Angeborenes arteriovenöses Hirngefäßaneurysma (nichtrupturiert)
Arteriovenöse Fehlbildung des Gehirns o.n.A.

Q28.3 Sonstige Fehlbildungen der Hirngefäße
Angeboren:
- Fehlbildung der Hirngefäße o.n.A.
- Hirngefäßaneurysma (nichtrupturiert)

Q28.8 **Sonstige näher bezeichnete angeborene Fehlbildungen des Kreislaufsystems**
Angeborenes Aneurysma näher bezeichneter Lokalisation, anderenorts nicht klassifiziert

Q28.9 **Angeborene Fehlbildung des Kreislaufsystems, nicht näher bezeichnet**

Angeborene Fehlbildungen des Atmungssystems (Q30–Q34)

Q30 Angeborene Fehlbildungen der Nase
Exkl.: Angeborene Deviation des Nasenseptums (Q67.4)

Q30.0 **Choanalatresie**
Angeborene Stenose } Nasenöffnungen (vordere) (hintere)
Atresie

Q30.1 **Agenesie und Unterentwicklung der Nase**
Angeborenes Fehlen der Nase

Q30.2 **Nasenfurche, -einkerbung und Spaltnase**

Q30.3 **Angeborene Perforation des Nasenseptums**

Q30.8 **Sonstige angeborene Fehlbildungen der Nase**
Akzessorische Nase
Angeborene Anomalie der Nasennebenhöhlenwand

Q30.9 **Angeborene Fehlbildung der Nase, nicht näher bezeichnet**

Q31 Angeborene Fehlbildungen des Kehlkopfes

Q31.0 **Kehlkopfsegel**
Kehlkopfsegel:
- glottisch
- subglottisch
- o.n.A.

Q31.1 **Angeborene subglottische Stenose**

Q31.2 **Hypoplasie des Kehlkopfes**

Q31.3 **Laryngozele**

Q31.4 **Laryngealer Stridor congenitus**
Stridor congenitus (laryngis) o.n.A.

Q31.8 Sonstige angeborene Fehlbildungen des Kehlkopfes
Agenesie ⎫
Atresie ⎬ Ringknorpel, Epiglottis, Glottis, Kehlkopf, Schildknorpel
Fehlen ⎭
Angeborene Kehlkopfstenose, anderenorts nicht klassifiziert
Fissur der Epiglottis
Hintere Ringknorpelspalte
Schildknorpelspalte

Q31.9 Angeborene Fehlbildung des Kehlkopfes, nicht näher bezeichnet

Q32 Angeborene Fehlbildungen der Trachea und der Bronchien
Exkl.: Angeborene Bronchiektasen (Q33.4)

Q32.0 Angeborene Tracheomalazie

Q32.1 Sonstige angeborene Fehlbildungen der Trachea
Angeboren:
- Dilatation ⎫
- Fehlbildung ⎬ Trachea
- Stenose ⎭
- Tracheozele

Anomalie des Trachealknorpels
Atresie der Trachea

Q32.2 Angeborene Bronchomalazie

Q32.3 Angeborene Bronchusstenose

Q32.4 Sonstige angeborene Fehlbildungen der Bronchien
Agenesie ⎫
Angeborene Fehlbildung o.n.A. ⎪
Atresie ⎬ Bronchus
Divertikel ⎪
Fehlen ⎭

Q33 Angeborene Fehlbildungen der Lunge

Q33.0 Angeborene Zystenlunge
Angeboren:
Lungenkrankheit:
- polyzystisch
- zystisch
- Wabenlunge

Exkl.: Zystische Lungenkrankheit, erworben oder nicht näher bezeichnet (J98.4)

Q33.1 Akzessorischer Lungenlappen

Q33.2 Lungensequestration

Q33.3 Agenesie der Lunge
Fehlen der Lunge(n) (-Lappen)

Q33.4 Angeborene Bronchiektasie

Q33.5 Ektopisches Gewebe in der Lunge

Q33.6 Hypoplasie und Dysplasie der Lunge
Exkl.: Pulmonale Hypoplasie verbunden mit kurzer Schwangerschaftsdauer (P28.0)

Q33.8 Sonstige angeborene Fehlbildungen der Lunge

Q33.9 Angeborene Fehlbildung der Lunge, nicht näher bezeichnet

Q34 Sonstige angeborene Fehlbildungen des Atmungssystems

Q34.0 Anomalie der Pleura

Q34.1 Angeborene Mediastinalzyste

Q34.8 Sonstige näher bezeichnete angeborene Fehlbildungen des Atmungssystems
Atresie des Nasopharynx

Q34.9 Angeborene Fehlbildung des Atmungssystems, nicht näher bezeichnet
Angeboren:
- Anomalie o.n.A. } Atmungsorgan
- Fehlen

Lippen-, Kiefer- und Gaumenspalte (Q35–Q37)

Exkl.: Robin-Syndrom (Q87.0)

Q35 Gaumenspalte

Inkl.: Gaumenfissur
Palatoschisis
Exkl.: Gaumenspalte mit Lippenspalte (Q37.–)

Q35.0 Spalte des harten Gaumens, beidseitig

Q35.1 Spalte des harten Gaumens, einseitig
Spalte des harten Gaumens o.n.A.

Q35.2 Spalte des weichen Gaumens, beidseitig
Gaumensegelspalte, beidseitig

Q35.3 Spalte des weichen Gaumens, einseitig
Gaumensegelspalte, einseitig oder o.n.A.
Spalte des weichen Gaumens o.n.A.

Q35.4 Spalte des harten und des weichen Gaumens, beidseitig

Q35.5 Spalte des harten und des weichen Gaumens, einseitig
Spalte des harten und des weichen Gaumens o.n.A.

Q35.6 Gaumenspalte, median

Q35.7 Uvulaspalte

Q35.8 Gaumenspalte, nicht näher bezeichnet, beidseitig

Q35.9 Gaumenspalte, nicht näher bezeichnet, einseitig
Gaumenspalte o.n.A.

Q36 Lippenspalte

Inkl.: Angeborene Lippenfissur
Cheiloschisis
Hasenscharte
Labium leporinum
Exkl.: Lippenspalte mit Gaumenspalte (Q37.–)

Q36.0 Lippenspalte, beidseitig

Q36.1 Lippenspalte, median

Q36.9 Lippenspalte, einseitig
Lippenspalte o.n.A.

Q37 Gaumenspalte mit Lippenspalte

Q37.0 Spalte des harten Gaumens mit Lippenspalte, beidseitig
Lippen-Kieferspalte, beidseitig

Q37.1 Spalte des harten Gaumens mit Lippenspalte, einseitig
Lippen-Kieferspalte, einseitig oder o.n.A.
Spalte des harten Gaumens mit Lippenspalte o.n.A.

Q37.2 Spalte des weichen Gaumens mit Lippenspalte, beidseitig

Q37.3 Spalte des weichen Gaumens mit Lippenspalte, einseitig
Spalte des weichen Gaumens mit Lippenspalte o.n.A.

Q37.4 Spalte des harten und des weichen Gaumens mit Lippenspalte, beidseitig
Lippen-Kiefer-Gaumenspalte, beidseitig

Q37.5 Spalte des harten und des weichen Gaumens mit Lippenspalte, einseitig
Lippen-Kiefer-Gaumenspalte, einseitig oder o.n.A.
Spalte des harten und des weichen Gaumens mit Lippenspalte o.n.A.

Q37.8 Gaumenspalte, nicht näher bezeichnet, mit Lippenspalte, beidseitig

Q37.9 Gaumenspalte, nicht näher bezeichnet, mit Lippenspalte, einseitig
Gaumenspalte mit Lippenspalte o.n.A.

Sonstige angeborene Fehlbildungen des Verdauungssystems (Q38–Q45)

Q38 Sonstige angeborene Fehlbildungen der Zunge, des Mundes und des Rachens

Exkl.: Makrostomie (Q18.4)
Mikrostomie (Q18.5)

Q38.0 Angeborene Fehlbildungen der Lippen, anderenorts nicht klassifiziert
Angeboren:
- Fehlbildung der Lippe o.n.A.
- Fistel der Lippe

van-der-Woude-Syndrom

Exkl.: Lippenspalte (Q36.–)
Lippenspalte mit Gaumenspalte (Q37.–)
Makrocheilie (Q18.6)
Mikrocheilie (Q18.7)

Q38.1 Ankyloglosson
Verkürzung des Zungenbändchens

Q38.2 Makroglossie

Q38.3 Sonstige angeborene Fehlbildungen der Zunge
Aglossie
Angeboren:
- Adhäsion
- Fehlbildung o.n.A. } Zunge
- Fissur

Hypoglossie
Hypoplasie der Zunge
Mikroglossie
Spaltzunge

Q38.4 Angeborene Fehlbildungen der Speicheldrüsen und Speicheldrüsenausführungsgänge
Akzessorisch
Atresie } Speicheldrüse oder Speicheldrüsenausführungsgänge
Fehlen
Angeborene Fistel der Speicheldrüse

Q38.5 Angeborene Fehlbildungen des Gaumens, anderenorts nicht klassifiziert
Angeborene Fehlbildung des Gaumens o.n.A.
Fehlen der Uvula
Hoher Gaumen

Exkl.: Gaumenspalte (Q35.–)
Gaumenspalte mit Lippenspalte (Q37.–)

Q38.6 Sonstige angeborene Fehlbildungen des Mundes
Angeborene Fehlbildung des Mundes o.n.A.

Q38.7 Schlundtasche
Rachendivertikel

Exkl.: Syndrom des vierten Kiemenbogens (D82.1)

Q38.8 Sonstige angeborene Fehlbildungen des Rachens
Angeborene Fehlbildung des Rachens o.n.A.

Q39 Angeborene Fehlbildungen des Ösophagus

Q39.0 Ösophagusatresie ohne Fistel
Ösophagusatresie o.n.A.

Q39.1 Ösophagusatresie mit Ösophagotrachealfistel
Ösophagusatresie mit Ösophagobronchialfistel

Q39.2 Angeborene Ösophagotrachealfistel ohne Atresie
Angeborene Ösophagotrachealfistel o.n.A.

Q39.3 Angeborene Ösophagusstenose und -striktur

Q39.4 Ösophagusmembran

Q39.5 Angeborene Dilatation des Ösophagus

Q39.6 Ösophagusdivertikel
Ösophagustasche

Q39.8 Sonstige angeborene Fehlbildungen des Ösophagus
Angeborene Verlagerung ⎫
Duplikatur   ⎬ Ösophagus
Fehlen   ⎭

Q39.9 Angeborene Fehlbildung des Ösophagus, nicht näher bezeichnet

Q40 Sonstige angeborene Fehlbildungen des oberen Verdauungstraktes

Q40.0 Angeborene hypertrophische Pylorusstenose
Angeboren oder infantil:
- Hypertrophie ⎫
- Konstriktion ⎪
- Spasmus   ⎬ Pylorus
- Stenose   ⎪
- Striktur   ⎭

Q40.1 Angeborene Hiatushernie
Verlagerung der Kardia durch den Hiatus oesophageus
Exkl.: Angeborene Zwerchfellhernie (Q79.0)

Q40.2 Sonstige näher bezeichnete angeborene Fehlbildungen des Magens
Angeboren:
- Magendivertikel
- Sanduhrmagen
- Verlagerung des Magens
Duplikatur des Magens
Magenerweiterung
Mikrogastrie

Q40.3 Angeborene Fehlbildung des Magens, nicht näher bezeichnet

Q40.8 Sonstige näher bezeichnete angeborene Fehlbildungen des oberen Verdauungstraktes

Q40.9 Angeborene Fehlbildung des oberen Verdauungstraktes, nicht näher bezeichnet
Angeboren:
- Anomalie
- Deformität } oberer Verdauungstrakt o.n.A.

Q41 Angeborenes Fehlen, Atresie und Stenose des Dünndarmes

Inkl.: Angeborene Obstruktion, Okklusion und Striktur des Dünndarmes oder des Darmes o.n.A.

Exkl.: Mekoniumileus (E84.1)

Q41.0 Angeborenes Fehlen, Atresie und Stenose des Duodenums

Q41.1 Angeborenes Fehlen, Atresie und Stenose des Jejunums
Hereditäre Jejunalatresie [Apple-peel-Syndrom]
Jejunum imperforatum

Q41.2 Angeborenes Fehlen, Atresie und Stenose des Ileums

Q41.8 Angeborenes Fehlen, Atresie und Stenose sonstiger näher bezeichneter Teile des Dünndarmes

Q41.9 Angeborenes Fehlen, Atresie und Stenose des Dünndarmes, Teil nicht näher bezeichnet
Angeborenes Fehlen, Atresie und Stenose des Darmes o.n.A.

Q42 Angeborenes Fehlen, Atresie und Stenose des Dickdarmes

Inkl.: Angeborene Obstruktion, Okklusion und Striktur des Dickdarmes

Q42.0 Angeborenes Fehlen, Atresie und Stenose des Rektums mit Fistel

Q42.1 Angeborenes Fehlen, Atresie und Stenose des Rektums ohne Fistel
Rectum imperforatum

Q42.2 Angeborenes Fehlen, Atresie und Stenose des Anus mit Fistel

Q42.3 Angeborenes Fehlen, Atresie und Stenose des Anus ohne Fistel
Anus imperforatus

Q42.8 **Angeborenes Fehlen, Atresie und Stenose sonstiger Teile des Dickdarmes**

Q42.9 **Angeborenes Fehlen, Atresie und Stenose des Dickdarmes, Teil nicht näher bezeichnet**

Q43 Sonstige angeborene Fehlbildungen des Darmes

Q43.0 **Meckel-Divertikel**
Persistenz:
- Dottergang
- Ductus omphaloentericus

Q43.1 **Hirschsprung-Krankheit**
Aganglionose
Megacolon congenitum (aganglionär)

Q43.2 **Sonstige angeborene Funktionsstörungen des Kolons**
Angeborene Dilatation des Kolons

Q43.3 **Angeborene Fehlbildungen, die die Darmfixation betreffen**
Angeborene Adhäsionen [Bänder]:
- vom Netz ausgehend, anomal
- vom Peritoneum ausgehend

Jackson-Membran
Malrotation des Kolons
Mesenterium ileocolicum commune
Rotation:
- ausbleibend ⎫
- ungenügend ⎬ Zäkum und Kolon
- unvollständig ⎭

Q43.4 **Duplikatur des Darmes**

Q43.5 **Ektopia ani**

Q43.6 **Angeborene Fistel des Rektums und des Anus**

Exkl.: Angeborene Fistel:
- rektovaginal (Q52.2)
- urethrorektal (Q64.7)

Mit Fehlen, Atresie und Stenose (Q42.0, Q42.2)
Pilonidalfistel oder Pilonidalsinus (L05.–)

Q43.7 **Kloakenpersistenz**
Kloake o.n.A.

| Q43.8 | **Sonstige näher bezeichnete angeborene Fehlbildungen des Darmes**
Angeboren:
• Divertikel des Darmes
• Divertikulitis des Kolons
• Syndrom der blinden Schlinge
Dolichokolon
Megaloappendix
Megaloduodenum
Mikrokolon
Transposition:
• Appendix
• Darm
• Kolon |
|---|---|
| Q43.9 | **Angeborene Fehlbildung des Darmes, nicht näher bezeichnet** |

Q44 Angeborene Fehlbildungen der Gallenblase, der Gallengänge und der Leber

| Q44.0 | **Agenesie, Aplasie und Hypoplasie der Gallenblase**
Angeborenes Fehlen der Gallenblase |
|---|---|
| Q44.1 | **Sonstige angeborene Fehlbildungen der Gallenblase**
Angeborene Fehlbildung der Gallenblase o.n.A.
Intrahepatische Gallenblase |
Q44.2	**Atresie der Gallengänge**
Q44.3	**Angeborene Stenose und Striktur der Gallengänge**
Q44.4	**Choledochuszyste**
Q44.5	**Sonstige angeborene Fehlbildungen der Gallengänge**
Akzessorischer Ductus hepaticus
Angeborene Fehlbildung des Gallenganges o.n.A.
Duplikatur:
• Gallenblasengang
• Gallengang
Q44.6	**Zystische Leberkrankheit [Zystenleber]**
Fibrozystische Leberkrankheit

Q44.7 Sonstige angeborene Fehlbildungen der Leber
Akzessorische Leber
Alagille-Syndrom
Angeboren:
- Fehlbildung der Leber o.n.A.
- Fehlen der Leber
- Hepatomegalie

Q45 Sonstige angeborene Fehlbildungen des Verdauungssystems

Exkl.: Angeboren:
- Hiatushernie (Q40.1)
- Zwerchfellhernie (Q79.0)

Q45.0 Agenesie, Aplasie und Hypoplasie des Pankreas
Angeborenes Fehlen des Pankreas

Q45.1 Pancreas anulare

Q45.2 Angeborene Pankreaszyste

Q45.3 Sonstige angeborene Fehlbildungen des Pankreas und des Ductus pancreaticus
Akzessorisches Pankreas
Angeborene Fehlbildung des Pankreas oder des Ductus pancreaticus o.n.A.

Exkl.: Diabetes mellitus:
- angeboren (E10.-)
- beim Neugeborenen (P70.2)

Zystische Pankreasfibrose (E84.-)

Q45.8 Sonstige näher bezeichnete angeborene Fehlbildungen des Verdauungssystems
Fehlen (vollständig) (teilweise) des Verdauungskanals o.n.A.
Duplikatur ⎫
Malposition, angeboren ⎬ Verdauungsorgane o.n.A.

Q45.9 Angeborene Fehlbildung des Verdauungssystems, nicht näher bezeichnet
Angeboren:
- Anomalie ⎫
- Deformität ⎬ Verdauungssystem o.n.A.

Angeborene Fehlbildungen der Genitalorgane (Q50 – Q56)

Exkl.: Androgenresistenz-Syndrom (E34.5)
Testikuläre Feminisierung (Syndrom) (E34.5)
Syndrome in Verbindung mit numerischen und strukturellen Chromosomenanomalien (Q90–Q99)

Q50 Angeborene Fehlbildungen der Ovarien, der Tubae uterinae und der Ligg. lata uteri

Q50.0 Angeborenes Fehlen des Ovars
Exkl.: Turner-Syndrom (Q96.–)

Q50.1 Dysontogenetische Ovarialzyste

Q50.2 Angeborene Torsion des Ovars

Q50.3 Sonstige angeborene Fehlbildungen des Ovars
Akzessorisches Ovar
Angeborene Fehlbildung des Ovars o.n.A.
Streak-Ovar

Q50.4 Embryonale Zyste der Tuba uterina
Fimbrienzyste

Q50.5 Embryonale Zyste des Lig. latum uteri
Zyste:
- Epoophoron
- Gartner-Gang
- Parovarial-

Q50.6 Sonstige angeborene Fehlbildungen der Tuba uterina und des Lig. latum uteri
Akzessorisch ⎫
Atresie   ⎬ Tuba uterina und Lig. latum uteri
Fehlen   ⎭
Angeborene Fehlbildung der Tuba uterina und des Lig. latum uteri o.n.A.

Q51 Angeborene Fehlbildungen des Uterus und der Cervix uteri

Q51.0 Agenesie und Aplasie des Uterus
Angeborenes Fehlen des Uterus

Q51.1 Uterus duplex mit Uterus bicollis und Vagina duplex

Q51.2 Sonstige Formen des Uterus duplex
Uterus duplex o.n.A.

Q51.3 Uterus bicornis

Q51.4 Uterus unicornis

Q51.5 Agenesie und Aplasie der Cervix uteri
Angeborenes Fehlen der Cervix uteri

Q51.6 Embryonale Zyste der Cervix uteri

Q51.7 Angeborene Fisteln zwischen Uterus und Verdauungs- oder Harntrakt

Q51.8 Sonstige angeborene Fehlbildungen des Uterus und der Cervix uteri
Hypoplasie des Uterus und der Cervix uteri

Q51.9 Angeborene Fehlbildung des Uterus und der Cervix uteri, nicht näher bezeichnet

Q52 Sonstige angeborene Fehlbildungen der weiblichen Genitalorgane

Q52.0 Angeborenes Fehlen der Vagina

Q52.1 Vagina duplex
Vagina septa
Exkl.: Vagina duplex mit Uterus duplex und Uterus bicollis (Q51.1)

Q52.2 Angeborene rektovaginale Fistel
Exkl.: Kloake (Q43.7)

Q52.3 Hymenalatresie

Q52.4 Sonstige angeborene Fehlbildungen der Vagina
Angeborene Fehlbildung der Vagina o.n.A.
Zyste:
- embryonal, vaginal
- Processus vaginalis peritonei [Nuck-Kanal], angeboren

Q52.5 Verschmelzung der Labien

Q52.6 Angeborene Fehlbildungen der Klitoris

Q52.7 Sonstige angeborene Fehlbildungen der Vulva
Angeboren:
- Fehlbildung o.n.A. ⎫
- Fehlen   ⎬ Vulva
- Zyste   ⎭

Q52.8 Sonstige näher bezeichnete angeborene Fehlbildungen der weiblichen Genitalorgane

Q52.9 Angeborene Fehlbildung der weiblichen Genitalorgane, nicht näher bezeichnet

Q53 Nondescensus testis

Q53.0 **Ektopia testis**
Ektopia testis, einseitig oder beidseitig

Q53.1 **Nondescensus testis, einseitig**

Q53.2 **Nondescensus testis, beidseitig**

Q53.9 **Nondescensus testis, nicht näher bezeichnet**
Kryptorchismus o.n.A.

Q54 Hypospadie
Exkl.: Epispadie (Q64.0)

Q54.0 **Glanduläre Hypospadie**
Hypospadia:
- coronaris
- glandularis

Q54.1 **Penile Hypospadie**

Q54.2 **Penoskrotale Hypospadie**

Q54.3 **Perineale Hypospadie**

Q54.4 **Angeborene Verkrümmung des Penis**

Q54.8 **Sonstige Formen der Hypospadie**

Q54.9 **Hypospadie, nicht näher bezeichnet**

Q55 Sonstige angeborene Fehlbildungen der männlichen Genitalorgane
Exkl.: Angeborene Hydrozele (P83.5)
Hypospadie (Q54.–)

Q55.0 **Fehlen und Aplasie des Hodens**
Monorchie

Q55.1 **Hypoplasie des Hodens und des Skrotums**
Hodenverschmelzung

Q55.2 Sonstige angeborene Fehlbildungen des Hodens und des Skrotums
Angeborene Fehlbildung des Hodens oder des Skrotums o.n.A.
Pendelhoden
Polyorchie
Wanderhoden

Q55.3 Atresie des Ductus deferens

Q55.4 Sonstige angeborene Fehlbildungen des Ductus deferens, des Nebenhodens, der Vesiculae seminales und der Prostata
Angeborene Fehlbildung des Ductus deferens, des Nebenhodens, der Vesiculae seminales oder der Prostata o.n.A.
Fehlen oder Aplasie:
- Funiculus spermaticus
- Prostata

Q55.5 Angeborenes Fehlen und Aplasie des Penis

Q55.6 Sonstige angeborene Fehlbildungen des Penis
Angeborene Fehlbildung des Penis o.n.A.
Hypoplasie des Penis
Penisverkrümmung (lateral)

Q55.8 Sonstige näher bezeichnete angeborene Fehlbildungen der männlichen Genitalorgane

Q55.9 Angeborene Fehlbildung der männlichen Genitalorgane, nicht näher bezeichnet
Angeboren:
- Anomalie ⎫
- Deformität ⎬ männliche Genitalorgane o.n.A.

Q56 Unbestimmtes Geschlecht und Pseudohermaphroditismus

Exkl.: Pseudohermaphroditismus:
- femininus mit Störung der Nebennierenrinden-Funktion (E25.–)
- masculinus mit Androgenresistenz (E34.5)
- mit näher bezeichneter Chromosomenanomalie (Q96–Q99)

Q56.0 Hermaphroditismus, anderenorts nicht klassifiziert
Ovotestis

Q56.1 Pseudohermaphroditismus masculinus, anderenorts nicht klassifiziert
Pseudohermaphroditismus masculinus o.n.A.

Q56.2	**Pseudohermaphroditismus femininus, anderenorts nicht klassifiziert**
	Pseudohermaphroditismus femininus o.n.A.
Q56.3	**Pseudohermaphroditismus, nicht näher bezeichnet**
Q56.4	**Unbestimmtes Geschlecht, nicht näher bezeichnet**
	Nicht eindeutig differenzierbare Genitalien

Angeborene Fehlbildungen des Harnsystems (Q60-Q64)

Q60 Nierenagenesie und sonstige Reduktionsdefekte der Niere

Inkl.: Angeborenes Fehlen der Niere
Nierenatrophie:
- angeboren
- infantil

Q60.0	**Nierenagenesie, einseitig**
Q60.1	**Nierenagenesie, beidseitig**
Q60.2	**Nierenagenesie, nicht näher bezeichnet**
Q60.3	**Nierenhypoplasie, einseitig**
Q60.4	**Nierenhypoplasie, beidseitig**
Q60.5	**Nierenhypoplasie, nicht näher bezeichnet**
Q60.6	**Potter-Syndrom**

Q61 Zystische Nierenkrankheit

Exkl.: Erworbene Zyste der Niere (N28.1)
Potter-Syndrom (Q60.6)

Q61.0	**Angeborene solitäre Nierenzyste**
	Zyste der Niere (angeboren) (solitär)
Q61.1	**Polyzystische Niere, infantiler Typ**
Q61.2	**Polyzystische Niere, Erwachsenentyp**
Q61.3	**Polyzystische Niere, nicht näher bezeichnet**
Q61.4	**Nierendysplasie**
Q61.5	**Medulläre Zystenniere**
	Schwammniere o.n.A.

Q61.8 Sonstige zystische Nierenkrankheiten
Fibrozystisch:
- Niere
- Nierendegeneration oder -krankheit

Q61.9 Zystische Nierenkrankheit, nicht näher bezeichnet
Meckel-Gruber-Syndrom

Q62 Angeborene obstruktive Defekte des Nierenbeckens und angeborene Fehlbildungen des Ureters

Q62.0 Angeborene Hydronephrose

Q62.1 Atresie und Stenose des Ureters
Angeborener Verschluß:
- Ureter
- Uretermündung
- ureteropelviner Übergang

Undurchgängigkeit des Ureters

Q62.2 Angeborener Megaureter
Angeborene Dilatation des Ureters

Q62.3 Sonstige obstruktive Defekte des Nierenbeckens und des Ureters
Angeborene Ureterozele

Q62.4 Agenesie des Ureters
Fehlen des Ureters

Q62.5 Duplikatur des Ureters
Ureter:
- akzessorisch
- doppelt

Q62.6 Lageanomalie des Ureters
Deviation
Ektopie
Implantation, anomal } Ureter oder Uretermündung
Verlagerung

Q62.7 Angeborener vesiko-uretero-renaler Reflux

Q62.8 Sonstige angeborene Fehlbildungen des Ureters
Anomalie des Ureters o.n.A.

Q63 Sonstige angeborene Fehlbildungen der Niere

Exkl.: Angeborenes nephrotisches Syndrom (N04.-)

Q63.0 Akzessorische Niere

Q63.1 Gelappte Niere, verschmolzene Niere und Hufeisenniere

Q63.2 Ektope Niere
Angeborene Nierenverlagerung
Malrotation der Niere

Q63.3 Hyperplastische Niere und Riesenniere

Q63.8 Sonstige näher bezeichnete angeborene Fehlbildungen der Niere
Angeborene Nierensteine

Q63.9 Angeborene Fehlbildung der Niere, nicht näher bezeichnet

Q64 Sonstige angeborene Fehlbildungen des Harnsystems

Q64.0 Epispadie
Exkl.: Hypospadie (Q54.-)

Q64.1 Ekstrophie der Harnblase
Ektopie der Harnblase
Extroversion der Harnblase

Q64.2 Angeborene Urethralklappen im hinteren Teil der Harnröhre

Q64.3 Sonstige Atresie und Stenose der Urethra und des Harnblasenhalses
Angeboren:
- Harnblasenhalsobstruktion

Striktur:
  - Meatus
  - Uretermündung
  - Urethra

Undurchgängigkeit der Urethra

Q64.4 Fehlbildung des Urachus
Prolaps des Urachus
Urachusfistel
Urachuszyste

Q64.5 Angeborenes Fehlen der Harnblase und der Urethra

Q64.6 Angeborenes Divertikel der Harnblase

Q64.7 Sonstige angeborene Fehlbildungen der Harnblase und der Urethra
Akzessorisch:
- Harnblase
- Urethra

Angeboren:
- Fehlbildung der Harnblase oder der Urethra o.n.A.
- Hernie der Harnblase

Prolaps:
- Harnblase (Schleimhaut)
- Meatus
- Urethra
- urethrorektale Fistel

Duplikatur:
- Meatus
- Urethra

Q64.8 Sonstige näher bezeichnete angeborene Fehlbildungen des Harnsystems

Q64.9 Angeborene Fehlbildung des Harnsystems, nicht näher bezeichnet
Angeboren:
- Anomalie } Harnsystem o.n.A.
- Deformität

Angeborene Fehlbildungen und Deformitäten des Muskel-Skelett-Systems (Q65–Q79)

Q65 Angeborene Deformitäten der Hüfte
Exkl.: Schnappende Hüfte (R29.4)

Q65.0 Angeborene Luxation des Hüftgelenkes, einseitig

Q65.1 Angeborene Luxation des Hüftgelenkes, beidseitig

Q65.2 Angeborene Luxation des Hüftgelenkes, nicht näher bezeichnet

Q65.3 Angeborene Subluxation des Hüftgelenkes, einseitig

Q65.4 Angeborene Subluxation des Hüftgelenkes, beidseitig

Q65.5 Angeborene Subluxation des Hüftgelenkes, nicht näher bezeichnet

Q65.6 Instabiles Hüftgelenk
Luxierbare Hüfte
Subluxierbare Hüfte

Q65.8 Sonstige angeborene Deformitäten der Hüfte
Angeborene Azetabulumdysplasie
Coxa:
- valga ⎱
- vara ⎰ congenita

Vermehrte Antetorsion des Schenkelhalses

Q65.9 Angeborene Deformität der Hüfte, nicht näher bezeichnet

Q66 Angeborene Deformitäten der Füße

Exkl.: Reduktionsdefekte der Füße (Q72.–)
Valgusdeformitäten (erworben) (M21.0)
Varusdeformitäten (erworben) (M21.1)

Q66.0 Pes equinovarus congenitus
Klumpfuß o.n.A.

Q66.1 Pes calcaneovarus congenitus

Q66.2 Pes adductus

Q66.3 Sonstige angeborene Varusdeformitäten der Füße
Hallux varus congenitus

Q66.4 Pes calcaneovalgus congenitus

Q66.5 Pes planus congenitus
Plattfuß:
- angeboren
- kontrakt
- spastisch (evertiert)

Q66.6 Sonstige angeborene Valgusdeformitäten der Füße
Metatarsus valgus

Q66.7 Pes cavus

Q66.8 Sonstige angeborene Deformitäten der Füße
Hammerzehe, angeboren
Talipes:
- asymmetrisch
- o.n.A.

Talus verticalis
Verschmelzung tarsaler Knochenkerne [tarsal coalition]

Q66.9 Angeborene Deformität der Füße, nicht näher bezeichnet

Q67 Angeborene Muskel-Skelett-Deformitäten des Kopfes, des Gesichtes, der Wirbelsäule und des Thorax

Exkl.: Angeborene Fehlbildungssyndrome, die unter Q87.– klassifiziert sind
Potter-Syndrom (Q60.6)

Q67.0 Gesichtsasymmetrie

Q67.1 Flach gedrücktes Gesicht [Compression facies]

Q67.2 Dolichozephalie

Q67.3 Plagiozephalie

Q67.4 Sonstige angeborene Deformitäten des Schädels, des Gesichtes und des Kiefers
Deviation des Nasenseptums, angeboren
Eindellungen des Schädels
Hemiatrophie oder -hypertrophie des Gesichtes
Platt- oder Hakennase, angeboren

Exkl.: Dentofaziale Anomalien [einschließlich fehlerhafte Okklusion] (K07.–)
Syphilitische Sattelnase (A50.5)

Q67.5 Angeborene Deformitäten der Wirbelsäule
Angeborene Skoliose:
- lagebedingt
- o.n.A.

Exkl.: Idiopathische Skoliose beim Kind (M41.0)
Skoliose durch angeborene Knochenfehlbildung (Q76.3)

Q67.6 Pectus excavatum
Angeborene Trichterbrust

Q67.7 Pectus carinatum
Angeborene Hühnerbrust

Q67.8 Sonstige angeborene Deformitäten des Thorax
Angeborene Deformität der Thoraxwand o.n.A.

Q68 Sonstige angeborene Muskel-Skelett-Deformitäten

Exkl.: Reduktionsdefekte der Extremität(en) (Q71–Q73)

Q68.0 Angeborene Deformitäten des M. sternocleidomastoideus
Kontraktur des M. sternocleidomastoideus
Kopfnickerhämatom (angeboren)
Torticollis congenitus (muscularis)

Q68.1	**Angeborene Deformität der Hand**
	Angeborene Klumpfinger
	Löffelhand (angeboren)
Q68.2	**Angeborene Deformität des Knies**
	Angeboren:
	• Genu recurvatum
	• Kniegelenkluxation
Q68.3	**Angeborene Verbiegung des Femurs**
	Exkl.: Vermehrte Antetorsion des Schenkelhalses (Q65.8)
Q68.4	**Angeborene Verbiegung der Tibia und der Fibula**
Q68.5	**Angeborene Verbiegung der langen Beinknochen, nicht näher bezeichnet**
Q68.8	**Sonstige näher bezeichnete angeborene Muskel-Skelett-Deformitäten**
	Angeboren:
	Deformität:
	• Ellenbogen
	• Klavikula
	• Skapula
	• Unterarm
	Luxation:
	• Ellenbogen
	• Schulter

Q69 Polydaktylie

Q69.0	**Akzessorische(r) Finger**
Q69.1	**Akzessorische(r) Daumen**
Q69.2	**Akzessorische Zehe(n)**
	Akzessorische Großzehe
Q69.9	**Polydaktylie, nicht näher bezeichnet**
	Überzählige(r) Finger oder Zehe(n) o.n.A.

Q70 Syndaktylie

Q70.0	**Miteinander verwachsene Finger**
	Knöcherne Syndaktylie von Fingern
Q70.1	**Schwimmhautbildung an den Fingern**
	Häutige Syndaktylie von Fingern

Q70.2 Miteinander verwachsene Zehen
Knöcherne Syndaktylie von Zehen

Q70.3 Schwimmhautbildung an den Zehen
Häutige Syndaktylie von Zehen

Q70.4 Polysyndaktylie

Q70.9 Syndaktylie, nicht näher bezeichnet
Symphalangie o.n.A.

Q71 Reduktionsdefekte der oberen Extremität

Q71.0 Angeborenes vollständiges Fehlen der oberen Extremität(en)

Q71.1 Angeborenes Fehlen des Ober- und Unterarmes bei vorhandener Hand

Q71.2 Angeborenes Fehlen sowohl des Unterarmes als auch der Hand

Q71.3 Angeborenes Fehlen der Hand oder eines oder mehrerer Finger

Q71.4 Longitudinaler Reduktionsdefekt des Radius
Klumphand (angeboren)
Radiale Klumphand

Q71.5 Longitudinaler Reduktionsdefekt der Ulna

Q71.6 Spalthand

Q71.8 Sonstige Reduktionsdefekte der oberen Extremität(en)
Angeborene Verkürzung der oberen Extremität(en)

Q71.9 Reduktionsdefekt der oberen Extremität, nicht näher bezeichnet

Q72 Reduktionsdefekte der unteren Extremität

Q72.0 Angeborenes vollständiges Fehlen der unteren Extremität(en)

Q72.1 Angeborenes Fehlen des Ober- und Unterschenkels bei vorhandenem Fuß

Q72.2 Angeborenes Fehlen sowohl des Unterschenkels als auch des Fußes

Q72.3 Angeborenes Fehlen des Fußes oder einer oder mehrerer Zehen

Q72.4 Longitudinaler Reduktionsdefekt des Femur
Femur-Fibula-Ulna-Komplex [proximal femoral focal deficiency]

Q72.5	**Longitudinaler Reduktionsdefekt der Tibia**
Q72.6	**Longitudinaler Reduktionsdefekt der Fibula**
Q72.7	**Spaltfuß**
Q72.8	**Sonstige Reduktionsdefekte der unteren Extremität(en)** Angeborene Verkürzung der unteren Extremität(en)
Q72.9	**Reduktionsdefekt der unteren Extremität, nicht näher bezeichnet**

Q73 Reduktionsdefekte nicht näher bezeichneter Extremität(en)

Q73.0 **Angeborenes Fehlen nicht näher bezeichneter Extremität(en)**
Amelie o.n.A.

Q73.1 **Phokomelie nicht näher bezeichneter Extremität(en)**
Phokomelie o.n.A.

Q73.8 **Sonstige Reduktionsdefekte nicht näher bezeichneter Extremität(en)**
Longitudinale Reduktionsdeformität nicht näher bezeichneter Extremität(en)
Ektromelie o.n.A. ⎫
Hemimelie o.n.A. ⎬ Extremität(en) o.n.A.
Reduktionsdefekt ⎭

Q74 Sonstige angeborene Fehlbildungen der Extremität(en)

Exkl.: Polydaktylie (Q69.–)
Reduktionsdefekt einer Extremität (Q71–Q73)
Syndaktylie (Q70.–)

Q74.0 **Sonstige angeborene Fehlbildungen der oberen Extremität(en) und des Schultergürtels**
Akzessorische Handwurzelknochen
Angeborene Pseudoarthrose der Klavikula
Dysostosis cleidocranialis
Madelung-Deformität
Makrodaktylie (Finger)
Sprengel-Deformität
Synostosis radioulnaris
Triphalangie des Daumens

Q74.1 Angeborene Fehlbildung des Knies
Angeboren:
- Fehlen der Patella

Genu:
- valgum
- varum
- Luxation der Patella

Rudimentäre Patella

Exkl.: Angeboren:
- Genu recurvatum (Q68.2)
- Kniegelenkluxation (Q68.2)
- Nagel-Patella-Syndrom (Q87.2)

Q74.2 Sonstige angeborene Fehlbildungen der unteren Extremität(en) und des Beckengürtels
Angeboren:
Fehlbildung:
- Knöchel (Sprunggelenk)
- Iliosakralgelenk
- Verschmelzung des Iliosakralgelenkes

Exkl.: Vermehrte Antetorsion des Schenkelhalses (Q65.8)

Q74.3 Arthrogryposis multiplex congenita

Q74.8 Sonstige näher bezeichnete angeborene Fehlbildungen der Extremität(en)

Q74.9 Nicht näher bezeichnete angeborene Fehlbildung der Extremität(en)
Angeborene Anomalie der Extremität(en) o.n.A.

Q75 Sonstige angeborene Fehlbildungen der Schädel- und Gesichtsschädelknochen

Exkl.: Angeborene Fehlbildung des Gesichtes o.n.A. (Q18.–)
Angeborene Fehlbildungssyndrome, die unter Q87.– klassifiziert sind
Dentofaziale Anomalien [einschließlich fehlerhafte Okklusion] (K07.–)
Muskel-Skelett-Deformitäten des Kopfes und des Gesichtes (Q67.0–Q67.4)
Schädeldefekte in Verbindung mit angeborenen Gehirnanomalien, wie z.B.:
- Anenzephalie (Q00.0)
- Enzephalozele (Q01.–)
- Hydrozephalus (Q03.–)
- Mikrozephalie (Q02)

Q75.0 Kraniosynostose
Akrozephalie
Oxyzephalie
Trigonozephalie
Unvollständige Verschmelzung von Schädelknochen

Q75.1 Dysostosis craniofacialis
Crouzon-Syndrom

Q75.2 Hypertelorismus

Q75.3 Makrozephalie

Q75.4 Dysostosis mandibulofacialis

Q75.5 Okulo-mandibulo-faziales Syndrom

Q75.8 Sonstige näher bezeichnete angeborene Fehlbildungen der Schädel- und Gesichtsschädelknochen
Angeborene Stirndeformität
Fehlen von Schädelknochen, angeboren
Platybasie

Q75.9 Angeborene Fehlbildung der Schädel- und Gesichtsschädelknochen, nicht näher bezeichnet
Angeborene Anomalie:
- Gesichtsschädelknochen o.n.A.
- Schädel o.n.A.

Q76 Angeborene Fehlbildungen der Wirbelsäule und des knöchernen Thorax

Exkl.: Angeborene Muskel-Skelett-Deformitäten der Wirbelsäule und des Thorax (Q67.5–Q67.8)

Q76.0 Spina bifida occulta
Exkl.: Meningozele (spinal) (Q05.–)
Spina bifida (aperta) (cystica) (Q05.–)

Q76.1 Klippel-Feil-Syndrom
Verschmelzung von Halswirbelkörpern

Q76.2 Angeborene Spondylolisthesis
Angeborene Spondylolyse
Exkl.: Spondylolisthesis (erworben) (M43.1)
Spondylolyse (erworben) (M43.0)

Q76.3 Angeborene Skoliose durch angeborene Knochenfehlbildung
Halbwirbelverschmelzung oder Segmentationsfehler mit Skoliose

Q76.4 Sonstige angeborene Fehlbildungen der Wirbelsäule ohne Skoliose
Angeboren:
- Fehlbildung, lumbosakral (Gelenk) (Region)
- Fehlen von Wirbeln
- Kyphose
- Lordose
- Wirbelsäulenfusion

Fehlbildung der Wirbelsäule
Halbwirbel
Platyspondylie
Überzähliger Wirbel

} nicht näher bezeichnet oder ohne Skoliose

Q76.5 Halsrippe
Überzählige Rippe in der Halsregion

Q76.6 Sonstige angeborene Fehlbildungen der Rippen
Akzessorische Rippe
Angeboren:
- Fehlen einer Rippe
- Rippenfehlbildung o.n.A.
- Verschmelzung von Rippen

Exkl.: Kurzripp-Polydaktylie-Syndrome (Q77.2)

Q76.7 Angeborene Fehlbildung des Sternums
Angeborenes Fehlen des Sternums
Sternumspalte

Q76.8 Sonstige angeborene Fehlbildungen des knöchernen Thorax

Q76.9 Angeborene Fehlbildung des knöchernen Thorax, nicht näher bezeichnet

Q77 Osteochondrodysplasie mit Wachstumsstörungen der Röhrenknochen und der Wirbelsäule
Exkl.: Mukopolysaccharidose (E76.0–E76.3)

Q77.0 Achondrogenesie
Hypochondrogenesie

Q77.1 Thanatophore Dysplasie

Q77.2 Kurzripp-Polydaktylie-Syndrome
Asphyxierende Thoraxdysplasie [Jeune]

Q77.3	**Chondrodysplasia-punctata-Syndrome**
Q77.4	**Achondroplasie** Hypochondroplasie
Q77.5	**Diastrophische Dysplasie**
Q77.6	**Chondroektodermale Dysplasie** Ellis-van-Creveld-Syndrom
Q77.7	**Dysplasia spondyloepiphysaria**
Q77.8	**Sonstige Osteochondrodysplasien mit Wachstumsstörungen der Röhrenknochen und der Wirbelsäule**
Q77.9	**Osteochondrodysplasie mit Wachstumsstörungen der Röhrenknochen und der Wirbelsäule, nicht näher bezeichnet**

Q78 Sonstige Osteochondrodysplasien

Q78.0	**Osteogenesis imperfecta** Fragilitas ossium Osteopsathyrosis
Q78.1	**Polyostotische fibröse Dysplasie [Jaffé-Lichtenstein-Syndrom]** McCune-Albright-Syndrom
Q78.2	**Marmorknochenkrankheit** Albers-Schönberg-Syndrom
Q78.3	**Progrediente diaphysäre Dysplasie** Camurati-Engelmann-Syndrom
Q78.4	**Enchondromatose** Maffucci-Syndrom Ollier-Krankheit
Q78.5	**Metaphysäre Dysplasie** Pyle-Syndrom
Q78.6	**Angeborene multiple Exostosen** Multiple kartilaginäre Exostosen
Q78.8	**Sonstige näher bezeichnete Osteochondrodysplasien** Osteopoikilie
Q78.9	**Osteochondrodysplasie, nicht näher bezeichnet** Chondrodystrophie o.n.A. Osteodystrophie o.n.A.

Q79 Angeborene Fehlbildungen des Muskel-Skelett-Systems, anderenorts nicht klassifiziert

Exkl.: Torticollis congenitus (muscularis) (Q68.0)

Q79.0 Angeborene Zwerchfellhernie

Exkl.: Angeborene Hiatushernie (Q40.1)

Q79.1 Sonstige angeborene Fehlbildungen des Zwerchfells

Angeborene Fehlbildung des Zwerchfells o.n.A.
Eventratio diaphragmatica
Fehlen des Zwerchfells

Q79.2 Exomphalus

Omphalozele

Exkl.: Hernia umbilicalis (K42.–)

Q79.3 Gastroschisis

Q79.4 Bauchdeckenaplasie-Syndrom

Q79.5 Sonstige angeborene Fehlbildungen der Bauchdecke

Exkl.: Hernia umbilicalis (K42.–)

Q79.6 Ehlers-Danlos-Syndrom

Q79.8 Sonstige angeborene Fehlbildungen des Muskel-Skelett-Systems

Akzessorischer Muskel
Amniotische Schnürfurchen
Angeborene Sehnenverkürzung
Fehlen:
- Muskel
- Sehne

Myatrophia congenita
Poland-Syndrom

Q79.9 Angeborene Fehlbildung des Muskel-Skelett-Systems, nicht näher bezeichnet

Angeboren:
- Anomalie o.n.A. } Muskel-Skelett-System o.n.A.
- Deformität o.n.A.

Sonstige angeborene Fehlbildungen (Q80–Q89)

Q80 Ichthyosis congenita
Exkl.: Refsum-Krankheit (G60.1)

Q80.0 **Ichthyosis vulgaris**
Q80.1 **X-chromosomal-rezessive Ichthyosis**
Q80.2 **Lamelläre Ichthyosis**
Kollodium-Baby
Q80.3 **Bullöse kongenitale ichthyosiforme Erythrodermie**
Q80.4 **Ichthyosis congenita gravis [Harlekinfetus]**
Q80.8 **Sonstige Ichthyosis congenita**
Q80.9 **Ichthyosis congenita, nicht näher bezeichnet**

Q81 Epidermolysis bullosa

Q81.0 **Epidermolysis bullosa simplex**
Exkl.: Cockayne-Syndrom (Q87.1)
Q81.1 **Epidermolysis bullosa atrophicans gravis**
Herlitz-Syndrom
Q81.2 **Epidermolysis bullosa dystrophica**
Q81.8 **Sonstige Epidermolysis bullosa**
Q81.9 **Epidermolysis bullosa, nicht näher bezeichnet**

Q82 Sonstige angeborene Fehlbildungen der Haut
Exkl.: Acrodermatitis enteropathica (E83.2)
Angeborene erythropoetische Porphyrie (E80.0)
Pilonidalzyste oder Pilonidalsinus (L05.–)
Sturge-Weber- (Dimitri-) Syndrom (Q85.8)

Q82.0 **Hereditäres Lymphödem**
Q82.1 **Xeroderma pigmentosum**

Q82.2 Mastozytose
Urticaria pigmentosa
Exkl.: Bösartige Mastozytose (C96.2)

Q82.3 Incontinentia pigmenti

Q82.4 Ektodermale Dysplasie (anhidrotisch)
Exkl.: Ellis-van-Creveld-Syndrom (Q77.6)

Q82.5 Angeborener nichtneoplastischer Nävus
Blutschwamm
Feuermal
Muttermal o.n.A.
Naevus:
- flammeus
- vasculosus o.n.A.
- verrucosus

Portweinfleck
Exkl.: Café-au-lait-Flecken (L81.3)
Lentigo (L81.4)
Naevus:
- araneus (I78.1)
- pigmentosus (D22.–)
- stellatus (I78.1)

Nävus:
- Melanozyten- (D22.–)
- o.n.A. (D22.–)

Spinnennävus [Spider-Nävus] (I78.1)

Q82.8 Sonstige näher bezeichnete angeborene Fehlbildungen der Haut
Abnorme Handfurchen
Cutis laxa (hyperelastica)
Dyskeratosis follicularis vegetans [Darier]
Familiärer benigner chronischer Pemphigus [Gougerot-Hailey-Hailey-Syndrom]
Hautleistenanomalien
Hereditäre Palmoplantarkeratose
Zusätzliche Hautanhängsel
Exkl.: Ehlers-Danlos-Syndrom (Q79.6)

Q82.9 Angeborene Fehlbildung der Haut, nicht näher bezeichnet

Q83 Angeborene Fehlbildungen der Mamma
Exkl.: Fehlen des M. pectoralis (Q79.8)

Q83.0 Angeborenes Fehlen der Mamma verbunden mit fehlender Brustwarze

Q83.1	**Akzessorische Mamma**
	Überzählige Mamma
Q83.2	**Fehlen der Brustwarze**
Q83.3	**Akzessorische Brustwarze**
	Überzählige Brustwarze
Q83.8	**Sonstige angeborene Fehlbildungen der Mamma**
	Hypoplasie der Mamma
Q83.9	**Angeborene Fehlbildung der Mamma, nicht näher bezeichnet**

Q84 Sonstige angeborene Fehlbildungen des Integumentes

Q84.0	**Angeborene Alopezie**
	Angeborene Atrichie
Q84.1	**Angeborene morphologische Störungen der Haare, anderenorts nicht klassifiziert**
	Monilethrix
	Pili anulati
	Spindelhaare
	Exkl.: Menkes-Syndrom [Kinky-hair-Syndrom] (E83.0)
Q84.2	**Sonstige angeborene Fehlbildungen der Haare**
	Angeboren:
	• Fehlbildung der Haare o.n.A.
	• Hypertrichose
	Persistierende Lanugobehaarung
Q84.3	**Anonychie**
	Exkl.: Nagel-Patella-Syndrom (Q87.2)
Q84.4	**Angeborene Leukonychie**
Q84.5	**Vergrößerte und hypertrophierte Nägel**
	Angeborene Onychauxis
	Pachyonychie
Q84.6	**Sonstige angeborene Fehlbildungen der Nägel**
	Angeboren:
	• Fehlbildung des Nagels o.n.A.
	• Klumpnägel
	• Koilonychie
Q84.8	**Sonstige näher bezeichnete angeborene Fehlbildungen des Integumentes**
	Aplasia cutis congenita

Q84.9 Angeborene Fehlbildung des Integumentes, nicht näher bezeichnet
Angeboren:
- Anomalie o.n.A. } Integument o.n.A.
- Deformität o.n.A.

Q85 Phakomatosen, anderenorts nicht klassifiziert

Exkl.: Ataxia teleangiectatica [Louis-Bar-Syndrom] (G11.3)
Familiäre Dysautonomie [Riley-Day-Syndrom] (G90.1)

Q85.0 Neurofibromatose (nicht bösartig)
von-Recklinghausen-Krankheit

Q85.1 Tuberöse (Hirn-) Sklerose
Bourneville- (Pringle-) Syndrom
Epiloia

Q85.8 Sonstige Phakomatosen, anderenorts nicht klassifiziert
Syndrom:
- von Hippel-Lindau-
- Peutz-Jeghers-
- Sturge-Weber- (Dimitri-)

Exkl.: Meckel-Gruber-Syndrom (Q61.9)

Q85.9 Phakomatose, nicht näher bezeichnet
Hamartose o.n.A.

Q86 Angeborene Fehlbildungssyndrome durch bekannte äußere Ursachen, anderenorts nicht klassifiziert

Exkl.: Jodmangelbedingte Hypothyreose (E00–E02)
Nichtteratogene Wirkungen von Substanzen, die transplanzentar oder mit der Muttermilch übertragen werden (P04.–)

Q86.0 Alkohol-Embryopathie (mit Dysmorphien)

Q86.1 Antiepileptika-Embryopathie
Embryofetales Hydantoin-Syndrom

Q86.2 Warfarin-Embryopathie

Q86.8 Sonstige angeborene Fehlbildungssyndrome durch bekannte äußere Ursachen

Q87 Sonstige näher bezeichnete angeborene Fehlbildungssyndrome mit Beteiligung mehrerer Systeme

Q87.0 Angeborene Fehlbildungssyndrome mit vorwiegender Beteiligung des Gesichtes
Akrozephalopolysyndaktylie-Syndrome
Akrozephalosyndaktylie-Syndrome [Apert]
Franceschetti-I-Syndrom [(Treacher-) Collins-Syndrom]
Freemann-Sheldon-Syndrom [Whistling-face-Syndrom]
Goldenhar-Syndrom
Kryptophthalmus-Syndrom
Moebius-Syndrom
Oro-fazio-digitale-Syndrome
Robin-Syndrom
Zyklopie

Q87.1 Angeborene Fehlbildungssyndrome, die vorwiegend mit Minderwuchs einhergehen
Aarskog-Syndrom
Cockayne-Syndrom
(Cornelia-de-) Lange-I-Syndrom
Dubowitz-Syndrom
Noonan-Syndrom
Prader-Willi-Syndrom
Robinow- (Silverman-Smith-) Syndrom
Seckel-Syndrom
Silver-Russel-Syndrom
Smith-Lemli-Opitz-Syndrom

Exkl.:   Ellis-van-Creveld-Syndrom (Q77.6)

Q87.2 Angeborene Fehlbildungssyndrome mit vorwiegender Beteiligung der Extremitäten
Holt-Oram-Syndrom
Klippel-Trénaunay- (Weber-) Syndrom
Nagel-Patella-Syndrom
Rubinstein-Taybi-Syndrom
Sirenomelie
TAR-Syndrom [Radiusaplasie-Thrombozytopenie-Syndrom]
VATER-Syndrom

Q87.3 Angeborene Fehlbildungssyndrome mit vermehrtem Gewebewachstum im frühen Kindesalter
Sotos-Syndrom
Weaver-Syndrom
Wiedemann-Beckwith-Syndrom

Q87.4 Marfan-Syndrom

Q87.5 Sonstige angeborene Fehlbildungssyndrome mit sonstigen Skelettveränderungen

Q87.8 Sonstige näher bezeichnete angeborene Fehlbildungssyndrome, anderenorts nicht klassifiziert
Alport-Syndrom
Laurence-Moon-Biedl-Bardet-Syndrom
Zellweger-Syndrom

Q89 Sonstige angeborene Fehlbildungen, anderenorts nicht klassifiziert

Q89.0 Angeborene Fehlbildungen der Milz
Angeborene Splenomegalie
Asplenie (angeboren)
Exkl.: Vorhofisomerismus (mit Asplenie oder Polysplenie) (Q20.6)

Q89.1 Angeborene Fehlbildungen der Nebenniere
Exkl.: Angeborene Nebennierenrindenhyperplasie (E25.0)

Q89.2 Angeborene Fehlbildungen sonstiger endokriner Drüsen
Angeborene Fehlbildung der Nebenschilddrüse oder Schilddrüse
Persistenz des Ductus thyroglossus
Thyroglossuszyste

Q89.3 Situs inversus
Dextrokardie mit Situs inversus
Situs inversus sive transversus:
- abdominalis
- thoracalis

Spiegelbildliche Anordnung der Vorhöfe mit Situs inversus
Transpositio viscerum:
- abdominalis
- thoracalis

Exkl.: Dextrokardie o.n.A. (Q24.0)

Q89.4 Siamesische Zwillinge
Dizephalus
Doppelfehlbildung
Kraniopagus
Pygopagus
Thorakopagus

Q89.7 Multiple angeborene Fehlbildungen, anderenorts nicht klassifiziert
Monstrum o.n.A.
Multipel, angeboren:
- Anomalien o.n.A.
- Deformitäten o.n.A.

Exkl.: Angeborene Fehlbildungssyndrome mit Beteiligung mehrerer Systeme (Q87.–)

Q89.8 Sonstige näher bezeichnete angeborene Fehlbildungen

Q89.9 Angeborene Fehlbildung, nicht näher bezeichnet
Angeboren:
- Anomalie o.n.A.
- Deformität o.n.A.

Chromosomenanomalien, anderenorts nicht klassifiziert (Q90–Q99)

Q90 Down-Syndrom

Q90.0 Trisomie 21, meiotische Non-disjunction

Q90.1 Trisomie 21, Mosaik (mitotische Non-disjunction)

Q90.2 Trisomie 21, Translokation

Q90.9 Down-Syndrom, nicht näher bezeichnet
Trisomie 21 o.n.A.

Q91 Edwards-Syndrom und Patau-Syndrom

Q91.0 Trisomie 18, meiotische Non-disjunction

Q91.1 Trisomie 18, Mosaik (mitotische Non-disjunction)

Q91.2 Trisomie 18, Translokation

Q91.3	Edwards-Syndrom, nicht näher bezeichnet
Q91.4	Trisomie 13, meiotische Non-disjunction
Q91.5	Trisomie 13, Mosaik (mitotische Non-disjunction)
Q91.6	Trisomie 13, Translokation
Q91.7	Patau-Syndrom, nicht näher bezeichnet

Q92 Sonstige Trisomien und partielle Trisomien der Autosomen, anderenorts nicht klassifiziert

Inkl.: Unbalancierte Translokationen und Insertionen
Exkl.: Trisomie der Chromosomen 13, 18, 21 (Q90–Q91)

Q92.0	Vollständige Trisomie, meiotische Non-disjunction
Q92.1	Vollständige Trisomie, Mosaik (mitotische Non-disjunction)
Q92.2	Partielle Trisomie, Majorform Ein ganzer Arm oder mehr verdoppelt
Q92.3	Partielle Trisomie, Minorform Weniger als ein ganzer Arm verdoppelt
Q92.4	Chromosomenduplikationen, die nur in der Prometaphase sichtbar werden
Q92.5	Chromosomenduplikationen mit sonstigen komplexen Rearrangements
Q92.6	Überzählige Marker-Chromosomen
Q92.7	Triploidie und Polyploidie
Q92.8	Sonstige näher bezeichnete Trisomien und partielle Trisomien der Autosomen
Q92.9	Trisomie und partielle Trisomie der Autosomen, nicht näher bezeichnet

Q93 Monosomien und Deletionen der Autosomen, anderenorts nicht klassifiziert

Q93.0	Vollständige Monosomie, meiotische Non-disjunction
Q93.1	Vollständige Monosomie, Mosaik (mitotische Non-disjunction)
Q93.2	Ringchromosomen und dizentrische Chromosomen
Q93.3	Deletion des kurzen Armes des Chromosoms 4 Wolf-Hirschhorn-Syndrom

Q93.4	Deletion des kurzen Armes des Chromosoms 5
	Katzenschrei-Syndrom
Q93.5	Sonstige Deletionen eines Chromosomenteils
Q93.6	Deletionen, die nur in der Prometaphase sichtbar werden
Q93.7	Deletionen mit sonstigen komplexen Rearrangements
Q93.8	Sonstige Deletionen der Autosomen
Q93.9	Deletion der Autosomen, nicht näher bezeichnet

Q95 Balancierte Rearrangements und Struktur-Marker, anderenorts nicht klassifiziert

Inkl.: Robertsonsche und balancierte reziproke Translokationen und Insertionen

Q95.0	Balancierte Translokation und Insertion beim normalen Individuum
Q95.1	Chromosomen-Inversion beim normalen Individuum
Q95.2	Balanciertes Rearrangement der Autosomen beim abnormen Individuum
Q95.3	Balanciertes Rearrangement zwischen Gonosomen und Autosomen beim abnormen Individuum
Q95.4	Individuen mit Marker-Heterochromatin
Q95.5	Individuen mit autosomaler Bruchstelle
Q95.8	Sonstige balancierte Rearrangements und Struktur-Marker
Q95.9	Balanciertes Rearrangement und Struktur-Marker, nicht näher bezeichnet

Q96 Turner-Syndrom

Exkl.: Noonan-Syndrom (Q87.1)

Q96.0	Karyotyp 45,X
Q96.1	Karyotyp 46,X iso (Xq)
Q96.2	Karyotyp 46,X mit Gonosomenanomalie, ausgenommen iso (Xq)
Q96.3	Mosaik, 45,X/46,XX oder 45,X/46,XY
Q96.4	Mosaik, 45,X/sonstige Zellinie(n) mit Gonosomenanomalie
Q96.8	Sonstige Varianten des Turner-Syndroms
Q96.9	Turner-Syndrom, nicht näher bezeichnet

Q97 Sonstige Anomalien der Gonosomen bei weiblichem Phänotyp, anderenorts nicht klassifiziert

Exkl.: Turner-Syndrom (Q96.–)

Q97.0 Karyotyp 47,XXX

Q97.1 Weiblicher Phänotyp mit mehr als drei X-Chromosomen

Q97.2 Mosaik, Zellinien mit unterschiedlicher Anzahl von X-Chromosomen

Q97.3 Weiblicher Phänotyp mit Karyotyp 46,XY

Q97.8 Sonstige näher bezeichnete Anomalien der Gonosomen bei weiblichem Phänotyp

Q97.9 Anomalie der Gonosomen bei weiblichem Phänotyp, nicht näher bezeichnet

Q98 Sonstige Anomalien der Gonosomen bei männlichem Phänotyp, anderenorts nicht klassifiziert

Q98.0 Klinefelter-Syndrom, Karyotyp 47,XXY

Q98.1 Klinefelter-Syndrom, männlicher Phänotyp mit mehr als zwei X-Chromosomen

Q98.2 Klinefelter-Syndrom, männlicher Phänotyp mit Karyotyp 46,XX

Q98.3 Sonstiger männlicher Phänotyp mit Karyotyp 46,XX

Q98.4 Klinefelter-Syndrom, nicht näher bezeichnet

Q98.5 Karyotyp 47,XYY

Q98.6 Männlicher Phänotyp mit Strukturanomalie der Gonosomen

Q98.7 Männlicher Phänotyp mit Gonosomen-Mosaik

Q98.8 Sonstige näher bezeichnete Anomalien der Gonosomen bei männlichem Phänotyp

Q98.9 Anomalie der Gonosomen bei männlichem Phänotyp, nicht näher bezeichnet

Q99 Sonstige Chromosomenanomalien, anderenorts nicht klassifiziert

Q99.0 Chimäre 46,XX/46,XY
Chimäre 46,XX/46,XY mit Hermaphroditismus verus

Q99.1 Hermaphroditismus verus mit Karyotyp 46,XX
Reine Gonadendysgenesie
46,XX mit Streak-Gonaden
46,XY mit Streak-Gonaden

Q99.2 Fragiles X-Chromosom
Syndrom des fragilen X-Chromosoms

Q99.8 Sonstige näher bezeichnete Chromosomenanomalien

Q99.9 Chromosomenanomalie, nicht näher bezeichnet

KAPITEL XVIII

Symptome und abnorme klinische und Laborbefunde, die anderenorts nicht klassifiziert sind
(R00–R99)

Dieses Kapitel umfaßt (subjektive und objektive) Symptome, abnorme Ergebnisse von klinischen oder sonstigen Untersuchungen sowie ungenau bezeichnete Zustände, für die an anderer Stelle keine klassifizierbare Diagnose vorliegt.

Diejenigen Symptome, die mit ziemlicher Sicherheit auf eine bestimmte Diagnose hindeuten, sind unter den entsprechenden Kategorien in anderen Kapiteln der Klassifikation aufgeführt. Die Kategorien dieses Kapitels enthalten im allgemeinen weniger genau bezeichnete Zustände und Symptome, die ohne die zur Feststellung einer endgültigen Diagnose notwendigen Untersuchungen des Patienten mit etwa gleicher Wahrscheinlichkeit auf zwei oder mehr Krankheiten oder auf zwei oder mehr Organsysteme hindeuten. Im Grunde genommen könnten alle Kategorien in diesem Kapitel mit dem Zusatz „ohne nähere Angabe", „unbekannter Ätiologie" oder „vorübergehend" versehen werden. Um festzustellen, welche Symptome in dieses Kapitel und welche in die anderen Kapitel einzuordnen sind, sollte das Alphabetische Verzeichnis benutzt werden. Die übrigen, mit .8 bezifferten Subkategorien, sind im allgemeinen für sonstige relevante Symptome vorgesehen, die an keiner anderen Stelle der Klassifikation eingeordnet werden können.

Die unter den Kategorien R00–R99 klassifizierten Zustände und Symptome betreffen:

(a) Patienten, bei denen keine genauere Diagnose gestellt werden kann, obwohl alle für den Krankheitsfall bedeutungsvollen Fakten untersucht worden sind;

(b) zum Zeitpunkt der Erstkonsultation vorhandene Symptome, die sich als vorübergehend erwiesen haben und deren Ursachen nicht festgestellt werden konnten;

(c) vorläufige Diagnosen bei einem Patienten, der zur weiteren Diagnostik oder Behandlung nicht erschienen ist;

(d) Patienten, die vor Abschluß der Diagnostik an eine andere Stelle zur Untersuchung oder zur Behandlung überwiesen wurden;

(e) Patienten, bei denen aus irgendeinem anderen Grunde keine genauere Diagnose gestellt wurde;

(f) bestimmte Symptome, zu denen zwar ergänzende Information vorliegt, die jedoch eigenständige, wichtige Probleme für die medizinische Betreuung darstellen.

Exkl.: Abnorme Befunde bei der pränatalen Screeninguntersuchung der Mutter (O28.–)
Bestimmte Zustände, die ihren Ursprung in der Perinatalperiode haben (P00–P96)

Dieses Kapitel gliedert sich in folgende Gruppen:

R00–R09 Symptome, die das Kreislaufsystem und das Atmungssystem betreffen
R10–R19 Symptome, die das Verdauungssystem und das Abdomen betreffen
R20–R23 Symptome, die die Haut und das Unterhautgewebe betreffen
R25–R29 Symptome, die das Nervensystem und das Muskel-Skelett-System betreffen
R30–R39 Symptome, die das Harnsystem betreffen
R40–R46 Symptome, die das Erkennungs- und Wahrnehmungsvermögen, die Stimmung und das Verhalten betreffen
R47–R49 Symptome, die die Sprache und die Stimme betreffen
R50–R69 Allgemeinsymptome
R70–R79 Abnorme Blutuntersuchungsbefunde ohne Vorliegen einer Diagnose
R80–R82 Abnorme Urinuntersuchungsbefunde ohne Vorliegen einer Diagnose
R83–R89 Abnorme Befunde ohne Vorliegen einer Diagnose bei der Untersuchung anderer Körperflüssigkeiten, Substanzen und Gewebe
R90–R94 Abnorme Befunde ohne Vorliegen einer Diagnose bei bildgebender Diagnostik und Funktionsprüfungen
R95–R99 Ungenau bezeichnete und unbekannte Todesursachen

Symptome, die das Kreislaufsystem und das Atmungssystem betreffen (R00–R09)

R00 Störungen des Herzschlages

Exkl.: Näher bezeichnete Arrhythmien (I47–I49)
Störungen, die ihren Ursprung in der Perinatalperiode haben (P29.1)

R00.0 Tachykardie, nicht näher bezeichnet
Beschleunigung des Herzschlages

R00.1 Bradykardie, nicht näher bezeichnet
Verlangsamung des Herzschlages
Soll die Substanz angegeben werden, ist eine zusätzliche Schlüsselnummer (Kapitel XX) zu benutzen.

R00.2 Palpitationen
Herzklopfen

R00.8 Sonstige und nicht näher bezeichnete Störungen des Herzschlages

R01 Herzgeräusche und andere Herz-Schallphänomene

Exkl.: Mit Urprung in der Perinatalperiode (P29.8)

R01.0 Benigne und akzidentelle Herzgeräusche
Funktionelles Herzgeräusch

R01.1 Herzgeräusch, nicht näher bezeichnet
Herzgeräusch o.n.A.

R01.2 Sonstige Herz-Schallphänomene
Herzdämpfung, verbreitert oder verringert
Präkordiales Reiben

R02 Gangrän, anderenorts nicht klassifiziert

Exkl.: Gangrän an bestimmten Lokalisationen – siehe Alphabetisches Verzeichnis
Gangrän bei:
- Atherosklerose (I70.2)
- Diabetes mellitus (E10–E14, vierte Stelle .5)
- sonstigen peripheren Gefäßkrankheiten (I73.–)

Gasbrand (A48.0)
Pyoderma gangraenosum (L88)

R03 Abnormer Blutdruckwert ohne Diagnose

R03.0 Erhöhter Blutdruckwert ohne Diagnose eines Bluthochdrucks
Hinweis: Diese Subkategorie dient zur Angabe einer kurzzeitigen Blutdruckerhöhung bei einem Patienten ohne ausdrückliche Hochdruckdiagnose oder zur Angabe eines isolierten Zufallsbefundes.

R03.1 Unspezifischer niedriger Blutdruckwert
Exkl.: Hypotonie (I95.–)
Hypotonie-Syndrom der Mutter (O26.5)
Neurogene orthostatische Hypotonie (G90.3)

R04 Blutung aus den Atemwegen

R04.0 Epistaxis
Blutung aus der Nase
Nasenbluten

R04.1 Blutung aus dem Rachen
Exkl.: Hämoptoe (R04.2)

R04.2 Hämoptoe
Bluthusten
Blut im Sputum

R04.8 Blutung aus sonstigen Lokalisationen in den Atemwegen
Lungenblutung o.n.A.
Exkl.: Lungenblutung in der Perinatalperiode (P26.–)

R04.9 Blutung aus den Atemwegen, nicht näher bezeichnet

R05 Husten
Exkl.: Bluthusten (R04.2)
Psychogener Husten (F45.3)

R06 Störungen der Atmung
Exkl.: Atemnotsyndrom:
- des Erwachsenen (J80)
- des Neugeborenen (P22.–)

Atemstillstand (R09.2)
Respiratorische Insuffizienz (J96.–)
Respiratorische Insuffizienz beim Neugeborenen (P28.5)

R06.0 Dyspnoe
Kurzatmigkeit
Orthopnoe
Exkl.: Transitorische Tachypnoe beim Neugeborenen (P22.1)

R06.1 Stridor
Exkl.: Laryngealer Stridor congenitus (Q31.4)
Laryngismus (stridulus) (J38.5)

R06.2 Ziehende Atmung

Symptome und abnorme klinische und Laborbefunde, die anderenorts nicht klassifiziert sind

R06.3 Periodische Atmung
Cheyne-Stokes-Atmung

R06.4 Hyperventilation
Exkl.: Psychogene Hyperventilation (F45.3)

R06.5 Mundatmung
Schnarchen
Exkl.: Mundtrockenheit o.n.A. (R68.2)

R06.6 Singultus
Exkl.: Psychogener Singultus (F45.3)

R06.7 Niesen

R06.8 Sonstige und nicht näher bezeichnete Störungen der Atmung
Apnoe o.n.A.
Erstickungsgefühl
Respiratorische Affektkrämpfe
Seufzen
Exkl.: Apnoe beim Neugeborenen (P28.4)
Schlafapnoe (G47.3)
Schlafapnoe beim Neugeborenen (primär) (P28.3)

R07 Hals- und Brustschmerzen
Exkl.: Dysphagie (R13)
Myalgia epidemica (B33.0)
Nackenschmerzen (M54.2)
Rachenentzündung (akut) o.n.A. (J02.9)
Schmerzen in der Mamma (N64.4)

R07.0 Halsschmerzen

R07.1 Brustschmerzen bei der Atmung
Schmerzhafte Atmung

R07.2 Präkordiale Schmerzen

R07.3 Sonstige Brustschmerzen
Schmerzen in der vorderen Brustwand o.n.A.

R07.4 Brustschmerzen, nicht näher bezeichnet

R09 Sonstige Symptome, die das Kreislaufsystem und das Atmungssystem betreffen

Exkl.: Atemnotsyndrom:
- des Erwachsenen (J80)
- des Neugeborenen (P22.–)

Respiratorische Insuffizienz (J96.–)
Respiratorische Insuffizienz beim Neugeborenen (P28.5)

R09.0 Asphyxie
Exkl.: Asphyxie (durch):
- beim Neugeborenen (P21.–)
- Fremdkörper in den Atemwegen (T17.–)
- intrauterin (P20.–)
- Kohlenmonoxid (T58)
- traumatisch (T71)

R09.1 Pleuritis
Exkl.: Pleuritis mit Erguß (J90)

R09.2 Atemstillstand
Herz- und Atemstillstand

R09.3 Abnormes Sputum
Abnorm:
- Farbe
- Geruch } Sputum
- Menge
Vermehrt

Exkl.: Blut im Sputum (R04.2)

R09.8 Sonstige näher bezeichnete Symptome, die das Kreislaufsystem und das Atmungssystem betreffen
Arteriengeräusch
Rasselgeräusche
Schwacher Puls
Thorax:
- Reibegeräusche
- Tympanitischer Klopfschall
- Veränderter Klopfschall

Symptome, die das Verdauungssystem und das Abdomen betreffen
(R10–R19)

Exkl.: Gastrointestinale Blutung (K92.0–K92.2)
Gastrointestinale Blutung beim Neugeborenen (P54.0–P54.3)
Ileus (K56.–)
Ileus beim Neugeborenen (P76.–)
Pylorospasmus (K31.3)
Pylorospasmus angeboren oder infantil (Q40.0)
Symptome, die das Harnsystem betreffen (R30–R39)
Symptome, die die Genitalorgane betreffen:
- männlich (N48–N50)
- weiblich (N94.–)

R10 Bauch- und Beckenschmerzen
Exkl.: Flatulenz und verwandte Zustände (R14)
Nierenkolik (N23)
Rückenschmerzen (M54.–)

R10.0 Akutes Abdomen
Starke Bauchschmerzen (generalisiert) (lokalisiert) (mit Bauchdeckenspannung)

R10.1 Schmerzen im Bereich des Oberbauches
Schmerzen im Epigastrium

R10.2 Schmerzen im Becken und am Damm

R10.3 Schmerzen mit Lokalisation in anderen Teilen des Unterbauches

R10.4 Sonstige und nicht näher bezeichnete Bauchschmerzen
Druckschmerzhaftigkeit des Bauches o.n.A.
Kolik:
- beim Säugling und Kleinkind
- o.n.A.

R11 Übelkeit und Erbrechen
Exkl.: Erbrechen:
- beim Neugeborenen (P92.0)
- nach gastrointestinalem operativem Eingriff (K91.0)
- psychogen (F50.5)
- übermäßig, während der Schwangerschaft (O21.–)

Hämatemesis (K92.0)
Hämatemesis beim Neugeborenen (P54.0)

R12 Sodbrennen
Exkl.: Dyspepsie (K30)

R13 Dysphagie
Schluckbeschwerden

R14 Flatulenz und verwandte Zustände
Aufstoßen
Blähbauch
Blähungen
Meteorismus
Exkl.: Aerophagie, psychogen (F45.3)

R15 Stuhlinkontinenz
Enkopresis o.n.A.
Exkl.: Nichtorganische Enkopresis (F98.1)

R16 Hepatomegalie und Splenomegalie, anderenorts nicht klassifiziert

R16.0 Hepatomegalie, anderenorts nicht klassifiziert
Hepatomegalie o.n.A.

R16.1 Splenomegalie, anderenorts nicht klassifiziert
Splenomegalie o.n.A.

R16.2 Hepatomegalie verbunden mit Splenomegalie, anderenorts nicht klassifiziert
Hepatosplenomegalie o.n.A.

R17 Gelbsucht, nicht näher bezeichnet
Exkl.: Ikterus beim Neugeborenen (P55, P57–P59)

R18 Aszites
Flüssigkeitsansammlung in der Bauchhöhle

R19 Sonstige Symptome, die das Verdauungssystem und das Abdomen betreffen
Exkl.: Akutes Abdomen (R10.0)

R19.0 Schwellung, Raumforderung und Knoten im Abdomen und Becken
Diffuse oder generalisierte Schwellung oder Raumforderung:
- intraabdominal o.n.A.
- pelvin o.n.A.
- umbilikal

Exkl.: Aszites (R18)
Meteorismus (R14)

R19.1 Abnorme Darmgeräusche
Fehlende Darmgeräusche
Übermäßige Darmgeräusche

R19.2 Sichtbare Peristaltik
Hyperperistaltik

R19.3 Bauchdeckenspannung
Exkl.: Mit starken Bauchschmerzen (R10.0)

R19.4 Veränderungen der Stuhlgewohnheiten
Exkl.: Funktionelle Diarrhoe (K59.1)
Obstipation (K59.0)

R19.5 Sonstige Stuhlveränderungen
Abnorme Stuhlfarbe
Erhöhte Stuhlmenge
Schleimiger Stuhl

Exkl.: Meläna (K92.1)
Meläna beim Neugeborenen (P54.1)

R19.6 Mundgeruch

R19.8 Sonstige näher bezeichnete Symptome, die das Verdauungssystem und das Abdomen betreffen

Symptome, die die Haut und das Unterhautgewebe betreffen (R20–R23)

R20 Sensibilitätsstörungen der Haut

Exkl.: Dissoziative Sensibilitäts- und Empfindungsstörungen (F44.6)
Psychogene Störungen (F45.8)

R20.0 **Anästhesie der Haut**

R20.1 **Hypästhesie der Haut**

R20.2 **Parästhesie der Haut**
Ameisenlaufen
Kribbelgefühl
Nadelstichgefühl
Exkl.: Akroparästhesie (I73.8)

R20.3 **Hyperästhesie**

R20.8 **Sonstige und nicht näher bezeichnete Sensibilitätsstörungen der Haut**

R21 Hautausschlag und sonstige unspezifische Hauteruptionen

R22 Lokalisierte Schwellung, Raumforderung und Knoten der Haut und der Unterhaut

Inkl.: Subkutane Knötchen (lokalisiert) (oberflächlich)
Exkl.: Abnorme Befunde bei der bildgebenden Diagnostik (R90–R93)
Geschwulst oder Knoten:
- Abdomen oder Becken (R19.0)
- Mamma (N63)

Lokalisierte Adipositas (E65)
Lymphknotenvergrößerung (R59.–)
Ödem (R60.–)
Schwellung:
- Abdomen oder Becken (R19.0)
- Gelenk- (M25.4)

R22.0 **Lokalisierte Schwellung, Raumforderung und Knoten am Kopf**

R22.1 **Lokalisierte Schwellung, Raumforderung und Knoten am Hals**

R22.2 **Lokalisierte Schwellung, Raumforderung und Knoten am Rumpf**

R22.3	**Lokalisierte Schwellung, Raumforderung und Knoten an den oberen Extremitäten**
R22.4	**Lokalisierte Schwellung, Raumforderung und Knoten an den unteren Extremitäten**
R22.7	**Lokalisierte Schwellung, Raumforderung und Knoten an mehreren Lokalisationen**
R22.9	**Lokalisierte Schwellung, Raumforderung und Knoten, nicht näher bezeichnet**

R23 Sonstige Hautveränderungen

R23.0 **Zyanose**
Exkl.: Akrozyanose (I73.8)
Zyanoseanfälle beim Neugeborenen (P28.2)

R23.1 **Blässe**
Feuchtkalte Haut

R23.2 **Gesichtsrötung [Flush]**
Übermäßiges Erröten
Exkl.: Zustände im Zusammenhang mit der Menopause und dem Klimakterium (N95.1)

R23.3 **Spontane Ekchymosen**
Petechien
Exkl.: Ekchymosen beim Feten und Neugeborenen (P54.5)
Purpura (D69.–)

R23.4 **Veränderungen des Hautreliefs**
Abschuppung ⎫
Desquamation ⎬ Haut
Verhärtung ⎭
Exkl.: Epidermisverdickung o.n.A. (L85.9)

R23.8 **Sonstige und nicht näher bezeichnete Hautveränderungen**

Symptome, die das Nervensystem und das Muskel-Skelett-System betreffen (R25–R29)

R25 Abnorme unwillkürliche Bewegungen

Exkl.: Spezifische Bewegungsstörungen (G20–G26)
Stereotype Bewegungsstörungen (F98.4)
Ticstörungen (F95.–)

R25.0 **Abnorme Kopfbewegungen**

R25.1 Tremor, nicht näher bezeichnet
Exkl.: Chorea o.n.A. (G25.5)
Tremor:
- essentiell (G25.0)
- hysterisch (F44.4)
- Intentions- (G25.2)

R25.2 Krämpfe und Spasmen
Exkl.: Karpopedalspasmen (R29.0)
Krämpfe im Kindesalter (G40.4)

R25.3 Faszikulation
Zuckungen o.n.A.

R25.8 Sonstige und nicht näher bezeichnete abnorme unwillkürliche Bewegungen

R26 Störungen des Ganges und der Mobilität
Exkl.: Ataxie:
- hereditär (G11.-)
- lokomotorisch (syphilitisch) (A52.1)
- o.n.A. (R27.0)
Immobilitätssyndrom (paraplegisch) (M62.3)

R26.0 Ataktischer Gang
Taumelnder Gang

R26.1 Paretischer Gang
Spastischer Gang

R26.2 Gehbeschwerden, anderenorts nicht klassifiziert

R26.8 Sonstige und nicht näher bezeichnete Störungen des Ganges und der Mobilität
Standunsicherheit o.n.A.

R27 Sonstige Koordinationsstörungen
Exkl.: Ataktischer Gang (R26.0)
Hereditäre Ataxie (G11.-)
Vertigo o.n.A. (R42)

R27.0 Ataxie, nicht näher bezeichnet

R27.8 Sonstige und nicht näher bezeichnete Koordinationsstörungen

R29 Sonstige Symptome, die das Nervensystem und das Muskel-Skelett-System betreffen

R29.0 Tetanie
Karpopedalspasmen
Exkl.: Tetanie:
- beim Neugeborenen (P71.3)
- hysterisch (F44.5)
- nach Thyreoidektomie (E89.2)
- parathyreogen (E20.9)

R29.1 Meningismus

R29.2 Abnorme Reflexe
Exkl.: Abnorme Pupillenreaktion (H57.0)
Übermäßiger Würgereflex (J39.2)
Vasovagale Reaktion oder Synkope (R55)

R29.3 Abnorme Körperhaltung

R29.4 Schnappende Hüfte
Exkl.: Angeborene Deformitäten der Hüfte (Q65.-)

R29.8 Sonstige und nicht näher bezeichnete Symptome, die das Nervensystem und das Muskel-Skelett-System betreffen

Symptome, die das Harnsystem betreffen (R30–R39)

R30 Schmerzen beim Wasserlassen
Exkl.: Psychogener Schmerz (F45.3)

R30.0 Dysurie
Strangurie

R30.1 Tenesmus vesicae

R30.9 Schmerzen beim Wasserlassen, nicht näher bezeichnet
Schmerzen beim Wasserlassen o.n.A.

R31 Nicht näher bezeichnete Hämaturie
Exkl.: Rezidivierende oder persistierende Hämaturie (N02.-)

R32 Nicht näher bezeichnete Harninkontinenz
Enuresis o.n.A.

Exkl.: Nichtorganische Enuresis (F98.0)
Streßinkontinenz und sonstige näher bezeichnete Harninkontinenz (N39.3–N39.4)

R33 Harnverhaltung

R34 Anurie und Oligurie
Exkl.: Als Komplikation bei:
- Abort, Extrauteringravidität oder Molenschwangerschaft (O00–O07, O08.4)
- Schwangerschaft, Geburt und Wochenbett (O26.8, O90.4)

R35 Polyurie
Häufige Miktion
Nykturie

Exkl.: Psychogene Polyurie (F45.3)

R36 Ausfluß aus der Harnröhre
Ausfluß aus dem Penis
Urethrorrhoe

R39 Sonstige Symptome, die das Harnsystem betreffen

R39.0 **Urin-Extravasation**

R39.1 **Sonstige Miktionsstörungen**
Gespaltener Harnstrahl
Schwacher Harnstrahl
Verzögerte Miktion

R39.2 **Extrarenale Urämie**
Prärenale Urämie

R39.8 **Sonstige und nicht näher bezeichnete Symptome, die das Harnsystem betreffen**

Symptome, die das Erkennungs- und Wahrnehmungsvermögen, die Stimmung und das Verhalten betreffen (R40–R46)

Exkl.: Als Teil des Symptombildes einer psychischen Störung (F00–F99)

R40 Somnolenz, Stupor und Koma

Exkl.: Koma:
- beim Neugeborenen (P91.5)
- diabetisch (E10–E14, vierte Stelle .0)
- hepatisch (K72.–)
- hypoglykämisch (nichtdiabetisch) (E15)
- urämisch (N19)

R40.0 Somnolenz
Schläfrigkeit

R40.1 Stupor
Komaartiger Zustand
Exkl.: Stupor:
- depressiv (F31–F33)
- dissoziativ (F44.2)
- kataton (F20.2)
- manisch (F30.2)

R40.2 Koma, nicht näher bezeichnet
Bewußtlosigkeit o.n.A.

R41 Sonstige Symptome, die das Erkennungsvermögen und das Bewußtsein betreffen

Exkl.: Dissoziative Störungen [Konversionsstörungen] (F44.–)

R41.0 Orientierungsstörung, nicht näher bezeichnet
Verwirrtheit o.n.A.
Exkl.: Psychogene Orientierungsstörung (F44.8)

R41.1 Anterograde Amnesie

R41.2 Retrograde Amnesie

R41.3 Sonstige Amnesie
Amnesie o.n.A.
Exkl.: Amnestisches Syndrom:
- durch Einnahme psychotroper Substanzen (F10–F19, vierte Stelle .6)
- organisch (F04)
Transiente globale Amnesie (G45.4)

R41.8 Sonstige und nicht näher bezeichnete Symptome, die das Erkennungsvermögen und das Bewußtsein betreffen

R42 Schwindel und Taumel
Benommenheit
Vertigo o.n.A.
Exkl.: Schwindelsyndrome (H81.-)

R43 Störungen des Geruchs- und Geschmackssinnes

R43.0 Anosmie

R43.1 Parosmie

R43.2 Parageusie

R43.8 Sonstige und nicht näher bezeichnete Störungen des Geruchs- und Geschmackssinnes
Kombinierte Störung des Geruchs- und Geschmackssinnes

R44 Sonstige Symptome, die die Sinneswahrnehmungen und das Wahrnehmungsvermögen betreffen
Exkl.: Sensibilitätsstörungen der Haut (R20.-)

R44.0 Akustische Halluzinationen

R44.1 Optische Halluzinationen

R44.2 Sonstige Halluzinationen

R44.3 Halluzinationen, nicht näher bezeichnet

R44.8 Sonstige und nicht näher bezeichnete Symptome, die die Sinneswahrnehmungen und das Wahrnehmungsvermögen betreffen

R45 Symptome, die die Stimmung betreffen

R45.0 **Nervosität**
Nervöser Spannungszustand

R45.1 **Ruhelosigkeit und Erregung**

R45.2 **Unglücklichsein**
Sorgen o.n.A.

R45.3 **Demoralisierung und Apathie**

R45.4 **Reizbarkeit und Wut**

R45.5 **Feindseligkeit**

R45.6 **Körperliche Gewalt**

R45.7 **Emotioneller Schock oder Streß, nicht näher bezeichnet**

R45.8 **Sonstige Symptome, die die Stimmung betreffen**

R46 Symptome, die das äußere Erscheinungsbild und das Verhalten betreffen

R46.0 **Stark vernachlässigte Körperpflege**

R46.1 **Besonders auffälliges äußeres Erscheinungsbild**

R46.2 **Seltsames und unerklärliches Verhalten**

R46.3 **Hyperaktivität**

R46.4 **Verlangsamung und herabgesetztes Reaktionsvermögen**
Exkl.:   Stupor (R40.1)

R46.5 **Mißtrauen oder ausweichendes Verhalten**

R46.6 **Unangemessene Betroffenheit und Beschäftigung mit Streßereignissen**

R46.7 **Wortschwall oder umständliche Detailschilderung, die die Gründe für eine Konsultation oder Inanspruchnahme verschleiern**

R46.8 **Sonstige Symptome, die das äußere Erscheinungsbild und das Verhalten betreffen**

Symptome, die die Sprache und die Stimme betreffen (R47–R49)

R47 Sprech- und Sprachstörungen, anderenorts nicht klassifiziert

Exkl.: Autismus (F84.0–F84.1)
Poltern (F98.6)
Spezifische entwicklungsbedingte Störungen des Sprechens und der Sprache (F80.–)
Stottern [Stammeln] (F98.5)

R47.0 Dysphasie und Aphasie
Exkl.: Progressive isolierte Aphasie (G31.0)

R47.1 Dysarthrie und Anarthrie

R47.8 Sonstige und nicht näher bezeichnete Sprech- und Sprachstörungen

R48 Dyslexie und sonstige Werkzeugstörungen, anderenorts nicht klassifiziert

Exkl.: Spezifische Entwicklungsstörungen schulischer Fertigkeiten (F81.–)

R48.0 Dyslexie und Alexie

R48.1 Agnosie

R48.2 Apraxie

R48.8 Sonstige und nicht näher bezeichnete Werkzeugstörungen
Agraphie
Akalkulie

R49 Störungen der Stimme

Exkl.: Psychogene Stimmstörung (F44.4)

R49.0 Dysphonie
Heiserkeit

R49.1 Aphonie
Stimmlosigkeit

R49.2 Rhinophonia (aperta) (clausa)

R49.8 Sonstige und nicht näher bezeichnete Störungen der Stimme
Veränderung der Stimme o.n.A.

Allgemeinsymptome
(R50–R69)

R50 Fieber unbekannter Ursache
Exkl.: Fieber unbekannter Ursache:
- beim Neugeborenen (P81.9)
- unter der Geburt (O75.2)

Fieber o.n.A. im Wochenbett (O86.4)

R50.0 Fieber mit Schüttelfrost
Exkl.: Fieberkrämpfe (R56.0)

R50.1 Anhaltendes Fieber

R50.9 Fieber, nicht näher bezeichnet
Hyperpyrexie o.n.A.
Pyrexie o.n.A.
Exkl.: Maligne Hyperthermie durch Anästhesie (T88.3)

R51 Kopfschmerz
Gesichtsschmerz o.n.A.
Exkl.: Atypischer Gesichtsschmerz (G50.1)
Migräne und sonstige Kopfschmerzsyndrome (G43–G44)
Trigeminusneuralgie (G50.0)

R52 Schmerz, anderenorts nicht klassifiziert

Inkl.: Schmerz, der keinem bestimmten Organ oder keiner bestimmten Körperregion zugeordnet werden kann

Exkl.: Chronisches Schmerzsyndrom mit Persönlichkeitsänderung (F62.8)
Kopfschmerz (R51)
Nierenkolik (N23)
Schmerzen:
- Abdomen (R10.–)
- Auge (H57.1)
- Becken und Damm (R10.2)
- Extremität (M79.6)
- Gelenk (M25.5)
- Hals (R07.0)
- Lumbalregion (M54.5)
- Mamma (N64.4)
- Ohr (H92.0)
- psychogen (F45.4)
- Rücken (M54.9)
- Schulter (M75.8)
- Thorax (R07.1–R07.4)
- Wirbelsäule (M54.–)
- Zahn (K08.8)
- Zunge (K14.6)

R52.0 **Akuter Schmerz**

R52.1 **Chronischer unbeeinflußbarer Schmerz**

R52.2 **Sonstiger chronischer Schmerz**

R52.9 **Schmerz, nicht näher bezeichnet**
Diffuser Schmerz o.n.A.

Symptome und abnorme klinische und Laborbefunde, die anderenorts nicht klassifiziert sind

R53 Unwohlsein und Ermüdung

Allgemeiner körperlicher Abbau
Asthenie o.n.A.
Lethargie
Müdigkeit
Schwäche:
- chronisch
- nervös
- o.n.A.

Exkl.: Altersschwäche (R54)
Angeborene Schwäche (P96.9)
Erschöpfung und Ermüdung (durch) (bei):
- Hitze (T67.–)
- Kriegsneurose (F43.0)
- Neurasthenie (F48.0)
- Schwangerschaft (O26.8)
- übermäßige Anstrengung (T73.3)
- Witterungsunbilden (T73.2)

Müdigkeitssyndrom (F48.0)
Postvirales Müdigkeitssyndrom (G93.3)

R54 Senilität

Altersschwäche
Hohes Alter ⎫
Seneszenz ⎭ ohne Angabe einer Psychose

Exkl.: Senile Psychose (F03)

R55 Synkope und Kollaps
Blackout
Ohnmacht

Exkl.: Adams-Stokes-Anfall [Morgagni-Adams-Stokes-Syndrom] (I45.9)
Bewußtlosigkeit o.n.A. (R40.2)
Neurozirkulatorische Asthenie (F45.3)
Orthostatische Hypotonie (I95.1)
Neurogene orthostatische Hypotonie (G90.3)
Schock:
- als Komplikation bei oder Folge von:
  - Abort, Extrauteringravidität oder Molenschwangerschaft (O00–O07, O08.3)
  - Wehen und Entbindung (O75.1)
- kardiogen (R57.0)
- postoperativ (T81.1)
- o.n.A. (R57.9)

Synkope (durch):
- Hitze (T67.1)
- Karotissinus (G90.0)
- psychogen (F48.8)

R56 Krämpfe, anderenorts nicht klassifiziert

Exkl.: Krämpfe und Anfälle:
- beim Neugeborenen (P90)
- dissoziativ (F44.5)
- Epilepsie (G40–G41)

R56.0 Fieberkrämpfe

R56.8 Sonstige und nicht näher bezeichnete Krämpfe
Anfall o.n.A.
(Krampf-) Anfall o.n.A.

R57 Schock, anderenorts nicht klassifiziert

Exkl.: Schock (durch):
- als Komplikation bei oder Folge von Abort, Extrauteringravidität oder Molenschwangerschaft (O00–O07, O08.3)
- Anästhesie (T88.2)
- anaphylaktisch (durch):
  - Nahrungsmittelunverträglichkeit (T78.0)
  - Serum (T80.5)
  - o.n.A. (T78.2)
- Blitzschlag (T75.0)
- elektrischen Strom (T75.4)
- Geburts- (O75.1)
- postoperativ (T81.1)
- psychisch (F43.0)
- septisch (A41.9)
- traumatisch (T79.4)

Syndrom des toxischen Schocks (A48.3)

R57.0 Kardiogener Schock

R57.1 Hypovolämischer Schock

R57.8 Sonstige Formen des Schocks
Endotoxinschock

R57.9 Schock, nicht näher bezeichnet
Peripheres Kreislaufversagen o.n.A.

R58 Blutung, anderenorts nicht klassifiziert
Blutung o.n.A.

R59 Lymphknotenvergrößerung

Inkl.: Drüsenschwellung

Exkl.: Lymphadenitis:
- akut (L04.-)
- chronisch (I88.1)
- mesenterial (akut) (chronisch) (I88.0)
- o.n.A. (I88.9)

R59.0 Lymphknotenvergrößerung, umschrieben

R59.1 Lymphknotenvergrößerung, generalisiert
Lymphadenopathie o.n.A.
Exkl.: (Persistierende) generalisierte Lymphadenopathie infolge HIV-Krankheit (B23.1)

R59.9 Lymphknotenvergrößerung, nicht näher bezeichnet

R60 Ödem, anderenorts nicht klassifiziert

Exkl.: Aszites (R18)
Hirnödem (G93.6)
Hirnödem durch Geburtstrauma (P11.0)
Hydrops fetalis o.n.A. (P83.2)
Hydrothorax (J94.8)
Ödem:
- angioneurotisch (T78.3)
- beim Neugeborenen (P83.2)
- durch Mangelernährung (E40–E46)
- hereditär (Q82.0)
- Larynx- (J38.4)
- Lungen- (J81)
- Nasopharynx- (J39.2)
- Rachen- (J39.2)
- Schwangerschafts- (O12.0)

R60.0 Umschriebenes Ödem

R60.1 Generalisiertes Ödem

R60.9 Ödem, nicht näher bezeichnet
Flüssigkeitsretention o.n.A.

R61 Hyperhidrose

R61.0 Hyperhidrose, umschrieben

R61.1 Hyperhidrose, generalisiert

R61.9 Hyperhidrose, nicht näher bezeichnet
Nachtschweiß
Übermäßiges Schwitzen

R62 Ausbleiben der erwarteten normalen physiologischen Entwicklung

Exkl.: Verzögerte Pubertät (E30.0)

R62.0 Verzögertes Erreichen von Entwicklungsstufen
Spätes Laufenlernen
Spätes Sprechenlernen
Verzögertes Eintreten einer erwarteten physiologischen Entwicklungsstufe

R62.8 Sonstiges Ausbleiben der erwarteten physiologischen Entwicklung
Gedeihstörung
Infantilismus o.n.A.
Körperliches Zurückbleiben
Mangelhaftes Wachstum
Mangelnde Gewichtszunahme
Exkl.: Gedeihstörung infolge HIV-Krankheit (B22.2)
Körperliche Retardation durch Mangelernährung (E45)

R62.9 Ausbleiben der erwarteten physiologischen Entwicklung, nicht näher bezeichnet

R63 Symptome, die die Nahrungs- und Flüssigkeitsaufnahme betreffen

Exkl.: Bulimie o.n.A. (F50.2)
Eßstörungen nichtorganischen Ursprungs (F50.–)
Mangelernährung (E40–E46)

R63.0 Anorexie
Appetitverlust
Exkl.: Anorexia nervosa (F50.0)
Appetitverlust nichtorganischen Ursprungs (F50.8)

R63.1 Polydipsie
Übermäßiger Durst

R63.2 Polyphagie
Überernährung o.n.A.
Übermäßige Nahrungsaufnahme

R63.3 Ernährungsprobleme und unsachgemäße Ernährung
Ernährungsproblem o.n.A.
Exkl.: Ernährungsprobleme beim Neugeborenen (P92.–)
Fütterstörung nichtorganischen Ursprungs beim Kleinkind (F98.2)

R63.4 Abnorme Gewichtsabnahme

R63.5 Abnorme Gewichtszunahme
Exkl.: Adipositas (E66.–)
Übermäßige Gewichtszunahme in der Schwangerschaft (O26.0)

R63.8 Sonstige Symptome, die die Nahrungs- und Flüssigkeitsaufnahme betreffen

R64 Kachexie
Exkl.: Alimentärer Marasmus (E41)
Kachexie durch bösartige Neubildung (C80)
Kachexie-Syndrom infolge HIV-Krankheit (B22.2)

R68 Sonstige Allgemeinsymptome

R68.0 Hypothermie, nicht in Verbindung mit niedriger Umgebungstemperatur
Exkl.: Hypothermie:
- beim Neugeborenen (P80.–)
- durch Anästhesie (T88.5)
- durch niedrige Umgebungstemperatur (T68)
- o.n.A. (akzidentell) (T68)

R68.1 Unspezifische Symptome im Kleinkindalter
Reizbares Kleinkind
Ungewöhnlich häufiges und starkes Schreien des Kleinkindes
Exkl.: Dentitionskrankheit (K00.7)
Zerebrale Überregbarkeit des Neugeborenen (P91.3)

R68.2 Mundtrockenheit, nicht näher bezeichnet
Exkl.: Mundtrockenheit bei:
- Dehydration (E86)
- Sicca-Syndrom [Sjögren-Syndrom] (M35.0)
Unterfunktion der Speicheldrüsen (K11.7)

R68.3 Trommelschlegelfinger
Uhrglasnägel
Exkl.: Angeborene Klumpfinger (Q68.1)

R68.8 Sonstige näher bezeichnete Allgemeinsymptome

R69 Unbekannte und nicht näher bezeichnete Krankheitsursachen
Krankheit o.n.A.
Nichtdiagnostizierte Krankheit ohne Angabe der betroffenen Lokalisation oder des betroffenen Systems

Abnorme Blutuntersuchungsbefunde ohne Vorliegen einer Diagnose (R70–R79)

Exkl.: Abnorme Befunde:
- bei der pränatalen Screeninguntersuchung der Mutter (O28.-)
- Blutgerinnung (D65–D68)
- Leukozyten, anderenorts klassifiziert (D70–D72)
- Lipide (E78.-)
- Thrombozyten (D69.-)

Abnorme Befunde, anderenorts klassifiziert – siehe Alphabetisches Verzeichnis

Hämorrhagische und hämatologische Krankheiten beim Feten und Neugeborenen (P50–P61)

R70 Beschleunigte Blutkörperchensenkungsreaktion und Veränderungen der Plasmaviskosität

R70.0 Beschleunigte Blutkörperchensenkungsreaktion

R70.1 Veränderte Plasmaviskosität

R71 Veränderung der Erythrozyten
Anisozytose
Poikilozytose
Verändert:
- Erythrozytenmorphologie o.n.A.
- Erythrozytenvolumen o.n.A.

Exkl.: Anämien (D50–D64)
Polycythaemia vera (D45)
Polyglobulie:
- beim Neugeborenen (P61.1)
- Pseudo- (familiär) (D75.0)
- sekundär (D75.1)

R72 Veränderung der Leukozyten, anderenorts nicht klassifiziert
Auffälliges Differentialblutbild o.n.A.
Exkl.: Leukozytose (D72.8)

R73 Erhöhter Blutglukosewert
Exkl.: Störungen beim Neugeborenen (P70.0–P70.2)
Diabetes mellitus (E10–E14)
Diabetes mellitus während der Schwangerschaft, der Geburt und des Wochenbettes (O24.–)
Postoperative Hypoinsulinämie (E89.1)

R73.0 Abnormer Glukosetoleranztest
Diabetes:
- subklinisch
- latent

Pathologische Glukosetoleranz
Prädiabetes

R73.9 Hyperglykämie, nicht näher bezeichnet

R74 Abnorme Serumenzymwerte

R74.0 Erhöhung der Transaminasen und des Laktat-Dehydrogenase-Wertes [LDH]

R74.8 **Sonstige abnorme Serumenzymwerte**
Abnormer Wert:
- alkalische Phosphatase
- Amylase
- Lipase [Triacylglyzerinlipase]
- saure Phosphatase

R74.9 **Abnormer Wert nicht näher bezeichneter Serumenzyme**

R75 Laborhinweis auf Humanes Immundefizienz-Virus [HIV]
Nicht eindeutiger Befund des HIV-Tests beim Kleinkind
Exkl.: Asymptomatische HIV-Infektion (Z21)
HIV-Krankheit (B20–B24)

R76 Sonstige abnorme immunologische Serumbefunde

R76.0 **Erhöhter Antikörpertiter**
Exkl.: Isoimmunisierung während der Schwangerschaft (O36.0–O36.1)
Isoimmunisierung während der Schwangerschaft mit Auswirkung auf den Feten oder das Neugeborene (P55.–)

R76.1 **Abnorme Reaktion auf Tuberkulintest**
Abnormes Ergebnis der Mendel-Mantoux-Tuberkulinprobe

R76.2 **Falsch-positiver serologischer Syphilistest**
Falsch-positive Wassermann-Reaktion

R76.8 **Sonstige näher bezeichnete abnorme immunologische Serumbefunde**
Erhöhter Immunglobulinwert o.n.A.

R76.9 **Abnormer immunologischer Serumbefund, nicht näher bezeichnet**

R77 Sonstige Veränderungen der Plasmaproteine
Exkl.: Störungen des Plasmaprotein-Stoffwechsels (E88.0)

R77.0 **Veränderungen der Albumine**

R77.1 **Veränderungen der Globuline**
Hyperglobulinämie o.n.A.

R77.2 **Veränderungen des Alpha-Fetoproteins**

R77.8 **Sonstige näher bezeichnete Veränderungen der Plasmaproteine**

R77.9 Veränderung eines Plasmaproteins, nicht näher bezeichnet

R78 Nachweis von Drogen und anderen Substanzen, die normalerweise nicht im Blut vorhanden sind

Exkl.: Psychische und Verhaltensstörungen durch psychotrope Substanzen (F10–F19)

R78.0 **Nachweis von Alkohol im Blut**
Soll die Höhe des Alkoholgehaltes angegeben werden, ist eine zusätzliche Schlüsselnummer (Y90.–) zu benutzen.

R78.1 **Nachweis von Opiaten im Blut**

R78.2 **Nachweis von Kokain im Blut**

R78.3 **Nachweis von Halluzinogenen im Blut**

R78.4 **Nachweis sonstiger Drogen mit Abhängigkeitspotential im Blut**

R78.5 **Nachweis psychotroper Drogen im Blut**

R78.6 **Nachweis von Steroiden im Blut**

R78.7 **Nachweis eines abnormen Schwermetall-Blutwertes**

R78.8 **Nachweis sonstiger näher bezeichneter Substanzen, die normalerweise nicht im Blut vorhanden sind**
Nachweis eines abnormen Lithium-Blutwertes

R78.9 **Nachweis einer nicht näher bezeichneten Substanz, die normalerweise nicht im Blut vorhanden ist**

R79 Sonstige abnorme Befunde der Blutchemie

Exkl.: Asymptomatische Hyperurikämie (E79.0)
Hyperglykämie o.n.A. (R73.9)
Hypoglykämie o.n.A. (E16.2)
Hypoglykämie o.n.A. beim Neugeborenen (P70.3–P70.4)
Spezifische Befunde mit Hinweis auf eine Störung des:
- Aminosäurestoffwechsels (E70–E72)
- Fettstoffwechsels (E75.–)
- Kohlenhydratstoffwechsels (E73–E74)

Störung des Wasser- und Elektrolythaushaltes oder des Säure-Basen-Gleichgewichtes (E86–E87)

R79.0 Abnormer Mineral-Blutwert
Abnormer Blutwert:
- Eisen
- Kobalt
- Kupfer
- Magnesium
- Minerale, anderenorts nicht klassifiziert
- Zink

Exkl.: Abnormer Lithiumwert (R78.8)
Alimentärer Mangel an Mineralstoffen (E58–E61)
Hypomagnesiämie beim Neugeborenen (P71.2)
Störungen des Mineralstoffwechsels (E83.–)

R79.8 Sonstige näher bezeichnete abnorme Befunde der Blutchemie
Abnormer Blutgaswert

R79.9 Abnormer Befund der Blutchemie, nicht näher bezeichnet

Abnorme Urinuntersuchungsbefunde ohne Vorliegen einer Diagnose (R80–R82)

Exkl.: Abnorme Befunde bei der pränatalen Screeninguntersuchung der Mutter (O28.–)
Abnorme diagnostische Befunde, anderenorts klassifiziert – siehe Alphabetisches Verzeichnis
Spezifische Befunde mit Hinweis auf eine Störung des:
- Aminosäurestoffwechsels (E70–E72)
- Kohlenhydratstoffwechsels (E73–E74)

R80 Isolierte Proteinurie
Albuminurie o.n.A.
Bence-Jones-Proteinurie
Proteinurie o.n.A.

Exkl.: Proteinurie:
- isoliert, mit näher bezeichneter morphologischer Veränderung (N06.–)
- orthostatisch (N39.2)
- persistierend (N39.1)
- Schwangerschafts- (O12.1)

R81 Glukosurie
Exkl.: Renale Glukosurie (E74.8)

R82 Sonstige abnorme Urinbefunde
Exkl.: Hämaturie (R31)

R82.0 Chylurie
Exkl.: Chylurie durch Filarien (B74.–)

R82.1 Myoglobinurie

R82.2 Bilirubinurie

R82.3 Hämoglobinurie
Exkl.: Hämoglobinurie:
- durch Hämolyse infolge äußerer Ursachen, anderenorts nicht klassifiziert (D59.6)
- paroxysmale nächtliche [Marchiafava-Micheli] (D59.5)

R82.4 Azetonurie
Ketonurie

R82.5 Erhöhte Urinwerte für Drogen, Arzneimittel und biologisch aktive Substanzen
Erhöhter Urinwert:
- Indolessigsäure
- Katecholamine
- 17–Ketosteroide
- Steroide

R82.6 Abnorme Urinwerte für Substanzen vorwiegend nichtmedizinischer Herkunft
Abnormer Urinwert für Schwermetalle

R82.7 Abnorme Befunde bei der mikrobiologischen Urinuntersuchung
Positive Kulturen

R82.8 Abnorme Befunde bei der zytologischen und histologischen Urinuntersuchung

R82.9 Sonstige und nicht näher bezeichnete abnorme Urinbefunde
Kristallurie
Melanurie
Zellen und Zylinder im Urin

Symptome und abnorme klinische und Laborbefunde, die anderenorts nicht klassifiziert sind

Abnorme Befunde ohne Vorliegen einer Diagnose bei der Untersuchung anderer Körperflüssigkeiten, Substanzen und Gewebe (R83–R89)

Exkl.: Abnorme Befunde bei der:
- pränatalen Screeninguntersuchung der Mutter (O28.–)
- Untersuchung von:
  - Blut, ohne Vorliegen einer Diagnose (R70–R79)
  - Urin, ohne Vorliegen einer Diagnose (R80–R82)

Abnorme diagnostische Befunde, anderenorts klassifiziert – siehe Alphabetisches Verzeichnis

Die folgenden 4. Stellen sind bei den Kategorien R83–R89 zu benutzen:

.0 Abnormer Enzymwert
.1 Abnormer Hormonwert
.2 Abnormer Wert für sonstige Drogen, Arzneimittel und biologisch aktive Substanzen
.3 Abnormer Wert für Substanzen vorwiegend nichtmedizinischer Herkunft
.4 Abnorme immunologische Befunde
.5 Abnorme mikrobiologische Befunde
   Positive Kulturen
.6 Abnorme zytologische Befunde
   Abnormer Papanicolaou-Abstrich
.7 Abnorme histologische Befunde
.8 Sonstige abnorme Befunde
   Abnorme Chromosomenbefunde
.9 Nicht näher bezeichneter abnormer Befund

R83 Abnorme Liquorbefunde

R84 Abnorme Befunde in Untersuchungsmaterialien aus Atemwegen und Thorax

Abnorme Befunde in:
- Bronchiallavage
- Nasenschleimhautsekret
- Pleuraflüssigkeit
- Rachenabstrich
- Sputum

Exkl.: Blut im Sputum (R04.2)

R85 Abnorme Befunde in Untersuchungsmaterialien aus Verdauungsorganen und Bauchhöhle

Abnorme Befunde in:
- Peritonealflüssigkeit
- Speichel

Exkl.: Stuhlveränderungen (R19.5)

R86 Abnorme Befunde in Untersuchungsmaterialien aus den männlichen Genitalorganen

Abnorme Befunde in:
- Prostatasekret
- Sperma

Veränderte Spermien

Exkl.: Azoospermie (N46)
Oligozoospermie (N46)

R87 Abnorme Befunde in Untersuchungsmaterialien aus den weiblichen Genitalorganen

Abnorme Befunde in Sekreten und Abstrichen aus:
- Cervix uteri
- Vagina
- Vulva

Exkl.: Carcinoma in situ (D05–D07.3)
Dysplasie:
- Cervix uteri (N87.–)
- Vagina (N89.0–N89.3)
- Vulva (N90.0–N90.3)

R89 Abnorme Befunde in Untersuchungsmaterialien aus anderen Körperorganen, -systemen und -geweben

Abnorme Befunde in:
- Absonderung der Brustwarze
- Synovialflüssigkeit
- Wundsekret

Abnorme Befunde ohne Vorliegen einer Diagnose bei bildgebender Diagnostik und Funktionsprüfungen (R90–R94)

Inkl.: Unspezifische abnorme Befunde bei der bildgebenden Diagnostik:
- Computertomographie [CT]
- Kernspintomographie [NMR] [MRI]
- Positronen-Emissions-Tomographie [PET]
- Röntgenuntersuchung
- Thermographie
- Ultraschall [Sonographie]

Exkl.: Abnorme Befunde bei der pränatalen Screeninguntersuchung der Mutter (O28.–)
Abnorme diagnostische Befunde, anderenorts klassifiziert – siehe Alphabetisches Verzeichnis

R90 Abnorme Befunde bei der bildgebenden Diagnostik des Zentralnervensystems

R90.0 Intrakranielle Raumforderung

R90.8 Sonstige abnorme Befunde bei der bildgebenden Diagnostik des Zentralnervensystems
Abnormes Echoenzephalogramm

R91 Abnorme Befunde bei der bildgebenden Diagnostik der Lunge

Lungenraumforderung o.n.A.
Rundherd o.n.A.

R92 Abnorme Befunde bei der bildgebenden Diagnostik der Mamma

R93 Abnorme Befunde bei der bildgebenden Diagnostik sonstiger Körperstrukturen

R93.0 Abnorme Befunde bei der bildgebenden Diagnostik des Schädels und des Kopfes, anderenorts nicht klassifiziert
Exkl.: Intrakranielle Raumforderung (R90.0)

R93.1 Abnorme Befunde bei der bildgebenden Diagnostik des Herzens und des Koronarkreislaufes
Abnorm:
- Echokardiogramm o.n.A.
- Herzschatten

R93.2 Abnorme Befunde bei der bildgebenden Diagnostik der Leber und der Gallenwege
Nichtdarstellung der Gallenblase

R93.3 Abnorme Befunde bei der bildgebenden Diagnostik sonstiger Teile des Verdauungstraktes

R93.4 Abnorme Befunde bei der bildgebenden Diagnostik der Harnorgane
Füllungsdefekt:
- Harnblase
- Niere
- Ureter

Exkl.: Hypertrophie der Niere (N28.8)

R93.5 Abnorme Befunde bei der bildgebenden Diagnostik sonstiger Abdominalregionen, einschließlich des Retroperitoneums

R93.6 Abnorme Befunde bei der bildgebenden Diagnostik der Extremitäten
Exkl.: Abnorme Befunde der Haut und des Unterhautgewebes (R93.8)

R93.7 Abnorme Befunde bei der bildgebenden Diagnostik sonstiger Abschnitte des Muskel-Skelett-Systems
Exkl.: Abnorme Befunde bei der bildgebenden Diagnostik des Schädels (R93.0)

R93.8 Abnorme Befunde bei der bildgebenden Diagnostik an sonstigen näher bezeichneten Körperstrukturen
Abnormer radiologischer Befund der Haut und des Unterhautgewebes
Mediastinalverlagerung

Symptome und abnorme klinische und Laborbefunde, die anderenorts nicht klassifiziert sind

R94 Abnorme Ergebnisse von Funktionsprüfungen
Inkl.: Abnorme Ergebnisse von:
- Szintigraphie
- Untersuchung durch Einbringen von Radionukliden [Radioisotopen]

R94.0 Abnorme Ergebnisse von Funktionsprüfungen des Zentralnervensystems
Abnormes Elektroenzephalogramm [EEG]

R94.1 Abnorme Ergebnisse von Funktionsprüfungen des peripheren Nervensystems und bestimmter Sinnesorgane
Abnorm:
- Elektromyogramm [EMG]
- Elektrookulogramm [EOG]
- Elektroretinogramm [ERG]
- Reaktion auf Nervenstimulation
- Visuell evozierte Potentiale [VEP]

R94.2 Abnorme Ergebnisse von Lungenfunktionsprüfungen
Vermindert:
- Ventilation
- Vitalkapazität

R94.3 Abnorme Ergebnisse von kardiovaskulären Funktionsprüfungen
Abnorm:
- Elektrokardiogramm [EKG]
- intrakardiale elektrophysiologische Untersuchungsergebnisse
- Phonokardiogramm
- Vektorkardiogramm

R94.4 Abnorme Ergebnisse von Nierenfunktionsprüfungen
Nierenfunktionstest mit abnormem Befund

R94.5 Abnorme Ergebnisse von Leberfunktionsprüfungen

R94.6 Abnorme Ergebnisse von Schilddrüsenfunktionsprüfungen

R94.7 Abnorme Ergebnisse von sonstigen endokrinen Funktionsprüfungen
Exkl.: Abnormer Glukosetoleranztest (R73.0)

R94.8 Abnorme Ergebnisse von Funktionsprüfungen sonstiger Organe und Organsysteme
Abnorm:
- Grundumsatzwert [GU]
- Harnblasenfunktionstest
- Milzfunktionstest

Ungenau bezeichnete und unbekannte Todesursachen (R95–R99)

Exkl.: Fetaltod, nicht näher bezeichnete Ursache (P95)
Tod während der Gestationsperiode o.n.A. (O95)

R95 Plötzlicher Kindstod
Sudden infant death syndrome [SIDS]

R96 Sonstiger plötzlicher Tod unbekannter Ursache
Exkl.: Plötzlicher:
- Herztod, so bezeichnet (I46.1)
- Kindstod (R95)

R96.0 Plötzlich eingetretener Tod

R96.1 Todeseintritt innerhalb von weniger als 24 Stunden nach Beginn der Symptome, ohne anderweitige Angabe
Tod, der nachweislich weder gewaltsam noch plötzlich eintrat und dessen Ursache nicht festgestellt werden kann
Tod ohne Anhalt für eine Krankheit

R98 Nicht in Anwesenheit anderer Personen verstorben
Aufgefundene Leiche
Aufgefundener Toter, dessen Todesursache nicht festgestellt werden konnte

R99 Sonstige ungenau oder nicht näher bezeichnete Todesursachen
Tod o.n.A.
Unbekannte Todesursache

KAPITEL XIX

Verletzungen, Vergiftungen und bestimmte andere Folgen äußerer Ursachen
(S00–T98)

Exkl.: Geburtstrauma beim Neugeborenen (P10–P15)
Verletzungen der Mutter unter der Geburt (O70–O71)

Dieses Kapitel gliedert sich in folgende Gruppen:

S00–S09	Verletzungen des Kopfes
S10–S19	Verletzungen des Halses
S20–S29	Verletzungen des Thorax
S30–S39	Verletzungen des Abdomens, der Lumbosakralgegend, der Lendenwirbelsäule und des Beckens
S40–S49	Verletzungen der Schulter und des Oberarmes
S50–S59	Verletzungen des Ellenbogens und des Unterarmes
S60–S69	Verletzungen des Handgelenkes und der Hand
S70–S79	Verletzungen der Hüfte und des Oberschenkels
S80–S89	Verletzungen des Knies und des Unterschenkels
S90–S99	Verletzungen der Knöchelregion und des Fußes
T00–T07	Verletzungen mit Beteiligung mehrerer Körperregionen
T08–T14	Verletzungen nicht näher bezeichneter Teile des Rumpfes, der Extremitäten oder anderer Körperregionen
T15–T19	Folgen des Eindringens eines Fremdkörpers durch eine natürliche Körperöffnung
T20–T32	Verbrennungen oder Verätzungen
T33–T35	Erfrierungen
T36–T50	Vergiftung durch Arzneimittel, Drogen und biologisch aktive Substanzen
T51–T65	Toxische Wirkungen von vorwiegend nicht medizinisch verwendeten Substanzen
T66–T78	Sonstige und nicht näher bezeichnete Schäden durch äußere Ursachen
T79	Bestimmte Frühkomplikationen eines Traumas
T80–T88	Komplikationen bei chirurgischen Eingriffen und medizinischer Behandlung, anderenorts nicht klassifiziert
T90–T98	Folgen von Verletzungen, Vergiftungen und sonstigen Auswirkungen äußerer Ursachen

In diesem Kapitel wird Teil S zur Kodierung unterschiedlicher Verletzungen einzelner Körperregionen benutzt. Teil T dient zur Kodierung von Verletzungen mehrerer oder nicht näher bezeichneter Körperregionen, aber auch zur Verschlüsselung von Vergiftungen sowie von bestimmten anderen Folgen äußerer Ursachen.

In der Überschrift von Kategorien, die Verletzungen mehrerer Lokalisationen aufführen, bedeutet das Wort „mit", daß beide Regionen betroffen sind, während das Wort „und" bedeutet, daß eine der beiden oder beide Regionen betroffen sind.

Das Prinzip der multiplen Verschlüsselung von Verletzungen sollte befolgt werden, wo immer dies möglich ist. Kombinationskategorien für multiple Verletzungen sollen benutzt werden, wenn die einzelnen Zustände unzureichend bezeichnet sind oder wenn zur primären Klassifizierung die Angabe einer einzelnen Schlüsselnummer geeigneter erscheint. Ansonsten sollten die einzelnen Verletzungen getrennt verschlüsselt werden. Die Regeln und Richtlinien zur Verschlüsselung der Morbidität oder Mortalität in Band 2 (Regelwerk) sollten ebenfalls herangezogen werden.

Teil S und die Schlüsselnummern T00–T14 sowie T90–T98 enthalten auf der dreistelligen Ebene die Art der Verletzung, wie nachstehend aufgeführt:

Oberflächliche Verletzung, einschließlich:
Blasenbildung (nichtthermisch)
Insektenbiß oder -stich (ungiftig)
Prellung [Kontusion], einschließlich Quetschwunde und Hämatom
Schürfwunde
Verletzung durch oberflächlichen Fremdkörper (Splitter) ohne größere offene Wunde

Offene Wunde, einschließlich:
Rißwunde
Schnittwunde
Stichwunde:
- mit (penetrierendem) Fremdkörper
- o.n.A.
Tierbiß

Fraktur, einschließlich:
Dislokationsfraktur
Geschlossene:
- einfache Fraktur
- eingekeilte Fraktur
- Elevationsfraktur
- Fissur
- Grünholzfraktur
- Impressionsfraktur } mit oder ohne verzögerte Heilung
- Längsfraktur
- Marschfraktur
- Spiralfraktur
- Torsionsfraktur
- traumatische Epiphysenlösung
- Trümmerfraktur

Luxationsfraktur
Offene:
- Durchspießungsfraktur ⎫
- Fraktur mit Fremdkörper ⎪
- infizierte Fraktur ⎬ mit oder ohne verzögerte Heilung
- komplizierte Fraktur ⎪
- Lochfraktur ⎪
- Schußfraktur ⎭

Exkl.: Frakturheilung in Fehlstellung (M84.0)
Nichtvereinigung der Frakturenden [Pseudarthrose] (M84.1)
Pathologische Fraktur (M84.4)
Pathologische Fraktur bei Osteoporose (M80.–)
Streßfraktur (M84.3)

Luxation, Verstauchung und Zerrung, einschließlich:
Abriß ⎫
Distorsion ⎪
Riß ⎪
Traumatisch: ⎪
- Hämarthros ⎬ Gelenk (-Kapsel)
- Riß ⎪ Ligament
- Ruptur ⎪
- Subluxation ⎪
Verstauchung ⎪
Zerrung ⎭

Verletzung der Nerven und des Rückenmarkes, einschließlich:
Kontinuitätsverletzung des Rückenmarkes und der Nerven
Rückenmarkläsion, komplett oder inkomplett
Traumatisch:
- Hämatomyelie
- Lähmung (vorübergehend)
- Nervendurchtrennung
- Paraplegie
- Tetraplegie

Verletzung von Blutgefäßen, einschließlich:
Abriß ⎫
Riß ⎪
Schnittverletzung ⎬
Traumatisch: ⎬ Blutgefäße
- Aneurysma oder Fistel (arteriovenös) ⎪
- arterielles Hämatom ⎪
- Ruptur ⎭

Verletzung von Muskeln und Sehnen, einschließlich:
Abriß
Riß
Schnittverletzung } Sehne oder Muskel
Traumatische Ruptur

Zerquetschung, einschließlich:
Crush-Verletzung
Zermalmung

Traumatische Amputation

Verletzung innerer Organe, einschließlich:
Explosionstrauma
Kontusion
Prellung
Rißverletzung
Traumatisch:
- Hämatom
- Riß   } innere Organe
- Ruptur
- Stichverletzung
Zerquetschung

Sonstige und nicht näher bezeichnete Verletzungen

Verletzungen des Kopfes (S00–S09)

Inkl.: Verletzungen:
- Auge
- behaarte Kopfhaut
- Gaumen
- Gesicht [jeder Teil]
- Kiefer
- Kiefergelenkregion
- Mundhöhle
- Ohr
- Periokularregion
- Zahn
- Zahnfleisch
- Zunge

Verletzungen, Vergiftungen und bestimmte andere Folgen äußerer Ursachen

Exkl.: Auswirkungen eines Fremdkörpers auf das äußere Auge (T15.-)
Auswirkungen eines Fremdkörpers in:
- Kehlkopf (T17.3)
- Mund (T18.0)
- Nase (T17.0–T17.1)
- Ohr (T16)
- Rachen (T17.2)

Erfrierungen (T33–T35)
Insektenbiß oder -stich, giftig (T63.4)
Verbrennungen und Verätzungen (T20–T32)

S00 Oberflächliche Verletzung des Kopfes

Exkl.: Hirnkontusion (diffus) (S06.2)
Hirnkontusion, umschrieben (S06.3)
Verletzung des Auges und der Orbita (S05.-)

S00.0 Oberflächliche Verletzung der behaarten Kopfhaut

S00.1 Prellung des Augenlides und der Periokularregion
Blaues Auge
Exkl.: Prellung des Augapfels und des Orbitagewebes (S05.1)

S00.2 Sonstige oberflächliche Verletzungen des Augenlides und der Periokularregion
Exkl.: Oberflächliche Verletzung der Konjunktiva und der Kornea (S05.0)

S00.3 Oberflächliche Verletzung der Nase

S00.4 Oberflächliche Verletzung des Ohres

S00.5 Oberflächliche Verletzung der Lippe und der Mundhöhle

S00.7 Multiple oberflächliche Verletzungen des Kopfes

S00.8 Oberflächliche Verletzung sonstiger Teile des Kopfes

S00.9 Oberflächliche Verletzung des Kopfes, Teil nicht näher bezeichnet

S01 Offene Wunde des Kopfes

Exkl.: Dekapitation (S18)
Traumatische Amputation von Teilen des Kopfes (S08.-)
Verletzung des Auges und der Orbita (S05.-)

S01.0 Offene Wunde der behaarten Kopfhaut
Exkl.: Skalpierungsverletzung (S08.0)

S01.1 Offene Wunde des Augenlides und der Periokularregion
Offene Wunde des Augenlides und der Periokularregion mit oder ohne Beteiligung der Tränenwege

S01.2 Offene Wunde der Nase

S01.3 Offene Wunde des Ohres

S01.4 Offene Wunde der Wange und der Temporomandibularregion

S01.5 Offene Wunde der Lippe und der Mundhöhle
Exkl.: Zahnfraktur (S02.5)
Zahnluxation (S03.2)

S01.7 Multiple offene Wunden des Kopfes

S01.8 Offene Wunde sonstiger Teile des Kopfes

S01.9 Offene Wunde des Kopfes, Teil nicht näher bezeichnet

S02 Fraktur des Schädels und der Gesichtsschädelknochen

Hinweis: Zur primären Verschlüsselung einer Fraktur des Schädels oder der Gesichtsschädelknochen, die mit einer intrakraniellen Verletzung einhergeht, sollten die Regeln und Richtlinien zur Verschlüsselung der Morbidität oder Mortalität in Band 2 (Regelwerk) herangezogen werden.

Die folgenden 5. Stellen können wahlweise zusätzlich benutzt werden, wenn die multiple Verschlüsselung von Frakturen mit offenen Wunden nicht möglich oder nicht erwünscht ist. Eine Fraktur, die nicht als geschlossen oder offen gekennzeichnet ist, sollte als geschlossene Fraktur klassifiziert werden.

0 geschlossen
1 offen

S02.0 Schädeldachfraktur
Os frontale
Os parietale

S02.1 Schädelbasisfraktur
Orbitadach
Os occipitale
Os sphenoidale
Os temporale
Schädelgrube:
- hintere
- mittlere
- vordere

Sinus:
- ethmoidalis
- frontalis

Exkl.: Orbita o.n.A. (S02.8)
Orbitaboden (S02.3)

S02.2 Nasenbeinfraktur

S02.3 Fraktur des Orbitabodens
Exkl.: Orbita o.n.A. (S02.8)
Orbitadach (S02.1)

S02.4 Fraktur des Jochbeins und des Oberkiefers
Maxilla
Oberkiefer (-Knochen)
Os zygomaticum

S02.5 Zahnfraktur

S02.6 Unterkieferfraktur
Unterkiefer (-Knochen)

S02.7 Multiple Frakturen der Schädel- und Gesichtsschädelknochen

S02.8 Frakturen sonstiger Schädel- und Gesichtsschädelknochen
Alveolarfortsatz
Gaumen
Orbita o.n.A.

Exkl.: Orbitaboden (S02.3)
Orbitadach (S02.1)

S02.9 Fraktur des Schädels und der Gesichtsschädelknochen, Teil nicht näher bezeichnet

S03 Luxation, Verstauchung und Zerrung von Gelenken und Bändern des Kopfes

S03.0 Kieferluxation
Kiefer (-Knorpel) (-Diskus)
Kiefergelenk
Mandibula

S03.1 Luxation des knorpeligen Nasenseptums

S03.2 Zahnluxation

S03.3 Luxation sonstiger und nicht näher bezeichneter Teile des Kopfes

S03.4 Verstauchung und Zerrung des Kiefers
Kiefer (-Gelenk) (-Band)

S03.5 Verstauchung und Zerrung von Gelenken und Bändern sonstiger und nicht näher bezeichneter Teile des Kopfes

S04 Verletzung von Hirnnerven

S04.0 Sehnerv- und Sehbahnenverletzung
II. Hirnnerv
Chiasma opticum
Sehrinde

S04.1 Verletzung des N. oculomotorius
III. Hirnnerv

S04.2 Verletzung des N. trochlearis
IV. Hirnnerv

S04.3 Verletzung des N. trigeminus
V. Hirnnerv

S04.4 Verletzung des N. abducens
VI. Hirnnerv

S04.5 Verletzung des N. facialis
VII. Hirnnerv

S04.6 Verletzung des N. vestibulocochlearis
VIII. Hirnnerv
Hörnerv
N. acusticus [N. statoacusticus]

S04.7 Verletzung des N. accessorius
XI. Hirnnerv

S04.8 Verletzung sonstiger Hirnnerven
N. glossopharyngeus [IX. Hirnnerv]
N. hypoglossus [XII. Hirnnerv]
N. vagus [X. Hirnnerv]
Nn. olfactorii [I. Hirnnerv]

S04.9 Verletzung eines nicht näher bezeichneten Hirnnerven

S05 Verletzung des Auges und der Orbita

Exkl.: Fraktur von Knochen der Orbita (S02.1, S02.3, S02.8)
Oberflächliche Verletzung des Augenlides (S00.1–S00.2)
Offene Wunde des Augenlides und der Periokularregion (S01.1)
Verletzung:
- N. oculomotorius [III. Hirnnerv] (S04.1)
- Sehnerv [II. Hirnnerv] (S04.0)

S05.0 Verletzung der Konjunktiva und Abrasio corneae ohne Angabe eines Fremdkörpers

Exkl.: Fremdkörper in:
- Konjunktivalsack (T15.1)
- Kornea (T15.0)

S05.1 Prellung des Augapfels und des Orbitagewebes
Hyphäma, traumatisch

Exkl.: Blaues Auge (S00.1)
Prellung des Augenlides und der Periokularregion (S00.1)

S05.2 Rißverletzung und Ruptur des Auges mit Prolaps oder Verlust intraokularen Gewebes

S05.3 Rißverletzung des Auges ohne Prolaps oder Verlust intraokularen Gewebes
Rißverletzung des Auges o.n.A.

S05.4 Penetrierende Wunde der Orbita mit oder ohne Fremdkörper

Exkl.: Verbliebener (alter) Fremdkörper nach perforierender Verletzung der Orbita (H05.5)

S05.5 Penetrierende Wunde des Augapfels mit Fremdkörper

Exkl.: Verbliebener (alter) intraokularer Fremdkörper (H44.6–H44.7)

S05.6 Penetrierende Wunde des Augapfels ohne Fremdkörper
Penetrierende Augenverletzung o.n.A.

S05.7 Abriß des Augapfels
Traumatische Enukleation

S05.8 Sonstige Verletzungen des Auges und der Orbita
Verletzung des Ductus nasolacrimalis

S05.9 Verletzung des Auges und der Orbita, Teil nicht näher bezeichnet
Verletzung des Auges o.n.A.

S06 Intrakranielle Verletzung

Hinweis: Zur primären Verschlüsselung intrakranieller Verletzungen, die mit Frakturen einhergehen, sollten die Regeln und Richtlinien zur Verschlüsselung der Morbidität oder Mortalität in Band 2 (Regelwerk) herangezogen werden.

Die folgenden 5. Stellen können wahlweise zusätzlich benutzt werden, wenn die multiple Verschlüsselung von Frakturen mit offenen Wunden nicht möglich oder nicht erwünscht ist:

0 ohne offene intrakranielle Wunde
1 mit offener intrakranieller Wunde

S06.0 Gehirnerschütterung
Commotio cerebri

S06.1 Traumatisches Hirnödem

S06.2 Diffuse Hirnverletzung
Compressio cerebri, traumatisch, o.n.A.
Hirnkontusion o.n.A.
Rißverletzung des Gehirns o.n.A.

S06.3 Umschriebene Hirnverletzung
Umschrieben:
- Hirnkontusion
- traumatische intrazerebrale Blutung
- Rißverletzung des Gehirns

S06.4 Epidurale Blutung
Extradurale Blutung (traumatisch)

S06.5 Traumatische subdurale Blutung

S06.6 Traumatische subarachnoidale Blutung

S06.7 Intrakranielle Verletzung mit verlängertem Koma [Coma prolongé]

S06.8 **Sonstige intrakranielle Verletzungen**
Traumatische Blutung:
- intrakraniell o.n.A.
- Kleinhirn

S06.9 **Intrakranielle Verletzung, nicht näher bezeichnet**
Hirnverletzung o.n.A.
Exkl.: Verletzung des Kopfes o.n.A. (S09.9)

S07 Zerquetschung des Kopfes

S07.0 **Zerquetschung des Gesichtes**

S07.1 **Zerquetschung des Schädels**

S07.8 **Zerquetschung sonstiger Teile des Kopfes**

S07.9 **Zerquetschung des Kopfes, Teil nicht näher bezeichnet**

S08 Traumatische Amputation von Teilen des Kopfes

S08.0 **Skalpierungsverletzung**

S08.1 **Traumatische Amputation des Ohres**

S08.8 **Traumatische Amputation sonstiger Teile des Kopfes**

S08.9 **Traumatische Amputation eines nicht näher bezeichneten Teiles des Kopfes**
Exkl.: Dekapitation (S18)

S09 Sonstige und nicht näher bezeichnete Verletzungen des Kopfes

S09.0 **Verletzung von Blutgefäßen des Kopfes, anderenorts nicht klassifiziert**
Exkl.: Verletzung:
- extrakranielle hirnversorgende Gefäße (S15.–)
- intrakranielle Gefäße (S06.–)

S09.1 **Verletzung von Muskeln und Sehnen des Kopfes**

S09.2 **Traumatische Trommelfellruptur**

S09.7 **Multiple Verletzungen des Kopfes**
Verletzungen, die in mehr als einer der Kategorien S00–S09.2 klassifizierbar sind

S09.8 **Sonstige näher bezeichnete Verletzungen des Kopfes**

S09.9 Nicht näher bezeichnete Verletzung des Kopfes
Verletzung:
- Gesicht o.n.A.
- Nase o.n.A.
- Ohr o.n.A.

Verletzungen des Halses (S10–S19)

Inkl.: Verletzungen:
- Nacken
- Rachen
- Supraklavikularregion

Exkl.: Auswirkungen eines Fremdkörpers in:
- Kehlkopf (T17.3)
- Ösophagus (T18.1)
- Rachen (T17.2)
- Trachea (T17.4)

Erfrierungen (T33–T35)
Fraktur der Wirbelsäule o.n.A. (T08)
Insektenbiß oder -stich, giftig (T63.4)
Verbrennungen und Verätzungen (T20–T32)
Verletzung:
- Rückenmark o.n.A. (T09.3)
- Rumpf o.n.A. (T09.–)

S10 Oberflächliche Verletzung des Halses

S10.0 Prellung des Rachens
Kehlkopf
Ösophagus, Pars cervicalis
Rachen
Trachea

S10.1 Sonstige und nicht näher bezeichnete oberflächliche Verletzungen des Rachens

S10.7 Multiple oberflächliche Verletzungen des Halses

S10.8 Oberflächliche Verletzung sonstiger Teile des Halses

S10.9 Oberflächliche Verletzung des Halses, Teil nicht näher bezeichnet

S11 Offene Wunde des Halses

Exkl.: Dekapitation (S18)

S11.0 Offene Wunde mit Beteiligung des Kehlkopfes und der Trachea
Trachea:
- Pars cervicalis
- o.n.A.

Exkl.: Trachea, Pars thoracica (S27.5)

S11.1 Offene Wunde mit Beteiligung der Schilddrüse

S11.2 Offene Wunde mit Beteiligung des Rachens und des Ösophagus, Pars cervicalis

Exkl.: Ösophagus o.n.A. (S27.8)

S11.7 Multiple offene Wunden des Halses

S11.8 Offene Wunde sonstiger Teile des Halses

S11.9 Offene Wunde des Halses, Teil nicht näher bezeichnet

S12 Fraktur im Bereich des Halses

Inkl.: Zervikal:
- Dornfortsatz
- Querfortsatz
- Wirbel
- Wirbelbogen
- Wirbelsäule

Die folgenden 5. Stellen können wahlweise zusätzlich benutzt werden, wenn die multiple Verschlüsselung von Frakturen mit offenen Wunden nicht möglich oder nicht erwünscht ist. Eine Fraktur, die nicht als geschlossen oder offen gekennzeichnet ist, sollte als geschlossene Fraktur klassifiziert werden.

0 geschlossen
1 offen

S12.0 Fraktur des 1. Halswirbels
Atlas

S12.1 Fraktur des 2. Halswirbels
Axis

S12.2 Fraktur eines sonstigen näher bezeichneten Halswirbels

Exkl.: Multiple Frakturen der Halswirbelsäule (S12.7)

S12.7 **Multiple Frakturen der Halswirbelsäule**

S12.8 **Fraktur sonstiger Teile im Bereich des Halses**
Kehlkopf
Schildknorpel
Trachea
Zungenbein

S12.9 **Fraktur im Bereich des Halses, Teil nicht näher bezeichnet**
Fraktur:
- Halswirbel o.n.A.
- Halswirbelsäule o.n.A.

S13 Luxation, Verstauchung und Zerrung von Gelenken und Bändern in Halshöhe

Exkl.: Ruptur oder Verlagerung (nichttraumatisch) einer zervikalen Bandscheibe (M50.–)

S13.0 **Traumatische Ruptur einer zervikalen Bandscheibe**

S13.1 **Luxation eines Halswirbels**
Halswirbelsäule o.n.A.

S13.2 **Luxation sonstiger und nicht näher bezeichneter Teile im Bereich des Halses**

S13.3 **Multiple Luxationen im Bereich des Halses**

S13.4 **Verstauchung und Zerrung der Halswirbelsäule**
Atlantoaxial (-Gelenk)
Atlantookzipital (-Gelenk)
Lig. longitudinale anterius, zervikal
Schleudertrauma der Halswirbelsäule

S13.5 **Verstauchung und Zerrung in der Schilddrüsenregion**
Krikoarytänoidal (-Gelenk) (-Band)
Krikothyreoidal (-Gelenk) (-Band)
Schildknorpel

S13.6 **Verstauchung und Zerrung von Gelenken und Bändern sonstiger und nicht näher bezeichneter Teile des Halses**

S14 Verletzung der Nerven und des Rückenmarkes in Halshöhe

S14.0 **Kontusion und Ödem des zervikalen Rückenmarkes**

S14.1	Sonstige und nicht näher bezeichnete Verletzungen des zervikalen Rückenmarkes
	Verletzung des zervikalen Rückenmarkes o.n.A.
S14.2	Verletzung von Nervenwurzeln der Halswirbelsäule
S14.3	Verletzung des Plexus brachialis
S14.4	Verletzung peripherer Nerven des Halses
S14.5	Verletzung zervikaler sympathischer Nerven
S14.6	Verletzung sonstiger und nicht näher bezeichneter Nerven des Halses

S15 Verletzung von Blutgefäßen in Halshöhe

S15.0	Verletzung der A. carotis
	A. carotis (communis) (externa) (interna)
S15.1	Verletzung der A. vertebralis
S15.2	Verletzung der V. jugularis externa
S15.3	Verletzung der V. jugularis interna
S15.7	Verletzung mehrerer Blutgefäße in Höhe des Halses
S15.8	Verletzung sonstiger Blutgefäße in Höhe des Halses
S15.9	Verletzung eines nicht näher bezeichneten Blutgefäßes in Höhe des Halses

S16 Verletzung von Muskeln und Sehnen in Halshöhe

S17 Zerquetschung des Halses

S17.0	Zerquetschung des Kehlkopfes und der Trachea
S17.8	Zerquetschung sonstiger Teile des Halses
S17.9	Zerquetschung des Halses, Teil nicht näher bezeichnet

S18 Traumatische Amputation in Halshöhe
Dekapitation

S19 Sonstige und nicht näher bezeichnete Verletzungen des Halses

S19.7 **Multiple Verletzungen des Halses**
Verletzungen, die in mehr als einer der Kategorien S10–S18 klassifizierbar sind

S19.8 **Sonstige näher bezeichnete Verletzungen des Halses**

S19.9 **Nicht näher bezeichnete Verletzung des Halses**

Verletzungen des Thorax (S20–S29)

Inkl.: Verletzungen:
- Interskapularregion
- Mamma
- Thorax (-Wand)

Exkl.: Auswirkungen eines Fremdkörpers in:
- Bronchus (T17.5)
- Lunge (T17.8)
- Ösophagus (T18.1)
- Trachea (T17.4)

Erfrierungen (T33–T35)
Fraktur der Wirbelsäule o.n.A. (T08)
Insektenbiß oder -stich, giftig (T63.4)
Verbrennungen und Verätzungen (T20–T32)
Verletzungen:
- Achselhöhle ⎫
- Klavikula ⎬ (S40–S49)
- Schulter ⎭
- Skapularregion
- Rückenmark o.n.A. (T09.3)
- Rumpf o.n.A. (T09.-)

S20 Oberflächliche Verletzung des Thorax

S20.0 **Prellung der Mamma**

S20.1 **Sonstige und nicht näher bezeichnete oberflächliche Verletzungen der Mamma**

S20.2 **Prellung des Thorax**

S20.3 **Sonstige oberflächliche Verletzungen der vorderen Thoraxwand**

S20.4 Sonstige oberflächliche Verletzungen der hinteren Thoraxwand

S20.7 Multiple oberflächliche Verletzungen des Thorax

S20.8 Oberflächliche Verletzung sonstiger und nicht näher bezeichneter Teile des Thorax
Thoraxwand o.n.A.

S21 Offene Wunde des Thorax

Exkl.: Traumatisch:
- Hämatopneumothorax (S27.2)
- Hämatothorax (S27.1)
- Pneumothorax (S27.0)

S21.0 Offene Wunde der Mamma

S21.1 Offene Wunde der vorderen Thoraxwand

S21.2 Offene Wunde der hinteren Thoraxwand

S21.7 Multiple offene Wunden der Thoraxwand

S21.8 Offene Wunde sonstiger Teile des Thorax

S21.9 Offene Wunde des Thorax, Teil nicht näher bezeichnet
Thoraxwand o.n.A.

S22 Fraktur der Rippe(n), des Sternums und der Brustwirbelsäule

Inkl.: Thorakal:
- Dornfortsatz
- Querfortsatz
- Wirbel
- Wirbelbogen

Die folgenden 5. Stellen können wahlweise zusätzlich benutzt werden, wenn die multiple Verschlüsselung von Frakturen mit offenen Wunden nicht möglich oder nicht erwünscht ist. Eine Fraktur, die nicht als geschlossen oder offen gekennzeichnet ist, sollte als geschlossene Fraktur klassifiziert werden.

0 geschlossen
1 offen

Exkl.: Fraktur:
- Klavikula (S42.0)
- Skapula (S42.1)

S22.0	Fraktur eines Brustwirbels
	Fraktur der Brustwirbelsäule o.n.A.
S22.1	Multiple Frakturen der Brustwirbelsäule
S22.2	Fraktur des Sternums
S22.3	Rippenfraktur
S22.4	Rippenserienfraktur
S22.5	Instabiler Thorax
S22.8	Fraktur sonstiger Teile des knöchernen Thorax
S22.9	Fraktur des knöchernen Thorax, Teil nicht näher bezeichnet

S23 Luxation, Verstauchung und Zerrung von Gelenken und Bändern im Bereich des Thorax

Exkl.: Luxation, Verstauchung und Zerrung des Sternoklavikulargelenkes (S43.2, S43.6)
Ruptur oder Verlagerung (nichttraumatisch) einer thorakalen Bandscheibe (M51.–)

S23.0	Traumatische Ruptur einer thorakalen Bandscheibe
S23.1	Luxation eines Brustwirbels
	Brustwirbelsäule o.n.A.
S23.2	Luxation sonstiger und nicht näher bezeichneter Teile des Thorax
S23.3	Verstauchung und Zerrung der Brustwirbelsäule
S23.4	Verstauchung und Zerrung der Rippen und des Sternums
S23.5	Verstauchung und Zerrung sonstiger und nicht näher bezeichneter Teile des Thorax

S24 Verletzung der Nerven und des Rückenmarkes in Thoraxhöhe

Exkl.: Verletzung des Plexus brachialis (S14.3)

S24.0	Kontusion und Ödem des thorakalen Rückenmarkes
S24.1	Sonstige und nicht näher bezeichnete Verletzungen des thorakalen Rückenmarkes
S24.2	Verletzung von Nervenwurzeln der Brustwirbelsäule
S24.3	Verletzung peripherer Nerven des Thorax

S24.4	**Verletzung thorakaler sympathischer Nerven**
	Ganglia thoracica
	Ganglion cervicothoracicum [Ganglion stellatum]
	Plexus cardiacus
	Plexus oesophageus
	Plexus pulmonalis
S24.5	**Verletzung sonstiger Nerven des Thorax**
S24.6	**Verletzung eines nicht näher bezeichneten Nerven des Thorax**

S25 Verletzung von Blutgefäßen des Thorax

S25.0	**Verletzung der Aorta thoracica**
	Aorta o.n.A.
S25.1	**Verletzung des Truncus brachiocephalicus oder der A. subclavia**
S25.2	**Verletzung der V. cava superior**
	V. cava o.n.A.
S25.3	**Verletzung der V. brachiocephalica oder der V. subclavia**
S25.4	**Verletzung von Pulmonalgefäßen**
S25.5	**Verletzung von Interkostalgefäßen**
S25.7	**Verletzung mehrerer Blutgefäße des Thorax**
S25.8	**Verletzung sonstiger Blutgefäße des Thorax**
	V. azygos
	A. mammaria oder V. mammaria
S25.9	**Verletzung eines nicht näher bezeichneten Blutgefäßes des Thorax**

S26 Verletzung des Herzens

Inkl.: Prellung ⎫
Rißverletzung ⎬ Herz
Stichverletzung ⎭
Traumatische Ruptur

Die folgenden 5. Stellen können wahlweise zusätzlich benutzt werden, wenn die multiple Verschlüsselung nicht möglich oder nicht erwünscht ist:

0 ohne offene Wunde in der Brusthöhle
1 mit offener Wunde in die Brusthöhle

S26.0	**Verletzung des Herzens mit Hämoperikard**

S26.8 Sonstige Verletzungen des Herzens

S26.9 Verletzung des Herzens, nicht näher bezeichnet

S27 Verletzung sonstiger und nicht näher bezeichneter intrathorakaler Organe

Die folgenden 5. Stellen können wahlweise zusätzlich benutzt werden, wenn die multiple Verschlüsselung nicht möglich oder nicht erwünscht ist:

0 ohne offene Wunde in die Brusthöhle
1 mit offener Wunde in die Brusthöhle

Exkl.: Verletzung:
- Ösophagus, Pars cervicalis (S10–S19)
- Trachea (Pars cervicalis) (S10–S19)

S27.0 Traumatischer Pneumothorax

S27.1 Traumatischer Hämatothorax

S27.2 Traumatischer Hämatopneumothorax

S27.3 Sonstige Verletzungen der Lunge

S27.4 Verletzung eines Bronchus

S27.5 Verletzung der Trachea, Pars thoracica

S27.6 Verletzung der Pleura

S27.7 Multiple Verletzungen intrathorakaler Organe

S27.8 Verletzung sonstiger näher bezeichneter intrathorakaler Organe
Ductus thoracicus
Ösophagus (Pars thoracica)
Thymus
Zwerchfell

S27.9 Verletzung eines nicht näher bezeichneten intrathorakalen Organes

S28 Zerquetschung des Thorax und traumatische Amputation von Teilen des Thorax

S28.0 Brustkorbzerquetschung
Exkl.: Instabiler Thorax (S22.5)

S28.1 Traumatische Amputation eines Teiles des Thorax
Exkl.: Querschnittsverletzung in Höhe des Thorax (T05.8)

S29 Sonstige und nicht näher bezeichnete Verletzungen des Thorax

S29.0 Verletzung von Muskeln und Sehnen in Thoraxhöhe

S29.7 Multiple Verletzungen des Thorax
Verletzungen, die in mehr als einer der Kategorien S20–S29.0 klassifizierbar sind

S29.8 Sonstige näher bezeichnete Verletzungen des Thorax

S29.9 Nicht näher bezeichnete Verletzung des Thorax

Verletzungen des Abdomens, der Lumbosakralgegend, der Lendenwirbelsäule und des Beckens (S30–S39)

Inkl.: Äußere Genitalorgane
Anus
Bauchdecke
Flanke
Gesäß
Leiste

Exkl.: Auswirkungen eines Fremdkörpers in:
- Anus und Rektum (T18.5)
- Magen, Dünndarm und Dickdarm (T18.2–T18.4)
- Urogenitaltrakt (T19.–)
Erfrierungen (T33–T35)
Fraktur der Wirbelsäule o.n.A. (T08)
Insektenbiß oder -stich, giftig (T63.4)
Verbrennungen und Verätzungen (T20–T32)
Verletzungen:
- Rücken o.n.A. (T09.–)
- Rückenmark o.n.A. (T09.3)
- Rumpf o.n.A. (T09.–)

S30 Oberflächliche Verletzung des Abdomens, der Lumbosakralgegend und des Beckens

Exkl.: Oberflächliche Verletzung der Hüfte (S70.–)

S30.0 Prellung der Lumbosakralgegend und des Beckens
Gesäß

S30.1 Prellung der Bauchdecke
Flanke
Leiste

S30.2 Prellung der äußeren Genitalorgane
Labium (majus) (minus)
Penis
Perineum
Skrotum
Testis
Vagina
Vulva

S30.7 Multiple oberflächliche Verletzungen des Abdomens, der Lumbosakralgegend und des Beckens

S30.8 Sonstige oberflächliche Verletzungen des Abdomens, der Lumbosakralgegend und des Beckens

S30.9 Oberflächliche Verletzung des Abdomens, der Lumbosakralgegend und des Beckens, Teil nicht näher bezeichnet

S31 Offene Wunde des Abdomens, der Lumbosakralgegend und des Beckens
Exkl.: Offene Wunde der Hüfte (S71.0)
Traumatische Amputation von Teilen des Abdomens, der Lumbosakralgegend und des Beckens (S38.2–S38.3)

S31.0 Offene Wunde der Lumbosakralgegend und des Beckens
Gesäß

S31.1 Offene Wunde der Bauchdecke
Flanke
Leiste

S31.2 Offene Wunde des Penis

S31.3 Offene Wunde des Skrotums und der Testes

S31.4 Offene Wunde der Vagina und der Vulva

S31.5 Offene Wunde sonstiger und nicht näher bezeichneter äußerer Genitalorgane
Exkl.: Traumatische Amputation der äußeren Genitalorgane (S38.2)

S31.7 Multiple offene Wunden des Abdomens, der Lumbosakralgegend und des Beckens

S31.8 Offene Wunde sonstiger und nicht näher bezeichneter Teile des Abdomens

S32 Fraktur der Lendenwirbelsäule und des Beckens

Inkl.: Lumbosakral:
- Dornfortsatz
- Querfortsatz
- Wirbel
- Wirbelbogen

Die folgenden 5. Stellen können wahlweise zusätzlich benutzt werden, wenn die multiple Verschlüsselung von Frakturen mit offenen Wunden nicht möglich oder nicht erwünscht ist. Eine Fraktur, die nicht als geschlossen oder offen gekennzeichnet ist, sollte als geschlossene Fraktur klassifiziert werden.

0 geschlossen
1 offen

Exkl.: Fraktur der Hüfte o.n.A. (S72.0)

S32.0 Fraktur eines Lendenwirbels
Fraktur der Lendenwirbelsäule

S32.1 Fraktur des Os sacrum

S32.2 Fraktur des Os coccygis

S32.3 Fraktur des Os ilium

S32.4 Fraktur des Acetabulums

S32.5 Fraktur des Os pubis

S32.7 Multiple Frakturen der Lendenwirbelsäule und des Beckens

S32.8 Fraktur sonstiger und nicht näher bezeichneter Teile der Lendenwirbelsäule und des Beckens
Fraktur:
- Becken o.n.A.
- Lendenwirbelsäule und Kreuzbein o.n.A.
- Os ischium

S33 Luxation, Verstauchung und Zerrung von Gelenken und Bändern der Lendenwirbelsäule und des Beckens

Exkl.: Luxation, Verstauchung und Zerrung des Hüftgelenkes und von Bändern der Hüfte (S73.–)
Ruptur oder Verlagerung (nichttraumatisch) einer lumbalen Bandscheibe (M51.–)
Schädigung von Beckengelenken und -bändern unter der Geburt (O71.6)

S33.0 Traumatische Ruptur einer lumbalen Bandscheibe

S33.1 Luxation eines Lendenwirbels
Luxation der Lendenwirbelsäule o.n.A.

S33.2 Luxation des Iliosakral- und des Sakro-Kokzygeal-Gelenkes

S33.3 Luxation sonstiger und nicht näher bezeichneter Teile der Lendenwirbelsäule und des Beckens

S33.4 Traumatische Symphysensprengung

S33.5 Verstauchung und Zerrung der Lendenwirbelsäule

S33.6 Verstauchung und Zerrung des Iliosakralgelenkes

S33.7 Verstauchung und Zerrung sonstiger und nicht näher bezeichneter Teile der Lendenwirbelsäule und des Beckens

S34 Verletzung der Nerven und des lumbalen Rückenmarkes in Höhe des Abdomens, der Lumbosakralgegend und des Beckens

S34.0 Kontusion und Ödem des lumbalen Rückenmarkes

S34.1 Sonstige Verletzung des lumbalen Rückenmarkes

S34.2 Verletzung von Nervenwurzeln der Lendenwirbelsäule und des Kreuzbeins

S34.3 Verletzung der Cauda equina

S34.4 Verletzung des Plexus lumbosacralis

S34.5 Verletzung sympathischer Nerven der Lendenwirbel-, Kreuzbein- und Beckenregion
Ganglia coeliaca oder Plexus coeliacus
Nn. splanchnici
Plexus hypogastricus
Plexus mesentericus (inferior) (superior)

S34.6 Verletzung eines oder mehrerer peripherer Nerven des Abdomens, der Lumbosakralgegend und des Beckens

S34.8 Verletzung sonstiger und nicht näher bezeichneter Nerven in Höhe des Abdomens, der Lumbosakralgegend und des Beckens

S35 Verletzung von Blutgefäßen in Höhe des Abdomens, der Lumbosakralgegend und des Beckens

S35.0 Verletzung der Aorta abdominalis
Exkl.: Aorta o.n.A. (S25.0)

S35.1 Verletzung der V. cava inferior
Vv. hepaticae
Exkl.: V. cava o.n.A. (S25.2)

S35.2 Verletzung des Truncus coeliacus oder der A. mesenterica
Arteria:
- gastrica
- gastroduodenalis
- hepatica
- lienalis
- mesenterica (inferior) (superior)

S35.3 Verletzung der V. portae oder der V. lienalis
V. mesenterica (inferior) (superior)

S35.4 Verletzung von Blutgefäßen der Niere
A. renalis oder V. renalis

S35.5 Verletzung von Blutgefäßen der Iliakalregion
Arteria oder Vena:
- hypogastrica
- iliaca
- uterina

S35.7 Verletzung mehrerer Blutgefäße in Höhe des Abdomens, der Lumbosakralgegend und des Beckens

S35.8 Verletzung sonstiger Blutgefäße in Höhe des Abdomens, der Lumbosakralgegend und des Beckens
A. ovarica oder V. ovarica

S35.9 Verletzung eines nicht näher bezeichneten Blutgefäßes in Höhe des Abdomens, der Lumbosakralgegend und des Beckens

S36 Verletzung von intraabdominalen Organen

Die folgenden 5. Stellen können wahlweise zusätzlich benutzt werden, wenn die multiple Verschlüsselung nicht möglich oder nicht erwünscht ist:

0 ohne offene Wunde in eine Körperhöhle
1 mit offener Wunde in eine Körperhöhle

S36.0 **Verletzung der Milz**

S36.1 **Verletzung der Leber oder der Gallenblase**
Gallengang

S36.2 **Verletzung des Pankreas**

S36.3 **Verletzung des Magens**

S36.4 **Verletzung des Dünndarmes**

S36.5 **Verletzung des Dickdarmes**

S36.6 **Verletzung des Rektums**

S36.7 **Verletzung mehrerer intraabdominaler Organe**

S36.8 **Verletzung sonstiger intraabdominaler Organe**
Peritoneum
Retroperitoneum

S36.9 **Verletzung eines nicht näher bezeichneten intraabdominalen Organes**

S37 Verletzung der Beckenorgane

Die folgenden 5. Stellen können wahlweise zusätzlich benutzt werden, wenn die multiple Verschlüsselung nicht möglich oder nicht erwünscht ist:

0 ohne offene Wunde in eine Körperhöhle
1 mit offener Wunde in eine Körperhöhle

Exkl.: Peritoneum und Retroperitoneum (S36.8)

S37.0 **Verletzung der Niere**

S37.1 **Verletzung des Harnleiters**

S37.2 **Verletzung der Harnblase**

S37.3 **Verletzung der Harnröhre**

S37.4 **Verletzung des Ovars**

S37.5 **Verletzung der Tuba uterina**

S37.6	Verletzung des Uterus
S37.7	Verletzung mehrerer Beckenorgane
S37.8	Verletzung sonstiger Beckenorgane

Bläschendrüse [Vesicula seminalis]
Nebenniere
Prostata
Samenleiter

S37.9 Verletzung eines nicht näher bezeichneten Beckenorganes

S38 Zerquetschung und traumatische Amputation von Teilen des Abdomens, der Lumbosakralgegend und des Beckens

S38.0 Zerquetschung der äußeren Genitalorgane

S38.1 Zerquetschung sonstiger und nicht näher bezeichneter Teile des Abdomens, der Lumbosakralgegend und des Beckens

S38.2 Traumatische Amputation der äußeren Genitalorgane
Labium (majus) (minus)
Penis
Skrotum
Testis
Vulva

S38.3 Traumatische Abtrennung sonstiger und nicht näher bezeichneter Teile des Abdomens, der Lumbosakralgegend und des Beckens
Exkl.: Querschnittsverletzung in Höhe des Abdomens (T05.8)

S39 Sonstige und nicht näher bezeichnete Verletzungen des Abdomens, der Lumbosakralgegend und des Beckens

S39.0 Verletzung von Muskeln und Sehnen des Abdomens, der Lumbosakralgegend und des Beckens

S39.6 Verletzung eines oder mehrerer intraabdominaler Organe mit Beteiligung eines oder mehrerer Beckenorgane

S39.7 Multiple Verletzungen des Abdomens, der Lumbosakralgegend und des Beckens
Verletzungen, die in mehr als einer der Kategorien S30–S39.6 klassifizierbar sind
Exkl.: Verletzungen aus S36.– in Kombination mit Verletzungen aus S37.– (S39.6)

S39.8	Sonstige näher bezeichnete Verletzungen des Abdomens, der Lumbosakralgegend und des Beckens
S39.9	Nicht näher bezeichnete Verletzung des Abdomens, der Lumbosakralgegend und des Beckens

Verletzungen der Schulter und des Oberarmes (S40–S49)

Inkl.: Verletzung:
- Achselhöhle
- Skapularregion

Exkl.: Beidseitige Beteiligung von Schulter und Oberarm (T00–T07)
Erfrierungen (T33–T35)
Insektenbiß oder -stich, giftig (T63.4)
Verbrennungen und Verätzungen (T20–T32)
Verletzungen:
- Arm, Höhe nicht näher bezeichnet (T10–T11)
- Ellenbogen (S50–S59)

S40 Oberflächliche Verletzung der Schulter und des Oberarmes

S40.0	Prellung der Schulter und des Oberarmes
S40.7	Multiple oberflächliche Verletzungen der Schulter und des Oberarmes
S40.8	Sonstige oberflächliche Verletzungen der Schulter und des Oberarmes
S40.9	Oberflächliche Verletzung der Schulter und des Oberarmes, nicht näher bezeichnet

S41 Offene Wunde der Schulter und des Oberarmes

Exkl.: Traumatische Amputation der Schulter und des Oberarmes (S48.–)

S41.0	Offene Wunde der Schulter
S41.1	Offene Wunde des Oberarmes
S41.7	Multiple offene Wunden der Schulter und des Oberarmes
S41.8	Offene Wunde sonstiger und nicht näher bezeichneter Teile des Schultergürtels

S42 Fraktur im Bereich der Schulter und des Oberarmes

Die folgenden 5. Stellen können wahlweise zusätzlich benutzt werden, wenn die multiple Verschlüsselung von Frakturen mit offenen Wunden nicht möglich oder nicht erwünscht ist. Eine Fraktur, die nicht als geschlossen oder offen gekennzeichnet ist, sollte als geschlossene Fraktur klassifiziert werden.

0 geschlossen
1 offen

S42.0 Fraktur der Klavikula
Klavikula:
- akromiales Ende
- Schaft

Schlüsselbein

S42.1 Fraktur der Skapula
Akromion
Cavitas glenoidalis scapulae
Schulterblatt
Schultergelenkpfanne
Skapula (Korpus) (Kollum)
Spina scapulae

S42.2 Fraktur des proximalen Endes des Humerus
Collum anatomicum humeri
Collum chirurgicum humeri
Obere Epiphyse
Proximales Ende
Tuberculum majus humeri

S42.3 Fraktur des Humerusschaftes
Humerus o.n.A.
Oberarm o.n.A.

S42.4 Fraktur des distalen Endes des Humerus
Distale Epiphyse
Distales Ende
Epicondylus lateralis humeri
Epicondylus medialis humeri
Interkondyläre Region
Suprakondyläre Region
Trochlea humeri

Exkl.: Fraktur des Ellenbogens o.n.A. (S52.0)

S42.7 Multiple Frakturen der Klavikula, der Skapula und des Humerus

S42.8 Fraktur sonstiger Teile der Schulter und des Oberarmes

S42.9 **Fraktur des Schultergürtels, Teil nicht näher bezeichnet**
Fraktur der Schulter o.n.A.

S43 Luxation, Verstauchung und Zerrung von Gelenken und Bändern des Schultergürtels

S43.0 **Luxation des Schultergelenkes**
Glenohumeralgelenk

S43.1 **Luxation des Akromioklavikulargelenkes**

S43.2 **Luxation des Sternoklavikulargelenkes**

S43.3 **Luxation sonstiger und nicht näher bezeichneter Teile des Schultergürtels**
Luxation des Schultergürtels o.n.A.

S43.4 **Verstauchung und Zerrung des Schultergelenkes**
Lig. coracohumerale
Rotatorenmanschette (Kapsel)

S43.5 **Verstauchung und Zerrung des Akromioklavikulargelenkes**
Lig. acromioclaviculare

S43.6 **Verstauchung und Zerrung des Sternoklavikulargelenkes**

S43.7 **Verstauchung und Zerrung sonstiger und nicht näher bezeichneter Teile des Schultergürtels**
Verstauchung und Zerrung des Schultergürtels o.n.A.

S44 Verletzung von Nerven in Höhe der Schulter und des Oberarmes

Exkl.: Verletzung des Plexus brachialis (S14.3)

S44.0 **Verletzung des N. ulnaris in Höhe des Oberarmes**
Exkl.: N. ulnaris o.n.A. (S54.0)

S44.1 **Verletzung des N. medianus in Höhe des Oberarmes**
Exkl.: N. medianus o.n.A. (S54.1)

S44.2 **Verletzung des N. radialis in Höhe des Oberarmes**
Exkl.: N. radialis o.n.A. (S54.2)

S44.3 **Verletzung des N. axillaris**

S44.4 **Verletzung des N. musculocutaneus**

S44.5 **Verletzung sensibler Hautnerven in Höhe der Schulter und des Oberarmes**

S44.7 **Verletzung mehrerer Nerven in Höhe der Schulter und des Oberarmes**

S44.8	Verletzung sonstiger Nerven in Höhe der Schulter und des Oberarmes
S44.9	Verletzung eines nicht näher bezeichneten Nerven in Höhe der Schulter und des Oberarmes

S45 Verletzung von Blutgefäßen in Höhe der Schulter und des Oberarmes

Exkl.: Verletzung:
- A. subclavia (S25.1)
- V. subclavia (S25.3)

S45.0	Verletzung der A. axillaris
S45.1	Verletzung der A.brachialis
S45.2	Verletzung der V. axillaris oder der V. brachialis
S45.3	Verletzung oberflächlicher Venen in Höhe der Schulter und des Oberarmes
S45.7	Verletzung mehrerer Blutgefäße in Höhe der Schulter und des Oberarmes
S45.8	Verletzung sonstiger Blutgefäße in Höhe der Schulter und des Oberarmes
S45.9	Verletzung eines nicht näher bezeichneten Blutgefäßes in Höhe der Schulter und des Oberarmes

S46 Verletzung von Muskeln und Sehnen in Höhe der Schulter und des Oberarmes

Exkl.: Verletzung von Muskeln und Sehnen am Ellenbogen oder weiter distal (S56.–)

S46.0	Verletzung einer Sehne der Rotatorenmanschette
S46.1	Verletzung des Muskels und der Sehne des Caput longum des M. biceps brachii
S46.2	Verletzung des Muskels und der Sehne an sonstigen Teilen des M. biceps brachii
S46.3	Verletzung des Muskels und der Sehne des M. triceps brachii
S46.7	Verletzung mehrerer Muskeln und Sehnen in Höhe der Schulter und des Oberarmes
S46.8	Verletzung sonstiger Muskeln und Sehnen in Höhe der Schulter und des Oberarmes
S46.9	Verletzung nicht näher bezeichneter Muskeln und Sehnen in Höhe der Schulter und des Oberarmes

S47 Zerquetschung der Schulter und des Oberarmes

Exkl.: Zerquetschung des Ellenbogens (S57.0)

S48 Traumatische Amputation der Schulter und des Oberarmes

Exkl.: Traumatische Amputation:
- des Armes, Höhe nicht näher bezeichnet (T11.6)
- in Höhe des Ellenbogens (S58.0)

S48.0 Traumatische Amputation im Schultergelenk

S48.1 Traumatische Amputation zwischen Schulter und Ellenbogen

S48.9 Traumatische Amputation der Schulter und des Oberarmes, Höhe nicht näher bezeichnet

S49 Sonstige und nicht näher bezeichnete Verletzungen der Schulter und des Oberarmes

S49.7 **Multiple Verletzungen der Schulter und des Oberarmes**
Verletzungen, die in mehr als einer der Kategorien S40–S48 klassifizierbar sind

S49.8 **Sonstige näher bezeichnete Verletzungen der Schulter und des Oberarmes**

S49.9 **Nicht näher bezeichnete Verletzung der Schulter und des Oberarmes**

Verletzungen des Ellenbogens und des Unterarmes (S50–S59)

Exkl.: Beidseitige Beteiligung von Ellenbogen und Unterarm (T00–T07)
Erfrierungen (T33–T35)
Insektenbiß oder -stich, giftig (T63.4)
Verbrennungen und Verätzungen (T20–T32)
Verletzungen:
- Arm, Höhe nicht näher bezeichnet (T10–T11)
- Handgelenk und Hand (S60–S69)

S50 Oberflächliche Verletzung des Unterarmes

Exkl.: Oberflächliche Verletzung des Handgelenkes und der Hand (S60.–)

S50.0	**Prellung des Ellenbogens**
S50.1	**Prellung sonstiger und nicht näher bezeichneter Teile des Unterarmes**
S50.7	**Multiple oberflächliche Verletzungen des Unterarmes**
S50.8	**Sonstige oberflächliche Verletzungen des Unterarmes**
S50.9	**Oberflächliche Verletzung des Unterarmes, nicht näher bezeichnet** Oberflächliche Verletzung des Ellenbogens o.n.A.

S51 Offene Wunde des Unterarmes

Exkl.: Traumatische Amputation des Unterarmes (S58.-)
Offene Wunde des Handgelenkes und der Hand (S61.-)

S51.0	**Offene Wunde des Ellenbogens**
S51.7	**Multiple offene Wunden des Unterarmes**
S51.8	**Offene Wunde sonstiger Teile des Unterarmes**
S51.9	**Offene Wunde des Unterarmes, Teil nicht näher bezeichnet**

S52 Fraktur des Unterarmes

Die folgenden 5. Stellen können wahlweise zusätzlich benutzt werden, wenn die multiple Verschlüsselung von Frakturen mit offenen Wunden nicht möglich oder nicht erwünscht ist. Eine Fraktur, die nicht als geschlossen oder offen gekennzeichnet ist, sollte als geschlossene Fraktur klassifiziert werden.

0 geschlossen
1 offen

Exkl.: Fraktur im Bereich des Handgelenkes und der Hand (S62.-)

S52.0 Fraktur des proximalen Endes der Ulna
Ellenbogen o.n.A.
Monteggia- (Luxations-) Fraktur
Olekranon
Processus coronoideus ulnae

S52.1 Fraktur des proximalen Endes des Radius
Caput radii
Collum radii

S52.2 Fraktur des Ulnaschaftes

S52.3 **Fraktur des Radiusschaftes**

S52.4 **Fraktur des Ulna- und Radiusschaftes, kombiniert**

S52.5 **Distale Fraktur des Radius**
Colles-Fraktur
Smith-Fraktur

S52.6 **Distale Fraktur der Ulna und des Radius, kombiniert**

S52.7 **Multiple Frakturen des Unterarmes**
Exkl.: Fraktur von Ulna und Radius, kombiniert:
- distales Ende (S52.6)
- Schäfte (S52.4)

S52.8 **Fraktur sonstiger Teile des Unterarmes**
Caput ulnae
Distales Ende der Ulna

S52.9 **Fraktur des Unterarmes, Teil nicht näher bezeichnet**

S53 Luxation, Verstauchung und Zerrung des Ellenbogengelenkes und von Bändern des Ellenbogens

S53.0 **Luxation des Radiuskopfes**
Articulatio humeroradialis
Exkl.: Monteggia- (Luxations-) Fraktur (S52.0)

S53.1 **Luxation des Ellenbogens, nicht näher bezeichnet**
Articulatio humeroulnaris
Exkl.: Luxation des Radiuskopfes, isoliert (S53.0)

S53.2 **Traumatische Ruptur des Lig. collaterale radiale**

S53.3 **Traumatische Ruptur des Lig. collaterale ulnare**

S53.4 **Verstauchung und Zerrung des Ellenbogens**

S54 Verletzung von Nerven in Höhe des Unterarmes

Exkl.: Verletzungen von Nerven in Höhe des Handgelenkes und der Hand (S64.–)

S54.0 **Verletzung des N. ulnaris in Höhe des Unterarmes**
N. ulnaris o.n.A.

S54.1 **Verletzung des N. medianus in Höhe des Unterarmes**
N. medianus o.n.A.

S54.2 **Verletzung des N. radialis in Höhe des Unterarmes**
N. radialis o.n.A.

S54.3	Verletzung sensibler Hautnerven in Höhe des Unterarmes
S54.7	Verletzung mehrerer Nerven in Höhe des Unterarmes
S54.8	Verletzung sonstiger Nerven in Höhe des Unterarmes
S54.9	Verletzung eines nicht näher bezeichneten Nerven in Höhe des Unterarmes

S55 Verletzung von Blutgefäßen in Höhe des Unterarmes

Exkl.: Verletzung:
- A. brachialis oder V. brachialis (S45.1–S45.2)
- Blutgefäße in Höhe des Handgelenkes und der Hand (S65.–)

S55.0	Verletzung der A. ulnaris in Höhe des Unterarmes
S55.1	Verletzung der A. radialis in Höhe des Unterarmes
S55.2	Verletzung von Venen in Höhe des Unterarmes
S55.7	Verletzung mehrerer Blutgefäße in Höhe des Unterarmes
S55.8	Verletzung sonstiger Blutgefäße in Höhe des Unterarmes
S55.9	Verletzung eines nicht näher bezeichneten Blutgefäßes in Höhe des Unterarmes

S56 Verletzung von Muskeln und Sehnen in Höhe des Unterarmes

Exkl.: Verletzung von Muskeln und Sehnen am Handgelenk oder weiter distal (S66.–)

S56.0	Verletzung von Beugemuskeln und -sehnen des Daumens in Höhe des Unterarmes
S56.1	Verletzung von Beugemuskeln und -sehnen eines oder mehrerer sonstiger Finger in Höhe des Unterarmes
S56.2	Verletzung von sonstigen Beugemuskeln und -sehnen in Höhe des Unterarmes
S56.3	Verletzung von Streck- oder Abduktormuskeln und -sehnen des Daumens in Höhe des Unterarmes
S56.4	Verletzung von Streckmuskeln und -sehnen eines oder mehrerer sonstiger Finger in Höhe des Unterarmes
S56.5	Verletzung von sonstigen Streckmuskeln und -sehnen in Höhe des Unterarmes
S56.7	Verletzung mehrerer Muskeln und Sehnen in Höhe des Unterarmes

S56.8 Verletzung sonstiger und nicht näher bezeichneter Sehnen und Muskeln in Höhe des Unterarmes

S57 Zerquetschung des Unterarmes

Exkl.: Zerquetschung des Handgelenkes und der Hand (S67.–)

S57.0 Zerquetschung des Ellenbogens
S57.8 Zerquetschung sonstiger Teile des Unterarmes
S57.9 Zerquetschung des Unterarmes, Teil nicht näher bezeichnet

S58 Traumatische Amputation des Unterarmes

Exkl.: Traumatische Amputation des Handgelenkes und der Hand (S68.–)

S58.0 Traumatische Amputation in Höhe des Ellenbogens
S58.1 Traumatische Amputation zwischen Ellenbogen und Handgelenk
S58.9 Traumatische Amputation des Unterarmes, Höhe nicht näher bezeichnet

S59 Sonstige und nicht näher bezeichnete Verletzungen des Unterarmes

Exkl.: Sonstige und nicht näher bezeichnete Verletzungen des Handgelenkes und der Hand (S69.–)

S59.7 Multiple Verletzungen des Unterarmes

Verletzungen, die in mehr als einer der Kategorien S50–S58 klassifizierbar sind

S59.8 Sonstige näher bezeichnete Verletzungen des Unterarmes
S59.9 Nicht näher bezeichnete Verletzung des Unterarmes

Verletzungen des Handgelenkes und der Hand (S60–S69)

Exkl.: Beidseitige Beteiligung von Handgelenk und Hand (T00–T07)
Erfrierungen (T33–T35)
Insektenbiß oder -stich, giftig (T63.4)
Verbrennungen und Verätzungen (T20–T32)
Verletzungen des Armes, Höhe nicht näher bezeichnet (T10–T11)

S60 Oberflächliche Verletzung des Handgelenkes und der Hand

S60.0 **Prellung eines oder mehrerer Finger ohne Schädigung des Nagels**
Prellung eines oder mehrerer Finger o.n.A.
Exkl.: Prellung mit Beteiligung des Nagels oder der Nagelmatrix (S60.1)

S60.1 **Prellung eines oder mehrerer Finger mit Schädigung des Nagels**

S60.2 **Prellung sonstiger Teile des Handgelenkes und der Hand**

S60.7 **Multiple oberflächliche Verletzungen des Handgelenkes und der Hand**

S60.8 **Sonstige oberflächliche Verletzungen des Handgelenkes und der Hand**

S60.9 **Oberflächliche Verletzung des Handgelenkes und der Hand, nicht näher bezeichnet**

S61 Offene Wunde des Handgelenkes und der Hand

Exkl.: Traumatische Amputation des Handgelenkes und der Hand (S68.-)

S61.0 **Offene Wunde eines oder mehrerer Finger ohne Schädigung des Nagels**
Offene Wunde eines oder mehrerer Finger o.n.A.
Exkl.: Offene Wunde mit Beteiligung des Nagels oder der Nagelmatrix (S61.1)

S61.1 **Offene Wunde eines oder mehrerer Finger mit Schädigung des Nagels**

S61.7 **Multiple offene Wunden des Handgelenkes und der Hand**

S61.8 **Offene Wunde sonstiger Teile des Handgelenkes und der Hand**

S61.9 **Offene Wunde des Handgelenkes und der Hand, Teil nicht näher bezeichnet**

S62 Fraktur im Bereich des Handgelenkes und der Hand

Die folgenden 5. Stellen können wahlweise zusätzlich benutzt werden, wenn die multiple Verschlüsselung von Frakturen mit offenen Wunden nicht möglich oder nicht erwünscht ist. Eine Fraktur, die nicht als geschlossen oder offen gekennzeichnet ist, sollte als geschlossene Fraktur klassifiziert werden.

0 geschlossen
1 offen

Exkl.: Distale Fraktur der Ulna und des Radius (S52.-)

S62.0 Fraktur des Os scaphoideum der Hand
Os naviculare [Kahnbein]

S62.1 Fraktur eines oder mehrerer sonstiger Handwurzelknochen
Os capitatum
Os hamatum
Os lunatum
Os pisiforme
Os trapezium
Os trapezoideum
Os triquetrum

S62.2 Fraktur des 1. Mittelhandknochens
Bennett-Fraktur

S62.3 Fraktur eines sonstigen Mittelhandknochens

S62.4 Multiple Frakturen der Mittelhandknochen

S62.5 Fraktur des Daumens

S62.6 Fraktur eines sonstigen Fingers

S62.7 Multiple Frakturen der Finger

S62.8 Fraktur sonstiger und nicht näher bezeichneter Teile des Handgelenkes und der Hand

S63 Luxation, Verstauchung und Zerrung von Gelenken und Bändern in Höhe des Handgelenkes und der Hand

S63.0 Luxation des Handgelenkes
Handwurzel (-Knochen)
Karpometakarpal (-Gelenk)
Mediokarpal (-Gelenk)
Metakarpal (-Knochen), proximales Ende
Radiokarpal (-Gelenk)
Radioulnar (-Gelenk), distal
Radius, distales Ende
Ulna, distales Ende

S63.1 Luxation der Finger
Daumen
Interphalangeal (-Gelenk), Hand
Metakarpal (-Knochen), distales Ende
Metakarpophalangeal (-Gelenk)
Phalanx, Hand

S63.2 Multiple Luxationen der Finger

S63.3 **Traumatische Ruptur von Bändern des Handgelenkes und der Handwurzel**
Lig. collaterale carpi (radiale) (ulnare)
Lig. radiocarpeum (dorsale) (palmare)
Lig. ulnocarpeum palmare

S63.4 **Traumatische Ruptur von Bändern der Finger im Metakarpophalangeal- und Interphalangealgelenk**
Kollateral
Palmar
Volar

S63.5 **Verstauchung und Zerrung des Handgelenkes**
Handwurzel (-Gelenk)
Radiokarpal (-Gelenk) (-Band)

S63.6 **Verstauchung und Zerrung eines oder mehrerer Finger**
Daumen
Interphalangeal (-Gelenk), Hand
Metakarpophalangeal (-Gelenk)
Phalanx, Hand

S63.7 **Verstauchung und Zerrung sonstiger und nicht näher bezeichneter Teile der Hand**

S64 Verletzung von Nerven in Höhe des Handgelenkes und der Hand

S64.0 Verletzung des N. ulnaris in Höhe des Handgelenkes und der Hand

S64.1 Verletzung des N. medianus in Höhe des Handgelenkes und der Hand

S64.2 Verletzung des N. radialis in Höhe des Handgelenkes und der Hand

S64.3 Verletzung der Nn. digitales des Daumens

S64.4 Verletzung der Nn. digitales sonstiger Finger

S64.7 Verletzung mehrerer Nerven in Höhe des Handgelenkes und der Hand

S64.8 Verletzung sonstiger Nerven in Höhe des Handgelenkes und der Hand

S64.9 Verletzung nicht näher bezeichneter Nerven in Höhe des Handgelenkes und der Hand

S65 Verletzung von Blutgefäßen in Höhe des Handgelenkes und der Hand

S65.0 Verletzung der A. ulnaris in Höhe des Handgelenkes und der Hand

S65.1	Verletzung der A. radialis in Höhe des Handgelenkes und der Hand
S65.2	Verletzung von Gefäßen des Arcus palmaris superficialis
S65.3	Verletzung von Gefäßen des Arcus palmaris profundus
S65.4	Verletzung eines oder mehrerer Blutgefäße des Daumens
S65.5	Verletzung eines oder mehrerer Blutgefäße sonstiger Finger
S65.7	Verletzung mehrerer Blutgefäße in Höhe des Handgelenkes und der Hand
S65.8	Verletzung sonstiger Blutgefäße in Höhe des Handgelenkes und der Hand
S65.9	Verletzung eines nicht näher bezeichneten Blutgefäßes im Bereich des Handgelenkes und der Hand

S66 Verletzung von Muskeln und Sehnen in Höhe des Handgelenkes und der Hand

S66.0	Verletzung der langen Beugemuskeln und -sehnen des Daumens in Höhe des Handgelenkes und der Hand
S66.1	Verletzung der Beugemuskeln und -sehnen sonstiger Finger in Höhe des Handgelenkes und der Hand
S66.2	Verletzung der Streckmuskeln und -sehnen des Daumens in Höhe des Handgelenkes und der Hand
S66.3	Verletzung der Streckmuskeln und -sehnen sonstiger Finger in Höhe des Handgelenkes und der Hand
S66.4	Verletzung der kurzen Muskeln und Sehnen des Daumens in Höhe des Handgelenkes und der Hand
S66.5	Verletzung der kurzen Muskeln und Sehnen sonstiger Finger in Höhe des Handgelenkes und der Hand
S66.6	Verletzung mehrerer Beugemuskeln und -sehnen in Höhe des Handgelenkes und der Hand
S66.7	Verletzung mehrerer Streckmuskeln und -sehnen in Höhe des Handgelenkes und der Hand
S66.8	Verletzung sonstiger Muskeln und Sehnen in Höhe des Handgelenkes und der Hand
S66.9	Verletzung eines nicht näher bezeichneten Muskels oder einer nicht näher bezeichneten Sehne in Höhe des Handgelenkes und der Hand

S67 Zerquetschung des Handgelenkes und der Hand

S67.0	Zerquetschung des Daumens und eines oder mehrerer sonstiger Finger

S67.8	Zerquetschung sonstiger und nicht näher bezeichneter Teile des Handgelenkes und der Hand

S68 Traumatische Amputation des Handgelenkes und der Hand

S68.0	Traumatische Amputation des Daumens (komplett) (partiell)
S68.1	Traumatische Amputation eines sonstigen einzelnen Fingers (komplett) (partiell)
S68.2	Isolierte traumatische Amputation von zwei oder mehr Fingern (komplett) (partiell)
S68.3	Kombinierte traumatische Amputation (von Teilen) eines oder mehrerer Finger mit anderen Teilen des Handgelenkes und der Hand
S68.4	Traumatische Amputation der Hand in Höhe des Handgelenkes
S68.8	Traumatische Amputation sonstiger Teile des Handgelenkes und der Hand
S68.9	Traumatische Amputation des Handgelenkes und der Hand, Höhe nicht näher bezeichnet

S69 Sonstige und nicht näher bezeichnete Verletzungen des Handgelenkes und der Hand

S69.7	Multiple Verletzungen des Handgelenkes und der Hand
	Verletzungen, die in mehr als einer der Kategorien S60–S68 klassifizierbar sind
S69.8	Sonstige näher bezeichnete Verletzungen des Handgelenkes und der Hand
S69.9	Nicht näher bezeichnete Verletzung des Handgelenkes und der Hand

Verletzungen der Hüfte und des Oberschenkels (S70–S79)

Exkl.: Beidseitige Beteiligung von Hüfte und Oberschenkel (T00–T07)
Erfrierungen (T33–T35)
Insektenbiß oder -stich, giftig (T63.4)
Verbrennungen und Verätzungen (T20–T32)
Verletzungen des Beines, Höhe nicht näher bezeichnet (T12–T13)

S70 Oberflächliche Verletzung der Hüfte und des Oberschenkels

S70.0 Prellung der Hüfte

S70.1 Prellung des Oberschenkels

S70.7 Multiple oberflächliche Verletzungen der Hüfte und des Oberschenkels

S70.8 Sonstige oberflächliche Verletzungen der Hüfte und des Oberschenkels

S70.9 Oberflächliche Verletzung der Hüfte und des Oberschenkels, nicht näher bezeichnet

S71 Offene Wunde der Hüfte und des Oberschenkels

Exkl.: Traumatische Amputation der Hüfte und des Oberschenkels (S78.-)

S71.0 Offene Wunde der Hüfte

S71.1 Offene Wunde des Oberschenkels

S71.7 Multiple offene Wunden der Hüfte und des Oberschenkels

S71.8 Offene Wunde sonstiger und nicht näher bezeichneter Teile des Beckengürtels

S72 Fraktur des Femurs

Die folgenden 5. Stellen können wahlweise zusätzlich benutzt werden, wenn die multiple Verschlüsselung von Frakturen mit offenen Wunden nicht möglich oder nicht erwünscht ist. Eine Fraktur, die nicht als geschlossen oder offen gekennzeichnet ist, sollte als geschlossene Fraktur klassifiziert werden.

0 geschlossen
1 offen

S72.0 **Schenkelhalsfraktur**
Fraktur der Hüfte o.n.A.

S72.1 **Pertrochantäre Fraktur**
Intertrochantäre Fraktur
Trochanterfraktur

S72.2 Subtrochantäre Fraktur

S72.3 Fraktur des Femurschaftes

S72.4 Distale Fraktur des Femurs

S72.7 Multiple Frakturen des Femurs

S72.8 Frakturen sonstiger Teile des Femurs

S72.9 Fraktur des Femurs, Teil nicht näher bezeichnet

S73 Luxation, Verstauchung und Zerrung des Hüftgelenkes und von Bändern der Hüfte

S73.0 Luxation der Hüfte
S73.1 Verstauchung und Zerrung des Hüftgelenkes

S74 Verletzung von Nerven in Höhe der Hüfte und des Oberschenkels

S74.0 Verletzung des N. ischiadicus in Höhe der Hüfte und des Oberschenkels
S74.1 Verletzung des N. femoralis in Höhe der Hüfte und des Oberschenkels
S74.2 Verletzung sensibler Hautnerven in Höhe der Hüfte und des Oberschenkels
S74.7 Verletzung mehrerer Nerven in Höhe der Hüfte und des Oberschenkels
S74.8 Verletzung sonstiger Nerven in Höhe der Hüfte und des Oberschenkels
S74.9 Verletzung eines nicht näher bezeichneten Nerven in Höhe der Hüfte und des Oberschenkels

S75 Verletzung von Blutgefäßen in Höhe der Hüfte und des Oberschenkels

Exkl.: A. poplitea (S85.0)

S75.0 Verletzung der A. femoralis
S75.1 Verletzung der V. femoralis in Höhe der Hüfte und des Oberschenkels
S75.2 Verletzung der V. saphena magna in Höhe der Hüfte und des Oberschenkels
Exkl.: V. saphena magna o.n.A. (S85.3)
S75.7 Verletzung mehrerer Blutgefäße in Höhe der Hüfte und des Oberschenkels
S75.8 Verletzung sonstiger Blutgefäße in Höhe der Hüfte und des Oberschenkels
S75.9 Verletzung eines nicht näher bezeichneten Blutgefäßes in Höhe der Hüfte und des Oberschenkels

S76 Verletzung von Muskeln und Sehnen in Höhe der Hüfte und des Oberschenkels

S76.0 Verletzung von Muskeln und Sehnen der Hüfte

S76.1	Verletzung des Muskels und der Sehne des M. quadriceps femoris
S76.2	Verletzung von Muskeln und Sehnen der Adduktorengruppe des Oberschenkels
S76.3	Verletzung von Muskeln und Sehnen der posterioren Muskelgruppe in Höhe des Oberschenkels
S76.4	Verletzung sonstiger und nicht näher bezeichneter Muskeln und Sehnen in Höhe des Oberschenkels
S76.7	Verletzung mehrerer Muskeln und Sehnen in Höhe der Hüfte und des Oberschenkels

S77 Zerquetschung der Hüfte und des Oberschenkels

S77.0	Zerquetschung der Hüfte
S77.1	Zerquetschung des Oberschenkels
S77.2	Zerquetschung mit Beteiligung der Hüfte und des Oberschenkels

S78 Traumatische Amputation der Hüfte und des Oberschenkels

Exkl.: Traumatische Amputation der unteren Extremität, Höhe nicht näher bezeichnet (T13.6)

S78.0	Traumatische Amputation im Hüftgelenk
S78.1	Traumatische Amputation zwischen Hüfte und Knie
S78.9	Traumatische Amputation der Hüfte und des Oberschenkels, Höhe nicht näher bezeichnet

S79 Sonstige und nicht näher bezeichnete Verletzungen der Hüfte und des Oberschenkels

S79.7	Multiple Verletzungen der Hüfte und des Oberschenkels
	Verletzungen, die in mehr als einer der Kategorien S70–S78 klassifizierbar sind
S79.8	Sonstige näher bezeichnete Verletzungen der Hüfte und des Oberschenkels
S79.9	Nicht näher bezeichnete Verletzung der Hüfte und des Oberschenkels

Verletzungen des Knies und des Unterschenkels (S80–S89)

Inkl.: Fraktur des oberen Sprunggelenkes und des Knöchels
Exkl.: Beidseitige Beteiligung von Knie und Unterschenkel (T00–T07)
Erfrierungen (T33–T35)
Insektenbiß oder -stich, giftig (T63.4)
Verbrennungen und Verätzungen (T20–T32)
Verletzungen:
- Bein, Höhe nicht näher bezeichnet (T12–T13)
- Knöchel und Fuß, ausgenommen Fraktur des oberen Sprunggelenkes und des Knöchels (S90–S99)

S80 Oberflächliche Verletzung des Unterschenkels

Exkl.: Oberflächliche Verletzung der Knöchelregion und des Fußes (S90.–)

S80.0 **Prellung des Knies**
S80.1 **Prellung sonstiger und nicht näher bezeichneter Teile des Unterschenkels**
S80.7 **Multiple oberflächliche Verletzungen des Unterschenkels**
S80.8 **Sonstige oberflächliche Verletzungen des Unterschenkels**
S80.9 **Oberflächliche Verletzung des Unterschenkels, nicht näher bezeichnet**

S81 Offene Wunde des Unterschenkels

Exkl.: Offene Wunde der Knöchelregion und des Fußes (S91.–)
Traumatische Amputation des Unterschenkels (S88.–)

S81.0 **Offene Wunde des Knies**
S81.7 **Multiple offene Wunden des Unterschenkels**
S81.8 **Offene Wunde sonstiger Teile des Unterschenkels**
S81.9 **Offene Wunde des Unterschenkels, Teil nicht näher bezeichnet**

S82 Fraktur des Unterschenkels einschließlich des oberen Sprunggelenkes

Inkl.: Knöchel

Die folgenden 5. Stellen können wahlweise zusätzlich benutzt werden, wenn die multiple Verschlüsselung von Frakturen mit offenen Wunden nicht möglich oder nicht erwünscht ist. Eine Fraktur, die nicht als geschlossen oder offen gekennzeichnet ist, sollte als geschlossene Fraktur klassifiziert werden.

0 geschlossen
1 offen

Exkl.: Fraktur des Fußes, ausgenommen oberes Sprunggelenk (S92.–)

S82.0 Fraktur der Patella
Kniescheibe

S82.1 Fraktur des proximalen Endes der Tibia
Condylus lateralis tibiae
oder Condylus medialis tibiae
Proximales Ende der Tibia
Tibiakopf
Tuberositas tibiae
} mit oder ohne Angabe einer Fraktur der Fibula

S82.2 Fraktur des Tibiaschaftes
Mit oder ohne Angabe einer Fraktur der Fibula

S82.3 Distale Fraktur der Tibia
Mit oder ohne Angabe einer Fraktur der Fibula
Exkl.: Innenknöchel (S82.5)

S82.4 Fraktur der Fibula, isoliert
Exkl.: Außenknöchel (S82.6)

S82.5 Fraktur des Innenknöchels
Tibia, mit Beteiligung des:
- Knöchels
- oberen Sprunggelenkes

S82.6 Fraktur des Außenknöchels
Fibula, mit Beteiligung des:
- Knöchels
- oberen Sprunggelenkes

S82.7 Multiple Frakturen des Unterschenkels
Exkl.: Fraktur der Tibia und der Fibula, kombiniert:
- distales Ende (S82.3)
- proximales Ende (S82.1)
- Schäfte (S82.2)

S82.8 Frakturen sonstiger Teile der Unterschenkels
Bimalleolarfraktur
Fraktur des oberen Sprunggelenkes o.n.A.
Trimalleolarfraktur

S82.9 Fraktur des Unterschenkels, Teil nicht näher bezeichnet

S83 Luxation, Verstauchung und Zerrung des Kniegelenkes und von Bändern des Kniegelenkes

Exkl.: Binnenschädigung des Kniegelenkes (M23.–)
Luxation des Kniegelenkes:
- alt (M24.3)
- pathologisch (M24.3)
- rezidivierend (M24.4)

Patella-Schäden (M22.0–M22.3)

S83.0 Luxation der Patella

S83.1 Luxation des Kniegelenkes
Articulatio tibiofibularis

S83.2 Meniskusriß, akut
Korbhenkelriß:
- Außenmeniskus
- Innenmeniskus
- o.n.A.

Exkl.: Alter Korbhenkelriß (M23.2)

S83.3 Riß des Kniegelenkknorpels, akut

S83.4 Verstauchung und Zerrung des Kniegelenkes mit Beteiligung des (fibularen) (tibialen) Seitenbandes

S83.5 Verstauchung und Zerrung des Kniegelenkes mit Beteiligung des (vorderen) (hinteren) Kreuzbandes

S83.6 Verstauchung und Zerrung sonstiger und nicht näher bezeichneter Teile des Knies
Lig. patellae
Tibiofibular (-Gelenk) (-Band), proximal

S83.7 Verletzung mehrerer Strukturen des Knies
Verletzung des (Außen-) (Innen-) Meniskus in Kombination mit (Seiten-) (Kreuz-) Bändern

S84 Verletzung von Nerven in Höhe des Unterschenkels

Exkl.: Verletzung von Nerven in Höhe des Knöchels und des Fußes (S94.–)

S84.0 Verletzung des N. tibialis in Höhe des Unterschenkels

S84.1 Verletzung des N. peronaeus in Höhe des Unterschenkels

S84.2 Verletzung sensibler Hautnerven in Höhe des Unterschenkels

S84.7 Verletzung mehrerer Nerven in Höhe des Unterschenkels

S84.8 Verletzung sonstiger Nerven in Höhe des Unterschenkels

S84.9 Verletzung eines nicht näher bezeichneten Nerven in Höhe des Unterschenkels

S85 Verletzung von Blutgefäßen in Höhe des Unterschenkels

Exkl.: Verletzung von Blutgefäßen in Höhe des Knöchels und des Fußes (S95.–)

S85.0 Verletzung der A. poplitea

S85.1 Verletzung der A. tibialis (anterior) (posterior)

S85.2 Verletzung der A. peronaea

S85.3 Verletzung der V. saphena magna in Höhe des Unterschenkels
V. saphena magna o.n.A.

S85.4 Verletzung der V. saphena parva in Höhe des Unterschenkels

S85.5 Verletzung der V. poplitea

S85.7 Verletzung mehrerer Blutgefäße in Höhe des Unterschenkels

S85.8 Verletzung sonstiger Blutgefäße in Höhe des Unterschenkels

S85.9 Verletzung eines nicht näher bezeichneten Blutgefäßes in Höhe des Unterschenkels

S86 Verletzung von Muskeln und Sehnen in Höhe des Unterschenkels

Exkl.: Verletzung von Muskeln und Sehnen in Höhe des Knöchels oder weiter distal (S96.–)

S86.0 Verletzung der Achillessehne

S86.1 Verletzung sonstiger Muskeln und Sehnen der posterioren Muskelgruppe in Höhe des Unterschenkels

S86.2 Verletzung von Muskeln und Sehnen der anterioren Muskelgruppe in Höhe des Unterschenkels

S86.3 Verletzung von Muskeln und Sehnen der peronäalen Muskelgruppe in Höhe des Unterschenkels

S86.7 Verletzung mehrerer Muskeln und Sehnen in Höhe des Unterschenkels

S86.8 Verletzung sonstiger Muskeln und Sehnen in Höhe des Unterschenkels

S86.9 Verletzung eines nicht näher bezeichneten Muskels oder einer nicht näher bezeichneten Sehne in Höhe des Unterschenkels

S87 Zerquetschung des Unterschenkels

Exkl.: Zerquetschung des oberen Sprunggelenkes und des Fußes (S97.–)

S87.0 Zerquetschung des Knies

S87.8 Zerquetschung sonstiger und nicht näher bezeichneter Teile des Unterschenkels

S88 Traumatische Amputation des Unterschenkels

Exkl.: Traumatische Amputation:
- Bein, Höhe nicht näher bezeichnet (T13.6)
- oberes Sprunggelenk und Fuß (S98.–)

S88.0 Traumatische Amputation in Höhe des Knies

S88.1 Traumatische Amputation zwischen Knie und oberem Sprunggelenk

S88.9 Traumatische Amputation des Unterschenkels, Höhe nicht näher bezeichnet

S89 Sonstige und nicht näher bezeichnete Verletzungen des Unterschenkels

Exkl.: Sonstige und nicht näher bezeichnete Verletzungen der Knöchelregion und des Fußes (S99.–)

S89.7 Multiple Verletzungen des Unterschenkels
Verletzungen, die in mehr als einer der Kategorien S80–S88 klassifizierbar sind

S89.8 Sonstige näher bezeichnete Verletzungen des Unterschenkels

S89.9 Nicht näher bezeichnete Verletzung des Unterschenkels

Verletzungen der Knöchelregion und des Fußes (S90–S99)

Exkl.: Beidseitige Beteiligung von Knöchelregion und Fuß (T00–T07)
Erfrierungen (T33–T35)
Fraktur des oberen Sprunggelenkes und des Knöchels (S82.–)
Insektenbiß oder -stich, giftig (T63.4)
Verbrennungen und Verätzungen (T20–T32)
Verletzungen des Beines, Höhe nicht näher bezeichnet (T12–T13)

S90 Oberflächliche Verletzung der Knöchelregion und des Fußes

S90.0 Prellung der Knöchelregion

S90.1 Prellung einer oder mehrerer Zehen ohne Schädigung des Nagels
Prellung einer oder mehrerer Zehen o.n.A.

S90.2 Prellung einer oder mehrerer Zehen mit Schädigung des Nagels

S90.3 Prellung sonstiger und nicht näher bezeichneter Teile des Fußes

S90.7 Multiple oberflächliche Verletzungen der Knöchelregion und des Fußes

S90.8 Sonstige oberflächliche Verletzungen der Knöchelregion und des Fußes

S90.9 Oberflächliche Verletzung der Knöchelregion und des Fußes, nicht näher bezeichnet

S91 Offene Wunde der Knöchelregion und des Fußes

Exkl.: Traumatische Amputation des oberen Sprunggelenkes und des Fußes (S98.–)

S91.0 Offene Wunde der Knöchelregion

S91.1 Offene Wunde einer oder mehrerer Zehen ohne Schädigung des Nagels
Offene Wunde einer oder mehrerer Zehen o.n.A.

S91.2 Offene Wunde einer oder mehrerer Zehen mit Schädigung des Nagels

S91.3 Offene Wunde sonstiger Teile des Fußes
Offene Wunde des Fußes o.n.A.

S91.7 Multiple offene Wunden der Knöchelregion und des Fußes

S92 Fraktur des Fußes [ausgenommen oberes Sprunggelenk]

Die folgenden 5. Stellen können wahlweise zusätzlich benutzt werden, wenn die multiple Verschlüsselung von Frakturen mit offenen Wunden nicht möglich oder nicht erwünscht ist. Eine Fraktur, die nicht als geschlossen oder offen gekennzeichnet ist, sollte als geschlossene Fraktur klassifiziert werden.

0 geschlossen
1 offen

Exkl.: Knöchel (S82.–)
Oberes Sprunggelenk (S82.–)

S92.0	**Fraktur des Kalkaneus** Fersenbein
S92.1	**Fraktur des Talus** Sprungbein
S92.2	**Fraktur eines oder mehrerer sonstiger Fußwurzelknochen** Os cuboideum Os naviculare pedis Os cuneiforme (intermedium) (laterale) (mediale)
S92.3	**Fraktur der Mittelfußknochen**
S92.4	**Fraktur der Großzehe**
S92.5	**Fraktur einer sonstigen Zehe**
S92.7	**Multiple Frakturen des Fußes**
S92.9	**Fraktur des Fußes, nicht näher bezeichnet**

S93 Luxation, Verstauchung und Zerrung der Gelenke und Bänder in Höhe des oberen Sprunggelenkes und des Fußes

S93.0	**Luxation des oberen Sprunggelenkes** Fibula, distales Ende Talus Tibia, distales Ende
S93.1	**Luxation einer oder mehrerer Zehen** Interphalangeal (-Gelenk(e)) Metatarsophalangeal (-Gelenk(e))
S93.2	**Ruptur von Bändern in Höhe des oberen Sprunggelenkes und des Fußes**
S93.3	**Luxation sonstiger und nicht näher bezeichneter Teile des Fußes** Os naviculare pedis Tarsal (-Gelenk(e)) Tarsometatarsal (-Gelenk(e))
S93.4	**Verstauchung und Zerrung des oberen Sprunggelenkes** Innenband Lig. calcaneofibulare Lig. deltoideum Lig. talofibulare (anterius) (posterius) Lig. tibiofibulare (anterius) (posterius), distal *Exkl.:* Verletzung der Achillessehne (S86.0)
S93.5	**Verstauchung und Zerrung einer oder mehrerer Zehen** Interphalangeal (-Gelenk(e)) Metatarsophalangeal (-Gelenk(e))

S93.6 **Verstauchung und Zerrung sonstiger und nicht näher bezeichneter Teile des Fußes**
Tarsal (-Band)
Tarsometatarsal (-Band)

S94 Verletzung von Nerven in Höhe des Knöchels und des Fußes

S94.0 Verletzung des N. plantaris lateralis

S94.1 Verletzung des N. plantaris medialis

S94.2 **Verletzung des N. peronaeus profundus in Höhe des Knöchels und des Fußes**
Lateraler Endast des N. peronaeus profundus

S94.3 Verletzung sensibler Hautnerven in Höhe des Knöchels und des Fußes

S94.7 Verletzung mehrerer Nerven in Höhe des Knöchels und des Fußes

S94.8 Verletzung sonstiger Nerven in Höhe des Knöchels und des Fußes

S94.9 Verletzung eines nicht näher bezeichneten Nerven in Höhe des Knöchels und des Fußes

S95 Verletzung von Blutgefäßen in Höhe des Knöchels und des Fußes

Exkl.: Verletzung der A. tibialis posterior oder der V. tibialis posterior (S85.–)

S95.0 Verletzung der A. dorsalis pedis

S95.1 Verletzung der A. plantaris pedis

S95.2 Verletzung von Venen des Fußrückens

S95.7 Verletzung mehrerer Blutgefäße in Höhe des Knöchels und des Fußes

S95.8 Verletzung sonstiger Blutgefäße in Höhe des Knöchels und des Fußes

S95.9 Verletzung eines nicht näher bezeichneten Blutgefäßes in Höhe des Knöchels und des Fußes

S96 Verletzung von Muskeln und Sehnen in Höhe des Knöchels und des Fußes

Exkl.: Verletzung der Achillessehne (S86.0)

S96.0 **Verletzung von Muskeln und Sehnen der langen Beugemuskeln der Zehen in Höhe des Knöchels und des Fußes**

S96.1	Verletzung von Muskeln und Sehnen der langen Streckmuskeln der Zehen in Höhe des Knöchels und des Fußes
S96.2	Verletzung von kurzen Muskeln und Sehnen in Höhe des Knöchels und des Fußes
S96.7	Verletzung mehrerer Muskeln und Sehnen in Höhe des Knöchels und des Fußes
S96.8	Verletzung sonstiger Muskeln und Sehnen in Höhe des Knöchels und des Fußes
S96.9	Verletzung eines nicht näher bezeichneten Muskels oder einer nicht näher bezeichneten Sehne in Höhe des Knöchels und des Fußes

S97 Zerquetschung des oberen Sprunggelenkes und des Fußes

S97.0	Zerquetschung des oberen Sprunggelenkes
S97.1	Zerquetschung einer oder mehrerer Zehen
S97.8	Zerquetschung sonstiger Teile des oberen Sprunggelenkes und des Fußes Zerquetschung des Fußes o.n.A.

S98 Traumatische Amputation des oberen Sprunggelenkes und des Fußes

S98.0	Traumatische Amputation des Fußes in Höhe des oberen Sprunggelenkes
S98.1	Traumatische Amputation einer einzelnen Zehe
S98.2	Traumatische Amputation von zwei oder mehr Zehen
S98.3	Traumatische Amputation sonstiger Teile des Fußes Kombinierte traumatische Amputation einer oder mehrerer Zehen mit anderen Teilen des Fußes
S98.4	Traumatische Amputation des Fußes, Höhe nicht näher bezeichnet

S99 Sonstige und nicht näher bezeichnete Verletzungen der Knöchelregion und des Fußes

S99.7	Multiple Verletzungen der Knöchelregion und des Fußes Verletzungen, die in mehr als einer der Kategorien S90–S98 klassifizierbar sind
S99.8	Sonstige näher bezeichnete Verletzungen der Knöchelregion und des Fußes

S99.9 Nicht näher bezeichnete Verletzung der Knöchelregion und des Fußes

Verletzungen mit Beteiligung mehrerer Körperregionen (T00–T07)

Inkl.: Beidseitige Beteiligung von Extremitäten derselben Körperregion
Verletzungen der unter S00–S99 klassifizierbaren Arten an zwei oder mehr Körperregionen

Exkl.: Erfrierungen (T33–T35)
Insektenbiß oder -stich, giftig (T63.4)
Multiple Verletzungen an nur einer Körperregion – siehe Teil S dieses Kapitels
Sonnenbrand (L55.–)
Verbrennungen und Verätzungen (T20–T32)

T00 Oberflächliche Verletzungen mit Beteiligung mehrerer Körperregionen

T00.0 Oberflächliche Verletzungen mit Beteiligung von Kopf und Hals
Oberflächliche Verletzungen an Lokalisationen, die unter S00.– und S10.– klassifizierbar sind
Exkl.: Mit Beteiligung sonstiger Körperregion(en) (T00.8)

T00.1 Oberflächliche Verletzungen mit Beteiligung von Thorax und Abdomen, von Thorax und Lumbosakralgegend oder von Thorax und Becken
Oberflächliche Verletzungen an Lokalisationen, die unter S20.–, S30.– und T09.0 klassifizierbar sind
Exkl.: Mit Beteiligung sonstiger Körperregion(en) (T00.8)

T00.2 Oberflächliche Verletzungen mit Beteiligung mehrerer Regionen der oberen Extremität(en)
Oberflächliche Verletzungen an Lokalisationen, die unter S40.–, S50.–, S60.– und T11.0 klassifizierbar sind
Exkl.: Mit Beteiligung der unteren Extremität(en) (T00.6)
Mit Beteiligung des Thorax, des Abdomens, der Lumbosakralgegend oder des Beckens (T00.8)

T00.3 Oberflächliche Verletzungen mit Beteiligung mehrerer Regionen der unteren Extremität(en)
Oberflächliche Verletzungen an Lokalisationen, die unter S70.–, S80.–, S90.– und T13.0 klassifizierbar sind
Exkl.: Mit Beteiligung der oberen Extremität(en) (T00.6)
Mit Beteiligung des Thorax, des Abdomens, der Lumbosakralgegend oder des Beckens (T00.8)

T00.6 **Oberflächliche Verletzungen mit Beteiligung mehrerer Regionen der oberen Extremität(en) und mehrerer Regionen der unteren Extremität(en)**
Oberflächliche Verletzungen an Lokalisationen, die unter T00.2 und T00.3 klassifizierbar sind

Exkl.: Mit Beteiligung des Thorax, des Abdomens, der Lumbosakralgegend oder des Beckens (T00.8)

T00.8 **Oberflächliche Verletzungen mit Beteiligung sonstiger Kombinationen von Körperregionen**

T00.9 **Multiple oberflächliche Verletzungen, nicht näher bezeichnet**
Multiple:
- Blasenbildungen (nichtthermisch)
- Hämatome
- Insektenbisse oder -stiche (ungiftig) } o.n.A.
- Prellungen [Kontusionen]
- Quetschwunden
- Schürfwunden

T01 Offene Wunden mit Beteiligung mehrerer Körperregionen

Exkl.: Traumatische Amputationen mit Beteiligung mehrerer Körperregionen (T05.–)

T01.0 **Offene Wunden mit Beteiligung von Kopf und Hals**
Offene Wunden an Lokalisationen, die unter S01.– und S11.– klassifizierbar sind

Exkl.: Mit Beteiligung sonstiger Körperregion(en) (T01.8)

T01.1 **Offene Wunden mit Beteiligung von Thorax und Abdomen, von Thorax und Lumbosakralgegend oder von Thorax und Becken**
Offene Wunden an Lokalisationen, die unter S21.–, S31.– und T09.1 klassifizierbar sind

Exkl.: Mit Beteiligung sonstiger Körperregion(en) (T01.8)

T01.2 **Offene Wunden mit Beteiligung mehrerer Regionen der oberen Extremitäten**
Offene Wunden an Lokalisationen, die unter S41.–, S51.–, S61.– und T11.1 klassifizierbar sind

Exkl.: Mit Beteiligung der unteren Extremität(en) (T01.6)
Mit Beteiligung des Thorax, des Abdomens, der Lumbosakralgegend oder des Beckens (T01.8)

T01.3 **Offene Wunden mit Beteiligung mehrerer Regionen der unteren Extremität(en)**
Offene Wunden an Lokalisationen, die unter S71.–, S81.–, S91.– und T13.1 klassifizierbar sind

Exkl.: Mit Beteiligung der oberen Extremität(en) (T01.6)
Mit Beteiligung des Thorax, des Abdomens, der Lumbosakralgegend oder des Beckens (T01.8)

T01.6 **Offene Wunden mit Beteiligung mehrerer Regionen der oberen Extremität(en) und mehrerer Regionen der unteren Extremität(en)**
Offene Wunden an Lokalisationen, die unter T01.2 und T01.3 klassifizierbar sind

Exkl.: Mit Beteiligung des Thorax, des Abdomens, der Lumbosakralgegend oder des Beckens (T01.8)

T01.8 **Offene Wunden an sonstigen Kombinationen von Körperregionen**

T01.9 **Multiple offene Wunden, nicht näher bezeichnet**
Multiple:
- Rißwunden
- Schnittwunden
- Stichwunden
- Tierbisse

o.n.A.

T02 Frakturen mit Beteiligung mehrerer Körperregionen

Die folgenden 5. Stellen können wahlweise zusätzlich benutzt werden, wenn die multiple Verschlüsselung von Frakturen mit offenen Wunden nicht möglich oder nicht erwünscht ist. Eine Fraktur, die nicht als geschlossen oder offen gekennzeichnet ist, sollte als geschlossene Fraktur klassifiziert werden.

0 geschlossen
1 offen

T02.0 **Frakturen mit Beteiligung von Kopf und Hals**
Frakturen an Lokalisationen, die unter S02.– und S12.– klassifizierbar sind

Exkl.: Mit Beteiligung sonstiger Körperregion(en) (T02.8)

T02.1 **Frakturen mit Beteiligung von Thorax und Lumbosakralgegend oder von Thorax und Becken**
Frakturen an Lokalisationen, die unter S22.–, S32.– und T08 klassifizierbar sind

Exkl.: In Kombination mit Frakturen:
- der Extremität(en) (T02.7)
- sonstiger Körperregionen (T02.8)

T02.2 **Frakturen mit Beteiligung mehrerer Regionen einer oberen Extremität**
Frakturen an Lokalisationen einer oberen Extremität, die unter S42.–, S52.–, S62.– und T10 klassifizierbar sind

Exkl.: In Kombination mit Frakturen:
- der anderen oberen Extremität (T02.4)
- der unteren Extremität(en) (T02.6)
- des Thorax, der Lumbosakralgegend und des Beckens (T02.7)

T02.3 Frakturen mit Beteiligung mehrerer Regionen einer unteren Extremitäten

Frakturen an Lokalisationen einer unteren Extremität, die unter S72.–, S82.–, S92.– und T12 klassifizierbar sind

Exkl.: In Kombination mit Frakturen:
- der anderen unteren Extremität (T02.5)
- der oberen Extremität(en) (T02.6)
- des Thorax, der Lumbosakralgegend und des Beckens (T02.7)

T02.4 Frakturen mit Beteiligung mehrerer Regionen beider oberer Extremitäten

Frakturen an Lokalisationen, die unter S42.–, S52.–, S62.– und T10 klassifizierbar und als beidseitig bezeichnet sind

Exkl.: In Kombination mit Frakturen:
- der unteren Extremität(en) (T02.6)
- des Thorax, der Lumbosakralgegend und des Beckens (T02.7)

T02.5 Frakturen mit Beteiligung mehrerer Regionen beider unterer Extremitäten

Frakturen an Lokalisationen, die unter S72.–, S82.–, S92.– und T12 klassifizierbar und als beidseitig bezeichnet sind

Exkl.: In Kombination mit Frakturen:
- der oberen Extremität(en) (T02.6)
- des Thorax, der Lumbosakralgegend und des Beckens (T02.7)

T02.6 Frakturen mit Beteiligung mehrerer Regionen der oberen Extremität(en) und mehrerer Regionen der unteren Extremität(en)

Exkl.: In Kombination mit Frakturen des Thorax, der Lumbosakralgegend und des Beckens (T02.7)

T02.7 Frakturen mit Beteiligung von Thorax, Lumbosakralgegend und Extremität(en) oder von Thorax, Becken und Extremität(en)

T02.8 Frakturen mit Beteiligung sonstiger Kombinationen von Körperregionen

T02.9 Multiple Frakturen, nicht näher bezeichnet

T03 Luxationen, Verstauchungen und Zerrungen mit Beteiligung mehrerer Körperregionen

T03.0 Luxationen, Verstauchungen und Zerrungen mit Beteiligung von Kopf und Hals

Luxationen, Verstauchungen und Zerrungen an Lokalisationen, die unter S03.– und S13.– klassifizierbar sind

Exkl.: In Kombination mit Luxationen, Verstauchungen und Zerrungen sonstiger Körperregion(en) (T03.8)

T03.1 Luxationen, Verstauchungen und Zerrungen mit Beteiligung von Thorax und Lumbosakralgegend oder von Thorax und Becken
Luxationen, Verstauchungen und Zerrungen an Lokalisationen, die unter S23.–, S33.– und T09.2 klassifizierbar sind
Exkl.: In Kombination mit Luxationen, Verstauchungen und Zerrungen sonstiger Körperregion(en) (T03.8)

T03.2 Luxationen, Verstauchungen und Zerrungen mit Beteiligung mehrerer Regionen der oberen Extremität(en)
Luxationen, Verstauchungen und Zerrungen an Lokalisationen, die unter S43.–, S53.–, S63.– und T11.2 klassifizierbar sind
Exkl.: In Kombination mit Luxationen, Verstauchungen und Zerrungen:
- der unteren Extremität(en) (T03.4)
- des Thorax, der Lumbosakralgegend und des Beckens (T03.8)

T03.3 Luxationen, Verstauchungen und Zerrungen mit Beteiligung mehrerer Regionen der unteren Extremität(en)
Luxationen, Verstauchungen und Zerrungen an Lokalisationen, die unter S73.–, S83.–, S93.– und T13.2 klassifizierbar sind
Exkl.: In Kombination mit Luxationen, Verstauchungen und Zerrungen:
- der oberen Extremität(en) (T03.4)
- des Thorax, der Lumbosakralgegend und des Beckens (T03.8)

T03.4 Luxationen, Verstauchungen und Zerrungen mit Beteiligung mehrerer Regionen der oberen Extremität(en) und mehrerer Regionen der unteren Extremität(en)
Exkl.: In Kombination mit Luxationen, Verstauchungen und Zerrungen des Thorax, der Lumbosakralgegend und des Beckens (T03.8)

T03.8 Luxationen, Verstauchungen und Zerrungen mit Beteiligung sonstiger Kombinationen von Körperregionen

T03.9 Multiple Luxationen, Verstauchungen und Zerrungen, nicht näher bezeichnet

T04 Zerquetschungen mit Beteiligung mehrerer Körperregionen

T04.0 Zerquetschungen mit Beteiligung von Kopf und Hals
Zerquetschungen an Lokalisationen, die unter S07.– und S17.– klassifizierbar sind
Exkl.: Mit Beteiligung sonstiger Körperregion(en) (T04.8)

T04.1 **Zerquetschungen mit Beteiligung von Thorax und Abdomen, von Thorax und Lumbosakralgegend oder von Thorax und Becken**
Zerquetschungen:
- Lokalisationen, die unter S28.– und S38.– klassifizierbar sind
- Rumpf o.n.A.

Exkl.:　Mit Beteiligung:
- der Extremitäten (T04.7)
- sonstiger Körperregionen (T04.8)

T04.2 **Zerquetschungen mit Beteiligung mehrerer Regionen der oberen Extremität(en)**
Zerquetschungen:
- Lokalisationen, die unter S47,–, S57,– und S67.– klassifizierbar sind
- obere Extremität o.n.A.

Exkl.:　Mit Beteiligung:
- der unteren Extremität(en) (T04.4)
- des Thorax, des Abdomens, der Lumbosakralgegend und des Beckens (T04.7)

T04.3 **Zerquetschungen mit Beteiligung mehrerer Regionen der unteren Extremität(en)**
Zerquetschungen:
- Lokalisationen, die unter S77.–, S87,– und S97.– klassifizierbar sind
- untere Extremität o.n.A.

Exkl.:　Mit Beteiligung:
- der oberen Extremität(en) (T04.4)
- des Thorax, des Abdomens, der Lumbosakralgegend und des Beckens (T04.7)

T04.4 **Zerquetschungen mit Beteiligung mehrerer Regionen der oberen Extremität(en) und mehrerer Regionen der unteren Extremität(en)**

Exkl.:　Mit Beteiligung des Thorax, des Abdomens, der Lumbosakralgegend und des Beckens (T04.7)

T04.7 **Zerquetschungen mit Beteiligung von Thorax, Abdomen und Extremität(en), von Thorax, Lumbosakralgegend und Extremität(en) oder von Thorax, Becken und Extremität(en)**

T04.8 **Zerquetschungen mit Beteiligung sonstiger Kombinationen von Körperregionen**

T04.9 **Multiple Zerquetschungen, nicht näher bezeichnet**

T05 Traumatische Amputationen mit Beteiligung mehrerer Körperregionen

Inkl.: Abriß an mehreren Körperregionen
Exkl.: Dekapitation
Traumatische Amputation:
- Arm o.n.A. (T11.6)
- Bein o.n.A. (T13.6)
- Rumpf o.n.A. (T09.6)
Offene Wunden an mehreren Körperregionen (T01.–)

T05.0 **Traumatische Amputation beider Hände**

T05.1 **Traumatische Amputation einer Hand und des anderen Armes [jede Höhe, ausgenommen Hand]**

T05.2 **Traumatische Amputation beider Arme [jede Höhe]**

T05.3 **Traumatische Amputation beider Füße**

T05.4 **Traumatische Amputation eines Fußes und des anderen Beines [jede Höhe, ausgenommen Fuß]**

T05.5 **Traumatische Amputation beider Beine [jede Höhe]**

T05.6 **Traumatische Amputation der Arme und Beine, in jeder Kombination [jede Höhe]**

T05.8 **Traumatische Amputationen mit Beteiligung sonstiger Kombinationen von Körperregionen**
Querschnittsverletzung in Höhe von:
- Abdomen
- Thorax

T05.9 **Multiple traumatische Amputationen, nicht näher bezeichnet**

T06 Sonstige Verletzungen mit Beteiligung mehrerer Körperregionen, anderenorts nicht klassifiziert

T06.0 **Verletzungen des Gehirns und der Hirnnerven kombiniert mit Verletzungen von Nerven und Rückenmark in Halshöhe**
Verletzungen, die unter S04.– und S06.– klassifizierbar sind, gemeinsam mit Verletzungen, die unter S14.– klassifizierbar sind

T06.1 **Verletzungen der Nerven und des Rückenmarkes mit Beteiligung mehrerer sonstiger Körperregionen**

T06.2 **Verletzungen von Nerven mit Beteiligung mehrerer Körperregionen**
Multiple Verletzungen von Nerven o.n.A.
Exkl.: Mit Beteiligung des Rückenmarkes (T06.0–T06.1)

T06.3 Verletzungen von Blutgefäßen mit Beteiligung mehrerer Körperregionen

T06.4 Verletzungen von Muskeln und Sehnen mit Beteiligung mehrerer Körperregionen

T06.5 Verletzungen mit Beteiligung von intrathorakalen Organen und intraabdominalen Organen oder intrathorakalen Organen und Beckenorganen

T06.8 Sonstige näher bezeichnete Verletzungen mit Beteiligung mehrerer Körperregionen

T07 Nicht näher bezeichnete multiple Verletzungen
Exkl.: Verletzung o.n.A. (T14.9)

Verletzungen nicht näher bezeichneter Teile des Rumpfes, der Extremitäten oder anderer Körperregionen (T08-T14)

Exkl.: Erfrierungen (T33-T35)
Insektenbiß oder -stich, giftig (T63.4)
Verbrennungen und Verätzungen (T20-T32)
Verletzungen mit Beteiligung mehrerer Körperregionen (T00-T07)

T08 Fraktur der Wirbelsäule, Höhe nicht näher bezeichnet

Die folgenden 5. Stellen können wahlweise zusätzlich benutzt werden, wenn die multiple Verschlüsselung von Frakturen mit offenen Wunden nicht möglich oder nicht erwünscht ist. Eine Fraktur, die nicht als geschlossen oder offen gekennzeichnet ist, sollte als geschlossene Fraktur klassifiziert werden.

0 geschlossen
1 offen

Exkl.: Multiple Frakturen der Wirbelsäule, Höhe nicht näher bezeichnet (T02.1)

T09 Sonstige Verletzungen der Wirbelsäule und des Rumpfes, Höhe nicht näher bezeichnet

Exkl.: Multiple Verletzungen des Rumpfes (T00-T06)
Querschnittsverletzung des Rumpfes (T05.8)
Zerquetschung des Rumpfes o.n.A. (T04.1)

T09.0 Oberflächliche Verletzung des Rumpfes, Höhe nicht näher bezeichnet
T09.1 Offene Wunde des Rumpfes, Höhe nicht näher bezeichnet
T09.2 Luxation, Verstauchung und Zerrung nicht näher bezeichneter Gelenke und Bänder des Rumpfes
T09.3 Verletzung des Rückenmarkes, Höhe nicht näher bezeichnet
T09.4 Verletzung nicht näher bezeichneter Nerven, Nervenwurzeln und Plexus im Bereich des Rumpfes
T09.5 Verletzung nicht näher bezeichneter Muskeln und Sehnen des Rumpfes
T09.6 Traumatische Amputation des Rumpfes, Höhe nicht näher bezeichnet
T09.8 Sonstige näher bezeichnete Verletzungen des Rumpfes, Höhe nicht näher bezeichnet
T09.9 Nicht näher bezeichnete Verletzung des Rumpfes, Höhe nicht näher bezeichnet

T10 Fraktur der oberen Extremität, Höhe nicht näher bezeichnet

Gebrochener Arm o.n.A.
Fraktur des Armes o.n.A.
Die folgenden 5. Stellen können wahlweise zusätzlich benutzt werden, wenn die multiple Verschlüsselung von Frakturen mit offenen Wunden nicht möglich oder nicht erwünscht ist. Eine Fraktur, die nicht als geschlossen oder offen gekennzeichnet ist, sollte als geschlossene Fraktur klassifiziert werden.
0 geschlossen
1 offen

Exkl.: Multiple Frakturen des Armes, Höhe nicht näher bezeichnet (T02.-)

T11 Sonstige Verletzungen der oberen Extremität, Höhe nicht näher bezeichnet

Exkl.: Fraktur der oberen Extremität, Höhe nicht näher bezeichnet (T10)
Verletzungen mit Beteiligung mehrerer Körperregionen (T00–T07)
Zerquetschung der oberen Extremität o.n.A. (T04.2)

T11.0 Oberflächliche Verletzung der oberen Extremität, Höhe nicht näher bezeichnet
T11.1 Offene Wunde der oberen Extremität, Höhe nicht näher bezeichnet
T11.2 Luxation, Verstauchung und Zerrung von nicht näher bezeichnetem Gelenk und Band der oberen Extremität, Höhe nicht näher bezeichnet

T11.3 **Verletzung eines nicht näher bezeichneten Nerven der oberen Extremität, Höhe nicht näher bezeichnet**
T11.4 **Verletzung eines nicht näher bezeichneten Blutgefäßes der oberen Extremität, Höhe nicht näher bezeichnet**
T11.5 **Verletzung von nicht näher bezeichnete(m)(r) Muskel und Sehne der oberen Extremität, Höhe nicht näher bezeichnet**
T11.6 **Traumatische Amputation der oberen Extremität, Höhe nicht näher bezeichnet**
Traumatische Amputation des Armes o.n.A.
T11.8 **Sonstige näher bezeichnete Verletzungen der oberen Extremität, Höhe nicht näher bezeichnet**
T11.9 **Nicht näher bezeichnete Verletzung der oberen Extremität, Höhe nicht näher bezeichnet**
Verletzung des Armes o.n.A.

T12 Fraktur der unteren Extremität, Höhe nicht näher bezeichnet

Gebrochenes Bein o.n.A.
Fraktur des Beines o.n.A.

Die folgenden 5. Stellen können wahlweise zusätzlich benutzt werden, wenn die multiple Verschlüsselung von Frakturen mit offenen Wunden nicht möglich oder nicht erwünscht ist. Eine Fraktur, die nicht als geschlossen oder offen gekennzeichnet ist, sollte als geschlossene Fraktur klassifiziert werden.

0 geschlossen
1 offen

Exkl.: Multiple Frakturen des Beines, Höhe nicht näher bezeichnet (T02.-)

T13 Sonstige Verletzungen der unteren Extremität, Höhe nicht näher bezeichnet

Exkl.: Fraktur der unteren Extremität, Höhe nicht näher bezeichnet (T12)
Verletzungen mit Beteiligung mehrerer Körperregionen (T00–T07)
Zerquetschung der unteren Extremität o.n.A. (T04.3)

T13.0 **Oberflächliche Verletzung der unteren Extremität, Höhe nicht näher bezeichnet**
T13.1 **Offene Wunde der unteren Extremität, Höhe nicht näher bezeichnet**
T13.2 **Luxation, Verstauchung und Zerrung von nicht näher bezeichnetem Gelenk und Band der unteren Extremität, Höhe nicht näher bezeichnet**

T13.3	**Verletzung eines nicht näher bezeichneten Nerven der unteren Extremität, Höhe nicht näher bezeichnet**
T13.4	**Verletzung eines nicht näher bezeichneten Blutgefäßes der unteren Extremität, Höhe nicht näher bezeichnet**
T13.5	**Verletzung von nicht näher bezeichnete(m)(r) Muskel und Sehne der unteren Extremität, Höhe nicht näher bezeichnet**
T13.6	**Traumatische Amputation der unteren Extremität, Höhe nicht näher bezeichnet**
	Traumatische Amputation des Beines o.n.A.
T13.8	**Sonstige näher bezeichnete Verletzungen der unteren Extremität, Höhe nicht näher bezeichnet**
T13.9	**Nicht näher bezeichnete Verletzung der unteren Extremität, Höhe nicht näher bezeichnet**
	Verletzung des Beines o.n.A.

T14 Verletzung einer nicht näher bezeichneten Körperregion

Exkl.: Verletzungen mit Beteiligung mehrerer Körperregionen (T00–T07)

T14.0 Oberflächliche Verletzung an einer nicht näher bezeichneten Körperregion

Blasenbildung (nichtthermisch)
Hämatom
Insektenbiß oder -stich (ungiftig)
Oberflächliche Verletzung
Prellung [Kontusion] o.n.A.
Quetschwunde
Schürfwunde
Verletzung durch oberflächlichen Fremdkörper (Splitter) ohne größere offene Wunde

Exkl.: Multiple oberflächliche Verletzungen o.n.A. (T00.9)

T14.1 Offene Wunde an einer nicht näher bezeichneten Körperregion

Offene Wunde
Rißwunde
Schnittwunde o.n.A
Stichwunde mit (penetrierendem) Fremdkörper
Tierbiß

Exkl.: Multiple:
- offene Wunden o.n.A. (T01.9)
- traumatische Amputationen o.n.A. (T05.9)

Traumatische Amputation o.n.A. (T14.7)

T14.2 Fraktur an einer nicht näher bezeichneten Körperregion

Die folgenden 5. Stellen können wahlweise zusätzlich benutzt werden, wenn die multiple Verschlüsselung von Frakturen mit offenen Wunden nicht möglich oder nicht erwünscht ist. Eine Fraktur, die nicht als geschlossen oder offen gekennzeichnet ist, sollte als geschlossene Fraktur klassifiziert werden.

0 geschlossen
1 offen

Fraktur:
- disloziert o.n.A.
- geschlossen o.n.A.
- offen o.n.A.
- verschoben o.n.A.
- o.n.A.

Exkl.:   Multiple Frakturen o.n.A. (T02.9)

T14.3 Luxation, Verstauchung und Zerrung an einer nicht näher bezeichneten Körperregion

Abriß
Traumatisch:
- Hämarthros
- Subluxation
- Riß
- Ruptur

Verstauchung
Zerreißung
Zerrung

Gelenk (-Kapsel) o.n.A.
Ligament o.n.A.

Exkl.:   Multiple Luxationen, Verstauchungen und Zerrungen o.n.A. (T03.9)

T14.4 Verletzung eines oder mehrerer Nerven an einer nicht näher bezeichneten Körperregion

Nervenverletzung
Traumatisch:
- Hämatomyelie
- Lähmung (vorübergehend)
- Nervendurchtrennung

o.n.A.

Exkl.:   Multiple Verletzungen von Nerven o.n.A. (T06.2)

T14.5 Verletzung eines oder mehrerer Blutgefäße an einer nicht näher bezeichneten Körperregion

Abriß
Rißverletzung
Schnittverletzung
Traumatisch:
- Aneurysma oder Fistel (arteriovenös)
- arterielles Hämatom
- Ruptur
Verletzung
} Blutgefäß(e) o.n.A.

Exkl.: Multiple Verletzungen von Blutgefäßen o.n.A. (T06.3)

T14.6 Verletzung von Muskeln und Sehnen an einer nicht näher bezeichneten Körperregion

Abriß
Riß
Schnittverletzung
Traumatische Ruptur
Verletzung
} Muskel(n) o.n.A.
Sehne(n) o.n.A.

Exkl.: Multiple Verletzungen von Muskeln und Sehnen o.n.A. (T06.4)

T14.7 Zerquetschung und traumatische Amputation einer nicht näher bezeichneten Körperregion

Traumatische Amputation o.n.A.
Zerquetschung o.n.A.

Exkl.: Multiple:
- Traumatische Amputationen o.n.A. (T05.9)
- Zerquetschungen o.n.A. (T04.9)

T14.8 Sonstige Verletzungen einer nicht näher bezeichneten Körperregion

T14.9 Verletzung, nicht näher bezeichnet

Exkl.: Multiple Verletzungen o.n.A. (T07)

Folgen des Eindringens eines Fremdkörpers durch eine natürliche Körperöffnung (T15–T19)

Exkl.: Fremdkörper:
- in Stichwunde – siehe offene Wunde nach Körperregion
- verblieben, im Weichteilgewebe (M79.5)
- versehentlich in einer Operationswunde zurückgeblieben (T81.5)

Splitter ohne größere offene Wunde – siehe oberflächliche Verletzung nach Körperregion

T15 Fremdkörper im äußeren Auge

Exkl.: Fremdkörper in perforierender Verletzung:
- Orbita und Augapfel (S05.4–S05.5)
- Orbita und Augapfel, verblieben (alt) (H05.5, H44.6–H44.7)

Verbliebener Fremdkörper im Augenlid (H02.8)

T15.0 Fremdkörper in der Kornea

T15.1 Fremdkörper im Konjunktivalsack

T15.8 Fremdkörper an sonstigen und mehreren Lokalisationen des äußeren Auges
Fremdkörper im Punctum lacrimale

T15.9 Fremdkörper im äußeren Auge, Teil nicht näher bezeichnet

T16 Fremdkörper im Ohr
Gehörgang

T17 Fremdkörper in den Atemwegen

Inkl.: Asphyxie durch Fremdkörper
Aspiration von Flüssigkeit oder Erbrochenem o.n.A.
Ersticken durch:
- Nahrung (regurgitiert)
- Schleim

T17.0 Fremdkörper in der Nasennebenhöhle

T17.1 Fremdkörper im Nasenloch
Nase o.n.A.

T17.2 Fremdkörper im Rachen
Nasopharynx
Rachen o.n.A.

T17.3 Fremdkörper im Kehlkopf

T17.4 Fremdkörper in der Trachea

T17.5 Fremdkörper im Bronchus

T17.8 Fremdkörper an sonstigen und mehreren Lokalisationen der Atemwege
Bronchiolen
Lunge

T17.9 Fremdkörper in den Atemwegen, Teil nicht näher bezeichnet

T18 Fremdkörper im Verdauungstrakt

Exkl.: Fremdkörper im Rachen (T17.2)

T18.0 Fremdkörper im Mund

T18.1 Fremdkörper im Ösophagus

T18.2	Fremdkörper im Magen
T18.3	Fremdkörper im Dünndarm
T18.4	Fremdkörper im Dickdarm
T18.5	Fremdkörper in Anus und Rektum

Rektosigmoid (Übergang)

T18.8	Fremdkörper an sonstigen und mehreren Lokalisationen des Verdauungstraktes
T18.9	Fremdkörper im Verdauungstrakt, Teil nicht näher bezeichnet

Verdauungssystem o.n.A.
Verschluckter Fremdkörper o.n.A.

T19 Fremdkörper im Urogenitaltrakt

Exkl.: Mechanische Komplikation durch mechanische Kontrazeptiva (intrauterin) (vaginal) (T83.3)
Vorhandensein eines Pessars (intrauterin) (vaginal) zur Kontrazeption (Z97.5)

T19.0	Fremdkörper in der Harnröhre
T19.1	Fremdkörper in der Harnblase
T19.2	Fremdkörper in der Vulva und in der Vagina
T19.3	Fremdkörper im Uterus [jeder Teil]
T19.8	Fremdkörper an sonstigen und mehreren Lokalisationen des Urogenitaltraktes
T19.9	Fremdkörper im Urogenitaltrakt, Teil nicht näher bezeichnet

Verbrennungen oder Verätzungen (T20–T32)

Inkl.: Chemische Verätzungen (äußere) (innere)
Verbrennungen (thermisch) durch:
- Blitzschlag
- elektrisches Heizgerät
- Elektrizität
- Flamme
- heiße Gegenstände
- Heißluft oder heiße Gase
- Reibungswärme
- Strahleneinwirkung

Verbrühungen

Exkl.: Erythema [Dermatitis] ab igne (L59.0)
Krankheiten der Haut und der Unterhaut durch Strahleneinwirkung (L55–L59)
Sonnenbrand (L55.–)

Verbrennungen oder Verätzungen der äußeren Körperoberfläche, Lokalisation bezeichnet (T20–T25)

Inkl.: Verbrennungen oder Verätzungen:
- 1. Grades [Erythem]
- 2. Grades [Blasenbildung] [Nekrosen der Oberhaut]
- 3. Grades [Nekrose des unter der Haut liegenden Gewebes] [Nekrose aller Hautschichten]

T20 Verbrennung oder Verätzung des Kopfes und des Halses

Inkl.: Auge mit Beteiligung anderer Teile des Gesichtes, des Kopfes und des Halses
behaarte Kopfhaut [jeder Teil]
Lippe
Nase (Septum)
Ohr [jeder Teil]
Schläfenregion

Exkl.: Verbrennung oder Verätzung:
- begrenzt auf das Auge und seine Anhangsgebilde (T26.–)
- Mund und Rachen (T28.0)

T20.0	Verbrennung nicht näher bezeichneten Grades des Kopfes und des Halses
T20.1	Verbrennung 1. Grades des Kopfes und des Halses
T20.2	Verbrennung 2. Grades des Kopfes und des Halses
T20.3	Verbrennung 3. Grades des Kopfes und des Halses
T20.4	Verätzung nicht näher bezeichneten Grades des Kopfes und des Halses
T20.5	Verätzung 1. Grades des Kopfes und des Halses
T20.6	Verätzung 2. Grades des Kopfes und des Halses
T20.7	Verätzung 3. Grades des Kopfes und des Halses

T21 Verbrennung oder Verätzung des Rumpfes

Inkl.: Anus
Bauchdecke
Flanke
Gesäß
Interskapularregion
Labium (majus) (minus)
Leiste
Mamma
Penis
Perineum
Rücken [jeder Teil]
Skrotum
Testis
Thoraxwand
Vulva

Exkl.: Verbrennung oder Verätzung:
- Achselhöhle (T22.–)
- Skapularregion (T22.–)

T21.0 **Verbrennung nicht näher bezeichneten Grades des Rumpfes**
T21.1 **Verbrennung 1. Grades des Rumpfes**
T21.2 **Verbrennung 2. Grades des Rumpfes**
T21.3 **Verbrennung 3. Grades des Rumpfes**
T21.4 **Verätzung nicht näher bezeichneten Grades des Rumpfes**
T21.5 **Verätzung 1. Grades des Rumpfes**
T21.6 **Verätzung 2. Grades des Rumpfes**
T21.7 **Verätzung 3. Grades des Rumpfes**

T22 Verbrennung oder Verätzung der Schulter und des Armes, ausgenommen Handgelenk und Hand

Inkl.: Achselhöhle
Arm [jeder Teil, ausgenommen Handgelenk und Hand, isoliert]
Skapularregion

Exkl.: Verbrennung oder Verätzung:
- Handgelenk und Hand, isoliert (T23.–)
- Interskapularregion (T21.–)

T22.0 **Verbrennung nicht näher bezeichneten Grades der Schulter und des Armes, ausgenommen Handgelenk und Hand**

T22.1	Verbrennung 1. Grades der Schulter und des Armes, ausgenommen Handgelenk und Hand
T22.2	Verbrennung 2. Grades der Schulter und des Armes, ausgenommen Handgelenk und Hand
T22.3	Verbrennung 3. Grades der Schulter und des Armes, ausgenommen Handgelenk und Hand
T22.4	Verätzung nicht näher bezeichneten Grades der Schulter und des Armes, ausgenommen Handgelenk und Hand
T22.5	Verätzung 1. Grades der Schulter und des Armes, ausgenommen Handgelenk und Hand
T22.6	Verätzung 2. Grades der Schulter und des Armes, ausgenommen Handgelenk und Hand
T22.7	Verätzung 3. Grades der Schulter und des Armes, ausgenommen Handgelenk und Hand

T23 Verbrennung oder Verätzung des Handgelenkes und der Hand

Inkl.: Daumen (-Nagel)
Finger (-Nagel)
Handfläche

T23.0	Verbrennung nicht näher bezeichneten Grades des Handgelenkes und der Hand
T23.1	Verbrennung 1. Grades des Handgelenkes und der Hand
T23.2	Verbrennung 2. Grades des Handgelenkes und der Hand
T23.3	Verbrennung 3. Grades des Handgelenkes und der Hand
T23.4	Verätzung nicht näher bezeichneten Grades des Handgelenkes und der Hand
T23.5	Verätzung 1. Grades des Handgelenkes und der Hand
T23.6	Verätzung 2. Grades des Handgelenkes und der Hand
T23.7	Verätzung 3. Grades des Handgelenkes und der Hand

T24 Verbrennung oder Verätzung der Hüfte und des Beines, ausgenommen Knöchelregion und Fuß

Inkl.: Bein [jeder Teil, ausgenommen Knöchelregion und Fuß, isoliert]

Exkl.: Verbrennung oder Verätzung der Knöchelregion und des Fußes, isoliert (T25.–)

T24.0	Verbrennung nicht näher bezeichneten Grades der Hüfte und des Beines, ausgenommen Knöchelregion und Fuß

T24.1	Verbrennung 1. Grades der Hüfte und des Beines, ausgenommen Knöchelregion und Fuß
T24.2	Verbrennung 2. Grades der Hüfte und des Beines, ausgenommen Knöchelregion und Fuß
T24.3	Verbrennung 3. Grades der Hüfte und des Beines, ausgenommen Knöchelregion und Fuß
T24.4	Verätzung nicht näher bezeichneten Grades der Hüfte und des Beines, ausgenommen Knöchelregion und Fuß
T24.5	Verätzung 1. Grades der Hüfte und des Beines, ausgenommen Knöchelregion und Fuß
T24.6	Verätzung 2. Grades der Hüfte und des Beines, ausgenommen Knöchelregion und Fuß
T24.7	Verätzung 3. Grades der Hüfte und des Beines, ausgenommen Knöchelregion und Fuß

T25 Verbrennung oder Verätzung der Knöchelregion und des Fußes

Inkl.: Zehe(n)

T25.0	Verbrennung nicht näher bezeichneten Grades der Knöchelregion und des Fußes
T25.1	Verbrennung 1. Grades der Knöchelregion und des Fußes
T25.2	Verbrennung 2. Grades der Knöchelregion und des Fußes
T25.3	Verbrennung 3. Grades der Knöchelregion und des Fußes
T25.4	Verätzung nicht näher bezeichneten Grades der Knöchelregion und des Fußes
T25.5	Verätzung 1. Grades der Knöchelregion und des Fußes
T25.6	Verätzung 2. Grades der Knöchelregion und des Fußes
T25.7	Verätzung 3. Grades der Knöchelregion und des Fußes

Verbrennungen oder Verätzungen, die auf das Auge und auf innere Organe begrenzt sind (T26–T28)

T26 Verbrennung oder Verätzung, begrenzt auf das Auge und seine Anhangsgebilde

T26.0	Verbrennung des Augenlides und der Periokularregion

T26.1	Verbrennung der Kornea und des Konjunktivalsackes
T26.2	Verbrennung mit nachfolgender Ruptur und Destruktion des Augapfels
T26.3	Verbrennung sonstiger Teile des Auges und seiner Anhangsgebilde
T26.4	Verbrennung des Auges und seiner Anhangsgebilde, Teil nicht näher bezeichnet
T26.5	Verätzung des Augenlides und der Periokularregion
T26.6	Verätzung der Kornea und des Konjunktivalsackes
T26.7	Verätzung mit nachfolgender Ruptur und Destruktion des Augapfels
T26.8	Verätzung sonstiger Teile des Auges und seiner Anhangsgebilde
T26.9	Verätzung des Auges und seiner Anhangsgebilde, Teil nicht näher bezeichnet

T27 Verbrennung oder Verätzung der Atemwege

T27.0	Verbrennung des Kehlkopfes und der Trachea
T27.1	Verbrennung des Kehlkopfes und der Trachea mit Beteiligung der Lunge
	Exkl.: Explosionstrauma (T70.8)
T27.2	Verbrennung sonstiger Teile der Atemwege
	Thoraxhöhle
T27.3	Verbrennung der Atemwege, Teil nicht näher bezeichnet
T27.4	Verätzung des Kehlkopfes und der Trachea
T27.5	Verätzung des Kehlkopfes und der Trachea mit Beteiligung der Lunge
T27.6	Verätzung sonstiger Teile der Atemwege
T27.7	Verätzung der Atemwege, Teil nicht näher bezeichnet

T28 Verbrennung oder Verätzung sonstiger innerer Organe

T28.0	Verbrennung des Mundes und des Rachens
T28.1	Verbrennung des Ösophagus
T28.2	Verbrennung sonstiger Teile des Verdauungstraktes
T28.3	Verbrennung innerer Organe des Urogenitaltraktes
T28.4	Verbrennung sonstiger und nicht näher bezeichneter innerer Organe
T28.5	Verätzung des Mundes und des Rachens
T28.6	Verätzung des Ösophagus
T28.7	Verätzung sonstiger Teile des Verdauungstraktes
T28.8	Verätzung innerer Organe des Urogenitaltraktes

T28.9 Verätzung sonstiger und nicht näher bezeichneter innerer Organe

Verbrennungen oder Verätzungen mehrerer und nicht näher bezeichneter Körperregionen (T29–T32)

T29 Verbrennungen oder Verätzungen mehrerer Körperregionen

Inkl.: Verbrennungen oder Verätzungen, die unter mehr als einer Kategorie von T20–T28 klassifizierbar sind

T29.0 Verbrennungen mehrerer Körperregionen nicht näher bezeichneten Grades
Multiple Verbrennungen o.n.A.

T29.1 Verbrennungen mehrerer Körperregionen, wobei höchstens Verbrennungen 1. Grades angegeben sind

T29.2 Verbrennungen mehrerer Körperregionen, wobei höchstens Verbrennungen 2. Grades angegeben sind

T29.3 Verbrennungen mehrerer Körperregionen, wobei mindestens eine Verbrennung 3. Grades angegeben ist

T29.4 Verätzungen mehrerer Körperregionen nicht näher bezeichneten Grades
Multiple Verätzungen o.n.A.

T29.5 Verätzungen mehrerer Körperregionen, wobei höchstens Verätzungen 1. Grades angegeben sind

T29.6 Verätzungen mehrerer Körperregionen, wobei höchstens Verätzungen 2. Grades angegeben sind

T29.7 Verätzungen mehrerer Körperregionen, wobei mindestens eine Verätzung 3. Grades angegeben ist

T30 Verbrennung oder Verätzung, Körperregion nicht näher bezeichnet

Exkl.: Verbrennung oder Verätzung mit Angabe des Ausmaßes der betroffenen Körperoberfläche (T31–T32)

T30.0 Verbrennung nicht näher bezeichneten Grades, Körperregion nicht näher bezeichnet
Verbrennung o.n.A.

T30.1	**Verbrennung 1. Grades, Körperregion nicht näher bezeichnet** Verbrennung 1. Grades o.n.A.
T30.2	**Verbrennung 2. Grades, Körperregion nicht näher bezeichnet** Verbrennung 2. Grades o.n.A.
T30.3	**Verbrennung 3. Grades, Körperregion nicht näher bezeichnet** Verbrennung 3. Grades o.n.A.
T30.4	**Verätzung nicht näher bezeichneten Grades, Körperregion nicht näher bezeichnet** Verätzung o.n.A.
T30.5	**Verätzung 1. Grades, Körperregion nicht näher bezeichnet** Verätzung 1. Grades o.n.A.
T30.6	**Verätzung 2. Grades, Körperregion nicht näher bezeichnet** Verätzung 2. Grades o.n.A.
T30.7	**Verätzung 3. Grades, Körperregion nicht näher bezeichnet** Verätzung 3. Grades o.n.A.

T31 Verbrennungen, klassifiziert nach dem Ausmaß der betroffenen Körperoberfläche

Hinweis: Diese Kategorie ist nur dann zur primären Verschlüsselung zu benutzen, wenn die Lokalisation der Verbrennung nicht näher bezeichnet ist; sie kann bei den Kategorien T20–T29 zur zusätzlichen Verschlüsselung benutzt werden, wenn die Lokalisation näher bezeichnet ist.

T31.0	**Verbrennungen von weniger als 10 Prozent der Körperoberfläche**
T31.1	**Verbrennungen von 10–19 Prozent der Körperoberfläche**
T31.2	**Verbrennungen von 20–29 Prozent der Körperoberfläche**
T31.3	**Verbrennungen von 30–39 Prozent der Körperoberfläche**
T31.4	**Verbrennungen von 40–49 Prozent der Körperoberfläche**
T31.5	**Verbrennungen von 50–59 Prozent der Körperoberfläche**
T31.6	**Verbrennungen von 60–69 Prozent der Körperoberfläche**
T31.7	**Verbrennungen von 70–79 Prozent der Körperoberfläche**
T31.8	**Verbrennungen von 80–89 Prozent der Körperoberfläche**
T31.9	**Verbrennungen von 90 oder mehr Prozent der Körperoberfläche**

T32 Verätzungen, klassifiziert nach dem Ausmaß der betroffenen Körperoberfläche

Hinweis: Diese Kategorie ist nur dann zur primären Verschlüsselung zu benutzen, wenn die Lokalisation der Verätzung nicht näher bezeichnet ist; sie kann bei den Kategorien T20–T29 zur zusätzlichen Verschlüsselung benutzt werden, wenn die Lokalisation näher bezeichnet ist.

T32.0 Verätzungen von weniger als 10 Prozent der Körperoberfläche
T32.1 Verätzungen von 10–19 Prozent der Körperoberfläche
T32.2 Verätzungen von 20–29 Prozent der Körperoberfläche
T32.3 Verätzungen von 30–39 Prozent der Körperoberfläche
T32.4 Verätzungen von 40–49 Prozent der Körperoberfläche
T32.5 Verätzungen von 50–59 Prozent der Körperoberfläche
T32.6 Verätzungen von 60–69 Prozent der Körperoberfläche
T32.7 Verätzungen von 70–79 Prozent der Körperoberfläche
T32.8 Verätzungen von 80–89 Prozent der Körperoberfläche
T32.9 Verätzungen von 90 oder mehr Prozent der Körperoberfläche

Erfrierungen (T33–T35)

Exkl.: Hypothermie und sonstige Schäden durch niedrige Umgebungstemperatur (T68–T69)

T33 Oberflächliche Erfrierung

Inkl.: Erfrierung mit Nekrosen der Oberhaut
Exkl.: Oberflächliche Erfrierung mit Beteiligung mehrerer Körperregionen (T35.0)

T33.0 Oberflächliche Erfrierung des Kopfes
T33.1 Oberflächliche Erfrierung des Halses
T33.2 Oberflächliche Erfrierung des Thorax
T33.3 Oberflächliche Erfrierung der Bauchdecke, der Lumbosakralgegend und des Beckens
T33.4 Oberflächliche Erfrierung des Armes
Exkl.: Oberflächliche Erfrierung des Handgelenkes und der Hand, isoliert (T33.5)
T33.5 Oberflächliche Erfrierung des Handgelenkes und der Hand
T33.6 Oberflächliche Erfrierung der Hüfte und des Oberschenkels

T33.7	**Oberflächliche Erfrierung des Knies und des Unterschenkels**
	Exkl.: Oberflächliche Erfrierung der Knöchelregion und des Fußes, isoliert (T33.8)
T33.8	**Oberflächliche Erfrierung der Knöchelregion und des Fußes**
T33.9	**Oberflächliche Erfrierung an sonstigen und nicht näher bezeichneten Lokalisationen**

Oberflächliche Erfrierung:
- Bein o.n.A.
- Rumpf o.n.A.
- o.n.A.

T34 Erfrierung mit Gewebsnekrose

Exkl.: Erfrierung mit Gewebsnekrose mit Beteiligung mehrerer Körperregionen (T35.1)

T34.0	**Erfrierung mit Gewebsnekrose des Kopfes**
T34.1	**Erfrierung mit Gewebsnekrose des Halses**
T34.2	**Erfrierung mit Gewebsnekrose des Thorax**
T34.3	**Erfrierung mit Gewebsnekrose der Bauchdecke, der Lumbosakralgegend und des Beckens**
T34.4	**Erfrierung mit Gewebsnekrose des Armes**
	Exkl.: Erfrierung mit Gewebsnekrose des Handgelenkes und der Hand, isoliert (T34.5)
T34.5	**Erfrierung mit Gewebsnekrose des Handgelenkes und der Hand**
T34.6	**Erfrierung mit Gewebsnekrose der Hüfte und des Oberschenkels**
T34.7	**Erfrierung mit Gewebsnekrose des Knies und des Unterschenkels**
	Exkl.: Erfrierung mit Gewebsnekrose der Knöchelregion und des Fußes, isoliert (T34.8)
T34.8	**Erfrierung mit Gewebsnekrose der Knöchelregion und des Fußes**
T34.9	**Erfrierung mit Gewebsnekrose an sonstigen und nicht näher bezeichneten Lokalisationen**

Erfrierung mit Gewebsnekrose:
- Bein o.n.A.
- Rumpf o.n.A.
- o.n.A.

T35 Erfrierung mit Beteiligung mehrerer Körperregionen und nicht näher bezeichnete Erfrierung

T35.0 **Oberflächliche Erfrierung mit Beteiligung mehrerer Körperregionen**
Multiple oberflächliche Erfrierungen o.n.A.

T35.1 **Erfrierung mit Gewebsnekrose mit Beteiligung mehrerer Körperregionen**
Multiple Erfrierungen mit Gewebsnekrose o.n.A.

T35.2 **Nicht näher bezeichnete Erfrierung des Kopfes und des Halses**

T35.3 **Nicht näher bezeichnete Erfrierung des Thorax, des Abdomens, der Lumbosakralgegend und des Beckens**
Erfrierung des Rumpfes o.n.A.

T35.4 **Nicht näher bezeichnete Erfrierung der oberen Extremität**

T35.5 **Nicht näher bezeichnete Erfrierung der unteren Extremität**

T35.6 **Nicht näher bezeichnete Erfrierung mit Beteiligung mehrerer Körperregionen**
Multiple Erfrierungen o.n.A.

T35.7 **Nicht näher bezeichnete Erfrierung an nicht näher bezeichneten Lokalisationen**
Erfrierung o.n.A.

Vergiftung durch Arzneimittel, Drogen und biologisch aktive Substanzen (T36–T50)

Inkl.: Irrtümliche Verabreichung oder Einnahme falscher Substanzen
Überdosierung dieser Substanzen

Exkl.: Arzneimittel- oder Drogenabhängigkeit und verwandte psychische und Verhaltensstörungen durch psychotrope Substanzen (F10–F19)
Arzneimittelreaktion und -vergiftung beim Feten und Neugeborenen (P00–P96)
Mißbrauch von nichtabhängigkeitserzeugenden Substanzen (F55)
Pathologischer Rausch (F10–F19)
Unerwünschte Nebenwirkungen [Überempfindlichkeit, Reaktion usw.] indikationsgerechter Arzneimittel bei ordnungsgemäßer Verabreichung. Diese sind nach der Art der unerwünschten Nebenwirkung zu klassifizieren, wie z.B.:
- Blutkrankheiten (D50–D76)
- Dermatitis:
  - durch oral, enteral oder parenteral aufgenommene Substanzen (L27.-)
  - Kontakt- (L23–L25)
- Gastritis, verursacht durch Azetylsalizylsäure [Aspirin] (K29.-)
- Nephropathie (N14.0–N14.2)
- nicht näher bezeichnete unerwünschte Nebenwirkung eines Arzneimittels oder einer Droge (T88.7)

T36 Vergiftung durch systemisch wirkende Antibiotika

Exkl.: Antibiotika:
- antineoplastisch (T45.1)
- bei lokaler Anwendung, anderenorts nicht klassifiziert (T49.0)
- bei topischer Anwendung:
  - Auge (T49.5)
  - Ohr, Nase und Rachen (T49.6)

T36.0 **Penizilline**

T36.1 **Cephalosporine und andere β-Laktam-Antibiotika**

T36.2 **Chloramphenicol-Gruppe**

T36.3 **Makrolide**

T36.4 **Tetrazykline**

T36.5 **Aminoglykoside**
Streptomycin

T36.6 Rifamycine
T36.7 Antimykotika bei systemischer Anwendung
T36.8 Sonstige systemisch wirkende Antibiotika
T36.9 Systemisch wirkendes Antibiotikum, nicht näher bezeichnet

T37 Vergiftung durch sonstige systemisch wirkende Antiinfektiva und Antiparasitika

Exkl.: Antiinfektiva:
- bei lokaler Anwendung, anderenorts nicht klassifiziert (T49.0)
- bei topischer Anwendung:
  - Ohr, Nase und Rachen (T49.6)
  - Auge (T49.5)

T37.0 Sulfonamide

T37.1 Antimykobakterielle Arzneimittel
Exkl.: Rifamycine (T36.6)
Streptomycin (T36.5)

T37.2 Antimalariamittel und Arzneimittel gegen andere Blutprotozoen
Exkl.: Hydroxychinolin-Derivate (T37.8)

T37.3 Sonstige Antiprotozoika

T37.4 Anthelminthika

T37.5 Virostatika
Exkl.: Amantadin (T42.8)
Cytarabin (T45.1)

T37.8 Sonstige näher bezeichnete systemisch wirkende Antiinfektiva und Antiparasitika
Hydroxychinolin-Derivate
Exkl.: Antimalariamittel (T37.2)

T37.9 Systemisch wirkendes Antiinfektivum und Antiparasitikum, nicht näher bezeichnet

T38 Vergiftung durch Hormone und deren synthetische Ersatzstoffe und Antagonisten, anderenorts nicht klassifiziert

Exkl.: Mineralokortikoide und deren Antagonisten (T50.0)
Oxytozin (T48.0)
Nebenschilddrüsenhormone und deren Derivate (T50.9)

T38.0	**Glukokortikoide und synthetische Analoga**
	Exkl.: Glukokortikoide bei topischer Anwendung (T49.–)
T38.1	**Schilddrüsenhormone und Ersatzstoffe**
T38.2	**Thyreostatika**
T38.3	**Insulin und orale blutzuckersenkende Arzneimittel [Antidiabetika]**
T38.4	**Orale Kontrazeptiva**
	Mono- und Kombinationspräparate
T38.5	**Sonstige Östrogene und Gestagene**
	Mixturen und Ersatzstoffe
T38.6	**Antigonadotropine, Antiöstrogene und Antiandrogene, anderenorts nicht klassifiziert**
	Tamoxifen
T38.7	**Androgene und verwandte Anabolika**
T38.8	**Sonstige und nicht näher bezeichnete Hormone und synthetische Ersatzstoffe**
	Hypophysenvorderlappenhormone [Adenohypophysenhormone]
T38.9	**Sonstige und nicht näher bezeichnete Hormon-Antagonisten**

T39 Vergiftung durch nichtopioidhaltige Analgetika, Antipyretika und Antirheumatika

T39.0	**Salizylate**
T39.1	**4–Aminophenol-Derivate**
T39.2	**Pyrazolon-Derivate**
T39.3	**Sonstige nichtsteroidale Antiphlogistika [NSAID]**
T39.4	**Antirheumatika, anderenorts nicht klassifiziert**
	Exkl.: Glukokortikoide (T38.0)
	Salizylate (T39.0)
T39.8	**Sonstige nichtopioidhaltige Analgetika und Antipyretika, anderenorts nicht klassifiziert**
T39.9	**Nichtopioidhaltige Analgetika, Antipyretika und Antirheumatika, nicht näher bezeichnet**

T40 Vergiftung durch Betäubungsmittel und Psychodysleptika [Halluzinogene]

Exkl.: Arzneimittel- oder Drogenabhängigkeit und verwandte psychische und Verhaltensstörungen durch psychotrope Substanzen (F10–F19)

T40.0 Opium

T40.1 Heroin

T40.2 Sonstige Opioide
Kodein
Morphin

T40.3 Methadon

T40.4 Sonstige synthetische Betäubungsmittel
Pethidin

T40.5 Kokain

T40.6 Sonstige und nicht näher bezeichnete Betäubungsmittel

T40.7 Cannabis (-Derivate)

T40.8 Lysergid [LSD]

T40.9 Sonstige und nicht näher bezeichnete Psychodysleptika [Halluzinogene]
Mescalin
Psilocin
Psilocybin

T41 Vergiftung durch Anästhetika und therapeutische Gase

Exkl.: Benzodiazepine (T42.4)
Kokain (T40.5)
Opioide (T40.0–T40.2)

T41.0 Inhalationsanästhetika
Exkl.: Sauerstoff (T41.5)

T41.1 Intravenöse Anästhetika
Thiobarbiturate

T41.2 Sonstige und nicht näher bezeichnete Allgemeinanästhetika

T41.3 Lokalanästhetika

T41.4 Anästhetikum, nicht näher bezeichnet

T41.5 Therapeutische Gase
Kohlendioxid
Sauerstoff

T42 Vergiftung durch Antiepileptika, Sedativa, Hypnotika und Antiparkinsonmittel

Exkl.: Arzneimittel- oder Drogenabhängigkeit und verwandte psychische und Verhaltensstörungen durch psychotrope Substanzen (F10–F19)

T42.0 Hydantoin-Derivate

T42.1 Iminostilbene
Carbamazepin

T42.2 Succinimide und Oxazolidine

T42.3 Barbiturate
Exkl.: Thiobarbiturate (T41.1)

T42.4 Benzodiazepine

T42.5 Gemischte Antiepileptika, anderenorts nicht klassifiziert

T42.6 Sonstige Antiepileptika, Sedativa und Hypnotika
Methaqualon
Valproinsäure
Exkl.: Carbamazepin (T42.1)

T42.7 Antiepileptika, Sedativa und Hypnotika, nicht näher bezeichnet
Schlafmittel ⎫
Schlaftabletten ⎬ o.n.A.
Schlaftrunk ⎭

T42.8 Antiparkinsonmittel und andere zentral wirkende Muskelrelaxantien
Amantadin

T43 Vergiftung durch psychotrope Substanzen, anderenorts nicht klassifiziert

Exkl.: Appetitzügler (T50.5)
Arzneimittel- oder Drogenabhängigkeit und verwandte psychische und Verhaltensstörungen durch psychotrope Substanzen (F10–F19)
Barbiturate (T42.3)
Benzodiazepine (T42.4)
Methaqualon (T42.6)
Psychodysleptika [Halluzinogene] (T40.7–T40.9)

T43.0 Tri- und tetrazyklische Antidepressiva
T43.1 Monoaminooxidase-hemmende Antidepressiva
T43.2 Sonstige und nicht näher bezeichnete Antidepressiva
T43.3 Antipsychotika und Neuroleptika auf Phenothiazin-Basis
T43.4 Neuroleptika auf Butyrophenon- und Thioxanthen-Basis
T43.5 Sonstige und nicht näher bezeichnete Antipsychotika und Neuroleptika
Exkl.: Rauwolfiaalkaloide (T46.5)
T43.6 Psychostimulanzien mit Mißbrauchspotential
Exkl.: Kokain (T40.5)
T43.8 Sonstige psychotrope Substanzen, anderenorts nicht klassifiziert
T43.9 Psychotrope Substanz, nicht näher bezeichnet

T44 Vergiftung durch primär auf das autonome Nervensystem wirkende Arzneimittel

T44.0 Cholinesterase-Hemmer
T44.1 Sonstige Parasympathomimetika [Cholinergika]
T44.2 Ganglienblocker, anderenorts nicht klassifiziert
T44.3 Sonstige Parasympatholytika [Anticholinergika und Antimuskarinika] und Spasmolytika, anderenorts nicht klassifiziert
Papaverin
T44.4 Vorwiegend α-Rezeptoren-Stimulanzien, anderenorts nicht klassifiziert
Metaraminol

T44.5 **Vorwiegend β-Rezeptoren-Stimulanzien, anderenorts nicht klassifiziert**
Exkl.: Salbutamol (T48.6)

T44.6 **α-Rezeptorenblocker, anderenorts nicht klassifiziert**
Exkl.: Mutterkorn-Alkaloide (T48.0)

T44.7 **β-Rezeptorenblocker, anderenorts nicht klassifiziert**

T44.8 **Zentral wirkende und adrenerge Neuronenblocker, anderenorts nicht klassifiziert**
Exkl.: Clonidin (T46.5)
Guanethidin (T46.5)

T44.9 **Sonstige und nicht näher bezeichnete, primär auf das autonome Nervensystem wirkende Arzneimittel**
Kombinierte α- und β-Rezeptoren-Stimulanzien

T45 Vergiftung durch primär systemisch und auf das Blut wirkende Mittel, anderenorts nicht klassifiziert

T45.0 **Antiallergika und Antiemetika**
Exkl.: Neuroleptika auf Phenothiazin-Basis (T43.3)

T45.1 **Antineoplastika und Immunsuppressiva**
Antineoplastische Antibiotika
Cytarabin
Exkl.: Tamoxifen (T38.6)

T45.2 **Vitamine, anderenorts nicht klassifiziert**
Exkl.: Nikotinsäure (-Derivate) (T46.7)
Vitamin K (T45.7)

T45.3 **Enzyme, anderenorts nicht klassifiziert**

T45.4 **Eisen und dessen Verbindungen**

T45.5 **Antikoagulanzien**

T45.6 **Fibrinolytika und Fibrinolyse-Hemmer**

T45.7 **Antikoagulanzien-Antagonisten, Vitamin K und sonstige Koagulanzien**

T45.8 **Sonstige primär systemisch und auf das Blut wirkende Mittel**
Blut und Blutprodukte
Leberextrakte und sonstige Antianämika
Plasmaersatzmittel
Exkl.: Eisen (T45.4)
Immunglobulin (T50.9)

T45.9 Primär systemisch und auf das Blut wirkendes Mittel, nicht näher bezeichnet

T46 Vergiftung durch primär auf das Herz-Kreislaufsystem wirkende Mittel

Exkl.: Metaraminol (T44.4)

T46.0 Herzglykoside und Arzneimittel mit ähnlicher Wirkung
T46.1 Kalziumantagonisten
T46.2 Sonstige Antiarrhythmika, anderenorts nicht klassifiziert
Exkl.: β-Rezeptorenblocker (T44.7)
T46.3 Koronardilatatoren, anderenorts nicht klassifiziert
Dipyridamol
Exkl.: β-Rezeptorenblocker (T44.7)
Kalziumantagonisten (T46.1)
T46.4 Angiotensin-Konversionsenzym-Hemmer [ACE-Hemmer]
T46.5 Sonstige Antihypertensiva, anderenorts nicht klassifiziert
Clonidin
Guanethidin
Rauwolfiaalkaloide
Exkl.: β-Rezeptorenblocker (T44.7)
Diuretika (T50.0–T50.2)
Kalziumantagonisten (T46.1)
T46.6 Antihyperlipidämika und Arzneimittel gegen Arteriosklerose
T46.7 Periphere Vasodilatatoren
Nikotinsäure (-Derivate)
Exkl.: Papaverin (T44.3)
T46.8 Antivarikosa, einschließlich Verödungsmittel
T46.9 Sonstige und nicht näher bezeichnete, primär auf das Herz-Kreislaufsystem wirkende Mittel

T47 Vergiftung durch primär auf den Magen-Darmtrakt wirkende Mittel

T47.0 Histamin-H_2-Rezeptorenblocker
T47.1 Sonstige Antazida und Magensekretionshemmer
T47.2 Stimulierende Laxanzien

T47.3	**Salinische und osmotische Laxanzien**
T47.4	**Sonstige Laxanzien**
	Arzneimittel gegen Darmatonie
T47.5	**Digestiva**
T47.6	**Antidiarrhoika**

> *Exkl.:* Systemisch wirkende Antibiotika und sonstige Antiinfektiva (T36–T37)

T47.7	**Emetika**
T47.8	**Sonstige primär auf den Magen-Darmtrakt wirkende Mittel**
T47.9	**Primär auf den Magen-Darmtrakt wirkendes Arzneimittel, nicht näher bezeichnet**

T48 Vergiftung durch primär auf die glatte Muskulatur, die Skelettmuskulatur und das Atmungssystem wirkende Mittel

T48.0 Oxytozin [Ocytocin] und ähnlich wirkende Wehenmittel

> *Exkl.:* Östrogene, Gestagene und deren Antagonisten (T38.4–T38.6)

T48.1	**Muskelrelaxanzien [neuromuskuläre Blocker]**
T48.2	**Sonstige und nicht näher bezeichnete, primär auf die Muskulatur wirkende Mittel**
T48.3	**Antitussiva**
T48.4	**Expektoranzien**
T48.5	**Arzneimittel gegen Erkältungskrankheiten**
T48.6	**Antiasthmatika, anderenorts nicht klassifiziert**
	Salbutamol

> *Exkl.:* β-Rezeptoren-Stimulanzien (T44.5)
> Hypophysenvorderlappenhormone [Adenohypophysenhormone] (T38.8)

T48.7	**Sonstige und nicht näher bezeichnete, primär auf das Atmungssystem wirkende Mittel**

T49 Vergiftung durch primär auf Haut und Schleimhäute wirkende und in der Augen-, der Hals-Nasen-Ohren- und der Zahnheilkunde angewendete Mittel zur topischen Anwendung

Inkl.: Glukokortikoide bei topischer Anwendung

T49.0 Antimykotika, Antiinfektiva und Antiphlogistika zur lokalen Anwendung, anderenorts nicht klassifiziert

T49.1 Antipruriginosa

T49.2 Adstringenzien und Detergenzien zur lokalen Anwendung

T49.3 Hauterweichende [Emollienzien], hautpflegende [Demulzenzien] und hautschützende Mittel

T49.4 Keratolytika, Keratoplastika und sonstige Arzneimittel und Präparate zur Haarbehandlung

T49.5 Ophthalmika
Antiinfektiva zur Anwendung am Auge

T49.6 In der Hals-Nasen-Ohren-Heilkunde angewendete Arzneimittel und Präparate
Antiinfektiva zur Anwendung an Ohr, Nase und Rachen

T49.7 Dentalpharmaka bei topischer Anwendung

T49.8 Sonstige Mittel zur topischen Anwendung
Spermizide

T49.9 Mittel zur topischen Anwendung, nicht näher bezeichnet

T50 Vergiftung durch Diuretika und sonstige und nicht näher bezeichnete Arzneimittel, Drogen und biologisch aktive Substanzen

T50.0 Mineralokortikoide und deren Antagonisten

T50.1 Schleifendiuretika [High-ceiling-Diuretika]

T50.2 Carboanhydrase-Hemmer, Benzothiadiazin-Derivate und andere Diuretika
Azetazolamid

T50.3 Auf den Elektrolyt-, Kalorien- und Wasserhaushalt wirkende Mittel
Salze zur oralen Rehydratation

T50.4 Auf den Harnsäure-Stoffwechsel wirkende Arzneimittel
Urikostatika
Urikosurika

T50.5	**Appetitzügler**
T50.6	**Antidote und Chelatbildner, anderenorts nicht klassifiziert**
	Alkoholentwöhnungsmittel
T50.7	**Analeptika und Opioid-Rezeptor-Antagonisten**
T50.8	**Diagnostika**
T50.9	**Sonstige und nicht näher bezeichnete Arzneimittel, Drogen und biologisch aktive Substanzen**
	Alkalisierende Arzneimittel
	Ansäuernde Arzneimittel
	Immunglobuline
	Immunologisch wirksame Substanzen
	Lipotrope Arzneimittel
	Nebenschilddrüsenhormone und deren Derivate

Toxische Wirkungen von vorwiegend nicht medizinisch verwendeten Substanzen (T51–T65)

Exkl.: Krankheitszustände der Atemwege durch exogene Substanzen (J60–J70)
Umschriebene toxische Wirkungen, die anderenorts klassifiziert sind (A00–R99)
Verätzungen (T20–T32)

T51 Toxische Wirkung von Alkohol

T51.0	**Äthanol**
	Äthylalkohol
	Exkl.: Akute Alkoholintoxikation oder Alkoholnachwirkungen, „Kater" (F10.0)
	Pathologischer Rausch (F10.0)
	Trunkenheit (F10.0)
T51.1	**Methanol**
	Methylalkohol
T51.2	**2-Propanol**
	Isopropylalkohol
T51.3	**Fuselöl**
	Alkohol:
	• Amyl-
	• Butyl- [1–Butanol]
	• Propyl- [1–Propanol]
T51.8	**Sonstige Alkohole**

T51.9 Alkohol, nicht näher bezeichnet

T52 Toxische Wirkung von organischen Lösungsmitteln

Exkl.: Halogenierte aliphatische und aromatische Kohlenwasserstoffe (T53.–)

T52.0 Erdölprodukte
Benzin
Kerosin [Paraffinöl]
Paraffin
Petroläther

T52.1 Benzol
Exkl.: Benzol-Homologe (T52.2)
Nitro- und Aminoderivate von Benzol und dessen Homologen (T65.3)

T52.2 Benzol-Homologe
Toluol [Methylbenzol]
Xylol [Dimethylbenzol]

T52.3 Glykole

T52.4 Ketone

T52.8 Sonstige organische Lösungsmittel

T52.9 Organisches Lösungsmittel, nicht näher bezeichnet

T53 Toxische Wirkung von halogenierten aliphatischen und aromatischen Kohlenwasserstoffen

T53.0 Tetrachlorkohlenstoff
Tetrachlormethan

T53.1 Chloroform
Trichlormethan

T53.2 Trichloräthylen
Trichloräthen

T53.3 Tetrachloräthylen
Perchloräthylen
Tetrachloräthen

T53.4	Dichlormethan
	Methylenchlorid
T53.5	**Fluorchlorkohlenwasserstoffe [FCKW]**
T53.6	**Sonstige halogenierte aliphatische Kohlenwasserstoffe**
T53.7	**Sonstige halogenierte aromatische Kohlenwasserstoffe**
T53.9	**Halogenierte aliphatische und aromatische Kohlenwasserstoffe, nicht näher bezeichnet**

T54 Toxische Wirkung von ätzenden Substanzen

T54.0	**Phenol und dessen Homologe**
T54.1	**Sonstige ätzende organische Verbindungen**
T54.2	**Ätzende Säuren und säureähnliche Substanzen**
	Salzsäure
	Schwefelsäure
T54.3	**Ätzalkalien und alkaliähnliche Substanzen**
	Kaliumhydroxid
	Natriumhydroxid
T54.9	**Ätzende Substanz, nicht näher bezeichnet**

T55 Toxische Wirkung von Seifen und Detergenzien

T56 Toxische Wirkung von Metallen

Inkl.: Metalle jeder Herkunft, ausgenommen medizinische Substanzen
Metallrauch und -dämpfe

Exkl.: Arsen und dessen Verbindungen (T57.0)
Mangan und dessen Verbindungen (T57.2)
Thallium (T60.4)

T56.0	**Blei und dessen Verbindungen**
T56.1	**Quecksilber und dessen Verbindungen**
T56.2	**Chrom und dessen Verbindungen**
T56.3	**Kadmium und dessen Verbindungen**
T56.4	**Kupfer und dessen Verbindungen**

T56.5 Zink und dessen Verbindungen
T56.6 Zinn und dessen Verbindungen
T56.7 Beryllium und dessen Verbindungen
T56.8 Sonstige Metalle
T56.9 Metall, nicht näher bezeichnet

T57 Toxische Wirkung von sonstigen anorganischen Substanzen

T57.0 Arsen und dessen Verbindungen
T57.1 Phosphor und dessen Verbindungen
Exkl.: Organophosphat-Insektizide (T60.0)
T57.2 Mangan und dessen Verbindungen
T57.3 Blausäure
T57.8 Sonstige näher bezeichnete anorganische Substanzen
T57.9 Anorganische Substanz, nicht näher bezeichnet

T58 Toxische Wirkung von Kohlenmonoxid
Jede Herkunft

T59 Toxische Wirkung sonstiger Gase, Dämpfe oder sonstigen Rauches
Inkl.: Aerosol-Treibgase
Exkl.: Fluorchlorkohlenwasserstoffe (T53.5)

T59.0 Stickstoffoxide
T59.1 Schwefeldioxid
T59.2 Formaldehyd
T59.3 Tränengas
T59.4 Chlorgas
T59.5 Fluorgas und Fluorwasserstoff
T59.6 Schwefelwasserstoff
T59.7 Kohlendioxid
T59.8 Sonstige näher bezeichnete Gase, Dämpfe oder sonstiger näher bezeichneter Rauch

T59.9 Gase, Dämpfe oder Rauch, nicht näher bezeichnet

T60 Toxische Wirkung von Schädlingsbekämpfungsmitteln [Pestizide]
Inkl.: Holzschutzmittel

T60.0 Organophosphat- und Carbamat-Insektizide
T60.1 Halogenierte Insektizide
Exkl.: Chlorierte Kohlenwasserstoffe (T53.–)
T60.2 Sonstige Insektizide
T60.3 Herbizide und Fungizide
T60.4 Rodentizide
Thallium
Exkl.: Strychnin und dessen Salze (T65.1)
T60.8 Sonstige Schädlingsbekämpfungsmittel
T60.9 Schädlingsbekämpfungsmittel, nicht näher bezeichnet

T61 Toxische Wirkung schädlicher Substanzen, die mit eßbaren Meerestieren aufgenommen wurden
Exkl.: Allergische Reaktion auf Lebensmittel, wie z.B.:
- anaphylaktischer Schock durch Nahrungsmittelunverträglichkeit (T78.0)
- Dermatitis (L23.6, L25.4, L27.2)
- Gastroenteritis (nichtinfektiös) (K52.–)

Bakteriell bedingte Lebensmittelvergiftungen (A05.–)
Toxische Wirkung infolge Lebensmittel-Kontamination, wie z.B.:
- Aflatoxin und sonstige Mykotoxine (T64)
- Blausäure (T57.3)
- Quecksilber (T56.1)
- Zyanide (T65.0)

T61.0 Ciguatera-Fischvergiftung
T61.1 Scombroid-Fischvergiftung
Histamin-ähnliches Syndrom
T61.2 Sonstige Vergiftung durch Fische und Schalentiere
T61.8 Toxische Wirkung sonstiger eßbarer Meerestiere
T61.9 Toxische Wirkung eines nicht näher bezeichneten eßbaren Meerestieres

T62 Toxische Wirkung sonstiger schädlicher Substanzen, die mit der Nahrung aufgenommen wurden

Exkl.: Allergische Reaktion auf Lebensmittel, wie z.B.:
- anaphylaktischer Schock durch Nahrungsmittelunverträglichkeit (T78.0)
- Dermatitis (L23.6, L25.4, L27.2)
- Gastroenteritis (nichtinfektiös) (K52.–)

Bakteriell bedingte Lebensmittelvergiftungen (A05.–)
Toxische Wirkung infolge Lebensmittel-Kontamination, wie z.B.:
- Aflatoxin und sonstige Mykotoxine (T64)
- Blausäure (T57.3)
- Quecksilber (T56.1)
- Zyanide (T65.0)

T62.0 **Verzehrte Pilze**

T62.1 **Verzehrte Beeren**

T62.2 **Sonstige verzehrte Pflanze(n) oder Teil(e) davon**

T62.8 **Sonstige näher bezeichnete schädliche Substanzen, die mit der Nahrung aufgenommen wurden**

T62.9 **Schädliche Substanz, die mit der Nahrung aufgenommen wurde, nicht näher bezeichnet**

T63 Toxische Wirkung durch Kontakt mit giftigen Tieren

T63.0 **Schlangengift**
Gift von Seeschlangen

T63.1 **Gift anderer Reptilien**
Gift von Echsen

T63.2 **Skorpiongift**

T63.3 **Spinnengift**

T63.4 **Gift sonstiger Arthropoden**
Insektenbiß oder -stich, giftig

T63.5 **Toxische Wirkung durch Kontakt mit Fischen**
Exkl.: Vergiftung durch verzehrte Fische (T61.0–T61.2)

T63.6	**Toxische Wirkung durch Kontakt mit sonstigen Meerestieren**

Qualle
Schalentiere
Seeanemone
Seestern

Exkl.:   Gift von Seeschlangen (T63.0)
Vergiftung durch verzehrte Schalentiere (T61.2)

T63.8	**Toxische Wirkung durch Kontakt mit sonstigen giftigen Tieren**

Amphibiengift

T63.9	**Toxische Wirkung durch Kontakt mit einem nicht näher bezeichneten giftigen Tier**

T64 Toxische Wirkung von Aflatoxin und sonstigem Mykotoxin in kontaminierten Lebensmitteln

T65 Toxische Wirkung sonstiger und nicht näher bezeichneter Substanzen

T65.0	**Zyanide**

Exkl.:   Blausäure (T57.3)

T65.1	**Strychnin und dessen Salze**
T65.2	**Tabak und Nikotin**
T65.3	**Nitro- und Aminoderivate von Benzol und dessen Homologen**

Anilin [Aminobenzol]
Nitrobenzol
Trinitrotoluol

T65.4	**Schwefelkohlenstoff**
T65.5	**Glyzeroltrinitrat, Sauerstoffsäuren des Stickstoffs und deren Ester**

1,2,3–Propantriol, Trinitrat

T65.6	**Farben und Farbstoffe, anderenorts nicht klassifiziert**
T65.8	**Toxische Wirkung sonstiger näher bezeichneter Substanzen**
T65.9	**Toxische Wirkung einer nicht näher bezeichneten Substanz**

Vergiftung o.n.A.

Sonstige und nicht näher bezeichnete Schäden durch äußere Ursachen
(T66–T78)

T66 Nicht näher bezeichnete Schäden durch Strahlung
Strahlenkrankheit

Exkl.: Näher bezeichnete Schäden durch Strahlung, wie z.B.:
- durch Strahleneinwirkung hervorgerufene:
  - Gastroenteritis und Kolitis (K52.0)
  - Krankheiten der Haut und der Unterhaut (L55–L59)
  - Pneumonitis (J70.0)
- Leukämie (C91–C95)
- Sonnenbrand (L55.–)
- Verbrennungen (T20–T31)

T67 Schäden durch Hitze und Sonnenlicht

Exkl.: Erythema [Dermatitis] ab igne (L59.0)
Krankheiten der Schweißdrüsen durch Hitze (L74–L75)
Maligne Hyperthermie durch Anästhesie (T88.3)
Sonnenbrand (L55.–)
Strahlenbedingte Störungen der Haut und der Unterhaut (L55–L59)
Verbrennungen (T20–T31)

T67.0 Hitzschlag und Sonnenstich
Insolation
Thermoplegie

T67.1 Hitzesynkope
Hitzekollaps

T67.2 Hitzekrampf

T67.3 Hitzeerschöpfung durch Wasserverlust
Exkl.: Hitzeerschöpfung durch Salzverlust (T67.4)

T67.4 Hitzeerschöpfung durch Salzverlust
Hitzeerschöpfung durch Salz- (und Wasser-) Verlust

T67.5	**Hitzeerschöpfung, nicht näher bezeichnet**
	Hitzeerschöpfung o.n.A.
T67.6	**Passagere Hitzeermüdung**
T67.7	**Hitzeödem**
T67.8	**Sonstige Schäden durch Hitze und Sonnenlicht**
T67.9	**Schaden durch Hitze und Sonnenlicht, nicht näher bezeichnet**

T68 Hypothermie

Hypothermie durch Unfall

Exkl.: Erfrierungen (T33–T35)
Hypothermie:
- beim Neugeborenen (P80.–)
- nach Anästhesie (T88.5)
- nicht in Verbindung mit niedriger Umgebungstemperatur (R68.0)

T69 Sonstige Schäden durch niedrige Temperatur

Exkl.: Erfrierungen (T33–T35)

T69.0	**Kälte-Nässe-Schaden der Hände oder Füße**
	Schützengrabenfuß [Trench foot]
T69.1	**Frostbeulen**
T69.8	**Sonstige näher bezeichnete Schäden durch niedrige Temperatur**
T69.9	**Schaden durch niedrige Temperatur, nicht näher bezeichnet**

T70 Schäden durch Luft- und Wasserdruck

T70.0	**Barotrauma des Ohres**
	Aerootitis media
	Ohrschäden durch Wechsel des Luft- oder Wasserdruckes
T70.1	**Barotrauma der Nasennebenhöhlen**
	Aerosinusitis
	Nasennebenhöhlen-Schäden durch Wechsel des Luftdruckes

T70.2 Sonstige und nicht näher bezeichnete Schäden durch große Höhe
Barotrauma o.n.A.
Bergkrankheit
Höhenkrankheit
Sauerstoffmangel in großer Höhe
Exkl.: Polyglobulie durch Aufenthalt in großer Höhe (D75.1)

T70.3 Caissonkrankheit [Dekompressionskrankheit]
Druckluftkrankheit
Taucherkrankheit

T70.4 Schäden durch Hochdruckflüssigkeiten
Sprühinjektion
Hochdruck-Spritzverletzung (industriell)

T70.8 Sonstige Schäden durch Luft- und Wasserdruck
Explosionstrauma

T70.9 Schaden durch Luft- und Wasserdruck, nicht näher bezeichnet

T71 Erstickung
Ersticken (durch Strangulation)
Systemischer Sauerstoffmangel durch:
- mechanische Behinderung der Atmung
- niedrigen Sauerstoffgehalt der Umgebungsluft

Exkl.: Asphyxie durch:
- Aspiration von Nahrungsmittel oder Fremdkörper (T17.-)
- Kohlenmonoxid (T58)
- sonstige Gase, Dämpfe oder sonstiger Rauch (T59.-)

Atemnot (-Syndrom):
- des Erwachsenen (J80)
- des Neugeborenen (P22.-)

Sauerstoffmangel in großer Höhe (T70.2)

T73 Schäden durch sonstigen Mangel

T73.0 Schäden durch Hunger
Hungertod
Nahrungsmittelmangel

T73.1 Schäden durch Durst
Wassermangel

T73.2 Erschöpfung durch Ausgesetztsein (gegenüber Witterungsunbilden)

Verletzungen, Vergiftungen und bestimmte andere Folgen äußerer Ursachen

T73.3 **Erschöpfung durch übermäßige Anstrengung**
Überanstrengung

T73.8 **Sonstige Schäden durch Mangel**

T73.9 **Schaden durch Mangel, nicht näher bezeichnet**

T74 Mißhandlungssyndrome
Soll die akute Verletzung angegeben werden, ist eine zusätzliche Schlüsselnummer zu benutzen.

T74.0 **Vernachlässigen oder Imstichlassen**

T74.1 **Körperlicher Mißbrauch**
Ehegattenmißhandlung o.n.A.
Kindesmißhandlung o.n.A.

T74.2 **Sexueller Mißbrauch**

T74.3 **Psychischer Mißbrauch**

T74.8 **Sonstige Mißhandlungsformen**
Mischformen

T74.9 **Mißhandlung, nicht näher bezeichnet**
Schäden durch Mißbrauch:
- eines Erwachsenen o.n.A.
- eines Kindes o.n.A.

T75 Schäden durch sonstige äußere Ursachen

Exkl.:   Unerwünschte Nebenwirkungen, anderenorts nicht klassifiziert (T78.–)
Verbrennungen (elektrisch) (T20–T31)

T75.0 **Schäden durch Blitzschlag**
Schock durch Blitzschlag

T75.1 **Ertrinken und nichttödliches Untertauchen**
Schwimmkrampf
Untertauchen

T75.2 **Schäden durch Vibration**
Preßlufthammer-Syndrom
Schwindel durch Infraschall
Traumatisches Vasospasmus-Syndrom

T75.3 Kinetose
Luftkrankheit
Reisekrankheit
Seekrankheit

T75.4 Schäden durch elektrischen Strom
Schock durch elektrischen Strom
Stromtod

T75.8 Sonstige näher bezeichnete Schäden durch äußere Ursachen
Auswirkungen von:
- anomalen Gravitationskräften
- Schwerelosigkeit

T78 Unerwünschte Nebenwirkungen, anderenorts nicht klassifiziert

Hinweis: Diese Kategorie ist zur primären Verschlüsselung zu benutzen, um anderenorts nicht klassifizierbare Schäden durch unbekannte, nicht feststellbare oder ungenau bezeichnete Ursachen zu kennzeichnen. Bei der multiplen Verschlüsselung kann sie zusätzlich benutzt werden, um Auswirkungen von anderenorts klassifizierten Zuständen zu kennzeichnen.

Exkl.: Komplikationen chirurgischer und medizinischer Behandlung, anderenorts nicht klassifiziert (T80–T88)

T78.0 Anaphylaktischer Schock durch Nahrungsmittelunverträglichkeit

T78.1 Sonstige Nahrungsmittelunverträglichkeit, anderenorts nicht klassifiziert

Exkl.: Bakteriell bedingte Lebensmittelvergiftungen (A05.–)
Dermatitis durch aufgenommene Nahrungsmittel (L27.2)
Dermatitis durch Nahrungsmittel bei Hautkontakt (L23.6, L24.6, L25.4)

T78.2 Anaphylaktischer Schock, nicht näher bezeichnet
Allergischer Schock
Anaphylaktische Reaktion } o.n.A.
Anaphylaxie

Exkl.: Anaphylaktischer Schock durch:
- Nahrungsmittelunverträglichkeit (T78.0)
- Serum (T80.5)
- unerwünschte Nebenwirkung eines indikationsgerechten Arzneimittels bei ordnungsgemäßer Verabreichung (T88.6)

T78.3 Angioneurotisches Ödem
Quincke-Ödem
Urticaria gigantea
Exkl.: Urtikaria (L50.-)
Serumurtikaria (T80.6)

T78.4 Allergie, nicht näher bezeichnet
Allergische Reaktion o.n.A.
Idiosynkrasie o.n.A.
Überempfindlichkeit o.n.A.
Exkl.: Allergische Reaktion o.n.A. auf indikationsgerechtes Arzneimittel bei ordnungsgemäßer Verabreichung (T88.7)
Näher bezeichnete Formen einer allergischen Reaktion, wie z.B.:
- allergische Gastroenteritis und Kolitis (K52.2)
- Dermatitis (L23–L25, L27.-)
- Heuschnupfen (J30.1)

T78.8 Sonstige unerwünschte Nebenwirkungen, anderenorts nicht klassifiziert

T78.9 Unerwünschte Nebenwirkung, nicht näher bezeichnet
Exkl.: Unerwünschte Nebenwirkung einer chirurgischen und medizinischen Behandlung o.n.A. (T88.9)

Bestimmte Frühkomplikationen eines Traumas (T79)

T79 Bestimmte Frühkomplikationen eines Traumas, anderenorts nicht klassifiziert
Exkl.: Atemnotsyndrom:
- des Erwachsenen (J80)
- des Neugeborenen (P22.0)

Komplikationen bei chirurgischen Eingriffen und medizinischer Behandlung, anderenorts nicht klassifiziert (T80–T88)
Während oder nach medizinischen Maßnahmen (T80–T88)

T79.0 Luftembolie (traumatisch)
Exkl.: Luftembolie als Komplikation bei:
- Abort, Extrauteringravidität oder Molenschwangerschaft (O00–O07, O08.2)
- Schwangerschaft, Geburt oder Wochenbett (O88.0)

T79.1 Fettembolie (traumatisch)

Exkl.: Fettembolie als Komplikation bei:
- Abort, Extrauteringravidität oder Molenschwangerschaft (O00–O07, O08.2)
- Schwangerschaft, Geburt oder Wochenbett (O88.0)

T79.2 Traumatisch bedingte sekundäre oder rezidivierende Blutung

T79.3 Posttraumatische Wundinfektion, anderenorts nicht klassifiziert

Soll der Infektionserreger angegeben werden, ist eine zusätzliche Schlüsselnummer (B95–B97) zu benutzen.

T79.4 Traumatischer Schock

Schock (unmittelbar) (protrahiert) nach Verletzung

Exkl.: Schock (durch):
- als Komplikation bei Abort, Extrauteringravidität oder Molenschwangerschaft (O00–O07, O08.3)
- Anästhesie (T88.2)
- anaphylaktisch (durch):
  - indikationsgerechtes Arzneimittel bei ordnungsgemäßer Verabreichung (T88.6)
  - Nahrungsmittelunverträglichkeit (T78.0)
  - Serum (T80.5)
  - o.n.A. (T78.2)
- Blitzschlag (T75.0)
- elektrischen Strom (T75.4)
- Geburts- (O75.1)
- nichttraumatisch, anderenorts nicht klassifiziert (R57.–)
- postoperativ (T81.1)

T79.5 Traumatische Anurie

Crush-Syndrom
Nierenversagen nach Zerquetschung

T79.6 Traumatische Muskelischämie

Kompartmentsyndrom
Volkmann-Kontraktur [ischämische Muskelkontraktur]

T79.7 Traumatisches subkutanes Emphysem

Exkl.: Emphysem (subkutan) als Folge eines Eingriffes (T81.8)

T79.8 Sonstige Frühkomplikationen eines Traumas

T79.9 Nicht näher bezeichnete Frühkomplikation eines Traumas

Komplikationen bei chirurgischen Eingriffen und medizinischer Behandlung, anderenorts nicht klassifiziert
(T80–T88)

Sollen die eingesetzten Hilfsmittel oder die näheren Umstände angegeben werden, sind zusätzliche Schlüsselnummern (Kapitel XX) zu benutzen.

Soll der Infektionserreger angegeben werden, ist eine zusätzliche Schlüsselnummer (B95–B97) zu benutzen.

Exkl.: Jede Inanspruchnahme medizinischer Betreuung wegen postoperativer Zustände, bei denen keine Komplikationen bestehen, wie z.B.:
- Anpassen und Einstellen von Ektoprothesen (Z44.-)
- Verschluß eines äußeren Stomas (Z43.-)
- Vorhandensein einer künstlichen Körperöffnung (Z93.-)

Komplikationen bei chirurgischen Eingriffen während der Schwangerschaft, der Geburt oder des Wochenbettes (O00–O99)

Näher bezeichnete Komplikationen, die anderenorts klassifiziert sind, wie z.B.:
- Funktionsstörung nach Kolostomie (K91.4)
- Funktionsstörungen nach kardiochirurgischem Eingriff (I97.0–I97.1)
- Austritt von Liquor cerebrospinalis durch Lumbalpunktion (G97.0)
- Postlaminektomie-Syndrom, anderenorts nicht klassifiziert (M96.1)
- Lymphödem nach Mastektomie (I97.2)
- Störungen des Wasser- und Elektrolythaushaltes (E86–E87)
- Syndrom der blinden Schlinge nach chirurgischem Eingriff (K91.2)
- Syndrome des operierten Magens (K91.1)

Unerwünschte Nebenwirkungen von Arzneimitteln und Drogen (A00–R99, T78.-)

Verbrennungen oder Verätzungen durch lokale Applikationen und Bestrahlung (T20–T32)

Vergiftung durch und toxische Wirkungen von Arzneimitteln, Drogen und chemische Substanzen (T36–T65)

T80 Komplikationen nach Infusion, Transfusion oder Injektion zu therapeutischen Zwecken
Inkl.: Perfusion
Exkl.: Abstoßung eines Knochenmarktransplantates (T86.0)

T80.0 Luftembolie nach Infusion, Transfusion oder Injektion zu therapeutischen Zwecken

T80.1 Gefäßkomplikationen nach Infusion, Transfusion oder Injektion zu therapeutischen Zwecken

Phlebitis
Thrombembolie } nach Infusion, Transfusion oder Injektion zu therapeutischen Zwecken
Thrombophlebitis

Exkl.: Aufgeführte Zustände mit der Angabe:
- durch Prothesen, Implantate und Transplantate (T82.8, T83.8, T84.8, T85.8)
- nach medizinischen Maßnahmen (T81.7)

T80.2 Infektionen nach Infusion, Transfusion oder Injektion zu therapeutischen Zwecken

Infektion
Sepsis
Septikämie } nach Infusion, Transfusion oder Injektion zu therapeutischen Zwecken
Septischer Schock

Exkl.: Aufgeführte Zustände mit der Angabe:
- durch Prothesen, Implantate und Transplantate (T82.6–T82.7, T83.5–T83.6, T84.5–T84.7, T85.7)
- nach medizinischen Maßnahmen (T81.4)

T80.3 ABO–Unverträglichkeitsreaktion
Inkompatible Bluttransfusion
Reaktion durch Blutgruppenunverträglichkeit bei Infusion oder Transfusion

T80.4 Rh-Unverträglichkeitsreaktion
Reaktionen durch Rh-Faktor bei Infusion oder Transfusion

T80.5 Anaphylaktischer Schock durch Serum

Exkl.: Schock:
- allergisch o.n.A. (T78.2)
- anaphylaktisch:
  - durch unerwünschte Nebenwirkung eines indikationsgerechten Arzneimittels bei ordnungsgemäßer Verabreichung (T88.6)
  - o.n.A. (T78.2)

T80.6 Sonstige Serumreaktionen
Serumdermatitis
Serumintoxikation
Serumkrankheit
Serumurtikaria

Exkl.: Serumhepatitis (B16.–)

T80.8 Sonstige Komplikationen nach Infusion, Transfusion oder Injektion zu therapeutischen Zwecken

T80.9 **Nicht näher bezeichnete Komplikation nach Infusion, Transfusion oder Injektion zu therapeutischen Zwecken**
Transfusionsreaktion o.n.A.

T81 Komplikationen bei Eingriffen, anderenorts nicht klassifiziert

Exkl.: Komplikation nach:
- Impfung [Immunisierung] (T88.0–T88.1)
- Infusion, Transfusion oder Injektion zu therapeutischen Zwecken (T80.–)

Näher bezeichnete, anderenorts klassifizierte Komplikationen, wie z.B.:
- Dermatitis durch Arzneimittel und Drogen (L23.3, L24.4, L25.1, L27.0–L27.1)
- Komplikation durch Prothesen, Implantate und Transplantate (T82–T85)
- Vergiftung durch und toxische Wirkung von Arzneimitteln, Drogen und chemischen Substanzen (T36–T65)

Unerwünschte Nebenwirkung von Arzneimitteln oder Drogen o.n.A. (T88.7)

T81.0 **Blutung und Hämatom als Komplikation eines Eingriffes, anderenorts nicht klassifiziert**
Blutung an jeder Lokalisation als Folge eines Eingriffes
Exkl.: Hämatom einer geburtshilflichen Wunde (O90.2)
Blutung durch Prothesen, Implantate und Transplantate (T82.8, T83.8, T84.8, T85.8)

T81.1 Schock während oder als Folge eines Eingriffes, anderenorts nicht klassifiziert

Kollaps o.n.A.
Schock (endotoxisch) (hypovolämisch) (septisch) } während oder als Folge eines Eingriffes
Postoperativer Schock o.n.A.

Exkl.: Schock (durch):
- als Folge von Abort, Extrauteringravidität oder Molenschwangerschaft (O00–O07, O08.3)
- Anästhesie (T88.2)
- anaphylaktisch (durch):
  - indikationsgerechtes Arzneimittel bei ordnungsgemäßer Verabreichung (T88.6)
  - Serum (T80.5)
  - o.n.A. (T78.2)
- elektrischen Strom (T75.4)
- Geburts- (O75.1)
- traumatisch (T79.4)

T81.2 Versehentliche Stich- oder Rißwunde während eines Eingriffes, anderenorts nicht klassifiziert

Versehentliche Perforation:
- Blutgefäß
- Nerv
- Organ
} durch { Endoskop / Instrument / Katheter / Sonde } während eines Eingriffes

Exkl.: Instrumentelle Verletzung unter der Geburt (O70–O71)
Näher bezeichnete, anderenorts klassifizierte Komplikationen, wie z.B. Masters-Allen-Syndrom (N83.8)
Perforation, Stich- oder Rißwunde, verursacht durch absichtlich im Operationsgebiet belassenes Gerät oder Implantat (T82–T85)

T81.3 Aufreißen einer Operationswunde, anderenorts nicht klassifiziert

Dehiszenz } einer Operationswunde
Ruptur

Exkl.: Dehiszenz einer:
- geburtshilflichen Dammwunde (O90.1)
- Kaiserschnittwunde (O90.0)

T81.4 Infektion nach einem Eingriff, anderenorts nicht klassifiziert

Abszeß:
- intraabdominal
- Naht-
- subphrenisch
- Wund-

Sepsis

} nach medizinischen Maßnahmen

Exkl.: Infektion (durch):
- Infusion, Transfusion oder Injektion zu therapeutischen Zwecken (T80.2)
- Prothesen, Implantate und Transplantate (T82.6–T82.7, T83.5–T83.6, T84.5–T84.7, T85.7)

Infektion der Wunde nach operativen geburtshilflichem Eingriff (O86.0)

T81.5 Fremdkörper, der versehentlich nach einem Eingriff in einer Körperhöhle oder Operationswunde zurückgeblieben ist

Adhäsionen
Obstruktion
Perforation

} durch einen Fremdkörper, der versehentlich in einer Körperhöhle oder Operationswunde zurückgeblieben ist

Exkl.: Obstruktion oder Perforation, verursacht durch absichtlich im Körper belassene Prothesen und Implantate (T82.0–T82.5, T83.0–T83.4, T84.0–T84.4, T85.0–T85.6)

T81.6 Akute Reaktion auf eine während eines Eingriffes versehentlich zurückgebliebene Fremdsubstanz

Peritonitis:
- aseptisch
- durch chemische Substanzen

T81.7 Gefäßkomplikationen nach einem Eingriff, anderenorts nicht klassifiziert

Luftembolie nach einem Eingriff, anderenorts nicht klassifiziert

Exkl.: Embolie:
- als Komplikation bei:
  - Abort, Extrauteringravidität oder Molenschwangerschaft (O00–O07, O08.2)
  - Schwangerschaft, Geburt oder Wochenbett (O88.–)
- durch Prothesen, Implantate und Transplantate (T82.8, T83.8, T84.8, T85.8)
- nach Infusion, Transfusion und Injektion zu therapeutischen Zwecken (T80.0)
- traumatisch (T79.0)

T81.8 Sonstige Komplikationen bei Eingriffen, anderenorts nicht klassifiziert

Emphysem (subkutan) als Folge eines Eingriffes
Komplikation bei Inhalationstherapie
Persistierende postoperative Fistel

Exkl.: Maligne Hyperthermie durch Anästhesie (T88.3)
Hypothermie nach Anästhesie (T88.5)

T81.9 Nicht näher bezeichnete Komplikation eines Eingriffes

T82 Komplikationen durch Prothesen, Implantate oder Transplantate im Herzen und in den Gefäßen

Exkl.: Versagen und Abstoßung von transplantierten Organen und Geweben (T86.–)

T82.0 Mechanische Komplikation durch eine Herzklappenprothese

Fehllage
Leckage
Obstruktion, mechanisch
Perforation } durch Herzklappenprothese
Protrusion
Verlagerung
Versagen (mechanisch)

T82.1 Mechanische Komplikation durch ein kardiales elektronisches Gerät

Unter T82.0 aufgeführte Zustände durch:
- Elektroden
- Impulsgenerator (Batterie)

T82.2 Mechanische Komplikation durch Koronararterien-Bypass und Klappentransplantate

Unter T82.0 aufgeführte Zustände durch Koronararterien-Bypass und Klappentransplantate

T82.3 Mechanische Komplikation durch sonstige Gefäßtransplantate

Unter T82.0 aufgeführte Zustände durch:
- Aorten- (Bifurkations-) Transplantat (Austausch)
- Arterientransplantat (Bypass) (A. carotis) (A. femoralis)

T82.4 Mechanische Komplikation durch Gefäßkatheter bei Dialyse

Unter T82.0 aufgeführte Zustände durch Gefäßkatheter bei Dialyse

Exkl.: Mechanische Komplikation durch Katheter zur Peritonealdialyse (T85.6)

T82.5 **Mechanische Komplikation durch sonstige Geräte und Implantate im Herzen und in den Gefäßen**
Unter T82.0 aufgeführte Zustände durch:
- arteriovenöse Fistel ⎫
- arteriovenösen Shunt ⎭ operativ angelegt
- Ballon- (Gegenpulsations-) Gerät
- Infusionskatheter
- künstliches Herz
- Vena-cava-Schirm

Exkl.: Mechanische Komplikation durch epiduralen oder subduralen Infusionskatheter (T85.6)

T82.6 **Infektion und entzündliche Reaktion durch eine Herzklappenprothese**

T82.7 **Infektion und entzündliche Reaktion durch sonstige Geräte, Implantate oder Transplantate im Herzen und in den Gefäßen**

T82.8 **Sonstige Komplikationen durch Prothesen, Implantate oder Transplantate im Herzen und in den Gefäßen**

Blutung
Embolie
Fibrose
Komplikation ⎬ durch Prothesen, Implantate oder Transplantate im Herzen und in den Gefäßen
Schmerzen
Stenose
Thrombose

T82.9 **Nicht näher bezeichnete Komplikation durch Prothese, Implantat oder Transplantat im Herzen und in den Gefäßen**

T83 Komplikationen durch Prothesen, Implantate oder Transplantate im Urogenitaltrakt

Exkl.: Versagen und Abstoßung von transplantierten Organen und Geweben (T86.–)

T83.0 **Mechanische Komplikation durch einen Harnwegskatheter (Verweilkatheter)**
Unter T82.0 aufgeführte Zustände durch:
- Transurethraler Verweilkatheter
- Zystostomiekatheter

T83.1 Mechanische Komplikation durch sonstige Geräte oder Implantate im Harntrakt
Unter T82.0 aufgeführte Zustände durch:
- elektronischen Stimulator
- Sphinkterimplantat
- Stent

im Harntrakt

T83.2 Mechanische Komplikation durch ein Harnorgantransplantat
Unter T82.0 aufgeführte Zustände durch ein Harnorgantransplantat

T83.3 Mechanische Komplikation durch ein Intrauterinpessar
Unter T82.0 aufgeführte Zustände durch ein Intrauterinpessar

T83.4 Mechanische Komplikation durch sonstige Prothesen, Implantate oder Transplantate im Genitaltrakt
Unter T82.0 aufgeführte Zustände durch (implantierte) Penisprothese

T83.5 Infektion und entzündliche Reaktion durch Prothese, Implantat oder Transplantat im Harntrakt

T83.6 Infektion und entzündliche Reaktion durch Prothese, Implantat oder Transplantat im Genitaltrakt

T83.8 Sonstige Komplikationen durch Prothesen, Implantate oder Transplantate im Urogenitaltrakt
Unter T82.0 aufgeführte Zustände durch Prothesen, Implantate oder Transplantate im Urogenitaltrakt

T83.9 Nicht näher bezeichnete Komplikation durch Prothese, Implantat oder Transplantat im Urogenitaltrakt

T84 Komplikationen durch orthopädische Endoprothesen, Implantate oder Transplantate

Exkl.: Knochenfraktur nach Einsetzen eines orthopädischen Implantates, einer Gelenkprothese oder Knochenplatte (M96.6)
Versagen und Abstoßung von transplantierten Organen und Geweben (T86.–)

T84.0 Mechanische Komplikation durch eine Gelenkendoprothese
Unter T82.0 aufgeführte Zustände durch eine Gelenkprothese

T84.1 Mechanische Komplikation durch eine interne Osteosynthesevorrichtung an Extremitätenknochen
Unter T82.0 aufgeführte Zustände durch eine interne Osteosynthesevorrichtung an Extremitätenknochen

T84.2 **Mechanische Komplikation durch eine interne Osteosynthesevorrichtung an sonstigen Knochen**
Unter T82.0 aufgeführte Zustände durch eine interne Osteosynthesevorrichtung an sonstigen Knochen

T84.3 **Mechanische Komplikation durch sonstige Knochengeräte, -implantate oder -transplantate**
Unter T82.0 aufgeführte Zustände durch:
- elektronischen Knochenstimulator
- Knochentransplantat

T84.4 **Mechanische Komplikation durch sonstige intern verwendete orthopädische Geräte, Implantate und Transplantate**
Unter T82.0 aufgeführte Zustände durch Muskel- oder Sehnentransplantat

T84.5 **Infektion und entzündliche Reaktion durch eine Gelenkendoprothese**

T84.6 **Infektion und entzündliche Reaktion durch eine interne Osteosynthesevorrichtung [jede Lokalisation]**

T84.7 **Infektion und entzündliche Reaktion durch sonstige orthopädische Endoprothesen, Implantate oder Transplantate**

T84.8 **Sonstige Komplikationen durch orthopädische Endoprothesen, Implantate oder Transplantate**
Unter T82.8 aufgeführte Zustände durch orthopädische Endoprothesen, Implantate oder Transplantate

T84.9 **Nicht näher bezeichnete Komplikation durch orthopädische Endoprothese, Implantat oder Transplantat**

T85 Komplikationen durch sonstige interne Prothesen, Implantate oder Transplantate

Exkl.: Versagen und Abstoßung von transplantierten Organen und Geweben (T86.-)

T85.0 **Mechanische Komplikation durch einen ventrikulären, intrakraniellen Shunt**
Unter T82.0 aufgeführte Zustände durch einen ventrikulären, intrakraniellen Shunt

T85.1 Mechanische Komplikation durch einen implantierten elektronischen Stimulator des Nervensystems
Unter T82.0 aufgeführte Zustände durch elektronischen Nervenstimulator (Elektrode):
- Gehirn
- periphere Nerven
- Rückenmark

T85.2 Mechanische Komplikation durch eine intraokulare Linse
Unter T82.0 aufgeführte Komplikationen durch eine intraokulare Linse

T85.3 Mechanische Komplikation durch sonstige Augenprothesen, -implantate oder -transplantate
Unter T82.0 aufgeführte Zustände durch:
- Hornhauttransplantat
- Orbitaprothese

T85.4 Mechanische Komplikation durch Mammaprothese oder -implantat
Unter T82.0 aufgeführte Zustände durch Mammaprothese oder -implantat

T85.5 Mechanische Komplikation durch gastrointestinale Prothesen, Implantate oder Transplantate
Unter T82.0 aufgeführte Zustände durch:
- Gallengangprothese
- ösophageale Anti-Reflux-Vorrichtung

T85.6 Mechanische Komplikation durch sonstige näher bezeichnete interne Prothesen, Implantate oder Transplantate
Unter T82.0 aufgeführte Zustände durch:
- Dauernähte
- epiduralen und subduralen Infusionskatheter
- Katheter zur Peritonealdialyse
- nichtresorbierbares Operationsmaterial o.n.A.

Exkl.: Mechanische Komplikation durch Dauernähte (Draht) zur Fixierung von Knochen (T84.1–T84.2)

T85.7 Infektion und entzündliche Reaktion durch sonstige interne Prothesen, Implantate oder Transplantate

T85.8 Sonstige Komplikationen durch interne Prothesen, Implantate oder Transplantate, anderenorts nicht klassifiziert
Unter T82.8 aufgeführte Zustände durch interne Prothesen, Implantate oder Transplantate, anderenorts nicht klassifiziert

T85.9 Nicht näher bezeichnete Komplikation durch interne Prothese, Implantat oder Transplantat
Komplikation durch interne Prothese, Implantat oder Transplantat o.n.A.

T86 Versagen und Abstoßung von transplantierten Organen und Geweben

T86.0 **Abstoßung eines Knochenmarktransplantates**
Graft-versus-host-Reaktion oder -Krankheit

T86.1 **Versagen und Abstoßung eines Nierentransplantates**

T86.2 **Versagen und Abstoßung eines Herztransplantates**
Exkl.: Komplikation durch:
- Herz-Lungen-Transplantat (T86.3)
- Künstliches Herzgerät (T82.–)

T86.3 **Versagen und Abstoßung eines Herz-Lungen-Transplantates**

T86.4 **Versagen und Abstoßung eines Lebertransplantates**

T86.8 **Versagen und Abstoßung sonstiger transplantierter Organe und Gewebe**
Transplantatversagen oder -abstoßung von:
- Darm
- Haut (Allotransplantat) (Autotransplantat)
- Knochen
- Lunge
- Pankreas

T86.9 **Versagen und Abstoßung eines nicht näher bezeichneten transplantierten Organes und Gewebes**

T87 Komplikationen, die für Replantation und Amputation bezeichnend sind

T87.0 **Komplikationen durch replantierte (Teile der) obere(n) Extremität**

T87.1 **Komplikationen durch replantierte (Teile der) untere(n) Extremität**

T87.2 **Komplikationen durch sonstigen replantierten Körperteil**

T87.3 **Neurom des Amputationsstumpfes**

T87.4 **Infektion des Amputationsstumpfes**

T87.5 **Nekrose des Amputationsstumpfes**

T87.6 Sonstige und nicht näher bezeichnete Komplikationen am Amputationsstumpf
Amputationsstumpf:
- (Flexions-) Kontraktur (des benachbarten proximalen Gelenkes)
- Hämatom
- Ödem

Exkl.: Phantomglied (G54.6–G54.7)

T88 Sonstige Komplikationen bei chirurgischen Eingriffen und medizinischer Behandlung, anderenorts nicht klassifiziert

Exkl.: Komplikationen nach:
- Eingriffen, anderenorts nicht klassifiziert (T81.-)
- Infusion, Transfusion oder Injektion zu therapeutischen Zwecken (T80.-)

Näher bezeichnete, anderenorts klassifizierte Komplikationen, wie z.B.:
- Dermatitis durch Arzneimittel und Drogen (L23.3, L24.4, L25.1, L27.0–L27.1)
- Komplikation bei:
  - geburtshilfliche Operationen und Maßnahmen (O75.4)
  - Geräte, Implantate und Transplantate (T82–T85)
- Komplikationen bei Anästhesie:
  - im Wochenbett (O89.-)
  - in der Schwangerschaft (O29.-)
  - während der Wehentätigkeit und bei der Entbindung (O74.-)
- Vergiftung durch und toxische Wirkung von Arzneimitteln, Drogen und chemischen Substanzen (T36–T65)

Versehentliche Stich- oder Rißwunde während eines Eingriffes (T81.2)

T88.0 Infektion nach Impfung [Immunisierung]
Sepsis } nach Impfung [Immunisierung]
Septikämie

T88.1 Sonstige Komplikationen nach Impfung [Immunisierung], anderenorts nicht klassifiziert
Hautausschlag nach Impfung

Exkl.: Anaphylaktischer Schock durch Serum (T80.5)
Arthritis nach Impfung [Immunisierung] (M02.2)
Enzephalitis nach Impfung [Immunisierung] (G04.0)
Sonstige Serumreaktionen (T80.6)

T88.2 Schock durch Anästhesie
Schock durch Anästhesie bei ordnungsgemäßer Verabreichung eines indikationsgerechten Arzneimittels
Exkl.: Komplikationen bei Anästhesie:
- durch Überdosis oder Verabreichung einer falschen Substanz (T36–T50)
- im Wochenbett (O89.–)
- in der Schwangerschaft (O29.–)
- während der Wehentätigkeit und bei der Entbindung (O74.–)

Postoperativer Schock o.n.A. (T81.1)

T88.3 Maligne Hyperthermie durch Anästhesie

T88.4 Mißlungene oder schwierige Intubation

T88.5 Sonstige Komplikationen infolge Anästhesie
Hypothermie nach Anästhesie

T88.6 Anaphylaktischer Schock als unerwünschte Nebenwirkung eines indikationsgerechten Arzneimittels oder einer indikationsgerechten Droge bei ordnungsgemäßer Verabreichung
Exkl.: Anaphylaktischer Schock durch Serum (T80.5)

T88.7 Nicht näher bezeichnete unerwünschte Nebenwirkung eines Arzneimittels oder einer Droge

Allergische Reaktion ⎫
Idiosynkrasie ⎬ durch indikationsgerechtes Arzneimittel oder indikationsgerechte
Überempfindlichkeit ⎪ Droge bei ordnungsgemäßer Verabreichung
Unerwünschte Nebenwirkung ⎭

Arzneimittel-:
- Reaktion o.n.A.
- Überempfindlichkeit o.n.A.

Exkl.: Näher bezeichnete unerwünschte Nebenwirkungen von Arzneimitteln und Drogen (A00–R99, T80–T88.6, T88.8)

T88.8 Sonstige näher bezeichnete Komplikationen bei chirurgischen Eingriffen und medizinischer Behandlung, anderenorts nicht klassifiziert

T88.9 Komplikation bei chirurgischen Eingriffen und medizinischer Behandlung, nicht näher bezeichnet
Exkl.: Unerwünschte Nebenwirkung o.n.A. (T78.9)

Folgen von Verletzungen, Vergiftungen und sonstigen Auswirkungen äußerer Ursachen (T90–T98)

Hinweis: Diese Kategorien sind zu benutzen, um bei Zuständen aus S00–S99 und T00–T88 anzuzeigen, daß sie anderenorts klassifizierte Spätfolgen verursacht haben. Zu den „Folgen" zählen Zustände, die als Folgen oder Spätfolgen bezeichnet sind oder die ein Jahr oder länger nach der akuten Verletzung bestehen.

T90 Folgen von Verletzungen des Kopfes

T90.0 Folgen einer oberflächlichen Verletzung des Kopfes
Folgen einer Verletzung, die unter S00.– klassifizierbar ist

T90.1 Folgen einer offenen Wunde des Kopfes
Folgen einer Verletzung, die unter S01.– klassifizierbar ist

T90.2 Folgen einer Fraktur des Schädels und der Gesichtsschädelknochen
Folgen einer Verletzung, die unter S02.– klassifizierbar ist

T90.3 Folgen einer Verletzung der Hirnnerven
Folgen einer Verletzung, die unter S04.– klassifizierbar ist

T90.4 Folgen einer Verletzung des Auges und der Orbita
Folgen einer Verletzung, die unter S05.– klassifizierbar ist

T90.5 Folgen einer intrakraniellen Verletzung
Folgen einer Verletzung, die unter S06.– klassifizierbar ist

T90.8 Folgen sonstiger näher bezeichneter Verletzungen des Kopfes
Folgen einer Verletzung, die unter S03, S07–S08 und S09.0–S09.8 klassifizierbar ist

T90.9 Folgen einer nicht näher bezeichneten Verletzung des Kopfes
Folgen einer Verletzung, die unter S09.9 klassifizierbar ist

T91 Folgen von Verletzungen des Halses und des Rumpfes

T91.0 Folgen einer oberflächlichen Verletzung und einer offenen Wunde des Halses und des Rumpfes
Folgen einer Verletzung, die unter S10–S11, S20–S21, S30–S31 und T09.0–T09.1 klassifizierbar ist

T91.1 Folgen einer Fraktur der Wirbelsäule
Folgen einer Verletzung, die unter S12.–, S22.0–S22.1., S32.0, S32.7 und T08 klassifizierbar ist

T91.2 Folgen einer sonstigen Fraktur des Thorax und des Beckens
Folgen einer Verletzung, die unter S22.2–S22.9, S32.1–S32.5 und S32.8 klassifizierbar ist

T91.3 Folgen einer Verletzung des Rückenmarkes
Folgen einer Verletzung, die unter S14.0–S14.1, S24.0–S24.1, S34.0–S34.1 und T09.3 klassifizierbar ist

T91.4 Folgen einer Verletzung der intrathorakalen Organe
Folgen einer Verletzung, die unter S26–S27 klassifizierbar ist

T91.5 Folgen einer Verletzung der intraabdominalen Organe und der Beckenorgane
Folgen einer Verletzung, die unter S36–S37 klassifizierbar ist

T91.8 Folgen sonstiger näher bezeichneter Verletzungen des Halses und des Rumpfes
Folgen einer Verletzung, die unter S13.–, S14.2–S14.6, S15–S18, S19.7–S19.8, S23.–, S24.2–S24.6, S25.–, S28.–, S29.0–S29.8, S33.–, S34.2–S34.8, S35.–, S38.–, S39.0–S39.8, T09.2 und T09.4–T09.8 klassifizierbar ist

T91.9 Folgen einer nicht näher bezeichneten Verletzung des Halses und des Rumpfes
Folgen einer Verletzung, die unter S19.9, S29.9, S39.9 und T09.9 klassifizierbar ist

T92 Folgen von Verletzungen der oberen Extremität

T92.0 Folgen einer offenen Wunde der oberen Extremität
Folgen einer Verletzung, die unter S41.–, S51.–, S61.– und T11.1 klassifizierbar ist

T92.1 Folgen einer Fraktur des Armes
Folgen einer Verletzung, die unter S42.–, S52.– und T10 klassifizierbar ist

T92.2 Folgen einer Fraktur in Höhe des Handgelenkes und der Hand
Folgen einer Verletzung, die unter S62.– klassifizierbar ist

T92.3 Folgen einer Luxation, Verstauchung oder Zerrung der oberen Extremität
Folgen einer Verletzung, die unter S43.–, S53.–, S63.– und T11.2 klassifizierbar ist

T92.4 Folgen einer Verletzung von Nerven der oberen Extremität
Folgen einer Verletzung, die unter S44.–, S54.–, S64.– und T11.3 klassifizierbar ist

T92.5 Folgen einer Verletzung von Muskeln und Sehnen der oberen Extremität
Folgen einer Verletzung, die unter S46.–, S56.–, S66.– und T11.5 klassifizierbar ist

T92.6 Folgen einer Zerquetschung oder einer traumatischen Amputation der oberen Extremität
Folgen einer Verletzung, die unter S47–S48, S57–S58, S67–S68 und T11.6 klassifizierbar ist

T92.8 Folgen sonstiger näher bezeichneter Verletzungen der oberen Extremität
Folgen einer Verletzung, die unter S40.–, S45.–, S49.7–S49.8, S50.–, S55.–, S59.7–S59.8, S60.–, S65.–, S69.7–S69.8, T11.0, T11.4 und T11.8 klassifizierbar ist

T92.9 Folgen einer nicht näher bezeichneten Verletzung der oberen Extremität
Folgen einer Verletzung, die unter S49.9, S59.9, S69.9 und T11.9 klassifizierbar ist

T93 Folgen von Verletzungen der unteren Extremität

T93.0 Folgen einer offenen Wunde der unteren Extremität
Folgen einer Verletzung, die unter S71.–, S81.–, S91.– und T13.1 klassifizierbar ist

T93.1 Folgen einer Fraktur des Femurs
Folgen einer Verletzung, die unter S72.– klassifizierbar ist

T93.2 Folgen sonstiger Frakturen der unteren Extremität
Folgen einer Verletzung, die unter S82.–, S92.– und T12 klassifizierbar ist

T93.3 Folgen einer Luxation, Verstauchung oder Zerrung der unteren Extremität
Folgen einer Verletzung, die unter S73.–, S83.–, S93.– und T13.2 klassifizierbar ist

T93.4 Folgen einer Verletzung von Nerven der unteren Extremität
Folgen einer Verletzung, die unter S74.–, S84.–, S94.– und T13.3 klassifizierbar ist

T93.5 Folgen einer Verletzung von Muskeln und Sehnen der unteren Extremität
Folgen einer Verletzung, die unter S76.–, S86.–, S96.– und T13.5 klassifizierbar ist

T93.6 Folgen einer Zerquetschung oder einer traumatischen Amputation der unteren Extremität
Folgen einer Verletzung, die unter S77–S78, S87–S88, S97–S98 und T13.6 klassifizierbar ist

T93.8 Folgen sonstiger näher bezeichneter Verletzungen der unteren Extremität
Folgen einer Verletzung, die unter S70.–, S75.–, S79.7–S79.8, S80.–, S85.–, S89.7–S89.8, S90.–, S95.–, S99.7–S99.8, T13.0, T13.4, und T13.8 klassifizierbar ist

T93.9 Folgen einer nicht näher bezeichneten Verletzung der unteren Extremität
Folgen einer Verletzung, die unter S79.9, S89.9, S99.9 und T13.9 klassifizierbar ist

T94 Folgen von Verletzungen mehrerer oder nicht näher bezeichneter Körperregionen

T94.0 Folgen von Verletzungen mehrerer Körperregionen
Folgen einer Verletzung, die unter T00–T07 klassifizierbar ist

T94.1 Folgen von Verletzungen nicht näher bezeichneter Körperregionen
Folgen einer Verletzung, die unter T14.– klassifizierbar ist

T95 Folgen von Verbrennungen, Verätzungen oder Erfrierungen

T95.0 Folgen einer Verbrennung, Verätzung oder Erfrierung des Kopfes oder des Halses
Folgen einer Verletzung, die unter T20.–, T33.0–T33.1, T34.0–T34.1 und T35.2 klassifizierbar ist

T95.1 Folgen einer Verbrennung, Verätzung oder Erfrierung des Rumpfes
Folgen einer Verletzung, die unter T21.–, T33.2–T33.3, T34.2–T34.3 und T35.3 klassifizierbar ist

T95.2 Folgen einer Verbrennung, Verätzung oder Erfrierung der oberen Extremität
Folgen einer Verletzung, die unter T22–T23, T33.4–T33.5, T34.4–T34.5 und T35.4 klassifizierbar ist

T95.3 Folgen einer Verbrennung, Verätzung oder Erfrierung der unteren Extremität
Folgen einer Verletzung, die unter T24–T25, T33.6–T33.8, T34.6–T34.8 und T35.5 klassifizierbar ist

T95.4 Folgen einer Verbrennung oder Verätzung, die nur nach der Größe der betroffenen Körperoberfläche klassifizierbar ist
Folgen einer Verletzung, die unter T31–T32 klassifizierbar ist

T95.8 **Folgen einer sonstigen näher bezeichneten Verbrennung, Verätzung oder Erfrierung**
Folgen einer Verletzung, die unter T26–T29, T35.0–T35.1 und T35.6 klassifizierbar ist

T95.9 **Folgen einer nicht näher bezeichneten Verbrennung, Verätzung oder Erfrierung**
Folgen einer Verletzung, die unter T30.–, T33.9, T34.9 und T35.7 klassifizierbar ist

T96 Folgen einer Vergiftung durch Arzneimittel, Drogen und biologisch aktive Substanzen
Folgen einer Vergiftung, die unter T36–T50 klassifizierbar ist

T97 Folgen toxischer Wirkungen von vorwiegend nicht medizinisch verwendeten Substanzen
Folgen toxischer Wirkungen, die unter T51–T65 klassifizierbar sind

T98 Folgen sonstiger und nicht näher bezeichneter Wirkungen äußerer Ursachen

T98.0 **Folgen der Auswirkungen von Fremdkörpern in natürlichen Körperöffnungen**
Folgen von Auswirkungen, die unter T15–T19 klassifizierbar sind

T98.1 **Folgen sonstiger und nicht näher bezeichneter Schäden durch äußere Ursachen**
Folgen von Schäden, die unter T66–T78 klassifizierbar sind

T98.2 **Folgen bestimmter Frühkomplikationen eines Traumas**
Folgen von Komplikationen, die unter T79.– klassifizierbar sind

T98.3 **Folgen von Komplikationen bei chirurgischen Eingriffen und medizinischer Behandlung, anderenorts nicht klassifiziert**
Folgen von Komplikationen, die unter T80–T88 klassifizierbar sind

KAPITEL XX

Äußere Ursachen von Morbidität und Mortalität
(V01-Y98)

Dieses Kapitel, das in den vorangegangenen Revisionen der ICD als ergänzende Klassifikation bestand, ermöglicht die Klassifizierung von Umweltereignissen und Umständen als Ursache von Verletzungen, Vergiftungen und anderen schädlichen Wirkungen. In Fällen, in denen eine Schlüsselnummer aus diesem Kapitel anwendbar ist, soll diese zusätzlich zu einer die Art des Zustandes bezeichnenden Schlüsselnummer aus einem anderen Kapitel der Klassifikation benutzt werden. Meistens wird der Zustand mit einer Schlüsselnummer aus dem Kapitel XIX „Verletzungen, Vergiftungen und bestimmte andere Folgen äußerer Ursachen (S00–T98)" zu klassifizieren sein. Die Tabellierung der Todesursachen sollte vorzugsweise sowohl nach der entsprechenden Schlüsselnummer aus dem Kapitel XIX als auch dem Kapitel XX erfolgen; wenn jedoch nur eine Schlüsselnummer tabelliert wird, sollte der Schlüsselnummer aus dem Kapitel XX der Vorzug gegeben werden. Andere Zustände, die durch äußere Ursachen bedingt sein können, sind in den Kapiteln I bis XVIII klassifiziert. In solchen Fällen sollten die Schlüsselnummern aus dem Kapitel XX für die Analyse multipler Zustände als zusätzliche Information benutzt werden.

Folgeerscheinungen äußerer Ursachen von Morbidität und Mortalität sind in den Schlüsselnummern Y85–Y89 enthalten.

Dieses Kapitel gliedert sich in folgende Gruppen:

V01–X59   Unfälle
- V01–V99   Transportmittelunfälle
  - V01–V09   Fußgänger bei Transportmittelunfall verletzt
  - V10–V19   Radfahrer bei Transportmittelunfall verletzt
  - V20–V29   Motorradfahrer bei Transportmittelunfall verletzt
  - V30–V39   Benutzer eines dreirädrigen Kraftfahrzeuges bei Transportmittelunfall verletzt
  - V40–V49   Benutzer eines Personenkraftwagens bei Transportmittelunfall verletzt
  - V50–V59   Benutzer eines Lieferwagens bei Transportmittelunfall verletzt
  - V60–V69   Benutzer eines Lastkraftwagens bei Transportmittelunfall verletzt
  - V70–V79   Autobusbenutzer bei Transportmittelunfall verletzt
  - V80–V89   Sonstige Landtransportmittelunfälle
  - V90–V94   Wasserfahrzeugunfälle
  - V95–V97   Luftverkehrs- und Raumfahrtunfälle
  - V98–V99   Sonstige und nicht näher bezeichnete Transportmittelunfälle

W00–X59 Sonstige äußere Ursachen von Unfallverletzungen
    W00–W19 Stürze
    W20–W49 Exposition gegenüber mechanischen Kräften unbelebter Objekte
    W50–W64 Exposition gegenüber mechanischen Kräften belebter Objekte
    W65–W74 Unfall durch Ertrinken und Untergehen
    W75–W84 Sonstige unfallbedingte Gefährdung der Atmung
    W85–W99 Exposition gegenüber elektrischem Strom, Strahlung und extremer Temperatur der Umgebungsluft sowie extremem Druck
    X00–X09 Exposition gegenüber Rauch, Feuer und Flammen
    X10–X19 Verbrennung oder Verbrühung durch Hitze und heiße Substanzen
    X20–X29 Kontakt mit giftigen Tieren und Pflanzen
    X30–X39 Exposition gegenüber Naturkräften
    X40–X49 Akzidentelle Vergiftung durch und Exposition gegenüber schädliche(n) Substanzen
    X50–X57 Überanstrengung, Reisen und Entbehrung
    X58–X59 Akzidentelle Exposition gegenüber sonstigen und nicht näher bezeichneten Faktoren

X60–X84 Vorsätzliche Selbstbeschädigung

X85–Y09 Tätlicher Angriff

Y10–Y34 Ereignis, dessen nähere Umstände unbestimmt sind

Y35–Y36 Gesetzliche Maßnahmen und Kriegshandlungen

Y40–Y84 Komplikationen bei der medizinischen und chirurgischen Behandlung
    Y40–Y59 Unerwünschte Nebenwirkungen bei therapeutischer Anwendung von Arzneimitteln, Drogen oder biologisch aktiven Substanzen
    Y60–Y69 Zwischenfälle bei chirurgischen Eingriffen und medizinischer Behandlung
    Y70–Y82 Medizintechnische Geräte und Produkte im Zusammenhang mit Zwischenfällen bei diagnostischer und therapeutischer Anwendung
    Y83–Y84 Chirurgische und sonstige medizinische Maßnahmen als Ursache einer abnormen Reaktion eines Patienten oder einer späteren Komplikation, ohne Angabe eines Zwischenfalls zum Zeitpunkt der Durchführung der Maßnahme

Y85–Y89 Folgezustände äußerer Ursachen von Morbidität und Mortalität

Y90–Y98 Zusätzliche Faktoren mit Bezug auf anderenorts klassifizierte Ursachen von Morbidität und Mortalität

Klassifikation des Ortes des Ereignisses

Die folgenden 4. Stellen sind im Bedarfsfall zur Kennzeichnung des Ortes des Ereignisses einer äußeren Ursache zu benutzen. Sie beziehen sich auf die Kategorien W00–Y34 (ausgenommen Y06.– und Y07.–):

.0 Zu Hause
Hausgrundstück
Pension
Privat:
- Garage
- Garten am Wohnhaus
- Hof am Wohnhaus
- Zufahrtsweg zum Wohnhaus

Swimmingpool in Privathaus oder -garten
Wohnhaus
Wohnhaus, zu einem landwirtschaftlichen Betrieb gehörend
Wohnraum, nicht in Wohnheimen
Wohnung
Wohnwagenpark, Wohnsitz

Exkl.: Verlassenes oder zerfallenes Haus (.8)
Wohnraum in Wohnheimen (.1)
Wohnung im Bau, noch nicht bezogen (.6)

.1 Wohnheime oder -anstalten
Altersheim
Heim für schwererziehbare Kinder und Jugendliche
Herberge
Internat
Kinderheim
Militärische Unterkünfte
Pflegeheim
Strafvollzugsanstalt
Waisenhaus

.2 Schule, sonstige öffentliche Bauten

Gebäude (inkl. angrenzende Anlagen), das von der Allgemeinheit oder bestimmten Personengruppen genutzt wird, z.B.:
- Bibliothek
- Fachhochschule
- Filmtheater
- Galerie
- Gerichtsgebäude
- Hochschule
- Jugendzentrum
- Kindergarten
- Kinderkrippe
- Kino
- Kirche
- Klubhaus
- Krankenhaus
- Mehrzweckhalle
- Museum
- Opernhaus
- Postamt
- Schule (privat) (öffentlich)
- Schulgelände
- Tanzlokal
- Theater
- Universität
- Universitätsgelände
- Varietétheater
- Versammlungslokal

Exkl.: Gebäude im Bau (.6)
Sportstätten (.3)
Wohnheime oder -anstalten (.1)

.3 Sportstätten

Baseballfeld
Basketballfeld
Eisbahn
Fußballplatz
Golfplatz
Hockeyplatz
Kricketplatz
Reitschule
Schwimmbad, öffentlich
Sportplatz
Squashhalle
Stadion
Tennisplatz

Turnhalle

Exkl.: Swimmingpool oder Tennisplatz in Privathaus oder -garten (.0)

.4 Straßen und Wege
Autobahn
Bürgersteig
Fußweg
Schnellstraße
Straße
Trottoir

.5 Gewerbe- und Dienstleistungseinrichtungen
Autoreparaturwerkstatt
Bahnhof oder Busbahnhof
Bankgebäude
Bürogebäude
Café
Einkaufszentrum
Flughafen
Hotel
Kasino
Kaufhaus
Ladengeschäft
Markt
Restaurant
Rundfunk- oder Fernsehanstalt
Supermarkt
Tankstelle
Tea-Room
Warenlager

Exkl.: Garage in Privathaus (.0)

.6 Industrieanlagen und Baustellen
Bergwerk
Elektrizitätswerk (Kohle) (Atomkraft) (Öl)
Fabrikgebäude
Fabrikgelände
Gaswerk
Gebäude [jeder Art] im Bau
Grube (Kohle) (Kies) (Sand)
Industriehof
Ölbohrinseln und andere Offshore-Einrichtungen
Trockendock
Tunnel im Bau
Werft
Werkstatt

.7 Landwirtschaftlicher Betrieb
Landwirtschaftlicher Betrieb:
- Anbaufläche
- Gebäude

Viehzuchtbetrieb

Exkl.: Wohnhaus und Hausgrundstück eines landwirtschaftlichen Betriebes (.0)

.8 Sonstige näher bezeichnete Orte
Berg
Campingplatz
Dock o.n.A.
Fluß
Gleisanlagen
Hafen
Hügel
Kanal
Marschland
Meer
Meeresküste
Moor
Öffentlicher Platz o.n.A.
Park (Vergnügungs-) (öffentlich)
Parkplatz
See
Steppe
Strand
Strom
Sumpf
Teich oder Tümpel
Truppenübungsplatz
Verlassenes Haus
Wald
Wasserreservoir
Wohnwagenstandplatz o.n.A.
Wüste
Zoo

.9 Nicht näher bezeichneter Ort des Ereignisses

Klassifikation der Tätigkeit

Die folgende Subklassifikation kann zur zusätzlichen Verschlüsselung der Tätigkeit der verletzten Person zum Zeitpunkt des Unfallereignisses im Bereich der Kategorien V01–Y34 benutzt werden. Diese Subklassifikation sollte weder mit den empfohlenen 4. Stellen verwechselt werden, die zur Angabe des Ortes von unter W00–Y34 klassifizierbaren Ereignissen vorgesehen sind, noch sollte sie an deren Stelle verwendet werden.

0 Bei sportlicher Betätigung
Körperliche Bewegung durch:
- Golf
- Joggen
- Reiten
- Schulsport
- Schwimmen
- Skilaufen
- Wandern
- Wasserskifahren

1 Bei der Freizeitgestaltung
Hobbyausübung
Freizeitbeschäftigung mit Unterhaltungswert wie Kinobesuch, Teilnahme an einer Tanzveranstaltung oder Partybesuch
Teilnahme an Sitzungen und Aktivitäten freiwilliger Organisationen

Exkl.: Sportliche Betätigung (0)

2 Bei der Erwerbstätigkeit
Arbeit für Lohn, Sondervergütungen oder andere Arten des Einkommens
Auf dem Weg von und zur Arbeit
Bezahlte Arbeit (ungelernt) (gelernt)

3 Bei anderen Arbeiten
Hausarbeit wie:
- Betreuung von Kindern und Angehörigen
- Gartenarbeit
- Instandhaltungsarbeiten im Haushalt
- Kochen
- Putzen

Lernaktivitäten, z.B. Besuch von Schul- oder Lehrveranstaltungen
Üblicherweise nicht entlohnte Tätigkeiten
Während der Ausbildung

4 Beim Ruhen, Schlafen, Essen und anderen lebenswichtigen Aktivitäten
Körperpflege

8 Bei anderen näher bezeichneten Betätigungen

9 Bei nicht näher bezeichneter Betätigung

Transportmittelunfälle
(V01 – V99)

Hinweis: Der folgende Abschnitt besteht aus 12 Gruppen. Diejenigen, die sich auf Landtransportmittelunfälle (V01–V89) beziehen, geben die Fortbewegungsart des Unfallopfers wieder und sind weiter unterteilt, um das „Gegenüber" des Unfallopfers oder die Art des Ereignisses zu beschreiben. Das Fahrzeug, das von der verletzten Person benutzt wurde, wird durch die ersten zwei Stellen bezeichnet, weil dessen Angabe als wichtigster Faktor für Präventionszwecke betrachtet wird.

Exkl.: Ereignis, dessen Umstände unbestimmt sind (Y32–Y33)
Tätlicher Angriff durch vorsätzlich verursachten Kraftfahrzeugunfall (Y03.–)
Transportmittelunfälle durch Naturkatastrophen (X34–X38)
Vorsätzliche Selbstbeschädigung (X82–X83)

Definitionen zu Transportmittelunfällen

(a) Ein Transportmittelunfall (V01–V99) ist jeder Unfall, an dem Fahrzeuge beteiligt sind, die ständig oder zeitweilig zur Beförderung von Personen oder Gütern benutzt werden.

(b) Ein öffentlicher Verkehrsweg [Verkehrsstraße] oder eine öffentliche Straße ist die gesamte Breite zwischen den Besitzgrenzen (oder anderen Grenzlinien), die der Öffentlichkeit aus Rechts- oder Gewohnheitsgründen zum Zwecke der Beförderung von Personen oder Gütern zur Verfügung steht. Ein Fahrweg ist der Teil des öffentlichen Verkehrsweges, der für den Fahrzeugverkehr bestimmt und eingerichtet ist und im allgemeinen dazu verwendet wird.

(c) Ein Verkehrsunfall ist jeder Fahrzeugunfall, der sich auf einem öffentlichen Verkehrsweg ereignet [d.h. ein Unfall, der auf einem Verkehrsweg beginnt oder endet oder an dem ein sich teilweise auf dem Verkehrsweg befindendes Fahrzeug beteiligt ist]. Ein Fahrzeugunfall wird als auf einem öffentlichen Verkehrsweg geschehen angenommen, wenn kein anderer Ort angegeben ist. Unfälle, an denen ausschließlich Kraftfahrzeuge [Motorfahrzeuge] beteiligt sind, die normalerweise nicht auf öffentlichen Straßen verkehren, werden als Unfälle außerhalb des Verkehrs klassifiziert, es sei denn, das Gegenteil wird festgestellt.

(d) Ein Verkehrsunfall außerhalb des Verkehrs ist jeder Fahrzeugunfall, der sich nicht auf einem öffentlichen Verkehrsweg ereignet.

Äußere Ursachen von Morbidität und Mortalität

(e) Ein Fußgänger ist jede in einen Unfall verwickelte Person, die sich zum Zeitpunkt des Unfalls weder in oder auf einem Kraftfahrzeug [Motorfahrzeug], Eisenbahnzug, Straßenbahnwagen, tierbespannten oder anderen Fahrzeug befand, noch ritt oder ein Fahrrad benutzte.

Inkl.: Benutzer eines Fußgängerbeförderungsmittels wie:
- Karren
- Kinderroller
- Kinderwagen
- Rollschuhe
- Rollstuhl (mit Motorantrieb)
- Schlitten
- Schlittschuhe
- Skateboard
- Skier
- Sportkinderwagen

Person:
- bei Behebung einer Motorpanne
- beim Radwechsel eines Fahrzeuges
- zu Fuß

(f) Ein Fahrer ist derjenige Insasse eines Transportfahrzeuges, der es führt oder zu führen beabsichtigt.

(g) Ein Fahrgast [Passagier] ist jeder Insasse eines Transportfahrzeuges mit Ausnahme des Fahrers.

Exkl.: Person, die auf der Außenseite eines Fahrzeuges befördert wird – siehe Definition (h)

(h) Eine Person auf der Außenseite eines Fahrzeuges ist jede Person, die von einem Fahrzeug befördert wird, jedoch nicht den Platz einnimmt, der normalerweise für den Fahrer oder die Fahrgäste oder für den Gütertransport vorgesehen ist.

Inkl.: Person (mitfahrend auf):
- Dach (Gepäckträger)
- Karosserie
- sich an der Außenseite festhaltend
- Stoßstange [Kotflügel]
- Trittbrett
- Trittleiter

(i) Ein Fahrrad ist jedes Landtransportfahrzeug, das ausschließlich Pedalantrieb besitzt.

Inkl.: Dreirad
Velo

Exkl.: Motorisiertes Fahrrad – siehe Definition (k)

(j) Ein Radfahrer [Velofahrer] ist jede Person, die auf einem Fahrrad fährt oder in einem Fahrradbeiwagen oder -anhänger mitfährt.

(k) Ein Motorrad ist ein zweirädriges, ein- oder zweisitziges Kraftfahrzeug [Motorfahrzeug], bei Ausstattung mit Beiwagen dreirädrig. Der Beiwagen gilt als Teil des Motorrades.

Inkl.: Fahrrad mit Hilfsmotor
Mofa
Moped
Motorrad:
- mit Beiwagen
- o.n.A.

Motorroller
Velo mit Hilfsmotor

Exkl.: Motorisiertes Dreirad – siehe Definition (m)

(l) Ein Motorradfahrer ist jede Person, die auf einem Motorrad fährt oder in einem Motorradbeiwagen oder -anhänger mitfährt.

(m) Ein dreirädriges Kraftfahrzeug ist ein motorisiertes Dreirad, das vornehmlich zur Benutzung auf Straßen bestimmt ist.

Inkl.: Dreirädriger Kraftfahrwagen
Motorisierte Rikscha
Motorisiertes Dreirad

Exkl.: Geländegängiges Spezialfahrzeug – siehe Definition (w)
Motorrad mit Beiwagen – siehe Definition (k)

(n) Ein Personenkraftwagen [Automobil] ist ein vierrädriges Kraftfahrzeug [Motorfahrzeug], das vornehmlich zur Beförderung von bis zu zehn Personen bestimmt ist.

(o) Ein Lieferwagen ist ein vier- oder sechsrädriges Kraftfahrzeug [Motorfahrzeug], das vornehmlich zur Güterbeförderung bestimmt ist, dessen Gewicht unter der ortsüblichen Grenze für die Einstufung als Lastkraftwagen liegt und zu dessen Führung kein besonderer Führerschein benötigt wird.

(p) Ein Lastkraftwagen ist ein Kraftfahrzeug [Motorfahrzeug], das vornehmlich zur Güterbeförderung bestimmt ist, die ortsüblichen Merkmale für die Einstufung als Lastkraftwagen hinsichtlich des Gesamtgewichts (gewöhnlich mehr als 3500 kg) erfüllt und zu dessen Führung ein besonderer Führerschein benötigt wird.

Inkl.: Schwerlastfahrzeug

(q) Ein Autobus ist ein Kraftfahrzeug [Motorfahrzeug], das vornehmlich zur Beförderung von mehr als 10 Personen bestimmt ist und zu dessen Führung ein besonderer Führerschein benötigt wird.

Inkl.: Oberleitungsbus
Reisebus
Reisecar

(r) Ein Eisenbahnzug oder Eisenbahnfahrzeug ist ein für den Verkehr auf einem Schienenweg bestimmtes Fahrzeug mit oder ohne angekoppelte Wagen.

Inkl.: Eisenbahnzug jeder Antriebsart [Dieselöl] [Elektrizität] [Dampf]:
- Ein- oder Zweischienenfahrzeuge
- Seilbahn
- Untergrundbahn oder Hochbahn

Sonstige Fahrzeuge, die für den Verkehr auf Schienen bestimmt sind Stadtbahn:
- elektrische Bahn ⎫ (verkehrt hauptsächlich auf eigenem, für den
- Straßenbahn ⎭ anderen Verkehr gesperrtem Bahnkörper)

Exkl.: Elektrische Stadtbahnen [Straßenbahnen], die zum Verkehr auf einem Bahnkörper bestimmt sind, der Teil einer öffentlichen Straße oder eines öffentlichen Verkehrsweges ist – siehe Definition (s)

(s) Eine Straßenbahn ist ein schienengebundenes Fahrzeug, das vorwiegend für die Beförderung von Personen innerhalb eines Stadtgebietes bestimmt ist und benutzt wird. Es unterliegt gewöhnlich der allgemeinen Verkehrsregelung und fährt hauptsächlich auf einem Bahnkörper, der Teil des Fahrweges ist. Ein an den Triebwagen gekoppelter Anhänger gilt als Teil der Straßenbahn.

Inkl.: Elektrische Stadtbahn oder Straßenbahn im Stadtverkehr auf Straßen oder öffentlichen Verkehrswegen
Tram
Trambahn (-Wagen)

(t) Ein vorwiegend auf Betriebsgelände eingesetztes Spezialfahrzeug ist ein Kraftfahrzeug [Motorfahrzeug], das vornehmlich zur Benutzung innerhalb der Gebäude und auf dem Gelände von industriellen oder kommerziellen Einrichtungen bestimmt ist.

Inkl.: Batteriebetrieben:
- Passagierfahrzeug auf Flughäfen
- Rollwagen (Gepäck) (Post)

Förderkorb, -karren oder -wagen (mit Kraftantrieb)
Förderkorb, -karren oder -wagen (mit Kraftantrieb) in Bergwerk oder Steinbruch
Gabelstapler
Gepäckkarren auf Bahnhof (mit Kraftantrieb)
Holzlader
Industriekarren mit Eigenantrieb
Kohlenwagen im Bergwerk

(u) Ein vorwiegend in der Landwirtschaft eingesetztes Spezialfahrzeug ist ein Kraftfahrzeug [Motorfahrzeug], das speziell für den Einsatz in der Landwirtschaft (Gartenbau) bestimmt ist, wie z.B. zur Bodenarbeit, zum Ackerbau und zur Ernte sowie zum Materialtransport auf dem landwirtschaftlichen Betrieb.

Inkl.: Landmaschinen mit Eigenantrieb
Mähdrescher
Traktor (und Anhänger)

(v) Ein Fahrzeug spezieller Bauweise ist ein Kraftfahrzeug [Motorfahrzeug], das speziell für den Einsatz beim Bau (und Abbruch) von Straßen, Gebäuden oder anderen Bauwerken bestimmt ist.

Inkl.: Bagger
Bulldozer
Kipper
Löffelbagger
Planierraupe
Straßenwalze

(w) Ein geländegängiges Spezialfahrzeug ist ein Kraftfahrzeug [Motorfahrzeug], das aufgrund seiner besonderen Bauart unebenes, wenig tragfähiges und schneebedecktes Gelände überwinden kann. Charakteristische Konstruktionsmerkmale sind z.B. große Bodenfreiheit des Fahrwerks, Kettenantrieb, Spezialräder und -reifen oder Luftkissen.

Inkl.: Luftkissenfahrzeug für festes oder sumpfiges Gelände
Motorschlitten

Exkl.: Luftkissenfahrzeug für offenes Gewässer – siehe Definition (x)

(x) Ein Wasserfahrzeug ist jede Maschine zur Beförderung von Personen oder Gütern auf dem Wasser.

Inkl.: Luftkissenfahrzeug o.n.A.

(y) Ein Flugzeug ist jedes Fahrzeug zur Beförderung von Personen oder Gütern in der Luft.

Klassifikations- und Kodierregeln für Transportmittelunfälle

1. Wenn unklar ist, ob es sich bei einem Ereignis um einen Unfall im Verkehr oder einen Unfall außerhalb des Verkehrs handelt, wird folgendes angenommen:
    (a) Um einen Unfall im Verkehr handelt es sich, wenn das Ereignis in den Kategorien V10–V82 und V87 klassifizierbar ist.
    (b) Um einen Unfall außerhalb des Verkehrs handelt es sich, wenn das Ereignis in den Kategorien V83–V86 klassifizierbar ist. In diesen Kategorien ist das Unfallopfer entweder ein Fußgänger oder der Insasse eines Fahrzeugs, das vornehmlich zum Gebrauch auf nicht öffentlichen Straßen bestimmt ist.
2. Wenn bei Unfällen mehr als eine Transportmittelart beteiligt ist, sollte folgende Rangfolge benutzt werden:
Luftfahrzeug und Raumfahrzeug (V95–V97)
Wasserfahrzeug (V90–V94)
Sonstige Transportmittelarten (V01–V89, V98–V99)
3. Bei einem Transportmittelunfall wird das Unfallopfer als Fußgänger klassifiziert (Kategorien V01–V09), wenn es sich bei dem Unfallopfer nicht um einen Fahrzeuginsassen handelt und das Unfallopfer wie folgt beschrieben wird:

Geschlagen
Getötet
Nachgeschleift
Überfahren
Umgeworfen
Verletzt
Zerquetscht
} von jedem Transportmittel, einschließlich {
Auto
Bulldozer
Bus
dreirädriges Fahrzeug
Fahrrad
gerittenes Tier
Lastkraftwagen
Lieferwagen
Motorrad
Personenkraftwagen
Schwerlastfahrzeug
Straßenbahn
tierbespanntes Fahrzeug
Traktor
Tram (-Bahn)
Velo
Wohnwagen
Zug

4. Bei einem Transportmittelunfall ohne Hinweis auf das Verhalten des Unfallopfer wie z.B.:

Auto
Bulldozer
Bus
Fahrrad
Flugzeug
Lastkraftwagen
Lieferwagen
Luftfahrzeug
Motorisiertes Dreirad
Motorrad
Personenkraftwagen
Schiff
Schwerlastfahrzeug
Straßenbahn
Traktor
Tram (-Bahn)
Velo
Wasserfahrzeug
Wohnwagen
Zug

Schiffbruch
Unfall
Zertrümmerung
Zusammenstoß

o.n.A.

wird das erwähnte Unfallopfer als Fahrzeuginsasse oder Fahrer klassifiziert.

Wenn mehr als ein Fahrzeug erwähnt ist, sollten keine Vermutungen darüber angestellt werden, welches Fahrzeug vom Unfallopfer benutzt wurde, außer wenn es sich um gleiche Fahrzeuge handelt. Stattdessen sind die Schlüsselnummern der Kategorien V87–V88, V90–V94, V95–V97 anzuwenden, wobei die Rangfolge in Hinweis 2 zu berücksichtigen ist.

5. Enden Transportmittelunfälle wie z.B.:

Fahrzeug (Motor) (ohne Motor):
- aus der Kurve geraten
- außer Kontrolle geraten (durch):
  - Einschlafen des Fahrers
  - Platzen eines Reifens [Reifenpanne]
  - überhöhte Geschwindigkeit
  - Unaufmerksamkeit des Fahrers
  - Versagen eines mechanischen Teils(a)

mit einem Zusammenstoß, ist der Unfall als Zusammenstoß zu klassifizieren. Wenn bei dem Unfall kein Zusammenstoß erfolgt, wird der Unfall entsprechend dem Fahrzeugtyp als Unfall ohne Zusammenstoß klassifiziert.

6. Enden Transportmittelunfälle, die sich ereignen, während sich das Fahrzeug in Bewegung befindet, wie z.B.:
   Brand, ausgebrochen in ⎫
   Bruch eines Teils
   Explosion eines Teils
   Gegenstand fällt in oder auf
   Getroffenwerden von Gegenstand, geworfen in oder gegen ⎬ Fahrzeug in Bewegung
   Sturz, Sprung oder unbeabsichtigtes Gestoßenwerden aus
   Unbeabsichtigte Vergiftung durch Auspuffgas
   Verletzung durch:
   - Geschleudertwerden gegen Teil des oder Gegenstand in
   - sich bewegendes Teil ⎭

   mit einem Zusammenstoß, ist der Unfall als Zusammenstoß zu klassifizieren. Wenn bei dem Unfall kein Zusammenstoß erfolgt, wird der Unfall entsprechend dem Fahrzeugtyp als Unfall ohne Zusammenstoß klassifiziert.

7. Landtransportmittelunfälle beschrieben als:
   Umstürzen (ohne Zusammenstoß) sind enthalten in V18.–, V28.–, V38.–, V48.–, V58.–, V68.– und V78.–

   Zusammenstoß (durch Verlust der Kontrolle) (auf Verkehrsweg) von Fahrzeug mit:
   - Baum
   - Erdrutsch (im Stillstand)
   - Gegenstand, vor Fahrzeug geworfen
   - herabgestürztem Gestein
   - Hydrant, Strommast etc.
   - Leitplanke
   - Schutzgeländer oder Sperrgitter
   - sonstigen feststehenden, beweglichen oder sich bewegenden Gegenständen
   - Straßenbefestigungsmauer
   - Stützpfeiler (Brücke) (Überführung)
   - Verkehrsinsel
   - vorübergehend aufgestelltem Verkehrs- oder Hinweisschild

   sind enthalten in V17.–, V27.–, V37.–, V47.–, V57.–, V67.– und V77.–

   Zusammenstoß mit einem Tier (gehütet, ungehütet) sind enthalten in V10.–, V20.–, V30.–, V40.–, V50.–, V60.– und V70.–
   Zusammenstoß mit einem tierbespannten Fahrzeug oder einem Tier, das eine Person trägt, sind enthalten in V16.–, V26.–, V36.–, V46.–, V56.–, V66.– und V76.–

Fußgänger bei Transportmittelunfall verletzt (V01–V09)

Exkl.: Zusammenstoß eines Fußgängers (oder von ihm benutzten Beförderungsmittel) mit anderem Fußgänger (oder von diesem benutzten Beförderungsmittel) (W51.–)

Zusammenstoß eines Fußgängers (oder von ihm benutzten Beförderungsmittel) mit anderem Fußgänger (oder von diesem benutzten Beförderungsmittel) mit anschließendem Sturz (W03.–)

Bei den Kategorien V01–V06 sind die folgenden 4. Stellen zu benutzen:
- .0 Unfall außerhalb des Verkehrs
- .1 Verkehrsunfall
- .9 Nicht näher bezeichnet, ob Verkehrsunfall oder Unfall außerhalb des Verkehrs

V01 Fußgänger bei Zusammenstoß mit Fahrrad verletzt

V02 Fußgänger bei Zusammenstoß mit zwei- oder dreirädrigem Kraftfahrzeug verletzt

V03 Fußgänger bei Zusammenstoß mit Personenkraftwagen oder Lieferwagen verletzt

V04 Fußgänger bei Zusammenstoß mit Lastkraftwagen oder Autobus verletzt

V05 Fußgänger bei Zusammenstoß mit Eisenbahnzug oder Eisenbahnfahrzeug verletzt

V06 Fußgänger bei Zusammenstoß mit sonstigem nichtmotorisiertem Fahrzeug verletzt

Inkl.: Bei Zusammenstoß mit tierbespanntem Fahrzeug, gerittenem Tier oder Straßenbahn

V09 **Fußgänger bei sonstigen und nicht näher bezeichneten Transportmittelunfällen verletzt**

Inkl.: Fußgänger von Spezialfahrzeug verletzt

V09.0 Fußgänger bei Transportmittelunfall außerhalb des Verkehrs verletzt, mit Beteiligung sonstiger und nicht näher bezeichneter Kraftfahrzeuge

V09.1 Fußgänger bei nicht näher bezeichnetem Transportmittelunfall außerhalb des Verkehrs verletzt

V09.2 Fußgänger bei Verkehrsunfall verletzt, mit Beteiligung sonstiger und nicht näher bezeichneter Kraftfahrzeuge

V09.3 Fußgänger bei nicht näher bezeichnetem Verkehrsunfall verletzt

V09.9 Fußgänger bei nicht näher bezeichnetem Transportmittelunfall verletzt

Radfahrer bei Transportmittelunfall verletzt (V10–V19)

Bei den Kategorien V10–V18 sind die folgenden 4. Stellen zu benutzen:

.0 Fahrer bei Transportmittelunfall außerhalb des Verkehrs verletzt
.1 Fahrgast bei Transportmittelunfall außerhalb des Verkehrs verletzt
.2 Nicht näher bezeichneter Radfahrer bei Transportmittelunfall außerhalb des Verkehrs verletzt
.3 Person beim Ein- oder Aussteigen verletzt
.4 Fahrer bei Verkehrsunfall verletzt
.5 Fahrgast bei Verkehrsunfall verletzt
.9 Nicht näher bezeichneter Radfahrer bei Verkehrsunfall verletzt

V10 **Radfahrer bei Zusammenstoß mit Fußgänger oder Tier verletzt**

Exkl.: Zusammenstoß mit tierbespanntem Fahrzeug oder gerittenem Tier (V16.–)

V11 **Radfahrer bei Zusammenstoß mit anderem Fahrrad verletzt**

V12 **Radfahrer bei Zusammenstoß mit zwei- oder dreirädrigem Kraftfahrzeug verletzt**

V13 Radfahrer bei Zusammenstoß mit Personenkraftwagen oder Lieferwagen verletzt

V14 Radfahrer bei Zusammenstoß mit Lastkraftwagen oder Autobus verletzt

V15 Radfahrer bei Zusammenstoß mit Eisenbahnzug oder Eisenbahnfahrzeug verletzt

V16 Radfahrer bei Zusammenstoß mit sonstigem nichtmotorisiertem Fahrzeug verletzt

Inkl.: Zusammenstoß mit tierbespanntem Fahrzeug, gerittenem Tier, Straßenbahn

V17 Radfahrer bei Zusammenstoß mit feststehendem Gegenstand verletzt

V18 Radfahrer bei Transportmittelunfall ohne Zusammenstoß verletzt

Inkl.: Sturz oder Stoß vom Fahrrad (ohne vorhergehenden Zusammenstoß)
Umstürzen:
- ohne Zusammenstoß
- o.n.A.

V19 Radfahrer bei sonstigen und nicht näher bezeichneten Transportmittelunfällen verletzt

V19.0 Fahrer bei Zusammenstoß mit sonstigen und nicht näher bezeichneten Kraftfahrzeugen bei Transportmittelunfall außerhalb des Verkehrs verletzt

V19.1 Fahrgast bei Zusammenstoß mit sonstigen und nicht näher bezeichneten Kraftfahrzeugen bei Transportmittelunfall außerhalb des Verkehrs verletzt

V19.2 Nicht näher bezeichneter Radfahrer bei Zusammenstoß mit sonstigen und nicht näher bezeichneten Kraftfahrzeugen bei Transportmittelunfall außerhalb des Verkehrs verletzt
Fahrradzusammenstoß o.n.A., außerhalb des Verkehrs

V19.3 **Radfahrer [jeder Art] bei nicht näher bezeichnetem Transportmittelunfall außerhalb des Verkehrs verletzt**
Fahrradunfall o.n.A., außerhalb des Verkehrs
Radfahrer bei Transportmittelunfall außerhalb des Verkehrs verletzt, o.n.A.

V19.4 **Fahrer bei Zusammenstoß mit sonstigen und nicht näher bezeichneten Kraftfahrzeugen bei Verkehrsunfall verletzt**

V19.5 **Fahrgast bei Zusammenstoß mit sonstigen und nicht näher bezeichneten Kraftfahrzeugen bei Verkehrsunfall verletzt**

V19.6 **Nicht näher bezeichneter Radfahrer bei Zusammenstoß mit sonstigen und nicht näher bezeichneten Kraftfahrzeugen bei Verkehrsunfall verletzt**
Fahrradzusammenstoß o.n.A. (im Verkehr)

V19.8 **Radfahrer [jeder Art] bei sonstigen näher bezeichneten Transportmittelunfällen verletzt.**
Sichverfangen in Teil des Fahrrades

V19.9 **Radfahrer [jeder Art] bei nicht näher bezeichnetem Verkehrsunfall verletzt**
Fahrradunfall o.n.A.

Motorradfahrer bei Transportmittelunfall verletzt (V20-V29)

Inkl.: Mofa
Moped
Motorrad mit Beiwagen
Motorroller

Exkl.: Dreirädriges Kraftfahrzeug (V30–V39)

Bei den Kategorien V20–V28 sind die folgenden 4. Stellen zu benutzen:
.0 Fahrer bei Transportmittelunfall außerhalb des Verkehrs verletzt
.1 Fahrgast bei Transportmittelunfall außerhalb des Verkehrs verletzt
.2 Nicht näher bezeichneter Motorradfahrer bei Transportmittelunfall außerhalb des Verkehrs verletzt
.3 Person beim Ein- oder Aussteigen verletzt
.4 Fahrer bei Verkehrsunfall verletzt
.5 Fahrgast bei Verkehrsunfall verletzt
.9 Nicht näher bezeichneter Motorradfahrer bei Verkehrsunfall verletzt

V20 Motorradfahrer bei Zusammenstoß mit Fußgänger oder Tier verletzt

Exkl.: Zusammenstoß mit tierbespanntem Fahrzeug oder gerittenem Tier (V26.–)

V21 Motorradfahrer bei Zusammenstoß mit Fahrrad verletzt

V22 Motorradfahrer bei Zusammenstoß mit zwei- oder dreirädrigem Kraftfahrzeug verletzt

V23 Motorradfahrer bei Zusammenstoß mit Personenkraftwagen oder Lieferwagen verletzt

V24 Motorradfahrer bei Zusammenstoß mit Lastkraftwagen oder Autobus verletzt

V25 Motorradfahrer bei Zusammenstoß mit Eisenbahnzug oder Eisenbahnfahrzeug verletzt.

V26 Motorradfahrer bei Zusammenstoß mit sonstigem nichtmotorisiertem Fahrzeug verletzt

Inkl.: Zusammenstoß mit tierbespanntem Fahrzeug, gerittenem Tier, Straßenbahn

V27 Motorradfahrer bei Zusammenstoß mit feststehendem Gegenstand verletzt

V28 Motorradfahrer bei Transportmittelunfall ohne Zusammenstoß verletzt

Inkl.: Sturz oder Stoß vom Motorrad (ohne vorhergehenden Zusammenstoß)
Umstürzen:
- ohne Zusammenstoß
- o.n.A.

V29 Motorradfahrer bei sonstigen und nicht näher bezeichneten Transportmittelunfällen verletzt

V29.0 Fahrer bei Zusammenstoß mit sonstigen und nicht näher bezeichneten Kraftfahrzeugen bei Transportmittelunfall außerhalb des Verkehrs verletzt

V29.1 Fahrgast bei Zusammenstoß mit sonstigen und nicht näher bezeichneten Kraftfahrzeugen bei Transportmittelunfall außerhalb des Verkehrs verletzt

V29.2 Nicht näher bezeichneter Motorradfahrer bei Zusammenstoß mit sonstigen und nicht näher bezeichneten Kraftfahrzeugen bei Transportmittelunfall außerhalb des Verkehrs verletzt
Motorradzusammenstoß o.n.A., außerhalb des Verkehrs

V29.3 Motorradfahrer [jeder Art] bei nicht näher bezeichnetem Transportmittelunfall außerhalb des Verkehrs verletzt
Motorradfahrer bei Transportmittelunfall außerhalb des Verkehrs verletzt o.n.A.
Motorradunfall o.n.A., außerhalb des Verkehrs

V29.4 Fahrer bei Zusammenstoß mit sonstigen und nicht näher bezeichneten Kraftfahrzeugen bei Verkehrsunfall verletzt

V29.5 Fahrgast bei Zusammenstoß mit sonstigen und nicht näher bezeichneten Kraftfahrzeugen bei Verkehrsunfall verletzt

V29.6 Nicht näher bezeichneter Motorradfahrer bei Zusammenstoß mit sonstigen und nicht näher bezeichneten Kraftfahrzeugen bei Verkehrsunfall verletzt
Motorradzusammenstoß o.n.A. (im Verkehr)

V29.8 Motorradfahrer [jeder Art] bei sonstigen näher bezeichneten Transportmittelunfällen verletzt
Eingeklemmt durch Teil des Motorrades

V29.9 Motorradfahrer [jeder Art] bei nicht näher bezeichnetem Verkehrsunfall verletzt
Motorradunfall o.n.A.

Benutzer eines dreirädrigen Kraftfahrzeuges bei Transportmittelunfall verletzt (V30–V39)

Inkl.: Motorisiertes Dreirad
Exkl.: Fahrzeug, das vorwiegend für die Benutzung abseits von Straßen vorgesehen ist (V86.–)
Motorrad mit Beiwagen (V20–V29)

Bei den Kategorien V30–V38 sind die folgenden 4. Stellen zu benutzen:

.0 Fahrer bei Transportmittelunfall außerhalb des Verkehrs verletzt
.1 Fahrgast bei Transportmittelunfall außerhalb des Verkehrs verletzt
.2 Person auf der Außenseite des Fahrzeuges bei Transportmittelunfall außerhalb des Verkehrs verletzt
.3 Nicht näher bezeichneter Benutzer eines dreirädrigen Kraftfahrzeuges bei Transportmittelunfall außerhalb des Verkehrs verletzt
.4 Person beim Ein- oder Aussteigen verletzt
.5 Fahrer bei Verkehrsunfall verletzt
.6 Fahrgast bei Verkehrsunfall verletzt
.7 Person auf der Außenseite des Fahrzeuges bei Verkehrsunfall verletzt
.9 Nicht näher bezeichneter Benutzer eines dreirädrigen Kraftfahrzeuges bei Verkehrsunfall verletzt

V30 Benutzer eines dreirädrigen Kraftfahrzeuges bei Zusammenstoß mit Fußgänger oder Tier verletzt

Exkl.: Zusammenstoß mit tierbespanntem Fahrzeug oder gerittenem Tier (V36.–)

V31 Benutzer eines dreirädrigen Kraftfahrzeuges bei Zusammenstoß mit Fahrrad verletzt

V32 Benutzer eines dreirädrigen Kraftfahrzeuges bei Zusammenstoß mit anderem zwei- oder dreirädrigem Kraftfahrzeug verletzt

V33 Benutzer eines dreirädrigen Kraftfahrzeuges bei Zusammenstoß mit Personenkraftwagen oder Lieferwagen verletzt

V34 Benutzer eines dreirädrigen Kraftfahrzeuges bei Zusammenstoß mit Lastkraftwagen oder Autobus verletzt

V35 Benutzer eines dreirädrigen Kraftfahrzeuges bei Zusammenstoß mit Eisenbahnzug oder Eisenbahnfahrzeug verletzt

V36 **Benutzer eines dreirädrigen Kraftfahrzeuges bei Zusammenstoß mit sonstigem nichtmotorisiertem Fahrzeug verletzt**

Inkl.: Zusammenstoß mit tierbespanntem Fahrzeug, gerittenem Tier, Straßenbahn

V37 **Benutzer eines dreirädrigen Kraftfahrzeuges bei Zusammenstoß mit feststehendem Gegenstand verletzt**

V38 **Benutzer eines dreirädrigen Kraftfahrzeuges bei Transportmittelunfall ohne Zusammenstoß verletzt**

Inkl.: Sturz oder Stoß von dreirädrigem Kraftfahrzeug
Umstürzen:
- ohne Zusammenstoß
- o.n.A.

V39 **Benutzer eines dreirädrigen Kraftfahrzeuges bei sonstigen und nicht näher bezeichneten Transportmittelunfällen verletzt**

V39.0 Fahrer bei Zusammenstoß mit sonstigen und nicht näher bezeichneten Kraftfahrzeugen bei Transportmittelunfall außerhalb des Verkehrs verletzt

V39.1 Fahrgast bei Zusammenstoß mit sonstigen und nicht näher bezeichneten Kraftfahrzeugen bei Transportmittelunfall außerhalb des Verkehrs verletzt

V39.2 Nicht näher bezeichneter Benutzer eines dreirädrigen Kraftfahrzeuges bei Zusammenstoß mit sonstigen und nicht näher bezeichneten Kraftfahrzeugen bei Transportmittelunfall außerhalb des Verkehrs verletzt

Zusammenstoß o.n.A. mit Beteiligung eines dreirädrigen Kraftfahrzeuges, außerhalb des Verkehrs

V39.3 Nicht näher bezeichneter Benutzer eines dreirädrigen Kraftfahrzeuges bei nicht näher bezeichnetem Transportmittelunfall außerhalb des Verkehrs verletzt

Benutzer eines dreirädrigen Kraftfahrzeuges bei Transportmittelunfall außerhalb des Verkehrs verletzt o.n.A.

Unfall o.n.A. mit Beteiligung eines dreirädrigen Kraftfahrzeuges, außerhalb des Verkehrs

V39.4	Fahrer bei Zusammenstoß mit sonstigen und nicht näher bezeichneten Kraftfahrzeugen bei Verkehrsunfall verletzt
V39.5	Fahrgast bei Zusammenstoß mit sonstigen und nicht näher bezeichneten Kraftfahrzeugen bei Verkehrsunfall verletzt
V39.6	Nicht näher bezeichneter Benutzer eines dreirädrigen Kraftfahrzeuges bei Zusammenstoß mit sonstigen und nicht näher bezeichneten Kraftfahrzeugen bei Verkehrsunfall verletzt Zusammenstoß o.n.A. mit Beteiligung eines dreirädrigen Kraftfahrzeuges (im Verkehr)
V39.8	Benutzer eines dreirädrigen Kraftfahrzeuges [jeder Art] bei sonstigen näher bezeichneten Transportmittelunfällen verletzt Eingeklemmt durch Tür oder anderen Teil des dreirädrigen Kraftfahrzeuges
V39.9	Benutzer eines dreirädrigen Kraftfahrzeuges [jeder Art] bei nicht näher bezeichnetem Verkehrsunfall verletzt Unfall o.n.A. mit Beteiligung eines dreirädrigen Kraftfahrzeuges

Benutzer eines Personenkraftwagens bei Transportmittelunfall verletzt (V40–V49)

Inkl.: Minibus

Bei den Kategorien V40–V48 sind die folgenden 4. Stellen zu benutzen:

- .0 Fahrer bei Transportmittelunfall außerhalb des Verkehrs verletzt
- .1 Fahrgast bei Transportmittelunfall außerhalb des Verkehrs verletzt
- .2 Person auf der Außenseite des Fahrzeuges bei Transportmittelunfall außerhalb des Verkehrs verletzt
- .3 Nicht näher bezeichneter Benutzer eines Personenkraftwagens bei Transportmittelunfall außerhalb des Verkehrs verletzt
- .4 Person beim Ein- oder Aussteigen verletzt
- .5 Fahrer bei Verkehrsunfall verletzt
- .6 Fahrgast bei Verkehrsunfall verletzt
- .7 Person auf der Außenseite des Fahrzeuges bei Verkehrsunfall verletzt
- .9 Nicht näher bezeichneter Benutzer eines Personenkraftwagens bei Verkehrsunfall verletzt

V40 Benutzer eines Personenkraftwagens bei Zusammenstoß mit Fußgänger oder Tier verletzt

Exkl.: Zusammenstoß mit tierbespanntem Fahrzeug oder gerittenem Tier (V46.–)

V41 Benutzer eines Personenkraftwagens bei Zusammenstoß mit Fahrrad verletzt

V42 Benutzer eines Personenkraftwagens bei Zusammenstoß mit zwei- oder dreirädrigem Kraftfahrzeug verletzt

V43 Benutzer eines Personenkraftwagens bei Zusammenstoß mit Personenkraftwagen oder Lieferwagen verletzt

V44 Benutzer eines Personenkraftwagens bei Zusammenstoß mit Lastkraftwagen oder Autobus verletzt

V45 Benutzer eines Personenkraftwagens bei Zusammenstoß mit Eisenbahnzug oder Eisenbahnfahrzeug verletzt

V46 Benutzer eines Personenkraftwagens bei Zusammenstoß mit sonstigem nichtmotorisiertem Fahrzeug verletzt
Inkl.: Zusammenstoß mit tierbespanntem Fahrzeug, gerittenem Tier, Straßenbahn

V47 Benutzer eines Personenkraftwagens bei Zusammenstoß mit feststehendem Gegenstand verletzt

V48 Benutzer eines Personenkraftwagens bei Transportmittelunfall ohne Zusammenstoß verletzt
Inkl.: Umstürzen:
- ohne Zusammenstoß
- o.n.A.

V49 Benutzer eines Personenkraftwagens bei sonstigen und nicht näher bezeichneten Transportmittelunfällen verletzt

V49.0 Fahrer bei Zusammenstoß mit sonstigen und nicht näher bezeichneten Kraftfahrzeugen bei Transportmittelunfall außerhalb des Verkehrs verletzt

V49.1 Fahrgast bei Zusammenstoß mit sonstigen und nicht näher bezeichneten Kraftfahrzeugen bei Transportmittelunfall außerhalb des Verkehrs verletzt

V49.2 Nicht näher bezeichneter Benutzer eines Personenkraftwagens bei Zusammenstoß mit sonstigen und nicht näher bezeichneten Kraftfahrzeugen bei Transportmittelunfall außerhalb des Verkehrs verletzt
Personenkraftwagenzusammenstoß o.n.A., außerhalb des Verkehrs

V49.3 Benutzer eines Personenkraftwagens [jeder Art] bei nicht näher bezeichnetem Transportmittelunfall außerhalb des Verkehrs verletzt
Benutzer eines Personenkraftwagens bei Transportmittelunfall außerhalb des Verkehrs verletzt o.n.A.
Personenkraftwagenunfall o.n.A., außerhalb des Verkehrs

V49.4 Fahrer bei Zusammenstoß mit sonstigen und nicht näher bezeichneten Kraftfahrzeugen bei Verkehrsunfall verletzt

V49.5 Fahrgast bei Zusammenstoß mit sonstigen und nicht näher bezeichneten Kraftfahrzeugen bei Verkehrsunfall verletzt

V49.6 Nicht näher bezeichneter Benutzer eines Personenkraftwagens bei Zusammenstoß mit sonstigen und nicht näher bezeichneten Kraftfahrzeugen bei Verkehrsunfall verletzt
Personenkraftwagenzusammenstoß o.n.A. (im Verkehr)

V49.8 Benutzer eines Personenkraftwagens [jeder Art] bei sonstigen näher bezeichneten Transportmittelunfällen verletzt
Eingeklemmt durch Tür oder anderen Teil des Personenkraftwagens

V49.9 Benutzer eines Personenkraftwagens [jeder Art] bei nicht näher bezeichnetem Verkehrsunfall verletzt
Personenkraftwagenunfall o.n.A.

Benutzer eines Lieferwagens bei Transportmittelunfall verletzt (V50–V59)

Exkl.: Lastkraftwagen (V60–V69)

Bei den Kategorien V50–V58 sind die folgenden 4. Stellen zu benutzen:
- .0 Fahrer bei Transportmittelunfall außerhalb des Verkehrs verletzt
- .1 Fahrgast bei Transportmittelunfall außerhalb des Verkehrs verletzt
- .2 Person auf der Außenseite des Fahrzeuges bei Transportmittelunfall außerhalb des Verkehrs verletzt
- .3 Nicht näher bezeichneter Benutzer eines Lieferwagens bei Transportmittelunfall außerhalb des Verkehrs verletzt
- .4 Person beim Ein- oder Aussteigen verletzt
- .5 Fahrer bei Verkehrsunfall verletzt
- .6 Fahrgast bei Verkehrsunfall verletzt
- .7 Person auf der Außenseite des Fahrzeuges bei Verkehrsunfall verletzt
- .9 Nicht näher bezeichneter Benutzer eines Lieferwagens bei Verkehrsunfall verletzt

V50 Benutzer eines Lieferwagens bei Zusammenstoß mit Fußgänger oder Tier verletzt

Exkl.: Zusammenstoß mit tierbespanntem Fahrzeug oder gerittenem Tier (V56.–)

V51 Benutzer eines Lieferwagens bei Zusammenstoß mit Fahrrad verletzt

V52 Benutzer eines Lieferwagens bei Zusammenstoß mit zwei- oder dreirädrigem Kraftfahrzeug verletzt

V53 Benutzer eines Lieferwagens bei Zusammenstoß mit Personenkraftwagen oder Lieferwagen verletzt

V54 Benutzer eines Lieferwagens bei Zusammenstoß mit Lastkraftwagen oder Autobus verletzt

V55 Benutzer eines Lieferwagens bei Zusammenstoß mit Eisenbahnzug oder Eisenbahnfahrzeug verletzt

V56 Benutzer eines Lieferwagens bei Zusammenstoß mit sonstigem nichtmotorisiertem Fahrzeug verletzt

Inkl.: Zusammenstoß mit tierbespanntem Fahrzeug, gerittenem Tier, Straßenbahn

V57 Benutzer eines Lieferwagens bei Zusammenstoß mit feststehendem Gegenstand verletzt

V58 Benutzer eines Lieferwagens bei Transportmittelunfall ohne Zusammenstoß verletzt

Inkl.: Umstürzen:
- ohne Zusammenstoß
- o.n.A.

V59 Benutzer eines Lieferwagens bei sonstigen und nicht näher bezeichneten Transportmittelunfällen verletzt

V59.0 Fahrer bei Zusammenstoß mit sonstigen und nicht näher bezeichneten Kraftfahrzeugen bei Transportmittelunfall außerhalb des Verkehrs verletzt

V59.1 Fahrgast bei Zusammenstoß mit sonstigen und nicht näher bezeichneten Kraftfahrzeugen bei Transportmittelunfall außerhalb des Verkehrs verletzt

V59.2 Nicht näher bezeichneter Benutzer eines Lieferwagens bei Zusammenstoß mit sonstigen und nicht näher bezeichneten Kraftfahrzeugen bei Transportmittelunfall außerhalb des Verkehrs verletzt

Zusammenstoß o.n.A. mit Beteiligung eines Lieferwagens, außerhalb des Verkehrs

V59.3 Benutzer eines Lieferwagens [jeder Art] bei nicht näher bezeichnetem Transportmittelunfall außerhalb des Verkehrs verletzt

Benutzer eines Lieferwagens bei Transportmittelunfall außerhalb des Verkehrs verletzt o.n.A.

Unfall o.n.A. mit Beteiligung eines Lieferwagens, außerhalb des Verkehrs

V59.4 Fahrer bei Zusammenstoß mit sonstigen und nicht näher bezeichneten Kraftfahrzeugen bei Verkehrsunfall verletzt

V59.5 Fahrgast bei Zusammenstoß mit sonstigen und nicht näher bezeichneten Kraftfahrzeugen bei Verkehrsunfall verletzt

V59.6 Nicht näher bezeichneter Benutzer eines Lieferwagens bei Zusammenstoß mit sonstigen und nicht näher bezeichneten Kraftfahrzeugen bei Verkehrsunfall verletzt
Zusammenstoß o.n.A. mit Beteiligung eines Lieferwagens (im Verkehr)

V59.8 Benutzer eines Lieferwagens [jeder Art] bei sonstigen näher bezeichneten Transportmittelunfällen verletzt
Eingeklemmt durch Tür oder anderen Teil des Lieferwagens

V59.9 Benutzer eines Lieferwagens [jeder Art] bei nicht näher bezeichnetem Verkehrsunfall verletzt
Unfall o.n.A. mit Beteiligung eines Lieferwagens

Benutzer eines Lastkraftwagens bei Transportmittelunfall verletzt (V60–V69)

Inkl.: Kraftfahrzeuge mit einem Gesamtgewicht von mehr als 3500 kg, zu deren Führung ein besonderer Führerschein benötigt wird

Bei den Kategorien V60–V68 sind die folgenden 4. Stellen zu benutzen:

.0 Fahrer bei Transportmittelunfall außerhalb des Verkehrs verletzt
.1 Fahrgast bei Transportmittelunfall außerhalb des Verkehrs verletzt
.2 Person auf der Außenseite des Fahrzeuges bei Transportmittelunfall außerhalb des Verkehrs verletzt
.3 Nicht näher bezeichneter Benutzer eines Lastkraftwagens bei Transportmittelunfall außerhalb des Verkehrs verletzt
.4 Person beim Ein- oder Aussteigen verletzt
.5 Fahrer bei Verkehrsunfall verletzt
.6 Fahrgast bei Verkehrsunfall verletzt
.7 Person auf der Außenseite des Fahrzeuges bei Verkehrsunfall verletzt
.9 Nicht näher bezeichneter Benutzer eines Lastkraftwagens bei Verkehrsunfall verletzt

V60 Benutzer eines Lastkraftwagens bei Zusammenstoß mit Fußgänger oder Tier verletzt

Exkl.: Zusammenstoß mit tierbespanntem Fahrzeug oder gerittenem Tier (V66.–)

V61 Benutzer eines Lastkraftwagens bei Zusammenstoß mit Fahrrad verletzt

V62 Benutzer eines Lastkraftwagens bei Zusammenstoß mit zwei- oder dreirädrigem Kraftfahrzeug verletzt

V63 Benutzer eines Lastkraftwagens bei Zusammenstoß mit Personenkraftwagen oder Lieferwagen verletzt

V64 Benutzer eines Lastkraftwagens bei Zusammenstoß mit Lastkraftwagen oder Autobus verletzt

V65 Benutzer eines Lastkraftwagens bei Zusammenstoß mit Eisenbahnzug oder Eisenbahnfahrzeug verletzt

V66 Benutzer eines Lastkraftwagens bei Zusammenstoß mit sonstigem nichtmotorisiertem Fahrzeug verletzt

Inkl.: Zusammenstoß mit tierbespanntem Fahrzeug, gerittenem Tier, Straßenbahn

V67 Benutzer eines Lastkraftwagens bei Zusammenstoß mit feststehendem Gegenstand verletzt

V68 Benutzer eines Lastkraftwagens bei Transportmittelunfall ohne Zusammenstoß verletzt

Inkl.: Umstürzen:
- ohne Zusammenstoß
- o.n.A.

V69 Benutzer eines Lastkraftwagens bei sonstigen und nicht näher bezeichneten Transportmittelunfällen verletzt

V69.0 Fahrer bei Zusammenstoß mit sonstigen und nicht näher bezeichneten Kraftfahrzeugen bei Transportmittelunfall außerhalb des Verkehrs verletzt

V69.1 Fahrgast bei Zusammenstoß mit sonstigen und nicht näher bezeichneten Kraftfahrzeugen bei Transportmittelunfall außerhalb des Verkehrs verletzt

V69.2 Nicht näher bezeichneter Benutzer eines Lastkraftwagens bei Zusammenstoß mit sonstigen und nicht näher bezeichneten Kraftfahrzeugen bei Transportmittelunfall außerhalb des Verkehrs verletzt

Zusammenstoß o.n.A. mit Beteiligung eines Lastkraftwagens, außerhalb des Verkehrs

V69.3 Benutzer eines Lastkraftwagens [jeder Art] bei nicht näher bezeichnetem Transportmittelunfall außerhalb des Verkehrs verletzt

Benutzer eines Lastkraftwagens bei Transportmittelunfall außerhalb des Verkehrs verletzt o.n.A.

Unfall o.n.A. mit Beteiligung eines Lastkraftwagens, außerhalb des Verkehrs

V69.4 Fahrer bei Zusammenstoß mit sonstigen und nicht näher bezeichneten Kraftfahrzeugen bei Verkehrsunfall verletzt

V69.5 Fahrgast bei Zusammenstoß mit sonstigen und nicht näher bezeichneten Kraftfahrzeugen bei Verkehrsunfall verletzt

V69.6 Nicht näher bezeichneter Benutzer eines Lastkraftwagens bei Zusammenstoß mit sonstigen und nicht näher bezeichneten Kraftfahrzeugen bei Verkehrsunfall verletzt

Zusammenstoß o.n.A. mit Beteiligung eines Lastkraftwagens (im Verkehr)

V69.8 Benutzer eines Lastkraftwagens [jeder Art] bei sonstigen näher bezeichneten Transportmittelunfällen verletzt

Eingeklemmt durch Tür oder anderen Teil eines Lastkraftwagens

V69.9 Benutzer eines Lastkraftwagens [jeder Art] bei nicht näher bezeichnetem Verkehrsunfall verletzt

Unfall o.n.A. mit Beteiligung eines Lastkraftwagens

Autobusbenutzer bei Transportmittelunfall verletzt (V70–V79)

Exkl.: Minibus (V40–V49)

Bei den Kategorien V70–V78 sind die folgenden 4. Stellen zu benutzen:

.0 Fahrer bei Transportmittelunfall außerhalb des Verkehrs verletzt
.1 Fahrgast bei Transportmittelunfall außerhalb des Verkehrs verletzt
.2 Person auf der Außenseite des Fahrzeuges bei Transportmittelunfall außerhalb des Verkehrs verletzt
.3 Nicht näher bezeichneter Autobusbenutzer bei Transportmittelunfall außerhalb des Verkehrs verletzt
.4 Person beim Ein- oder Aussteigen verletzt
.5 Fahrer bei Verkehrsunfall verletzt
.6 Fahrgast bei Verkehrsunfall verletzt
.7 Person auf der Außenseite des Fahrzeuges bei Verkehrsunfall verletzt
.9 Nicht näher bezeichneter Autobusbenutzer bei Verkehrsunfall verletzt

V70 Autobusbenutzer bei Zusammenstoß mit Fußgänger oder Tier verletzt

Exkl.: Zusammenstoß mit tierbespanntem Fahrzeug oder gerittenem Tier (V76.–)

V71 Autobusbenutzer bei Zusammenstoß mit Fahrrad verletzt

V72 Autobusbenutzer bei Zusammenstoß mit zwei- oder dreirädrigem Kraftfahrzeug verletzt

V73 Autobusbenutzer bei Zusammenstoß mit Personenkraftwagen oder Lieferwagen verletzt

V74 Autobusbenutzer bei Zusammenstoß mit Lastkraftwagen oder Autobus verletzt

V75 Autobusbenutzer bei Zusammenstoß mit Eisenbahnzug oder Eisenbahnfahrzeug verletzt

V76 Autobusbenutzer bei Zusammenstoß mit sonstigem nichtmotorisiertem Fahrzeug verletzt

Inkl.: Zusammenstoß mit tierbespanntem Fahrzeug, gerittenem Tier, Straßenbahn

V77 Autobusbenutzer bei Zusammenstoß mit feststehendem Gegenstand verletzt

V78 Autobusbenutzer bei Transportmittelunfall ohne Zusammenstoß verletzt

Inkl.: Umstürzen:
- ohne Zusammenstoß
- o.n.A.

V79 Autobusbenutzer bei sonstigen und nicht näher bezeichneten Transportmittelunfällen verletzt

V79.0 Fahrer bei Zusammenstoß mit sonstigen und nicht näher bezeichneten Kraftfahrzeugen bei Transportmittelunfall außerhalb des Verkehrs verletzt

V79.1 Fahrgast bei Zusammenstoß mit sonstigen und nicht näher bezeichneten Kraftfahrzeugen bei Transportmittelunfall außerhalb des Verkehrs verletzt

V79.2 Nicht näher bezeichneter Autobusbenutzer bei Zusammenstoß mit sonstigen und nicht näher bezeichneten Kraftfahrzeugen bei Transportmittelunfall außerhalb des Verkehrs verletzt

Autobuszusammenstoß o.n.A., außerhalb des Verkehrs

V79.3 Autobusbenutzer [jeder Art] bei nicht näher bezeichnetem Transportmittelunfall außerhalb des Verkehrs verletzt

Autobusbenutzer bei Transportmittelunfall außerhalb des Verkehrs verletzt o.n.A.
Unfall eines Autobusses o.n.A., außerhalb des Verkehrs

V79.4 Fahrer bei Zusammenstoß mit sonstigen und nicht näher bezeichneten Kraftfahrzeugen bei Verkehrsunfall verletzt

V79.5 Fahrgast bei Zusammenstoß mit sonstigen und nicht näher bezeichneten Kraftfahrzeugen bei Verkehrsunfall verletzt

V79.6 Nicht näher bezeichneter Autobusbenutzer bei Zusammenstoß mit sonstigen und nicht näher bezeichneten Kraftfahrzeugen bei Verkehrsunfall verletzt

Autobuszusammenstoß o.n.A. (im Verkehr)

V79.8 **Autobusbenutzer [jeder Art] bei sonstigen näher bezeichneten Transportmittelunfällen verletzt**
Eingeklemmt durch Tür oder anderen Teil des Autobusses

V79.9 **Autobusbenutzer [jeder Art] bei nicht näher bezeichnetem Verkehrsunfall verletzt**
Autobusunfall o.n.A.

Sonstige Landtransportmittelunfälle (V80–V89)

V80 Reiter oder Benutzer eines tierbespannten Fahrzeuges bei Transportmittelunfall verletzt

V80.0 **Reiter oder Benutzer eines tierbespannten Fahrzeuges durch Sturz oder Abgeworfenwerden von Tier oder tierbespanntem Fahrzeug bei Unfall ohne Zusammenstoß verletzt**
Sturz:
- ohne Zusammenstoß
- o.n.A.

V80.1 **Reiter oder Benutzer eines tierbespannten Fahrzeuges bei Zusammenstoß mit Fußgänger oder Tier verletzt**

Exkl.: Zusammenstoß mit tierbespanntem Fahrzeug oder gerittenem Tier (V80.6)

V80.2 **Reiter oder Benutzer eines tierbespannten Fahrzeuges bei Zusammenstoß mit Fahrrad verletzt**

V80.3 **Reiter oder Benutzer eines tierbespannten Fahrzeuges bei Zusammenstoß mit zwei- oder dreirädrigem Kraftfahrzeug verletzt**

V80.4 **Reiter oder Benutzer eines tierbespannten Fahrzeuges bei Zusammenstoß mit Personenkraftwagen, Lieferwagen, Lastkraftwagen oder Autobus verletzt**

V80.5 **Reiter oder Benutzer eines tierbespannten Fahrzeuges bei Zusammenstoß mit sonstigem näher bezeichnetem Kraftfahrzeug verletzt**

V80.6 **Reiter oder Benutzer eines tierbespannten Fahrzeuges bei Zusammenstoß mit Eisenbahnzug oder Eisenbahnfahrzeug verletzt**

V80.7 **Reiter oder Benutzer eines tierbespannten Fahrzeuges bei Zusammenstoß mit sonstigem nichtmotorisiertem Fahrzeug verletzt**
Zusammenstoß mit:
- gerittenem Tier
- Straßenbahn
- tierbespanntem Fahrzeug

V80.8 Reiter oder Benutzer eines tierbespannten Fahrzeuges bei Zusammenstoß mit feststehendem Gegenstand verletzt

V80.9 Reiter oder Benutzer eines tierbespannten Fahrzeuges bei sonstigen und nicht näher bezeichneten Transportmittelunfällen verletzt
Reitunfall o.n.A.
Unfall eines tierbespannten Fahrzeuges o.n.A.

V81 Benutzer eines Eisenbahnzuges oder Eisenbahnfahrzeuges bei Transportmittelunfall verletzt

Inkl.: Person auf der Außenseite des Eisenbahnzuges

V81.0 Benutzer eines Eisenbahnzuges oder Eisenbahnfahrzeuges bei Zusammenstoß mit Kraftfahrzeug bei Transportmittelunfall außerhalb des Verkehrs verletzt

V81.1 Benutzer eines Eisenbahnzuges oder Eisenbahnfahrzeuges bei Zusammenstoß mit Kraftfahrzeug bei Verkehrsunfall verletzt

V81.2 Benutzer eines Eisenbahnzuges oder Eisenbahnfahrzeuges bei Zusammenstoß mit oder Getroffenwerden von Fahrzeug verletzt

V81.3 Benutzer eines Eisenbahnzuges oder Eisenbahnfahrzeuges bei Zusammenstoß mit sonstigem Gegenstand verletzt
Eisenbahnzusammenstoß o.n.A.

V81.4 Person beim Ein- oder Aussteigen aus Eisenbahnzug oder Eisenbahnfahrzeug verletzt

V81.5 Benutzer eines Eisenbahnzuges oder Eisenbahnfahrzeuges durch Sturz im Eisenbahnzug oder Eisenbahnfahrzeug verletzt

Exkl.: Sturz:
- bei Entgleisung:
  - mit vorhergehendem Zusammenstoß (V81.0–V81.3)
  - ohne vorhergehenden Zusammenstoß (V81.7)
- beim Ein- oder Aussteigen (V81.4)

V81.6 Benutzer eines Eisenbahnzuges oder Eisenbahnfahrzeuges durch Sturz Eisenbahnzug oder Eisenbahnfahrzeug verletzt

Exkl.: Sturz:
- bei Entgleisung:
  - mit vorhergehendem Zusammenstoß (V81.0–V81.3)
  - ohne vorhergehenden Zusammenstoß (V81.7)
- beim Ein- oder Aussteigen (V81.4)

V81.7 Benutzer eines Eisenbahnzuges oder Eisenbahnfahrzeuges bei Entgleisung ohne vorhergehenden Zusammenstoß verletzt

V81.8 Benutzer eines Eisenbahnzuges oder Eisenbahnfahrzeuges bei sonstigen näher bezeichneten Eisenbahnunfällen verletzt
Explosion oder Feuer
Getroffenwerden von herabfallendem, stürzendem:
- Baum
- Erdreich
- Gestein

Exkl.: Entgleisung:
- mit vorhergehendem Zusammenstoß (V81.0–V81.3)
- ohne vorhergehenden Zusammenstoß (V81.7)

V81.9 Benutzer eines Eisenbahnzuges oder Eisenbahnfahrzeuges bei nicht näher bezeichnetem Eisenbahnunfall verletzt
Eisenbahnunfall o.n.A.

V82 Straßenbahnbenutzer bei Transportmittelunfall verletzt
Inkl.: Person auf der Außenseite der Straßenbahn

V82.0 Straßenbahnbenutzer bei Zusammenstoß mit Kraftfahrzeug bei Transportmittelunfall außerhalb des Verkehrs verletzt

V82.1 Straßenbahnbenutzer bei Zusammenstoß mit Kraftfahrzeug bei Verkehrsunfall verletzt

V82.2 Straßenbahnbenutzer bei Zusammenstoß mit oder Getroffenwerden von Fahrzeug verletzt

V82.3 Straßenbahnbenutzer bei Zusammenstoß mit sonstigem Gegenstand verletzt

Exkl.: Zusammenstoß mit tierbespanntem Fahrzeug oder gerittenem Tier (V82.8)

V82.4 Person beim Ein- oder Aussteigen aus der Straßenbahn verletzt

V82.5 Straßenbahnbenutzer durch Sturz in der Straßenbahn verletzt

Exkl.: Sturz:
- beim Ein- oder Aussteigen (V82.4)
- mit vorhergehendem Zusammenstoß (V82.0–V82.3)

V82.6 Straßenbahnbenutzer durch Sturz aus der Straßenbahn verletzt

Exkl.: Sturz:
- beim Ein- oder Aussteigen (V82.4)
- mit vorhergehendem Zusammenstoß (V82.0–V82.3)

V82.7 Straßenbahnbenutzer bei Entgleisung ohne vorhergehenden Zusammenstoß verletzt

V82.8 Straßenbahnbenutzer bei sonstigen näher bezeichneten Transportmittelunfällen verletzt
Zusammenstoß mit Eisenbahnzug oder sonstigem nichtmotorisiertem Fahrzeug

V82.9 Straßenbahnbenutzer bei nicht näher bezeichnetem Verkehrsunfall verletzt
Straßenbahnunfall o.n.A.

V83 Benutzer eines vorwiegend auf Betriebsgelände eingesetzten Spezialfahrzeuges bei Transportmittelunfall verletzt

Exkl.: Fahrzeug bei Benutzung im Stand oder bei Instandhaltung (W31.–)

V83.0 Fahrer eines Spezialfahrzeuges für industrielle Zwecke bei Verkehrsunfall verletzt

V83.1 Fahrgast auf Spezialfahrzeug für industrielle Zwecke bei Verkehrsunfall verletzt

V83.2 Person auf der Außenseite eines Spezialfahrzeuges für industrielle Zwecke bei Verkehrsunfall verletzt

V83.3 Nicht näher bezeichneter Benutzer eines Spezialfahrzeuges für industrielle Zwecke bei Verkehrsunfall verletzt

V83.4 Person beim Ein- oder Aussteigen aus einem Spezialfahrzeug für industrielle Zwecke verletzt

V83.5 Fahrer eines Spezialfahrzeuges für industrielle Zwecke bei Transportmittelunfall außerhalb des Verkehrs verletzt

V83.6 Fahrgast auf Spezialfahrzeug für industrielle Zwecke bei Transportmittelunfall außerhalb des Verkehrs verletzt

V83.7 Person auf der Außenseite eines Spezialfahrzeuges für industrielle Zwecke bei Transportmittelunfall außerhalb des Verkehrs verletzt

V83.9 Nicht näher bezeichneter Benutzer eines Spezialfahrzeuges für industrielle Zwecke bei Transportmittelunfall außerhalb des Verkehrs verletzt
Unfall eines Spezialfahrzeuges für industrielle Zwecke o.n.A.

V84 Benutzer eines vorwiegend in der Landwirtschaft eingesetzten Spezialfahrzeuges bei Transportmittelunfall verletzt

Exkl.: Fahrzeug bei Benutzung im Stand oder bei Instandhaltung (W30.–)

V84.0	Fahrer eines landwirtschaftlichen Spezialfahrzeuges bei Verkehrsunfall verletzt
V84.1	Fahrgast auf landwirtschaftlichem Spezialfahrzeug bei Verkehrsunfall verletzt
V84.2	Person auf der Außenseite eines landwirtschaftlichen Spezialfahrzeuges bei Verkehrsunfall verletzt
V84.3	Nicht näher bezeichneter Benutzer eines landwirtschaftlichen Spezialfahrzeuges bei Verkehrsunfall verletzt
V84.4	Person beim Ein- oder Aussteigen aus einem landwirtschaftlichen Spezialfahrzeug verletzt
V84.5	Fahrer eines landwirtschaftlichen Spezialfahrzeuges bei Transportmittelunfall außerhalb des Verkehrs verletzt
V84.6	Fahrgast auf landwirtschaftlichem Spezialfahrzeug bei Transportmittelunfall außerhalb des Verkehrs verletzt
V84.7	Person auf der Außenseite eines landwirtschaftlichen Spezialfahrzeuges bei Transportmittelunfall außerhalb des Verkehrs verletzt
V84.9	Nicht näher bezeichneter Benutzer eines landwirtschaftlichen Spezialfahrzeuges bei Transportmittelunfall außerhalb des Verkehrs verletzt Unfall eines landwirtschaftlichen Spezialfahrzeuges o.n.A.

V85 Benutzer eines Fahrzeuges spezieller Bauweise bei Transportmittelunfall verletzt

Exkl.: Fahrzeug bei Benutzung im Stand oder bei Instandhaltung (W31.–)

V85.0	Fahrer eines Fahrzeuges spezieller Bauweise bei Verkehrsunfall verletzt
V85.1	Fahrgast auf Fahrzeug spezieller Bauweise bei Verkehrsunfall verletzt
V85.2	Person auf der Außenseite eines Fahrzeuges spezieller Bauweise bei Verkehrsunfall verletzt
V85.3	Nicht näher bezeichneter Benutzer eines Fahrzeuges spezieller Bauweise bei Verkehrsunfall verletzt
V85.4	Person beim Ein- oder Aussteigen aus einem Fahrzeug spezieller Bauweise verletzt
V85.5	Fahrer eines Fahrzeuges spezieller Bauweise bei Transportmittelunfall außerhalb des Verkehrs verletzt
V85.6	Fahrgast auf Fahrzeug spezieller Bauweise bei Transportmittelunfall außerhalb des Verkehrs verletzt

Äußere Ursachen von Morbidität und Mortalität

V85.7 Person auf der Außenseite eines Fahrzeuges spezieller Bauweise bei Transportmittelunfall außerhalb des Verkehrs verletzt

V85.9 Nicht näher bezeichneter Benutzer eines Fahrzeuges spezieller Bauweise bei Transportmittelunfall außerhalb des Verkehrs verletzt
Unfall eines Fahrzeuges spezieller Bauweise o.n.A

V86 Benutzer eines geländegängigen Spezialfahrzeuges oder eines sonstigen vorwiegend für die Benutzung abseits von Straßen vorgesehenen Kraftfahrzeuges bei Transportmittelunfall verletzt
Exkl.: Fahrzeug bei Benutzung im Stand oder bei Instandhaltung (W31.–)

V86.0 Fahrer eines geländegängigen Spezialfahrzeuges oder eines sonstigen für die Benutzung abseits von Straßen vorgesehenen Kraftfahrzeuges bei Verkehrsunfall verletzt

V86.1 Fahrgast auf geländegängigem Spezialfahrzeug oder sonstigem für die Benutzung abseits von Straßen vorgesehenen Kraftfahrzeuges bei Verkehrsunfall verletzt

V86.2 Person auf der Außenseite eines geländegängigen Spezialfahrzeuges oder eines sonstigen für die Benutzung abseits von Straßen vorgesehenen Kraftfahrzeuges bei Verkehrsunfall verletzt

V86.3 Nicht näher bezeichneter Benutzer eines geländegängigen Spezialfahrzeuges oder eines sonstigen für die Benutzung abseits von Straßen vorgesehenen Kraftfahrzeuges bei Verkehrsunfall verletzt

V86.4 Person beim Ein- oder Aussteigen aus einem geländegängigen Spezialfahrzeug oder einem sonstigen für die Benutzung abseits von Straßen vorgesehenen Kraftfahrzeug verletzt

V86.5 Fahrer eines geländegängigen Spezialfahrzeuges oder eines sonstigen für die Benutzung abseits von Straßen vorgesehenen Kraftfahrzeuges bei Transportmittelunfall außerhalb des Verkehrs verletzt

V86.6 Fahrgast auf geländegängigem Spezialfahrzeug oder sonstigem für die Benutzung abseits von Straßen vorgesehenen Kraftfahrzeug bei Transportmittelunfall außerhalb des Verkehrs verletzt

V86.7 Person auf der Außenseite eines geländegängigen Spezialfahrzeuges oder eines sonstigen für die Benutzung abseits von Straßen vorgesehenen Kraftfahrzeuges bei Transportmittelunfall außerhalb des Verkehrs verletzt

V86.9 Nicht näher bezeichneter Benutzer eines geländegängigen Spezialfahrzeuges oder eines sonstigen für die Benutzung abseits von Straßen vorgesehenen Kraftfahrzeuges bei Transportmittelunfall außerhalb des Verkehrs verletzt
Unfall eines für die Benutzung abseits von Straßen vorgesehenen Kraftfahrzeuges o.n.A.
Unfall eines geländegängigen Spezialfahrzeuges o.n.A.

V87 Transportmittelunfall mit näherer Angabe des Unfallherganges, jedoch unbekannter Fortbewegungsart des Unfallopfers

Exkl.: Zusammenstoß mit Beteiligung von:
- Fußgänger (V01–V09)
- Radfahrer (V10–V19)

V87.0 Person bei Zusammenstoß von Personenkraftwagen mit zwei- oder dreirädrigem Kraftfahrzeug (im Verkehr) verletzt

V87.1 Person bei Zusammenstoß von sonstigem Kraftfahrzeug mit zwei- oder dreirädrigem Kraftfahrzeug (im Verkehr) verletzt

V87.2 Person bei Zusammenstoß von Personenkraftwagen mit Lieferwagen (im Verkehr) verletzt

V87.3 Person bei Zusammenstoß von Personenkraftwagen mit Autobus (im Verkehr) verletzt

V87.4 Person bei Zusammenstoß von Personenkraftwagen mit Lastkraftwagen (im Verkehr) verletzt

V87.5 Person bei Zusammenstoß von Lastkraftwagen mit Autobus (im Verkehr) verletzt

V87.6 Person bei Zusammenstoß von Eisenbahnzug oder Eisenbahnfahrzeug mit Personenkraftwagen (im Verkehr) verletzt

V87.7 Person bei Zusammenstoß von sonstigen näher bezeichneten Kraftfahrzeugen (im Verkehr) verletzt

V87.8 Person bei sonstigen näher bezeichneten Transportmittelunfällen mit Beteiligung eines Kraftfahrzeuges ohne Zusammenstoß (im Verkehr) verletzt

V87.9 Person bei sonstigen näher bezeichneten Transportmittelunfällen mit Beteiligung eines nichtmotorisierten Fahrzeuges (mit Zusammenstoß) (ohne Zusammenstoß) (im Verkehr) verletzt

V88 Transportmittelunfall außerhalb des Verkehrs mit näherer Angabe des Unfallherganges, jedoch unbekannter Fortbewegungsart des Unfallopfers

Exkl.: Zusammenstoß mit Beteiligung von:
- Fußgänger (V01–V09)
- Radfahrer (V10–V19)

V88.0 Person bei Zusammenstoß von Personenkraftwagen mit zwei- oder dreirädrigem Kraftfahrzeug außerhalb des Verkehrs verletzt

V88.1 Person bei Zusammenstoß von sonstigem Kraftfahrzeug mit zwei- oder dreirädrigem Kraftfahrzeug außerhalb des Verkehrs verletzt

V88.2 Person bei Zusammenstoß von Personenkraftwagen mit Lieferwagen außerhalb des Verkehrs verletzt

V88.3 Person bei Zusammenstoß von Personenkraftwagen mit Autobus außerhalb des Verkehrs verletzt

V88.4 Person bei Zusammenstoß von Personenkraftwagen mit Lastkraftwagen außerhalb des Verkehrs verletzt

V88.5 Person bei Zusammenstoß von Lastkraftwagen mit Autobus außerhalb des Verkehrs verletzt

V88.6 Person bei Zusammenstoß von Eisenbahnzug oder Eisenbahnfahrzeug mit Personenkraftwagen außerhalb des Verkehrs verletzt

V88.7 Person bei Zusammenstoß von sonstigen näher bezeichneten Kraftfahrzeugen außerhalb des Verkehrs verletzt

V88.8 Person bei sonstigen näher bezeichneten Transportmittelunfällen mit Beteiligung eines Kraftfahrzeuges ohne Zusammenstoß außerhalb des Verkehrs verletzt

V88.9 Person bei sonstigen näher bezeichneten Transportmittelunfällen mit Beteiligung eines nichtmotorisierten Fahrzeuges (mit Zusammenstoß) (ohne Zusammenstoß) außerhalb des Verkehrs verletzt

V89 Unfall eines motorisierten oder nichtmotorisierten Fahrzeuges, Fahrzeugtyp nicht näher bezeichnet

V89.0 Person bei nicht näher bezeichnetem Unfall eines Kraftfahrzeuges außerhalb des Verkehrs verletzt
Kraftfahrzeugunfall o.n.A., außerhalb des Verkehrs

V89.1	**Person bei nicht näher bezeichnetem Unfall eines nichtmotorisierten Fahrzeuges außerhalb des Verkehrs verletzt**
	Unfall eines nichtmotorisierten Fahrzeuges o.n.A. (außerhalb des Verkehrs)
V89.2	**Person bei nicht näher bezeichnetem Verkehrsunfall eines Kraftfahrzeuges verletzt**
	Kraftfahrzeugunfall [MVA] o.n.A.
	Straßen- (Verkehrs-) Unfall [RTA] o.n.A.
V89.3	**Person bei nicht näher bezeichnetem Verkehrsunfall eines nichtmotorisierten Fahrzeuges verletzt**
	Verkehrsunfall eines nichtmotorisierten Fahrzeuges o.n.A.
V89.9	**Person bei nicht näher bezeichnetem Fahrzeugunfall verletzt**
	Zusammenstoß o.n.A.

Wasserfahrzeugunfälle (V90–V94)

Inkl.: Wasserfahrzeugunfälle bei Freizeitbeschäftigungen

Bei den Kategorien V90–V94 sind die folgenden 4. Stellen zu verwenden:

- .0 Handelsschiff
- .1 Passagierschiff
  Fährschiff
  Linienschiff
- .2 Fischereischiff
- .3 Sonstiges Wasserfahrzeug mit Kraftantrieb
  Luftkissenfahrzeug (auf offener See)
  Wasserskifahrzeug
- .4 Segelboot
  Jacht
- .5 Kanu, Paddelboot, Ruderboot oder Kajak
- .6 Schlauchboot (ohne Kraftantrieb)
- .7 Wasserskier
- .8 Sonstige Wasserfahrzeuge ohne Kraftantrieb
  Surfbrett
  Windsurfer
- .9 Nicht näher bezeichnetes Wasserfahrzeug
  Boot o.n.A.
  Schiff o.n.A.
  Wasserfahrzeug o.n.A.

V90 Wasserfahrzeugunfall mit Ertrinken und Untergehen

Inkl.: Ertrinken und Untergehen infolge von:
- sich überschlagendem Boot
- sinkendem Boot oder Schiff
- sonstigem Wasserfahrzeugunfall
- Sturz oder Sprung von:
  - brennendem Schiff
  - havariertem Wasserfahrzeug

Exkl.: Ertrinken oder Untergehen im Wasserverkehr ohne Unfall des Wasserfahrzeuges (V92.-)

V91 Wasserfahrzeugunfall mit sonstigen Verletzungen

Inkl.: Bei Wasserfahrzeugunfall von fallendem Gegenstand getroffen
Bei Wasserfahrzeugzusammenstoß zwischen Schiffen eingequetscht
Nach Verlassen des Schiffes von Rettungsboot eingequetscht
Nach Sturz oder Sprung von beschädigtem Wasserfahrzeug durch Wasserfahrzeug oder Teil des Wasserfahrzeuges erfaßt
Sturz durch Zusammenstoß oder sonstigen Unfall des Wasserfahrzeuges
Verbrennungen bei Wasserfahrzeugbrand
Verletzung bei Wasserfahrzeugunfall mit Zusammenstoß
Verletzung jeder Art, ausgenommen Ertrinken und Untergehen als Folge eines Wasserfahrzeugunfalles

Exkl.: Verbrennungen durch örtlich begrenztes Feuer oder Explosion an Bord des Wasserfahrzeuges (V93.-)

V92 Ertrinken und Untergehen im Wasserverkehr ohne Unfall des Wasserfahrzeuges

Inkl.: Durch die Schiffbewegung über Bord geworfen
Ertrinken oder Untergehen durch Unfall, wie z.B.:
- Sturz:
  - über Bord
  - vom Schiff
  - von Laufplanke
Über Bord gespült

Exkl.: Ertrinken oder Untergehen von Schwimmer oder Taucher, der freiwillig von einem Boot springt, das nicht an einem Unfall beteiligt ist (W69.-, W73.-)

V93 Unfall an Bord eines Wasserfahrzeuges ohne Unfall des Wasserfahrzeuges und ohne Ertrinken und Untergehen

Inkl.: Funktionsstörung des Atomreaktors im Wasserfahrzeug
Kesselexplosion auf einem Dampfschiff
Maschinenunfall im Wasserfahrzeug
Örtlich begrenztes Feuer auf dem Schiff
Quetschung durch fallenden Gegenstand auf dem Schiff
Sturz auf Treppen oder von Leitern im Wasserfahrzeug
Sturz von einer Ebene auf die andere im Wasserfahrzeug
Übermäßige Hitze im:
- Feuerungsraum
- Kesselraum
- Maschinenraum
- Verdampfungsraum

Akzidentelle Vergiftung durch Gase oder Rauch im Schiff
Verletzungen im Wasserfahrzeug durch Maschinen:
- auf Deck
- beim Verladen
- im Maschinenraum
- in der Kombüse
- in der Wäscherei

V94 Sonstige und nicht näher bezeichnete Wasserverkehrsunfälle

Inkl.: Erfaßtwerden vom Boot beim Wasserskifahren
Unfall von Nicht-Insassen eines Wasserfahrzeuges

Luftverkehrs- und Raumfahrtunfälle (V95–V97)

V95 Unfall eines Luftfahrzeuges mit Kraftantrieb, der eine Verletzung von Insassen verursacht

Inkl.: Absturz
Brand
Explosion
Notlandung
Zusammenstoß mit feststehendem, beweglichem oder sich bewegendem Gegenstand jeder Art
} Luftfahrzeug (mit Kraftantrieb)

V95.0 Unfall eines Hubschraubers mit Verletzung von Insassen
V95.1 Unfall eines Ultraleicht-, Mikroleicht- oder Motorgleiters mit Verletzung von Insassen
V95.2 Unfall eines sonstigen privaten Starrflüglers mit Verletzung von Insassen
V95.3 Unfall eines kommerziellen Starrflüglers mit Verletzung von Insassen
V95.4 Unfall eines Raumfahrzeuges mit Verletzung von Insassen
V95.8 Sonstige Luftfahrzeugunfälle mit Verletzung von Insassen
V95.9 Nicht näher bezeichneter Luftfahrzeugunfall mit Verletzung von Insassen
Luftfahrzeugunfall o.n.A.
Luftverkehrsunfall o.n.A.

V96 Unfall eines Luftfahrzeuges ohne Kraftantrieb mit Verletzung von Insassen

Inkl.: Absturz
Brand
Explosion
Notlandung
Zusammenstoß mit feststehendem, beweglichem oder sich bewegendem Gegenstand jeder Art
} Luftfahrzeug ohne Kraftantrieb

V96.0 Unfall eines Ballons mit Verletzung von Insassen

V96.1 Unfall eines Hängegleiters mit Verletzung von Benutzern

V96.2 Unfall eines Gleiters (ohne Kraftantrieb) mit Verletzung von Benutzern

V96.8 **Unfälle sonstiger Luftfahrzeuge ohne Kraftantrieb mit Verletzung von Benutzern**
Bemannte Drachen

V96.9 **Unfall eines nicht näher bezeichneten Luftfahrzeuges ohne Kraftantrieb mit Verletzung von Insassen**
Unfall eines Luftfahrzeuges ohne Kraftantrieb o.n.A.

V97 Sonstige näher bezeichnete Luftverkehrsunfälle
Inkl.: Unfälle von Nicht-Insassen eines Luftfahrzeuges

V97.0 **Insasse eines Luftfahrzeuges bei sonstigen näher bezeichneten Luftverkehrsunfällen verletzt**
Sturz in, auf oder aus Luftfahrzeug bei Luftverkehrsunfall

Exkl.: Unfall beim Ein- oder Aussteigen (V97.1)

V97.1 **Person beim Ein- oder Aussteigen aus Luftfahrzeug verletzt**

V97.2 **Fallschirmspringer bei Luftverkehrsunfall verletzt**

Exkl.: Person, die nach Unfall des Luftfahrzeuges abspringt (V95–V96)

V97.3 **Person am Boden bei Luftverkehrsunfall verletzt**
Verletzt durch rotierenden Propeller
Vom Sog einer Düse erfaßt
Von fallendem Gegenstand aus Luftfahrzeug getroffen

V97.8 **Sonstige Luftverkehrsunfälle, anderenorts nicht klassifiziert**
Verletzung durch Maschinen in Luftfahrzeug

Exkl.: Exposition gegenüber Luftdruckwechsel beim Aufsteigen oder Landen (W94.–)
Luftfahrzeugunfall o.n.A. (V95.9)

Sonstige und nicht näher bezeichnete Transportmittelunfälle (V98–V99)

Exkl.: Fahrzeugunfall, Fahrzeugtyp nicht näher bezeichnet (V89.–)

V98 Sonstige näher bezeichnete Transportmittelunfälle

Inkl.: Erfaßt- oder Mitgeschleiftwerden von ⎫
Gegenstand, geworfen aus oder in ⎬ Drahtseilbahn, nicht schienengebunden
Sturz oder Sprung aus ⎭

Unfall auf, von oder mit Beteiligung von:
- Drahtseilbahn, nicht schienengebunden
- Eissegler
- Skilift mit Gondeln
- Ski-Sessellift
- Strandsegler

V99 Nicht näher bezeichneter Transportmittelunfall

Sonstige äußere Ursachen von Unfallverletzungen (W00-X59)

Stürze (W00-W19)

[4. Stellen siehe unter Klassifikation des Ortes des Ereignisses am Anfang dieses Kapitels]

Exkl.: Stürze (aus) (in) (von):
- brennendem Gebäude (X00.-)
- Feuer (X00-X04, X08-X09)
- Maschinen (in Betrieb) (W28-W31)
- Tier (V80.-)
- Transportfahrzeug (V01-V99)
- Wasser (mit Ertrinken oder Untergehen) (W65-W74)

Tätlicher Angriff (Y01-Y02)
Vorsätzliche Selbstbeschädigung (X80-X81)

W00 Sturz auf gleicher Ebene bei Eis und Schnee
Exkl.: Sturz bei Benutzung von:
- Schlittschuhen oder Skiern (W02.-)
- Treppen oder Stufen (W10.-)

W01 Sturz auf gleicher Ebene durch Ausgleiten, Stolpern oder Straucheln
Exkl.: Sturz bei Eis oder Schnee (W00.-)

W02 Sturz bei Benutzung von Schlittschuhen, Skiern, Rollschuhen oder Skateboards

W03 Sonstiger Sturz auf gleicher Ebene durch Zusammenstoß mit oder Drängen und Stoßen durch eine andere Person

Inkl.: Sturz durch Zusammenstoß eines Fußgängers (oder von ihm benutzten Beförderungsmittel) mit anderem Fußgänger (oder von diesem benutzten Beförderungsmittel)

Exkl.: Gequetscht- oder Gestoßenwerden bei Menschenansammlung oder von in Panik geratener Menschenmenge (W52.–)

Sturz bei Eis oder Schnee (W00.–)

W04 Sturz während des Getragen- oder Gestütztwerdens durch andere Person(en)

Inkl.: Unbeabsichtigtes Fallenlassen einer Person, die getragen wird

W05 Sturz im Zusammenhang mit Rollstuhl

W06 Sturz im Zusammenhang mit Bett

W07 Sturz im Zusammenhang mit Stuhl

W08 Sturz im Zusammenhang mit sonstigem Mobiliar

W09 Sturz im Zusammenhang mit Spielplatzgerät

Exkl.: Sturz im Zusammenhang mit Geräten und Anlagen für Freizeitgestaltung (W31.–)

W10 Sturz auf oder von Treppen oder Stufen

Inkl.: Sturz (auf) (von):
- Rampe
- Rolltreppe
- schräger Ebene
- vereister oder schneebedeckter Treppe oder Stufe

W11 Sturz auf oder von Leitern

W12 Sturz auf oder vom Gerüst

W13 Sturz von, aus oder durch Gebäude oder Bauwerke
Inkl.: Sturz von, aus oder durch:
- Balkon
- Brücke
- Dach
- Erker
- Fahnenmast
- Fenster
- Fußboden
- Gebäude
- Geländer
- Mauer
- Turm
- Viadukt

Exkl.: Einsturz eines Gebäudes oder Bauwerkes (W20.–)
Sturz oder Sprung aus brennendem Gebäude (X00.–)

W14 Sturz vom Baum

W15 Sturz von Klippe

W16 Verletzung beim Tauchen oder Sprung ins Wasser ohne Ertrinken oder Untergehen
Inkl.: Aufschlag auf oder Stoß gegen:
- Grund beim Tauchen oder Sprung in flachem Gewässer
- Schwimmbeckenrand/-wand oder Sprungbrett
- Wasseroberfläche

Exkl.: Auswirkungen des Luftdrucks beim Tauchen (W94.–)
Tauchen mit ungenügendem Atemgasvorrat (W81.–)
Unfall durch Ertrinken oder Untergehen (W65–W74)

W17 Sonstige Stürze von einer Ebene auf eine andere
Inkl.: Sturz von oder in:
- Brunnen
- Dock
- Grube
- Heuschober
- Heustock
- Höhle
- Loch
- Schacht
- Steinbruch
- Wassertank

W18 Sonstige Stürze auf gleicher Ebene
Inkl.: Sturz:
- auf gleicher Ebene o.n.A.
- durch Stoß gegen Gegenstand
- von Toilette

W19 Nicht näher bezeichneter Sturz
Inkl.: Unfallbedingter Sturz o.n.A.

Exposition gegenüber mechanischen Kräften unbelebter Objekte (W20–W49)

[4. Stellen siehe unter Klassifikation des Ortes des Ereignisses am Anfang dieses Kapitels]

Exkl.: Kontakt oder Zusammenstoß mit Tieren oder Personen (W50–W64)
Tätlicher Angriff (X85–Y09)
Vorsätzliche Selbstbeschädigung (X60–X84)

W20 Unfall durch geworfenen, geschleuderten oder fallenden Gegenstand

Inkl.: Einsturz eines Gebäudes, ausgenommen durch Brand
Herabfallende(r)(s), umstürzender:
- Baum
- Gestein
- Stein

Verschüttetwerden ohne Asphyxie oder Ersticken

Exkl.: Einsturz eines brennenden Gebäudes (X00.–)
Fallender Gegenstand bei:
- Maschinenunfall (W24, W28–W31)
- Naturkatastrophe (X34–X39)
- Transportmittelunfall (V01–V99)

Gegenstand, in Bewegung gesetzt durch:
- Explosion (W35–W40)
- Feuerwaffe (W32–W34)

Sportgerät (W21.–)

W21 Unfall durch Stoß gegen oder Getroffenwerden von Sportgerät

Inkl.: Getroffenwerden von:
- geschlagenem oder geworfenem Ball
- Hockeyschläger oder Puck

W22 Unfall durch Stoß gegen oder Getroffenwerden von sonstigen Gegenständen

Inkl.: Gegen eine Mauer laufen

W23 Unfall durch Eingeklemmtwerden, Eingequetschtwerden, Eingezwängtwerden oder Hängenbleiben zwischen Gegenständen

Inkl.: Eingeklemmtwerden, Eingequetschtwerden, Eingezwängtwerden oder Hängenbleiben:

- in Gegenstand
- zwischen feststehenden und sich bewegenden Gegenständen
- zwischen sich bewegenden Gegenständen

wie z.B. Wäschewringmaschine, Falt- oder Klappgegenstand, Schiebetür und Türrahmen, fallengelassene Packkiste und Fußboden

Exkl.: Unfall durch geworfenen, geschleuderten oder fallenden Gegenstand (W20.-)
Verletzung durch:
- Handwerkszeuge ohne Kraftantrieb (W27.-)
- Hebegeräte oder Kraftübertragungsmaschinen (W24.-)
- Maschine (W28-W31)
- schneidende oder stechende Gegenstände (W25-W27)
- Transportfahrzeug (V01-V99)

W24 Unfall durch Hebegeräte und Kraftübertragungsmaschinen, anderenorts nicht klassifiziert

Inkl.: Draht
Flaschenzug
Kettenzug
Seil
Tau
Transmissionsriemen oder -kabel
Treibriemen
Winde

Exkl.: Transportmittelunfälle (V01-V99)

W25 Unfall durch scharfes Glas

Exkl.: Glasscherben, durch Explosion oder durch Abfeuern einer Feuerwaffe umhergeschleudert (W32-W40)
Sturz im Zusammenhang mit Glas (W00-W19)

W26 Unfall durch Messer, Schwert oder Dolch

W27 Unfall durch Handwerkszeuge ohne Kraftantrieb

Inkl.: Axt
Dosenöffner o.n.A.
Eispickel
Forke
Hacke
Handsäge
Harke
Heugabel
Meißel
Mistgabel
Nähmaschine ohne Motor
Nadel
Papierschneider
Rechen
Schaufel
Schere
Schraubenzieher

W28 Unfall durch Rasenmäher mit Kraftantrieb

Exkl.: Exposition gegenüber elektrischem Strom (W86.–)

W29 Unfall durch sonstige Handwerkszeuge mit Kraftantrieb oder elektrische Haushaltsgeräte

Inkl.: Elektrische(r)(s):
- Dosenöffner
- Gartengerät
- Heckenschere
- Heimwerkergerät
- Kettensäge
- Küchenmaschine
- Messer
- Nähmaschine
- Wäscheschleuder

Mixgerät
Waschmaschine

Exkl.: Exposition gegenüber elektrischem Strom (W86.–)

W30 Unfall durch Landmaschinen

Inkl.: Dreschmaschine
Heuwagen
Landmaschine o.n.A.
Mähdrescher
Mähmaschine
Tiergezogene Landmaschine

Exkl.: Exposition gegenüber elektrischem Strom (W86.–)
Unfall durch Landmaschine während der Fahrt mit eigenem Antrieb oder wenn von anderem Fahrzeug abgeschleppt (V01–V99)

W31 Unfall durch sonstige und nicht näher bezeichnete Maschinen

Inkl.: Geräte und Anlagen für Freizeitgestaltung
Maschine o.n.A.

Exkl.: Exposition gegenüber elektrischem Strom (W86.–)
Unfall durch Maschine während der Fahrt mit eigenem Antrieb oder wenn von anderem Fahrzeug abgeschleppt (V01–V99)

W32 Unfall durch Handfeuerwaffe

Inkl.: Feuerwaffe [Schußwaffe] für Einhandbedienung
Pistole
Revolver

Exkl.: Leuchtpistole [Signalpistole] (W34.–)

W33 Unfall durch Gewehr, Schrotflinte und schwerere Feuerwaffe

[Schußwaffe]

Inkl.: Armeegewehr
Jagdgewehr
Maschinengewehr

Exkl.: Luftgewehr (W34.–)

W34 Unfall durch sonstige und nicht näher bezeichnete Feuerwaffen

[Schußwaffen]

Inkl.: Gewehrschußwunde o.n.A.
Leuchtpistole [Signalpistole]
Luftgewehr
Schuß o.n.A.

W35 Explosion oder Platzen eines Kessels

W36 Explosion oder Platzen einer Gasflasche
Inkl.: Gasdruckkessel
Luftkessel
Spraydose

W37 Explosion oder Platzen eines unter Druck stehenden Reifens, Rohres oder Schlauches

W38 Explosion oder Platzen von sonstigen näher bezeichneten unter Druck stehenden Geräten

W39 Abbrennen von Feuerwerkskörper(n)

W40 Explosion sonstiger stofflicher Substanzen
Inkl.: Explosion (in):
- Depot
- Fabrik
- Getreidespeicher
- Munition
- o.n.A.

Explosives Gas
Sprengstoffe

W41 Exposition gegenüber Hochdruckstrahl
Inkl.: Luftstrahl
Wasserstrahl

W42 Exposition gegenüber Lärm
Inkl.: Schallwellen
Ultraschallwellen

W43 Exposition gegenüber Vibration
Inkl.: Infraschallwellen

W44 Eindringen eines Fremdkörpers in oder durch das Auge oder eine natürliche Körperöffnung

Exkl.: Ätzende Flüssigkeit (X49.–)
Aspiration oder Verschlucken eines Fremdkörpers mit Verschluß der Atemwege (W78–W80)

W45 Eindringen eines Fremdkörpers oder Gegenstandes durch die Haut

Inkl.: Blechdosendeckel
Nagel
Scharfkantiges Papier
Splitter

Exkl.: Getroffenwerden von Gegenständen (W20–W22)
Unfall durch:
- Messer, Schwert oder Dolch (W26.–)
- scharfes Glas (W25.–)
- Werkzeuge (ohne Kraftantrieb) (mit Kraftantrieb) (W27–W29)

W49 Exposition gegenüber sonstigen oder nicht näher bezeichneten unbelebten mechanischen Kräften

Inkl.: Abnorme Schwerkraft

Exposition gegenüber mechanischen Kräften belebter Objekte (W50–W64)

[4. Stellen siehe unter Klassifikation des Ortes des Ereignisses am Anfang dieses Kapitels]

Exkl.: Bisse, giftig (X20–X29)
Stiche (giftig) (X20–X29)

W50 Gestoßen-, Geschlagen-, Getreten-, Gezerrt-, Gebissen- oder Gekratztwerden von einer anderen Person

Exkl.: Getroffenwerden von Gegenständen (W20–W22)
Tätlicher Angriff (X85–Y09)

W51 Stoß gegen oder Zusammenprall mit eine(r) andere(n) Person
Exkl.: Sturz durch Zusammenstoß eines Fußgängers (oder eines von ihm benutzten Beförderungsmittels) mit anderem Fußgänger (oder von diesem benutzten Beförderungsmittel) (W03.–)

W52 Gequetscht-, Gestoßen- oder Niedergetretenwerden bei Menschenansammlung oder von in Panik geratener Menschenmenge

W53 Rattenbiß

W54 Gebissen- oder Gestoßenwerden von Hund

W55 Gebissen- oder Gestoßenwerden von anderen Säugetieren
Exkl.: Kontakt mit Meeressäugetier (W56.–)

W56 Kontakt mit Meerestier
Gebissen- oder Gestoßenwerden von Meerestier

W57 Bisse oder Stiche von nichtgiftigem Insekt und sonstigen nichtgiftigen Arthropoden

W58 Gebissen- oder Gestoßenwerden von Krokodil oder Alligator

W59 Gebissen- oder Gequetschtwerden von sonstigen Reptilien
Inkl.: Echsen
Schlangen, nichtgiftig

W60 Kontakt mit Pflanzendornen oder -stacheln oder schneidenden Blättern

W64 Exposition gegenüber sonstigen oder nicht näher bezeichneten belebten mechanischen Kräften

Unfall durch Ertrinken und Untergehen (W65–W74)

[4. Stellen siehe unter Klassifikation des Ortes des Ereignisses am Anfang dieses Kapitels]

Exkl.: Ertrinken und Untergehen durch:
- Naturkatastrophe (X34–X39)
- Transportmittelunfälle (V01–V99)
- Wasserfahrzeugunfall (V90.–, V92.–)

W65 Ertrinken und Untergehen in der Badewanne

W66 Ertrinken und Untergehen nach Sturz in die Badewanne

W67 Ertrinken und Untergehen im Schwimmbecken

W68 Ertrinken und Untergehen nach Sturz ins Schwimmbecken

W69 Ertrinken und Untergehen in natürlichem Gewässer
Inkl.: Fluß
Offene See
See
Strom

W70 Ertrinken und Untergehen nach Sturz in natürliches Gewässer

W73 Sonstiges näher bezeichnetes Ertrinken und Untergehen
Inkl.: Löschwasserbehälter
Staubecken

W74 Nicht näher bezeichnetes Ertrinken und Untergehen
Inkl.: Ertrinken o.n.A.
Sturz ins Wasser o.n.A.

Sonstige unfallbedingte Gefährdung der Atmung (W75-W84)

[4. Stellen siehe unter Klassifikation des Ortes des Ereignisses am Anfang dieses Kapitels]

W75 Unfall durch Ersticken oder Strangulierung im Bett
Inkl.: Ersticken oder Strangulierung durch:
- Bettwäsche
- Kissen
- Körper eines Elternteils

W76 Sonstige Unfälle durch Erhängen und Strangulierung

W77 Gefährdung der Atmung durch Verschüttetwerden, herabstürzende Erdmassen oder andere Stoffe
Inkl.: Verschüttetwerden o.n.A.
Exkl.: Verschüttetwerden durch Naturkatastrophe (X34-X39)
Verschüttetwerden ohne Asphyxie oder Ersticken (W20.-)

W78 Aspiration von Mageninhalt

Inkl.: Asphyxie
Ersticken } durch Erbrochenes
Erstickungsanfall } [regurgitierte Nahrung]

Aspiration oder Inhalation von Erbrochenem (in die Atemwege) o.n.A.
Behinderung der Atmung
Kompression der Trachea } durch Erbrochenes im Ösophagus
Sakkadierte Atmung

Exkl.: Obstruktion des Ösophagus durch Erbrochenes, ohne Angabe von Asphyxie oder Obstruktion der Atemwege (W44.–)
Verletzung, ausgenommen Asphyxie oder Obstruktion der Atemwege, durch Erbrochenes (W44.–)

W79 Obstruktion der Atemwege durch Aspiration oder Verschlucken von Nahrungsmitteln

Inkl.: Asphyxie
Ersticken } durch Nahrungsmittel [einschließlich Knochen oder Kerne in Nahrungs-
Erstickungsanfall } mitteln]

Aspiration oder Inhalation von Nahrungsmitteln [jeder Art] (in die Atemwege) o.n.A.
Behinderung der Atmung
Kompression der Trachea } durch Nahrungsmittel im Ösophagus
Sakkadierte Atmung
Obstruktion des Pharynx durch Nahrungsmittel (Bolus)

Exkl.: Aspiration von Erbrochenem (W78.–)
Obstruktion des Ösophagus durch Nahrungsmittel, ohne Angabe von Asphyxie oder Obstruktion der Atemwege (W44.–)
Verletzung, ausgenommen Asphyxie oder Obstruktion der Atemwege, durch Nahrungsmittel (W44.–)

W80 Obstruktion der Atemwege durch Aspiration oder Verschlucken von sonstigem Material

Inkl.: Asphyxie / Ersticken / Erstickungsanfall } durch Gegenstand jeder Art, ausgenommen Nahrungsmittel oder Erbrochenes, die durch Mund oder Nase eingedrungen sind

Aspiration oder Inhalation eines Fremdkörpers, ausgenommen Nahrungsmittel oder Erbrochenes (in die Atemwege) o.n.A

Behinderung der Atmung / Kompression der Trachea / Sakkadierte Atmung } durch Fremdkörper im Ösophagus

Fremdkörper in der Nase
Obstruktion des Pharynx durch Fremdkörper

Exkl.: Aspiration von Erbrochenem oder Nahrungsmittel (W78–W79)
Obstruktion des Ösophagus durch Fremdkörper, ohne Angabe von Asphyxie oder Obstruktion der Atemwege (W44.-)
Verletzung, ausgenommen Asphyxie oder Obstruktion der Atemwege, durch Fremdkörper (W44.-)

W81 Eingesperrt- oder Eingeschlossensein in sauerstoffarmen Räumen

Inkl.: Tauchen mit ungenügendem Atemgasvorrat
Versehentlich im Kühlschrank oder anderem luftdicht abgeschlossenem Raum eingeschlossen sein

Exkl.: Ersticken durch Plastikbeutel (W83.-)

W83 Sonstige näher bezeichnete Gefährdung der Atmung

Inkl.: Ersticken durch Plastikbeutel

W84 Nicht näher bezeichnete Gefährdung der Atmung

Inkl.: Asphyxie o.n.A.
Aspiration o.n.A.
Ersticken o.n.A.

Exposition gegenüber elektrischem Strom, Strahlung und extremer Temperatur der Umgebungsluft sowie extremem Druck (W85–W99)

[4. Stellen siehe unter Klassifikation des Ortes des Ereignisses am Anfang dieses Kapitels]

Exkl.: Exposition gegenüber:
- natürlicher:
  - Hitze (X30.–)
  - Kälte (X31.–)
  - Strahlung o.n.A. (X39.–)
- Sonnenlicht (X32.–)

Opfer von Blitzschlag (X33.–)

W85 Exposition gegenüber elektrischen Leitungsanlagen

W86 Exposition gegenüber sonstigem näher bezeichnetem elektrischem Strom

W87 Exposition gegenüber nicht näher bezeichnetem elektrischem Strom
Inkl.: Elektrischer Schlag o.n.A.
Tötung durch elektrischen Stromschlag o.n.A
Verbrennungen oder sonstige Verletzung durch elektrischen Strom o.n.A.

W88 Exposition gegenüber ionisierender Strahlung
Inkl.: Radioaktive Isotope
Röntgenstrahlen

W89 Exposition gegenüber künstlichem sichtbarem oder ultraviolettem Licht
Inkl.: Schweißbogen

W90 Exposition gegenüber sonstiger nichtionisierender Strahlung

Inkl.: Hochfrequenz- ⎫
Infrarot- ⎬ Strahlung
Laser- ⎭

W91 Exposition gegenüber nicht näher bezeichneter Strahlung

W92 Exposition gegenüber übermäßiger, künstlich erzeugter Hitze

W93 Exposition gegenüber übermäßiger, künstlich erzeugter Kälte

Inkl.: Kontakt mit oder Inhalation von:
- Flüssige(r)(m):
  - Luft
  - Stickstoff
  - Wasserstoff
- Trockeneis
Zu langer Aufenthalt in Kühl- oder Tiefkühlräumen

W94 Exposition gegenüber hohem oder niedrigem Luftdruck oder Luftdruckwechsel

Inkl.: Luftdruckerhöhung durch schnelles Abtauchen
Plötzlicher Luftdruckwechsel im Luftfahrzeug beim Aufsteigen oder Landen
Ständiger oder längerer Aufenthalt in großer Höhe als Ursache von:
- Anoxie
- Barodontalgie
- Barotitis
- Höhenkrankheit
- Hypoxie
Verminderung des atmosphärischen Druckes:
- beim Auffahren von Untertage
- beim Auftauchen aus tiefen Gewässern

W99 Exposition gegenüber sonstigen oder nicht näher bezeichneten künstlichen Umweltfaktoren

Exposition gegenüber Rauch, Feuer und Flammen (X00–X09)

[4. Stellen siehe unter Klassifikation des Ortes des Ereignisses am Anfang dieses Kapitels]

Inkl.: Durch Blitzschlag entstandenes Feuer
Exkl.: Brandstiftung (X97.–)
Durch Explosion entstandener Brand (W35–W40)
Transportmittelunfälle (V01–V99)

X00 Exposition gegenüber nicht unter Kontrolle stehendem Feuer in Gebäuden oder Bauwerken

Inkl.: Brand oder Feuer, Schmelzen, Schwelen von Einrichtungsgegenständen, Mobiliar
Einsturz von, Schlag von fallendem Gegenstand aus, Sprung aus, Sturz aus brennendem Gebäude oder Bauwerk
Feuersbrunst

X01 Exposition gegenüber nicht unter Kontrolle stehendem Feuer außerhalb von Gebäuden oder Bauwerken

Inkl.: Waldbrand

X02 Exposition gegenüber unter Kontrolle stehendem Feuer in Gebäuden oder Bauwerken

Inkl.: Feuer in:
- Kamin
- Ofen

X03 Exposition gegenüber unter Kontrolle stehendem Feuer außerhalb von Gebäuden oder Bauwerken

Inkl.: Lagerfeuer

X04 Exposition gegenüber Entzündung von feuergefährlichem Material
Inkl.: Entzündung von:
- Benzin
- Kerosin

X05 Exposition gegenüber Entzündung oder Schmelzen von Nachtwäsche

X06 Exposition gegenüber Entzündung oder Schmelzen sonstiger Bekleidungs- oder Schmuckstücke
Inkl.: Entzündung / Schmelzen } Plastikschmuck

X08 Exposition gegenüber sonstige(m)(n) näher bezeichnete(m)(n) Rauch, Feuer oder Flammen

X09 Exposition gegenüber nicht näher bezeichnete(m)(n) Rauch, Feuer oder Flammen
Inkl.: Brand o.n.A.
Verbrennung o.n.A.

Verbrennung oder Verbrühung durch Hitze und heiße Substanzen (X10–X19)

[4. Stellen siehe unter Klassifikation des Ortes des Ereignisses am Anfang dieses Kapitels]

Exkl.: Exposition gegenüber:
- Feuer und Flammen (X00–X09)
- übermäßiger natürlicher Hitze (X30.–)

X10 Verbrennung oder Verbrühung durch heiße Getränke, Speisen, Fette oder Speiseöle

X11 Verbrühung durch heißes Leitungswasser

Inkl.: Heißes Wasser aus:
- Wasserhahn
- Wasserschlauch

Heißes Wasser in:
- Badewanne
- Bottich
- Eimer
- Zuber

X12 Verbrühung durch sonstige heiße Flüssigkeiten

Inkl.: Auf Herd erhitztes Wasser
Exkl.: Heiße (flüssige) Metalle (X18.-)

X13 Verbrühung durch Wasserdampf oder heiße Dämpfe

X14 Verbrennung durch heiße Luft oder heiße Gase

Inkl.: Einatmen heißer Luft oder heißer Gase

X15 Verbrennung durch heiße Haushaltsgeräte

Inkl.: Herdplatte
Kochkessel
Kochplatte
Kochtopf (Glas) (Metall)
Küchenherd
Toaster

Exkl.: Heizgeräte (X16.-)

X16 Verbrennung durch heiße Heizgeräte, Heizkörper oder Rohrleitungen

X17 Verbrennung durch heiße Motoren, Maschinen oder Werkzeuge

Exkl.: Heiße Haushaltsgeräte (X15.-)
Heiße Heizgeräte, Heizkörper oder Rohrleitungen (X16.-)

X18 Verbrennung durch sonstige heiße Metalle
Inkl.: Flüssiges Metall

X19 Verbrennung oder Verbrühung durch sonstige oder nicht näher bezeichnete Hitze oder heiße Substanzen
Exkl.: Gegenstände, die üblicherweise nicht heiß sind, z.B. ein Gegenstand, der durch einen Hausbrand erhitzt wurde (X00–X09)

Kontakt mit giftigen Tieren und Pflanzen (X20–X29)

[4. Stellen siehe unter Klassifikation des Ortes des Ereignisses am Anfang dieses Kapitels]

Inkl.: Absonderungen von toxischen Stoffen:
- Insekt
- Tier

Einbringung von Gift durch Giftzähne, Haare, Stacheln, Fangarme oder sonstige Giftwerkzeuge
Giftige Bisse oder Stiche

Exkl.: Verzehr von giftigen Tieren oder Pflanzen (X49.-)

X20 Kontakt mit giftigen Schlangen oder Echsen
Inkl.: Fer-de-lance [Bothrops-Arten]
Heloderma suspectum [Gila-Krustenechse]
Klapperschlange
Kobra
Kraits [Bungarus-Arten]
Schlange, giftig
Seeschlange
Viper

Exkl.: Echse (nichtgiftig) (W59.-)
Schlange, nichtgiftig (W59.-)

X21 Kontakt mit giftigen Spinnen
Inkl.: Schwarze Witwe
Tarantel

X22 Kontakt mit Skorpionen

X23 Kontakt mit Hornissen, Wespen oder Bienen

X24 Kontakt mit Hundertfüßern oder giftigen Tausendfüßern (tropisch)

X25 Kontakt mit sonstigen näher bezeichneten giftigen Arthropoden
  Inkl.: Ameise
  Raupe

X26 Kontakt mit giftigen Meerestieren oder -pflanzen
  Inkl.: Korallentier
  Nesselkapseln [Nematozysten]
  Qualle
  Seeanemone
  Seegurke
  Seeigel
  Exkl.: Nichtgiftige Meerestiere (W56.–)
  Seeschlangen (X20.–)

X27 Kontakt mit sonstigen näher bezeichneten giftigen Tieren

X28 Kontakt mit sonstigen näher bezeichneten giftigen Pflanzen
  Inkl.: Einbringung von Giften oder Toxinen in oder durch die Haut mittels Pflanzendornen, -stacheln oder sonstigen Giftwerkzeugen
  Exkl.: Stichwunde o.n.A. durch Pflanzendornen oder -stacheln (W60.–)
  Verzehr giftiger Pflanzen (X49.–)

X29 Kontakt mit nicht näher bezeichneten giftigen Pflanzen oder Tieren
Inkl.: Giftiger Biß o.n.A.
Stich (giftig) o.n.A.

Exposition gegenüber Naturkräften (X30–X39)

[4. Stellen siehe unter Klassifikation des Ortes des Ereignisses am Anfang dieses Kapitels]

X30 Exposition gegenüber übermäßiger natürlicher Hitze
Inkl.: Exposition gegenüber Hitze o.n.A.
Übermäßige Hitze als Ursache von Sonnenstich
Exkl.: Übermäßige, künstlich erzeugte Hitze (W92.-)

X31 Exposition gegenüber übermäßiger natürlicher Kälte
Inkl.: Exposition gegenüber:
- Kälte o.n.A.
- Witterungsbedingungen

Übermäßige Kälte als Ursache von:
- Frostbeulen o.n.A.
- Kälte-Nässe-Schaden an Fuß oder Hand

Exkl.: Berührung mit oder Inhalation von:
- Flüssiggas (W93.-)
- Trockeneis (W93.-)

Künstlich erzeugte Kälte (W93.-)

X32 Exposition gegenüber Sonnenlicht

X33 Opfer von Blitzschlag
Exkl.: Brand durch Blitzschlag (X00–X09)
Verletzung durch Umstürzen von Bäumen oder sonstigen Objekten durch Blitzschlag (W20.-)

X34 Opfer von Erdbeben

X35 Opfer von Vulkanausbruch

X36 Opfer von Lawine, Erdrutsch oder anderen Erdoberflächenbewegungen
Inkl.: Schlammlawine bei Naturkatastrophe
Exkl.: Erdbeben (X34.-)
Transportmittelunfall durch Zusammenstoß mit Erd- oder Schneemassen nach Erdrutsch oder Lawine (V01-V99)

X37 Opfer von Sturmkatastrophe
Inkl.: Durch Sturm verursachte Flutwelle
Durch Sturm von der Straße geworfenes Transportfahrzeug
Orkan
Schneesturm
Sturzregen
Tornado
Wolkenbruch
Zyklon
Exkl.: Dammbruch oder Bruch einer Sperre mit nachfolgender Erdoberflächenbewegung (X36.-)
Transportmittelunfall nach Sturm (V01-V99)

X38 Opfer von Überschwemmung
Inkl.: Überschwemmung:
- direkt durch Sturm verursacht
- durch weiter entfernten Sturm
- großen Ausmaßes durch Schneeschmelze

Exkl.: Dammbruch oder Bruch einer Sperre mit nachfolgender Erdoberflächenbewegung (X36.-)
Flutwelle:
- durch Sturm verursacht (X37.-)
- o.n.A. (X39.-)

X39 Exposition gegenüber sonstigen oder nicht näher bezeichneten Naturkräften
Inkl.: Flutwelle o.n.A.
Natürliche Strahlung, anderenorts nicht klassifiziert
Exkl.: Exposition o.n.A. (X59.-)

Akzidentelle Vergiftung durch und Exposition gegenüber schädliche(n) Substanzen (X40–X49)

[4. Stellen siehe unter Klassifikation des Ortes des Ereignisses am Anfang dieses Kapitels]

Hinweis: Zur Liste spezieller Arzneimittel und Drogen und sonstiger, unter den dreistelligen Kategorien klassifizierten Substanzen siehe: Tabelle der Arzneimittel und Chemikalien im Alphabetischen Verzeichnis. Die Angabe einer Kombination der nachfolgend aufgeführten Substanzen mit Alkohol kann zusätzlich durch die Schlüsselnummern Y90–Y91 erfolgen.

Inkl.: Akzidentelle Überdosierung von Arzneimitteln oder Drogen, irrtümliche Verabreichung oder Einnahme falscher Arzneimittel sowie versehentliche Einnahme von Arzneimitteln

Unfälle bei der Anwendung von Arzneimitteln, Drogen oder biologisch aktiven Substanzen bei medizinischen und chirurgischen Maßnahmen

Vergiftung, wenn nicht angegeben, ob unbeabsichtigt oder mit Schädigungsabsicht

Exkl.: Anwendung in suizidaler Absicht oder zum Zwecke der Tötung oder Schädigung oder bei sonstigen, unter X60–X69, X85–X90, Y10–Y19 klassifizierbaren Sachverhalten

Unerwünschte Nebenwirkung durch indikationsgerecht angewendete und in therapeutischer oder prophylaktischer Dosierung korrekt verabreichte Arzneimittel (Y40–Y59)

X40 Akzidentelle Vergiftung durch und Exposition gegenüber nichtopioidhaltige(n) Analgetika, Antipyretika und Antirheumatika

Inkl.: Nichtsteroidale Antiphlogistika [NSAID]
Pyrazolon-Derivate
Salizylate
4–Aminophenol-Derivate

X41 Akzidentelle Vergiftung durch und Exposition gegenüber Antiepileptika, Sedativa, Hypnotika, Antiparkinsonmitteln und psychotrope Substanzen, anderenorts nicht klassifiziert

Inkl.: Antidepressiva
Barbiturate
Hydantoin-Derivate
Iminostilbene
Methaqualonverbindungen
Neuroleptika
Psychostimulanzien
Succinimide und Oxazolidine
Tranquilizer

X42 Akzidentelle Vergiftung durch und Exposition gegenüber Betäubungsmittel und Psychodysleptika [Halluzinogene], anderenorts nicht klassifiziert

Inkl.: Cannabis (-Derivate)
Heroin [Diazetylmorphin]
Kodein
Kokain
Lysergid [LSD]
Meskalin
Methadon
Morphin [Morphium]
Opium (-Alkaloide)

X43 Akzidentelle Vergiftung durch und Exposition gegenüber sonstige(n) Arzneimittel(n) mit Wirkung auf das autonome Nervensystem

Inkl.: Parasympatholytika [Anticholinergika und Antimuskarinika] und Spasmolytika
Parasympathomimetika [Cholinergika]
Sympatholytika [Antiadrenergika]
Sympathomimetika [Adrenergika]

X44 Akzidentelle Vergiftung durch und Exposition gegenüber sonstige(n) nicht näher bezeichnete(n) Arzneimittel(n), Drogen und biologisch aktive(n) Substanzen

Inkl.: Anästhetika (Allgemein-) (Lokal-)
Arzneimittel:
- für das Herz-Kreislaufsystem
- für den Magen-Darmtrakt
- für den Wasserhaushalt, sowie für den Mineral- und Harnsäurestoffwechsel

Impfstoffe
Hormone und synthetische Ersatzstoffe
Primär auf die glatte Muskulatur, die Skelettmuskulatur und das Atmungssystem wirkende Mittel
Systemisch wirkende Antibiotika oder andere Antiinfektiva
Systemisch wirkende Mittel und auf das Blut wirkende Mittel
Therapeutische Gase
Zubereitungen zur topischen Anwendung

X45 Akzidentelle Vergiftung durch und Exposition gegenüber Alkohol

Inkl.: Alkohol:
- Äthyl- [Äthanol]
- Butyl- [1–Butanol]
- Isopropyl- [2–Propanol]
- Methyl- [Methanol]
- Propyl- [1–Propanol]
- o.n.A.

Fuselöl

X46 Akzidentelle Vergiftung durch und Exposition gegenüber organische(n) Lösungsmittel(n) und halogenierte(n) Kohlenwasserstoffe(n) und deren Dämpfe(n)

Inkl.: Benzol und dessen Homologe
Erdöl (-Derivate)
Fluorchlorkohlenwasserstoffe [FCKW]
Tetrachlorkohlenstoff [Tetrachlormethan]

X47 Akzidentelle Vergiftung durch und Exposition gegenüber sonstige(n) Gase(n) und Dämpfe(n)

Inkl.: Kohlenmonoxid
Motor- (Fahrzeug-) Abgas
Schwefeldioxid
Stickstoffoxide
Technisches Gas
Tränengas

Exkl.: Metallrauch und -dämpfe (X49.–)

X48 Akzidentelle Vergiftung durch und Exposition gegenüber Schädlingsbekämpfungsmittel(n) [Pestizide]

Inkl.: Ausräucherungsmittel
Fungizide
Herbizide
Holzschutzmittel
Insektizide
Rodentizide

Exkl.: Pflanzennährstoffe und Düngemittel (X49.–)

X49 Akzidentelle Vergiftung durch und Exposition gegenüber sonstige(n) und nicht näher bezeichnete(n) Chemikalien und schädliche(n) Substanzen

Inkl.: Aromatische Ätzgifte, Säuren und Ätzalkalien
Farben und Farbstoffe
Giftige Nahrungsmittel und giftige Pflanzen
Leime und Klebstoffe
Metalle, einschließlich deren Rauch und Dämpfe
Pflanzennährstoffe und Düngemittel
Seifen und Detergenzien
Vergiftung o.n.A.

Exkl.: Kontakt mit giftigen Tieren und Pflanzen (X20–X29)

Überanstrengung, Reisen und Entbehrung (X50–X57)

[4. Stellen siehe unter Klassifikation des Ortes des Ereignisses am Anfang dieses Kapitels]

Exkl.: Tätlicher Angriff (X85–Y09)
Transportmittelunfälle (V01–V99)

X50 Überanstrengung und anstrengende oder wiederholte Bewegungen
Inkl.: Heben von:
- Gewichten
- schweren Objekten

Marathonlauf
Rudern

X51 Reisen und passive Fortbewegung

X52 Längerer Aufenthalt in Schwerelosigkeit
Inkl.: Schwerelosigkeit im Raumfahrzeug (Simulator)

X53 Nahrungsmangel
Inkl.: Nahrungsmangel als Ursache von:
- Hungerzustand
- Inanition [Entkräftung]
- Unterernährung

Exkl.: Vernachlässigung oder Verlassen (Y06.–)

X54 Wassermangel
Inkl.: Wassermangel als Ursache von:
- Dehydratation
- Exsikkose
- Inanition [Entkräftung]

Exkl.: Vernachlässigung oder Verlassen (Y06.–)

X57 Nicht näher bezeichnete Entbehrung
Inkl.: Verelendung

Akzidentelle Exposition gegenüber sonstigen und nicht näher bezeichneten Faktoren (X58–X59)

[4. Stellen siehe unter Klassifikation des Ortes des Ereignisses am Anfang dieses Kapitels]

X58 Exposition gegenüber sonstigen näher bezeichneten Faktoren

X59 Exposition gegenüber nicht näher bezeichnetem Faktor
Inkl.: Exposition o.n.A.
Unfall o.n.A.

Vorsätzliche Selbstbeschädigung (X60–X84)

[4. Stellen siehe unter Klassifikation des Ortes des Ereignisses am Anfang dieses Kapitels]

Inkl.: Selbsttötung (Versuch)
Vorsätzlich selbstzugefügte Vergiftung oder Verletzung

X60 Vorsätzliche Selbstvergiftung durch und Exposition gegenüber nichtopioidhaltige(n) Analgetika, Antipyretika und Antirheumatika
Inkl.: Nichtsteroidale Antiphlogistika [NSAID]
Pyrazolon-Derivate
Salizylate
4–Aminophenol-Derivate

X61 Vorsätzliche Selbstvergiftung durch und Exposition gegenüber Antiepileptika, Hypnotika, Antiparkinsonmittel(n) und psychotrope(n) Substanzen, anderenorts nicht klassifiziert

Inkl.: Antidepressiva
Barbiturate
Hydantoin-Derivate
Iminostilbene
Methaqualonverbindungen
Neuroleptika
Psychostimulanzien
Succinimide und Oxazolidine
Tranqilizer

X62 Vorsätzliche Selbstvergiftung durch und Exposition gegenüber Betäubungsmittel und Psychodysleptika [Halluzinogene], anderenorts nicht klassifiziert

Inkl.: Cannabis (-Derivate)
Heroin [Diazetylmorphin]
Kodein
Kokain
Lysergid [LSD]
Meskalin
Methadon
Morphin [Morphium]
Opium (-Alkaloide)

X63 Vorsätzliche Selbstvergiftung durch und Exposition gegenüber sonstige(n) Arzneimittel(n) mit Wirkung auf das autonome Nervensystem

Inkl.: Parasympatholytika [Anticholinergika und Antimuskarinika] und Spasmolytika
Parasympathomimetika [Cholinergika]
Sympatholytika [Antiadrenergika]
Sympathomimetika [Adrenergika]

X64 Vorsätzliche Selbstvergiftung durch und Exposition gegenüber sonstige(n) und nicht näher bezeichnete(n) Arzneimittel(n), Drogen und biologisch aktive(n) Substanzen

Inkl.: Anästhetika (Allgemein-) (Lokal-)
Arzneimittel:
- für das Herz-Kreislaufsystem
- für den Magen-Darmtrakt
- für den Wasserhaushalt, sowie für den Mineral- und Harnsäurestoffwechsel

Impfstoffe
Hormone und synthetische Ersatzstoffe
Primär auf die glatte Muskulatur, die Skelettmuskulatur und das Atmungssystem wirkende Mittel
Systemisch wirkende Antibiotika und andere Antiinfektiva
Systemisch wirkende Mittel und auf das Blut wirkende Mittel
Therapeutische Gase
Zubereitungen zur topischen Anwendung

X65 Vorsätzliche Selbstvergiftung durch und Exposition gegenüber Alkohol

Inkl.: Alkohol:
- Äthyl- [Äthanol]
- Butyl- [1–Butanol]
- Isopropyl- [2–Propanol]
- Methyl- [Methanol]
- Propyl- [1–Propanol]
- o.n.A.

Fuselöl

X66 Vorsätzliche Selbstvergiftung durch und Exposition gegenüber organische(n) Lösungsmittel(n) oder halogenierte(n) Kohlenwasserstoffe(n) und deren Dämpfe(n)

Inkl.: Benzol und dessen Homologe
Erdöl (-Derivate)
Fluorkohlenwasserstoffe [FCKW]
Tetrachlorkohlenstoff [Tetrachlormethan]

X67 **Vorsätzliche Selbstvergiftung durch und Exposition gegenüber sonstige(n) Gase(n) und Dämpfe(n)**
Inkl.: Kohlenmonoxid
Motor- (Fahrzeug-) Abgas
Schwefeldioxid
Stickstoffoxide
Technisches Gas
Tränengas
Exkl.: Metallrauch und -dämpfe (X69.–)

X68 **Vorsätzliche Selbstvergiftung durch und Exposition gegenüber Schädlingsbekämpfungsmittel(n) [Pestizide]**
Inkl.: Ausräucherungsmittel
Fungizide
Herbizide
Holzschutzmittel
Insektizide
Rodentizide
Exkl.: Pflanzennährstoffe und Düngemittel (X69.–)

X69 **Vorsätzliche Selbstvergiftung durch und Exposition gegenüber sonstige(n) oder nicht näher bezeichnete(n) Chemikalien und schädliche(n) Substanzen**
Inkl.: Aromatische Ätzgifte, Säuren und Ätzalkalien
Farben und Farbstoffe
Giftige Nahrungsmittel und giftige Pflanzen
Leime und Klebstoffe
Metalle, einschließlich deren Rauch und Dämpfe
Pflanzennährstoffe und Düngemittel
Seifen und Detergenzien

X70 **Vorsätzliche Selbstbeschädigung durch Erhängen, Strangulierung oder Ersticken**

X71 **Vorsätzliche Selbstbeschädigung durch Ertrinken und Untergehen**

X72 **Vorsätzliche Selbstbeschädigung durch Handfeuerwaffe**

X73 Vorsätzliche Selbstbeschädigung durch Gewehr, Schrotflinte oder schwerere Feuerwaffe [Schußwaffe]

X74 Vorsätzliche Selbstbeschädigung durch sonstige oder nicht näher bezeichnete Feuerwaffe [Schußwaffe]

X75 Vorsätzliche Selbstbeschädigung durch Explosivstoffe

X76 Vorsätzliche Selbstbeschädigung durch Rauch, Feuer und Flammen

X77 Vorsätzliche Selbstbeschädigung durch Wasserdampf, heiße Dämpfe oder heiße Gegenstände

X78 Vorsätzliche Selbstbeschädigung durch scharfen Gegenstand

X79 Vorsätzliche Selbstbeschädigung durch stumpfen Gegenstand

X80 Vorsätzliche Selbstbeschädigung durch Sturz in die Tiefe
   Inkl.: Vorsätzlicher Sturz von einer Ebene auf eine andere

X81 Vorsätzliche Selbstbeschädigung durch Sichwerfen oder Sichlegen vor ein sich bewegendes Objekt

X82 Vorsätzliche Selbstbeschädigung durch absichtlich verursachten Kraftfahrzeugunfall
   Inkl.: Vorsätzlicher Zusammenstoß mit:
   - Eisenbahnzug
   - Kraftfahrzeug
   - Straßenbahn
   - Tram
   Exkl.: Vorsätzlicher Luftfahrzeugunfall (X83.–)

X83 **Vorsätzliche Selbstbeschädigung auf sonstige näher bezeichnete Art und Weise**
Inkl.: Vorsätzliche Selbstbeschädigung durch:
- ätzende Substanzen, ausgenommen Vergiftung
- elektrischen Strom
- Luftfahrzeugunfall

X84 **Vorsätzliche Selbstbeschädigung auf nicht näher bezeichnete Art und Weise**

Tätlicher Angriff (X85–Y09)

[4. Stellen siehe unter Klassifikation des Ortes des Ereignisses am Anfang dieses Kapitels]

Inkl.: Tötung
Verletzungen durch eine andere Person in Verletzungs- oder Tötungsabsicht auf jede Art und Weise
Exkl.: Verletzungen durch:
- gesetzliche Maßnahme (Y35.–)
- Kriegshandlungen (Y36.–)

X85 **Tätlicher Angriff mit Arzneimitteln, Drogen oder biologisch aktiven Substanzen**
Inkl.: Vergiftung in Tötungsabsicht durch:
- Arzneimittel
- biologisch aktive Substanzen
- Droge

X86 **Tätlicher Angriff mit ätzender Substanz**
Exkl.: Ätzendes Gas (X88.–)

X87 **Tätlicher Angriff mit Schädlingsbekämpfungsmitteln [Pestizide]**
Inkl.: Holzschutzmittel
Exkl.: Pflanzennährstoffe und Düngemittel (X89.–)

X88 **Tätlicher Angriff mit Gasen oder Dämpfen**

X89 Tätlicher Angriff mit sonstigen näher bezeichneten Chemikalien oder schädlichen Substanzen
Inkl.: Pflanzennährstoffe und Düngemittel

X90 Tätlicher Angriff mit nicht näher bezeichneter Chemikalie oder schädlicher Substanz
Inkl.: Vergiftung in Tötungsabsicht o.n.A.

X91 Tätlicher Angriff durch Erhängen, Strangulierung oder Ersticken

X92 Tätlicher Angriff durch Ertränken

X93 Tätlicher Angriff mit Handfeuerwaffe

X94 Tätlicher Angriff mit Gewehr, Schrotflinte oder schwererer Feuerwaffe [Schußwaffe]

X95 Tätlicher Angriff mit sonstiger oder nicht näher bezeichneter Feuerwaffe [Schußwaffe]

X96 Tätlicher Angriff mit Explosivstoffen
Exkl.: Brandsatz (X97.–)

X97 Tätlicher Angriff mit Rauch, Feuer und Flammen
Inkl.: Brandsatz
Brandstiftung
Zigaretten

X98 Tätlicher Angriff mit Wasserdampf, heißen Dämpfen oder heißen Gegenständen

X99 Tätlicher Angriff mit scharfem Gegenstand
Inkl.: Erstechen o.n.A.

Y00 Tätlicher Angriff mit stumpfem Gegenstand

Y01 Tätlicher Angriff mit Stoß in die Tiefe

Y02 Tätlicher Angriff mit Stoßen oder Legen des Opfers vor ein sich bewegendes Objekt

Y03 Tätlicher Angriff durch vorsätzlich verursachten Kraftfahrzeugunfall
Inkl.: Vorsätzliches Erfassen oder Überfahren von Person mit Kraftfahrzeug

Y04 Tätlicher Angriff mit körperlicher Gewalt
Inkl.: Rauferei oder Schlägerei ohne Waffenanwendung
Exkl.: Notzucht unter körperlicher Gewaltanwendung (Y05.-)
Tätlicher Angriff durch:
- Ertränken (X92.-)
- Strangulierung (X91.-)
- Waffenanwendung (X93-X95, X99.-, Y00)

Y05 Notzucht unter körperlicher Gewaltanwendung
Inkl.: Notzucht (Versuch)
Sodomie (Versuch)

Y06 Vernachlässigung und Verlassen

Y06.0 Durch Ehegatten oder Partner
Y06.1 Durch Elternteil
Y06.2 Durch Bekannte oder Freunde
Y06.8 Durch sonstige näher bezeichnete Personen
Y06.9 Durch nicht näher bezeichnete Person

Y07 Sonstige Arten der Mißhandlung

Inkl.: Folterung
Körperliche Mißhandlung
Seelische Grausamkeit
Sexueller Mißbrauch

Exkl.: Notzucht unter körperlicher Gewaltanwendung (Y05.-)
Vernachlässigung und Verlassen (Y06.-)

Y07.0 Durch Ehegatten oder Partner
Y07.1 Durch Elternteil
Y07.2 Durch Bekannte oder Freunde
Y07.3 Durch Amtspersonen
Y07.8 Durch sonstige näher bezeichnete Personen
Y07.9 Durch nicht näher bezeichnete Person

Y08 Tätlicher Angriff auf sonstige näher bezeichnete Art und Weise

Y09 Tätlicher Angriff auf nicht näher bezeichnete Art und Weise

Inkl.: Attentat (Versuch) o.n.A.
Mord (Versuch) o.n.A.
Tötung (Versuch) o.n.A.
Totschlag (vorsätzlich)

Ereignis, dessen nähere Umstände unbestimmt sind (Y10-Y34)

[4. Stellen siehe unter Klassifikation des Ortes des Ereignisses am Anfang dieses Kapitels]

Hinweis: Dieser Abschnitt umfaßt Ereignisse, über die nur unzureichende Informationen vorliegen, so daß von medizinischer oder juristischer Seite keine Unterscheidung zwischen Unfall, Selbstbeschädigung oder tätlichem Angriff möglich ist. Er schließt selbstzugefügte Verletzungen außer Vergiftungen ein, wenn nicht angegeben ist, ob sie durch Unfall oder in Schädigungsabsicht zustande gekommen sind.

Y10 Vergiftung durch und Exposition gegenüber nichtopioidhaltige(n) Analgetika, Antipyretika und Antirheumatika, Umstände unbestimmt

Inkl.: Nichtsteroidale Antiphlogistika [NSAID]
Pyrazolon-Derivate
Salizylate
4–Aminophenol-Derivate

Y11 Vergiftung durch und Exposition gegenüber Antiepileptika, Sedativa, Hypnotika, Antiparkinsonmittel und psychotrope(n) Substanzen, anderenorts nicht klassifiziert, Umstände unbestimmt

Inkl.: Antidepressiva
Barbiturate
Hydantoin-Derivate
Iminostilbene
Methaqualonverbindungen
Neuroleptika
Psychostimulanzien
Succinimide und Oxazolidine
Tranquilizer

Y12 Vergiftung durch und Exposition gegenüber Betäubungsmittel und Psychodysleptika [Halluzinogene], anderenorts nicht klassifiziert, Umstände unbestimmt

Inkl.: Cannabis (-Derivate)
Heroin [Diazetylmorphin]
Kodein
Kokain
Lysergid [LSD]
Meskalin
Methadon
Morphin [Morphium]
Opium (-Alkaloide)

Y13 Vergiftung durch und Exposition gegenüber sonstige(n) Arzneimittel(n) mit Wirkung auf das autonome Nervensystem, Umstände unbestimmt

Inkl.: Parasympatholytika [Anticholinergika und Antimuskarinika] und Spasmolytika
Parasympathomimetika [Cholinergika]
Sympatholytika [Antiadrenergika]
Sympathomimetika [Adrenergika]

Y14 Vergiftung durch und Exposition gegenüber sonstige(n) und nicht näher bezeichnete(n) Arzneimittel(n), Drogen und biologisch aktive(n) Substanzen, Umstände unbestimmt

Inkl.: Anästhetika (Allgemein-) (Lokal-)
Arzneimittel:
- für das Herz-Kreislaufsystem
- für den Magen-Darmtrakt
- für den Wasserhaushalt, sowie für den Mineral- und Harnsäurestoffwechsel

Impfstoffe
Hormone und synthetische Ersatzstoffe
Primär auf die glatte Muskulatur, die Skelettmuskulatur und das Atmungssystem wirkende Mittel
Systemisch wirkende Antibiotika und andere Antiinfektiva
Systemisch wirkende Mittel und auf das Blut wirkende Mittel
Therapeutische Gase
Zubereitungen zur topischen Anwendung

Y15 Vergiftung durch und Exposition gegenüber Alkohol, Umstände unbestimmt

Inkl.: Alkohol:
- Äthyl- [Äthanol]
- Butyl- [1-Butanol]
- Isopropyl- [2-Propanol]
- Methyl- [Methanol]
- Propyl- [1-Propanol]
- o.n.A.

Fuselöl

Y16 Vergiftung durch und Exposition gegenüber organische(n) Lösungsmittel(n) und halogenierte(n) Kohlenwasserstoffe(n) und deren Dämpfe(n), Umstände unbestimmt

Inkl.: Benzol und dessen Homologe
Erdöl (-Derivate)
Fluorchlorkohlenwasserstoffe [FCKW]
Tetrachlorkohlenstoff [Tetrachlormethan]

Y17 Vergiftung durch und Exposition gegenüber sonstige(n) Gase(n) und Dämpfe(n), Umstände unbestimmt

Inkl.: Kohlenmonoxid
Motor- (Fahrzeug-) Abgas
Schwefeldioxid
Stickstoffoxide
Technisches Gas
Tränengas
Exkl.: Metallrauch und -dämpfe (Y19.–)

Y18 Vergiftung durch und Exposition gegenüber Schädlingsbekämpfungsmittel(n) [Pestizide], Umstände unbestimmt

Inkl.: Ausräucherungsmittel
Fungizide
Herbizide
Holzschutzmittel
Insektizide
Rodentizide
Exkl.: Pflanzennährstoffe und Düngemittel (Y19.–)

Y19 Vergiftung durch und Exposition gegenüber sonstige(n) und nicht näher bezeichnete(n) Chemikalien und schädliche(n) Substanzen, Umstände unbestimmt

Inkl.: Aromatische Ätzgifte, Säuren und Ätzalkalien
Farben und Farbstoffe
Giftige Nahrungsmittel und giftige Pflanzen
Leime und Klebstoffe
Metalle, einschließlich deren Rauch und Dämpfe
Pflanzennährstoffe und Düngemittel
Seifen und Detergenzien

Y20 Erhängen, Strangulierung oder Ersticken, Umstände unbestimmt

Y21 Ertrinken und Untergehen, Umstände unbestimmt

Y22 Schuß aus Handfeuerwaffe, Umstände unbestimmt

Y23 Schuß aus Gewehr, Schrotflinte oder schwererer Feuerwaffe [Schußwaffe], Umstände unbestimmt

Y24 Schuß aus sonstiger oder nicht näher bezeichneter Feuerwaffe [Schußwaffe], Umstände unbestimmt

Y25 Kontakt mit Explosivstoffen, Umstände unbestimmt

Y26 Exposition gegenüber Rauch, Feuer und Flammen, Umstände unbestimmt

Y27 Verbrennung oder Verbrühung durch Wasserdampf, heiße Dämpfe oder heiße Gegenstände, Umstände unbestimmt

Y28 Kontakt mit scharfem Gegenstand, Umstände unbestimmt

Y29 Kontakt mit stumpfem Gegenstand, Umstände unbestimmt

Y30 Stürzen, Springen oder Gestoßenwerden in die Tiefe, Umstände unbestimmt

Inkl.: Opfer, das von einer Ebene auf eine andere stürzt, Umstände unbestimmt

Y31 Stürzen, Legen oder Rennen vor oder in ein sich bewegendes Objekt, Umstände unbestimmt

Y32 Unfall eines Kraftfahrzeuges, Umstände unbestimmt

Y33 Sonstige näher bezeichnete Ereignisse, Umstände unbestimmt

Y34 Nicht näher bezeichnetes Ereignis, Umstände unbestimmt

Gesetzliche Maßnahmen und Kriegshandlungen (Y35–Y36)

Y35 Gesetzliche Maßnahme

Y35.0 **Gesetzliche Maßnahme unter Einsatz von Feuerwaffen [Schußwaffen]**
Verletzung bei gesetzlicher Maßnahme durch:
- Gewehrkugel oder Gummigeschoß
- Maschinengewehr
- Revolver

Y35.1 **Gesetzliche Maßnahme unter Einsatz von Explosivstoffen**
Verletzung bei gesetzlicher Maßnahme durch:
- Dynamit
- Explosivgeschoß
- Granatwerfergeschoß
- Handgranate

Y35.2 **Gesetzliche Maßnahme unter Einsatz von Gas**
Verletzung oder Vergiftung:
- Ersticken durch Gas
- Gasvergiftung
- Verletzung durch Tränengas

Y35.3 **Gesetzliche Maßnahme unter Einsatz von stumpfen Gegenständen**
Schlag, Stoß bei gesetzlicher Maßnahme (mit) (von):
- Knüppel
- Stock
- stumpfem Gegenstand

Y35.4 Gesetzliche Maßnahme unter Einsatz von scharfen Gegenständen
Verletzung bei gesetzlicher Maßnahme:
- Bajonettverletzung
- Schnittverletzung
- Stichwunde

Y35.5 Gerichtlich angeordnete Hinrichtung
Jede Hinrichtung aufgrund von Verfügungen der [ständigen oder zeitweiligen] richterlichen oder regierenden Gewalt, wie z.B.:
- Enthaupten (durch Guillotine)
- Erhängen
- Erschießen
- Hinrichtung durch elektrischen Strom
- Todesstrafe
- Tötung durch Gas
- Vergiftung

Y35.6 Gesetzliche Maßnahme unter Einsatz sonstiger näher bezeichneter Mittel
Gewaltanwendung

Y35.7 Gesetzliche Maßnahme, Mittel nicht näher bezeichnet

Y36 Verletzungen durch Kriegshandlungen

Hinweis: Verletzungen durch Kriegshandlungen, die nach Einstellung der Feindseligkeiten auftreten, sind unter Y36.8 klassifiziert.

Inkl.: Verletzungen von Militär- und Zivilpersonen durch Krieg und zivile Aufstände

Y36.0 Kriegsverletzungen durch Explosion von Seewaffen
Artilleriegeschoß, von Seebasis abgeschossen
Mine o.n.A., auf See oder im Hafen
Seemine
Torpedo
Unterwasserbombe
Unterwasserexplosion

Y36.1 Kriegsverletzungen durch Zerstörung eines Luftfahrzeuges
Durch abstürzendes Luftfahrzeug zerschmettert
Luftfahrzeug:
- Abschuß
- Brand
- Explosion

Y36.2 Kriegsverletzungen durch sonstige Explosionen oder Splitter
Explosion (von) (durch):
- Artilleriegeschoß
- Granatwerfergeschoß
- Ladehemmung
- Rohrkrepierer

Mine o.n.A.

Splitter von:
- Artilleriegeschoß
- Bombe
- Fernlenkgeschoß
- Granate
- Handgranate
- Landmine
- Rakete
- Schrapnell

Splitterbombe (Splitter)

Unbeabsichtigte Explosion von:
- eigenen Waffen
- Kriegsmunition

Y36.3 Kriegsverletzungen durch Feuer, Brände und heiße Substanzen

Inkl.: Asphyxie
Sonstige Verletzungen
Verbrennungen
} durch direktes Feuer von einer feuererzeugenden Vorrichtung oder indirekt durch konventionelle Waffen jeder Art

Brandbombe

Y36.4 Kriegsverletzungen durch Feuerwaffen [Schußwaffen] und sonstige Formen der konventionellen Kriegsführung
Bajonettverletzung
Ertrunken während Kriegshandlungen o.n.A.
Geschoß:
- Gewehr
- Karabiner
- Maschinengewehr
- Pistole

Gummigeschoß (aus Gewehr)
Kriegsverwundung
Schrotkugeln

Y36.5 Kriegsverletzungen durch Kernwaffen
Auswirkungen der Druckwelle
Auswirkungen der Lichtstrahlung
Exposition gegenüber ionisierender Strahlung von Kernwaffen
Hitze
Sonstige unmittelbare oder sekundäre Auswirkungen von Kernwaffen

Y36.6 Kriegsverletzungen durch biologische Kampfstoffe

Y36.7 Kriegsverletzungen durch chemische Kampfstoffe und sonstige Formen der unkonventionellen Kriegsführung
Gase, Dämpfe und Chemikalien
Laser

Y36.8 Verletzungen durch Kriegshandlungen, die nach Einstellung der Feindseligkeiten auftreten
Kriegsverletzungen, die unter Y36.0–Y36.7 oder Y36.9 klassifizierbar sind, aber erst nach Einstellung der Feindseligkeiten auftreten
Verletzungen durch Explosion von Bomben oder Minen, die während nach Einstellung der Feindseligkeiten explodierten

Y36.9 Verletzungen durch Kriegshandlungen, nicht näher bezeichnet

Komplikationen bei der medizinischen und chirurgischen Behandlung (Y40–Y84)

Inkl.: Chirurgische und medizinische Maßnahmen als Ursache einer abnormen Reaktion eines Patienten oder einer späteren Komplikation, ohne Angabe eines Zwischenfalls zum Zeitpunkt der Durchführung der Maßnahme
Indikationsgerecht angewendetes und in therapeutischer oder prophylaktischer Dosierung korrekt verabreichtes Arzneimittel als Ursache einer unerwünschten Nebenwirkung
Komplikationen durch medizintechnische Geräte und Produkte
Zwischenfälle bei der medizinischen und chirurgischen Behandlung

Exkl.: Akzidentelle Überdosierung eines Arzneimittels oder einer Droge, irrtümliche Verabreichung oder Einnahme eines falschen Arzneimittels (X40–X44)

Unerwünschte Nebenwirkungen bei therapeutischer Anwendung von Arzneimitteln, Drogen oder biologisch aktiven Substanzen (Y40–Y59)

Hinweis: Zur Liste spezieller Arzneimittel und Drogen, die unter den vierstelligen Subkategorien klassifiziert sind, siehe: Tabelle der Arzneimittel und Chemikalien im Alphabetischen Verzeichnis.

Exkl.: Unfälle bei der Verabreichungsmethode von Arzneimitteln, Drogen oder biologisch aktiven Substanzen bei medizinischen und chirurgischen Maßnahmen (Y60–Y69)

Y40 Systemisch wirkende Antibiotika

Exkl.: Antibiotika:
- antineoplastisch (Y43.3)
- bei topischer Anwendung (Y56.–)

Y40.0 **Penizilline**
Y40.1 **Cephalosporine und andere β-Laktam-Antibiotika**
Y40.2 **Chloramphenicol-Gruppe**
Y40.3 **Makrolide**
Y40.4 **Tetrazykline**
Y40.5 **Aminoglykoside**
Streptomycin
Y40.6 **Rifamycine**
Y40.7 **Fungizide Antibiotika bei systemischer Anwendung**
Y40.8 **Sonstige systemisch wirkende Antibiotika**
Y40.9 **Systemisch wirkendes Antibiotikum, nicht näher bezeichnet**

Y41 Sonstige systemisch wirkende Antiinfektiva und Antiparasitika

Exkl.: Antiinfektiva bei topischer Anwendung (Y56.–)

Y41.0 **Sulfonamide**
Y41.1 **Antimykobakterielle Arzneimittel**
Exkl.: Rifamycine (Y40.6)
Streptomycin (Y40.5)
Y41.2 **Antimalariamittel und Arzneimittel mit Wirkung auf sonstige Blutprotozoen**
Exkl.: Hydroxychinolin-Derivate (Y41.8)

Y41.3 Sonstige Antiprotozoika
Y41.4 Anthelminthika
Y41.5 Virostatika
Exkl.: Amantadin (Y46.7)
Cytarabin (Y43.1)
Y41.8 **Sonstige näher bezeichnete systemisch wirkende Antiinfektiva und Antiparasitika**
Hydroxychinolin-Derivate
Exkl.: Antimalariamittel (Y41.2)
Y41.9 **Systemisch wirkendes Antiinfektivum und Antiparasitikum, nicht näher bezeichnet**

Y42 Hormone, deren synthetische Ersatzstoffe und Antagonisten, anderenorts nicht klassifiziert

Exkl.: Mineralokortikoide und deren Antagonisten (Y54.0–Y54.1)
Nebenschilddrüsenhormone und deren Derivate (Y54.7)
Oxytozin (Y55.0)

Y42.0 **Glukokortikoide und synthetische Ersatzstoffe**
Exkl.: Glukokortikoide bei topischer Anwendung (Y56.–)
Y42.1 **Schilddrüsenhormone und Ersatzstoffe**
Y42.2 **Thyreostatika**
Y42.3 **Insulin und orale blutzuckersenkende Arzneimittel [Antidiabetika]**
Y42.4 **Orale Kontrazeptiva**
Mono- und Kombinationspräparate
Y42.5 **Sonstige Östrogene und Gestagene**
Mixturen und Ersatzstoffe
Y42.6 **Antigonadotropine, Antiöstrogene und Antiandrogene, anderenorts nicht klassifiziert**
Tamoxifen
Y42.7 **Androgene und verwandte Anabolika**
Y42.8 **Sonstige und nicht näher bezeichnete Hormone und synthetische Ersatzstoffe**
Hypophysenvorderlappenhormone [Adenohypophysenhormone]
Y42.9 **Sonstige und nicht näher bezeichnete Hormonantagonisten**

Y43 Primär systemisch wirkende Mittel

Exkl.: Vitamine, anderenorts nicht klassifiziert (Y57.7)

Y43.0 Antiallergika und Antiemetika
Exkl.: Neuroleptika auf Phenothiazin-Basis (Y49.3)

Y43.1 Antineoplastische Antimetabolite
Cytarabin

Y43.2 Antineoplastische natürliche Wirkstoffe

Y43.3 Sonstige antineoplastische Arzneimittel
Antineoplastische Antibiotika
Exkl.: Tamoxifen (Y42.6)

Y43.4 Immunsuppressiva

Y43.5 Ansäuernde und alkalisierende Mittel

Y43.6 Enzyme, anderenorts nicht klassifiziert

Y43.8 Sonstige primär systemisch wirkende Mittel, anderenorts nicht klassifiziert
Schwermetallantagonisten

Y43.9 Primär systemisch wirkendes Mittel, nicht näher bezeichnet

Y44 Primär auf das Blut wirkende Mittel

Y44.0 Eisenpräparate und sonstige Präparate gegen hypochrome Anämie

Y44.1 Vitamin B_{12}, Folsäure und sonstige Präparate gegen megaloblastäre Anämien

Y44.2 Antikoagulanzien

Y44.3 Antikoagulanzien-Antagonisten, Vitamin K und sonstige Koagulanzien

Y44.4 Antithrombotika [Thrombozytenaggregationshemmer]
Exkl.: Azetylsalizylsäure (Y45.1)
Dipyridamol (Y52.3)

Y44.5 Thrombolytika

Y44.6 Blut und Blutprodukte
Exkl.: Immunglobulin (Y59.3)

Y44.8 Plasmaersatzmittel

Y44.9 Sonstige und nicht näher bezeichnete auf das Blut wirkende Mittel

Y45 Analgetika, Antipyretika und Antiphlogistika

Y45.0 Opioide und verwandte Analgetika
Y45.1 Salizylate
Y45.2 Propionsäure-Derivate
Propansäure-Derivate
Y45.3 Sonstige nichtsteroidale Antiphlogistika [NSAID]
Y45.4 Antirheumatika
Exkl.: Chloroquin (Y41.2)
Glukokortikoide (Y42.0)
Salizylate (Y45.1)
Y45.5 4–Aminophenol-Derivate
Y45.8 Sonstige Analgetika und Antipyretika
Y45.9 Analgetikum und Antipyretikum, nicht näher bezeichnet

Y46 Antiepileptika und Antiparkinsonmittel

Exkl.: Azetazolamid (Y54.2)
Barbiturate, anderenorts nicht klassifiziert (Y47.0)
Benzodiazepine (Y47.1)
Paraldehyd (Y47.3)

Y46.0 Succinimide
Y46.1 Oxazolidine
Y46.2 Hydantoin-Derivate
Y46.3 Desoxybarbiturate
Y46.4 Iminostilbene
Carbamazepin
Y46.5 Valproinsäure
Y46.6 Sonstige und nicht näher bezeichnete Antiepileptika
Y46.7 Antiparkinsonmittel
Amantadin
Y46.8 Spasmolytika
Exkl.: Benzodiazepine (Y47.1)

Y47 Sedativa, Hypnotika und Anxiolytika

Y47.0 **Barbiturate, anderenorts nicht klassifiziert**
Exkl.: Desoxybarbiturate (Y46.3)
Thiobarbiturate (Y48.1)

Y47.1 **Benzodiazepine**

Y47.2 **Chloralderivate**

Y47.3 **Paraldehyd**

Y47.4 **Bromverbindungen**

Y47.5 **Kombinierte Sedativa und Hypnotika, anderenorts nicht klassifiziert**

Y47.8 **Sonstige Sedativa, Hypnotika und Anxiolytika**
Methaqualon

Y47.9 **Sedativum, Hypnotikum und Anxiolytikum, nicht näher bezeichnet**
Schlafmittel ⎫
Schlaftablette ⎬ o.n.A.
Schlaftrunk ⎭

Y48 Anästhetika und therapeutische Gase

Y48.0 **Inhalationsanästhetika**

Y48.1 **Parenterale Anästhetika**
Thiobarbiturate

Y48.2 **Sonstige und nicht näher bezeichnete Allgemeinanästhetika**

Y48.3 **Lokalanästhetika**

Y48.4 **Anästhetikum, nicht näher bezeichnet**

Y48.5 **Therapeutische Gase**

Y49 Psychotrope Substanzen, anderenorts nicht klassifiziert

Exkl.: Appetitzügler [Anorektika] (Y57.0)
Barbiturate, anderenorts nicht klassifiziert (Y47.0)
Benzodiazepine (Y47.1)
Koffein (Y50.2)
Kokain (Y48.3)
Methaqualon (Y47.8)

Y49.0	Tri- und tetrazyklische Antidepressiva
Y49.1	Monoaminooxidase-hemmende Antidepressiva
Y49.2	Sonstige und nicht näher bezeichnete Antidepressiva
Y49.3	Antipsychotika und Neuroleptika auf Phenothiazin-Basis
Y49.4	Neuroleptika auf Butyrophenon- und Thioxanthen-Basis
Y49.5	Sonstige Antipsychotika und Neuroleptika
	Exkl.: Rauwolfiaalkaloide (Y52.5)
Y49.6	Psychodysleptika [Halluzinogene]
Y49.7	Psychostimulanzien mit Mißbrauchspotential
Y49.8	Sonstige psychotrope Substanzen, anderenorts nicht klassifiziert
Y49.9	Psychotrope Substanz, nicht näher bezeichnet

Y50 Stimulanzien des Zentralnervensystems, anderenorts nicht klassifiziert

Y50.0	Analeptika
Y50.1	Opioid-Rezeptorenblocker
Y50.2	Methylxanthine, anderenorts nicht klassifiziert
	Koffein
	Exkl.: Aminophyllin (Y55.6)
	Theobromin (Y55.6)
	Theophyllin (Y55.6)
Y50.8	Sonstige Stimulanzien des Zentralnervensystems
Y50.9	Stimulans des Zentralnervensystems, nicht näher bezeichnet

Y51 Primär auf das autonome Nervensystem wirkende Arzneimittel

Y51.0	Cholinesterase-Hemmer
Y51.1	Sonstige Parasympathomimetika [Cholinergika]
Y51.2	Ganglienblocker, anderenorts nicht klassifiziert
Y51.3	Sonstige Parasympatholytika [Anticholinergika und Antimuskarinika] und Spasmolytika, anderenorts nicht klassifiziert
	Papaverin

Y51.4 Vorwiegend α-Rezeptorenstimulanzien, anderenorts nicht klassifiziert
Metaraminol

Y51.5 Vorwiegend β-Rezeptorenstimulanzien, anderenorts nicht klassifiziert
Exkl.: Salbutamol (Y55.6)

Y51.6 α-Rezeptorenblocker, anderenorts nicht klassifiziert
Exkl.: Mutterkornalkaloide (Y55.0)

Y51.7 β-Rezeptorenblocker, anderenorts nicht klassifiziert

Y51.8 Zentral wirkende und adrenerge Neuronenblocker, anderenorts nicht klassifiziert
Exkl.: Clonidin (Y52.5)
Guanethidin (Y52.5)

Y51.9 Sonstige und nicht näher bezeichnete, primär auf das autonome Nervensystem wirkende Arzneimittel
Kombinierte α- und β-Rezeptorenstimulanzien

Y52 Primär auf das Herz-Kreislaufsystem wirkende Mittel
Exkl.: Metaraminol (Y51.4)

Y52.0 Herzglykoside und Arzneimittel mit ähnlicher Wirkung

Y52.1 Kalziumantagonisten

Y52.2 Sonstige Antiarrhythmika, anderenorts nicht klassifiziert
Exkl.: β-Rezeptorenblocker (Y51.7)

Y52.3 Koronardilatatoren, anderenorts nicht klassifiziert
Dipyridamol
Exkl.: β-Rezeptorenblocker (Y51.7)
Kalziumantagonisten (Y52.1)

Y52.4 Angiotensin-Konversionsenzym-Hemmer [ACE-Hemmer]

Y52.5 Sonstige Antihypertensiva, anderenorts nicht klassifiziert
Clonidin
Guanethidin
Rauwolfiaalkaloide
Exkl.: β-Rezeptorenblocker (Y51.7)
Diuretika (Y54.0–Y54.5)
Kalziumantagonisten (Y52.1)

| Y52.6 | Antihyperlipidämika und Arzneimittel gegen Arteriosklerose |
| Y52.7 | Periphere Vasodilatatoren |

Nikotinsäure (-Derivate)

Exkl.: Papaverin (Y51.3)

| Y52.8 | Antivarikosa, einschließlich Verödungsmittel |
| Y52.9 | Sonstige und nicht näher bezeichnete, primär auf das Herz-Kreislaufsystem wirkende Mittel |

Y53 Primär auf den Magen-Darmtrakt wirkende Mittel

Y53.0	Histamin-H_2-Rezeptorenblocker
Y53.1	Sonstige Antazida und Magensekretionshemmer
Y53.2	Stimulierende Laxanzien
Y53.3	Salinische und osmotische Laxanzien
Y53.4	Sonstige Laxanzien

Arzneimittel gegen Darmatonie

| Y53.5 | Digestiva |
| Y53.6 | Antidiarrhoika |

Exkl.: Systemisch wirkende Antibiotika und sonstige Antiinfektiva (Y40–Y41)

Y53.7	Emetika
Y53.8	Sonstige primär auf den Magen-Darmtrakt wirkende Mittel
Y53.9	Primär auf den Magen-Darmtrakt wirkendes Mittel, nicht näher bezeichnet

Y54 Primär auf den Wasserhaushalt sowie auf den Mineral- und Harnsäurestoffwechsel wirkende Mittel

Y54.0	Mineralokortikoide
Y54.1	Mineralokortikoid-Antagonisten [Aldosteron-Antagonisten]
Y54.2	Carboanhydrase-Hemmer

Azetazolamid

| Y54.3 | Benzothiadiazin-Derivate |
| Y54.4 | Schleifendiuretika [High-ceiling-Diuretika] |

Y54.5 **Sonstige Diuretika**

Y54.6 **Auf den Elektrolyt-, Wärme- und Wasserhaushalt wirkende Mittel**
Salze zur oralen Rehydration

Y54.7 **Mittel, die die Kalzifikation beeinflussen**
Nebenschilddrüsenhormone und deren Derivate
Vitamin-D-Gruppe

Y54.8 **Auf den Harnsäurestoffwechsel wirkende Mittel**

Y54.9 **Mineralsalze, anderenorts nicht klassifiziert**

Y55 Primär auf die glatte Muskulatur, die Skelettmuskulatur und das Atmungssystem wirkende Mittel

Y55.0 **Oxytozin [Ocytocin] und ähnlich wirkende Wehenmittel**
Mutterkornalkaloide

Exkl.: Östrogene, Gestagene und deren Antagonisten (Y42.5–Y42.6)

Y55.1 **Muskelrelaxanzien [Neuromuskuläre Blocker]**
Exkl.: Spasmolytika (Y46.8)

Y55.2 **Sonstige und nicht näher bezeichnet, primär auf die Muskeln wirkende Mittel**

Y55.3 **Antitussiva**

Y55.4 **Expektoranzien**

Y55.5 **Arzneimittel gegen Erkältungskrankheiten**

Y55.6 **Antiasthmatika, anderenorts nicht klassifiziert**
Aminophyllin
Salbutamol
Theobromin
Theophyllin

Exkl.: Hypophysenvorderlappenhormone [Adenohypophysenhormone] (Y42.8)
β-Rezeptorenstimulanzien (Y51.5)

Y55.7 **Sonstige und nicht näher bezeichnet, primär auf das Atmungssystem wirkende Mittel**

Y56 Primär auf Haut und Schleimhaut wirkende sowie in der Augen-, der Hals-Nasen-Ohren- und der Zahnheilkunde topisch angewendete Arzneimittel

Inkl.: Glukokortikoide bei topischer Anwendung

Y56.0 Antimykotika, Antiinfektiva und Antiphlogistika zur lokalen Anwendung, anderenorts nicht klassifiziert

Y56.1 Antipruriginosa

Y56.2 Adstringenzien und Detergenzien zur lokalen Anwendung

Y56.3 Hauterweichende [Emollienzien], hautpflegende [Demulzenzien] und hautschützende Mittel

Y56.4 Keratolytika, Keratoplastika und sonstige Arzneimittel und Präparate zur Haarbehandlung

Y56.5 Ophthalmika

Y56.6 In der Hals-Nasen-Ohren-Heilkunde angewendete Arzneimittel und Präparate

Y56.7 Dentalpharmaka bei topischer Anwendung

Y56.8 Sonstige Mittel bei topischer Anwendung
Spermizide

Y56.9 Mittel bei topischer Anwendung, nicht näher bezeichnet

Y57 Sonstige und nicht näher bezeichnete Arzneimittel oder Drogen

Y57.0 Appetitzügler [Anorektika]

Y57.1 Lipotrope Substanzen

Y57.2 Antidote und Chelatbildner, anderenorts nicht klassifiziert

Y57.3 Alkoholentwöhnungsmittel

Y57.4 Pharmazeutische Arzneimittelträgersubstanzen

Y57.5 Röntgenkontrastmittel

Y57.6 Sonstige Diagnostika

Y57.7 Vitamine, anderenorts nicht klassifiziert

Exkl.: Nikotinsäure (Y52.7)
Vitamin B_{12} (Y44.1)
Vitamin D (Y54.7)
Vitamin K (Y44.3)

Y57.8 Sonstige Arzneimittel oder Drogen

Y57.9 Arzneimittel oder Droge, nicht näher bezeichnet

Y58 Bakterielle Impfstoffe

Y58.0 BCG-Impfstoff
Y58.1 Typhus- und Paratyphusimpfstoff
Y58.2 Choleraimpfstoff
Y58.3 Pestimpfstoff
Y58.4 Tetanusimpfstoff
Y58.5 Diphtherieimpfstoff
Y58.6 Pertussisimpfstoff, einschließlich Kombinationen mit Pertussiskomponente
Y58.8 Kombinierte bakterielle Impfstoffe, ausgenommen Kombinationen mit Pertussiskomponente
Y58.9 Sonstige und nicht näher bezeichnete bakterielle Impfstoffe

Y59 Sonstige und nicht näher bezeichnete Impfstoffe und biologisch aktive Substanzen

Y59.0 Virusimpfstoffe
Y59.1 Rickettsienimpfstoffe
Y59.2 Protozoenimpfstoffe
Y59.3 Immunglobulin
Y59.8 Sonstige näher bezeichnete Impfstoffe und biologisch aktive Substanzen
Y59.9 Impfstoff oder biologisch aktive Substanz, nicht näher bezeichnet

Zwischenfälle bei chirurgischen Eingriffen und medizinischer Behandlung (Y60–Y69)

Exkl.: Chirurgische und medizinische Maßnahmen als Ursache einer abnormen Reaktion eines Patienten oder einer späteren Komplikation, ohne Angabe eines Zwischenfalls zum Zeitpunkt der Durchführung der Maßnahme (Y83–Y84)

Medizintechnische Geräte und Produkte im Zusammenhang mit Zwischenfällen bei diagnostischer und therapeutischer Anwendung (Y70–Y82)

Y60 Versehentliche(r) Schnitt, Punktion, Perforation oder Blutung bei chirurgischem Eingriff und medizinischer Behandlung

- **Y60.0** Bei chirurgischem Eingriff
- **Y60.1** Bei Infusion oder Transfusion
- **Y60.2** Bei Hämodialyse oder sonstiger Perfusion
- **Y60.3** Bei Injektion oder Impfung
- **Y60.4** Bei Endoskopie
- **Y60.5** Bei Herzkatheterisierung
- **Y60.6** Bei Aspiration, bei Punktion und sonstiger Katheterisierung
- **Y60.7** Bei Verabreichung eines Klistiers
- **Y60.8** Bei sonstigen chirurgischen Eingriffen und medizinischen Behandlungen
- **Y60.9** Bei chirurgischem Eingriff und medizinischer Behandlung, nicht näher bezeichnet

Y61 Fremdkörper, versehentlich bei chirurgischem Eingriff oder bei medizinischer Behandlung im Körper zurückgeblieben

- **Y61.0** Bei chirurgischem Eingriff
- **Y61.1** Bei Infusion oder Transfusion
- **Y61.2** Bei Hämodialyse oder sonstiger Perfusion
- **Y61.3** Bei Injektion oder Impfung
- **Y61.4** Bei Endoskopie
- **Y61.5** Bei Herzkatheterisierung
- **Y61.6** Bei Aspiration, bei Punktion und sonstiger Katheterisierung

Y61.7	Bei Entfernung von Katheter oder Tamponade
Y61.8	Bei sonstigen chirurgischen Eingriffen und medizinischen Behandlungen
Y61.9	Bei chirurgischem Eingriff und medizinischer Behandlung, nicht näher bezeichnet

Y62 Unzulängliche aseptische Kautelen bei chirurgischem Eingriff und medizinischer Behandlung

Y62.0	Bei chirurgischem Eingriff
Y62.1	Bei Infusion oder Transfusion
Y62.2	Bei Hämodialyse oder sonstiger Perfusion
Y62.3	Bei Injektion oder Impfung
Y62.4	Bei Endoskopie
Y62.5	Bei Herzkatheterisierung
Y62.6	Bei Aspiration, bei Punktion und sonstiger Katheterisierung
Y62.8	Bei sonstigen chirurgischen Eingriffen und medizinischen Behandlungen
Y62.9	Bei chirurgischem Eingriff und medizinischer Behandlung, nicht näher bezeichnet

Y63 Dosierungsfehler bei chirurgischem Eingriff und medizinischer Behandlung

Exkl.: Akzidentelle Überdosierung eines Arzneimittels oder irrtümliche Verabreichung eines falschen Arzneimittels (X40–X44)

Y63.0	Verabreichung einer exzessiven Menge Blut oder sonstiger Flüssigkeit bei Transfusion oder Infusion
Y63.1	Fehler bei Verdünnung der Infusionslösung
Y63.2	Überdosierung der Strahlung bei Strahlentherapie
Y63.3	Versehentliche Exposition eines Patienten gegenüber Strahlung während medizinischer Behandlung
Y63.4	Dosierungsfehler bei Elektroschock- oder Insulinschocktherapie
Y63.5	Unangemessene Temperatur bei lokaler Applikation oder Packung
Y63.6	Unterlassene Verabreichung notwendiger Arzneimittel, Drogen oder biologisch aktiver Substanz

Y63.8 Dosierungsfehler bei sonstigen chirurgischen Eingriffen und medizinischen Behandlungen
Y63.9 Dosierungsfehler bei chirurgischem Eingriff und medizinischer Behandlung, nicht näher bezeichnet

Y64 Kontaminierte medizinisch oder biologisch aktive Substanzen

Y64.0 Transfusion oder Infusion einer kontaminierten medizinisch oder biologisch aktiven Substanz
Y64.1 Bei Injektion oder Immunisierung verwendete kontaminierte medizinisch oder biologisch aktive Substanz
Y64.8 Auf sonstige Weise verabreichte kontaminierte medizinisch oder biologisch aktive Substanz
Y64.9 Auf nicht näher bezeichnete Weise verabreichte kontaminierte medizinisch oder biologisch aktive Substanz
Verabreichte kontaminierte medizinisch oder biologisch aktive Substanz o.n.A.

Y65 Sonstige Zwischenfälle bei chirurgischem Eingriff und medizinischer Behandlung

Y65.0 Inkompatibles Blut bei Transfusion
Y65.1 Verwendung einer falschen Infusionslösung
Y65.2 Unzulängliche Naht oder Ligatur bei chirurgischem Eingriff
Y65.3 Falsch plazierter Endotrachealtubus während der Anästhesie
Y65.4 Fehlerhafte Einführung oder Entfernung eines sonstigen Tubus oder Instrumentes
Y65.5 Ausführung eines nichtindizierten Eingriffes
Y65.8 Sonstige näher bezeichnete Zwischenfälle bei chirurgischem Eingriff und medizinischer Behandlung

Y66 Unterlassener chirurgischer Eingriff und unterlassene medizinische Behandlung
Vorzeitiger Abbruch eines chirurgischen Eingriffes und der medizinischen Behandlung

Y69 Nicht näher bezeichnete Zwischenfälle bei chirurgischem Eingriff und medizinischer Behandlung

Medizintechnische Geräte und Produkte im Zusammenhang mit Zwischenfällen bei diagnostischer und therapeutischer Anwendung (Y70–Y82)

Bei den Kategorien Y70–Y82 sind die folgenden 4. Stellen zu benutzen:

.0 Geräte zur Diagnostik und Überwachung
.1 Therapeutische (nichtchirurgische) sowie für die Rehabilitation verwendete Geräte und Hilfsmittel
.2 Prothetische und sonstige Implantate, Materialien und Zusatzgeräte
.3 Chirurgische Instrumente, Materialien und Gegenstände (einschließlich Nahtmaterial)
.8 Verschiedenartige Geräte, anderenorts nicht klassifiziert

Y70 Zur Anästhesie benutzte medizintechnische Geräte und Produkte im Zusammenhang mit Zwischenfällen

Y71 Zur Herz-Kreislauf-Behandlung benutzte medizintechnische Geräte und Produkte im Zusammenhang mit Zwischenfällen

Y72 Zur otorhinolaryngologischen Behandlung benutzte medizintechnische Geräte und Produkte im Zusammenhang mit Zwischenfällen

Y73 Zur gastroenterologischen oder urologischen Behandlung benutzte medizintechnische Geräte und Produkte im Zusammenhang mit Zwischenfällen

Y74 Im Allgemeinkrankenhaus [Spital] oder zur Selbstanwendung benutzte medizintechnische Geräte und Produkte im Zusammenhang mit Zwischenfällen

Y75 Zur neurologischen Behandlung benutzte medizintechnische Geräte und Produkte im Zusammenhang mit Zwischenfällen

Y76 Zur geburtshilflichen und gynäkologischen Behandlung benutzte medizintechnische Geräte und Produkte im Zusammenhang mit Zwischenfällen

Y77 Zur ophthalmologischen Behandlung benutzte medizintechnische Geräte und Produkte im Zusammenhang mit Zwischenfällen

Y78 Zur radiologischen Behandlung benutzte medizintechnische Geräte und Produkte im Zusammenhang mit Zwischenfällen

Y79 Zur orthopädischen Behandlung benutzte medizintechnische Geräte und Produkte im Zusammenhang mit Zwischenfällen

Y80 Zur physiotherapeutischen Behandlung benutzte medizintechnische Geräte und Produkte im Zusammenhang mit Zwischenfällen

Y81 In der allgemeinen und plastischen Chirurgie benutzte medizintechnische Geräte und Produkte im Zusammenhang mit Zwischenfällen

Y82 Sonstige und nicht näher bezeichnete medizintechnische Geräte und Produkte im Zusammenhang mit Zwischenfällen

Chirurgische und sonstige medizinische Maßnahmen als Ursache einer abnormen Reaktion eines Patienten oder einer späteren Komplikation, ohne Angabe eines Zwischenfalls zum Zeitpunkt der Durchführung der Maßnahme
(Y83–Y84)

Y83 Chirurgischer Eingriff und sonstige chirurgische Maßnahmen als Ursache einer abnormen Reaktion eines Patienten oder einer späteren Komplikation, ohne Angabe eines Zwischenfalls zum Zeitpunkt der Durchführung der Maßnahme

Y83.0 Chirurgischer Eingriff mit Transplantation eines Organs
Y83.1 Chirurgischer Eingriff mit Implantation eines künstlichen inneren Gerätes
Y83.2 Chirurgischer Eingriff mit Anastomose, Bypass oder Transplantat
Y83.3 Chirurgischer Eingriff mit Anlegung eines äußeren Stomas
Y83.4 Sonstige rekonstruktive Chirurgie [Wiederherstellungschirurgie]
Y83.5 Amputation einer oder mehrerer Extremität(en)
Y83.6 Entfernung eines sonstigen Organs (partiell) (total)
Y83.8 Sonstige chirurgische Maßnahmen
Y83.9 Chirurgische Maßnahme, nicht näher bezeichnet

Y84 Sonstige medizinische Maßnahmen als Ursache einer abnormen Reaktion eines Patienten oder einer späteren Komplikation, ohne Angabe eines Zwischenfalls zum Zeitpunkt der Durchführung der Maßnahme

Y84.0 Herzkatheterisierung
Y84.1 Hämodialyse
Y84.2 Radiologische Untersuchung und Radiotherapie
Y84.3 Schocktherapie
Y84.4 Aspiration von Flüssigkeit
Y84.5 Einführung einer Magen- oder Duodenalsonde
Y84.6 Harnwegkatheterisierung

Y84.7 Blutentnahme
Y84.8 Sonstige medizinische Maßnahmen
Y84.9 Medizinische Maßnahme, nicht näher bezeichnet

Folgezustände äußerer Ursachen von Morbidität und Mortalität
(Y85–Y89)

Hinweis: Die Kategorien Y85–Y89 sind zu benutzen, um bei Zuständen, die „Folgen" oder „Spätfolgen" sind und anderenorts klassifiziert werden, anzugeben, daß sie Ursache des Todes, einer Schädigung oder Behinderung sind. Zu den „Folgen" zählen Zustände, die als solche bezeichnet sind oder die als „Spätfolgen" ein Jahr oder später nach dem verursachenden Ereignis bestehen.

Y85 Folgezustände nach Transportmittelunfällen

Y85.0 Folgezustände nach Kraftfahrzeugunfall
Y85.9 Folgezustände nach sonstigen und nicht näher bezeichneten Transportmittelunfällen

Y86 Folgezustände nach sonstigen Unfällen

Y87 Folgezustände nach vorsätzlicher Selbstbeschädigung, tätlichem Angriff oder einem Ereignis, dessen nähere Umstände unbestimmt sind

Y87.0 Folgezustände nach vorsätzlicher Selbstbeschädigung
Y87.1 Folgezustände nach tätlichem Angriff
Y87.2 Folgezustände nach Ereignis, dessen nähere Umstände unbestimmt sind

Y88 Folgezustände von chirurgischem Eingriff und medizinischer Behandlung als äußere Ursache

Y88.0 Folgezustände nach Verabreichung von Arzneimitteln, Drogen und biologisch aktiven Substanzen, die bei therapeutischer Anwendung unerwünschte Nebenwirkungen verursachten

Y88.1	Folgezustände nach Zwischenfällen während chirurgischer und medizinischer Maßnahmen
Y88.2	Folgezustände nach Zwischenfällen bei der Verwendung medizintechnischer Geräte und Produkte bei diagnostischer oder therapeutischer Anwendung
Y88.3	Folgezustände nach chirurgischen und medizinischen Maßnahmen als Ursache einer abnormen Reaktion eines Patienten oder einer späteren Komplikation, ohne Angabe eines Zwischenfalls zum Zeitpunkt der Durchführung der Maßnahme

Y89 Folgezustände nach sonstigen äußeren Ursachen

Y89.0	Folgezustände nach gesetzlichen Maßnahmen
Y89.1	Folgezustände nach Verletzungen durch Kriegshandlungen
Y89.9	Folgezustände nach nicht näher bezeichneter äußerer Ursache

Zusätzliche Faktoren mit Bezug auf anderenorts klassifizierte Ursachen von Morbidität und Mortalität
(Y90–Y98)

Hinweis: Diese Kategorien können benutzt werden, um ergänzende Informationen zu Todes- oder Krankheitsursachen zu verschlüsseln. Sie sollen nicht zur unikausalen Verschlüsselung von Morbidität oder Mortalität verwendet werden.

Y90 Alkoholnachweis aufgrund des Blutalkoholspiegels

Y90.0	Blutalkoholspiegel unter 20mg/100ml
Y90.1	Blutalkoholspiegel von 20–39mg/100ml
Y90.2	Blutalkoholspiegel von 40–59mg/100ml
Y90.3	Blutalkoholspiegel von 60–79mg/100ml
Y90.4	Blutalkoholspiegel von 80–99mg/100ml
Y90.5	Blutalkoholspiegel von 100–119mg/100ml
Y90.6	Blutalkoholspiegel von 120–199mg/100ml

Y90.7 Blutalkoholspiegel von 200–239mg/100ml
Y90.8 Blutalkoholspiegel von 240mg/100ml oder mehr
Y90.9 Alkoholnachweis, Blutalkoholspiegel nicht angegeben

Y91 Alkoholnachweis aufgrund des Vergiftungsgrades
Exkl.: Alkoholnachweis aufgrund des Blutalkoholspiegels (Y90.0)

Y91.0 **Leichte Alkoholvergiftung**
Nach Alkohol riechender Atem, leichte Funktions- und Reaktionsstörungen oder leichte Koordinationsstörungen

Y91.1 **Mäßige Alkoholvergiftung**
Nach Alkohol riechender Atem, mäßige Funktions- und Reaktionsstörungen oder mäßige Koordinationsstörungen

Y91.2 **Schwere Alkoholvergiftung**
Schwere Funktions- und Reaktionsstörungen, schwere Koordinationsstörungen oder verminderte Kooperationsfähigkeit

Y91.3 **Sehr schwere Alkoholvergiftung**
Sehr schwere Funktions- und Reaktionsstörungen, sehr schwere Koordinationsstörungen oder Verlust der Kooperationsfähigkeit

Y91.9 **Alkoholbeteiligung o.n.A**
Verdacht auf Alkoholbeteiligung o.n.A.

Y95 Nosokomiale Faktoren

Y96 Arbeitsbezogene Faktoren

Y97 Durch Umweltverschmutzung bedingte Faktoren

Y98 Durch Lebensgewohnheiten bedingte Faktoren

KAPITEL XXI

Faktoren, die den Gesundheitszustand beeinflussen und zur Inanspruchnahme des Gesundheitswesens führen (Z00–Z99)

Hinweis: Dieses Kapitel sollte nicht für internationale Vergleiche oder für unikausale Mortalitätsverschlüsselung benutzt werden.

Die Kategorien Z00–Z99 sind für Fälle vorgesehen, in denen Sachverhalte als „Diagnosen" oder „Probleme" angegeben sind, die nicht als Krankheit, Verletzung oder äußere Ursache unter den Kategorien A00–Y89 klassifizierbar sind. Dies kann hauptsächlich auf zweierlei Art vorkommen:

(a) Wenn eine Person, wegen einer Krankheit oder ohne krank zu sein, das Gesundheitswesen zu einem speziellen Zweck in Anspruch nimmt, z.B. um eine begrenzte Betreuung oder Grundleistung wegen eines bestehenden Zustandes zu erhalten, um ein Organ oder Gewebe zu spenden, sich prophylaktisch impfen zu lassen oder Rat zu einem Problem einzuholen, das an sich keine Krankheit oder Schädigung ist.

(b) Wenn irgendwelche Umstände oder Probleme vorliegen, die den Gesundheitszustand einer Person beeinflussen, an sich aber keine bestehende Krankheit oder Schädigung sind. Solche Faktoren können bei Reihenuntersuchungen der Bevölkerung festgestellt werden, wobei eine Person krank sein kann oder nicht, oder sie werden als ein Zusatzfaktor dokumentiert, der dann berücksichtigt werden muß, wenn die Person wegen irgendeiner Krankheit oder Schädigung behandelt wird.

Dieses Kapitel gliedert sich in folgende Gruppen

Z00–Z13	Personen, die das Gesundheitswesen zur Untersuchung und Abklärung in Anspruch nehmen
Z20–Z29	Personen mit potentiellen Gesundheitsrisiken hinsichtlich übertragbarer Krankheiten
Z30–Z39	Personen, die das Gesundheitswesen im Zusammenhang mit Problemen der Reproduktion in Anspruch nehmen
Z40–Z54	Personen, die das Gesundheitswesen zum Zwecke spezifischer Maßnahmen und zur medizinischen Betreuung in Anspruch nehmen
Z55–Z65	Personen mit potentiellen Gesundheitsrisiken aufgrund sozioökonomischer oder psychosozialer Umstände
Z70–Z76	Personen, die das Gesundheitswesen aus sonstigen Gründen in Anspruch nehmen
Z80–Z99	Personen mit potentiellen Gesundheitsrisiken aufgrund der Familien- oder Eigenanamnese und bestimmte Zustände, die den Gesundheitszustand beeinflussen

Personen, die das Gesundheitswesen zur Untersuchung und Abklärung in Anspruch nehmen (Z00–Z13)

Hinweis: Unspezifische abnorme Befunde, die bei diesen Untersuchungen erhoben werden, sind unter den Kategorien R70–R94 zu klassifizieren.

Exkl.: Untersuchungen im Zusammenhang mit Schwangerschaft und Reproduktion (Z30–Z36, Z39.–)

Z00 Allgemeinuntersuchung und Abklärung bei Personen ohne Beschwerden oder angegebene Diagnose

Exkl.: Spezielle Screeninguntersuchungen (Z11–Z13)
Untersuchung aus administrativen Gründen (Z02.–)

Z00.0 Ärztliche Allgemeinuntersuchung
Ärztliche Gesundheitsuntersuchung
Check-up
Periodische Untersuchung (jährlich) (körperlich)
Vorsorgeuntersuchung o.n.A.

Exkl.: Allgemeine Reihenuntersuchung bestimmter Bevölkerungsgruppen (Z10.–)
Vorsorgeuntersuchung eines Säuglings oder Kindes (Z00.1)

Z00.1 Gesundheitsvorsorgeuntersuchung eines Kindes
Prüfung des Entwicklungsstandes eines Säuglings oder Kindes

Exkl.: Gesundheitsüberwachung eines Findlings oder anderen gesunden Säuglings oder Kindes (Z76.1–Z76.2)

Z00.2 Untersuchung aufgrund eines Wachstumsschubes in der Kindheit

Z00.3 Untersuchung aufgrund des Entwicklungsstandes während der Adoleszenz
Pubertätsstadium

Z00.4 Allgemeine psychiatrische Untersuchung, anderenorts nicht klassifiziert

Exkl.: Psychiatrische Untersuchung aus rechtsmedizinischen Gründen (Z04.6)

Z00.5 Untersuchung eines potentiellen Organ- oder Gewebespenders

Z00.6 Untersuchung von Personen zu Vergleichs- und Kontrollzwecken im Rahmen klinischer Forschungsprogramme

Z00.8 Sonstige Allgemeinuntersuchungen
Untersuchung des Gesundheitszustandes bei Bevölkerungsstichproben

Z01 Sonstige spezielle Untersuchungen und Abklärungen bei Personen ohne Beschwerden oder angegebene Diagnose

Inkl.: Routineuntersuchung eines bestimmten Körpersystems

Exkl.: Spezielle Screeninguntersuchungen (Z11–Z13)
Untersuchung:
- aus administrativen Gründen (Z02.–)
- bei Verdacht auf Krankheitszustände, der sich nicht bestätigt (Z03.–)

Z01.0 Visusprüfung und Untersuchung der Augen
Exkl.: Untersuchung zur Erlangung des Führerscheines (Z02.4)

Z01.1 Hörprüfung und Untersuchung der Ohren

Z01.2 Untersuchung der Zähne

Z01.3 Messung des Blutdrucks

Z01.4 Gynäkologische Untersuchung (allgemein) (routinemäßig)
Gynäkologische Untersuchung (jährlich) (periodisch)
Papanicolaou-Zellabstrich aus der Cervix uteri
Exkl.: Kontrolluntersuchung bei Weiterführung kontrazeptiver Maßnahmen (Z30.4–Z30.5)
Untersuchung und Test zur Feststellung einer Schwangerschaft (Z32.–)

Z01.5 Diagnostische Haut- und Sensibilisierungstestung
Allergentestung
Hauttests auf:
- bakterielle Krankheit
- Hypersensitivität

Z01.6 Röntgenuntersuchung, anderenorts nicht klassifiziert
Routinemäßig:
- Mammogramm
- Röntgenuntersuchung des Thorax

Z01.7 Laboruntersuchung

Z01.8 Sonstige näher bezeichnete spezielle Untersuchungen

Z01.9 Spezielle Untersuchung, nicht näher bezeichnet

Z02 Untersuchung und Konsultation aus administrativen Gründen

Z02.0 Untersuchung zur Aufnahme in eine Bildungseinrichtung
Untersuchung zur Aufnahme in die Vorschule

Z02.1 Einstellungsuntersuchung
Exkl.: Arbeitsmedizinische Untersuchung (Z10.0)

Z02.2 Untersuchung zur Aufnahme in eine Wohneinrichtung
Exkl.: Allgemeine Reihenuntersuchung von Bewohnern institutioneller Einrichtungen (Z10.1)
Untersuchung zur Aufnahme in eine Haftanstalt (Z02.8)

Z02.3 Musterungsuntersuchung
Exkl.: Allgemeine Reihenuntersuchung von Angehörigen der Streitkräfte (Z10.2)

Z02.4 Untersuchung zur Erlangung des Führerscheines

Z02.5 Untersuchung zur Teilnahme am Sport
Exkl.: Alkohol- oder Drogenbestimmung im Blut (Z04.0)
Allgemeine Reihenuntersuchung von Sportmannschaften (Z10.3)

Z02.6 Untersuchung zu Versicherungszwecken

Z02.7 Ausstellung einer ärztlichen Bescheinigung
Ausstellung einer ärztlichen Bescheinigung zur:
- Invalidität
- Nichttauglichkeit
- Tauglichkeit
- Todesursache

Exkl.: Konsultation wegen ärztlicher Allgemeinuntersuchung (Z00–Z01, Z02.0–Z02.6, Z02.8–Z02.9, Z10.–)

Z02.8 Sonstige Untersuchungen aus administrativen Gründen
Untersuchung wegen:
- Adoption
Aufnahme in:
  - Ferienlager
  - Haftanstalt
- Eheschließung
- Einbürgerung
- Einwanderung

Exkl.: Gesundheitsüberwachung eines Findlings oder anderen gesunden Säuglings oder Kindes (Z76.1–Z76.2)

Z02.9 Untersuchung aus administrativen Gründen, nicht näher bezeichnet

Faktoren, die den Gesundheitszustand beeinflussen und zur Inanspruchnahme des Gesundheitswesens führen

Z03 Ärztliche Beobachtung und Beurteilung von Verdachtsfällen

Inkl.: Personen mit vorhandenen, untersuchungsbedürftigen Symptomen oder Anzeichen für einen abnormen Zustand, die jedoch nach Untersuchung und Beobachtung nicht behandlungsbedürftig sind

Exkl.: Person mit Furcht vor Krankheit, bei der keine Diagnose gestellt wird (Z71.1)

Z03.0 **Beobachtung bei Verdacht auf Tuberkulose**
Z03.1 **Beobachtung bei Verdacht auf bösartige Neubildung**
Z03.2 **Beobachtung bei Verdacht auf psychische Krankheiten oder Verhaltensstörungen**
Beobachtung wegen:
- Bandenaktivität
- Brandstiftung
- dissozialem Verhalten
- Ladendiebstahl

ohne manifeste psychische Störung

Z03.3 **Beobachtung bei Verdacht auf neurologische Krankheit**
Z03.4 **Beobachtung bei Verdacht auf Herzinfarkt**
Z03.5 **Beobachtung bei Verdacht auf andere kardiovaskuläre Krankheiten**
Z03.6 **Beobachtung bei Verdacht auf toxische Wirkung von aufgenommenen Substanzen**
Beobachtung bei Verdacht auf:
- unerwünschte Nebenwirkung von Arzneimitteln
- Vergiftung

Z03.8 **Beobachtung bei sonstigen Verdachtsfällen**
Z03.9 **Beobachtung bei Verdachtsfall, nicht näher bezeichnet**

Z04 Untersuchung und Beobachtung aus sonstigen Gründen

Inkl.: Untersuchung aus rechtsmedizinischen Gründen

Z04.0 **Alkohol- oder Drogenbestimmung im Blut**
Exkl.: Vorhandensein von:
- Alkohol im Blut (R78.0)
- Drogen im Blut (R78.–)

Z04.1 **Untersuchung und Beobachtung nach Transportmittelunfall**
Exkl.: Nach Arbeitsunfall (Z04.2)

Z04.2 Untersuchung und Beobachtung nach Arbeitsunfall

Z04.3 Untersuchung und Beobachtung nach anderem Unfall

Z04.4 **Untersuchung und Beobachtung nach angegebener Vergewaltigung oder sexuellem Mißbrauch**
Untersuchung von Opfer oder Beschuldigtem nach angegebener Vergewaltigung oder sexuellem Mißbrauch

Z04.5 **Untersuchung und Beobachtung nach sonstiger durch eine Person zugefügter Verletzung**
Untersuchung von Opfer oder Beschuldigtem nach sonstiger durch eine Person zugefügter Verletzung

Z04.6 **Allgemeine psychiatrische Untersuchung auf behördliche Anforderung**

Z04.8 **Untersuchung und Beobachtung aus sonstigen näher bezeichneten Gründen**
Anforderung eines Expertengutachtens

Z04.9 **Untersuchung und Beobachtung aus nicht näher bezeichnetem Grund**
Beobachtung o.n.A.

Z08 Nachuntersuchung nach Behandlung wegen bösartiger Neubildung

Inkl.: Medizinische Überwachung im Anschluß an die Behandlung
Exkl.: Medizinische Nachbetreuung und Rekonvaleszenz (Z42–Z51, Z54.–)

Z08.0 **Nachuntersuchung nach chirurgischem Eingriff bei bösartiger Neubildung**

Z08.1 **Nachuntersuchung nach Strahlentherapie bei bösartiger Neubildung**
Exkl.: Strahlentherapie-Sitzung (Z51.0)

Z08.2 **Nachuntersuchung nach Chemotherapie bei bösartiger Neubildung**
Exkl.: Chemotherapeutische Verabreichung (Z51.1)

Z08.7 **Nachuntersuchung nach Kombinationstherapie bei bösartiger Neubildung**

Z08.8 **Nachuntersuchung nach sonstiger Behandlung bei bösartiger Neubildung**

Z08.9 **Nachuntersuchung nach nicht näher bezeichneter Behandlung bei bösartiger Neubildung**

Z09 Nachuntersuchung nach Behandlung wegen anderer Krankheitszustände außer bösartigen Neubildungen

Inkl.: Medizinische Überwachung nach Behandlung

Exkl.: Medizinische Nachbetreuung und Rekonvaleszenz (Z42–Z51, Z54.–)
Medizinische Überwachung nach Behandlung wegen bösartiger Neubildung (Z08.–)
Überwachung bei:
- Kontrazeption (Z30.4–.5)
- Prothesen und sonstigen medizinischen Geräten oder Hilfsmitteln (Z44–Z46)

Z09.0 Nachuntersuchung nach chirurgischem Eingriff wegen anderer Krankheitszustände

Z09.1 Nachuntersuchung nach Strahlentherapie wegen anderer Krankheitszustände

Exkl.: Strahlentherapie-Sitzung (Z51.0)

Z09.2 Nachuntersuchung nach Chemotherapie wegen anderer Krankheitszustände

Exkl.: Erhaltungschemotherapie (Z51.1–Z51.2)

Z09.3 Nachuntersuchung nach Psychotherapie

Z09.4 Nachuntersuchung nach Frakturbehandlung

Z09.7 Nachuntersuchung nach Kombinationsbehandlung wegen anderer Krankheitszustände

Z09.8 Nachuntersuchung nach sonstiger Behandlung wegen anderer Krankheitszustände

Z09.9 Nachuntersuchung nach nicht näher bezeichneter Behandlung wegen anderer Krankheitszustände

Z10 Allgemeine Reihenuntersuchung bestimmter Bevölkerungsgruppen

Exkl.: Ärztliche Untersuchung aus administrativen Gründen (Z02.–)

Z10.0 Arbeitsmedizinische Untersuchung

Exkl.: Einstellungsuntersuchung (Z02.1)

Z10.1 Allgemeine Reihenuntersuchung von Bewohnern institutioneller Einrichtungen

Exkl.: Aufnahmeuntersuchung (Z02.2)

Z10.2 **Allgemeine Reihenuntersuchung von Angehörigen der Streitkräfte**
Exkl.: Musterungsuntersuchung (Z02.3)

Z10.3 **Allgemeine Reihenuntersuchung von Sportmannschaften**
Exkl.: Alkohol- oder Drogenbestimmung im Blut (Z04.0)
Untersuchung zur Teilnahme am Sport (Z02.5)

Z10.8 **Allgemeine Reihenuntersuchung sonstiger bestimmter Bevölkerungsgruppen**
Schulkinder
Studenten

Z11 Spezielles Screening auf infektiöse und parasitäre Krankheiten

Z11.0 Spezielles Screening auf infektiöse Darmkrankheiten

Z11.1 Spezielles Screening auf Lungentuberkulose

Z11.2 Spezielles Screening auf andere bakterielle Krankheiten

Z11.3 **Spezielles Screening auf Infektionen, die vorwiegend auf sexuellem Wege übertragen werden**

Z11.4 **Spezielles Screening auf HIV [Humanes Immundefizienz-Virus]**

Z11.5 **Spezielles Screening auf andere Viruskrankheiten**
Exkl.: Screening auf intestinale Viruskrankheit (Z11.0)

Z11.6 **Spezielles Screening auf andere Protozoenkrankheiten und Helminthosen**
Exkl.: Screening auf intestinale Protozoenkrankheit (Z11.0)

Z11.8 **Spezielles Screening auf sonstige infektiöse und parasitäre Krankheiten**
Chlamydien-
Rickettsien-   } Krankheiten
Spirochäten-
Mykosen

Z11.9 **Spezielles Screening auf infektiöse und parasitäre Krankheiten, nicht näher bezeichnet**

Z12 Spezielles Screening auf Neubildungen

Z12.0 Spezielles Screening auf Neubildung des Magens
Z12.1 Spezielles Screening auf Neubildung des Darmtraktes
Z12.2 Spezielles Screening auf Neubildung der Atmungsorgane
Z12.3 Spezielles Screening auf Neubildung der Mamma
Exkl.: Routinemäßiges Mammogramm (Z01.6)
Z12.4 Spezielles Screening auf Neubildung der Cervix uteri
Exkl.: Routinemäßiger Test oder Teil einer allgemeinen gynäkologischen Untersuchung (Z01.4)
Z12.5 Spezielles Screening auf Neubildung der Prostata
Z12.6 Spezielles Screening auf Neubildung der Harnblase
Z12.8 Spezielles Screening auf Neubildungen sonstiger Lokalisationen
Z12.9 Spezielles Screening auf Neubildung, nicht näher bezeichnet

Z13 Spezielles Screening auf sonstige Krankheiten oder Störungen

Z13.0 Spezielles Screening auf Krankheiten des Blutes und der blutbildenden Organe und bestimmte Störungen mit Beteiligung des Immunsystems
Z13.1 Spezielles Screening auf Diabetes mellitus
Z13.2 Spezielles Screening auf Ernährungsstörungen
Z13.3 Spezielles Screening auf psychische Krankheiten und Verhaltensstörungen
Alkoholismus
Depression
Geistige Retardierung
Z13.4 Spezielles Screening auf bestimmte Entwicklungsstörungen in der Kindheit
Exkl.: Routinemäßige Prüfung des Entwicklungsstandes eines Säuglings oder Kindes (Z00.1)
Z13.5 Spezielles Screening auf Augen- oder Ohrenkrankheiten
Z13.6 Spezielles Screening auf kardiovaskuläre Krankheiten

Z13.7 Spezielles Screening auf angeborene Fehlbildungen, Deformitäten und Chromosomenanomalien

Z13.8 Spezielles Screening auf sonstige näher bezeichnete Krankheiten oder Störungen
Endokrine oder Stoffwechselstörungen
Zahnkrankheiten
Exkl.: Diabetes mellitus (Z13.1)

Z13.9 Spezielles Screening, nicht näher bezeichnet

Personen mit potentiellen Gesundheitsrisiken hinsichtlich übertragbarer Krankheiten (Z20–Z29)

Z20 Kontakt mit und Exposition gegenüber übertragbaren Krankheiten

Z20.0 Kontakt mit und Exposition gegenüber infektiösen Darmkrankheiten

Z20.1 Kontakt mit und Exposition gegenüber Tuberkulose

Z20.2 Kontakt mit und Exposition gegenüber Infektionen, die vorwiegend auf sexuellem Wege übertragen werden

Z20.3 Kontakt mit und Exposition gegenüber Tollwut

Z20.4 Kontakt mit und Exposition gegenüber Röteln

Z20.5 Kontakt mit und Exposition gegenüber Virushepatitis

Z20.6 Kontakt mit und Exposition gegenüber HIV [Humanes Immundefizienz-Virus]
Exkl.: Asymptomatische HIV-Infektion (Z21)

Z20.7 Kontakt mit und Exposition gegenüber Pedikulose, Akarinose oder anderem Parasitenbefall

Z20.8 Kontakt mit und Exposition gegenüber sonstigen übertragbaren Krankheiten

Z20.9 Kontakt mit und Exposition gegenüber nicht näher bezeichneter übertragbarer Krankheit

Z21 Asymptomatische HIV-Infektion [Humane Immundefizienz-Virusinfektion]
HIV-positiv o.n.A.

Exkl.: HIV-Krankheit (B20–B24)
Kontakt mit und Exposition gegenüber HIV (Z20.6)
Laborhinweis auf HIV (R75)

Z22 Keimträger von Infektionskrankheiten
Inkl.: Verdachtsfälle

Z22.0 Keimträger von Typhus abdominalis

Z22.1 Keimträger anderer infektiöser Darmkrankheiten

Z22.2 Keimträger der Diphtherie

Z22.3 Keimträger anderer näher bezeichneter bakterieller Krankheiten
Keimträger bakterieller Krankheit durch:
- Meningokokken
- Staphylokokken
- Streptokokken

Z22.4 Keimträger von Infektionskrankheiten, die vorwiegend auf sexuellem Wege übertragen werden
Keimträger von:
- Gonorrhoe
- Syphilis

Z22.5 Keimträger der Virushepatitis
Keimträger von Hepatitis-B-Oberflächen-Antigen [HBsAg]

Z22.6 Keimträger von humaner T-Zell-lymphotroper-Viruskrankheit, Typ I [HTLV-1]

Z22.8 Keimträger sonstiger Infektionskrankheiten

Z22.9 Keimträger von Infektionskrankheit, nicht näher bezeichnet

Z23 Notwendigkeit der Impfung [Immunisierung] gegen einzelne bakterielle Krankheiten

Exkl.: Impfung:
- gegen Krankheitskombinationen (Z27.–)
- nicht durchgeführt (Z28.–)

Z23.0 Notwendigkeit der Impfung gegen Cholera, nicht kombiniert
Z23.1 Notwendigkeit der Impfung gegen Typhus-Paratyphus [TAB], nicht kombiniert
Z23.2 Notwendigkeit der Impfung gegen Tuberkulose [BCG]
Z23.3 Notwendigkeit der Impfung gegen Pest
Z23.4 Notwendigkeit der Impfung gegen Tularämie
Z23.5 Notwendigkeit der Impfung gegen Tetanus, nicht kombiniert
Z23.6 Notwendigkeit der Impfung gegen Diphtherie, nicht kombiniert
Z23.7 Notwendigkeit der Impfung gegen Keuchhusten [Pertussis], nicht kombiniert
Z23.8 Notwendigkeit der Impfung gegen sonstige einzelne bakterielle Krankheiten

Z24 Notwendigkeit der Impfung [Immunisierung] gegen bestimmte einzelne Viruskrankheiten

Exkl.: Impfung:
- gegen Krankheitskombinationen (Z27.–)
- nicht durchgeführt (Z28.–)

Z24.0 Notwendigkeit der Impfung gegen Poliomyelitis
Z24.1 Notwendigkeit der Impfung gegen Virusenzephalitis, durch Arthropoden übertragen
Z24.2 Notwendigkeit der Impfung gegen Tollwut
Z24.3 Notwendigkeit der Impfung gegen Gelbfieber
Z24.4 Notwendigkeit der Impfung gegen Masern, nicht kombiniert
Z24.5 Notwendigkeit der Impfung gegen Röteln, nicht kombiniert
Z24.6 Notwendigkeit der Impfung gegen Virushepatitis

Z25 Notwendigkeit der Impfung [Immunisierung] gegen andere einzelne Viruskrankheiten

Exkl.: Impfung:
- gegen Krankheitskombinationen (Z27.–)
- nicht durchgeführt (Z28.–)

Z25.0 Notwendigkeit der Impfung gegen Mumps, nicht kombiniert
Z25.1 Notwendigkeit der Impfung gegen Grippe [Influenza]
Z25.8 Notwendigkeit der Impfung gegen sonstige näher bezeichnete einzelne Viruskrankheiten

Z26 Notwendigkeit der Impfung [Immunisierung] gegen andere einzelne Infektionskrankheiten

Exkl.: Impfung:
- gegen Krankheitskombinationen (Z27.–)
- nicht durchgeführt (Z28.–)

Z26.0 Notwendigkeit der Impfung gegen Leishmaniose
Z26.8 Notwendigkeit der Impfung gegen sonstige näher bezeichnete einzelne Infektionskrankheiten
Z26.9 Notwendigkeit der Impfung gegen nicht näher bezeichnete Infektionskrankheit
Notwendigkeit der Impfung o.n.A.

Z27 Notwendigkeit der Impfung [Immunisierung] gegen Kombinationen von Infektionskrankheiten

Exkl.: Impfung nicht durchgeführt (Z28.–)

Z27.0 Notwendigkeit der Impfung gegen Cholera mit Typhus-Paratyphus [Cholera+TAB]
Z27.1 Notwendigkeit der Impfung gegen Diphtherie-Pertussis-Tetanus [DPT], kombiniert
Z27.2 Notwendigkeit der Impfung gegen Diphtherie-Pertussis-Tetanus mit Typhus-Paratyphus [DPT+TAB]
Z27.3 Notwendigkeit der Impfung gegen Diphtherie-Pertussis-Tetanus mit Poliomyelitis [DPT+Polio]
Z27.4 Notwendigkeit der Impfung gegen Masern-Mumps-Röteln [MMR]

Z27.8 Notwendigkeit der Impfung gegen sonstige Kombinationen von Infektionskrankheiten

Z27.9 Notwendigkeit der Impfung gegen nicht näher bezeichnete Kombinationen von Infektionskrankheiten

Z28 Nicht durchgeführte Impfung [Immunisierung]

Z28.0 Impfung [Immunisierung] nicht durchgeführt wegen Kontraindikation

Z28.1 Impfung [Immunisierung] nicht durchgeführt aus Glaubensgründen des Patienten oder wegen Gruppendruck auf den Patienten

Z28.2 Impfung [Immunisierung] nicht durchgeführt aus anderen nicht näher bezeichneten Gründen des Patienten

Z28.9 Impfung [Immunisierung] nicht durchgeführt aus nicht näher bezeichnetem Grund

Z29 Notwendigkeit von anderen prophylaktischen Maßnahmen

Exkl.: Desensibilisierung gegenüber Allergenen (Z51.6)
Prophylaktische Operation (Z40.-)

Z29.0 **Isolierung**
Stationäre Aufnahme zur Abschirmung einer Person vor ihrer Umgebung oder zur Isolierung einer Person nach Kontakt mit Infektionskrankheiten

Z29.1 **Immunprophylaxe**
Verabreichung von Immunglobulin

Z29.2 **Sonstige prophylaktische Chemotherapie**
Chemoprophylaxe
Prophylaktische Antibiotikaverabreichung

Z29.8 **Sonstige näher bezeichnete prophylaktische Maßnahmen**

Z29.9 **Prophylaktische Maßnahme, nicht näher bezeichnet**

Personen, die das Gesundheitswesen im Zusammenhang mit Problemen der Reproduktion in Anspruch nehmen (Z30–Z39)

Z30 Kontrazeptive Maßnahmen

Z30.0 Allgemeine Beratung zu Fragen der Kontrazeption
Beratung zu Fragen der Familienplanung o.n.A.
Erstverordnung von Kontrazeptiva

Z30.1 Einsetzen eines Pessars (intrauterin)

Z30.2 Sterilisierung
Stationäre Aufnahme zur Tubensterilisation oder Vasektomie

Z30.3 Auslösung der Menstruation
Regulierung der Menstruation
Schwangerschaftsabbruch

Z30.4 Überwachung bei medikamentöser Kontrazeption
Kontrolluntersuchung bei Weiterführung kontrazeptiver Maßnahmen
Wiederverordnung oraler oder sonstiger kontrazeptiver Arzneimittel

Z30.5 Überwachung von Patientinnen mit Pessar (intrauterin)
Kontrolle, Wiedereinsetzen oder Entfernen eines Pessars (intrauterin)

Z30.8 Sonstige kontrazeptive Maßnahmen
Spermienzählung nach Vasektomie

Z30.9 Kontrazeptive Maßnahme, nicht näher bezeichnet

Z31 Fertilisationsfördernde Maßnahmen

Exkl.: Komplikationen im Zusammenhang mit künstlicher Befruchtung (N98.–)

Z31.0 Tuben- oder Vasoplastik nach früherer Sterilisierung

Z31.1 Künstliche Insemination

Z31.2 In-vitro-Fertilisation
Stationäre Aufnahme zur Eizell-Entnahme oder -Implantation

Z31.3 Andere Methoden, die die Fertilisation unterstützen

Z31.4 Untersuchung und Test im Zusammenhang mit Fertilisation
Pertubation
Spermatogramm
Exkl.: Spermienzählung nach Vasektomie (Z30.8)

Z31.5 Genetische Beratung

Z31.6 Allgemeine Beratung im Zusammenhang mit Fertilisation

Z31.8 Sonstige fertilisationsfördernde Maßnahmen

Z31.9 Fertilisationsfördernde Maßnahme, nicht näher bezeichnet

Z32 Untersuchung und Test zur Feststellung einer Schwangerschaft

Z32.0 Schwangerschaft, (noch) nicht bestätigt

Z32.1 Schwangerschaft bestätigt

Z33 Schwangerschaftsfeststellung als Nebenbefund
Schwangerschaft o.n.A.

Z34 Überwachung einer normalen Schwangerschaft

Z34.0 Überwachung einer normalen Erstschwangerschaft

Z34.8 Überwachung einer sonstigen normalen Schwangerschaft

Z34.9 Überwachung einer normalen Schwangerschaft, nicht näher bezeichnet

Z35 Überwachung einer Risikoschwangerschaft

Z35.0 Überwachung einer Schwangerschaft bei Infertilitätsanamnese

Z35.1 Überwachung einer Schwangerschaft bei Abortanamnese
Überwachung einer Schwangerschaft bei:
- Blasenmole ⎫
- Traubenmole ⎬ in der Anamnese

Exkl.: Neigung zu habituellem Abort:
- Betreuung während der Schwangerschaft (O26.2)
- ohne bestehende Schwangerschaft (N96)

Z35.2 Überwachung einer Schwangerschaft bei sonstiger ungünstiger geburtshilflicher oder Reproduktionsanamnese
Überwachung einer Schwangerschaft bei:
- Tod des Neugeborenen ⎫
- Totgeburt in der Anamnese ⎬ in der Anamnese
- Zuständen, die unter O10–O92 klassifizierbar sind ⎭

Z35.3 Überwachung einer Schwangerschaft mit ungenügender pränataler Betreuung in der Anamnese
Schwangerschaft:
- verborgen
- verheimlicht

Z35.4 Überwachung einer Schwangerschaft bei ausgeprägter Multiparität
Exkl.: Multiparität ohne bestehende Schwangerschaft (Z64.1)

Z35.5 Überwachung einer älteren Erstschwangeren

Z35.6 Überwachung einer sehr jungen Erstschwangeren

Z35.7 Überwachung einer Risikoschwangerschaft, durch soziale Probleme bedingt

Z35.8 Überwachung sonstiger Risikoschwangerschaften

Z35.9 Überwachung einer Risikoschwangerschaft, nicht näher bezeichnet

Z36 Pränatales Screening

Exkl.: Abnorme Befunde bei der Screeninguntersuchung der Mutter zur pränatalen Diagnostik (O28.–)
Schwangerschaftsüberwachung (Z34–Z35)

Z36.0 Pränatales Screening auf Chromosomenanomalien
Amniozentese
Plazentagewebeprobe (vaginal entnommen)

Z36.1 Pränatales Screening auf erhöhten Alpha-Fetoproteinspiegel

Z36.2 Anderes pränatales Screening mittels Amniozentese

Z36.3 Pränatales Screening auf Fehlbildungen mittels Ultraschall oder anderer physikalischer Verfahren

Z36.4 Pränatales Screening auf fetale Wachstumsretardierung mittels Ultraschall oder anderer physikalischer Verfahren

Z36.5 Pränatales Screening auf Isoimmunisierung

Z36.8 Sonstiges pränatales Screening
Screening auf Hämoglobinopathie

Z36.9 Pränatales Screening, nicht näher bezeichnet

Z37 Resultat der Entbindung

Hinweis: Diese Kategorie dient der zusätzlichen Verschlüsselung des Entbindungsresultates in der medizinischen Dokumentation der Mutter.

- Z37.0 Lebendgeborener Einling
- Z37.1 Totgeborener Einling
- Z37.2 Zwillinge, beide lebendgeboren
- Z37.3 Zwillinge, ein Zwilling lebend-, der andere totgeboren
- Z37.4 Zwillinge, beide totgeboren
- Z37.5 Andere Mehrlinge, alle lebendgeboren
- Z37.6 Andere Mehrlinge, einige lebendgeboren
- Z37.7 Andere Mehrlinge, alle totgeboren
- Z37.9 Resultat der Entbindung, nicht näher bezeichnet
  Einling o.n.A.
  Mehrling o.n.A.

Z38 Lebendgeborene nach dem Geburtsort

- Z38.0 Einling, Geburt im Krankenhaus
- Z38.1 Einling, Geburt außerhalb des Krankenhauses
- Z38.2 Einling, Geburtsort nicht näher bezeichnet
  Lebendgeborener o.n.A.
- Z38.3 Zwilling, Geburt im Krankenhaus
- Z38.4 Zwilling, Geburt außerhalb des Krankenhauses
- Z38.5 Zwilling, Geburtsort nicht näher bezeichnet
- Z38.6 Anderer Mehrling, Geburt im Krankenhaus
- Z38.7 Anderer Mehrling, Geburt außerhalb des Krankenhauses
- Z38.8 Anderer Mehrling, Geburtsort nicht näher bezeichnet

Z39 Postpartale Betreuung und Untersuchung

- Z39.0 Betreuung und Untersuchung unmittelbar nach einer Entbindung
  Betreuung und Beobachtung bei komplikationslosem Verlauf
  Exkl.: Betreuung bei postpartalen Komplikationen – siehe Alphabetisches Verzeichnis

Z39.1 Betreuung und Untersuchung der stillenden Mutter
Überwachung der Laktation
Exkl.:   Laktationsstörungen (O92.–)

Z39.2 Routinemäßige postpartale Nachuntersuchung

Personen, die das Gesundheitswesen zum Zwecke spezifischer Maßnahmen und zur medizinischen Betreuung in Anspruch nehmen (Z40–Z54)

Hinweis: Die Kategorien Z40–Z54 dienen der Angabe eines Betreuungsgrundes. Sie können bei Patienten benutzt werden, die bereits wegen einer Krankheit oder Verletzung behandelt wurden, aber nachsorgende oder prophylaktische Betreuung, Betreuung während der Rekonvaleszenz oder zur Konsolidierung des Behandlungsergebnisses, zur Behandlung von Restzuständen, zur Absicherung, daß kein Rezidiv aufgetreten ist oder zur Verhütung eines Rezidivs erhalten.

Exkl.:   Nachuntersuchung zur medizinischen Überwachung nach einer Behandlung (Z08–Z09)

Z40 Prophylaktische Operation

Z40.0 Prophylaktische Operation wegen Risikofaktoren in Verbindung mit bösartigen Neubildungen
Aufnahme wegen prophylaktischer Organentfernung

Z40.8 Sonstige prophylaktische Operation

Z40.9 Prophylaktische Operation, nicht näher bezeichnet

Z41 Maßnahmen aus anderen Gründen als der Wiederherstellung des Gesundheitszustandes

Z41.0 Haartransplantation

Z41.1 Andere plastische Chirurgie aus kosmetischen Gründen
Mammaimplantat
Exkl.:   Plastische und rekonstruktive Chirurgie nach abgeheilter Verletzung oder Operation (Z42.–)

Z41.2 Zirkumzision als Routinemaßnahme oder aus rituellen Gründen

Z41.3 Ohrlochstechen

Z41.8 Sonstige Maßnahmen aus anderen Gründen als der Wiederherstellung des Gesundheitszustandes

Z41.9 Maßnahme aus anderen Gründen als der Wiederherstellung des Gesundheitszustandes, nicht näher bezeichnet

Z42 Nachbehandlung unter Anwendung plastischer Chirurgie

Inkl.: Narbengewebeplastik
Plastische und rekonstruktive Chirurgie nach abgeheilter Verletzung oder Operation

Exkl.: Plastische Chirurgie:
- aus kosmetischen Gründen (Z41.1)
- Behandlung einer frischen Verletzung – Verschlüsselung der Verletzung – siehe Alphabetisches Verzeichnis

Z42.0 Nachbehandlung unter Anwendung plastischer Chirurgie des Kopfes oder des Halses

Z42.1 Nachbehandlung unter Anwendung plastischer Chirurgie der Mamma

Z42.2 Nachbehandlung unter Anwendung plastischer Chirurgie an anderen Teilen des Rumpfes

Z42.3 Nachbehandlung unter Anwendung plastischer Chirurgie der oberen Extremität

Z42.4 Nachbehandlung unter Anwendung plastischer Chirurgie der unteren Extremität

Z42.8 Nachbehandlung unter Anwendung plastischer Chirurgie an sonstigen Körperteilen

Z42.9 Nachbehandlung unter Anwendung plastischer Chirurgie, nicht näher bezeichnet

Z43 Versorgung künstlicher Körperöffnungen

Inkl.: Einführung von Sonden oder Bougies
Katheterentfernung
Toilette oder Reinigung
Umbildung
Verschluß

Exkl.: Komplikationen an äußerem Stoma (J95.0, K91.4, N99.5)
Künstliche Körperöffnungen ohne Versorgungsnotwendigkeit (Z93.–)
Versorgen mit und Anpassen von Prothesen und sonstigen Geräten oder Hilfsmitteln (Z44–Z46)

Z43.0 Versorgung eines Tracheostomas

Z43.1	Versorgung eines Gastrostomas
Z43.2	Versorgung eines Ileostomas
Z43.3	Versorgung eines Kolostomas
Z43.4	Versorgung anderer künstlicher Körperöffnungen des Verdauungstraktes
Z43.5	Versorgung eines Zystostomas
Z43.6	Versorgung sonstiger künstlicher Körperöffnungen des Harntraktes Nephrostoma Ureterostoma Urethrostoma
Z43.7	Versorgung einer künstlichen Vagina
Z43.8	Versorgung sonstiger künstlicher Körperöffnungen
Z43.9	Versorgung einer nicht näher bezeichneten künstlichen Körperöffnung

Z44 Versorgen mit und Anpassen einer Ektoprothese

Exkl.: Vorhandensein einer Prothese (Z97.-)

Z44.0	Versorgen mit und Anpassen eines künstlichen Armes (komplett) (partiell)
Z44.1	Versorgen mit und Anpassen eines künstlichen Beins (komplett) (partiell)
Z44.2	Versorgen mit und Anpassen einer Augenprothese *Exkl.:* Mechanische Komplikation durch Augenprothese (T85.3)
Z44.3	Versorgen mit und Anpassen einer extrakorporalen Mammaprothese
Z44.8	Versorgen mit und Anpassen von sonstigen Ektoprothesen
Z44.9	Versorgen mit und Anpassen einer nicht näher bezeichneten Ektoprothese

Z45 Anpassung und Handhabung eines implantierten medizinischen Gerätes

Exkl.: Funktionstörung oder andere Komplikationen eines medizinischen Gerätes oder Hilfsmittels – siehe Alphabetisches Verzeichnis
Vorhandensein von Prothesen und anderen medizinischen Geräten oder Hilfsmitteln (Z95–Z97)

Z45.0 Anpassung und Handhabung eines künstlichen Herzschrittmachers
Kontrolle und Prüfung des Impulsgenerators [Batterie]

Z45.1	Anpassung und Handhabung einer Infusionspumpe
Z45.2	Anpassung und Handhabung eines vaskulären Zugangs
Z45.3	Anpassung und Handhabung eines implantierten Hörgerätes Gerät für das Innenohr Gerät für Knochenleitung
Z45.8	Anpassung und Handhabung von sonstigen implantierten medizinischen Geräten
Z45.9	Anpassung und Handhabung eines implantierten medizinischen Gerätes, nicht näher bezeichnet

Z46 Versorgen mit und Anpassen von anderen medizinischen Geräten oder Hilfsmitteln

Exkl.: Funktionsstörung oder andere Komplikationen eines medizinischen Gerätes oder Hilfsmittels – siehe Alphabetisches Verzeichnis
Lediglich Ausstellung wiederholter Verordnung (Z76.0)
Vorhandensein von Prothesen und anderen medizinischen Geräten oder Hilfsmitteln (Z95–Z97)

Z46.0	Versorgen mit und Anpassen von Brillen oder Kontaktlinsen
Z46.1	Versorgen mit und Anpassen eines Hörgerätes
Z46.2	Versorgen mit und Anpassen von anderen medizinischen Geräten oder Hilfsmitteln für das Nervensystem oder für spezielle Sinnesorgane
Z46.3	Versorgen mit und Anpassen einer Zahnprothese
Z46.4	Versorgen mit und Anpassen von kieferorthopädischen Geräten
Z46.5	Versorgen mit und Anpassen eines Ileostomas oder von sonstigen Vorrichtungen im Darmtrakt
Z46.6	Versorgen mit und Anpassen eines Gerätes im Harntrakt
Z46.7	Versorgen mit und Anpassen eines orthopädischen Hilfsmittels Orthopädisch: • Gipsverband • Korsett • Schuhe • Stützapparat
Z46.8	Versorgen mit und Anpassen von sonstigen näher bezeichneten medizinischen Geräten oder Hilfsmitteln Rollstuhl
Z46.9	Versorgen mit und Anpassen eines nicht näher bezeichneten medizinischen Gerätes oder Hilfsmittels

Faktoren, die den Gesundheitszustand beeinflussen und zur Inanspruchnahme des Gesundheitswesens führen

Z47 Andere orthopädische Nachbehandlung

Exkl.: Komplikation durch orthopädische Endoprothesen, Implantate oder Transplantate (T84.–)
Nachuntersuchung nach Frakturbehandlung (Z09.4)
Rehabilitationsmaßnahmen (Z50.–)

Z47.0 Entfernung einer Metallplatte oder einer anderen inneren Fixationsvorrichtung
Entfernung:
- Drähte
- Nägel
- Platten
- Schrauben
- Stäbe

Exkl.: Entfernung einer äußeren Fixationsvorrichtung (Z47.8)

Z47.8 Sonstige näher bezeichnete orthopädische Nachbehandlung
Wechsel, Kontrolle oder Entfernung:
- äußere Fixations- oder Extensionsvorrichtung
- Gipsverband

Z47.9 Orthopädische Nachbehandlung, nicht näher bezeichnet

Z48 Andere Nachbehandlung nach chirurgischem Eingriff

Exkl.: Nachuntersuchung nach:
- chirurgischem Eingriff (Z09.0)
- Frakturbehandlung (Z09.4)

Orthopädische Nachbehandlung (Z47.–)
Versorgung künstlicher Körperöffnungen (Z43.–)
Versorgen mit und Anpassen von Prothesen und sonstigen medizinischen Geräten oder Hilfsmitteln (Z44–Z46)

Z48.0 Kontrolle von Verbänden und Nähten
Entfernung von Nahtmaterial
Verbandwechsel

Z48.8 Sonstige näher bezeichnete Nachbehandlung nach chirurgischem Eingriff

Z48.9 Nachbehandlung nach chirurgischem Eingriff, nicht näher bezeichnet

Z49 Dialysebehandlung

Inkl.: Vorbereitung und Durchführung der Dialyse
Exkl.: Langzeitdialyse bei Niereninsuffizienz (Z99.2)

Z49.0 Vorbereitung auf die Dialyse

Z49.1 Extrakorporale Dialyse
Dialyse bei Niereninsuffizienz o.n.A.

Z49.2 Sonstige Dialyse
Peritonealdialyse

Z50 Rehabilitationsmaßnahmen

Exkl.: Beratung (Z70–Z71)

Z50.0 Rehabilitationsmaßnahmen bei Herzkrankheit

Z50.1 Sonstige Physiotherapie
Krankengymnastik

Z50.2 Rehabilitationsmaßnahmen bei Alkoholismus

Z50.3 Rehabilitationsmaßnahmen bei Arzneimittel- oder Drogenabhängigkeit

Z50.4 Psychotherapie, anderenorts nicht klassifiziert

Z50.5 Logopädische Behandlung [Therapie von Stimm-, Sprech- und Sprachstörungen]

Z50.6 Orthoptische Übungen [Sehschule]

Z50.7 Arbeitstherapie und berufliche Rehabilitationsmaßnahmen, anderenorts nicht klassifiziert

Z50.8 Sonstige Rehabilitationsmaßnahmen
Training der Fertigkeiten des täglichen Lebens [ADL], anderenorts nicht klassifiziert
Rehabilitationsmaßnahmen bei Tabakmißbrauch

Z50.9 Rehabilitationsmaßnahme, nicht näher bezeichnet
Rehabilitation o.n.A.

Z51 Sonstige medizinische Behandlung

Exkl.: Nachuntersuchung nach Behandlung (Z08–Z09)

Z51.0 Strahlentherapie-Sitzung

Z51.1 Chemotherapeutische Verabreichung wegen bösartiger Neubildung

Z51.2 Andere Chemotherapie
Erhaltungschemotherapie o.n.A.
Exkl.: Chemoprophylaxe hinsichtlich übertragbarer Krankheiten (Z23–Z27, Z29.–)

Faktoren, die den Gesundheitszustand beeinflussen und zur Inanspruchnahme des Gesundheitswesens führen

Z51.3 Bluttransfusion ohne angegebene Diagnose
Z51.4 Vorbereitung auf eine nachfolgende Behandlung, anderenorts nicht klassifiziert
Exkl.: Vorbereitung auf die Dialyse (Z49.0)
Z51.5 Palliativbehandlung
Z51.6 Desensibilisierung gegenüber Allergenen
Z51.8 Sonstige näher bezeichnete medizinische Behandlung
Exkl.: Betreuung einer pflegebedürftigen Person während des Urlaubs der Angehörigen (Z75.5)
Z51.9 Medizinische Behandlung, nicht näher bezeichnet

Z52 Spender von Organen oder Geweben
Exkl.: Untersuchung eines potentiellen Spenders (Z00.5)

Z52.0 Blutspender
Z52.1 Hautspender
Z52.2 Knochenspender
Z52.3 Knochenmarkspender
Z52.4 Nierenspender
Z52.5 Korneaspender
Z52.8 Spender sonstiger Organe oder Gewebe
Z52.9 Spender eines nicht näher bezeichneten Organs oder Gewebes
Spender o.n.A.

Z53 Personen, die Einrichtungen des Gesundheitswesens wegen spezifischer Maßnahmen aufgesucht haben, die aber nicht durchgeführt wurden
Exkl.: Nicht durchgeführte Impfung (Z28.-)

Z53.0 Maßnahme nicht durchgeführt wegen Kontraindikation
Z53.1 Maßnahme nicht durchgeführt aus Glaubensgründen des Patienten oder wegen Gruppendruck auf den Patienten
Z53.2 Maßnahme nicht durchgeführt aus anderen oder nicht näher bezeichneten Gründen des Patienten
Z53.8 Maßnahme nicht durchgeführt aus sonstigen Gründen
Z53.9 Maßnahme nicht durchgeführt aus nicht näher bezeichnetem Grund

Z54 Rekonvaleszenz

Z54.0 Rekonvaleszenz nach chirurgischem Eingriff
Z54.1 Rekonvaleszenz nach Strahlentherapie
Z54.2 Rekonvaleszenz nach Chemotherapie
Z54.3 Rekonvaleszenz nach Psychotherapie
Z54.4 Rekonvaleszenz nach Frakturbehandlung
Z54.7 Rekonvaleszenz nach kombinierter Behandlung
Rekonvaleszenz nach jeder Kombination der unter Z54.0–Z54.4 klassifizierten Behandlungen
Z54.8 Rekonvaleszenz nach sonstiger Behandlung
Z54.9 Rekonvaleszenz nach nicht näher bezeichneter Behandlung

Personen mit potentiellen Gesundheitsrisiken aufgrund sozioökonomischer oder psychosozialer Umstände (Z55–Z65)

Z55 Probleme mit Bezug auf die Ausbildung und das Lese-Schreib-Vermögen

Exkl.: Störungen der psychischen Entwicklung (F80–F89)

Z55.0 Analphabetentum oder geringes Niveau des Lese-Schreib-Vermögens
Z55.1 Schulunterricht nicht verfügbar oder nicht erreichbar
Z55.2 Nicht bestandene Prüfungen
Z55.3 Unzulängliche schulische Leistung
Z55.4 Mangelnde Anpassung an schulische Anforderungen oder Unstimmigkeit mit Lehrern und Mitschülern
Z55.8 Sonstige Probleme mit Bezug auf die Ausbildung und das Lese-Schreib-Vermögen
Inadäquater Unterricht
Z55.9 Probleme mit Bezug auf die Ausbildung und das Lese-Schreib-Vermögen, nicht näher bezeichnet

Z56 Probleme mit Bezug auf Berufstätigkeit oder Arbeitslosigkeit

Exkl.: Berufliche Exposition gegenüber Risikofaktoren (Z57.–)
Probleme mit Bezug auf die Wohnbedingungen oder die wirtschaftlichen Verhältnisse (Z59.–)

Faktoren, die den Gesundheitszustand beeinflussen und zur Inanspruchnahme des Gesundheitswesens führen

Z56.0	Arbeitslosigkeit, nicht näher bezeichnet
Z56.1	Arbeitsplatzwechsel
Z56.2	Drohender Arbeitsplatzverlust
Z56.3	Belastende Einteilung der Arbeitszeit Schichtarbeit
Z56.4	Unstimmigkeit mit Vorgesetzten oder Arbeitskollegen
Z56.5	Nicht zusagende Arbeit Schwierige Arbeitsbedingungen
Z56.6	Andere physische oder psychische Belastung im Zusammenhang mit der Arbeit
Z56.7	Sonstige oder nicht näher bezeichnete Probleme mit Bezug auf die Berufstätigkeit

Z57 Berufliche Exposition gegenüber Risikofaktoren

Z57.0	Berufliche Exposition gegenüber Lärm
Z57.1	Berufliche Exposition gegenüber Strahlung
Z57.2	Berufliche Exposition gegenüber Staub
Z57.3	Berufliche Exposition gegenüber anderen luftverunreinigenden Stoffen
Z57.4	Berufliche Exposition gegenüber toxischen Substanzen in der Landwirtschaft Feststoffe, Flüssigkeiten, Gase oder Dämpfe
Z57.5	Berufliche Exposition gegenüber toxischen Substanzen in anderen Industriezweigen Feststoffe, Flüssigkeiten, Gase oder Dämpfe
Z57.6	Berufliche Exposition gegenüber extremer Temperatur
Z57.7	Berufliche Exposition gegenüber mechanischen Schwingungen [Vibration]
Z57.8	Berufliche Exposition gegenüber sonstigen Risikofaktoren
Z57.9	Berufliche Exposition gegenüber nicht näher bezeichnetem Risikofaktor

Z58 Probleme mit Bezug auf die kommunale Umwelt

Exkl.: Berufliche Exposition (Z57.–)

Z58.0	Exposition gegenüber Lärm
Z58.1	Exposition gegenüber Luftverschmutzung
Z58.2	Exposition gegenüber Wasserverschmutzung
Z58.3	Exposition gegenüber Bodenverschmutzung
Z58.4	Exposition gegenüber Strahlung

Z58.5	**Exposition gegenüber anderer Verschmutzung**
Z58.6	**Unzulängliche Trinkwasserversorgung**

Exkl.: Schäden durch Durst (T73.1)

Z58.8	**Sonstige Probleme mit Bezug auf die kommunale Umwelt**
Z58.9	**Problem mit Bezug auf die kommunale Umwelt, nicht näher bezeichnet**

Z59 Probleme mit Bezug auf die Wohnbedingungen oder die wirtschaftlichen Verhältnisse

Exkl.: Unzulängliche Trinkwasserversorgung (Z58.6)

Z59.0	**Obdachlosigkeit**
Z59.1	**Inadäquate Unterkunft**

Beschränkter Wohnraum
Fehlende Heizung
Technische Mängel in der Unterkunft, die keine angemessene Pflege zulassen
Unzulängliche Umgebung

Exkl.: Probleme mit Bezug auf die kommunale Umwelt (Z58.-)

Z59.2	**Unstimmigkeit mit Nachbarn, Mietern oder Vermieter**
Z59.3	**Probleme mit Bezug auf das Leben in einer Wohneinrichtung**

Internatsschüler

Exkl.: Institutionelle(r) Aufenthalt und Erziehung (Z62.2)

Z59.4	**Mangel an adäquater Nahrung**

Exkl.: Mangelernährung (E40-E46)
Schäden durch Hunger (T73.0)
Ungeeignete Ernährungs- oder Eßgewohnheiten (Z72.4)

Z59.5	**Äußerste Armut**
Z59.6	**Niedriges Einkommen**
Z59.7	**Ungenügende soziale Sicherung und Fürsorgeunterstützung**
Z59.8	**Sonstige Probleme mit Bezug auf die Wohnbedingungen und die wirtschaftlichen Verhältnisse**

Isoliert wohnende Person
Probleme mit Gläubigern
Zwangsvollstreckung einer Darlehensschuld

Z59.9	**Problem mit Bezug auf die Wohnbedingungen oder die wirtschaftlichen Verhältnisse, nicht näher bezeichnet**

Z60 Probleme mit Bezug auf die soziale Umgebung

Z60.0 Anpassungsprobleme an die Übergangsphasen im Lebenszyklus
Anpassung an den Ruhestand [Pensionierung]
Empty nest syndrome [Syndrom des leeren Nestes]

Z60.1 Atypische familiäre Situation
Probleme mit Bezug auf die familiäre Situation (Aufziehen von Kindern) bei einem alleinstehenden Elternteil oder bei anderen Formen des Zusammenlebens als dem der leiblichen Eltern.

Z60.2 Alleinlebende Person

Z60.3 Schwierigkeiten bei der kulturellen Eingewöhnung
Migration
Versetzung in andere soziale Umgebung

Z60.4 Soziale Ausgrenzung oder Ablehnung
Ausgrenzung oder Ablehnung aufgrund von persönlichen Besonderheiten, wie ungewöhnliches Aussehen, Krankheit oder Verhalten.

Exkl.: Zielscheibe feindlicher Diskriminierung, z.B. aus rassischen oder religiösen Gründen (Z60.5)

Z60.5 Zielscheibe feindlicher Diskriminierung und Verfolgung
Verfolgung oder Diskriminierung, vermutet oder real, aufgrund der Zugehörigkeit zu einer besonderen Gruppe (bestimmt durch Hautfarbe, Religion, ethnische Herkunft usw.) und nicht aufgrund von persönlichen Besonderheiten.

Exkl.: Soziale Ausgrenzung oder Ablehnung (Z60.4)

Z60.8 Sonstige Probleme mit Bezug auf die soziale Umgebung

Z60.9 Problem mit Bezug auf die soziale Umgebung, nicht näher bezeichnet

Z61 Probleme mit Bezug auf negative Kindheitserlebnisse
Exkl.: Mißhandlungssyndrome (T74.–)

Z61.0 Verlust einer nahen Bezugsperson in der Kindheit
Verlust einer emotional nahestehenden Bezugsperson, z.B. eines Elternteiles, eines Geschwisters, eine(r)(s) sehr guten Freund(in)(es) oder eines geliebten Haustieres, durch Tod, Verlassenwerden oder Ablehnung.

Z61.1 Herauslösen aus dem Elternhaus in der Kindheit
Aufnahme in ein Pflegeheim, Krankenhaus oder in andere Institutionen, die psychosozialen Streß zur Folge hat, oder erzwungene längerdauernde Verpflichtung zu einer Tätigkeit fern vom Elternhaus.

Z61.2 Veränderung der Struktur der Familienbeziehungen in der Kindheit
Hinzukommen einer neuen Person in eine Familie, das eine ungünstige Veränderung der Beziehungen des Kindes zur Folge hat. Beispiele hierfür können die Wiederheirat eines Elternteiles oder die Geburt eines Geschwisters sein.

Z61.3 Ereignisse, die den Verlust des Selbstwertgefühls in der Kindheit zur Folge haben
Ereignisse, die zu einer negativen Selbstneubeurteilung durch das Kind führen, wie z.b. Versagen bei Aufgaben, die großen persönlichen Einsatz erfordern; Enthüllung oder Entdeckung eines beschämenden oder stigmatisierenden persönlichen oder familiären Ereignisses und andere demütigende Erlebnisse.

Z61.4 Probleme mit Bezug auf vermuteten sexuellen Mißbrauch eines Kindes durch eine Person innerhalb des engeren Familienkreises
Probleme mit Bezug auf jede Art der körperlichen Berührung oder Entblößung zwischen einem erwachsenen Mitglied des Haushaltes und dem Kind, die zu sexueller Erregung führte, ungeachtet dessen, ob sich das Kind bereitwillig an den sexuellen Handlungen beteiligt hat oder nicht (z.B. jeder Genitalkontakt, jede Manipulation oder absichtliche Entblößung der Brüste oder Genitalien).

Z61.5 Probleme mit Bezug auf vermuteten sexuellen Mißbrauch eines Kindes durch eine Person außerhalb des engeren Familienkreises
Probleme mit Bezug auf Berührung oder versuchte Berührung der Brüste oder Genitalien des Kindes oder denen der Mißbrauch treibenden Person, Entblößung von Geschlechtsteilen vor dem Kind oder Versuch durch eine erheblich ältere Person außerhalb der Familie, das Kind zu entkleiden oder zu verführen, aufgrund der Position oder des Status der betreffenden Person oder gegen den Willen des Kindes.

Z61.6 Probleme mit Bezug auf vermutete körperliche Mißhandlung eines Kindes
Probleme mit Bezug auf Vorkommnisse in der Vergangenheit, bei denen das Kind von einem erwachsenen Mitglied des Haushaltes in medizinisch signifikantem Ausmaß verletzt wurde (z.B. Frakturen, ausgeprägte Quetschungen), oder bei denen abnorme Formen der Gewalt angewandt wurden (z.B. Schlagen des Kindes mit harten oder scharfen Gegenständen, Zufügen von Verbrennungen oder Fesseln des Kindes).

Z61.7 Persönliches angsterregendes Erlebnis in der Kindheit
Erlebnis, das für die Zukunft des Kindes bedrohlich ist, wie z.B. eine Entführung, lebensbedrohliche Naturkatastrophe, Verletzung mit Bedrohung des Selbstbildes oder der inneren Sicherheit, oder Miterleben eines schweren Traumas einer geliebten Person.

Z61.8 Sonstige negative Kindheitserlebnisse

Z61.9 Negatives Kindheitserlebnis, nicht näher bezeichnet

Z62 Andere Probleme mit Bezug auf die Erziehung
Exkl.: Mißhandlungssyndrome (T74.–)

Z62.0 Ungenügende elterliche Überwachung und Kontrolle
Mangelnde Kenntnis der Eltern darüber, was das Kind tut oder wo es sich aufhält, ungenügende Aufsicht, mangelnde Anteilnahme oder mangelnde Bemühung zur Intervention, wenn sich das Kind in Gefahrensituationen befindet.

Z62.1 Elterliche Überprotektion
Erziehungsmethoden, die zur Infantilisierung führen, und die die Entwicklung eines selbständigen Verhaltens verhindern.

Z62.2 Institutionelle(r) Aufenthalt und Erziehung
Betreuung von Kindergruppen, bei der die elterliche Verantwortung weitgehend bei bestimmten Institutionen liegt (wie z.B. Waisenhaus, Kinderheim), oder therapeutische Betreuung über einen längeren Zeitraum, in dem sich das Kind in einem Krankenhaus, Genesungsheim oder einer ähnlichen Institution befindet, ohne daß wenigstens ein Elternteil in dieser Zeit bei dem Kind lebt.

Z62.3 Feindseligkeit gegenüber dem Kind und ständige Schuldzuweisung an das Kind
Negatives elterliches Verhalten, das sich speziell auf das Kind als Individuum richtet und sich ständig in bezug auf verschiedenartig kindliche Verhaltensweisen äußert (z.B. automatische Schuldzuweisung bei häuslichen Problemen oder Zuschreibung negativer Eigenschaften an das Kind).

Z62.4 Emotionale Vernachlässigung eines Kindes
Elternteil, der mit dem Kind in zurückweisender oder gefühlloser Weise umgeht. Mangel an Interesse am Kind, an Mitgefühl für die Schwierigkeiten des Kindes, Mangel an Lob und Ermutigung. Ärgerliche Reaktion auf ängstliches Verhalten oder Mangel an ausreichendem Trost und emotionaler Zuwendung.

Z62.5 Andere Probleme mit Bezug auf Vernachlässigung in der Erziehung
Mangel an Lern- und Spielerfahrungen

Z62.6 Unangebrachter elterlicher Druck oder andere abnorme Erziehungsmerkmale
Eltern, die das Kind zwingen, von der üblichen Norm abzuweichen, entweder geschlechtsunangemessen (z.B. Kleiden eines Jungen in Mädchenkleidern), altersunangemessen (z.B. Zwingen eines Kindes, Verantwortungen zu übernehmen, die über sein Alter hinausgehen) oder anderweitig unangemessen zu sein (z.B. Nötigen des Kindes, sich mit unerwünschten oder zu schwierigen Dingen zu beschäftigen).

Z62.8 Sonstige näher bezeichnete Probleme mit Bezug auf die Erziehung

Z62.9 Problem mit Bezug auf die Erziehung, nicht näher bezeichnet

Z63 Andere Probleme mit Bezug auf den engeren Familienkreis, einschließlich familiäre Umstände
Exkl.: Mißhandlungssyndrome (T74.–)
Probleme mit Bezug auf:
- Erziehung (Z62.–)
- negative Kindheitserlebnisse (Z61.–)

Z63.0 Probleme in der Beziehung zum Ehepartner oder Partner
Unstimmigkeit zwischen den Partnern, die zu schwerem oder anhaltendem Verlust der Kontrolle, zur Generalisierung feindseliger Gefühle oder tadelnden Verhaltens oder zu einer ständigen Atmosphäre schwerer gegenseitiger Gewalttätigkeit führen (Schlagen oder Prügeln).

Z63.1 Probleme in der Beziehung zu den Eltern oder angeheirateten Verwandten

Z63.2 Ungenügende familiäre Unterstützung

Z63.3	**Abwesenheit eines Familienangehörigen**
Z63.4	**Verschwinden oder Tod eines Familienangehörigen**
	Vermuteter Tod eines Familienangehörigen
Z63.5	**Familienzerrüttung durch Trennung oder Scheidung**
	Entfremdung
Z63.6	**Unselbständiger Verwandter, der häusliche Betreuung benötigt**
Z63.7	**Andere belastende Lebensumstände, die die Familie oder die Haushaltführung in Mitleidenschaft ziehen**
	Besorgnis (normal) wegen einer kranken Person in der Familie
	Gesundheitliche Probleme innerhalb der Familie
	Kranker oder psychisch gestörter Familienangehöriger
	Zurückgezogen lebende Familie
Z63.8	**Sonstige näher bezeichnete Probleme mit Bezug auf den engeren Familienkreis**
	Unstimmigkeiten innerhalb der Familie o.n.A.
	Hochgradige Affektbereitschaft in der Familie
	Unzulängliche oder gestörte Kommunikation innerhalb der Familie
Z63.9	**Problem mit Bezug auf den engeren Familienkreis, nicht näher bezeichnet**

Z64 Probleme mit Bezug auf bestimmte psychosoziale Umstände

Z64.0	**Probleme mit Bezug auf eine unerwünschte Schwangerschaft**
	Exkl.: Überwachung einer durch soziale Probleme bedingten Risikoschwangerschaft (Z35.7)
Z64.1	**Probleme mit Bezug auf Multiparität**
	Exkl.: Überwachung einer Schwangerschaft bei ausgeprägter Multiparität (Z35.4)
Z64.2	**Suchen und Akzeptieren körperlicher, chemischer oder Ernährungsmaßnahmen, die bekanntermaßen gefährlich und schädlich sind**
	Exkl.: Suchtstoffabhängigkeit – siehe Alphabetisches Verzeichnis
Z64.3	**Suchen und Akzeptieren von verhaltenspsychologischen Maßnahmen, die bekanntermaßen gefährlich und schädlich sind**
Z64.4	**Unstimmigkeit mit Beratungspersonen**
	Unstimmigkeiten mit dem:
	• Bewährungshelfer
	• Sozialarbeiter

Z65 Probleme mit Bezug auf andere psychosoziale Umstände

Exkl.: Aktuelle Schädigung – siehe Alphabetisches Verzeichnis

Z65.0 Verurteilung in Zivil- oder Strafverfahren, ohne Freiheitsstrafe
Z65.1 Gefängnisstrafe oder andere Formen der Freiheitsstrafe
Z65.2 Probleme im Zusammenhang mit der Entlassung aus dem Gefängnis
Z65.3 Probleme mit Bezug auf andere Rechtsumstände
Inhaftiert
Kindessorgerechts- oder Unterhaltsverfahren
Prozeß
Strafverfolgung
Z65.4 Opfer von Verbrechen oder Terrorismus
Opfer von Folterung
Z65.5 Betroffensein von einer Katastrophe, einem Krieg oder anderen Feindseligkeiten

Exkl.: Zielscheibe feindlicher Diskriminierung und Verfolgung (Z60.5)

Z65.8 Sonstige näher bezeichnete Probleme mit Bezug auf psychosoziale Umstände
Z65.9 Problem mit Bezug auf nicht näher bezeichnete psychosoziale Umstände

Personen, die das Gesundheitswesen aus sonstigen Gründen in Anspruch nehmen (Z70–Z76)

Z70 Beratung in Bezug auf Sexualeinstellung, -verhalten oder -orientierung

Exkl.: Beratung zur Kontrazeption oder Fertilisation (Z30–Z31)

Z70.0 Beratung in Bezug auf Einstellung zur Sexualität
Person, die bei Fragen des Geschlechtslebens von Peinlichkeit, Verlegenheit oder sonstigen negativen Empfindungen betroffen ist

Z70.1 Beratung in Bezug auf Sexualverhalten oder -orientierung
Patient hat Bedenken wegen:
- Impotenz
- Nichtansprechbarkeit
- Promiskuität
- sexueller Orientierung

Z70.2 Beratung in Bezug auf Sexualverhalten oder -orientierung Dritter
Beratungsersuchen im Hinblick auf Sexualverhalten oder -orientierung:
- Ehepartner
- Kind
- Partner

Z70.3 Beratung in Bezug auf kombinierte Probleme hinsichtlich Sexualeinstellung, -verhalten oder -orientierung

Z70.8 Sonstige Sexualberatung
Sexualerziehung

Z70.9 Sexualberatung, nicht näher bezeichnet

Z71 Personen, die das Gesundheitswesen zum Zwecke anderer Beratung oder ärztlicher Konsultation in Anspruch nehmen, anderenorts nicht klassifiziert

Exkl.: Beratung zur Kontrazeption oder Fertilisation (Z30–Z31)
Sexualberatung (Z70.–)

Z71.0 Person, die sich im Namen einer anderen Person beraten läßt
Konsultation für nicht anwesende Dritte
Exkl.: Besorgnis (normal) wegen einer kranken Person in der Familie (Z63.7)

Z71.1 Person mit Furcht vor Krankheit, bei der keine Diagnose gestellt wird
Befürchteter Zustand nicht nachgewiesen
Problem erwies sich als Normalbefund
Exkl.: Ärztliche Beobachtung und Beurteilung von Verdachtsfällen (Z03.–)

Z71.2 Konsultation zur Erläuterung von Untersuchungsbefunden

Z71.3 Diät-Beratung und -Überwachung
Diät-Beratung und -Überwachung (bei):
- Adipositas
- Diabetes mellitus
- Gastritis
- Hypercholesterinämie
- Kolitis
- Nahrungsmittelallergie oder -intoleranz
- o.n.A.

Z71.4 Beratung und Überwachung wegen Alkoholmißbrauchs
Exkl.: Rehabilitationsmaßnahmen bei Alkoholismus (Z50.2)

Z71.5 Beratung und Überwachung wegen Arzneimittel- oder Drogenmißbrauchs
Exkl.: Rehabilitationsmaßnahmen bei Arzneimittel- oder Drogenabhängigkeit (Z50.3)

Z71.6 Beratung wegen Tabakmißbrauchs
Exkl.: Rehabilitationsmaßnahmen bei Tabakmißbrauch (Z50.8)

Z71.7 Beratung in Bezug auf HIV [Humanes Immundefizienz-Virus]

Z71.8 Sonstige näher bezeichnete Beratung
Beratung bei Konsanguinität

Z71.9 Beratung, nicht näher bezeichnet
Medizinische Beratung o.n.A.

Z72 Probleme mit Bezug auf die Lebensführung

Exkl.: Probleme mit Bezug auf:
- Schwierigkeiten bei der Lebensbewältigung (Z73.–)
- sozioökonomische oder psychosoziale Umstände (Z55–Z65)

Z72.0 Tabakkonsum
Exkl.: Nikotinabhängigkeit (F17.2)

Z72.1 Alkoholkonsum
Exkl.: Alkoholabhängigkeit (F10.2)

Z72.2 Arzneimittel- oder Drogenkonsum
Exkl.: Arzneimittel- oder Drogenabhängigkeit (F11–F16, F19 mit 4. Stelle .2)
Mißbrauch von nicht abhängigkeiterzeugenden Substanzen (F55)

Z72.3 Mangel an körperlicher Bewegung

Z72.4 Ungeeignete Ernährungs- oder Eßgewohnheiten
Exkl.: Eßstörungen (F50.–)
Fütterstörungen im Säuglings- und Kleinkindalter (F98.2–F98.3)
Mangel an adäquater Nahrung (Z59.4)
Mangelernährung oder sonstige alimentäre Mangelzustände (E40–E64)

Z72.5 Riskantes Sexualverhalten

Z72.6 Beteiligung an Glücksspielen oder Wetten
Exkl.: Zwanghaftes und pathologisches Spielen (F63.0)

Z72.8 Sonstige Probleme mit Bezug auf die Lebensführung
Selbstschädigendes Verhalten

Z72.9 Problem mit Bezug auf die Lebensführung, nicht näher bezeichnet

Z73 Probleme mit Bezug auf Schwierigkeiten bei der Lebensbewältigung

Exkl.: Probleme mit Bezug auf sozioökonomische oder psychosoziale Umstände (Z55–Z65)

Z73.0 Ausgebranntsein
Burn-out
Zustand der totalen Erschöpfung

Z73.1 Akzentuierung von Persönlichkeitszügen
Typ-A-Verhalten (Verhaltensmuster, das durch zügellosen Ehrgeiz, starkes Erfolgsstreben, Ungeduld, Konkurrenzdenken und Druckgefühl charakterisiert ist)

Z73.2 Mangel an Entspannung oder Freizeit

Z73.3 Streß, anderenorts nicht klassifiziert
Körperliche oder psychische Belastung o.n.A.
Exkl.: Mit Bezug auf Berufstätigkeit oder Arbeitslosigkeit (Z56.–)

Z73.4 Unzulängliche soziale Fähigkeiten, anderenorts nicht klassifiziert

Z73.5 Sozialer Rollenkonflikt, anderenorts nicht klassifiziert

Z73.6 Einschränkung von Aktivitäten durch Behinderung
Exkl.: Pflegebedürftigkeit (Z74.–)

Z73.8 Sonstige Probleme mit Bezug auf die Lebensbewältigung

Z73.9 Problem mit Bezug auf die Lebensbewältigung, nicht näher bezeichnet

Z74 Probleme mit Bezug auf Pflegebedürftigkeit

Exkl.: Abhängigkeit von unterstützenden Apparaten, medizinischen Geräten oder Hilfsmitteln, anderenorts nicht klassifiziert (Z99.–)

Z74.0 Eingeschränkte Mobilität
Angewiesensein auf (Kranken-) Stuhl
Bettlägerigkeit

Z74.1 Notwendigkeit der Hilfestellung bei der Körperpflege

Z74.2 Notwendigkeit der Hilfeleistung im Haushalt, wenn kein anderer Haushaltsangehöriger die Betreuung übernehmen kann

Z74.3 Notwendigkeit der ständigen Beaufsichtigung

Z74.8 Sonstige Probleme mit Bezug auf Pflegebedürftigkeit

Z74.9 Problem mit Bezug auf Pflegebedürftigkeit, nicht näher bezeichnet

Z75 Probleme mit Bezug auf medizinische Betreuungsmöglichkeiten oder andere Gesundheitsversorgung

Z75.0 Hauspflege nicht verfügbar

Exkl.: Unmöglichkeit der Übernahme der Betreuung durch einen anderen Haushaltsangehörigen (Z74.2)

Z75.1 Person, die auf Aufnahme in eine angemessene Betreuungseinrichtung wartet

Z75.2 Andere Wartezeit auf eine Untersuchung oder Behandlung

Z75.3 Nichtverfügbarkeit oder Nichtzugänglichkeit von Gesundheitseinrichtungen

Exkl.: Bett nicht verfügbar (Z75.1)

Z75.4 Nichtverfügbarkeit oder Nichtzugänglichkeit sonstiger Hilfsangebote

Z75.5 Betreuung einer pflegebedürftigen Person während des Urlaubs der Angehörigen
Bereitstellung von Betreuungsmöglichkeiten für eine normalerweise im Haushalt versorgte Person, um den betreuenden Angehörigen einen Urlaub zu ermöglichen.

Zeitlich befristete Pflege

Z75.8 Sonstige Probleme mit Bezug auf medizinische Betreuungsmöglichkeiten oder andere Gesundheitsversorgung

Z75.9 Nicht näher bezeichnetes Problem mit Bezug auf medizinische Betreuungsmöglichkeiten oder andere Gesundheitsversorgung

Z76 Personen, die das Gesundheitswesen aus sonstigen Gründen in Anspruch nehmen

Z76.0 Ausstellung wiederholter Verordnung
Wiederverordnung:
- Apparat
- Arzneimittel
- Brille

Exkl.: Ausstellung einer ärztlichen Bescheinigung (Z02.7)
Wiederverordnung von Kontrazeptiva (Z30.4)

Z76.1 Gesundheitsüberwachung und Betreuung eines Findlings

Z76.2 Gesundheitsüberwachung und Betreuung eines anderen gesunden Säuglings und Kindes
Medizinische oder pflegerische Betreuung oder Überwachung eines gesunden Säuglings bei Umständen wie z.B.:
- Anzahl der im Haushalt lebenden Kinder erschwert die normale Pflege oder macht sie unmöglich
- Krankheit der Mutter
- ungünstige häusliche sozioökonomische Bedingungen
- Warten auf eine Pflegestelle oder Adoption

Z76.3 Gesunde Begleitperson einer kranken Person

Z76.4 Andere in eine Gesundheitsbetreuungseinrichtung aufgenommene Person
Exkl.: Obdachlosigkeit (Z59.0)

Z76.5 Simulant [bewußte Simulation]
Person, die Krankheit vortäuscht (mit offensichtlicher Motivation)
Exkl.: Artifizielle Störung (absichtliches Erzeugen oder Vortäuschen) (F68.1)
Patient, der durch die Institutionen wandert (F68.1)

Z76.8 Personen, die das Gesundheitswesen aus sonstigen näher bezeichneten Gründen in Anspruch nehmen

Z76.9 Person, die das Gesundheitswesen aus nicht näher bezeichneten Gründen in Anspruch nimmt

Personen mit potentiellen Gesundheitsrisiken aufgrund der Familien- oder Eigenanamnese und bestimmte Zustände, die den Gesundheitszustand beeinflussen (Z80–Z99)

Exkl.: Beobachtung oder Eingriff während der Schwangerschaft aufgrund vermuteter Schädigung des Feten (O35.–)
Medizinische Nachbetreuung und Rekonvaleszenz (Z42–Z51, Z54.–)
Nachuntersuchung (Z08–Z09)
Spezielles Screening oder andere Untersuchung und Abklärung aufgrund der Familien- oder Eigenanamnese (Z00–Z13)

Z80 Bösartige Neubildung in der Familienanamnese

Z80.0 Bösartige Neubildung der Verdauungsorgane in der Familienanamnese
Zustände, klassifizierbar unter C15–C26

Z80.1 Bösartige Neubildung der Trachea, der Bronchien oder der Lunge in der Familienanamnese
Zustände, klassifizierbar unter C33–C34

Z80.2 Bösartige Neubildung anderer Atmungs- und intrathorakaler Organe in der Familienanamnese
Zustände, klassifizierbar unter C30–C32, C37–C39

Z80.3 Bösartige Neubildung der Brustdrüse in der Familienanamnese
Zustände, klassifizierbar unter C50.–

Z80.4 Bösartige Neubildung der Genitalorgane in der Familienanamnese
Zustände, klassifizierbar unter C51–C63

Z80.5 Bösartige Neubildung der Harnorgane in der Familienanamnese
Zustände, klassifizierbar unter C64–C68

Z80.6 Leukämie in der Familienanamnese
Zustände, klassifizierbar unter C91–C95

Z80.7 Andere bösartige Neubildungen des lymphatischen, blutbildenden oder verwandten Gewebes in der Familienanamnese
Zustände, klassifizierbar unter C81–C90, C96.–

Z80.8 Bösartige Neubildung sonstiger Organe und Systeme in der Familienanamnese
Zustände, klassifizierbar unter C00–C14, C40–C49, C69–C79, C97

Z80.9 Bösartige Neubildung in der Familienanamnese, nicht näher bezeichnet
Zustände, klassifizierbar unter C80

Z81 Psychische Krankheiten oder Verhaltensstörungen in der Familienanamnese

Z81.0 Geistige Behinderung in der Familienanamnese
Zustände, klassifizierbar unter F70–F79

Z81.1 Alkoholmißbrauch in der Familienanamnese
Zustände, klassifizierbar unter F10.-

Z81.2 Tabakmißbrauch in der Familienanamnese
Zustände, klassifizierbar unter F17.-

Z81.3 Mißbrauch einer anderen psychotropen Substanz in der Familienanamnese
Zustände, klassifizierbar unter F11–F16, F18–F19

Z81.4 Mißbrauch einer sonstigen Substanz in der Familienanamnese
Zustände, klassifizierbar unter F55

Z81.8 Sonstige psychische Krankheiten oder Verhaltensstörungen in der Familienanamnese
Zustände, anderenorts klassifizierbar unter F00–F99

Z82 Bestimmte Behinderungen oder chronische Krankheiten in der Familienanamnese, die zu Schädigung oder Behinderung führen

Z82.0 Epilepsie oder andere Krankheiten des Nervensystems in der Familienanamnese
Zustände, klassifizierbar unter G00–G99

Z82.1 Blindheit oder Visusverlust in der Familienanamnese
Zustände, klassifizierbar unter H54.-

Z82.2 Taubheit oder Hörverlust in der Familienanamnese
Zustände, klassifizierbar unter H90–H91

Z82.3 Apoplexie in der Familienanamnese
Zustände, klassifizierbar unter I60–I64

Z82.4 Ischämische Herzkrankheit oder andere Krankheiten des Kreislaufsystems in der Familienanamnese
Zustände, klassifizierbar unter I00–I52, I65–I99

Z82.5 Asthma bronchiale oder andere chronische Krankheiten der unteren Atemwege in der Familienanamnese
Zustände, klassifizierbar unter J40–J47

Z82.6 Arthritis oder andere Krankheiten des Muskel-Skelett-Systems und des Bindegewebes in der Familienanamnese
Zustände, klassifizierbar unter M00–M99

Z82.7 Angeborene Fehlbildungen, Deformitäten oder Chromosomenanomalien in der Familienanamnese
Zustände, klassifizierbar unter Q00–Q99

Z82.8 Sonstige Behinderungen oder chronische Krankheiten in der Familienanamnese, die zu Schädigung oder Behinderung führen, anderenorts nicht klassifiziert

Z83 Andere spezifische Krankheiten in der Familienanamnese

Exkl.: Kontakt mit und Exposition gegenüber übertragbarer Krankheit in der Familie (Z20.–)

Z83.0 HIV-Krankheit [Humane Immundefizienz-Viruskrankheit] in der Familienanamnese
Zustände, klassifizierbar unter B20–B24

Z83.1 Andere infektiöse oder parasitäre Krankheiten in der Familienanamnese
Zustände, klassifizierbar unter A00–B19, B25–B94, B99

Z83.2 Krankheiten des Blutes und der blutbildenden Organe sowie bestimmte Störungen mit Beteiligung des Immunsystems in der Familienanamnese
Zustände, klassifizierbar unter D50–D89

Z83.3 Diabetes mellitus in der Familienanamnese
Zustände, klassifizierbar unter E10–E14

Z83.4 Andere endokrine, Ernährungs- oder Stoffwechselkrankheiten in der Familienanamnese
Zustände, klassifizierbar unter E00–E07, E15–E90

Z83.5 Augen- oder Ohrenkrankheiten in der Familienanamnese
Zustände, klassifizierbar unter H00–H53, H55–H83, H92–H95
Exkl.: Familienanamnese:
- Blindheit oder Visusverlust (Z82.1)
- Taubheit oder Hörverlust (Z82.2)

Z83.6 Krankheiten der Atemwege in der Familienanamnese
Zustände, klassifizierbar unter J00–J39, J60–J99
Exkl.: Chronische Krankheiten der unteren Atemwege in der Familienanamnese (Z82.5)

Z83.7 Krankheiten des Verdauungssystems in der Familienanamnese
Zustände, klassifizierbar unter K00–K93

Z84 Andere Krankheiten oder Zustände in der Familienanamnese

Z84.0 Krankheiten der Haut und der Unterhaut in der Familienanamnese
Zustände, klassifizierbar unter L00–L99

Z84.1 Krankheiten der Niere oder des Ureters in der Familienanamnese
Zustände, klassifizierbar unter N00–N29

Z84.2 Andere Krankheiten des Urogenitalsystems in der Familienanamnese
Zustände, klassifizierbar unter N30–N99

Z84.3 Konsanguinität in der Familienanamnese

Z84.8 Sonstige näher bezeichnete Krankheiten oder Zustände in der Familienanamnese

Z85 Bösartige Neubildung in der Eigenanamnese

Exkl.: Medizinische Nachbetreuung und Rekonvaleszenz (Z42–Z51, Z54.-)
Nachuntersuchung nach Behandlung wegen bösartiger Neubildung (Z08.-)

Z85.0 Bösartige Neubildung der Verdauungsorgane in der Eigenanamnese
Zustände, klassifizierbar unter C15–C26

Z85.1 Bösartige Neubildung der Trachea, der Bronchien oder der Lunge in der Eigenanamnese
Zustände, klassifizierbar unter C33–C34

Z85.2 Bösartige Neubildung anderer Atmungs- und intrathorakaler Organe in der Eigenanamnese
Zustände, klassifizierbar unter C30–C32, C37–C39

Z85.3 Bösartige Neubildung der Brustdrüse in der Eigenanamnese
Zustände, klassifizierbar unter C50.-

Z85.4 Bösartige Neubildung der Genitalorgane in der Eigenanamnese
Zustände, klassifizierbar unter C51–C63

Z85.5 Bösartige Neubildung der Harnorgane in der Eigenanamnese
Zustände, klassifizierbar unter C64–C68

Z85.6 Leukämie in der Eigenanamnese
Zustände, klassifizierbar unter C91–C95

Z85.7 Andere bösartige Neubildungen des lymphatischen, blutbildenden oder verwandten Gewebes in der Eigenanamnese
Zustände, klassifizierbar unter C81–C90, C96.-

Z85.8 Bösartige Neubildungen sonstiger Organe oder Systeme in der Eigenanamnese
Zustände, klassifizierbar unter C00–C14, C40–C49, C69–C79, C97

Z85.9 Bösartige Neubildung in der Eigenanamnese, nicht näher bezeichnet
Zustände, klassifizierbar unter C80

Z86 Bestimmte andere Krankheiten in der Eigenanamnese

Exkl.: Medizinische Nachbetreuung und Rekonvaleszenz (Z42–Z51, Z54.–)

Z86.0 Andere Neubildungen in der Eigenanamnese
Zustände, klassifizierbar unter D00–D48
Exkl.: Bösartige Neubildungen (Z85.–)

Z86.1 Infektiöse oder parasitäre Krankheiten in der Eigenanamnese
Zustände, klassifizierbar unter A00–B89, B99
Exkl.: Folgezustände von infektiösen oder parasitären Krankheiten (B90–B94)

Z86.2 Krankheiten des Blutes und der blutbildenden Organe oder bestimmte Störungen mit Beteiligung des Immunsystems in der Eigenanamnese
Zustände, klassifizierbar unter D50–D89

Z86.3 Endokrine, Ernährungs- oder Stoffwechselkrankheiten in der Eigenanamnese
Zustände, klassifizierbar unter E00–E90

Z86.4 Mißbrauch einer psychotropen Substanz in der Eigenanamnese
Zustände, klassifizierbar unter F10–F19
Exkl.: Gegenwärtig bestehende Abhängigkeit (F10–F19 mit 4. Stelle .2)
Probleme im Zusammenhang mit dem Konsum von:
- Alkohol (Z72.1)
- Arzneimittel oder Drogen (Z72.2)
- Tabak (Z72.0)

Z86.5 Andere psychische Krankheiten oder Verhaltensstörungen in der Eigenanamnese
Zustände, klassifizierbar unter F00–F09, F20–F99

Z86.6 Krankheiten des Nervensystems oder der Sinnesorgane in der Eigenanamnese
Zustände, klassifizierbar unter G00–G99, H00–H95

Z86.7 Krankheiten des Kreislaufsystems in der Eigenanamnese
Zustände, klassifizierbar unter I00–I99
Exkl.: Alter Myokardinfarkt (I25.2)
Folgezustände einer zerebrovaskulären Krankheit (I69.–)
Postmyokardinfarkt-Syndrom (I24.1)

Z87 Andere Krankheiten oder Zustände in der Eigenanamnese
Exkl.: Medizinische Nachbetreuung und Rekonvaleszenz (Z42–Z51, Z54.–)

Z87.0 Krankheiten des Atmungssystems in der Eigenanamnese
Zustände, klassifizierbar unter J00–J99

Z87.1 Krankheiten des Verdauungssystems in der Eigenanamnese
Zustände, klassifizierbar unter K00–K93

Z87.2 Krankheiten der Haut und der Unterhaut in der Eigenanamnese
Zustände, klassifizierbar unter L00–L99

Z87.3 Krankheiten des Muskel-Skelett-Systems und des Bindegewebes in der Eigenanamnese
Zustände, klassifizierbar unter M00–M99

Z87.4 Krankheiten des Urogenitalsystems in der Eigenanamnese
Zustände, klassifizierbar unter N00–N99

Z87.5 Komplikationen der Schwangerschaft, der Geburt und des Wochenbettes in der Eigenanamnese
Eigenanamnese mit Hinweisen auf Trophoblasten-Krankheit
Zustände, klassifizierbar unter O00–O99
Exkl.: Neigung zu habituellem Abort (N96)
Überwachung einer Schwangeren mit ungünstiger geburtshilflicher Anamnese (Z35.–)

Z87.6 Bestimmte in der Perinatalperiode entstandene Zustände in der Eigenanamnese
Zustände, klassifizierbar unter P00–P96

Z87.7 Angeborene Fehlbildungen, Deformitäten oder Chromosomenanomalien in der Eigenanamnese
Zustände, klassifizierbar unter Q00–Q99

Z87.8 Sonstige näher bezeichnete Krankheiten oder Zustände in der Eigenanamnese
Zustände, klassifizierbar unter S00–T98

Z88 Allergie gegenüber Arzneimitteln, Drogen oder biologisch aktiven Substanzen in der Eigenanamnese

Z88.0	Allergie gegenüber Penizillin in der Eigenanamnese
Z88.1	Allergie gegenüber anderen Antibiotika in der Eigenanamnese
Z88.2	Allergie gegenüber Sulfonamiden in der Eigenanamnese
Z88.3	Allergie gegenüber anderen Antiinfektiva in der Eigenanamnese
Z88.4	Allergie gegenüber Anästhetikum in der Eigenanamnese
Z88.5	Allergie gegenüber Betäubungsmittel in der Eigenanamnese
Z88.6	Allergie gegenüber Analgetikum in der Eigenanamnese
Z88.7	Allergie gegenüber Serum oder Impfstoff in der Eigenanamnese
Z88.8	Allergie gegenüber sonstigen Arzneimitteln, Drogen oder biologisch aktiven Substanzen in der Eigenanamnese
Z88.9	Allergie gegenüber nicht näher bezeichneten Arzneimitteln, Drogen oder biologisch aktiven Substanzen in der Eigenanamnese

Z89 Extremitätenverlust

Inkl.: Extremitätenverlust:
- postoperativ
- posttraumatisch

Exkl.: Angeborenes Fehlen von Extremitäten (Q71–Q73)
Erworbene Deformitäten der Extremitäten (M20–M21)

Z89.0	Verlust eines oder mehrerer Finger [einschließlich Daumen], einseitig
Z89.1	Verlust der Hand und des Handgelenkes
Z89.2	Verlust des Armes oberhalb des Handgelenkes Arm o.n.A.
Z89.3	Verlust beider Arme [jede Höhe] Verlust eines oder mehrerer Finger, beidseitig
Z89.4	Verlust des Fußes und des Knöchels Zehe(n)
Z89.5	Verlust des Beines unterhalb oder bis zum Knie
Z89.6	Verlust des Beines oberhalb des Knies Bein o.n.A.
Z89.7	Verlust beider Beine [jede Höhe, ausgenommen Zehen isoliert]

Z89.8 Verlust von oberen und unteren Extremitäten [jede Höhe]
Z89.9 Extremitätenverlust, nicht näher bezeichnet

Z90 Verlust von Organen, anderenorts nicht klassifiziert

Inkl.: Postoperativer oder posttraumatischer Verlust eines Körperteils, anderenorts nicht klassifiziert

Exkl.: Angeborenes Fehlen von Organen – siehe Alphabetisches Verzeichnis
Postoperatives Fehlen:
- endokrine Drüsen (E89.–)
- Milz (D73.0)

Z90.0 Verlust von Teilen des Kopfes oder des Halses
Auge
Larynx
Nase

Exkl.: Zähne (K08.1)

Z90.1 Verlust der Mamma(e)
Z90.2 Verlust der Lunge [Teile der Lunge]
Z90.3 Verlust von Teilen des Magens
Z90.4 Verlust anderer Teile des Verdauungstraktes
Z90.5 Verlust der Niere(n)
Z90.6 Verlust anderer Teile des Harntraktes
Z90.7 Verlust eines oder mehrerer Genitalorgane
Z90.8 Verlust sonstiger Organe

Z91 Risikofaktoren in der Eigenanamnese, anderenorts nicht klassifiziert

Exkl.: Berufliche Exposition gegenüber Risikofaktoren (Z57.–)
Exposition gegenüber Verunreinigung oder andere Probleme mit Bezug auf die kommunale Umwelt (Z58.–)
Mißbrauch einer psychotropen Substanz in der Eigenanamnese (Z86.4)

Z91.0 Allergie, ausgenommen Allergie gegenüber Arzneimitteln, Drogen oder biologisch aktiven Substanzen in der Eigenanamnese

Exkl.: Allergie gegenüber Arzneimitteln, Drogen oder biologisch aktiven Substanzen in der Eigenanamnese (Z88.–)

Z91.1 Nichtbefolgung ärztlicher Anordnungen [Non-compliance] in der Eigenanamnese

Z91.2 Mangelhafte persönliche Hygiene in der Eigenanamnese

Z91.3 Ungesunder Schlaf-Wach-Rhythmus in der Eigenanamnese

Exkl.: Schlafstörungen (G47.-)

Z91.4 Psychisches Trauma in der Eigenanamnese, anderenorts nicht klassifiziert

Z91.5 Selbstbeschädigung in der Eigenanamnese
Parasuizid
Selbstvergiftung
Versuchte Selbsttötung

Z91.6 Andere Körperverletzung in der Eigenanamnese

Z91.8 Sonstige näher bezeichnete Risikofaktoren in der Eigenanamnese, anderenorts nicht klassifiziert
Mißbrauch o.n.A.
Mißhandlung o.n.A.

Z92 Medizinische Behandlung in der Eigenanamnese

Z92.0 Kontrazeption in der Eigenanamnese

Exkl.: Beratung oder Behandlung mit Bezug auf laufende kontrazeptive Maßnahmen (Z30.-)
Vorhandensein eines Pessars (intrauterin) zur Kontrazeption (Z97.5)

Z92.1 Dauertherapie (gegenwärtig) mit Antikoagulantien in der Eigenanamnese

Z92.2 Dauertherapie (gegenwärtig) mit anderen Arzneimitteln in der Eigenanamnese
Azetylsalizylsäure

Z92.3 Bestrahlung in der Eigenanamnese
Therapeutische Bestrahlung

Exkl.: Berufliche Exposition gegenüber Strahlung (Z57.1)
Exposition gegenüber Strahlung in der kommunalen Umwelt (Z58.4)

Z92.4 Größerer operativer Eingriff in der Eigenanamnese, anderenorts nicht klassifiziert

Exkl.: Vorhandensein einer künstlichen Körperöffnung (Z93.-)
Vorhandensein von funktionellen Implantaten oder Transplantaten (Z95-Z96)
Zustände nach chirurgischem Eingriff (Z98.-)
Zustand nach Organ- oder Gewebetransplantation (Z94.-)

Z92.5 Rehabilitationsmaßnahmen in der Eigenanamnese
Z92.8 Sonstige medizinische Behandlung in der Eigenanamnese
Z92.9 Medizinische Behandlung, nicht näher bezeichnet, in der Eigenanamnese

Z93 Vorhandensein einer künstlichen Körperöffnung

Exkl.: Künstliche Körperöffnungen, die der Beobachtung oder Versorgung bedürfen (Z43.-)

Z93.0 Vorhandensein eines Tracheostomas
Z93.1 Vorhandensein eines Gastrostomas
Z93.2 Vorhandensein eines Ileostomas
Z93.3 Vorhandensein eines Kolostomas
Z93.4 Vorhandensein anderer künstlicher Körperöffnungen des Magen-Darm-Trakts
Z93.5 Vorhandensein eines Zystostomas
Z93.6 Vorhandensein anderer künstlicher Körperöffnungen der Harnwege
Nephrostoma
Ureterostoma
Urethrostoma
Z93.8 Vorhandensein von sonstigen künstlichen Körperöffnungen
Z93.9 Vorhandensein einer künstlichen Körperöffnung, nicht näher bezeichnet

Z94 Zustand nach Organ- oder Gewebetransplantation

Inkl.: Organ- oder Gewebeersatz durch heterogenes oder homogenes Transplantat

Exkl.: Komplikationen bei transplantiertem Organ oder Gewebe – siehe Alphabetisches Verzeichnis
Vorhandensein:
- vaskuläres Implantat (Z95.-)
- xenogene Herzklappe (Z95.3)

Z94.0 Zustand nach Nierentransplantation
Z94.1 Zustand nach Herztransplantion
Exkl.: Zustand nach Herzklappenersatz (Z95.2–Z95.4)
Z94.2 Zustand nach Lungentransplantation

Z94.3	**Zustand nach Herz-Lungen-Transplantation**
Z94.4	**Zustand nach Lebertransplantation**
Z94.5	**Zustand nach Hauttransplantation**
	Zustand nach autogener Hauttransplantation
Z94.6	**Zustand nach Knochentransplantation**
Z94.7	**Zustand nach Keratoplastik**
Z94.8	**Zustand nach sonstiger Organ- oder Gewebetransplantation**
	Darm
	Knochenmark
	Pankreas
Z94.9	**Zustand nach Organ- oder Gewebetransplantation, nicht näher bezeichnet**

Z95 Vorhandensein von kardialen oder vaskulären Implantaten oder Transplantaten

Exkl.: Komplikationen durch Prothesen, Implantate oder Transplantate im Herzen und in den Gefäßen (T82.–)

Z95.0	**Vorhandensein eines künstlichen Herzschrittmachers**
	Exkl.: Anpassung und Handhabung eines künstlichen Herzschrittmachers (Z45.0)
Z95.1	**Vorhandensein eines aortokoronaren Bypasses**
Z95.2	**Vorhandensein einer künstlichen Herzklappe**
Z95.3	**Vorhandensein einer xenogenen Herzklappe**
Z95.4	**Vorhandensein eines anderen Herzklappenersatzes**
Z95.5	**Vorhandensein eines Implantates oder Transplantates nach koronarer Gefäßplastik**
	Vorhandensein einer koronaren Gefäßprothese
	Zustand nach koronarer Gefäßplastik o.n.A.
Z95.8	**Vorhandensein von sonstigen kardialen oder vaskulären Implantaten oder Transplantaten**
	Vorhandensein einer Gefäßprothese, anderenorts nicht klassifiziert
	Zustand nach peripherer Gefäßplastik o.n.A.
Z95.9	**Vorhandensein von kardialem oder vaskulärem Implantat oder Transplantat, nicht näher bezeichnet**

Z96 Vorhandensein von anderen funktionellen Implantaten

Exkl.: Versorgen mit und Anpassen von Prothesen und anderen medizinischen Geräten oder Hilfsmitteln (Z44–Z46)
Komplikationen durch interne Prothesen, Implantate oder Transplantate (T82–T85)

Z96.0 Vorhandensein von urogenitalen Implantaten

Z96.1 Vorhandensein eines intraokularen Linsenimplantates
Pseudophakie

Z96.2 Vorhandensein von Implantaten im Gehörorgan
Hörgerät für Knochenleitung
Kochlearimplantat
Parazentese-Röhrchen
Stapesersatz
Tuba-Eustachii-Plastik

Z96.3 Vorhandensein eines künstlichen Larynx

Z96.4 Vorhandensein von endokrinen Implantaten
Insulinpumpe

Z96.5 Vorhandensein von Zahnwurzel- oder Unterkieferimplantaten

Z96.6 Vorhandensein von orthopädischen Gelenkimplantaten
Fingergelenkersatz
Hüftgelenkersatz (partiell) (total)

Z96.7 Vorhandensein von anderen Knochen- und Sehnenimplantaten
Schädelplatte

Z96.8 Vorhandensein von sonstigen näher bezeichneten funktionellen Implantaten

Z96.9 Vorhandensein eines funktionellen Implantates, nicht näher bezeichnet

Z97 Vorhandensein anderer medizinischer Geräte oder Hilfsmittel

Exkl.: Versorgen mit und Anpassen von Prothesen und anderen medizinischen Geräten oder Hilfsmitteln (Z44–Z46)
Komplikationen durch interne Prothesen, Implantate oder Transplantate (T82–T85)
Vorhandensein einer Drainage des Liquor cerebrospinalis (Z98.2)

Z97.0 Vorhandensein eines künstlichen Auges

Z97.1 Vorhandensein einer künstlichen Extremität (komplett) (partiell)

Faktoren, die den Gesundheitszustand beeinflussen und zur Inanspruchnahme des Gesundheitswesens führen

Z97.2	**Vorhandensein einer Zahnprothese (komplett) (partiell)**
Z97.3	**Vorhandensein einer Brille oder von Kontaktlinsen**
Z97.4	**Vorhandensein eines äußeren Hörgerätes**
Z97.5	**Vorhandensein eines Pessars (intrauterin) zur Kontrazeption**

Exkl.: Einsetzen eines Pessars (intrauterin) (Z30.1)
Kontrolle, Wiedereinsetzen oder Entfernen eines Pessars (intrauterin) (Z30.5)

Z97.8 **Vorhandensein sonstiger näher bezeichneter medizinischer Geräte oder Hilfsmittel**

Z98 Sonstige Zustände nach chirurgischem Eingriff

Exkl.: Medizinische Nachbetreuung und Rekonvaleszenz (Z42–Z51, Z54.–)
Postoperative Komplikation oder Komplikation nach anderen Behandlungsmethoden – siehe Alphabetisches Verzeichnis

Z98.0 **Zustand nach intestinalem Bypass oder intestinaler Anastomose**

Z98.1 **Zustand nach Arthrodese**

Z98.2 **Vorhandensein einer Drainage des Liquor cerebrospinalis**
Liquor-cerebrospinalis-Shunt

Z98.8 **Sonstige näher bezeichnete Zustände nach chirurgischen Eingriffen**

Z99 Abhängigkeit von unterstützenden Apparaten, medizinischen Geräten oder Hilfsmitteln, anderenorts nicht klassifiziert

Z99.0 **Abhängigkeit von Aspirator**

Z99.1 **Abhängigkeit von Respirator**

Z99.2 **Abhängigkeit von Dialyse bei Niereninsuffizienz**
Langzeitdialyse bei Niereninsuffizienz
Vorhandensein eines arteriovenösen Shunts für die Dialyse
Exkl.: Vorbereitung und Durchführung einer Dialyse (Z49.–)

Z99.3 **Abhängigkeit vom Rollstuhl**

Z99.8 **Abhängigkeit von sonstigen unterstützenden Apparaten, medizinischen Geräten oder Hilfsmitteln**

Z99.9 **Abhängigkeit von einem nicht näher bezeichneten unterstützenden Apparat, medizinischen Gerät oder Hilfsmittel**

Morphologie
der
Neubildungen

Morphologie der Neubildungen

Die zweite Ausgabe der International Classification of Diseases for Oncology (ICD-O) wurde 1990 veröffentlicht. Sie enthält eine verschlüsselte Nomenklatur der Morphologie der Neubildungen, die hier für alle diejenigen wiedergegeben ist, die sie zusammen mit Kapitel II anwenden möchten.

Die Morphologie-Schlüsselnummern sind fünfstellig: die ersten vier Stellen kennzeichnen den histologischen Typ der Neubildung, die fünfte Stelle – nach einem Schrägstrich (/) – bezeichnet den Malignitätsgrad (Verhalten, Charakter, Dignität). Der einstellige Schlüssel für den Malignitätsgrad lautet wie folgt:

/0 **Gutartig [benigne]**

/1 **Unsicher, ob gutartig oder bösartig**
   Borderline-Malignität[1]
   geringes Malignitätspotential[1]

/2 **Carcinoma in situ**
   intraepithelial
   nichtinfiltrierend
   nichtinvasiv

/3 **Bösartig [maligne], Primärsitz**

/6 **Bösartig [maligne], Metastase**
   bösartig [maligne], Sekundärsitz

/9 **Bösartig [maligne], unsicher, ob Primärsitz oder Metastase**

Die aufgeführte Nomenklatur enthält bei den Morphologie- Schlüsselnummern entsprechend dem histologischen Typ auch die Schlüsselnummern für den Malignitätsgrad der Neubildung. Es kann vorkommen, daß die Schlüsselnummer für den Malignitätsgrad aufgrund zusätzlicher Informationen geändert werden muß. Z.B.: Bei der Angabe „Chordom" wird unterstellt, daß es sich um eine Neubildung handelt, daher erhält es die Schlüsselnummer M9370/3; lautet die Angabe jedoch „gutartiges [benignes] Chordom", so sollte mit M9379/0 verschlüsselt werden. Ebenso sollte oberflächliches Adenokarzinom„ (M8143/3) mit M8143/2 verschlüsselt werden, wenn es als „nichtinvasiv" bezeichnet ist, und „Melanom" (M8720/3) mit M8720/6, wenn es als „Metastase [sekundär]" bezeichnet ist.

[1] Ausgenommen sind Zystadenome des Ovars in M844–M849, die als bösartig angesehen werden.

Die folgende Tabelle zeigt eine Gegenüberstellung des Schlüssels für den Malignitätsgrad und der entsprechenden Krankheitsgruppen des Kapitels II:

Schlüssel für den Malignitätsgrad		Kategorien des Kapitels II
/0	gutartige Neubildungen	D10–D36
/1	Neubildungen mit unsicherem oder unbekanntem Charakter	D37–D48
/2	in-situ-Neubildungen	D00–D09
/3	bösartige Neubildungen, als primär festgestellt oder vermutet	C00–C76, C80–C97
/6	bösartige Neubildungen, als sekundär festgestellt oder vermutet	C77–C79

Die Schlüsselnummer /9 für den Malignitätsgrad ist im Zusammenhang mit der ICD nicht anwendbar, da angenommen wird, daß bei allen bösartigen Neubildungen aufgrund zusätzlicher Informationen im Krankenbericht zu ersehenist, ob sie primär (/3) oder metastatisch (/6) sind.

In der nachfolgenden Liste wird hinter jeder Schlüsselnummer nur der jeweils erste Begriff der vollständigen ICD-O Morphologie- Nomenklatur aufgeführt. Das Alphabetische Verzeichnis (Band 3) enthält jedoch alle Synonyme der ICD-O sowie eine Reihe weiterer morphologischer Bezeichnungen, die immer noch in Krankenberichten anzutreffen sind, die aber in der ICD-O weggelassen wurden, da sie veraltet oder aus anderen Gründen nicht erwünscht sind.

Einige Neubildungen sind spezifisch für bestimmte Lokalisationen oder Gewebetypen. Z.B.: Das Nephroblastom (M8960/3) entsteht nach seiner Definition stets in der Niere; das hepatozelluläre Karzinom (M8170/3) hat seinen Primärsitz stets in der Leber; das Basaliom (M8090/3) entsteht gewöhnlich in der Haut. Bei solchen Krankheitsbegriffen ist die entsprechende Schlüsselnummer aus Kapitel II jeweils in Klammern der Nomenklatur hinzugefügt. So folgt auf das Nephroblastom dieSchlüsselnummer für bösartige Neubildung der Niere (C64). Beim Basaliom ist die Schlüsselnummer für bösartige Neubildung der Haut (C44.-) angegeben, wobei die vierte Stelle offen gelassen ist. Hier sollte jene vierte Stelle eingesetzt werden, die für die angegebene Lokalisation zutrifft. Die den morphologischen Begriffen zugeordneten Schlüsselnummern des Kapitels II sollten benutzt werden, wenn die Lokalisation der Neubildungen in der Diagnose nicht angegeben ist. Die Schlüsselnummern des Kapitels II konnten nicht durchgängig den morphologischen Begriffen zugeordnet werden, weil gewisse histologische Typen in mehr als einem Organ oder Gewebetyp auftreten können. So ist z.B. „Adenokarzinom ohne nähere Angabe" (M8140/3) keine Schlüsselnummer aus Kapitel II zugeordnet, weil es seinen Primärsitz in vielen verschiedenen Organen haben kann.

Gelegentlich entsteht ein Problem, wenn eine in der Diagnose aufgeführte Lokalisation abweicht von jener, die bei der Morphologie-Schlüsselnummer angegeben ist. In solchen Fällen sollte die angegebene Schlüsselnummer aus Kapitel II ignoriert werden, und die zutreffende Schlüsselnummer für jene Lokalisation, die in der Diagnose angegeben ist, sollte verwendet werden. Z.B.: C50.– (Brustdrüse) ist dem morphologischen Begriff „Invasives Gangkarzinom" (M8500/3) hinzugefügt, weil dieser Karzinomtyp normalerweise in der Brustdrüse entsteht. Wird die Bezeichnung „Invasives Gangkarzinom" jedoch für ein primär im Pankreas entstandenes Karzinom benutzt, so wäre die korrekte Schlüsselnummer C25.9(„Pankreas, nicht näher bezeichnet").

Bei den „Neubildungen des lymphatischen, blutbildenden und verwandten Gewebes" (M959–M998) sind die relevanten Schlüsselnummern aus C81–C96 und D45–D47 aufgeführt. Diese Schlüsselnummern des Kapitels II sollten ohne Rücksicht auf die angegebene Lokalisation der Neubildung benutzt werden.

Eine Schwierigkeit bei der Verschlüsselung entsteht manchmal, wenn eine morphologische Diagnose zwei qualifizierende Adjektive enthält, die ihrerseits verschiedene Schlüsselnummern haben. Ein Beispiel ist das „Übergangszell-Epidermoidkarzinom". Die Schlüsselnummer für „Übergangszell-Karzinom ohne nähere Angabe" ist M8120/3, die für „Epidermoidkarzinom ohne nähere Angabe" ist M8070/3. In solchen Fällen sollte die höhere Schlüsselnummer (in diesem Beispiel M8120/3) genommen werden, da sie gewöhnlich spezifischer ist. Bezüglich weiterer Informationen über die Verschlüsselung der Morphologie siehe Band 2 (Regelwerk).

Nomenklatur mit Schlüsselnummern für die Morphologie der Neubildungen

M800 Neubildungen o.n.A.
M8000/0	Neubildung, gutartig
M8000/1	Neubildung, unsicher ob gut- oder bösartig
M8000/3	Neubildung, bösartig
M8000/6	Neubildung, metastatisch
M8001/0	Tumorzellen, gutartig
M8001/1	Tumorzellen, unsicher ob gut- oder bösartig
M8001/3	Tumorzellen, bösartig
M8002/3	Bösartiger Tumor, kleinzelliger Typ
M8003/3	Bösartiger Tumor, riesenzelliger Typ
M8004/3	Bösartiger Tumor, spindelzelliger Typ

M801–M804 Epitheliale Neubildungen o.n.A.
M8010/0	Epithelialer Tumor, gutartig
M8010/2	Carcinoma in situ o.n.A.
M8010/3	Karzinom o.n.A.
M8010/6	Karzinom, metastatisch o.n.A.

M8011/0	Epitheliom, gutartig
M8011/3	Epitheliom, bösartig
M8012/3	Großzelliges Karzinom o.n.A.
M8020/3	Karzinom, undifferenziert o.n.A.
M8021/3	Karzinom, anaplastisch o.n.A.
M8022/3	Polymorphes Karzinom
M8030/3	Riesenzell- und Spindelzellkarzinom
M8031/3	Riesenzellkarzinom
M8032/3	Spindelzellkarzinom
M8033/3	Pseudosarkomatöses Karzinom
M8034/3	Polygonalzelliges Karzinom
M8040/1	Tumorlet [Lungenmikrotumor, epithelial, kleinzellig]
M8041/3	Kleinzelliges Karzinom o.n.A.
M8042/3	Kleinzelliges Bronchialkarzinom [Oat-Cell-Karzinom] (C34.–)
M8043/3	Kleinzelliges Karzinom, spindelzellig (C34.–)
M8044/3	Kleinzelliges Karzinom, Intermediärtyp (C34.–)
M8045/3	Kleinzellig-großzelliges Karzinom (C34.–)

M805–M808 Plattenepithel-Neubildungen

M8050/0	Papillom o.n.A. ausgenommen Harnblasenpapillom M8120/1
M8050/2	Papilläres Carcinoma in situ
M8050/3	Papilläres Karzinom o.n.A.
M8051/0	Verruköses Karzinom
M8051/3	Verruköses Karzinom o.n.A.
M8052/0	Plattenepithelpapillom
M8052/3	Papilläres Plattenepithelkarzinom
M8053/0	Invertiertes Papillom
M8060/0	Papillomatosis o.n.A.
M8070/2	Carcinoma in situ des Plattenepithels o.n.A.
M8070/3	Plattenepithelkarzinom o.n.A.
M8070/6	Plattenepithelkarzinom, metastatisch o.n.A.
M8071/3	Plattenepithelkarzinom, verhornend o.n.A.
M8072/3	Plattenepithelkarzinom, großzellig, nicht verhornend
M8073/3	Plattenepithelkarzinom, kleinzellig, nicht verhornend
M8074/3	Plattenepithelkarzinom, spindelzellig
M8075/3	Adenoides Plattenepithelkarzinom
M8076/2	Carcinoma in situ des Plattenepithels mit fraglicher Stromainvasion (D06.–)
M8076/3	Plattenepithelkarzinom, mikroinvasiv (C53.–)
M8077/2	Intraepitheliale Neoplasie III. Grades der Zervix, Vulva und Vagina
M8080/2	Erythroplasie Queyrat (D07.4)
M8081/2	Bowen-Krankheit
M8082/3	Lymphoepitheliales Karzinom

M809–M811 Basalzell-Neubildungen
M8090/1	Basalzelltumor (D48.5)
M8090/3	Basaliom o.n.A. (C44.–)
M8091/3	Multizentrisches Basaliom (C44.–)
M8092/3	Basalioma sclerodermiforme (C44.–)
M8093/3	Basaliom, fibroepithelial (C44.–)
M8094/3	Basaliom mit epidermoider Differenzierung (C44.–)
M8095/3	Metatypisches Karzinom (C44.–)
M8096/0	Intraepitheliales Epitheliom Typ Borst-Jadassohn (D23.–)
M8100/0	Trichoepitheliom (D23.–)
M8101/0	Trichofollikulom (D23.–)
M8102/0	Tricholemmom (D23.–)
M8110/0	Pilomatrixom o.n.A. (D23.–)
M8110/3	Pilomatrix-Karzinom (C44.–)

M812–M813 Übergangszell-Papillome und -Karzinome
M8120/0	Übergangszell- Papillom o.n.A.
M8120/1	Uroteliales Papillom
M8120/2	Übergangszell-Carcinoma in situ
M8120/3	Übergangszell-Karzinom o.n.A.
M8121/0	Schneider-Papillom
M8121/1	Übergangszell-Papillom, invertiert
M8121/3	Schneider-Karzinom
M8122/3	Übergangszell-Karzinom, spindelzellig
M8123/3	Basaloides Karzinom (C21.1)
M8124/3	Kloakogenes Karzinom (C21.2)
M8130/3	Papilläres Übergangszell-Karzinom

M814–M838 Adenome und Adenokarzinome
M8140/0	Adenom o.n.A.
M8140/1	Bronchialadenom o.n.A. (D38.1)
M8140/2	Adenocarcinoma in situ o.n.A.
M8140/3	Adenokarzinom o.n.A.
M8140/6	Adenokarzinom, metastatisch o.n.A.
M8141/3	Szirrhöses Adenokarzinom
M8142/3	Magenszirrhus [Linitis plastica] (C16.–)
M8143/3	Oberflächlich spreitendes Adenokarzinom
M8144/3	Adenokarzinom, intestinaler Typ (C16.–)
M8145/3	Adenokarzinom, diffuser Typ (C16.–)
M8146/0	Monomorphes Adenom
M8147/0	Basalzelladenom (D11.–)
M8147/3	Basalzell-Adenokarzinom (C07.–C08.–)
M8150/0	Inselzelladenom (D13.7)
M8150/3	Inselzellkarzinom (C25.4)
M8151/0	Insulinom o.n.A. (D13.7)
M8151/3	Insulinom, bösartig (C25.4)

M8152/0	Glukagonom o.n.A. (D13.7)
M8152/3	Glukagonom, bösartig (C25.4)
M8153/1	Gastrinom o.n.A.
M8153/3	Gastrinom, bösartig
M8154/3	Gemischtes Inselzell- und exokrines Adenokarzinom (C25.-)
M8155/3	Vipom
M8160/0	Gallengangsadenom (D13.4, D13.5)
M8160/3	Gallengangskarzinom (C22.1)
M8161/0	Gallengangs-Zystadenom
M8161/3	Gallengangs-Zystadenokarzinom
M8162/3	Klatskin-Tumor (C22.1)
M8170/0	Leberzelladenom (D13.4)
M8170/3	Leberzellkarzinom o.n.A. (C22.0)
M8171/3	Leberzellkarzinom, fibrolamellär (C22.0)
M8180/3	Kombiniertes Leberzell- und Gallengangskarzinom (C22.0)
M8190/0	Trabekuläres Adenom
M8190/3	Trabekuläres Adenokarzinom
M8191/0	Embryonales Adenom
M8200/0	Ekkrines Hautzylindrom (D23.-)
M8200/3	Adenoidzystisches Karzinom
M8201/3	Kribriformes Karzinom
M8202/0	Mikrozystisches Adenom (D13.7)
M8210/0	Adenomatöser Polyp o.n.A.
M8210/2	Adenocarcinoma in situ in adenomatösem Polyp
M8210/3	Adenokarzinom in adenomatösem Polyp
M8211/0	Tubuläres Adenom o.n.A.
M8211/3	Tubuläres Adenokarzinom
M8220/0	Adenomatöse Polyposis coli (D12.-)
M8220/3	Adenokarzinom in adenomatöser Polyposis coli (C18.-)
M8221/0	Multiple adenomatöse Polypen
M8221/3	Adenokarzinom in multiplen adenomatösen Polypen
M8230/3	Carcinoma solidum o.n.A.
M8231/3	Carcinoma simplex
M8240/1	Karzinoid o.n.A., des Appendix (D37.3)
M8240/3	Karzinoid o.n.A.ausgenommen des Appendix M8240/1
M8241/1	Karzinoid, argentaffin o.n.A.
M8241/3	Karzinoid, argentaffin, bösartig
M8243/3	Schleimbildendes bösartiges Karzinoid [Becherzellkarzinoid] (C18.1)
M8244/3	Mischzelliges Karzinoid
M8245/3	Adenokarzinoid
M8246/3	Neuroendokrines Karzinom
M8247/3	Merkel-Zellkarzinom (C44.-)
M8248/1	Apudom
M8250/1	Lungenadenomatose (D38.1)
M8250/3	Bronchiolo-alveoläres Adenokarzinom (C34.-)
M8251/0	Alveoläres Adenom (D14.3)

M8251/3	Alveoläres Adenokarzinom (C34.–)
M8260/0	Papilläres Adenom o.n.A.
M8260/3	Papilläres Adenokarzinom o.n.A.
M8261/1	Villöses Adenom o.n.A.
M8261/2	Adenocarcinoma in situ in villösem Adenom
M8261/3	Adenokarzinom in villösem Adenom
M8262/3	Villöses Adenokarzinom
M8263/0	Tubulovillöses Adenokarzinom o.n.A.
M8263/2	Adenocarcinoma in situ in tubulovillösem Adenom
M8263/3	Adenokarzinom in tubulovillösem Adenom
M8270/0	Chromophobes Adenom (D35.2)
M8270/3	Chromophobes Karzinom (C75.1)
M8271/0	Prolaktinom (D35.2)
M8280/0	Eosinophiles Adenom (D35.2)
M8280/3	Eosinophiles Karzinom (C75.1)
M8281/0	Baso-eosinophiles Adenom (D35.2)
M8281/3	Baso-eosinophiles Karzinom (C75.1)
M8290/0	Oxyphiles Adenom
M8290/3	Oxyphiles Adenokarzinom
M8300/0	Basophiles Adenom (D35.2)
M8300/3	Basophiles Karzinom (C75.1)
M8310/0	Klarzelladenom
M8310/3	Klarzelliges Adenokarzinom o.n.A.
M8311/1	Hypernephroider Tumor
M8312/3	Nierenzellkarzinom (C64)
M8313/0	Klarzelliges Adenofibrom
M8314/3	Lipidreiches Karzinom (C50.–)
M8315/3	Glukogenreiches Karzinom (C50.–)
M8320/3	Granularzellkarzinom
M8321/0	Hauptzelladenom (D35.1)
M8322/0	Wasserhellzelliges Adenom (D35.1)
M8322/3	Wasserhellzelliges Adenokarzinom (C75.0)
M8323/0	Mischzelladenom
M8323/3	Mischzelladenokarzinom
M8324/0	Lipoadenom
M8330/0	Follikuläres Adenom (D34)
M8330/3	Follikuläres Adenokarzinom o.n.A. (C73)
M8331/3	Follikuläres Adenokarzinom, gut differenziert (C73)
M8332/3	Follikuläres Adenokarzinom, trabekulär (C73)
M8333/0	Mikrofollikuläres Adenom (D34)
M8334/0	Makrofollikuläres Adenom (D34)
M8340/3	Papilläres Karzinom, follikuläre Variante (C73)
M8350/3	Nichtabgekapseltes sklerosierendes Karzinom (C73)
M8360/1	Multiple endokrine Adenome
M8361/1	Juxtaglomerulärer Tumor (D41.0)
M8370/0	Nebennierenrindenadenom o.n.A. (D35.0)

M8370/3	Nebennierenrindenkarzinom (C74.0)
M8371/0	Nebennierenrindenadenom, kompaktzellig (D35.0)
M8372/0	Nebennierenrindenadenom, stark pigmentierte Variante (D35.0)
M8373/0	Nebennierenrindenadenom, klarzellig (D35.0)
M8374/0	Nebennierenrindenadenom, Glomerulosazelltyp (D35.0)
M8375/0	Nebennierenrindenadenom, Mischzelltyp (D35.0)
M8380/0	Adenom, endometrioides o.n.A. (D27)
M8380/1	Adenom, endometrioides, Borderline-Malignität (D39.1)
M8380/3	Endometrioides Karzinom (C56)
M8381/0	Endometrioides Adenofibrom o.n.A. (D27)
M8381/1	Endometrioides Adenofibrom, Borderline-Malignität (D39.1)
M8381/3	Endometrioides Adenofibrom, bösartig (C56)

M839–M842 Neubildungen der Hautanhangsgebilde
M8390/0	Adenom der Hautanhangsgebilde (D23.–)
M8390/3	Karzinom der Hautanhangsgebilde (C44.–)
M8400/0	Schweißdrüsenadenom (D23.–)
M8400/1	Schweißdrüsentumor o.n.A. (D48.5)
M8400/3	Schweißdüsenadenokarzinom (C44.–)
M8401/0	Apokrines Adenom
M8401/3	Apokrines Adenokarzinom
M8402/0	Ekkrines Akrospirom (D23.–)
M8403/0	Ekkrines Spiradenom (D23.–)
M8404/0	Hidrozystom (D23.–)
M8405/0	Papilläres Hidradenom (D23.–)
M8406/0	Papilläres Syringadenom (D23.–)
M8407/0	Syringom o.n.A. (D23.–)
M8408/0	Ekkrines papilläres Adenom (D23.–)
M8410/0	Talgdrüsenadenom (D23.–)
M8410/3	Talgdrüsenadenokarzinom (C44.–)
M8420/0	Zeruminöses Adenom (D23.2)
M8420/3	Zeruminöses Adenokarzinom (C44.2)

M843 Mukoepidermoide Neubildungen
M8430/1	Mukoepidermoidtumor
M8430/3	Mukoepidermoides Karzinom

M844–M849 Zystische, muköse und seröse Neubildungen
M8440/0	Zystadenom o.n.A.
M8440/3	Zystadenokarzinom o.n.A.
M8441/0	Seröses Zystadenom o.n.A. (D27)
M8441/3	Seröses Zystadenokarzinom o.n.A. (C56)
M8442/3	Seröses Zystadenom, Borderline-Malignität (C56)
M8450/0	Papilläres Zystadenom o.n.A. (D27)
M8450/3	Pailläres Zystadenokarzinom o.n.A. (C56)
M8451/3	Papilläres Zystadenom, Borderline-Malignität (C56)

M8452/1	Papillärer zystischer Tumor (D37.7)
M8460/0	Papilläres seröses Zystadenom o.n.A. (D27)
M8460/3	Papilläres seröses Zystadenokarzinom (C56)
M8461/0	Seröses Oberflächenpapillom o.n.A. (D27)
M8461/3	Papilläres seröses Oberflächenkarzinom (C56)
M8462/3	Papilläres seröses Zystadenom, Borderline-Malignität (C56)
M8470/0	Muzinöses Zystadenom o.n.A. (D27)
M8470/3	Muzinöses Zystadenokarzinom o.n.A. (C56)
M8471/0	Papilläres muzinöses Zystadenom o.n.A. (D27)
M8471/3	Papilläres muzinöses Zystadenokarzinom (C56)
M8472/3	Muzinöses Zystadenom, Borderline-Malignität (C56)
M8473/3	Papilläres muzinöses Zystadenom, Borderline-Malignität (C56)
M8480/0	Muzinöses Adenom
M8480/3	Muzinöses Adenokarzinom
M8480/6	Pseudomyxoma peritonei (C78.6)
M8481/3	Schleimbildendes Adenokarzinom
M8490/3	Siegelringzellkarzinom
M8490/6	Metastatisches Siegelringzellkarzinom

M850–M854 Duktale, lobuläre und medulläre Neubildungen

M8500/2	Intraduktales Karzinom, nichtinvasiv o.n.A.
M8500/3	Invasives duktales Karzinom (C50.-)
M8501/2	Komedokarzinom, nichtinvasiv (D05.-)
M8501/3	Komedokarzinom o.n.A. (C50.-)
M8502/3	Juveniles Mammakarzinom (C50.-)
M8503/0	Intraduktales Papillom
M8503/2	Nichtinvasives intraduktales papilläres Adenokarzinom (D05.-)
M8503/3	Intraduktales papilläres Adenokarzinom mit Invasion (C50.-)
M8504/0	Intrazystisches papilläres Adenom
M8504/2	Nichtinvasives intrazystisches Karzinom
M8504/3	Intrazystisches Karzinom o.n.A.
M8505/0	Intraduktale Papillomatose o.n.A.
M8506/0	Brustwarzenadenom (D24)
M8510/3	Medulläres Karzinom o.n.A.
M8511/3	Medulläres Karzinom mit amyloidem Stroma (C73)
M8512/3	Medulläres Karzinom mit lymphoidem Stroma (C50.-)
M8520/2	Lobuläres Carcinoma in situ (D05.0)
M8520/3	Lobuläres Karzinom o.n.A. (C50.-)
M8521/3	Invasives, duktuläres Karzinom (C50.-)
M8522/2	Intraduktales Karzinom und lobuläres Carcinoma in situ (D05.7)
M8522/3	Invasives, duktales und lobuläres Karzinom (C50.-)
M8530/3	Entzündetes Karzinom (C50.-)
M8540/3	Paget-Karzinom der Brustdrüse (C50.-)
M8541/3	Paget-Karzinom und invasives duktales Karzinom der Brustdrüse (C50.-)

M8542/3   Paget-Karzinom, extramammär ausgenommen Paget-Krankheit der Knochen
M8543/3   Paget-Karzinom und intraduktales Karzinom der Brustdrüse

M855 Azinuszell-Neubildungen
M8550/0   Azinuszelladenom
M8550/1   Azinuszelltumor
M8550/3   Azinuszellkarzinom

M856-M858 Komplexe epitheliale Neubildungen
M8560/3   Kombiniertes Adeno-Plattenepithelkarzinom
M8561/0   Adenolymphom (D11.-)
M8562/3   Epithelial-myoepitheliales Karzinom
M8570/3   Adenokarzinom mit Plattenepithelmetaplasie
M8571/3   Adenokarzinom mit kartilaginärer und ossärer Metaplasie
M8572/3   Adenokarzinom mit Spindelzellmetaplasie
M8573/3   Adenokarzinom mit apokriner Metaplasie
M8580/0   Thymom, gutartig (D15.0)
M8580/3   Thymom, bösartig (C37)

M859-M867 Spezielle Neubildungen der Gonaden
M8590/1   Keimstrang-Stromatumor
M8600/0   Thekazelltumor o.n.A. (D27)
M8600/3   Thekazelltumor, bösartig (C56)
M8601/0   Thekazelltumor, luteinisiert (D27)
M8602/0   Sklerosierender Stromatumor (D27)
M8610/0   Luteom o.n.A. (D27)
M8620/1   Granulosazelltumor o.n.A. (D39.1)
M8620/3   Granulosazelltumor, bösartig (C56)
M8621/1   Granulosazell-Thekazelltumor (D39.1)
M8622/1   Juveniler Granulosazelltumor (D39.1)
M8623/1   Keimstrangtumor mit anulären Tubuli (D39.1)
M8630/0   Androblastom, gutartig
M8630/1   Androblastom o.n.A.
M8630/3   Androblastom, bösartig
M8631/0   Sertoli-Leydig-Zelltumor
M8632/1   Gynandroblastom (D39.1)
M8640/0   Sertolizelltumor o.n.A.
M8640/3   Sertolizellkarzinom (C62.-)
M8641/0   Sertolizelltumor mit Lipoidspeicherung (D27)
M8650/0   Leydigzelltumor, gutartig (D29.2)
M8650/1   Leydigzelltumor o.n.A. (D40.1)
M8650/3   Leydigzelltumor, bösartig (C62.-)
M8660/0   Hiluszelltumor (D27)
M8670/0   Fettgewebstumor des Ovar (D27)
M8671/0   Versprengter Nebennierentumor

M868–M871 Paragangliome und Glomustumoren

M8680/1	Paragangliom o.n.A.
M8680/3	Paragangliom, bösartig
M8681/1	Symphatisches Paragangliom
M8682/1	Parasymphatisches Paragangliom
M8683/0	Gangliozystisches Paragangliom (D13.2)
M8690/1	Glomus-jugulare-Tumor (D44.7)
M8691/1	Glomus-aorticum-Tumor (D44.7)
M8692/1	Glomus-caroticum-Tumor (D44.6)
M8693/1	Extraadrenales Paragangliom o.n.A.
M8693/3	Extraadrenales Paragangliom, bösartig
M8700/0	Phäochromozytom o.n.A. (D35.0)
M8700/3	Phäochromozytom, bösartig (C74.1)
M8710/3	Glomangiosarkom
M8711/0	Glomustumor
M8712/0	Glomangiom
M8713/0	Glomangiomyom

M872–M879 Nävi und Melanome

M8720/0	Nävuszellnävus o.n.A. (D22.–)
M8720/2	Melanoma in situ (D03.–)
M8720/3	Bösartiges Melanom o.n.A.
M8721/3	Noduläres Melanom (C44.–)
M8722/0	Blasenzellnävus (D22.–)
M8722/3	Blasenzellmelanom (C43.–)
M8723/0	Halo-Naevus (D22.–)
M8723/3	Bösartiges Melanom, regressiv (C43.–)
M8724/0	Fibröse Papel der Nase (D22.3)
M8725/0	Neuronävus (D22.–)
M8726/0	Großzelliger Nävus (D31.4)
M8727/0	Dysplastischer Nävus (D22.–)
M8730/0	Nicht pigmentierender Nävus (D22.–)
M8730/3	Amelanotisches Melanom (C43.–)
M8740/0	Junktionaler Nävus o.n.A. (D22.–)
M8740/3	Bösartiges Melanom in junktionalem Nävus (C44.–)
M8741/2	Präkanzeröse Melanose o.n.A. (D03.–)
M8741/3	Bösartiges Melanom in präkanzeröser Melanose (C43.–)
M8742/2	Lentigo maligna [Dubreuilh-Hutchinson] o.n.A. (D03.–)
M8742/3	Bösartiges Melanom in Lentigo maligna (C43.–)
M8743/3	Oberflächlich spreitendes Melanom (C43.–)
M8744/3	Akrales lentiginöses Melanom, bösartig (C43.–)
M8745/3	Desmoplastisches Melanom, bösartig (C43.–)
M8750/0	Intradermaler Nävus (D22.–)
M8760/0	Compound-Naevus (D22.–)
M8761/1	Pigmentierter Riesennävus o.n.A. (D48.5)
M8761/3	Bösartiges Melanom in pigmentiertem Riesennävus (C43.–)

M8770/0	Epitheloid- und Spindelzellnävus (D22.-)
M8770/3	Gemischtes Epitheloid- und Spindelzellmelanom
M8771/0	Epitheloidzellnävus (D22.-)
M8771/3	Epitheloidzellmelanom
M8772/0	Spindelzellnävus (D22.-)
M8772/3	Spindelzellmelanom o.n.A.
M8773/3	Spindelzellmelanom, Typ A (C69.4)
M8774/3	Spindelzellmelanom, Typ B (C69.4)
M8780/0	Blauer Nävus o.n.A. (D22.-)
M8780/3	Blauer Nävus, bösartig (C43.-)
M8790/0	Zellulärer blauer Nävus (D22.-)

M880 Weichteiltumoren und Sarkome o.n.A.

M8800/0	Weichteiltumor, gutartig
M8800/3	Sarkom o.n.A.
M8800/6	Sarkomatose o.n.A.
M8801/3	Spindelzellsarkom
M8802/3	Riesenzellsarkomausgenommen der Knochen M9250/3
M8803/3	Kleinzelliges Sarkom
M8804/3	Epitheloidzellsarkom

M881-M883 Fibromatöse Neubildungen

M8810/0	Fibrom o.n.A.
M8810/3	Fibrosarkom o.n.A.
M8811/0	Fibromyxom
M8811/3	Fibromyxosarkom
M8812/0	Periostales Fibrom (D16.-)
M8812/3	Periostales Fibrosarkom (C40.-, C41.-)
M8813/0	Fasziales Fibrom
M8813/3	Fasziales Fibrosarkom
M8814/3	Infantiles Fibrosarkom
M8820/0	Elastofibrom
M8821/1	Extraabdominale Fibromatose
M8822/1	Abdominale Fibromatose
M8823/1	Desmoplastisches Fibrom
M8824/1	Myofibromatosis
M8830/0	Fibröses Histiozytom o.n.A.
M8830/1	Atypisches fibröses Histiozytom
M8830/3	Fibröses Histiozytom, bösartig
M8832/0	Dermatofibrom o.n.A. (D23.-)
M8832/3	Dermatofibrosarkom o.n.A. (C44.-)
M8833/3	Pigmentiertes Dermatofibrosarcoma protuberans

M884 Myxomatöse Tumoren
M8840/0   Myxom o.n.A.
M8840/3   Myxosarkom
M8841/1   Angiomyxom

M885–M888 Lipomatöse Neubildungen
M8850/0   Lipom o.n.A. (D17.–)
M8850/3   Liposarkom o.n.A.
M8851/0   Fibrolipom (D17.–)
M8851/3   Liposarkom, gut differenziert
M8852/0   Fibromyxolipom (D17.–)
M8852/3   Myxoliposarkom
M8853/3   Rundzellen-Liposarkom
M8854/0   Pleomorphes Lipom (D17.–)
M8854/3   Pleomorphes Liposarkom
M8855/3   Liposarkom, Mischform
M8856/0   Intramuskuläres Lipom (D17.–)
M8857/0   Spindelzell-Lipom (D17.–)
M8858/3   Liposarkom, entdifferenziert
M8860/0   Angiomyolipom (D17.–)
M8861/0   Angiolipom o.n.A. (D17.–)
M8870/0   Myelolipom (D17.–)
M8880/0   Hibernom (D17)
M8881/0   Lipoblastomatose (D17.–)

M889 – M892 Myomatöse Neubildungen
M8890/0 Leiomyom o.n.A.
M8890/1 Leiomyomatose o.n.A.
M8890/3 Leiomyosarkom o.n.A.
M8891/0 Epitheloides Leiomyom
M8891/3 Epitheloides Leiomyosarkom
M8892/0 Zelluläres Leiomyom
M8893/0 Bizarres Leiomyom
M8894/0 Angiomyom
M8894/3 Angiomyosarkom
M8895/0 Myom
M8895/3 Myosarkom
M8896/3 Myxoides Leiomyosarkom
M8897/1 Tumor der glatten Muskulatur o.n.A.
M8900/0 Rhabdomyom o.n.A.
M8900/3 Rhabdomyosarkom o.n.A.
M8901/3 Pleomorphes Rhabdomyosarkom
M8902/3 Rhabdomyosarkom, Mischtyp
M8903/0 Fetales Rhabdomyom
M8904/0 Adultes Rhabdomyom
M8910/3 Embryonales Rhabdomyosarkom
M8920/3 Alveoläres Rhabdomyosarkom

M893 – M899 Komplexe gemischte und stromale Neubildungen
M8930/0 Endometriales Stromaknötchen (D26.1)
M8930/3 Endometriales Stromasarkom (C54.-)
M8931/1 Endolymphatische Stromamyose (D39.0)
M8932/0 Adenomyom
M8933/3 Adenosarkom
M8940/0 Pleomorphes Adenom
M8940/3 Mischtumor, bösartig o.n.A.
M8941/3 Karzinom in pleomorphem Adenom (C07, C08.-)
M8950/3 Müller-Mischtumor (C54.-)
M8951/3 Mesodermaler Mischtumor
M8960/1 Mesoblastisches Nephrom
M8960/3 Nephroblastom o.n.A. (C64)
M8963/3 Rhabdoides Sarkom
M8964/3 Sarkom der Niere, klarzellig (C64)
M8970/3 Hepatoblastom (C22.0)
M8971/3 Pankreatoblastom (C25.-)
M8972/3 Pulmonales Blastom (C34.-)
M8980/3 Karzinosarkom o.n.A.
M8981/3 Karzinosarkom, embryonal
M8982/0 Myoepitheliom
M8990/0 Mesenchymom, gutartig
M8990/1 Mesenchymom o.n.A.

M8990/3	Mesenchymom, bösartig
M8991/3	Embryonales Sarkom

M900–M903 Fibroepitheliale Neubildungen
M9000/0	Brenner-Tumor o.n.A. (D27)
M9000/1	Brenner-Tumor, Borderline-Malignität (D39.1)
M9000/3	Brenner-Tumor, bösartig (C56)
M9010/0	Fibroadenom o.n.A. (D24)
M9011/0	Intrakanalikuläres Fibroadenom (D24)
M9012/0	Perikanalikuläres Fibroadenom (D24)
M9013/0	Zystadenofibrom o.n.A. (D27)
M9014/0	Seröses Zystadenofibrom (D27)
M9015/0	Muzinöses Zystadenofibrom (D27)
M9016/0	Riesenfibroadenom (D24)
M9020/0	Tumor phylloides, gutartig (D24)
M9020/1	Tumor phylloides o.n.A. (D48.6)
M9020/3	Tumor phylloides, bösartig (C50.-)
M9030/0	Juveniles Fibroadenom (D24)

M904 Synoviale Neubildungen
M9040/0	Synovialom, gutartig
M9040/3	Synovialsarkom o.n.A.
M9041/3	Synovialsarkom, spindelzellig
M9042/3	Synovialsarkom, epitheloidzellig
M9043/3	Synovialsarkom, biphasisch
M9044/3	Klarzellsarkom ausgenommen der Niere M8964/3

M905 Mesotheliale Neubildungen
M9050/0	Mesotheliom, gutartig (D19.-)
M9050/3	Mesotheliom, bösartig (C45.-)
M9051/0	Fibröses Mesotheliom, gutartig (D19.-)
M9051/3	Fibröses Mesotheliom, bösartig (C45.-)
M9052/0	Epitheloidzelliges Mesotheliom, gutartig (D19.-)
M9052/3	Epitheloidzelliges Mesotheliom, bösartig (C45.-)
M9053/0	Mesotheliom, biphasisch, gutartig (D19.-)
M9053/3	Mesotheliom, biphasisch, bösartig (C45.-)
M9054/0	Adenomatoidtumor o.n.A. (D19.-)
M9055/1	Zystisches Mesotheliom

M906–M909 Keimzellneubildungen
M9060/3	Dysgerminom
M9061/3	Seminom o.n.A. (C62.-)
M9062/3	Seminom, anaplastisch (C62.-)
M9063/3	Spermatozytäres Seminom (C62.-)
M9064/3	Germinom
M9070/3	Embryonales Karzinom o.n.A.

M9071/3	Endodermaler Sinustumor
M9072/3	Polyembryom
M9073/1	Gonadoblastom
M9080/0	Teratom, gutartig
M9080/1	Teratom o.n.A.
M9080/3	Teratom, bösartig o.n.A.
M9081/3	Teratokarzinom
M9082/3	Bösartiges Teratom, undifferenziert
M9083/3	Bösartiges Teratom, intermediärer Typ
M9084/0	Dermoidzyste o.n.A.
M9084/3	Teratom mit maligner Transformation
M9085/3	Mischkeimzelltumor
M9090/0	Struma ovarii o.n.A. (D27)
M9090/3	Struma ovarii maligna (C56)
M9091/1	Struma ovarii und Karzinoid (D39.1)

M910 Trophoblastische Neubildungen

M9100/0	Blasenmole o.n.A. (O01.9)
M9100/1	Invasive Blasenmole (D39.2)
M9100/3	Chorionkarzinom o.n.A.
M9101/3	Chorionkarzinom in Kombination mit sonstigen Keimzellelementen
M9102/3	Bösartiges Teratom, trophoblastisch (C62.-)
M9103/0	Partielle Blasenmole (O01.1)
M9104/1	Trophoblastischer Tumor, plazentarer Sitz (D39.2)

M911 Mesonephrome

M9110/0	Mesonephrom, gutartig
M9110/1	Mesonephrischer Tumor
M9110/3	Mesonephrom, bösartig

M912-M916 Blutgefäßtumoren

M9120/0	Hämangiom o.n.A. (D18.0)
M9120/3	Hämangiosarkom
M9121/0	Kavernöses Hämangiom (D18.0)
M9122/0	Venöses Hämangiom (D18.0)
M9123/0	Haemangioma racemosum (D18.0)
M9124/3	Kupffer-Sternzellsarkom (C22.3)
M9125/0	Epitheloides Hämangiom (D18.0)
M9126/0	Histiozytoides Hämangiom (D18.0)
M9130/0	Hämangioendotheliom, gutartig (D18.0)
M9130/1	Hämangioendotheliom o.n.A.
M9130/3	Hämangioendotheliom, bösartig
M9131/0	Kapilläres Hämangiom (D18.0)
M9132/0	Intramuskuläres Hämangiom (D18.0)
M9133/1	Epitheloides Hämangioendotheliom o.n.A.
M9133/3	Hämangioendotheliom, bösartig

M9134/1	Intravaskulärer bronchoalveolärer Tumor (D38.1)
M9140/3	Kaposi-Sarkom (C46.–)
M9141/0	Angiokeratom
M9142/0	Verruköses keratotisches Hämangiom (D18.0)
M9150/0	Hämangioperizytom, gutartig
M9150/1	Hämangioperizytom o.n.A.
M9150/3	Hämangioperizytom, bösartig
M9160/0	Angiofibrom o.n.A.
M9161/1	Hämangioblastom

M917 Lymphgefäßtumoren

M9170/0	Lymphangiom o.n.A. (D18.1)
M9170/3	Lymphangiosarkom
M9171/0	Kapilläres Lymphangiom (D18.1)
M9172/0	Kavernöses Lymphangiom (D18.1)
M9173/0	Zystisches Lymphangiom (D18.1)
M9174/0	Lymphangiomyom (D18.1)
M9174/1	Lymphangiomyomatose
M9175/0	Hämolymphangiom (D18.1)

M918–M924 Ossäre und chondromatöse Neubildungen

M9180/0	Osteom o.n.A. (D16.–)
M9180/3	Osteosarkom o.n.A. (C40.–, C41.–)
M9181/3	Chondroplastisches Osteosarkom (C40.–, C41.–)
M9182/3	Fibroplastisches Osteosarkom (C40.–Ç41.–)
M9183/3	Teleangiektatisches Osteosarkom (C40.–, C41.–)
M9184/3	Osteosarkom bei Paget-Krankheit des Knochens (C40.–, C41.–)
M9185/3	Kleinzelliges Osteosarkom (C40.–Ç41.–)
M9190/3	Juxtakortikales Osteosarkom (C40.–, C41.–)
M9191/0	Osteoidosteom o.n.A. (D16.–)
M9200/0	Osteoblastom o.n.A. (D16.–)
M9200/1	Aggressives Osteoblastom (D48.0)
M9210/0	Osteochondrom (D16.–)
M9210/1	Osteochondromatose o.n.A. (D48.0)
M9220/0	Chondrom o.n.A. (D16.–)
M9220/1	Chondromatose o.n.A.
M9220/3	Chondrosarkom o.n.A. (C40.–, C41.–)
M9221/0	Juxtakortikales Chondrom (D16.–)
M9221/3	Juxtakortikales Chondrosarkom (C40.–, C41.–)
M9230/0	Chondroblastom o.n.A. (D16.–)
M9230/3	Chondroblastom, bösartig (C40.–, C41.–)
M9231/3	Myxoides Chondrosarkom
M9240/3	Mesenchymales Chondrosarkom
M9241/0	Chondromyxoides Fibrom (D16.–)

M925 Riesenzelltumoren
M9250/1	Riesenzelltumor des Knochens o.n.A. (D48.0)
M9250/3	Riesenzelltumor des Knochens, bösartig (C40.–, C41.–)
M9251/1	Riesenzelltumor der Weichteile o.n.A.
M9251/3	Bösartiger Riesenzelltumor der Weichteile

M926 Sonstige Knochentumoren
M9260/3	Ewing-Sarkom (C40.–, C41.–)
M9261/3	Adamantinom der Röhrenknochen (C40.–)
M9262/0	Ossifizierendes Fibrom (D16.–)

M927–M934 Odontogene Tumoren
M9270/0	Odontogener Tumor, gutartig (D16.4, D16.5)
M9270/1	Odontogener Tumor o.n.A. (D48.0)
M9270/3	Odontogener Tumor, bösartig (C41.0, C41.1)
M9271/0	Dentinom (D16.4, D16.5)
M9272/0	Zementom o.n.A. (D16.4, D16.5)
M9273/0	Zementoblastom, gutartig (D16.4, D16.5)
M9274/0	Fibrom, zementbildendes (D16.4, D16.5)
M9275/0	Gigantiformes Zementom (D16.4, D16.5)
M9280/0	Odontom o.n.A. (D16.4, D16.5)
M9281/0	Zusammengesetztes [Compound-] Odontom (D16.4, D16.5)
M9282/0	Komplexes Odontom (D16.4, D16.5)
M9290/0	Ameloblastisches Fibro-Odontom (D16.4, D16.5)
M9290/3	Ameloblastisches Odontosarkom (C41.0, C41.1)
M9300/0	Adenomatoider odontogener Tumor (D16.4, D16.5)
M9301/0	Verkalkende odontogene Zyste (D16.4, D16.5)
M9302/0	Odontogener Schattenzelltumor (D16.4, D16.5)
M9310/0	Ameloblastom o.n.A. (D16.4, D16.5)
M9310/3	Ameloblastom, bösartig (C41.0, C41.1)
M9311/0	Odontoameloblastom (D16.4, D16.5)
M9312/0	Odontogener Plattenepitheltumor (D16.4, D16.5)
M9320/0	Odontogenes Myxom (D16.4, D16.5)
M9321/0	Zentrales odontogenes Fibrom (D16.4, D16.5)
M9322/0	Peripheres odontogenes Fibrom (D16.4, D16.5)
M9330/0	Ameloblastisches Fibrom (D16.4, D16.5)
M9330/3	Ameloblastisches Fibrosarkom (C41.0, C41.1)
M9340/0	Verkalkender epithelialer odontogener Tumor (D16.4, D16.5)

M935–M937 Verschiedene Tumoren
M9350/1	Kraniopharyngeom (D44.3, D44.4)
M9360/1	Pinealom (D44.5)
M9361/1	Pinealzytom (D44.5)
M9362/3	Pineoblastom (C75.3)
M9363/0	Melanotischer Neuroektodermaltumor
M9364/3	Peripherer Neuroektodermaltumor

M9370/3   Chordom

M938–M948 Gliome
M9380/3   Gliom, bösartig (C71.–)
M9381/3   Gliomatosis cerebri (C71.–)
M9382/3   Gliom, Mischform (C71.–)
M9383/1   Subependymales Gliom (D43.–)
M9384/1   Subependymales Riesenzellastrozytom (D43.–)
M9390/0   Papillom des Plexus chorioideus o.n.A. (D33.0)
M9390/3   Papillom des Plexus chorioideus, bösartig (C71.5)
M9391/3   Ependymom o.n.A. (C71.–)
M9392/3   Ependymom, anaplastisch (C71.–)
M9393/1   Papilläres Ependymom (D43.–)
M9394/1   Myxopapilläres Ependymom (D43.–)
M9400/3   Astrozytom o.n.A. (C71.–)
M9401/3   Astrozytom, anaplastisch (C71.–)
M9410/3   Protoplasmatisches Astrozytom (C71.–)
M9411/3   Gemistozytisches Astrozytom (C71.–)
M9420/3   Fibrilläres Astrozytom (C71.–)
M9421/3   Pilozytisches (piloides) Astrozytom (C71.–)
M9422/3   Spongioblastom o.n.A. (C71.–)
M9423/3   Polares Spongioblastom (C71.–)
M9424/3   Plemorphes Xanthoastrozytom (C71.–)
M9430/3   Astroblastom (C71.–)
M9440/3   Glioblastom o.n.A. (C71.–)
M9441/3   Riesenzelliges Glioblastom (C71.–)
M9442/3   Gliosarkom (C71.–)
M9443/3   Primitives, polares Spongioblastom (C71.–)
M9450/3   Oligodendrogliom o.n.A. (C71.–)
M9451/3   Oligodendrogliom, anaplastisch (C71.–)
M9460/3   Oligodendroblastom (C71.–)
M9470/3   Medulloblastom o.n.A. (C71.6)
M9471/3   Desmoplastisches Medulloblastom (C71.6)
M9472/3   Medullomyoblastom (C71.6)
M9473/3   Primitiver neuroektodermaler Tumor (C71.–)
M9480/3   Kleinhirnsarkom o.n.A. (C71.6)
M9481/3   Monstrozelluläres Sarkom (C71.–)

M949–M952 Neuroepitheliomatöse Neubildungen
M9490/0   Ganglioneurom
M9490/3   Ganglioneuroblastom
M9491/0   Ganglioneuromatose
M9500/3   Neuroblastom o.n.A.
M9501/3   Medulloepitheliom o.n.A.
M9502/3   Teratoides Medulloepitheliom
M9503/3   Neuroepitheliom o.n.A.

M9504/3	Spongioneuroblastom
M9505/1	Ganglogliom
M9506/0	Neurozytom
M9507/0	Tumor der Vater-Pacini-Lamellenkörperchen
M9510/3	Retinoblastom o.n.A. (C69.2)
M9511/3	Retinoblastom, differenziert (C69.2)
M9512/3	Retinoblastom, undifferenziert (C69.2)
M9520/3	Neurogener Olfaktoriustumor
M9521/3	Ästhesioneurozytom (C30.0)
M9522/3	Ästhesioneuroblastom (C30.0)
M9523/3	Ästhesioneuroepitheliom (C30.0)

M953 Meningeome

M9530/0	Meningeom o.n.A. (D32.–)
M9530/1	Meningeomatose o.n.A. (D42.–)
M9530/3	Meningeom, bösartig (C70.–)
M9531/0	Meningotheliomatöses Meningeom (D32.–)
M9532/0	Fibromatöses Meningeom (D32.–)
M9533/0	Psammöses Meningeom (D32.–)
M9534/0	Angiomatöses Meningeom (D32.–)
M9535/0	Hämangioblastisches Meningeom (D32.–)
M9536/0	Hämangioperizytisches Meningeom (D32.–)
M9537/0	Meningeom, Übergangstyp (D32.–)
M9538/1	Papilläres Meningeom (D42.–)
M9539/3	Meningeale Sarkomatose (C70.–)

M954–M957 Nervenscheidentumoren

M9540/0	Neurofibrom o.n.A.
M9540/1	Neurofibromatose o.n.A. (Q85.0)
M9540/3	Neurofibrosarkom
M9541/0	Melanotisches Neurofibrom
M9550/0	Plexiformes Neurofibrom
M9560/0	Neurilemmom o.n.A.
M9560/1	Neurinomatose
M9560/3	Neurilemmom, bösartig
M9561/3	Tritontumor, bösartig [Malignes Schwannom]
M9562/0	Neurothekom
M9570/0	Neurom o.n.A.

M958 Granularzelltumoren und alveoläres Weichteilsarkom

M9580/0	Granularzelltumor o.n.A.
M9580/3	Granularzelltumor, bösartig
M9581/3	Alveoläres Weichteilsarkom

M959–M971 Hodgkin- und Non-Hodgkin-Lymphome

M959 Bösartige Lymphome, o.n.A. oder diffuse
M9590/3	Bösartiges Lymphom o.n.A. (C84.5, C85.9)
M9591/3	Bösartiges Lymphom, Non-Hodgkin-Typ o.n.A. (C85.9)
M9592/3	Lymphosarkom o.n.A. (C85.0)
M9593/3	Retikulosarkom o.n.A. (C83.3, C83.9)
M9594/3	Mikrogliom o.n.A. (C85.7)
M9595/3	Bösartiges Lymphom, diffus o.n.A. (C83.9)

M965–M966 Hodgkin-Krankheit [Lymphogranulomatose]
M9650/3	Hodgkin-Krankheit o.n.A. (C81.9)
M9652/3	Hodgkin-Krankheit, gemischtzellige Form (C81.2)
M9653/3	Hodgkin-Krankheit, lymphozytenarme Form o.n.A. (C81.3)
M9654/3	Hodgkin-Krankheit, lymphozytenarme Form, diffuse Fibrose (C81.3)
M9655/3	Hodgkin-Krankheit, lymphozytenarme retikuläre Form (C81.3)
M9657/3	Hodgkin-Krankheit, lymphozytenreiche Form, o.n.A. (C81.0)
M9658/3	Hodgkin-Krankheit, lymphozytenreiche Form, diffus (C81.0)
M9659/3	Hodgkin-Krankheit, lymphozytenreiche Form, nodulär (C81.0)
M9660/3	Hodgkin-Krankheit, Paragranulom o.n.A. (C81.7)
M9661/3	Hodgkin-Granulom (C81.7)
M9662/3	Hodgkin-Sarkom (C81.7)
M9663/3	Hodgkin-Krankheit, nodulär-sklerosierende Form o.n.A. (C81.1)
M9664/3	Hodgkin-Krankheit, nodulär-sklerosierende Form, zelluläre Phase (C81.0)
M9665/3	Hodgkin-Krankheit, nodulär-sklerosierende Form, lymphozytenreich (C81.1)
M9666/3	Hodgkin-Krankheit, nodulär-sklerosierende Form, gemischtzellig (C81.1)
M9667/3	Hodgkin-Krankheit, nodulär-sklerosierende Form, lymphozytenarm (C81.1)

M967–M968 Bösartiges Lymphom, diffus oder o.n.A., näher bezeichneter Typ
M9670/3	Bösartiges Lymphom, lymphozytär, kleinzellig, o.n.A. (C83.0)
M9671/3	Bösartiges Lymphom, lymphoplasmazytoid (C83.8)
M9672/3	Bösartiges Lymphom, kleinzellig, gekerbt, diffus (C83.1)
M9673/3	Bösartiges Lymphom, lymphozytär, mäßig differenziert, diffus (C83.8)
M9674/3	Bösartiges Lymphom, zentrozytisch (C83.8)
M9675/3	Bösartiges Lymphom, gemischt klein- und großzellig, diffus (C83.2)
M9676/3	Bösartiges Lymphom, zentroblastisch-zentrozytisch, diffus (C83.8)
M9677/3	Bösartige lymphomatöse Polyposis (C83.8)
M9680/3	Bösartiges Lymphom, großzellig, diffus o.n.A. (C83.3)
M9681/3	Bösartiges Lymphom, großzellig, gekerbt, diffus (C83.3)
M9682/3	Bösartiges Lymphom, großzellig, ungekerbt, diffus (C83.3)
M9683/3	Bösartiges Lymphom, zentroblastisch, diffus (C83.8.)
M9684/3	Bösartiges Lymphom, immunoblastisch o.n.A. (C83.4)

M9685/3	Bösartiges Lymphom, lymphoblastisch (C83.5.)
M9686/3	Bösartiges Lymphom, kleinzellig, ungekerbt, diffus (C83.0, C83.6)
M9687/3	Burkitt-Lymphom o.n.A. (C83.7)

M969 Bösartiges Lymphom, follikulär oder nodulär, mit oder ohne diffuse Ausbreitung
M9690/3	Bösartiges Lymphom, follikulär o.n.A. (C82.9)
M9691/3	Bösartiges Lymphom, gemischt, klein- und großzellig, gekerbt, follikulär (C82.1)
M9692/3	Bösartiges Lymphom, zentroblastisch-zentrozytisch, follikulär (C82.7)
M9693/3	Bösartiges Lymphom, lymphozytisch, gut differenziert, nodulär, (C82.7)
M9694/3	Bösartiges Lymphom, lymphozytisch, mäßig differenziert, nodulär (C82.7)
M9695/3	Bösartiges Lymphom, kleinzellig, gekerbt, follikulär (C82.0)
M9696/3	Bösartiges Lymphom, lymphozytisch, wenig differenziert, nodulär (C82.7)
M9697/3	Bösartiges Lymphom, zentroblastisch, follikulär (C82.7)
M9698/3	Bösartiges Lymphom, großzellig, follikulär o.n.A. (C82.2)

M970 Näher bezeichnete kutane und periphere T-Zell-Lymphome
M9700/3	Mycosis fungoides (C84.0)
M9701/3	Sézary-Syndrom (C84.1)
M9702/3	Peripheres T-Zell-Lymphom o.n.A. (C84.4)
M9703/3	T-Zonen-Lymphom (C84.2)
M9704/3	Lymphoepitheloides Lymphom (C84.3.)
M9705/3	Peripheres T-Zell-Lymphom, AILD (angioimmunoblastische Lymphadenopathie mit Dysproteinämie) (C84.4)
M9706/3	Peripheres T-Zell-Lymphom, pleomorph, kleinzellig (C84.4)
M9707/3	Peripheres T-Zell-Lymphom, pleomorph, mittel- und großzellig (C84.4)
M9709/3	Kutanes Lymphom (C84.5)

M971 Sonstige näher bezeichnete Non-Hodgkin-Lymphome
M9711/3	Monozytoides B-Zell-Lymphom (C85.7)
M9712/3	Angioendotheliomatosis (C85.7)
M9713/3	T-Zell-Lymphom, angiozentrisch (C85.7)
M9714/3	Lymphom, großzellig (Ki-1+) (C85.7)

M972 Sonstige lymphoretikuläre Neubildungen
M9720/3	Histiozytose, bösartige (C96.1)
M9722/3	Abt-Letterer-Siwe-Krankheit (C96.0)
M9723/3	Echtes, histiozytäres Lymphom (C96.3)

M973 Plasmazelltumoren
M9731/3   Plasmozytom o.n.A. (C90.2)
M9732/3   Multiples Myelom

M974 Mastzelltumoren
M9740/1   Mastozytom o.n.A. (D47.0)
M9740/3   Mastzellsarkom (C96.2)
M9741/3   Bösartige Mastozytose (C96.2)

M976 Immunproliferative Krankheiten
M9760/3   Immunproliferative Krankheit o.n.A. (C88.9)
M9761/3   Makroglobulinämie Waldenström (C88.0)
M9762/3   Alpha-Schwerkettenkrankheit (C88.1)
M9763/3   Gamma-Schwerkettenkrankheit (C88.2)
M9764/3   Immunproliferative Dünndarmkrankheit (C88.3)
M9765/1   Monoklonale Gammopathie (D47.2)
M9766/1   Angiozentrische, immunproliferative Läsion (D47.7)
M9767/1   Angioimmunoblastische Lymphadenopathie (D47.7)
M9768/1   T-Gamma-lymphoproliferative Krankheit (D47.7)

M980–M994 Leukämien

M980 Leukämien o.n.A.
M9800/3	Leukämie o.n.A. (C95.9)
M9801/3	Akute Leukämie o.n.A. (C95.0)
M9802/3	Subakute Leukämie o.n.A. (C95.2)
M9803/3	Chronische Leukämie o.n.A. (C95.1)
M9804/3	Aleukämische Leukämie o.n.A. (C95.7)

M982 Lymphatische Leukämien
M9820/3	Lymphatische Leukämie o.n.A. (C91.9)
M9821/3	Akute lymphoblastische Leukämie o.n.A. (C91.0)
M9822/3	Subakute lymphatische Leukämie (C91.2)
M9823/3	Chronische lymphatische Leukämie (C91.1)
M9824/3	Aleukämische lymphatische Leukämie (C91.7)
M9825/3	Prolymphozytäre Leukämie (C91.3)
M9826/3	Burkitt-Zellen-Leukämie (C91.7)
M9827/3	Adulte T-Zell-Leukämie/Lymphom (C91.5)

M983 Plasmazellenleukämien
M9830/3	Plasmazellenleukämie (C90.1)

M984 Erythrozytäre Leukämien
M9840/3	Erythroleukämie (C94.0)
M9841/3	Akute Erythrämie (C94.0)
M9842/3	Chronische Erythrämie (C94.1)

M985 Lymphosarkomzellen-Leukämie
M9850/3	Lymphosarkomzellen-Leukämie (C94.7)

M986 Myeloische (granulozytäre) Leukämien
M9860/3	Myeloische Leukämie o.n.A. (C92.9)
M9861/3	Akute myeloische Leukämie (C92.0)
M9862/3	Subakute myeloische Leukämie (C92.2)
M9863/3	Chronische myeloische Leukämie (C92.1)
M9864/3	Aleukämische myeloische Leukämie (C92.7)
M9866/3	Akute promyelozytäre Leukämie (C92.4)
M9867/3	Akute myelomonozytäre Leukämie (C92.5)
M9868/3	Chronische myelomonozytäre Leukämie (C92.7)

M987 Basophile Leukämien
M9870/3	Leukämie, basophile (C94.7)

M988 Eosinophile Leukämien
M9880/3	Eosinophile Leukämie (C92.–)

M989 Monozytenleukämien
M9890/3	Monozytenleukämie o.n.A. (C93.9)
M9891/3	Akute Monozytenleukämie (C93.0)
M9892/3	Subakute Monozytenleukämie (C93.2)
M9893/3	Chronische Monozytenleukämie (C93.1)
M9894/3	Aleukämische Monozytenleukämie (C93.7)

M990-M994 Sonstige Leukämien
M9900/3	Mastzelleukämie (C94.3)
M9910/3	Akute Megakaryoblastenleukämie (C94.2)
M9930/3	Myelosarkom (C92.3)
M9931/3	Akute Panmyelose (C94.4)
M9932/3	Akute Myelofibrose (C94.5)
M9940/3	Haarzellenleukämie (C91.4)
M9941/3	Leukämische Retikuloendotheliose (C91.4)

M995-M997 Verschiedene myeloproliferative und lymphoproliferative Störungen
M9950/1	Polycythaemia vera (D45)
M9960/1	Chronische myeloproliferative Krankheit (D47.1)
M9961/1	Myelosklerose mit myeloider Metaplasie (D47.1)
M9962/1	Idiopathische Thrombozythämie (D47.3)
M9970/1	Lymphoproliferative Krankheit o.n.A. (D47.9)

M998 Myelodysplatisches Syndrom
M9980/1	Refraktäre Anämie o.n.A. (D46.4)
M9981/1	Refraktäre Anämie ohne Ringsideroblasten (D46.0)
M9982/1	Refraktäre Anämie mit Ringsideroblasten (D46.1)
M9983/1	Refraktäre Anämie mit Blastenüberschuß (D46.2)
M9984/1	Refraktäre Anämie mit Blastenüberschuß in Transformation (D46.3)
M9989/1	Myelodysplastisches Syndrom o.n.A. (D46.9)

Sonderverzeichnisse zur Tabellierung der Mortalität und Morbidität

Listen zur Tabellierung der Mortalität (Mortalitätslisten)

Liste 1 – Allgemeine Mortalität –
Liste zusammengefaßter Todesursachen (103 Ursachen)
Liste 2 – Allgemeine Mortalität –
Liste ausgewählter Todesursachen (80 Ursachen)
Liste 3 – Säuglings- und Kindersterblichkeit –
Liste zusammengefaßter Todesursachen (67 Ursachen)
Liste 4 – Säuglings- und Kindersterblichkeit –
Liste ausgewählter Todesursachen (51 Ursachen)

Liste zur Tabellierung der Morbidität (Morbiditätsliste) (298 Krankheiten)

Sonderverzeichnisse zur Tabellierung der Mortalität und Morbidität

Hinweis: Die Listen zur Tabellierung von Daten wurden von der Vollversammlung der Weltgesundheitsorganisation 1990 angenommen. Sie sind in Band 2 (Regelwerk) beschrieben, und ihre Anwendung wird dort erklärt.

Mortalitätsliste 1

Allgemeine Mortalität
Liste zusammengefaßter Todesursachen

1–001	**Bestimmte infektiöse und parasitäre Krankheiten**	**A00–B99**
1–002	Cholera	A00
1–003	Diarrhoe und Gastroenteritis, vermutlich infektiösen Ursprungs	A09
1–004	Sonstige infektiöse Darmkrankheiten	A01–A08
1–005	Tuberkulose der Atmungsorgane	A15–A16
1–006	Sonstige Tuberkulose	A17–A19
1–007	Pest	A20
1–008	Tetanus	A33–A35
1–009	Diphtherie	A36
1–010	Keuchhusten	A37
1–011	Meningokokkeninfektion	A39
1–012	Sepsis	A40–A41
1–013	Infektionen, die vorwiegend durch Geschlechtsverkehr übertragen werden	A50–A64
1–014	Akute Poliomyelitis	A80
1–015	Tollwut	A82
1–016	Gelbfieber	A95
1–017	Sonstige durch Arthropoden übertragene Viruskrankheiten und virale hämorrhagische Fieber	A90–A94, A96–A99
1–018	Masern	B05
1–019	Virushepatitis	B15–B19
1–020	HIV-Krankheit [Humane Immundefizienz-Viruskrankheit]	B20–B24
1–021	Malaria	B50–B54
1–022	Leishmaniose	B55

1–023	Trypanosomiasis	B56–B57
1–024	Schistosomiasis [Bilharziose]	B65
1–025	Übrige bestimmte infektiöse und parasitäre Krankheiten	A21–A32, A38, A42–A49, A65–A79, A81, A83–A89, B00–B04, B06–B09, B25–B49, B58–B64, B66–B94, B99
1–026	**Neubildungen**	**C00–D48**
1–027	Bösartige Neubildung der Lippe, der Mundhöhle und des Pharynx	C00–C14
1–028	Bösartige Neubildung des Ösophagus	C15
1–029	Bösartige Neubildung des Magens	C16
1–030	Bösartige Neubildung des Dickdarmes, des Rektums und des Anus	C18–C21
1–031	Bösartige Neubildung der Leber und der intrahepatischen Gallengänge	C22
1–032	Bösartige Neubildung des Pankreas	C25
1–033	Bösartige Neubildung des Larynx	C32
1–034	Bösartige Neubildung der Trachea, der Bronchien und der Lunge	C33–C34
1–035	Bösartiges Melanom der Haut	C43
1–036	Bösartige Neubildung der Brustdrüse	C50
1–037	Bösartige Neubildung der Cervix uteri	C53
1–038	Bösartige Neubildung sonstiger und nicht näher bezeichneter Teile des Uterus	C54–C55
1–039	Bösartige Neubildung des Ovars	C56
1–040	Bösartige Neubildung der Prostata	C61
1–041	Bösartige Neubildung der Harnblase	C67
1–042	Bösartige Neubildung der Meningen, des Gehirns und anderer Teile des Zentralnervensystems	C70–C72
1–043	Non-Hodgkin-Lymphom	C82–C85
1–044	Plasmozytom und bösartige Plasmazellen-Neubildungen	C90
1–045	Leukämie	C91–C95

1–046	Übrige bösartige Neubildungen	C17, C23–C24, C26–C31, C37–C41, C44–C49, C51–C52, C57–C60, C62–C66, C68–C69, C73–C81, C88, C96–C97
1–047	Übrige gutartige Neubildungen	D00–D48
1–048	**Krankheiten des Blutes und der blutbildenden Organe sowie bestimmte Störungen mit Beteiligung des Immunsystems**	**D50–D89**
1–049	Anämien	D50–D64
1–050	Übrige Krankheiten des Blutes, der blutbildenden Organe sowie bestimmte Störungen mit Beteiligung des Immunsystems	D65–D89
1–051	**Endokrine, Ernährungs- und Stoffwechselkrankheiten**	**E00–E88**
1–052	Diabetes mellitus	E10–E14
1–053	Mangelernährung	E40–E46
1–054	Übrige endokrine, Ernährungs- und Stoffwechselkrankheiten	E00–E07, E15–E34, E50–E88
1–055	**Psychische und Verhaltensstörungen**	**F01–F99**
1–056	Psychische und Verhaltensstörungen durch psychotrope Substanzen	F10–F19
1–057	Übrige psychische und Verhaltensstörungen	F01–F09, F20–F99
1–058	**Krankheiten des Nervensystems**	**G00–G98**
1–059	Meningitis	G00, G03
1–060	Alzheimer-Krankheit	G30
1–061	Übrige Krankheiten des Nervensystems	G04–G25, G31–G98
1–062	**Krankheiten des Auges und der Augenanhangsgebilde**	**H00–H57**
1–063	**Krankheiten des Ohres und des Warzenfortsatzes**	**H60–H93**
1–064	**Krankheiten des Kreislaufsystems**	**I00–I99**
1–065	Akutes rheumatisches Fieber und chronische rheumatische Herzkrankheiten	I00–I09
1–066	Hypertonie [Hochdruckkrankheit]	I10–I13
1–067	Ischämische Herzkrankheiten	I20–I25
1–068	Sonstige Herzkrankheiten	I26–I51
1–069	Zerebrovaskuläre Krankheiten	I60–I69
1–070	Atherosklerose	I70
1–071	Übrige Krankheiten des Kreislaufsystems	I71–I99
1–072	**Krankheiten des Atmungssystems**	**J00–J98**
1–073	Grippe	J10–J11

1–074	Pneumonie	J12–J18
1–075	Sonstige akute Infektionen der unteren Atemwege	J20–J22
1–076	Chronische Krankheiten der unteren Atemwege	J40–J47
1–077	Übrige Krankheiten des Atmungssystems	J00–J06, J30–J39, J60–J98
1–078	**Krankheiten des Verdauungssystems**	**K00–K92**
1–079	Ulcus ventriculi und Ulcus duodeni	K25–K27
1–080	Krankheiten der Leber	K70–K76
1–081	Übrige Krankheiten des Verdauungssystems	K00–K22, K28–K66, K80–K92
1–082	**Krankheiten der Haut und der Unterhaut**	**L00–L98**
1–083	**Krankheiten des Muskel-Skelett-Systems und des Bindegewebes**	**M00–M99**
1–084	**Krankheiten des Urogenitalsystems**	**N00–N98**
1–085	Glomeruläre und tubulointerstitielle Nierenkrankheiten	N00–N15
1–086	Übrige Krankheiten des Urogenitalsystems	N17–N98
1–087	**Schwangerschaft, Geburt und Wochenbett**	**O00–O99**
1–088	Schwangerschaft mit abortivem Ausgang	O00–O07
1–089	Sonstige direkt gestationsbedingte Sterbefälle	O10–O92
1–090	Indirekt gestationsbedingte Sterbefälle	O98–O99
1–091	Übrige Sterbefälle im Zusammenhang mit Schwangerschaft, Geburt und Wochenbett	O95–O97
1–092	**Bestimmte Zustände, die ihren Ursprung in der Perinatalperiode haben**	**P00–P96**
1–093	**Angeborene Fehlbildungen, Deformitäten und Chromosomenanomalien**	**Q00–Q99**
1–094	**Symptome und abnorme klinische und Laborbefunde, die anderenorts nicht klassifiziert sind**	**R00–R99**
1–095	**Äußere Ursachen von Morbidität und Mortalität**	**V01–Y89**
1–096	Transportmittelunfälle	V01–V99
1–097	Stürze	W00–W19
1–098	Unfälle durch Ertrinken und Untergehen	W65–W74
1–099	Exposition gegenüber Rauch, Feuer und Flammen	X00–X09
1–100	Akzidentelle Vergiftung durch und Exposition gegenüber schädliche(n) Substanzen	X40–X49
1–101	Vorsätzliche Selbstbeschädigung	X60–X84
1–102	Tätlicher Angriff	X85–Y09
1–103	Alle sonstigen äußeren Ursachen	W20–W64, W75–W99, X10–X39, X50–X59, Y10–Y89

Mortalitätsliste 2

Allgemeine Mortalität
Liste ausgewählter Todesursachen

2-001	Cholera	A00
2-002	Diarrhoe und Gastroenteritis, vermutlich infektiösen Ursprungs	A09
2-003	Sonstige infektiöse Darmkrankheiten	A01–A08
2-004	Tuberkulose der Atmungsorgane	A15–A16
2-005	Sonstige Tuberkulose	A17–A19
2-006	Pest	A20
2-007	Tetanus	A33–A35
2-008	Diphtherie	A36
2-009	Keuchhusten	A37
2-010	Meningokokkeninfektion	A39
2-011	Sepsis	A40–A41
2-012	Infektionen, die vorwiegend durch Geschlechtsverkehr übertragen werden	A50–A64
2-013	Akute Poliomyelitis	A80
2-014	Tollwut	A82
2-015	Gelbfieber	A95
2-016	Sonstige durch Arthropoden übertragene Viruskrankheiten und virale hämorrhagische Fieber	A90–A94, A96–A99
2-017	Masern	B05
2-018	Virushepatitis	B15–B19
2-019	HIV-Krankheit [Humane Immundefizienz-Viruskrankheit]	B20–B24
2-020	Malaria	B50–B54
2-021	Leishmaniose	B55
2-022	Trypanosomiasis	B56–B57
2-023	Schistosomiasis [Bilharziose]	B65
2-024	Übrige infektiöse und parasitäre Krankheiten	A21–A32, A38, A42–A49, A65–A79, A81, A83–A89, B00–B04, B06–B09, B25–B49, B58–B64, B66–B94, B99

2–025	Bösartige Neubildung der Lippe, der Mundhöhle und des Pharynx	C00–C14
2–026	Bösartige Neubildung des Ösophagus	C15
2–027	Bösartige Neubildung des Magens	C16
2–028	Bösartige Neubildung des Dickdarmes, des Rektums und des Anus	C18–C21
2–029	Bösartige Neubildung der Leber und der intrahepatischen Gallengänge	C22
2–030	Bösartige Neubildung des Pankreas	C25
2–031	Bösartige Neubildung des Larynx	C32
2–032	Bösartige Neubildung der Trachea, der Bronchien und der Lunge	C33–C34
2–033	Bösartiges Melanom der Haut	C43
2–034	Bösartige Neubildung der Brustdrüse	C50
2–035	Bösartige Neubildung der Cervix uteri	C53
2–036	Bösartige Neubildung sonstiger und nicht näher bezeichneter Teile des Uterus	C54–C55
2–037	Bösartige Neubildung des Ovars	C56
2–038	Bösartige Neubildung der Prostata	C61
2–039	Bösartige Neubildung der Harnblase	C67
2–040	Bösartige Neubildung der Meningen, des Gehirns und anderer Teile des Zentralnervensystems	C70–C72
2–041	Non-Hodgkin-Lymphom	C82–C85
2–042	Plasmozytom und bösartige Plasmazellen-Neubildungen	C90
2–043	Leukämie	C91–C95
2–044	Übrige bösartige Neubildungen	C17, C23–C24, C26–C31, C37–C41, C44–C49, C51–C52, C57–C60, C62–C66, C68–C69, C73–C81, C88, C96–C97
2–045	Anämien	D50–D64
2–046	Diabetes mellitus	E10–E14
2–047	Mangelernährung	E40–E46
2–048	Psychische und Verhaltensstörungen durch pyschotrope Substanzen	F10–F19
2–049	Meningitis	G00, G03
2–050	Alzheimer-Krankheit	G30

2–051	Akutes rheumatisches Fieber und chronische rheumatische Herzkrankheiten	I00–I09
2–052	Hypertonie [Hochdruckkrankheit]	I10–I13
2–053	Ischämische Herzkrankheiten	I20–I25
2–054	Sonstige Herzkrankheiten	I26–I51
2–055	Zerebrovaskuläre Krankheiten	I60–I69
2–056	Atherosklerose	I70
2–057	Übrige Krankheiten des Kreislaufsystems	I71–I99
2–058	Grippe	J10–J11
2–059	Pneumonie	J12–J18
2–060	Sonstige akute Infektionen der unteren Atemwege	J20–J22
2–061	Chronische Krankheiten der unteren Atemwege	J40–J47
2–062	Übrige Krankheiten des Atmungssystems	J00–J06, J30–J39, J60–J98
2–063	Ulcus ventriculi und Ulcus duodeni	K25–K27
2–064	Krankheiten der Leber	K70–K76
2–065	Glomeruläre und tubulointerstitielle Nierenkrankheiten	N00–N15
2–066	Schwangerschaft mit abortivem Ausgang	O00–O07
2–067	Sonstige direkt gestationsbedingte Sterbefälle	O10–O92
2–068	Indirekt gestationsbedingte Sterbefälle	O98–O99
2–069	Bestimmte Zustände, die ihren Ursprung in der Perinatalperiode haben	P00–P96
2–070	Angeborene Fehlbildungen, Deformitäten und Chromosomenanomalien	Q00–Q99
2–071	Symptome und abnorme klinische und Laborbefunde, die anderenorts nicht klassifiziert sind	R00–R99
2–072	Alle sonstigen Krankheiten	D00–D48, D65–D89, E00–E07, E15–E34, E50–E88, F01–F09, F20–F99, G04–G25, G31–G98, H00–H93, K00–K22, K28–K66, K80–K92, L00–L98, M00–M99, N17–N98, O95–O97
2–073	Transportmittelunfälle	V01–V99
2–074	Stürze	W00–W19
2–075	Unfälle durch Ertrinken und Untergehen	W65–W74
2–076	Exposition gegenüber Rauch, Feuer und Flammen	X00–X09

2–077	Akzidentelle Vergiftung durch und Exposition gegenüber schädliche(n) Substanzen	X40–X49
2–078	Vorsätzliche Selbstbeschädigung	X60–X84
2–079	Tätlicher Angriff	X85–Y09
2–080	Alle sonstigen äußeren Ursachen	W20–W64, W75–W99, X10–X39, X50–X59

Mortalitätsliste 3

Säuglings- und Kindersterblichkeit
Liste zusammengefaßter Todesursachen

3–001	**Bestimmte infektiöse und parasitäre Krankheiten**	**A00–B99**
3–002	Diarrhoe und Gastroenteritis, vermutlich infektiösen Ursprungs	A09
3–003	Sonstige infektiöse Darmkrankheiten	A00–A08
3–004	Tuberkulose	A15–A19
3–005	Tetanus	A33, A35
3–006	Diphtherie	A36
3–007	Keuchhusten	A37
3–008	Meningokokkeninfektion	A39
3–009	Sepsis	A40–A41
3–010	Akute Poliomyelitis	A80
3–011	Masern	B05
3–012	HIV-Krankheit [Humane Immundefizienz-Viruskrankheit]	B20–B24
3–013	Sonstige Viruskrankheiten	A81–B04, B06–B19, B25–B34
3–014	Malaria	B50–B54
3–015	Übrige bestimmte infektiöse und parasitäre Krankheiten	A20–A32, A38, A42–A79, B35–B49, B55–B94, B99
3–016	**Neubildungen**	**C00–D48**
3–017	Leukämie	C91–C95
3–018	Übrige bösartige Neubildungen	C00–C90, C96–C97
3–019	Übrige Neubildungen	D00–D48
3–020	**Krankheiten des Blutes und der blutbildenden Organe sowie bestimmte Störungen mit Beteiligung des Immunsystems**	**D50–D89**
3–021	Anämien	D50–D64
3–022	Übrige Krankheiten des Blutes, der blutbildenden Organe sowie bestimmte Störungen mit Beteiligung des Immunsystems	D65–D89
3–023	**Endokrine, Ernährungs- und Stoffwechselkrankheiten**	**E00–E88**
3–024	Mangelernährung und sonstige alimentäre Mangelzustände	E40–E64
3–025	Übrige endokrine, Ernährungs- und Stoffwechselkrankheiten	E00–E34, E65–E88
3–026	**Krankheiten des Nervensystems**	**G00–G98**
3–027	Meningitis	G00, G03

3–028	Übrige Krankheiten des Nervensystems	G04–G98
3–029	**Krankheiten des Ohres und des Warzenfortsatzes**	**H60–H93**
3–030	**Krankheiten des Kreislaufsystems**	**I00–I99**
3–031	**Krankheiten des Atmungssystems**	**J00–J98**
3–032	Pneumonie	J12–J18
3–033	Sonstige akute Infektionen der Atemwege	J00–J11, J20–J22
3–034	Übrige Krankheiten des Atmungssystems	J30–J98
3–035	**Krankheiten des Verdauungssytems**	**K00–K92**
3–036	**Krankheiten des Urogenitalsystems**	**N00–N98**
3–037	**Bestimmte Zustände, die ihren Ursprung in der Perinatalperiode haben**	**P00–P96**
3–038	Schädigung des Feten und Neugeborenen durch mütterliche Faktoren und durch Komplikationen bei Schwangerschaft, Wehentätigkeit und Entbindung	P00–P04
3–039	Störungen im Zusammenhang mit der Schwangerschaftsdauer und dem fetalen Wachstum	P05–P08
3–040	Geburtstrauma	P10–P15
3–041	Intrauterine Hypoxie und Asphyxie unter der Geburt	P20–P21
3–042	Atemnot [Respiratory distress] beim Neugeborenen	P22
3–043	Angeborene Pneumonie	P23
3–044	Sonstige Atemstörungen beim Neugeborenen	P24–P28
3–045	Bakterielle Sepsis beim Neugeborenen	P36
3–046	Omphalitis beim Neugeborenen mit oder ohne leichte Blutung	P38
3–047	Hämorrhagische und hämatologische Krankheiten beim Feten und Neugeborenen	P50–P61
3–048	Übrige perinatale Zustände	P29, P35, P37, P39, P70–P96
3–049	**Angeborene Fehlbildungen, Deformitäten und Chromosomenanomalien**	**Q00–Q99**
3–050	Angeborener Hydrozephalus und Spina bifida	Q03, Q05
3–051	Sonstige angeborene Fehlbildungen des Nervensystems	Q00–Q02, Q04, Q06–Q07
3–052	Angeborene Fehlbildungen des Herzens	Q20–Q24
3–053	Sonstige angeborene Fehlbildungen des Kreislaufsystems	Q25–Q28
3–054	Down-Syndrom und sonstige Chromosomenanomalien	Q90–Q99
3–055	Sonstige angeborene Fehlbildungen	Q10–Q18, Q30–Q89
3–056	**Symptome und abnorme klinische und Laborbefunde, die anderenorts nicht klassifiziert sind**	**R00–R99**
3–057	Plötzlicher Kindstod	R95
3–058	Sonstige Symptome und abnorme klinische und Laborbefunde, die anderenorts nicht klassifiziert sind	R00–R94, R96–R99

3–059	Alle sonstigen Krankheiten	F01–F99, H00–H59, L00–L98, M00–M99
3–060	**Äußere Ursachen von Morbidität and Mortalität**	V01–Y89
3–061	Transportmittelunfälle	V01–V99
3–062	Unfälle durch Ertrinken und Untergehen	W65–W74
3–063	Sonstige unfallbedingte Gefährdung der Atmung	W75–W84
3–064	Exposition gegenüber Rauch, Feuer und Flammen	X00–X09
3–065	Akzidentelle Vergiftung durch und Exposition gegenüber schädliche(n) Substanzen	X40–X49
3–066	Tätlicher Angriff	X85–Y09
3–067	Alle sonstigen äußeren Ursachen	W00–W64, W85–W99, X10–X39, X50–X84, Y10–Y89

Mortalitätsliste 4

Säuglings- und Kindersterblichkeit
Liste ausgewählter Todesursachen

4–001	Diarrhoe und Gastroenteritis, vermutlich infektiösen Ursprungs	A09
4–002	Sonstige infektiöse Darmkrankheiten	A00–A08
4–003	Tuberkulose	A15–A19
4–004	Tetanus	A33, A35
4–005	Diphtherie	A36
4–006	Keuchhusten	A37
4–007	Meningokokkeninfektion	A39
4–008	Sepsis	A40–A41
4–009	Akute Poliomyelitis	A80
4–010	Masern	B05
4–011	HIV-Krankheit [Humane Immundefizienz-Viruskrankheit]	B20–B24
4–012	Sonstige Viruskrankheiten	A81–B04, B06–B19, B25–B34
4–013	Malaria	B50–B54
4–014	Übrige bestimmte infektiöse und parasitäre Krankheiten	A20–A32, A38, A42–A79, B35–B49, B55–B94, B99
4–015	Leukämie	C91–C95
4–016	Übrige bösartige Neubildungen	C00–C90, C96–C97
4–017	Anämien	D50–D64
4–018	Übrige Krankheiten des Blutes, der blutbildenden Organe sowie bestimmte Störungen mit Beteiligung des Immunsystems	D65–D89
4–019	Mangelernährung und sonstige alimentäre Mangelzustände	E40–E64
4–020	Meningitis	G00, G03
4–021	Übrige Krankheiten des Nervensystems	G04–G98
4–022	Pneumonie	J12–J18
4–023	Sonstige akute Infektionen der Atemwege	J00–J11, J20–J22
4–024	Krankheiten des Verdauungssystems	K00–K92

4–025	Schädigung des Feten und Neugeborenen durch mütterliche Faktoren und durch Komplikationen bei Schwangerschaft, Wehentätigkeit und Entbindung	P00–P04
4–026	Störungen im Zusammenhang mit der Schwangerschaftsdauer und dem fetalen Wachstum	P05–P08
4–027	Geburtstrauma	P10–P15
4–028	Intrauterine Hypoxie und Asphyxie unter der Geburt	P20–P21
4–029	Atemnot [Respiratory distress] beim Neugeborenen	P22
4–030	Angeborene Pneumonie	P23
4–031	Sonstige Atemstörungen beim Neugeborenen	P24–P28
4–032	Bakterielle Sepsis beim Neugeborenen	P36
4–033	Omphalitis beim Neugeborenen mit oder ohne leichte Blutung	P38
4–034	Hämorrhagische und hämatologische Krankheiten beim Feten und Neugeborenen	P50–P61
4–035	Übrige perinatale Zustände	P29, P35, P37, P39, P70–P96
4–036	Angeborener Hydrozephalus und Spina bifida	Q03, Q05
4–037	Sonstige angeborene Fehlbildungen des Nervensystems	Q00–Q02, Q04, Q06–Q07
4–038	Angeborene Fehlbildungen des Herzens	Q20–Q24
4–039	Sonstige angeborene Fehlbildungen des Kreislaufsystems	Q25–Q28
4–040	Down-Syndrom und sonstige Chromosomenanomalien	Q90–Q99
4–041	Sonstige angeborene Fehlbildungen	Q10–Q18, Q30–Q89
4–042	Plötzlicher Kindstod	R95
4–043	Sonstige Symptome und abnorme klinische und Laborbefunde, die anderenorts nicht klassifiziert sind	R00–R94, R96–R99
4–044	Alle sonstigen Krankheiten	D00–D48, E00–E34, E65–E88, F01–F99, H00–H95, I00–I99, J30–J98, L00–L98, M00–M99, N00–N98
4–045	Transportmittelunfälle	V01–V99
4–046	Unfälle durch Ertrinken und Untergehen	W65–W74

4–047	Sonstige unfallbedingte Gefährdung der Atmung	W75–W84
4–048	Exposition gegenüber Rauch, Feuer und Flammen	X00–X09
4–049	Akzidentelle Vergiftung durch und Exposition gegenüber schädliche(n) Substanzen	X40–X49
4–050	Tätlicher Angriff	X85–Y09
4–051	Alle sonstigen äußeren Ursachen	W00–W64, W85–W99, X10–X39, X50–X84, Y10–Y89

Liste zur Tabellierung der Morbidität (Morbiditätsliste)

001	Cholera	A00
002	Typhus abdominalis und Paratyphus	A01
003	Shigellose [Bakterielle Ruhr]	A03
004	Amöbiasis [Amöbenruhr]	A06
005	Diarrhoe und Gastroenteritis, vermutlich infektiösen Ursprungs	A09
006	Sonstige infektiöse Darmkrankheiten	A02, A04–A05, A07–A08
007	Tuberkulose der Atmungsorgane	A15–A16
008	Sonstige Tuberkulose	A17–A19
009	Pest	A20
010	Brucellose	A23
011	Lepra [Aussatz]	A30
012	Tetanus neonatorum	A33
013	Sonstiger Tetanus	A34–A35
014	Diphtherie	A36
015	Keuchhusten	A37
016	Meningokokkeninfektion	A39
017	Sepsis	A40–A41
018	Sonstige bakterielle Krankheiten	A21–A22, A24–A28, A31–A32, A38, A42–A49
019	Syphilis connata	A50
020	Frühsyphilis	A51
021	Sonstige Syphilis	A52–A53
022	Gonokokkeninfektion	A54
023	Durch Geschlechtsverkehr übertragene Chlamydienkrankheiten	A55–A56
024	Sonstige Infektionen, die vorwiegend durch Geschlechtsverkehr übertragen werden	A57–A64
025	Rückfallfieber	A68
026	Trachom	A71
027	Fleckfieber	A75
028	Akute Poliomyelitis	A80
029	Tollwut	A82
030	Virusenzephalitis	A83–A86
031	Gelbfieber	A95
032	Sonstige durch Arthropoden übertragene Viruskrankheiten und virale hämorrhagische Fieber	A90–A94, A96–A99
033	Infektionen durch Herpesviren [Herpes simplex]	B00
034	Varizellen [Windpocken] und Zoster	B01–B02
035	Masern	B05
036	Röteln	B06

037	Akute Virushepatitis B	B16
038	Sonstige Virushepatitis	B15, B17–B19
039	HIV-Krankheit [Humane Immundefizienz-Viruskrankheit]	B20–B24
040	Mumps	B26
041	Sonstige Viruskrankheiten	A81, A87–A89, B03–B04, B07–B09, B25, B27–B34
042	Mykosen	B35–B49
043	Malaria	B50–B54
044	Leishmaniose	B55
045	Trypanosomiasis	B56–B57
046	Schistosomiasis [Bilharziose]	B65
047	Befall durch sonstige Trematoden [Egel]	B66
048	Echinokokkose	B67
049	Drakunkulose	B72
050	Onchozerkose	B73
051	Filariose	B74
052	Hakenwurm-Krankheit	B76
053	Sonstige Helminthosen	B68–B71, B75, B77–B83
054	Folgezustände der Tuberkulose	B90
055	Folgezustände der Poliomyelitis	B91
056	Folgezustände der Lepra	B92
057	Sonstige infektiöse und parasitäre Krankheiten	A65–A67, A69–A70, A74, A77–A79, B58–B64, B85–B89, B94, B99
058	Bösartige Neubildung der Lippe, der Mundhöhle und des Pharynx	C00–C14
059	Bösartige Neubildung des Ösophagus	C15
060	Bösartige Neubildung des Magens	C16
061	Bösartige Neubildung des Dickdarmes	C18
062	Bösartige Neubildung am Rektosigmoid, Rektum, Anus und Analkanal	C19–C21
063	Bösartige Neubildung der Leber und der intrahepatischen Gallengänge	C22
064	Bösartige Neubildung des Pankreas	C25
065	Sonstige bösartige Neubildungen der Verdauungsorgane	C17, C23–C24, C26
066	Bösartige Neubildungen des Larynx	C32
067	Bösartige Neubildung der Trachea, der Bronchien und der Lunge	C33–C34

068	Sonstige bösartige Neubildungen der Atmungsorgane und der intrathorakalen Organe	C30–C31, C37–C39
069	Bösartige Neubildung des Knochens und des Gelenkknorpels	C40–C41
070	Bösartiges Melanom der Haut	C43
071	Sonstige bösartige Neubildungen der Haut	C44
072	Bösartige Neubildungen des mesothelialen Gewebes und des Weichteilgewebes	C45–C49
073	Bösartige Neubildung der Brustdrüse	C50
074	Bösartige Neubildung der Cervix uteri	C53
075	Bösartige Neubildung sonstiger und nicht näher bezeichneter Teile des Uterus	C54–C55
076	Sonstige bösartige Neubildungen der weiblichen Genitalorgane	C51–C52, C56–C58
077	Bösartige Neubildung der Prostata	C61
078	Sonstige bösartige Neubildungen der männlichen Genitalorgane	C60, C62–C63
079	Bösartige Neubildung der Harnblase	C67
080	Sonstige bösartige Neubildungen der Harnorgane	C64–C66, C68
081	Bösartige Neubildung des Auges und der Augenanhangsgebilde	C69
082	Bösartige Neubildung des Gehirns	C71
083	Bösartige Neubildung anderer Teile des Zentralnervensystems	C70, C72
084	Bösartige Neubildung sonstiger, ungenau bezeichneter, sekundärer und nicht näher bezeichneter Lokalisationen sowie an mehreren Lokalisationen	C73–C80, C97
085	Hodgkin-Krankheit [Lymphogranulomatose]	C81
086	Non-Hodgkin-Lymphom	C82–C85
087	Leukämie	C91–C95
088	Sonstige bösartige Neubildungen des lymphatischen, blutbildenden und verwandten Gewebes	C88–C90, C96
089	Carcinoma in situ der Cervix uteri	D06
090	Gutartige Neubildung der Haut	D22–D23
091	Gutartige Neubildung der Brustdrüse	D24
092	Leiomyom des Uterus	D25
093	Gutartige Neubildung des Ovars	D27
094	Gutartige Neubildung der Harnorgane	D30
095	Gutartige Neubildung des Gehirns und anderer Teile des Zentralnervensystems	D33
096	Sonstige in-situ- und gutartige Neubildungen und Neubildungen mit unsicherem oder unbekanntem Verhalten	D00–D05, D07–D21, D26, D28–D29, D31–D32, D34–D48
097	Eisenmangelanämie	D50

098	Sonstige Anämien	D51–D64
099	Hämorrhagische Diathesen und sonstige Krankheiten des Blutes und der blutbildenden Organe	D65–D77
100	Bestimmte Störungen mit Beteiligung des Immunsystems	D80–D89
101	Jodmangelbedingte Schilddrüsenkrankheiten	E00–E02
102	Hyperthyreose [Thyreotoxikose]	E05
103	Sonstige Krankheiten der Schilddrüse	E03–E04, E06–E07
104	Diabetes mellitus	E10–E14
105	Mangelernährung	E40–E46
106	Vitamin-A-Mangel	E50
107	Sonstige Vitaminmangelzustände	E51–E56
108	Folgen von Mangelernährung und sonstigen alimentären Mangelzuständen	E64
109	Adipositas	E66
110	Volumenmangel	E86
111	Sonstige endokrine, Ernährungs- und Stoffwechselstörungen	E15–E35, E58–E63, E65, E67–E85, E87–E90
112	Demenz	F00–F03
113	Psychische und Verhaltensstörungen durch Alkohol	F10
114	Psychische und Verhaltensstörungen durch sonstige psychotrope Substanzen	F11–F19
115	Schizophrenie, schizotype und wahnhafte Störungen	F20–F29
116	Affektive Störungen	F30–F39
117	Neurotische, Belastungs- und somatoforme Störungen	F40–F48
118	Intelligenzminderung	F70–F79
119	Sonstige psychische und Verhaltensstörungen	F04–F09, F50–F69, F80–F99
120	Entzündliche Krankheiten des Zentralnervensystems	G00–G09
121	Primäres Parkinson-Syndrom	G20
122	Alzheimer-Krankheit	G30
123	Multiple Sklerose	G35
124	Epilepsie	G40–G41
125	Migräne und sonstige Kopfschmerzsyndrome	G43–G44
126	Zerebrale transitorische ischämische Attacken und verwandte Syndrome	G45
127	Krankheiten von Nerven, Nervenwurzeln und Nervenplexus	G50–G59
128	Zerebrale Lähmung und sonstige Lähmungssyndrome	G80–G83

129	Sonstige Krankheiten des Nervensystems	G10–G13, G21–G26, G31–G32, G36–G37, G46–G47, G60–G73, G90–G99
130	Entzündung des Augenlides	H00–H01
131	Konjunktivitis und sonstige Affektionen der Konjunktiva	H10–H13
132	Keratitis und sonstige Affektionen der Sklera und der Hornhaut	H15–H19
133	Katarakt and sonstige Affektionen der Linse	H25–H28
134	Netzhautablösung und Netzhautriß	H33
135	Glaukom	H40–H42
136	Strabismus	H49–H50
137	Akkommodationstörungen und Refraktionsfehler	H52
138	Blindheit und Sehschwäche	H54
139	Sonstige Krankheiten des Auges und der Augenanhangsgebilde	H02–H06, H20–H22, H30–H32, H34–H36, H43–H48, H51, H53, H55–H59
140	Otitis media und sonstige Krankheiten des Mittelohres und des Warzenfortsatzes	H65–H75
141	Hörverlust	H90–H91
142	Sonstige Krankheiten des Ohres und des Warzenfortsatzes	H60–H62, H80–H83, H92–H95
143	Akutes rheumatisches Fieber	I00–I02
144	Chronische rheumatische Herzkrankheiten	I05–I09
145	Essentielle (primäre) Hypertonie	I10
146	Sonstige hypertensive Krankheiten	I11–I15
147	Akuter Myokardinfarkt	I21–I22
148	Sonstige ischämische Herzkrankheiten	I20, I23–I25
149	Lungenembolie	I26
150	Erregungsleitungsstörungen und kardiale Arrhythmien	I44–I49
151	Herzinsuffizienz	I50
152	Sonstige Herzkrankheiten	I27–I43, I51–I52
153	Intrakranielle Blutung	I60–I62
154	Hirninfarkt	I63
155	Schlaganfall, nicht als Blutung oder Infarkt bezeichnet	I64
156	Sonstige zerebrovaskuläre Krankheiten	I65–I69
157	Atherosklerose	I70
158	Sonstige periphere Gefäßkrankheiten	I73

159	Arterielle Embolie und Thrombose	I74
160	Sonstige Krankheiten der Arterien, Arteriolen und Kapillaren	I71–I72, I77–I79
161	Phlebitis, Thrombophlebitis, venöse Embolie und Thrombose	I80–I82
162	Varizen der unteren Extremitäten	I83
163	Hämorrhoiden	I84
164	Sonstige Krankheiten des Kreislaufsystems	I85–I99
165	Akute Pharyngitis und akute Tonsillitis	J02–J03
166	Akute Laryngitis und Tracheitis	J04
167	Sonstige akute Infektionen der oberen Atemwege	J00–J01, J05–J06
168	Grippe	J10–J11
169	Pneumonie	J12–J18
170	Akute Bronchitis und akute Bronchiolitis	J20–J21
171	Chronische Sinusitis	J32
172	Sonstige Krankheiten der Nase und der Nasennebenhöhlen	J30–J31, J33–J34
173	Chronische Krankheiten der Gaumen- und Rachenmandeln	J35
174	Sonstige Krankheiten der oberen Atemwege	J36–J39
175	Bronchitis, Emphysem und sonstige chronische obstruktive Lungenkrankheiten	J40–J44
176	Asthma bronchiale	J45–J46
177	Bronchiektasen	J47
178	Pneumokoniose	J60–J65
179	Sonstige Krankheiten des Atmungssystems	J22, J66–J99
180	Zahnkaries	K02
181	Sonstige Krankheiten der Zähne und des Zahnhalteapparates	K00–K01, K03–K08
182	Sonstige Krankheiten der Mundhöhle, der Speicheldrüsen und der Kiefer	K09–K14
183	Ulcus ventriculi und Ulcus duodeni	K25–K27
184	Gastritis und Duodenitis	K29
185	Sonstige Krankheiten des Ösophagus, des Magens und des Duodenums	K20–K23, K28, K30–K31
186	Krankheiten der Appendix	K35–K38
187	Hernia inguinalis	K40
188	Sonstige Hernien	K41–K46
189	Crohn-Krankheit und Colitis ulcerosa	K50–K51
190	Paralytischer Ileus und mechanischer Ileus ohne Hernie	K56
191	Divertikulose des Darmes	K57
192	Sonstige Krankheiten des Darmes und des Peritoneums	K52–K55, K58–K67
193	Alkoholische Leberkrankheit	K70
194	Sonstige Krankheiten der Leber	K71–K77

195	Cholelithiasis und Cholezystitis	K80–K81
196	Akute Pankreatitis und sonstige Krankheiten des Pankreas	K85–K86
197	Sonstige Krankheiten des Verdauungssytems	K82–K83, K87–K93
198	Infektionen der Haut und der Unterhaut	L00–L08
199	Sonstige Krankheiten der Haut und der Unterhaut	L10–L99
200	Chronische Polyarthritis und sonstige entzündliche Polyarthropathien	M05–M14
201	Arthrose	M15–M19
202	Erworbene Deformitäten der Extremitäten	M20–M21
203	Sonstige Krankheiten der Gelenke	M00–M03, M22–M25
204	Systemkrankheiten des Bindegewebes	M30–M36
205	Zervikale und sonstige Bandscheibenschäden	M50–M51
206	Sonstige Krankheiten der Wirbelsäule und des Rückens	M40–M49, M53–M54
207	Krankheiten des Weichteilgewebes	M60–M79
208	Veränderungen der Knochendichte und -struktur	M80–M85
209	Osteomyelitis	M86
210	Sonstige Krankheiten des Muskel-Skelett-Systems und des Bindegewebes	M87–M99
211	Akute und rapid-progressive nephritische Syndrome	N00–N01
212	Sonstige glomeruläre Krankheiten	N02–N08
213	Tubulointerstitielle Nierenkrankheiten	N10–N16
214	Niereninsuffizienz	N17–N19
215	Urolithiasis	N20–N23
216	Zystitis	N30
217	Sonstige Krankheiten des Harnsystems	N25–N29, N31–N39
218	Prostatahyperplasie	N40
219	Sonstige Krankheiten der Prostata	N41–N42
220	Hydrozele und Spermatozele	N43
221	Vorhauthypertrophie, Phimose und Paraphimose	N47
222	Sonstige Krankheiten der männlichen Genitalorgane	N44–N46, N48–N51
223	Krankheiten der Brustdrüse	N60–N64
224	Salpingitis und Oophoritis	N70
225	Entzündliche Krankheit der Cervix uteri	N72
226	Sonstige entzündliche Krankheiten der weiblichen Beckenorgane	N71, N73–N77
227	Endometriose	N80
228	Genitalprolaps bei der Frau	N81
229	Nichtentzündliche Krankheiten des Ovars, der Tuba uterina und des Lig. latum uteri	N83
230	Menstruationsstörungen	N91–N92
231	Klimakterische Störungen	N95
232	Sterilität der Frau	N97

233	Sonstige Krankheiten des Urogenitalsystems	N82, N84–N90, N93–N94, N96, N98–N99
234	Spontanabort	O03
235	Ärztlich eingeleiteter Abort	O04
236	Sonstige Schwangerschaft mit abortivem Ausgang	O00–O02, O05–O08
237	Ödeme, Proteinurie und Hypertonie während der Schwangerschaft, der Geburt und des Wochenbettes	O10–O16
238	Placenta praevia, vorzeitige Plazentalösung und präpartale Blutung	O44–O46
239	Sonstige Betreuung der Mutter im Hinblick auf den Feten und die Amnionhöhle sowie mögliche Entbindungskomplikationen	O30–O43, O47–O48
240	Geburtshindernis	O64–O66
241	Postpartale Blutung	O72
242	Sonstige Komplikationen während der Schwangerschaft und der Entbindung	O20–O29, O60–O63, O67–O71, O73–O75, O81–O84
243	Spontangeburt eines Einlings	O80
244	Komplikationen, die vorwiegend im Wochenbett auftreten und sonstige Krankheitszustände während der Gestationsperiode, die anderenorts nicht klassifiziert sind	O85–O99
245	Schädigung des Feten und Neugeborenen durch mütterliche Faktoren und durch Komplikationen bei Schwangerschaft, Wehentätigkeit und Entbindung	P00–P04
246	Intrauterine Mangelentwicklung, fetale Mangelernährung und Störungen im Zusammenhang mit kurzer Schwangerschaftsdauer und niedrigem Geburtsgewicht	P05–P07
247	Geburtstrauma	P10–P15
248	Intrauterine Hypoxie und Asphyxie unter der Geburt	P20–P21
249	Sonstige Atemwegskrankheiten beim Neugeborenen mit Ursprung in der Perinatalperiode	P22–P28
250	Angeborene infektiöse und parasitäre Krankheiten	P35–P37
251	Sonstige Infektionen, die für die Perinatalperiode spezifisch sind	P38–P39
252	Hämolytische Krankheit beim Feten und Neugeborenen	P55
253	Sonstige Zustände, die ihren Ursprung in der Perinatalperiode haben	P08, P29, P50–P54, P56–P96
254	Spina bifida	Q05
255	Sonstige angeborene Fehlbildungen des Nervensystems	Q00–Q04, Q06–Q07
256	Angeborene Fehlbildungen des Kreislaufsystems	Q20–Q28

257	Lippen-, Kiefer- und Gaumenspalte	Q35–Q37
258	Fehlen, Atresie und Stenose des Dünndarmes	Q41
259	Sonstige angeborene Fehlbildungen des Verdauungssystems	Q38–Q40, Q42–Q45
260	Nondescensus testis	Q53
261	Sonstige Fehlbildungen des Urogenitalsystems	Q50–Q52, Q54–Q64
262	Angeborene Deformitäten der Hüfte	Q65
263	Angeborene Deformitäten der Füße	Q66
264	Sonstige angeborene Fehlbildungen und Deformitäten des Muskel-Skelett-Systems	Q67–Q79
265	Sonstige angeborene Fehlbildungen	Q10–Q18, Q30–Q34, Q80–Q89
266	Chromosomenanomalien, anderenorts nicht klassifiziert	Q90–Q99
267	Bauch- und Beckenschmerzen	R10
268	Fieber unbekannter Ursache	R50
269	Senilität	R54
270	Sonstige Symptome und abnorme klinische und Laborbefunde, die anderenorts nicht klassifiziert sind	R00–R09, R11–R49, R51–R53, R55–R99
271	Fraktur des Schädels und der Gesichtsschädelknochen	S02
272	Fraktur im Bereich des Halses, des Thorax oder des Beckens	S12, S22, S32, T08
273	Fraktur des Femurs	S72
274	Frakturen sonstiger Teile der Extremitäten	S42, S52, S62, S82, S92, T10, T12
275	Frakturen mit Beteiligung mehrerer Körperregionen	T02
276	Luxation, Verstauchung und Zerrung näher bezeichneter und mehrerer Körperregionen	S03, S13, S23, S33, S43, S53, S63, S73, S83, S93, T03
277	Verletzung des Auges und der Orbita	S05
278	Intrakranielle Verletzung	S06
279	Verletzung sonstiger innerer Organe	S26–S27, S36–S37
280	Zerquetschungen und traumatische Amputationen näher bezeichneter sowie mehrerer Körperregionen	S07–S08, S17–S18, S28, S38, S47–S48, S57–S58, S67–S68, S77–S78, S87–S88, S97–S98, T04–T05

281	Sonstige Verletzungen näher bezeichneter und nicht näher bezeichneter sowie mehrerer Körperregionen	S00–S01, S04, S09–S11, S14–S16, S19–S21, S24–S25, S29–S31, S34–S35, S39–S41, S44–S46, S49–S51, S54–S56, S59–S61, S64–S66, S69–S71, S74–S76, S79–S81, S84–S86, S89–S91, S94–S96, S99, T00–T01, T06–T07, T09, T11, T13–T14
282	Folgen des Eindringens eines Fremdkörpers durch eine natürliche Körperöffnung	T15–T19
283	Verbrennungen und Verätzungen	T20–T32
284	Vergiftung durch Arzneimittel, Drogen und biologisch aktive Substanzen	T36–T50
285	Toxische Wirkungen von vorwiegend nicht medizinisch verwendeten Substanzen	T51–T65
286	Mißhandlungssyndrome	T74
287	Sonstige und nicht näher bezeichnete Schäden durch äußere Ursachen	T33–T35, T66–T73, T75–T78
288	Bestimmte Frühkomplikationen eines Traumas und Komplikationen bei chirurgischen Eingriffen und medizinischer Behandlung, anderenorts nicht klassifiziert	T79–T88
289	Folgen von Verletzungen, Vergiftungen und sonstigen Auswirkungen äußerer Ursachen	T90–T98
290	Personen, die das Gesundheitswesen zur Untersuchung und Abklärung in Anspruch nehmen	Z00–Z13
291	Asymptomatische HIV-Infektion [Humane Immundefizienz-Virusinfektion]	Z21
292	Sonstige Personen mit potentiellen Gesundheitsrisiken hinsichtlich übertragbarer Krankheiten	Z20, Z22–Z29
293	Kontrazeptive Maßnahmen	Z30
294	Pränatales Screening und sonstige Überwachung einer Schwangerschaft	Z34–Z36
295	Lebendgeborene nach dem Geburtsort	Z38
296	Postpartale Betreuung und Untersuchung	Z39

| 297 | Personen, die das Gesundheitswesen zum Zwecke spezifischer Maßnahmen und zur medizinischen Betreuung in Anspruch nehmen | Z40–Z54 |
| 298 | Personen, die das Gesundheitswesen aus sonstigen Gründen in Anspruch nehmen | Z31–Z33, Z37, Z55–Z99 |

Definitionen

Definitionen

Hinweis: Die folgenden Definitionen sind von der Vollversammlung der Weltgesundheitsorganisation unter Artikel 23 der Verfassung der Weltgesundheitsorganisation angenommen worden (Entschließungen WHA 20.19 und WHA 43.24).

1. Todesursachen

Die Todesursachen, die auf der ärztlichen Todesursachenbescheinigung angegeben werden sollen, sind alle diejenigen Krankheiten, Krankheitszustände oder Verletzungen, die entweder den Tod zur Folge hatten oder zum Tode beitrugen unddie Umstände des Unfalls oder der Gewalteinwirkung, die diese Verletzungen verursachten.

2. Grundleiden

Unter Grundleiden versteht man (a) die Krankheit oder Verletzung, die die Kausalkette der direkt zum Tode führenden Krankheitszustände auslöste, oder (b) die Umstände des Unfalls oder der Gewalteinwirkung, die den tödlichen Ausgang verursachten.

3. Definitionen im Zusammenhang mit der Fetal-, Perinatal-, Neonatal- und Säuglingssterblichkeit

3.1 Lebendgeborenes

Ein Lebendgeborenes ist eine aus der Empfängnis stammende Frucht, die unabhängig von der Schwangerschaftsdauer vollständig aus dem Mutterleib ausgestoßen oder extrahiert ist, nach Verlassen des Mutterleibes atmet oder irgendein anderes Lebenszeichen erkennen läßt, wie Herzschlag, Pulsation der Nabelschnur oder deutliche Bewegung der willkürlichen Muskulatur, gleichgültig, ob die Nabelschnur durchtrennt oder die Plazenta ausgestoßen wurde oder nicht. Jedes unter diesen Voraussetzungen neugeborene Kind ist als lebendgeboren zu betrachten.

Deutsche Definition nach Paragraph 29. Abs.1 der Verordnung zur Ausführung des Personenstandsgesetzes vom 12.08.1957 (BGBl.I., S. 1139)

(1) Eine Lebendgeburt, für die die allgemeinen Bestimmungen über die Anzeige und die Eintragung gelten, liegt vor, wenn bei einem Kinde nach der Scheidung vom Mutterleib entweder das Herz geschlagen oder die Nabelschnur pulsiert oder die natürliche Lungenatmung eingesetzt hat.

Definition nach dem Schweizerischen Zivilgesetzbuch

Als lebendgeboren und meldepflichtig im Sinne des Zivilgesetzbuches (Art. 46) gilt ein Kind, das nach völligem Austritt aus dem Mutterleib (Kopf, Körper und Glieder) atmet oder mindestens Herzschläge aufweist.

Definition nach Paragraph 1 Abs. 7 des Österreichischen Hebammengesetzes von 1963

a) Lebendgeburt:

als lebendgeboren gilt unabhängig von der Schwangerschaftsdauer eine Leibesfrucht dann, wenn nach Austritt aus dem Mutterleib entweder die natürliche Lungenatmung einsetzt oder das Herz geschlagen oder die Nabelschnur pulsiert hat;

3.2 Fetaltod [totgeborener Fet]
Fetaltod ist der Tod einer aus der Empfängnis stammenden Frucht vor der vollständigen Ausstoßung oder Extraktion aus dem Mutterleib, unabhängig von der Dauer der Schwangerschaft; der Tod wird dadurch angezeigt, daß der Fet nach dem Verlassen des Mutterleibs weder atmet noch andere Lebenszeichen erkennen läßt, wie z. B. Herzschlag, Pulsation der Nabelschnur oder deutliche Bewegung der willkürlichen Muskulatur.

(1) Deutsche Definition nach Paragraph 29, Abs. 2 und 3 der Verordnung zur Ausführung des Personenstandsgesetzes i.d.F. der Bekanntmachung vom 23. April 1979 (BGBl.I., S. 493).

(2) Hat sich keines der in Abs. 1 genannten Merkmale des Lebens gezeigt, beträgt das Gewicht der Leibesfrucht jedoch mindestens 1000 Gramm, so gilt sie im Sinne des Paragraphen 24 des Gesetzes als ein totgeborenes oder in der Geburt verstorbenes Kind.

(3) Hat sich keines der in Abs. 1 genannten Merkmale des Lebens gezeigt und beträgt das Gewicht der Leibesfrucht weniger als 1000 Gramm, so ist die Frucht eine Fehlgeburt. Sie wird in den Personenstandsbüchern nicht beurkundet.

Definition nach dem Schweizerischen Zivilgesetzbuch

Als totgeboren und meldepflichtig im Sinne des Zivilgesetzbuches (Art. 46) gilt ein Kind, das nach völligem Austritt aus dem Mutterleib (Kopf, Körper und Glieder) nicht atmet und auch keine Herzschläge aufweist sowie eine Körperlänge von mehr als 30 cm hat.

Definition nach Paragraph 1 Abs. 7 des Österreichischen Hebammengesetzes von 1963

b) Totgeburt:

als totgeboren oder in der Geburt verstorben gilt eine Leibesfrucht dann, wenn keines der unter lit. a angeführten Zeichen vorhanden und die Frucht mindestens 35 cm lang ist;

c) Fehlgeburt

eine Fehlgeburt liegt vor, wenn bei einer Leibesfrucht keines der unter lit. a angeführten Zeichen vorhanden und die Mindestlänge von 35 cm nicht erreicht ist;

3.3 Geburtsgewicht
Das Geburtsgewicht ist das nach der Geburt des Feten oder Neugeborenen zuerst festgestellte Gewicht.

3.4 Niedriges Geburtsgewicht
Geburtsgewicht unter 2500 g (d.h. bis einschließlich 2499 g).

3.5 Sehr niedriges Geburtsgewicht
Geburtsgewicht unter 1500 g (d.h. bis einschließlich 1499 g).

3.6 Extrem niedriges Geburtsgewicht
Geburtsgewicht unter 1000 g (d.h. bis einschließlich 999 g).

3.7 Schwangerschaftsdauer
Als Schwangerschaftsdauer gilt die Zeit ab dem ersten Tag der letzten normalen Menstruation. Die Schwangerschaftsdauer wird in vollendeten Tagen oder Wochen angegeben (z.B. kann von bestimmten Ereignissen, die 280 bis 286 Tage nach Einsetzen der letzten normalen Menstruation auftraten, gesagt werden, daß sie in der 40. Schwangerschaftswoche eingetreten sind).

3.8 Vor dem Termin (pre-term) Geborenes (Frühgeborenes)
Schwangerschaftsdauer unter 37 Wochen (weniger als 259 Tage).

3.9 Zum Termin (term) Geborenes (rechtzeitig Geborenes)
Schwangerschaftsdauer von 37 bis unter 42 Wochen (259 bis 293 Tage)

3.10 Nach dem Termin (post-term) Geborenes (übertragenes Neugeborenes)
Schwangerschaftsdauer von 42 Wochen oder mehr (294 Tage oder mehr).

3.11 Perinatalperiode
Die Perinatalperiode beginnt mit Vollendung der 22. Schwangerschaftswoche (154 Tage; die Zeit, in der das Geburtsgewicht normalerweise 500 g beträgt) und endet mit der Vollendung des 7. Tages nach der Geburt.

3.12 Neonatalperiode
Die Neonatalperiode beginnt mit der Geburt und endet mit Vollendung des 28. Tages nach der Geburt. Neonataltodesfälle (Todesfälle, die bei Lebendgeborenen vor dem vollendeten 28. Lebenstag eintreten) können in 2 Gruppen unterteilt werden: Man spricht von *frühem Neonataltod* bei Eintritt des Todes während der ersten 7 Lebenstage und von *spätem Neonataltod* bei Eintritt des Todes nach dem 7. und vor Vollendung des 28. Lebenstages.

Hinweise zu den Definitionen

i. Bei Lebendgeborenen sollte das Geburtsgewicht möglichst innerhalb der ersten Stunde nach der Geburt festgestellt werden, bevor ein signifikanter postnataler Gewichtsverlust eingetreten ist. Zwar wird das Geburtsgewicht für Statistiken in Klassen zu 500 g unterteilt, doch sollten die Gewichte nicht nach diesen Klassen protokolliert werden. Das tatsächliche Geburtsgewicht sollte mit der Genauigkeit festgehalten werden, mit der gemessen wurde.

ii. Die Definitionen „Niedriges Geburtsgewicht", „Sehr niedriges Geburtsgewicht" und „Extrem niedriges Geburtsgewicht" sind keine sich gegenseitig ausschließenden Kategorien. Unterhalb der festgesetzten Grenzen sind sie allumfaßend und daher überlappend (d. h. „Niedriges Geburtsgewicht" schließt „Sehr niedriges Geburtsgewicht" und „Extrem niedriges Geburtsgewicht" ein und „Sehr niedriges Geburtsgewicht" schließt „Extrem niedriges Geburtsgewicht" ein).

iii. Die Berechnung der Schwangerschaftsdauer anhand der Menstruationsdaten ruft sehr häufig Verwirrung hervor. Wird die Schwangerschaftsdauer als die Zeit vom ersten Tag der letzten normalen Menstruation bis zum Tag der Geburt berechnet, so sollte berücksichtigt werden, daß der erste Tag der Tag Null ist und nicht der Tag Eins. Die Tage 0 – 6 entsprechen daher der „vollendeten Schwangerschaftswoche 0", die Tage 7 – 13 der „vollendeten Schwangerschaftswoche 1" und die 40. tatsächliche Schwangerschaftwoche entspricht der „vollendeten Schwangerschaftswoche 39". Ist das Datum der letzten normalen

Menstruation nicht bekannt, so sollte die Schwangerschaftsdauer anhand bestmöglicher klinischer Schätzungen bestimmt werden. Um Mißverständnisse auszuräumen, sollten in Statistiken sowohl die Tage als auch die Wochen angegeben werden.

iv. Bei Eintritt des Todes innerhalb des ersten Lebenstages (Tag 0) ist das Alter in vollendeten Minuten oder Stunden anzugeben. Bei Eintritt des Todes am zweiten Tag (Tag 1), dritten Tag (Tag 2) oder bis zur Vollendung des 27. Lebenstages ist das Alterin Tagen anzugeben.

4. Definitionen im Zusammenhang mit der Müttersterblichkeit

4.1 Müttersterbefälle
Als Müttersterbefall gilt der Tod jeder Frau während der Schwangerschaft oder innerhalb von 42 Tagen nach Beendigung der Schwangerschaft, unabhängig von Dauer und Sitz der Schwangerschaft. Dabei gilt jede Ursache, die in Beziehung zur Schwangerschaft oder deren Behandlung steht oder durch diese verschlechtert wird, nicht aber Unfall und zufällige Ereignisse.

4.2 Später Müttersterbefall
Als später Müttersterbefall ist der Tod einer Frau aufgrund direkter und indirekter gestationsbedingter Ursachen anzusehen, der später als 42 Tage nach dem Ende der Schwangerschaft, aber noch vor Ablauf eines Jahres nach dem Ende der Schwangerschaft eintritt.

4.3 Sterbefall während der Gestation
Als Sterbefall während der Gestation ist der Tod jeder Frau anzusehen, der während der Schwangerschaft oder innerhalb von 42 Tagen nach dem Ende der Schwangerschaft eintritt, wobei die Todesursache keine Rolle spielt.

Müttersterbefälle werden in 2 Gruppen unterteilt:
4.4 Direkt gestationsbedingter Sterbefall
Direkt gestationsbedingte Sterbefälle (direkte Müttersterbefälle) sind solche, die auftreten als Folge von Komplikationen der Gestation (Schwangerschaft, Geburt und Wochenbett), als Folge von Eingriffen, Unterlassungen, unsachgemäßer Behandlung oder als Folge einer Kausalkette, die von einem dieser Zustände ausgeht.

4.5 Indirekt gestationsbedingter Sterbefall
Indirekt gestationsbedingte Sterbefälle (indirekte Müttersterbefälle) sind solche, die sich aus einer vorher bestehenden Krankheit ergeben, oder Sterbefälle aufgrund einer Krankheit, die sich während der Gestationsperiode entwickelt hat, nicht auf direkt gestationsbedingte Ursachen zurückgeht, aber durch physiologische Auswirkungen von Schwangerschaft, Geburt und Wochenbett verschlechtert wurde.

Nomenklaturvorschriften

Nomenklaturvorschriften

(sowie Erstellung und Veröffentlichung von Statistiken) für Krankheiten und Todesursachen

Die 20. Vollversammlung der Weltgesundheitsorganisation nimmt in Anbetracht der Bedeutung, die der Erstellung und Veröffentlichung von Statistiken über Mortalität und Morbidität in vergleichbarer Form zukommt, sowie aufgrund von Artikel 2(s), 21(b), 22 und 64 der Verfassung der Weltgesundheitsorganisation am heutigen 22. Mai 1967 die Nomenklaturvorschriften 1967 an; diese Vorschriften können als WHO-Nomenklaturvorschriften zitiert werden.

Artikel 1

Die Mitglieder der Weltgesundheitsorganisation, für welche diese Vorschriften gemäß Artikel 7 in Kraft treten, werden nachstehend als „Mitglieder" bezeichnet.

Artikel 2

Die Mitglieder sollen bei der Zusammenstellung von Mortalitäts- und Morbiditätsstatistiken die neueste Revision der Internationalen statistischen Klassifikation der Krankheiten, Verletzungen und Todesursachen verwenden, wie diese jeweils von der Vollversammlung der Weltgesundheitsorganisation angenommen worden ist. Diese Klassifikation kann als Internationale Klassifikation der Krankheiten zitiert werden.

Artikel 3

Bei der Erstellung und Veröffentlichung von Mortalitäts- und Morbiditätsstatistiken sollen die Mitglieder soweit wie möglich die von der Vollversammlung der Weltgesundheitsorganisation gegebenen Empfehlungen über die Klassifikation, die Signierung, die Gliederung nach Altersgruppen, die regionale Gliederung sowie die anderen zutreffenden Definitionen und Normen beachten.

Artikel 4

Die Mitglieder erstellen und veröffentlichen kalenderjährlich Todesursachenstatistiken für das gesamte Staatsgebiet oder für diejenigen Gebietsteile, für die Unterlagen vorliegen, unter Angabe des in die Statistik einbezogenen Gebiets.

Artikel 5

Die Mitglieder führen als ärztliche Todesursachenbescheinigung einen Vordruck ein, der die Angaben der Krankheitszustände oder der Verletzungen, die direkt oder indirekt zum Tode führten, mit einer klaren Angabe des Grundleidens vorsieht.

Artikel 6

Jedes Mitglied stellt gemäß Artikel 64 der Verfassung der Organisation auf Ersuchen die Statistiken zur Verfügung, die in Übereinstimmung mit diesen Vorschriften erstellt und nicht gemäß Artikel 63 der Verfassung übermittelt wurden.

Artikel 7

1. Diese Vorschriften treten am 1. Januar 1968 in Kraft.

2. Nach ihrem Inkrafttreten ersetzen diese Vorschriften, vorbehaltlich der nachstehend aufgeführten Ausnahmen, die Nomenklaturvorschriften von 1948 und deren spätere Neufassungen; dies gilt sowohl für die an diese Vorschriften gebundenen Mitglieder selbst als auch im Verhältnis zwischen Mitgliedern und Organisation.

3. Alle Revisionen der Internationalen Klassifikation der Krankheiten, die von der Vollversammlung der Weltgesundheitsorganisation gemäß Artikel 2 dieser Vorschriften angenommen werden, treten mit dem von der Vollversammlung der Weltgesundheitsorganisation beschlossenen Tag in Kraft; vorbehaltlich der nachstehend aufgeführten Ausnahmen ersetzen sie alle früheren Klassifikationen.

Artikel 8

1. Der gemäß Artikel 22 der Verfassung der Organisation für die Ablehnung oder für Vorbehalte vorgesehene Zeitraum beträgt 6 Monate ab dem Tag, an dem die Annahme dieser Vorschriften durch die Vollversammlung der Weltgesundheitsorganisation durch den Generaldirektor bekanntgegeben wurde. Ablehnungen oder Vorbehalte, die nach Ablauf dieser Frist beim Generaldirektor eingehen, sind unwirksam.

2. Die Bestimmungen unter Absatz 1 gelten gleichermaßen bei jeder folgenden Revision der Internationalen Klassifikation der Krankheiten, die durch die Vollversammlung der Weltgesundheitsorganisation gemäß Artikel 2 dieser Vorschriften angenommen werden.

Artikel 9

Ablehnungen sowie volle oder teilweise Vorbehalte gegenüber diesen Vorschriften oder gegenüber der Internationalen Klassifikation der Krankheiten oder deren etwaiger Revisionen können jederzeit durch Benachrichtigung des Generaldirektors zurückgezogen werden.

Artikel 10

Der Generaldirektor wird alle Mitglieder von der Annahme dieser Vorschriften, von der Annahme jeder Revision der Internationalen Klassifikation der Krankheiten sowie von jeder Benachrichtigung, die er gemäß Artikel 8 und 9 erhält, benachrichtigen.

Artikel 11

Die Originaltexte dieser Vorschriften werden in den Archiven der Organisation hinterlegt. Beglaubigte Abschriften werden durch den Generaldirektor allen Mitgliedern zugesandt. Nach dem Inkrafttreten dieser Vorschriften werden durch den Generaldirektor beglaubigte Abschriften an den Generalsekretär der Vereinten Nationen zur Registrierung gemäß Artikel 102 der Charta der Vereinten Nationen übersandt.

Genf, am 22. Mai 1967

(gez.) V. T. H. Gunaratne,
Präsident der Vollversammlung
der Weltgesundheitsorganisation
(gez.) M. G. Candau,
Generaldirektor der
Weltgesundheitsorganisation

MIX
Papier aus verantwortungsvollen Quellen
Paper from responsible sources
FSC® C105338

If you have any concerns about our products,
you can contact us on
ProductSafety@springernature.com

In case Publisher is established outside the EU,
the EU authorized representative is:
**Springer Nature Customer Service Center GmbH
Europaplatz 3, 69115 Heidelberg, Germany**

Printed by Libri Plureos GmbH
in Hamburg, Germany